Ulrich von Alemann (Hrsg.)

unter Mitarbeit von Wolfgang Tönnesmann und Volker Sommer

Politikwissenschaftliche Methoden

Grundriß für Studium und Forschung

Mit Beiträgen von
Ulrich von Alemann, Wilhelm Bürklin, Werner Reh,
Dieter Rucht/Peter Hocke/Dieter Oremus, Josef Schmid,
Manfred G. Schmidt, Volker Sommer, Wolfgang Tönnesmann

Westdeutscher Verlag

Die Deutsche Bibliothek – CIP-Einheitsaufnahme

Politikwissenschaftliche Methoden: Grundriß für Studium
und Forschung / Ulrich von Alemann (Hrsg.). Unter Mitarb.
von Wolfgang Tönnemann und Volker Sommer. Mit Beitr.
von Ulrich von Alemann ... – Opladen: Westdt. Verl., 1995
   ISBN 3-531-12761-6

NE: Alemann, Ulrich von [Hrsg.]

Der Westdeutsche Verlag ist ein Unternehmen der Bertelsmann Fachinformation.

Umschlaggestaltung: Horst Dieter Bürkle, Darmstadt
Umschlagbild: René Magritte: Le Mois de Vendanges (1959). © VG Bild-Kunst, Bonn 1995
Satz: Ralph Segert
Druck und buchbinderische Verarbeitung: Lengericher Handelsdruckerei, Lengerich
Gedruckt auf säurefreiem Papier
Printed in Germany

ISBN 3-531-12761-6

Inhalt

Kapitel II

Grundlagen empirischer Sozialforschung anhand Umfrageforschung: Wer wählt warum die GRÜNEN?
Wilhelm Bürklin 141

Kapitel III

Quellen- und Dokumentenanalyse in der Politikfeldforschung: Wer steuert die Verkehrspolitik?

Kapitel VI

Vergleichende Politikforschung mit Aggregatdaten: Inwieweit beeinflussen Parteien Regierungspolitik?

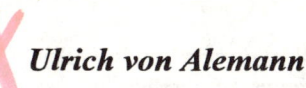

Ulrich von Alemann

Einleitung

Definitionen von Wissenschaft gibt es viele. Zu den ehrwürdigsten gehört die Wahrheitssuche. Man kann es auch Erkenntnisstreben nennen. Wahrheit sucht auch der meditierende Mönch, aber zur wissenschaftlichen Erkenntnis wird sie erst durch nachvollziehbare Methodik. Sie ist das Handwerkszeug, das beherrscht und deshalb erlernt werden muß. Das ist mühsam, aber unausweichlich. Auch ohne methodische Kompetenz kann man über Politik vortrefflich streiten, räsonieren und diskutieren - am Stammtisch oder auch in politischen Leitartikeln. Aber es wird keine nachprüfbare Erkenntnis daraus entstehen. Deshalb ist die Aneignung von guten Methodenkenntnissen im Studium völlig unverzichtbar, damit Politikwissenschaftler und Politikwissenschaftlerinnen[1] nicht wie Schreiner ohne Säge oder Maler ohne Pinsel durch die Werkstatt stolpern.

Wir haben mit diesem Text Neuland betreten in einem doppelten Sinne: Erstens existiert in Deutschland kein aktuelles Methodenlehrbuch der Politikwissenschaft, zweitens wollen wir in diesem Methodenband nicht abstrakt die einzelnen Techniken theoretisch abhandeln, sondern sie in Arbeit zeigen und demonstrieren, wie man mit ihnen konkrete Forschung betreiben kann. Nur im ersten Teil geben wir deshalb einen allgemeinen Überblick über methodische und wissenschaftstheoretische Grundfragen. In den weiteren Kapiteln betreten wir die Werkstatt der Forschung und lassen uns von Wissenschaftlern zeigen, wie sie bestimmte Methoden in ihrer Arbeit eingesetzt haben.

Wissenschaftliches Arbeiten erfordert die Anwendung von Methoden. Wer selbständig wissenschaftlich arbeiten will - und darin besteht ja das grundlegende Ziel einer universitären Ausbildung -, der muß in der Lage sein, das methodische Handwerkszeug seines Faches bei der Beantwortung selbst entworfener Fragen zu nutzen. Wenn es die Neugier ist, die uns zu wissenschaftlichem Arbeiten antreibt, dann sind es die Methoden, die uns befähigen, nach Erkenntnissen zu suchen. Ob wir fündig werden, hängt nicht zuletzt vom richtigen Werkzeug ab.

Die Auswahl der geeigneten Werkzeuge kann nur gelingen, wenn man sich zuvor einen Überblick darüber verschafft hat, was alles im Methodenschrank vorhanden ist und für welchen Zweck man es nutzen kann. Solche passiven Methodenkenntnisse zu vermitteln, ist das Minimum dessen, was wir uns vorgenommen haben. Von einem

---

[1] Wir werden in diesem Buch um der Kürze und der Übersichtlichkeit willen nicht immer beide geschlechtsspezifischen Bezeichnungen verwenden. Wir bitten unsere Leserinnen, sich trotzdem stets angesprochen zu fühlen.

Gesamtüberblick über die Methoden der Politikwissenschaft ist dieser Grundriß allerdings weit entfernt. Wir haben uns auf die gängigsten Verfahren beschränkt. Für den Blick darüber hinaus finden sich zahlreiche Anregungen in den Literaturhinweisen.

Es gibt nichts Gutes, außer man tut es. Das ist eine weitere Maxime, von der wir uns haben leiten lassen. Denn wir möchten auch, daß Studierende des Faches nach dem Durcharbeiten dieses Grundrisses motiviert und in der Lage sind, selbst ein Thema anzupacken und mit den Methoden der Politikwissenschaft zu bearbeiten. Durch passive Methodenkenntnis wird man vom Konsumenten in der Rolle des Publikums zum Kritiker befähigt. Das ist schon viel. Aber wir wollen mehr: Die Studierenden des Fachs sollen selbst ein Instrument in die Hand nehmen und zu Mitspielern werden. Im ersten Anlauf, z.B. in einer Hausarbeit, wird dies vielleicht nicht perfekt gelingen, doch einen Versuch ist es wert. Denn nur über Versuch und Irrtum gelangt man an das Ziel, mit der Examensarbeit selbst ein Stück Forschung abliefern zu können.

Während es für die Aneignung passiver Methodenkenntnis ausreichen würde, einige Methodenlehrbücher durchzuackern, braucht man für die aktive Anwendung von Methoden mehr. Wir sind davon überzeugt, daß der zweite Schritt am besten gelingt, wenn Methodik mit substantiellen Fragen verknüpft wird. Deshalb haben wir unsere Autoren gebeten, bestimmte Methoden möglichst forschungsnah und anwendungsorientiert darzustellen. Der Weg von der Fragestellung über die Methodenauswahl bis zu den Ergebnissen sollte projektorientiert nachgezeichnet werden. "Show all work!" sollte die Devise sozialwissenschaftlicher Forschung heißen. Wissenschaft ist keine Geheimniskrämerei, sondern ein durchschaubarer und nachvollziehbarer Prozeß mit immer wieder offenem Ausgang.

Der Schwerpunkt dieses Textes liegt auf den empirischen Methoden der Politikforschung. Es wird sich herausstellen, daß wir einen weiten Begriff von Empirie und ein pluralistisches Methodenverständnis bevorzugen. Sowohl mit quantitativen ("zählenden", d.h. exakt messenden) als auch mit qualitativen (verstehenden und interpretierenden) Methoden kann empirisch gearbeitet werden. Es gibt für uns keinen Königsweg der Sozialforschung, nur mehr oder weniger ausgetretene Pfade. Wir werden unseren Weg "kritisch-empirische Politikforschung" nennen.

Interpretative Verfahren, wie die von den Historikern praktizierte Quellenkritik, gehören aus unserer Sicht auch zum Kanon sozialwissenschaftlicher Methoden. Methodische Strenge, dazu sagen wir ja. Aber eine Fixierung auf statistische Methoden lehnen wir ab. Natürlich ist uns bewußt, daß sich mit verschiedenen Methoden unterschiedliche methodologische Grundsatzprogramme verbinden. Sie kennenzulernen ist auch ein Ziel dieses Grundrisses. Aber wir versuchen auch, ihre Bedeutung zurechtzurücken. Unser Leitbild "kritisch-empirische" Politikwissenschaft gibt darüber Auskunft.

Quantitative statistische Verfahren gehören selbstverständlich auch zum Kanon der empirischen Sozialforschung. Die Politikwissenschaft als Realwissenschaft kann nicht über die Tatsache hinwegsehen, daß zahlreiche Dimensionen der politischen Wirklichkeit in Zahlen ausgedrückt werden. Darüber hinaus ist es oftmals sinnvoll, sprachlich formulierte Merkmale in numerische umzuwandeln, um auf diese Weise Komplexität zu reduzieren und das wissenschaftliche Verfahren nachvollziehbar zu gestalten. Insgesamt präsentiert dieser Text jedoch nur einen kleinen Ausschnitt aus dem Reich der quantitativ-statistischen Verfahren.

Von Kritikern der empirischen Sozialforschung wird oft eingewandt, sie leiste nicht mehr als der menschliche Alltagsverstand oder, schlimmer noch, sie verstelle den Blick für die wirklichen Dinge des Lebens. Sie schaffe eine eigene Wirklichkeit, die sie mit aufwendigen Methoden gegen Kritik immunisiere. Wir halten diesen Einwand für nicht gerechtfertigt. Empirische Forschung vermittelt zwar nicht immer Aha-Erlebnisse, aber sie ist in der Tat eine konstruktive Leistung. Sie sollte an unser Alltagswissen anknüpfen, doch sie muß auch darüber hinausgehen.

Alle diese Überlegungen haben uns bei der Konzeption des Textes geleitet. Wir haben diese Ziele in eine Struktur umgesetzt, die eine Zweiteilung vorsieht: Das Kapitel I führt mit einem Grundriß in die Methoden der Politikwissenschaft ein, die folgenden Kapitel II bis VI geben exemplarische Porträts wichtiger Methoden. Ich sage wir, weil die Konzeption ursprünglich als Kurs an der FernUniversität Hagen gemeinsam mit Wolfgang Tönnesmann entwickelt wurde, der aber aufgrund beruflicher Verpflichtungen an der Buchausgabe nur noch als Mitautor des ersten Kapitels mitwirken konnte.

Das Kapitel I liefert zunächst einen kurzen Abriß des Stellenwertes, der Geschichte und des derzeitigen Standes der Methodenentwicklung in der deutschen Politikwissenschaft. Daran schließt sich eine Skizze der Grundfragen der Methodologie und Wissenschaftstheorie mit den folgenden Leitfragen an: Was sind überhaupt Methoden? Welche generellen methodologischen Orientierungen in der deutschen Politikwissenschaft sind von Bedeutung? Wie ist insbesondere die grundlegende Kontroverse über quantitative und qualitative Methoden einzuschätzen? Diese münden in methodologischen Überlegungen zu unserem Leitbild der "kritisch-empirischen" Politikwissenschaft als ein Vorschlag, auf den wir natürlich unsere Autoren nicht festgelegt haben. Denn wir bleiben bei unserem Plädoyer für Methodenpluralismus. Auch in unserem Grundriß bleiben deshalb Kontroversen zwischen den Autoren der einzelnen Kapitel sichtbar, die jeder nachvollziehen kann. Nach diesen sehr grundsätzlichen Reflexionen zur Wissenschaftstheorie kehren wir zurück zu praktischeren Fragen, nämlich zum konkreten Ablauf von Forschungsprozessen und Hinweisen für die Planung und Durchführung einer wissenschaftlichen Arbeit. Es werden insgesamt zwölf Stufen des Forschungsprozesses durchschritten. Anschließend werden die wichtigsten Methoden der Datenerhebung und -auswertung im Überblick erfaßt, die im Mittelpunkt der folgenden Kapitel stehen werden.

Als Autoren für die Darstellung einzelner Methoden - Umfrageforschung, Quellen- und Dokumentenanalyse, Inhaltsanalyse, Experteninterview und Aggregatdatenanalyse - haben wir Wissenschaftler gewonnen, die diese Methoden in ihrer eigenen Forschungsarbeit praktiziert haben und die sich stark genug fühlten, auch ohne Methodentheoretiker zu sein, die von ihnen gewählte Forschungsmethode darzustellen und kritisch zu reflektieren. Methoden in Arbeit, Forscher in ihrer Werkstatt, das war unsere didaktische Konzeption. Den Autoren hatten wir folgenden Gliederungsvorschlag als grobe Orientierung vorgegeben:

1. Problemrelevanz und Fragestellung
2. Entwicklung des Forschungsvorhabens (Anlaß und Anstoß für die Untersuchung, Zeitplanung, Feldzugang)
3. Optionen bei der Auswahl von Methoden und Forschungstechniken
4. Beschreibung der ausgewählten Forschungstechnik (Kurzporträt)
    – Probleme der Informationsgewinnung bzw. Datenerhebung
    – Probleme der Informationsauswertung bzw. Datenanalyse
5. Zusammenfassung der dank der eingesetzten Methode gewonnenen Ergebnisse.

In einem Anhang sollten dann möglicherweise Materialien enthalten sein, die entweder das methodische Instrumentarium betreffen oder die Forschungsfrage und Forschungsmethode illustrieren.

Wir schlugen vor, daß die einzelnen Kapitel zunächst in knapper Form einen Überblick zur Entwicklung der Forschungsfrage geben und in Umrissen den Entscheidungsprozeß rekonstruieren, der von der Forschungsfrage bis zur Anwendung einer bestimmten Forschungstechnik führt. In diesem Zusammenhang sollten folgende Leitfragen beantwortet werden:

1. Was war die politikwissenschaftlich-theoretische Fragestellung des Forschungsvorhabens?
2. Welche Optionen bestanden bei der Entwicklung des Forschungsdesigns?
3. Warum fiel die Entscheidung für ein bestimmtes Bündel von Forschungstechniken?

Schwerpunkt eines jeden Kapitels sollte unseren Vorstellungen nach jedoch die Darstellung einer ausgewählten Forschungstechnik sein. Natürlich kann auf dem zur Verfügung stehenden Raum nicht beides, der Prozeß der Datenerhebung und der Prozeß der Datenauswertung, gleich ausführlich dargestellt werden. Es ist vielmehr durchaus legitim, den Schwerpunkt stärker auf das eine oder andere zu legen. Soweit zu den Vorplanungen des Textes. Die Autoren haben den Rahmen, den wir vorgeschlagen haben, ausgefüllt mit je ihrem Bild einer von ihnen angewandten Methode. Akzente sind unterschiedlich gesetzt, aber die Gesamtkomposition ergibt ein sehr farbiges und nuancenreiches Bild.

Für die Leser und Leserinnen ist dieses sicher nicht auf einen Blick zu erfassen. Unser Rat lautet, sich den gesamten Stoff zunächst in einem Überblick zu erarbeiten, Stolperstellen zu markieren, aber nicht in Verweigerung davor stehenzubleiben. Ein zweites, gründliches Durcharbeiten kann dann sicher dazu beitragen, manches Hindernis leichter zu nehmen. Erst für einen solchen zweiten Durchgang durch den Text sind die Verweise auf andere Kapitel durch den Pfeil (⇨) gedacht. Sie sollen nicht etwa beim ersten Lesen des ersten Kapitels jedesmal, wenn der Pfeil auftaucht, nach hinten blättern, sondern dann, wenn Sie den Text ungefähr im Kopf haben, auf die Vernetzung der Methoden untereinander aufmerksam gemacht werden. Unterstützung sollen Sie auch durch das Glossar finden, das alle wichtigen Begriffe des Textes erklärt, und schließlich durch den Index, der als Sachregister den gesamten Inhalt des Buches erschließt. Hier sind aber nur methodische Stichworte aufgenommen worden und keine aus dem jeweiligen Stoff der Kapitel, weil dieser ja nur der "Aufhänger" für die Methodendarstellung ist.

Die Beherrschung der Methoden wird dann im Endeffekt sicher das wissenschaftliche Selbstbewußtsein steigern können. Die moderne Wissenschaft ist dabei, die Welt zu entzaubern. Wir möchten dazu beitragen, die Wissenschaft in Gestalt der empirischen Sozialforschung selbst ein wenig zu entzaubern, um sie weniger unnahbar zu machen. Wir glauben, daß sie dadurch nicht an Anziehungskraft verliert. Aber selbst können wir nur weiterkommen, wenn wir handeln, und das heißt: Forschen. Also: Packen wir's an!

Es bleibt uns noch, vielen für ihr Engagement und ihre Energie zu danken, die sie in diesen Text investiert haben. Das gilt natürlich in erster Linie unseren externen Autoren - Wilhelm Bürklin, Werner Reh, Dieter Rucht und Mitarbeitern, Josef Schmid und Manfred Schmidt -, denen wir mit unseren Vorgaben und unseren Bearbeitungswünschen manch schwere Nuß zu knacken gaben. Das gilt aber auch für die internen Mitarbeiter am Lehrgebiet Politikwissenschaft der FernUniversität Hagen. 1994 war eine erste Fassung erstellt worden, die noch von Wolfgang Tönnesmann mit herausgegeben worden war. Bereits nach einem "Probelauf" wurde eine intensive Überarbeitung erstellt, die nun als Buch erscheint. Dazu hat Volker Sommer nicht nur das Glossar erstellt, sondern auch die Gesamtredaktion mit unermüdlichen Korrekturen und Bearbeitungen betreut. Ralph Segert hat wesentlich am Index mitgearbeitet, die Endkorrektur gelesen und den druckfertigen Satz erstellt: eine beachtliche Leistung.

Besonderer Dank gilt den Kritikern und Rezensenten der ersten Fassung, vielen Kolleginnen und Kollegen der FernUniversität und aus ferneren Universitäten, am meisten aber den zahlreichen Studierenden, die in Seminaren und Lehrtextkritiken uns auf Klippen und Untiefen, aber auch kleinere Navigations- und Übermittlungsfehler aufmerksam gemacht haben.

Kapitel I

Ulrich von Alemann / Wolfgang Tönnesmann

Grundriß: Methoden in der Politikwissenschaft

1 Wie forschen eigentlich Politikwissenschaftler?

1.1 Sind die deutschen Politologen Methodenmuffel?

Wissenschaft ist kritische Neugier, gebändigt durch nachvollziehbare Methodik - mit dieser Grundregel endet der Einführungskurs "Grundlagen der Politikwissenschaft" (*von Alemann* 1995, S. 150), und mit ihr wollen wir diese Einführung in die Methoden der Politikwissenschaft beginnen.

Wissenschaft ist *Neugier*, ist das sich Wundern über die Welt, so wie sie ist. Mit diesem "thaumazein" begann die Philosophie als Mutter der Wissenschaften im klassischen Griechenland. Diese Neugier, nicht nur auf Neuland, auf weiße Flecken in der Landkarte, sondern gerade auch gegenüber Selbstverständlichkeiten des Alltags und allzu bequemen Gewißheiten, ist bis heute Antrieb von Wissenschaft. Steckt hinter Nichtwählen nur Apathie, Desinteresse und Entfremdung oder kann es auch Ausdruck bewußter politischer Entscheidung von Hochinteressierten sein? Steckt hinter Aggressivität von Jugendlichen Zerstörungslust oder vielleicht ungestilltes Harmoniebedürfnis?

Die Neugier der Wissenschaftler ist im Gegensatz zur naiven oder kindlichen *kritisch*, von griechisch "krinein", d.h. trennen, unterscheiden, beurteilen, erklären. Dieses Unterscheiden, Beurteilen, Erklären erreicht sie durch systematische *Methodik*. Diese Methodik ist Handwerk, das auf Regeln und Erfahrungen beruht. Die Regeln müssen *nachvollziehbar* sein und der Überprüfung standhalten.

Der Politikwissenschaftler gleicht hier, wie der Sozialwissenschaftler generell, dem Detektiv und dem Kriminalisten, der Fälle aufklären und wissen will, wie es wirklich gewesen ist. Er soll die Wahrheit herausfinden. Es werden dazu Spuren gesucht, Personen befragt, Dokumente ausgewertet, Indizien gesammelt, Beobachtungen angestellt, Daten erhoben und analysiert. Der Detektiv entwickelt seine Theorien, um das Puzzle der vielen Einzelheiten in einen Zusammenhang zu bringen, stellt Hypothesen auf, die bestätigt oder verworfen werden. Die geniale detektivische Intuition hilft bei den Theorien, aber nicht für den einzelnen Beweis der Fakten. Alles muß hieb- und stichfest sein, um vor Gericht Bestand zu haben.

Aber es gibt auch beträchtliche Unterschiede zwischen der Arbeit des Kriminalisten und des Politologen. Jener muß den Einzelfall aufklären, den Beweis individueller Schuld (oder Unschuld) führen, dieser will über den Fall zu allgemeineren Aussagen, zur Erklärung, zur Theoriebildung oder zur Prognose gelangen oder auch zur Aufklärung von Politik und Gesellschaft generell beitragen. Die Aufklärung des Einzelfalles, die Erkenntnis, "wie es wirklich gewesen ist", ist eher das Geschäft des Historikers.

Die Politikwissenschaft hat keine genuine Methodik entwickelt. Es gibt keine eigenen Methoden, die von der Politikwissenschaft erfunden, entwickelt und fast ausschließlich angewandt würden. Trotzdem reicht es nicht aus, einfach auf die Methoden und Lehrbücher der Nachbarwissenschaften zu verweisen. Denn aus dem großen Werkzeugschrank sozialwissenschaftlicher Methoden läßt sich doch ein für die Politikwissenschaft passender Instrumentenkasten auswählen, der die wichtigsten und in der Disziplin am häufigsten verwendeten Werkzeuge und Hilfsmittel enthält. Dazu soll dieser Text einen Beitrag leisten.

Die Methodik ist bisher ein Stiefkind der Politikwissenschaft geblieben. Im Gegensatz zur Soziologie und zur Sozialpsychologie als den engsten sozialwissenschaftlichen Nachbardisziplinen spielen in der Politikwissenschaft Methodendiskussionen nur eine kümmerliche Nebenrolle. Gegenüber einer fast unübersehbaren Fülle von Methodenlehrbüchern der Soziologie, die vom einfachen Taschenbuch (z.B. *Kromrey* 1990) bis zu mehrbändigen Kompendien reichen (z.B. der Klassiker *König* 1973 oder *Koolwijk/Wieken-Mayser* 1975 ff.), existieren in der deutschen Politikwissenschaft bisher nur *Müller/Schmidt* 1979 und als erste Hinführung *von Alemann/Forndran* 1990. Auch die gängigen Einführungen in die Politikwissenschaft klammern die Methoden meist weitgehend aus (mit Ausnahme *Bellers/Kipke* 1993 und *Patzelt* 1992 sowie *Mols/Lauth/Wagner* 1994). Auch Methodologie und Wissenschaftstheorie finden in der Politikwissenschaft kaum statt. Die großen Debatten um den Positivismusstreit, d.h. um die Frage der Werturteile in den Sozialwissenschaften, haben die Politologen ziemlich kalt gelassen. Ausnahmen von diesem Desinteresse an Methodologie finden sich früher bei *Kammler* 1976 und *Busshoff* 1978 (allerdings in sehr hermetischer Form), bei *Falter* 1982 in einer sehr interessanten Analyse des amerikanischen Behavioralismusstreites und neuerdings bei *Patzelt* 1993 sowie bei *Bürklin/Welzel* 1994.

Im Gegensatz zu den Soziologen gibt es auch im führenden Fachverband der deutschen Politologen, der *Deutschen Vereinigung für Politische Wissenschaft*, keine Sektion, keinen Arbeitskreis für Methoden. Woran liegt dieses Desinteresse an Methodendebatten, dieses Defizit an Methodenlehrbüchern in der Politikwissenschaft? Sind die deutschen Politologen Methodenmuffel? Sie benutzen doch Methoden, warum schreiben sie keine Methodenlehrbücher?

Es liegt sicher zum großen Teil daran, daß die deutsche Politikwissenschaft eine "verspätete" Wissenschaft ist. Die Soziologie mit ihrem großen Übervater Max *Weber* konnte sich schon in den zwanziger Jahren an den Universitäten etablieren. Die Politikwissenschaft hat erst in der Nachkriegszeit Fuß gefaßt, und sie sollte zunächst gar nicht der Forschung, sondern primär der politischen Bildung zur Demokratieunterweisung der Nachkriegsdeutschen dienen. Für die ganze erste Generation von Professoren in den fünfziger und sechziger Jahren konnte man deshalb keine ausgebildeten Politologen berufen; man setzte Zeithistoriker, Juristen, Journalisten oder Ökonomen auf die ersten Lehrstühle. Bei den knappen Mitteln zum Aufbau des Faches reichte es nicht für besondere Methodenlehrstühle. Als die Politikwissenschaft in den sechziger und siebziger Jahren zu einer "normalen" Sozialwissenschaft ausgebaut wurde, waren die sozialwissenschaftlichen Nachbardisziplinen schon weiter und hatten ihr Methodenrepertoire entwickelt. Die Politikwissenschaft brauchte sich nur zu bedienen und konnte den Studenten deren Methodenbücher und deren Methodenlehrveranstaltungen empfehlen.

Das betrifft allerdings nicht alle Nachbardisziplinen gleichermaßen, sondern in erster Linie die Soziologie, die Sozialpsychologie und die Wirtschaftswissenschaften, die die stärkste und ausdifferenzierteste Methodenkompetenz entwickelt hatten. Die dominierende Anleihe der Politologen bei der Methodenlehre der Soziologen ist allerdings nicht unproblematisch, denn die klassischen "Methoden der empirischen Sozialforschung" mit ihrem starken Schwergewicht auf Umfrageforschung lassen sich höchstens in der Wahl- und Einstellungsforschung oder in der Politischen Kulturforschung umstandslos in der Politikwissenschaft anwenden. Weite Bereiche der internationalen Politik, der politischen Verwaltungsforschung, der Politikfeldanalyse oder der vergleichenden Politikforschung bedienen sich anderer Methoden. Einige Formen der empirischen Datenerhebung, die zum Standardrepertoire der traditionellen Methodenlehrbücher gehören, werden selten von Politologen benutzt, so die systematische teilnehmende Beobachtung, die eher der ethnosoziologischen Feldforschung dient, oder das Experiment, das in der empirischen Sozialpsychologie zu Hause ist. Aber nicht nur die Politikwissenschaft, sondern auch andere Nachbardisziplinen haben ein weniger ausdifferenziertes Methodenrepertoire in ihrem Curriculum ausgebildet. Das gilt z.B. für die Zeitgeschichte und die Rechtswissenschaft, bei denen verbreitete Methodenlehrbücher ebenso schwer zu finden sind wie in der Politikwissenschaft.

In der amerikanischen Politikwissenschaft, die älter und viel breiter ausgebaut ist als die deutsche und die oft als Referenzfolie für alle modernen Entwicklungen des Faches herangezogen wird, ist auch das Methodenbewußtsein entsprechend stärker ausgebildet. Dort hat schon jedes mittlere *department* für *political science* ein bis zwei Dutzend Professuren, von denen einige speziell den Methoden gewidmet sind. Dort gibt es spezielle Methodensektionen im Fachverband der *American Political Science Association*, und dort existieren deshalb auch zahlreiche Methodenlehrbücher auf dem Markt (z.B. *Manheim/Rich* 1986). Der ausgefeilte Methodenstandard der Amerikaner führt so weit, daß ein Teil der Beiträge in der führenden Fachzeitschrift, der *American Political Science Review*, von methodisch weniger versierten deutschen Politologen kaum verstanden wird.

Christopher H. *Achen* kann deshalb seinen Beitrag zum *state of the art* in dem Handbuch von Ada W. *Finifter* mit gesundem Selbstbewußtsein eröffnen:

> "In one sense, political methodology in the early 1980s enjoys robust health. (...) The quantitative method has attained full legitimacy among serious scholars, including those who do not use it" (*Achen* 1983, S. 69).

Aber auch er muß einräumen, daß die amerikanischen Politologen bei der Weiterentwicklung von Methoden selbst wenig zu bieten haben. Psychologen, Ökonomen und Soziologen haben die wichtigsten methodischen Innovationen gefunden und fortgeführt. Amerikanische Politologen hätten sich dagegen nur auf die Weitergabe der Erkenntnisse mittels Lehrbücher konzentriert. Deshalb resümiert er recht sarkastisch:

> "Yet if these are the best of times, they are the worst of times as well. Several decades after its beginning, political methodology has so far failed to make serious theoretical progress on any of the major issues facing it" (ebd.).

Die noch ungleich größere Zurückhaltung der deutschen Politologen zeigt aber nicht nur ein Defizit auf, sie hat auch einen Vorteil: Die Religionskriege über Methodologien, über den Werturteilsstreit, über qualitative vs. quantitative Methoden haben die deutsche Politikwissenschaft kühl gelassen; sie hatte damit die Chance, ein pragmatisches, ein ganz instrumentelles Verhältnis zu den Methoden zu entwickeln, das allmählich auch in den anderen Sozialwissenschaften in Deutschland immer stärker an Boden gewinnt. Diese pragmatische Gelassenheit darf allerdings nicht zur methodischen Gleichgültigkeit verkommen.

Dieses Buch soll dem entgegenwirken und das methodische Profil der deutschen Politikwissenschaft, so wie es ist, aufzeigen und zu einem pragmatischen, pluralen Profil der Methoden in unserer Disziplin beitragen, ohne einer totalen Beliebigkeit des "anything goes" das Wort zu reden.

1.2   Geschichte der Methodik in der Politikwissenschaft

Die Vorgeschichte der Politikwissenschaft kann man mit *Platon* und *Aristoteles* beginnen lassen. Ihre "Methodik" bestimmt bis heute einen, wenn auch marginalen Teil der Politikwissenschaft: als normative Verfassungstheorie, politische Ethik und Regierungslehre, wie z.B. durch Wilhelm *Hennis* repräsentiert (vgl. dazu *von Alemann* 1995, S. 24 ff.). Bei *Aristoteles* blitzt schon eine erste Form vergleichender empirischer Methode auf, denn seine Sammlung der Verfassungen von 158 griechischen Stadtstaaten ist ein erstes Beispiel systematischer komparativer Analyse. Die weiteren Vorformen der Politikwissenschaft waren für viele spätere Jahrhunderte nur als politische Theorie und politische Philosophie denkbar. Erst mit Niccolò *Machiavelli* begann eine Neubesinnung auf eine realistische, empirische Politikbetrachtung, die sich in einer Art früher Politikberatung auf effektiven Machterwerb und Herrschaftsmaximierung konzentrierte. Auch die großen Politiktheorien von Thomas Hobbes oder John *Locke*, Charles *Montesquieu* oder Jean-Jacques *Rousseau* verblieben auf der Diskursebene, ohne eine empirische Methodik zu entwickeln.

Mit dem Beginn der frühen Staatswissenschaften im aufgeklärten Absolutismus, im Merkantilismus der Kameralistik und mit der "Policeywissenschaft" im 18. Jh. begann eine Verwaltungswissenschaft (Policey hieß damals soviel wie politische Verwaltung, ähnlich wie heute "policy"), die auf Daten und Statistiken über die Bevölkerung und die Produktion angewiesen war. In Deutschland führte Preußen als erstes Land eine amtliche Statistik ein, die unter Friedrich II. 1778 die bisherigen Bevölkerungslisten erweiterte durch Angaben über den Viehbestand, Aussaat, Getreidepreise,

Berg- und Hüttenwerke, Schiffahrts- und Handelsverhältnisse sowie eine "General-fabrikantentabelle" (*Zizek* 1923, S. 14).

Das erste preußische statistische »Bureau« wurde 1805 errichtet. Eine Universitäts-statistik entstand, die im 17. und 18. Jh. die amtlichen Statistiken sammelte und auswertete. Die sog. Politischen Arithmetiker des 18. Jh. gingen über die Tatsachen-feststellung hinaus und versuchten, Gesetzmäßigkeiten aufzudecken, die wis-senschaftlichen, aber auch politischen, wirtschaftlichen und sozialen Zwecken dien-ten, z.B. als Grundlage für Lebensversicherungen. Daraus entwickelte sich im 19. Jh. eine Demographie und Bevölkerungswissenschaft, die sich bemühte, aus der Bevöl-kerungsstatistik Aussagen und Theorien über Altersaufbau, Schichtung, Mobilität und Konzentration (insb. Verstädterung) der Gesellschaft abzuleiten.

Klassische Beispiele dazu sind die Theorien von Thomas R. *Malthus* (1766 - 1834), der durch das ganze 19. Jh. mit seiner Theorie vom überproportionalen Bevölke-rungs- gegenüber dem Nahrungsmittelwachstum einflußreich blieb, oder von Emile *Durkheim* (1858 - 1917), der seine Theorien über anomisches (abweichendes) Ver-halten an Selbstmordstatistiken aufstellte und prüfte - eine Untersuchung (1897), die heute noch von Soziologen für eine vorbildliche gesamtgesellschaftlich orientierte empirische Analyse gehalten wird.

Der Begründer der "Soziologie", der auch diesen Namen prägte, Auguste *Comte* (1791 - 1857), plädierte zwar für einen "Positivismus", also eine Art soziale Natur-wissenschaft, die nur gelten läßt, was sich durch Beobachtung, Experiment und ver-gleichende Methode als wirklich erweist, aber er forderte zugleich eine Verbindung von Theorie und Empirie:

> "Bei jeder Art von Erscheinungen, selbst den einfachsten gegenüber, ist eine wahrhafte Beobachtung nur insoweit möglich, als sie durch irgendeine Theorie zuerst geleitet und schließlich erläutert wird. (...) Es ist demnach vom wirklich wissenschaftlichen Stand-punkt aus klar, daß jede isolierte, völlig empirische Beobachtung wesentlich müßig und sogar von Grund aus unzuverlässig ist" (*Comte*, zitiert nach *Atteslander* 1993, S. 20).

Dies ist eine Aussage, die bis heute gilt, auch wenn *Comte* sie nicht immer beherzigt hat, da er selbst entweder zu positivistisch argumentierte oder umfassend geschichts-philosophisch spekulierte. Dennoch ist damit ein Programm formuliert, das die Sozio-logie - einmal mehr empirisch, ein anderes mal mehr theoretisch orientiert - bis heute bestimmt.

Die Politikwissenschaft ist nach den Anfängen innerhalb der Staatswissenschaften des 18. Jh. im 19. Jh. zunächst aufgelöst worden und aufgegangen in den Einzelwis-senschaften Nationalökonomie, Staatsrechtslehre, Verwaltungsrecht und Geschichts-wissenschaft. Einzelne Lehrbücher der Politik brachten Historiker oder Staatsrechts-lehrer heraus. Methodisch handelt es sich bei diesen Versuchen um theoretische Staatsformenlehre und normative Staatskunstlehre.

In Deutschland entwickelten sich erst um die Jahrhundertwende Vorformen der mo-dernen Politikwissenschaft. Einen Meilenstein für eine politische Soziologie als Teil der Politikwissenschaft markierte Robert *Michels* (1876 - 1936) mit seiner heute noch diskutierten "Soziologie des Parteiwesens" von 1911, in der er die innerparteili-che Demokratie, besonders der Deutschen Sozialdemokratie, untersuchte und daran sein "ehernes Gesetz der Oligarchie" formulierte. Es besagt, daß in jeder Großorganisation undemokratische Strukturen notwendigerweise entstehen müssen. *Michels* stieg zwar tief in empirische Details des politischen Arms der Arbeiterbewegung ein, aber sein "Gesetz" blieb doch mehr normativ und deduktiv postuliert als empirisch erhärtet. Denn er suchte eigentlich nur einseitig nach Bestätigungen seiner Theorie in den Fakten.

In der Weimarer Republik wurde zwar mit der *Deutschen Hochschule für Politik* in Berlin ein Kristallisationskern der frühen Politikwissenschaft gebildet, aber eine methodisch reflektierte politikwissenschaftliche Forschung konnte sich noch nicht etablieren. Die Ziele der *Deutschen Hochschule für Politik* waren mehr der demokratischen Erziehung als der Forschung gewidmet.

Mit dem gleichen Ziel begann die deutsche Politikwissenschaft in der Nachkriegszeit: als Demokratie- und Demokratisierungswissenschaft der jungen Bundesrepublik. Die Anfänge liegen methodisch in den der Staatslehre verpflichteten Kompendien oder in der zeithistorischen Bewältigung von Weimarer Republik und Nationalsozialismus. Erst mit der zunehmenden Normalisierung und Professionalisierung der Politikwissenschaft als einer modernen Sozialwissenschaft entstand eine Ausdifferenzierung auch des politikwissenschaftlichen Methodeninstrumentariums, wie es sich uns heute präsentiert.

1.3   Methodische Orientierungen der deutschen Politikwissenschaft

Ausgangspunkt für eine Einteilung der grundlegenden methodologischen und theoretischen Forschungsansätze in der deutschen Politikwissenschaft sind in den meisten Darstellungen immer noch die klassischen drei Paradigmen als Grundmuster für den Erkenntnis- und Forschungsprozeß (vgl. dazu näher *von Alemann* 1995, S. 23ff.):

- Der *normativ-ontologische* Ansatz, der eine Orientierung an überzeitlichen Werten mit sinnverstehender ("hermeneutischer") Forschung und einem praktisch-philosophischen Erkenntnisinteresse verknüpft. Er wurde früher auch als "Freiburger" oder "Münchner Schule" bezeichnet, weil dort die wichtigsten Protagonisten beheimatet waren, etwa Wilhelm *Hennis* und Hans *Maier*.

- Der *kritisch-dialektische* Ansatz, der historisch-ganzheitliche, gesellschaftskritische Analysen mit dialektisch-historischen Methoden und einem emanzipatorischen Erkenntnisinteresse verbindet. Die "Frankfurter Schule" der Kritischen Theorie, repräsentiert früher durch Theodor W. *Adorno* und Max *Horkheimer*, später durch Jürgen *Habermas* und heute etwa durch den Politologen Josef *Esser*, verkörpert diesen Ansatz, aber auch die anfangs stärker orthodox-marxistisch orientierte "Marburger Schule" mit den Schülern von Wolfgang *Abendroth*.

- Der *empirisch-analytische* Ansatz, der einen an der strikten empirischen Erfahrung orientierten Erkenntnisbegriff mit einem eher technischen und szientistischen Erkenntnisinteresse verbindet. Mit der "Mannheimer Schule", begründet durch Rudolf *Wildenmann* und heute repräsentiert etwa von Max *Kaase*, kann man diese Richtung verorten, die sich im wesentlichen an den Regeln der empirischen Sozialforschung auf der Basis der Wissenschaftstheorie des kritischen Rationalismus von Karl R. *Popper* orientiert.

Im letzten Jahrzehnt sind die scharfen Trennungslinien zwischen diesen Ansätzen stark verwischt worden. Die normativen Positionen sind deutlich in die Defensive geraten und werden hauptsächlich noch im Umkreis der Münchner *Zeitschrift für Politik* gepflegt. Allerdings sind in der Nachbarwissenschaft Soziologie qualitative Methoden, die mit dem normativen Ansatz verwandt, aber nicht deckungsgleich sind, auf dem Vormarsch. Wir werden diese unten ausführlich kommentieren. Die kritisch-dialektischen und neo-marxistischen Positionen sind vom Niedergang des realen Sozialismus stark getroffen und kaum mehr von Bedeutung. Sie waren aber auch schon vorher von ihren Protagonisten eigenständig fortentwickelt worden.

Trotzdem hat die empirisch-analytische Methodologie, die eigentlich als Referenztheorie ihren Sieg feiern könnte, sich nicht zur strengen herrschenden Lehre dogmatisiert. Im Gegenteil: Sie ist pluraler und pragmatischer geworden; ihre Methoden werden allgemein adaptiert und rezipiert, ohne aber alle Voraussetzungen eines kanonisierten Forschungsdesigns allseits verbindlich zu machen. Diese neue empirisch-pragmatische Realität bezeichnen wir als unser Leitbild einer "kritisch-empirischen Politikforschung".

Leider gibt es keine systematische Bestandsaufnahme der tatsächlichen methodologischen Orientierungen der aktuellen politikwissenschaftlichen Forschung in Deutschland. Leider hat auch Carl *Böhret* in seiner überaus verdienstvollen Enquete über die Fach- und Forschungsinteressen der deutschen Politikwissenschaft nicht nach den Methoden und methodologischen Orientierungen gefragt (*Böhret* 1985).

Eine solche systematische Analyse der tatsächlich angewandten und eingesetzten Methoden in der deutschen politikwissenschaftlichen Forschung - ob in Dissertationen oder Habilitationen, Drittmittelprojekten oder auch Monographien und Abhandlungen in den Fachzeitschriften - wäre auch deshalb höchst wünschenswert, damit man eine solide Basis für die Methodenausbildung in den Curricula und natürlich auch für die Methodenlehrbücher erhält. In Ermangelung solcher Daten haben wir uns mit einer kleinen eigenen Erhebung beholfen, die als Basis alle Fachaufsätze von fünf Jahrgängen der führenden Fachzeitschrift unserer Disziplin, der *Politischen Vierteljahresschrift* (PVS), ausgewählt hat. Damit ist sicher keine Aussage über die Gesamtheit der politikwissenschaftlichen Forschung, aber doch ein recht aufschlußreicher Einblick möglich.

Die insgesamt 80 Hauptartikel, die zwischen 1988 und 1992 in der PVS publiziert wurden (immerhin unter zwei verschiedenen Chefredakteuren, so daß eine möglicherweise persönliche Beeinflussung der Publikationsentscheidung verringert werden konnte), haben wir drei verschiedenen methodischen Grundorientierungen und insgesamt zwölf einzelnen Kategorien zugeordnet (vgl. Tab. 1 auf der folgenden Seite). Dabei haben wir natürlich bereits verschiedene methodische Schritte in die politikwissenschaftliche Landschaft gesetzt, die noch gar nicht reflektiert und begründet werden konnten. Diese Einteilung in drei Grundorientierungen (theoretische Beiträge, empiriebasierte Beiträge und empirische Analysen) mit insgesamt zwölf Unterabteilungen hat aus einer Not eine Tugend gemacht. Die Not: die alte Dreiteilung politikwissenschaftlicher Theorieansätze (normativ-ontologisch, kritisch-dialektisch und empirisch-analytisch) gab für eine Einteilung der Aufsätze kaum etwas her. In die ersten beiden Abteilungen hätte kaum ein Artikel gepaßt; in die dritte nur einige, die mit konsequenter methodischer Durchführung hier als "empirische Analysen" geführt werden. Viele Artikel waren zwar empirieorientiert, aber methodisch nicht konsequent; für sie wurde die "weichere" Kategorie der empiriebasierten Beiträge gebildet. Die meisten Aufsätze waren schließlich theoretische Diskurse ganz disparater Natur, für die die erste Kategorie geschaffen wurde. Wir werden diese zwölf Kategorien kurz im einzelnen mit beispielhaften Beiträgen vorstellen, weil sich daraus - wie wir meinen - ein sehr interessantes und "empirisches" Porträt des methodologischen Profils unserer Disziplin skizzieren läßt:

Tabelle 1:   Zwölf methodische Orientierungen der Abhandlungen in der PVS (1988 - 1992) in Prozent (N = 80)

Theoretische Beiträge	
1) Politische Ideengeschichte	8,75
2) Theoriegeschichte des Faches	8,75
3) Theoriedebatte aktuell	15,00
4) Begrifflich-konzeptionelle Analysen	5,00
5) Normative Theorie	1,25
6) Methodologie	1,25
	40,00
Empiriebasierte Beiträge	
7) Historisch-zeitgeschichtl. Analysen	7,50
8) Analysen politischer Institutionen und Prozesse (global/vergl.)	11,25
9) Analysen politischer Institutionen und Prozesse (Fallstudien)	17,50
	36,25
Empirische Analysen	
10) Aggregatdatenanalysen	
- von amtlichen/privaten Statistiken	7,50
- selbsterhoben	3,75
11) Umfragedatenanalysen	
- Sekundäranalysen	7,50
- Primärdaten	2,50
12) Inhaltsanalysen	2,50
	23,75
Summe	**100,00**

Theoretische Beiträge:

Dabei handelt es sich um theoretische Orientierung im weitesten Sinne, von der politischen Ideengeschichte bis zu modelltheoretischen konzeptionellen Betrachtungen. Dieser Bereich umfaßt mit insgesamt 40 % den größten Anteil der Beiträge.

1) *Politische Ideengeschichte* (8,75 %): Hier reichen die Themen von Platon und Aristoteles über Montesquieu bis zur konservativen Revolution der Weimarer Republik oder Hugo Preuß und seine Verfassungstheorie.

2) *Theoriegeschichte des Faches* (8,75 %): Politikwissenschaft im Nationalsozialismus und in der Emigration, aber etwa auch die Entwicklung der "Marburger Schule" um Wolfgang Abendroth werden hier thematisiert.

3) *Theoriedebatte aktuell* (15 %): Dieser zweitgrößte Einzelbereich reicht von politischen Steuerungstheorien über postmoderne Politiktheorie oder Regulationstheorie bis zum neuen Institutionalismus in der internationalen Politik. Es handelt sich durchweg um die interne Theoriediskussion der Disziplin, offenbar eine Lieblingsbeschäftigung des Faches.

4) *Begrifflich-konzeptionelle Analysen* (5 %): Hier stehen eigene Theorieentwürfe und Modelle, häufig in der internationalen Politik, im Vordergrund, z.B. ein erweiterter Sicherheitsbegriff, Rechtsstaatlichkeit in der Regimeanalyse, ökonomische Modelle der internationalen Politik oder auch der Begriff der politischen Klasse.

5) *Normative Theorie* (1,25 %): Der einzige Beitrag dieser Kategorie betrifft die "Politische Rede unter Bedingungen erschöpfter Konsensressourcen".

6) *Methodologie* (1,25 %): Auch hier existiert nur ein Beitrag: "Nutzungsmöglichkeiten qualitativer Art für die mathematischen Methoden der Sozialwissenschaft".

Empiriebasierte Beiträge:

Hier werden Analysen aufgenommen, die zwar ein deutliches Bemühen um Wirklichkeitserfahrung aufweisen, ohne aber eine systematische Datenerhebung und Datenauswertung im Sinne von mininalen Standards empirischer Sozialforschung anzuwenden. Oft handelt es sich auch um Fallstudien (z.B. Modernisierung in China) oder um Querschnittsstudien (z.B. postautoritäre Demokratisierung in Südeuropa). Empirische Daten oder Fakten werden hier in der Regel beispielhaft illustrierend und die Argumentation erhärtend, aber nicht um Hypothesen systematisch zu prüfen, eingesetzt.

7) *Historisch-zeitgeschichtliche Analysen* (7,5 %): Hier wurden historische Analysen eingeordnet wie z.B. Europapolitik der Jahre 1957 - 1958, de Gaulles nationale Politik oder auch die deutsche Einigung von 1989/1990; es handelt sich allerdings in keinem Fall um strenge zeithistorische Untersuchungen mit Quellenstudium oder Zeugenbefragungen.

8) *Analysen politischer Institutionen und Prozesse (global/vergleichend)* (11,25 %): Die Themen reichen von Staat und Gesellschaft Lateinamerikas über die Telekommunikation in Westeuropa bis zur Handlungsfähigkeit des Staates im 20. Jh. oder zur Transformation der Ost-West-Beziehungen nach Ende des Kal-

ten Krieges. Empirie wird illustrierend in den Text einbezogen, ohne systematisch Daten zu prüfen.

9) *Analysen politischer Institutionen und Prozesse (Fallstudien)* (17,5 %): Diese deutlich stärkste Kategorie unserer gesamten Typologie ist offensichtlich das beliebteste Verfahren in der deutschen Politikwissenschaft. Die Themen reichen von der Vollbeschäftigungspolitik in Schweden zur Schuldenkrise in Venezuela, den außenpolitischen Prioritäten der Bundesrepublik bis zur gesundheitspolitischen Steuerungsdebatte. Es werden Analysen vorgelegt, die sehr häufig im Bereich der neueren Politikfeldanalysen, aber auch der vergleichenden und internationalen Politik angesiedelt sind.

Empirische Analysen:

Diese ist mit 23,75 % die kleinste der drei Oberkategorien. Hier wird erwartet, daß systematisch erhobene empirische Daten benutzt und angewandt werden, um Hypothesen, Modelle oder Theorien zu erhärten.

10) *Aggregatdatenanalysen* (11,25 %) sind unter den empirischen Erhebungen die beliebtesten. Meist handelt es sich um Wahlstatistiken, oft aber auch um Wirtschafts- und Sozialdaten (insbes. Bruttosozialprodukt oder Arbeitslosigkeitsstatistiken). Der größere Teil (7,5 %) ist allgemein zugänglichen amtlichen oder privaten Statistiken entnommen, ein kleinerer Teil (3,75 %) ist selbst erhoben (z.B. Zahl der nationalen Konfliktfälle seit dem Zweiten Weltkrieg).

11) *Umfragedatenanalysen* (10 %): Der größte Teil (7,5 %) der Umfragedatenanalysen berichtet nicht auf der Basis eigener Erhebungen, sondern durch Sekundäranalyse vorhandener Daten, in der Regel politische Einstellungsumfragen, z.B. zum Wandel politischer Kultur und Stabilität auf der Basis von Daten des Eurobarometers, Parteienwettbewerb und Regierungswechsel in Deutschland oder US-Präsidentschaftswahl von 1988 oder auch Stabilität politischer Einstellungen bei Bevölkerung und Elite. Der kleinere Teil (2,5 %), das sind ganze zwei Beiträge innerhalb eines Fünf-Jahreszeitraums (!), basiert auf eigenen Primärerhebungen: eine Umfrage unter Arbeitslosen zur Frage der Radikalisierung durch Arbeitslosigkeit bzw. bei Entscheidungsträgern im Rahmen einer Politikfeldanalyse zur Arbeitsmarktpolitik.

12) *Inhaltsanalysen* (2,5 %): Ebenfalls nur zwei Fälle sind als Primärerhebungen von Daten durch Inhaltsanalysen zu registrieren, einmal eine Analyse der Presseberichterstattung im Bundestagswahlkampf 1982/83 im Konflikt um die "Mietenlüge", zum anderen eine systematische Dokumentenanalyse im Politikfeld "Arbeit".

Wir haben diese Bestandsaufnahme der methodischen Orientierung der deutschen Politikwissenschaft am Beispiel von fünf Jahren fachwissenschaftlicher Analysen in der *Politischen Vierteljahresschrift* deshalb so ausführlich dokumentiert, weil wir daran die tatsächliche Schwerpunktbildung aufzeigen wollten, die in Deutschland vorherrscht. Mindestens folgende Erkenntnisse können wir daraus ableiten:

- Es überwiegen in der fachwissenschaftlichen Debatte die theoretisch orientierten Beiträge.

- Der größere Teil der empirisch basierten Untersuchungen ist als Fallstudien, globale oder vergleichende Studien so angelegt, daß theoretisch angeleitete Fragestellungen nur mit Hilfe illustrierender oder erhärtender ausgewählter empirischer Fakten angegangen werden.

- Systematische empirische Analysen sind in der Minderzahl, von diesen ist der größere Anteil auf Aggregatdaten gestützt, der kleinere auf Individualdaten mittels Umfragen.

- Von diesen Umfragedaten entstammen zwei Fälle aus Primärerhebungen, in der Regel wird mit Sekundärdaten gearbeitet.

- Inhaltsanalysen sind nur höchst marginal vertreten.

- Weitere klassische Erhebungsformen der empirischen Sozialforschung, z.B. teilnehmende Beobachtungen oder Laborexperimente, waren nicht anzutreffen.

Bei den Datenauswertungen dominieren ganz einfache Prozentzahlen und Randauszählungen, anspruchsvollere Mehrvariablen-Analysen werden nur in höchstens einem halben Dutzend der Untersuchungen eingesetzt.

Man kann daraus schließen, daß es keinen eigentlichen Königsweg der angewandten Methoden in der deutschen Politikwissenschaft gibt, und sicher ist dies nicht die Umfrageforschung. Allerdings müssen die Grenzen unseres Samples in Rechnung gestellt werden. Wertet man gezielt die größeren empirischen Forschungsprojekte aus, die durch Institute oder Stiftungen (*Max-Planck-Institute, Wissenschaftszentrum Berlin, VW-Stiftung, Deutsche Forschungsgemeinschaft*) finanziert werden, sieht die Lage für systematisch-empirische Studien sicher anders und besser aus. Aber diese Großprojekte repräsentieren auch nicht den Alltag der Forschung in der Disziplin.

Pragmatismus der Methoden charakterisiert die deutsche Politikwissenschaft, wenn man es wohlwollend ausdrückt. Man kann es auch kritischer als eine gewisse "Disziplinlosigkeit" bezeichnen, was sich gerade in den starken Kategorien der aktuellen Theoriedebatten, der Fachgeschichte und der begrifflich-konzeptionellen Analysen ausdrückt, nämlich eine vorrangige Beschäftigung der Politologen mit sich selbst. Auch der mittlere Bereich der "empirisch-basierten Beiträge" zeigt viele sog. empirische Fallstudien, denen ein systematischerer Zugang auf die empirische Wirklichkeit sicher nicht schlecht anstünde. Damit sollen viele dieser oft hervorragenden Einzelbeiträge nicht abgewertet werden. Wenn die Grenzen der Aussagekraft durch nur illustrierende Empirie reflektiert werden, ist nichts gegen ihren heuristischen (d.h. zum Auffinden geeigneten) und explorativen (d.h. zum Vorklären gedachten) Wert einzuwenden. Sie taugen nur nicht zum "Beweis" einer Theorie.

In diesem Sinne soll dieses Methodenlehrbuch auch zu einem kritischen Blick auf die Realität empirischer Forschung der deutschen Politikwissenschaft befähigen.

2   Grundfragen politikwissenschaftlicher Methodologie

2.1   Begriffsdiskussion: Methoden, Methodik und Methodologie

Wissenschaftlich an eine Sache herangehen, heißt bestimmte Methoden anzuwenden, um ein Problem zu lösen oder eine Frage zu beantworten. Auch im alltäglichen Leben und Sprachgebrauch geht es oft um "Methoden". Haben wir eine Aufgabe zu erledigen, bedienen wir uns entsprechender Methoden. Methodisch an etwas herangehen bedeutet soviel wie planmäßig, mit System an eine Sache, z.B. ein Problem heranzugehen. "Wenn man davon spricht, etwas geschehe 'methodisch', so meint man, daß die betreffende Handlung nicht sprunghaft und planlos, sondern zielgerichtet, systematisch, überlegt, geordnet erfolgt" (*Herrmann* 1984, S. 32). Das gilt für den schon erwähnten Kriminalisten, der einen bestimmten Fall aufklären will und sich auf Spurensuche begibt. Es gilt auch für einen Journalisten, der die Hintergründe einer umstrittenen Entscheidung recherchiert, der Material auswertet, Experten telefonisch interviewt und sich damit bestimmter Methoden bedient, um Informationen zu sammeln (*Haller* 1991). Das gilt natürlich auch für einen Politikwissenschaftler, der Dokumente auswertet, Zahlen analysiert, Schlußfolgerungen formuliert. Wissenschaftliches Arbeiten unterscheidet sich von anderen Tätigkeiten durch den Grad der methodischen Reflexion, der Strenge und der Disziplin, mit der Methoden angewendet werden.

Mit anderen Begriffen der Sozial- und Politikwissenschaft teilt der Begriff "Methode" das Schicksal, mehrdeutig und definitionsbedürftig zu sein. Eine Definition des Begriffs, die als Wegweiser durch die folgenden Seiten dienen kann, setzt deshalb seine Diskussion voraus. Zunächst einmal beginnen wir mit dem Versuch einer ganz allgemeinen Annäherung an den Begriff, bevor in einem nächsten Schritt auf Methoden aus der Perspektive der Wissenschaftstheorie bzw. Methodologie und anschließend auf das Methodenverständnis der empirischen Sozialforschung eingegangen wird.

Das Wort Methode leitet sich ab von dem griechischen "*methodos*", zu deutsch: der Weg zu etwas hin. Wir können Methoden begreifen als den Weg, den ein Forscher zurücklegt, um zu seinem Ziel, der Lösung eines wissenschaftlichen Problems, zu gelangen. Auf dem Weg passiert ein Wissenschaftler viele Kreuzungen, muß also Entscheidungen treffen. Oft ist der Weg vorgezeichnet, doch gelegentlich muß er neu gebahnt werden mit Werkzeugen oder Verfahren, die ebenso wichtig sind für die Lösung des Problems wie der Weg, den es zurückzulegen gilt.

Am Anfang des Weges steht normalerweise ein Problem oder eine Fragestellung. Um das Problem zu lösen oder die Frage zu beantworten, bedarf es in der Regel bestimmter Informationen. Meist kommt man mit den vorliegenden Informationen nicht aus. Methoden werden eingesetzt, um das sich bei ganz unterschiedlichen Fragen immer wieder neu stellende Problem der Informationsbeschaffung und -auswertung zu lösen. Sind wissenschaftliche Erkenntnisse nicht schlichtes Abbild der Wirklichkeit, sondern gedankliche Konstruktionen, die es uns erlauben, uns in der Wirklichkeit zurechtzufinden, dann sind Methoden Werkzeugen vergleichbar, mit deren Hilfe solche Konstruktionen erstellt werden. Im Falle der Wissenschaft besteht das Endprodukt eines solchen Konstruktionsvorhabens in Erkenntnissen über die Wirklichkeit, formuliert in Begriffen, Hypothesen und Theorien. Die bei der Konstruktion von Erkenntnissen verwendeten Werkzeuge und Verfahren wollen wir im folgenden als Methoden bezeichnen.

Die Methoden der Sozial- und Geisteswissenschaften sind das Handwerkszeug der Politikwissenschaftler. Für sie stellt sich daher die Aufgabe, aus dem Handwerkskasten dieser Wissenschaften die für ihre Zwecke geeignetsten Werkzeuge auszuwählen. Dabei kommt es auf die Eignung an. Denn nicht alles, was sich im Methodenkasten dieser Wissenschaften befindet, taugt problemlos dazu, politikwissenschaftliche Fragestellungen zu erforschen. Methoden müssen dem Gegenstandsbereich adäquat sein. Darüber ist man sich weitgehend einig. Welche Methoden die geeignetsten sind, um das Verhalten von Wählern, die Entscheidungsprozesse in Organisationen oder den Einfluß von Verbänden zu studieren - um nur einige wenige Fragestellungen der Politikwissenschaft zu nennen -, ist allerdings umstritten. Letztlich läßt sich eine Antwort darauf nur geben, nachdem man bestimmte Methoden ausprobiert und den Ertrag bewertet hat. Die Antwort auf die Frage nach den geeignetsten Methoden wird jedoch auch von unterschiedlichen methodologischen Grundannahmen bestimmt, wie später noch gezeigt wird.

Bei den zur Lösung eines Problems angewendeten Methoden handelt es sich oft um bewährte Verfahren, derer sich Wissenschaftler bei der Konstruktion und Produktion ihrer Erkenntnisse bedienen. Nur bei wenigen Forschungsvorhaben müssen die Wege neu angelegt, die Werkzeuge neu erfunden werden. Das hat zur Folge, daß Methoden die Forscherneugier in geregelte Bahnen, in ausgetretene Pfade lenken können. Sie systematisieren zwar die Forschungstätigkeit und verleihen Erkenntnissen auf diese Weise Gültigkeit, fordern jedoch auch ihren Preis. Denn Methoden können die Perspektive begrenzen und, wo sie zum Selbstzweck geworden sind, zu trivialen, wenig nützlichen Erkenntnissen führen. Hinzu kommt, daß ungültige Erkenntnisse oder "Forschungsartefakte" die Folge sein können, wenn die mit bestimmten Methoden verbundenen Störfaktoren oder Fehlerquellen nur ungenügend beachtet oder nicht vermieden werden (*Bungard/Lück* 1974; *Kriz* 1981).

Um die notwendigen Informationen zu beschaffen, reicht es oftmals nicht, sich mit dem Vorhandenen zu begnügen: Methoden müssen verfeinert, optimiert, gelegentlich auch neu erfunden werden. An verschiedenen sozialwissenschaftlichen Methoden läßt sich dieser Entwicklungsprozeß dokumentieren, der vorangetrieben wurde durch Untersuchungen, bei denen die Methoden selbst zum Gegenstand wurden. Den Anstoß zu Weiterentwicklungen gaben jedoch auch gesellschaftliche Entwicklungen. Nachdem die Kommunikationsforschung inhaltsanalytische Verfahren zur Analyse gedruckter Informationen erfunden hatte, mußten diese im Zeitalter des Fernsehens weiterentwickelt werden, um die visuellen und sprachlichen Inhalte dieses Mediums zu erfassen. Kreativität ist also nicht nur bei der Problemlösung, sondern bereits bei der Methodenauswahl und -anwendung gefordert. Selbst wenn man ein Methodenlehrbuch als Kochbuch begreift, kommt es immer noch auf die Auswahl des richtigen Rezepts und der richtigen Zutaten an. Schließlich ist, was im Werkzeugkasten einer Wissenschaft zur Verfügung steht, auch eine Frage der Technik: Die Entwicklung von Computern hat zweifellos die empirische Sozialforschung revolutioniert. Die heute zur Verfügung stehenden Geräte und Software gestatten die Verarbeitung immer größerer Datenmengen mit zunehmend komplexeren Auswertungsverfahren.

Aber auch die Herstellung und Auswertung von Texten werden durch die Entwicklung der Informationstechnologie drastisch verändert, also eine Domäne, die eher der Geisteswissenschaft zugerechnet wird. So gesehen werden die Humanwissenschaften vom Fortschritt in anderen Disziplinen wie Informatik oder Ingenieurwissenschaften berührt. Auch die Sozialwissenschaften sind zu Apparatewissenschaften geworden. Das Lesen von Büchern allein reicht nicht mehr aus, auch wenn Bücher immer noch das wichtigste Speichermedium für Forschungsergebnisse sind.

Methoden als Werkzeug helfen dabei, Antworten auf die Fragen der Wissenschaftler zu geben. Inwieweit die Antwort überzeugt, hängt nicht nur von ihrem Inhalt ab, sondern auch von den Methoden, mit deren Hilfe sie gewonnen wurde. Denn die eingesetzten Methoden erfordern oftmals Kompromisse, haben Vorzüge und Nachteile, die es bei der Lektüre der Forschungsergebnisse zu berücksichtigen gilt. Liegt die Forschungsarbeit aber als Buch oder als Zeitschriftenaufsatz vor, konzentriert sich die Aufmerksamkeit meist auf das Ergebnis, auf das "Substantielle", während Methodenfragen in den Hintergrund rücken, in den Anhang oder die Fußnoten verdrängt werden. Erst wenn ein Forschungsergebnis der herrschenden Meinung oder dem "conventional wisdom" widerspricht, werden Methoden kritisch unter die Lupe genommen. Methoden dienen Wissenschaftlern also nicht nur dazu, Erkenntnisse zu gewinnen, sondern auch, ihre Forschungsergebnisse abzusichern. Man spricht von "methodisch gesicherten Erkenntnissen" - auch wenn diese Sicherheit unter Umständen trügerisch sein kann.

Trotz der weiter oben getroffenen Feststellung, Wissenschaft zeichne sich durch den reflektierten Gebrauch von Methoden aus, begnügen sich Wissenschaftler oftmals mit der Anwendung von Methoden. Im Rahmen der Arbeitsteilung unter Wissenschaftlern haben sich einige auf die Methodenreflexion und -entwicklung spezialisiert. Während die einen also das Studium der Methoden zu ihrem Arbeitsgebiet gemacht haben, fehlt es den anderen an Methodenbewußtsein, d.h. an der kritischen Reflexion über die eigenen Methoden. Das gilt sowohl für die eher geisteswissenschaftlich arbeitenden Politikwissenschaftler wie auch für ihre Kollegen mit sozialwissenschaftlichem Selbstverständnis. Wer nach Methoden fragt, riskiert oftmals erstauntes Stirnrunzeln. Vielen Forschern ist die von ihnen verwandte Methode - sei es nun die Quellenanalyse, Umfrageforschung oder Aggregatdatenanalyse - in "Fleisch und Blut" übergegangen. Sie halten es für Zeitverschwendung, über Methoden zu reflektieren. Ihre Scheu vor einem ausgeprägten Methodenbewußtsein mag vielleicht daher rühren, daß sie befürchten, durch allzu bewußtes methodisches Vorgehen, also das ständige kritische Hinterfragen der zahlreichen Entscheidungen, die im Forschungsprozeß getroffen werden müssen, ins Stolpern zu geraten. "Der Tausendfüßler kann sich weiterbewegen, ohne daß er sich dessen bewußt ist, was er genau tut. Die genaue Kenntnis seiner Bewegungen würde dazu führen, daß er unfähig wird, sich fortzubewegen wie vorher", mögen methodenscheue Politikwissenschaftler argumentieren (*Opp* 1970, S. 13). Auch begnadete Journalisten mit dem "richtigen Riecher" für faule Sachen halten Methodenbewußtsein eher für hinderlich. "Solch begabten Journalisten Methodenzwang, auch Disziplin beizubringen, könnte dazu führen, daß sie ihre somnambulische Sicherheit verlieren und schlechter statt besser werden", vermutet der Journalist Michael *Haller* (1991, S. 19). Doch Genies, die sich den bewußten Erwerb von "Wissen über methodisch richtiges Vorgehen" (ebd.) schenken können, sind unter Politikwissenschaftlern wahrscheinlich genau so rar gesät wie unter Journalisten. Für beide führt kein Weg an expliziten Methodenkenntnissen vorbei, wobei sich Politikwissenschaftler der Methodenreflexion noch weniger entziehen können als Journalisten, denn die Aufgabe der Kritik, die sich in jeder Wissenschaft stellt, erstreckt sich auch auf die Methoden.

Bei einer Durchsicht von Zeitschriften und Publikationen der Politikwissenschaft wird deutlich, daß das Methodenbewußtsein oft zu kurz kommt. Exkurse zur Methodik der eigenen Arbeit oder Anhänge mit Erläuterungen zum eigenen methodischen Vorgehen sind dünn gesät, zumindest im Vergleich zu anderen Sozialwissenschaften. Die Produzenten von Forschungsergebnissen unterlassen es oftmals, den "Kontextrahmen" zu dokumentieren, der den inhaltlichen Aussagen erst seine Bedeutung verleiht. Denn erst wenn

> "möglichst viele der implizit getroffenen Entscheidungen explizit gemacht und im Hinblick auf mögliche Alternativen hinterfragt und begründet werden, können die Konsumenten (Leser, Auftraggeber) der vorgelegten Ergebnisse den Forschungsprozeß kritisch nachvollziehen. Nur so kann der Kontextrahmen, in dem die Ergebnisse Bedeutung und Rang haben sollen, vom Produzenten dem Konsumenten der Forschung vermittelt werden; nur so können in einem diskursiven Prozeß die gewählten Perspektiven erkannt werden und der Forschungsgegenstand eine intersubjektive Bedeutung erlangen" (*Kriz* 1981, S. 144).

Politikwissenschaftler sind also gut beraten, wenn sie sich explizit um ihre Methoden kümmern. Denn das Problem des mangelnden Methodenbewußtseins stellt sich umso schärfer, wenn es darum geht, die eigene Arbeitsweise anderen zu vermitteln, also Forschung mit Lehre zu verbinden. Getreu der Maxime "Einheit von Forschung und Lehre" wird von Studenten des Fachs erwartet, daß sie den Forschern über die Schulter schauen und auf diese Weise mitbekommen, wie man's macht. So werden zwar auch Methoden vermittelt, aber ohne konkrete Handlungsanweisungen, sozusagen als *hidden curriculum*, als verborgenes, unreflektiertes Nebenprodukt des politikwissenschaftlichen Unterrichts. Außerdem kommen angesichts des Betriebs in den heutigen Massenuniversitäten nur wenige Studenten in den Genuß von Nähe, die ein Über-die-Schulter-Schauen ermöglichen würde. Fernstudenten sind da noch schlechter dran; für sie gilt ohnehin nur das geschriebene Wort.

Richtig ist, daß man die Anwendung von Methoden am besten in der Praxis erlernt. Dazu ist es erforderlich, sich mit der "Methodik" eines Fachs zu beschäftigen, also dem Methodenrepertoire einer Disziplin. Angesichts der verschiedenen methodologischen Orientierungen in der Politikwissenschaft ist dieses Vorhaben jedoch nicht so einfach, denn das Repertoire umfaßt eine Fülle unterschiedlicher Verfahren, die ihre Herkunft aus anderen Disziplinen wie der Geschichtswissenschaft, der Jurisprudenz, der Soziologie und der Sozialpsychologie nicht leugnen. Die Suche nach einer eigenständigen Methodik der Politikwissenschaft muß daher vergeblich bleiben. Andererseits wird von der historischen, der juristischen, von naturwissenschaftlichen oder sozialwissenschaftlichen Methoden gesprochen. Das legt die Vermutung nahe, die Politikwissenschaft stelle eine Ausnahme dar, sie sei eine unfertige Disziplin, der die Ausbildung eines eigenen Methodenkanons noch nicht gelungen sei. Bei genauerem Hinsehen stellt man jedoch fest, daß auch in den Nachbardisziplinen der Politikwissenschaft inzwischen der Methodenpluralismus an der Tagesordnung ist. Auch Historiker, Juristen, Soziologen und Naturwissenschaftler lassen sich nicht mehr so einfach über einen methodischen Leisten schlagen. Es liegt also nahe, grundlegender nach den Methoden einer Disziplin zu fragen, sie aus der übergreifenden Perspektive der Wissenschaftstheorie oder Methodologie zu betrachten.

Die Rede von der historischen, der juristischen und der sozialwissenschaftlichen Methode gründet auf Unterscheidungen der Wissenschaftstheorie oder *Methodologie*. Ihr obliegt die kritische Methodenreflexion. Als Zweig der Wissenschaftstheorie befaßt sie sich mit der Forschungslogik einzelner Wissenschaften und versucht, die Bedingungen der Möglichkeit wissenschaftlicher Erkenntnis bezogen auf einen bestimmten Gegenstandsbereich zu ergründen. Welche Aussagen überhaupt über politisches Handeln von Menschen möglich sind, wie man wahre von falschen Aussagen unterscheiden kann, was objektive Erkenntnis bedeutet - mit diesen Fragen beschäftigt sich die Methodologie. Sie ist keine empirische Disziplin. Methodologen interessieren sich zwar dafür, was andere Sozialwissenschaftler tun, wenn sie eine bestimmte Methode anwenden. Aber sie sind in der Regel nicht so sehr daran interessiert zu beschreiben, wie Wissenschaftler tatsächlich vorgehen, sondern haben sich auch zum Ziel gesetzt, die Methodenanwendung "rational zu rekonstruieren". Hinter dieser Formulierung verbirgt sich die Aufgabe des Methodologen, über die empirische Erfassung der jeweils praktizierten Methoden hinaus "idealtypisch" zu formulieren, wie ein rational handelnder Wissenschaftler unter idealen Bedingungen einen bestimmten Gegenstand erforschen würde. Auf diese Weise verfolgt die Methodologie das Ziel, normativ zu klären, wie der wissenschaftliche Forschungsprozeß zu organisieren sei, wenn gültige Erkenntnisse gewonnen werden sollen.

Methodologische Debatten über solche grundsätzlichen Fragen wissenschaftlicher Forschung wurden in den Sozialwissenschaften mehrfach mit großer Intensität geführt. Im "Positivismusstreit in der deutschen Soziologie" (*Adorno* u.a. 1972) prallten unterschiedliche Auffassungen in Grundsatzfragen aufeinander und erschütterten die ohnehin von Selbstzweifeln geplagte Soziologie. Zwar war die Politikwissenschaft weniger stark betroffen, doch auch unter Politikwissenschaftlern gibt es grundsätzliche Meinungsverschiedenheiten darüber, was Gegenstand politikwissenschaftlicher Erkenntnis sein sollte und mit welchen Methoden man Forschung betreiben kann. So wird darüber gestritten, ob sich die Politikwissenschaft einem einheitswissenschaftlichen Ideal verschreiben und danach streben sollte, die Gesetzmäßigkeiten politischen Handelns zu ergründen. Strittig ist ebenfalls der erkenntnistheoretische Status von normativen Aussagen, also von Werturteilen. Sind sie ein legitimer Teil wissenschaftlicher Erkenntnis, intersubjektiv überprüfbar durch die Anwendung von Methoden, oder müssen normativen Aussagen die Prädikate wahr oder falsch vorenthalten werden? Meinungsverschiedenheiten gibt es schließlich auch über die Beziehung von erkennendem Subjekt und zu erkennendem Objekt in der Politikwissenschaft, deren Vertreter die Welt ja nicht von einem anderen Stern beobachten, sondern selbst Teil der Gesellschaft sind, die sie erkennen wollen. Die Politikwissenschaft ist weit von endgültigen und zufriedenstellenden Antworten auf solche Fragen entfernt. Der Methodenpluralismus ist eine Konsequenz des ungeklärten Status zahlreicher Grundsatzfragen. Inzwischen hat die Politikwissenschaft mit dem Pluralismus zu leben gelernt. Er trägt dazu bei, daß der Gegenstand der Politikwissenschaft, das politische Handeln von Menschen mit dem Ziel, für eine Gesellschaft verbindliche Entscheidungen herbeizuführen, aus ganz unterschiedlichen Perspektiven beleuchtet werden kann.

Aus wissenschaftstheoretischer Sicht wird also grundlegend, aber auch vereinfachend zwischen Methoden verschiedener "Wissenschaftsfamilien" unterschieden. Dabei haben Wissenschaftstheoretiker eher Denk- oder Erkenntnismethoden im Auge, nicht die konkreten Verfahren, mit denen empirisch arbeitende Forscher ihre Informationen gewinnen und auswerten.

"Der Weg des wissenschaftlichen Vorgehens wird als Methode bezeichnet", so Helmut *Seiffert* im "Handlexikon zur Wissenschaftstheorie".

> "Vom Standpunkt der heutigen Wissenschaftstheorie aus kann man sagen, daß den einzelnen Wissenschaftsbereichen Methoden zugeordnet sind, so zum Beispiel der Mathematik die deduktive Methode, den Natur- und teilweise den Sozialwissenschaften die induktive Methode, den Geisteswissenschaften und ebenfalls teilweise den Sozialwissenschaften die phänomenologische, die hermeneutische, die historische Methode" (*Seiffert* 1992, S. 215).

Die Zuordnung von Wissenschaftsdisziplinen und Methoden ist umstritten. Sie gelingt offensichtlich auch nur unvollkommen. Allein der Mathematik wird nur eine Methode zugeordnet, nämlich die deduktive, während sich die Realwissenschaften die induktive Methode teilen und den Geisteswissenschaften gleich verschiedene Methoden zugeordnet werden. Sozialwissenschaftler stehen zwischen allen Fronten und haben es daher mit einer besonders großen Auswahl von Konstruktionsverfahren zu tun. Denn aus der Sicht des Wissenschaftstheoretikers teilen sie sich mit den Geisteswissenschaftlern deren Methoden, während sie mit den Naturwissenschaftlern die "induktive Methode" verwenden, also von Einzelbeobachtungen auf allgemeine Zusammenhänge schließen und Gesetze formulieren, die zur Erklärung von Ereignissen oder Sachverhalten herangezogen werden können.

Es handelt sich bei der *induktiven Methode* um eine Denkweise, die beim Einzelnen, Konkreten beginnt, das verschiedenen Einzelfällen Gemeinsame auf intuitivem Wege erschließt und so zu Formulierungen über die Gesamtheit aller Fälle gelangt. Induktiv gewonnene Erkenntnisse weisen damit über die konkret untersuchten Fälle hinaus. Da es niemals gelingt, die Gesamtheit aller Fälle zu untersuchen, können die auf induktivem Wege gewonnenen Erkenntnisse kaum eine Ewigkeitsgarantie für sich beanspruchen. Induktive Verfahren dienen darum auch mehr der Erzeugung als der Prüfung von Hypothesen. So ist damit zu rechnen, daß Aussagen über das Verhalten von Wählern bei der nächsten Wahl nicht mehr gültig sind, als überholt gelten und revidiert werden müssen. Auch ist nicht damit zu rechnen, daß eine allgemeine Theorie des Wählerverhaltens nur auf den Untersuchungen in einem Land basieren kann. Erst wenn über verschiedene Zeitpunkte und Orte hinweg Daten gesammelt wurden, kann es auf induktivem Weg gelingen, Aussagen zu formulieren, die über den Tag hinausreichen und begründete Erwartungen für künftiges Verhalten zulassen. Der erkenntnistheoretische Status induktiver Schlüsse ist umstritten, denn ihre Erfahrungsbasis ist immer unvollständig. Ohne induktives Schließen könnten wir uns aber kaum in der Welt orientieren. Offensichtlich sind viele reale Phänomene invariant genug, daß induktiv gewonnene Konstruktionen zu realistischen Erwartungen und erfolgreichen Orientierungen führen können.

Als Spiegelbild zur induktiven Methode darf die *deduktive Methode* angesehen werden, die *Seiffert* der Mathematik vorbehalten will. Auch wenn uns Dreiecke, Linien und Punkte aus unserer Erfahrung her vertraut und in unserer Anschauung real sind, so gilt doch, daß sich die Mathematik nicht mit beobachtbaren Gegenständen und Ereignissen beschäftigt, sondern mit gedanklichen Konstruktionen, nämlich Ableitungen von Sätzen aus nicht weiter hinterfragten oder hinterfragbaren Axiomen. Doch die Methode der Deduktion hat auch ihren Platz in den empirischen Wissenschaften. Am Ausgangspunkt eines deduktiv errichteten Gebäudes stehen Axiome, also Aussagen, die zunächst einmal hingenommen werden. Ihr Wahrheitsgehalt steht lediglich insofern zur Debatte, als die aus den Axiomen abgeleiteten Sätze zu beobachtbaren Aussagen führen, die wiederum auf ihren Wahrheitsgehalt geprüft werden können.

In den Naturwissenschaften ist Mathematisierung weit vorangeschritten und wird mit Erfolg praktiziert. Auch in den Sozialwissenschaften bemüht man sich um die Formalisierung von Erkenntnissen in deduktiv konstruierten Theorien. So liegt es nahe, daß sich Vertreter verschiedenster Disziplinen inzwischen mathematischer Methoden bedienen, um Verhalten, Strukturen oder Prozesse zu modellieren (*Rapoport* 1980). Hier sei lediglich auf die Spieltheorie als formalisierte Entscheidungstheorie hingewiesen, mit deren Hilfe u.a. das kooperative Verhalten rationaler, ihren Nutzen maximierender Akteure modelliert werden kann. Ob die Akteure nun Personen sind, Staaten oder gar einzellige Lebewesen, ist aus der Sicht der formalen Spieltheorie irrelevant. Für die Einzelwissenschaften ist jedoch von Bedeutung, ob sich mit Hilfe der formalen Modelle, die in der Regel auf bestimmten, vereinfachenden Annahmen beruhen, Aussagen formulieren lassen, zu denen man auf intuitivem oder induktivem Wege nicht gelangt wäre. Das Buch des Politikwissenschaftlers Robert *Axelrod* über die "Evolution von Kooperation" sei als Beispiel für eine solche breite Anwendung der Spieltheorie genannt. *Axelrod* zeigt, welche Handlungsstrategien egoistischer Akteure zu kooperativem und damit wechselseitig nützlichem Verhalten führen können, ohne daß die Einhaltung der Gegenseitigkeit durch den Staat garantiert wird (*Axelrod* 1984). Für die Lehre von den internationalen Beziehungen, die sich mit dem internationalen System als einem anarchischen System beschäftigt, stellt dies eine wichtige Erkenntnis dar.

Die Vielfalt politikwissenschaftlicher Methoden ist damit noch nicht erschöpft. Politikwissenschaftler mit einem eher geisteswissenschaftlichen Selbstverständnis beschreiten andere Wege bei der Konstruktion ihrer Erkenntnisse. Sie fragen nach dem "Wesen" von Dingen wie Staat, Herrschaft oder Autorität ganz im Sinne der Phänomenologie. Oder sie versuchen, den Sinn von Handlungen zu erschließen, und bedienen sich dabei einer Kunstlehre des Verstehens, der *Hermeneutik*. Wir werden später noch genauer auf das hermeneutische Verstehen eingehen, doch sei hier erwähnt, daß die Gegenüberstellung von geistes- und sozialwissenschaftlichen Methoden auf dem Gegensatz von "Verstehen" und "Erklären" fußt. Hier sollen einige knappe Hinweise auf geisteswissenschaftliche Konstruktionsverfahren genügen. Ein Beispiel dafür ist die phänomenologische Betrachtung. Sie beginnt in der Regel mit der Arbeit an Begriffen. Der Sprachgebrauch eines Autors wird untersucht, und das Wesen einer Sache wird erschlossen, indem die Geschichte des Begriffs rekonstruiert wird. Im Zuge der historischen Rekonstruktion des Begriffs - die sich eigentlich als eine eigenständige Konstruktion begreifen läßt - werden die konstanten und die variablen

Elemente des Begriffs herausgefiltert, und, da zwischen Sprache und Wirklichkeit nicht unterschieden wird, das gültige Sein, das Wesen, ermittelt.

Wilhelm *Hennis'* Streitschrift über Demokratisierung mag als Beispiel eines solchen Vorgehens genannt werden. *Hennis* ermittelt den wahren Gehalt des Begriffs "Demokratie" durch Rekonstruktion seiner Geschichte, zeigt, daß Freiheit und Gleichheit untrennbar mit diesem Begriff verwoben sind, und kommt auf diese Weise zu dem Schluß, die Prinzipien der Demokratie seien nicht geeignet für die Gestaltung von Strukturen "nichtpolitischer Bereiche" wie Schulen, Fabriken oder Universitäten (*Hennis* 1970). Ein solches geisteswissenschaftlich orientiertes Konstruktionsverfahren hat durchaus einen legitimen Platz als Erkenntnismethode der Politikwissenschaft. Es besticht vielleicht weniger durch sein Ergebnis als durch die Tiefe seiner Analyse. Auch im politischen Diskurs kann es Wirkung entfalten, wenn es zu einem bewußteren Sprachgebrauch führt. Aber als Beitrag zum Verständnis moderner Demokratien, in denen es durchaus einen Zusammenhang zwischen politischer und sozialer Partizipationsbereitschaft gibt (*Almond/Verba* 1965, S. 284 ff.), bedarf es der Ergänzung durch andere Konstruktionsverfahren. Es macht daher wenig Sinn, Sozial- und Geisteswissenschaft gegeneinander auszuspielen. Beide Konstruktionsweisen lassen sich ergänzend nutzen.

Ähnliches gilt für die von *Seiffert* den Geistes- und Sozialwissenschaften zugewiesene *historische Methode*. Sie sollte den Methoden der Sozialwissenschaften nicht entgegengesetzt, sondern in ihren Kanon integriert werden. Angesichts des Methodenpluralismus in der modernen Geschichtswissenschaft sträubt man sich gegen die Ausdrucksweise "die historische Methode", hat doch die Geschichtswissenschaft einen langen Weg zurückgelegt von den klassischen Verfahren der Erkenntnisgewinnung durch Kritik und Interpretation von Quellen bis zur modernen hypothesen- und theoriegeleiteten Geschichtsforschung. Wenn der Begriff "historische Methode" im Singular noch eine Berechtigung hat, dann als Bezeichnung von Konstruktionsverfahren, die statt nach allgemeingültigen, raum-zeitlich ungebundenen Gesetzmäßigkeiten nach dem Entstehen und Werden von Dingen fragen, frei nach dem Motto: Wie wir wurden, was wir sind. Bei solchen Dingen kann es sich um Verhaltensweisen, Institutionen und Organisationen handeln, deren heutige Gestalt nur durch Rekonstruktion ihrer Entstehung und Entwicklung verständlich wird. Im engeren Sinne kann unter "der historischen Methode" die Interpretation von Quellen mit Hilfe hermeneutischer Verfahren verstanden werden, wobei die Geschichtswissenschaft einer starker theoretisch orientierten Politikwissenschaft eine unerläßliche Hilfestellung leistet, indem sie nachprüfbare Beobachtungsaussagen über einzelne Ereignisse liefert. Stärker noch als Sozialwissenschaftler ordnen Historiker ihre Erkenntnisse nach chronologischen Prinzipien, rekonstruieren erzählend das Gewesene und üben Zurückhaltung bei der Extrapolation ihrer Erkenntnisse in die Zukunft (⇨ Kapitel III).

Wenngleich von *Seiffert* nicht ausdrücklich erwähnt, so sei an dieser Stelle noch die *juristische Methode* genannt. Auch hier fällt es schwer, diese Ausdrucksweise beizubehalten angesichts des Methodenpluralismus in den Rechtswissenschaften. Juristen haben es mit speziellen Texten zu tun, nämlich Verfassungen, Gesetzen, Verordnungen, und mit dem Handeln von Menschen, auf das diese Texte bezogen werden müssen, um zu Urteilen zu gelangen. Insofern Urteile, nicht Hypothesen oder Theorien das Ergebnis juristischer Erkenntnis darstellen, kann von der juristischen im Unterschied zu anderen Methoden gesprochen werden. Hermeneutische Methoden des Verstehens, wie sie weiter unten noch ausführlicher beschrieben werden, sind dabei gefragt. Und da es im Bereich der Rechtsprechung letztverbindliche Urteile gibt, können auf diese Weise gar die Regeln der Interpretation höchstrichterlich festgelegt und damit der Spielraum von Auslegungen eingegrenzt werden. Doch Rechtswissenschaftler bilden nicht nur Richter aus, die Urteile schreiben sollen, sondern sind ganz ähnlich wie Politikwissenschaftler an Erkenntnissen über die politische Wirklichkeit interessiert. Wenngleich sich ihre Perspektive von der anderer Sozialwissenschaftler unterscheidet, greifen sie dabei auch auf sozialwissenschaftliche Methoden zurück, wie sich umgekehrt Politologen, Soziologen und Historiker der von Rechtswissenschaftlern und Richtern verfaßten Texte bedienen.

Für Sozialwissenschaftler stehen dagegen die Methoden der *empirischen* Erkenntnisgewinnung im Vordergrund, also diejenigen Methoden, die gewährleisten, daß die Konstruktionen der Sozialwissenschaftler einen Bezug zur sozialen Wirklichkeit der realen Welt aufweisen. Unterschieden werden dabei in der Regel *Methoden der Datenerhebung* und *Methoden der Datenanalyse*. In diesem Sinne empfiehlt auch der Politologe Werner J. *Patzelt*, Methoden zu definieren als

> "die konkreten Verfahren der Informationsgewinnung ('Datenerhebung') durch Dokumentenanalyse, Befragung, Beobachtung, Experiment und Simulation, oder der Informationsauswertung ('Datenanalyse') durch die Nutzung der hermeneutischen Methode, der historischen Methode, der juristischen Methode oder der statistischen Methoden" (*Patzelt* 1992, S. 194).

Dieser von Sozialwissenschaftlern gepflegte Methodenbegriff macht es schwer, eine Trennungslinie zwischen Methoden und Forschungstechniken zu ziehen. Die Inhalte von Büchern mit dem Titel "Techniken der empirischen Sozialforschung" und "Methoden der empirischen Sozialforschung" sind daher auch fast deckungsgleich. Bei Begriffsabgrenzungen handelt es sich um Vereinbarungen, und unser Vorschlag zur Abgrenzung beider Begriffe orientiert sich an dem griechischen Ursprung des Wortes Technik (techne), das in der Antike soviel wie "Handwerk" oder "Kunst" bedeutete. Als Forschungstechnik wollen wir eher die praktische, handwerkliche Seite der sozialwissenschaftlichen Methoden bezeichnen, in die konkrete Erfahrungen mit dem Umgang bestimmter Methoden eingegangen sind. Die Forschungsmethoden selbst können Gegenstand theoretischer und empirischer Analysen werden, während die Kenntnis der Forschungstechniken als "Anwendungspraktiken" (*Patzelt*) stärker durch praktische Erfahrungen geprägt wird.

Neu an *Patzelts* vornehmlich an Politologen gerichtetem Plädoyer für einen "mit den übrigen Sozialwissenschaften geteilten Methodenbegriff" (ebd.) ist, daß er Verfahren einschließt, die manche seiner Kollegen nicht zum Kanon der "Methoden der empirischen Sozialforschung" rechnen würden, schon gar nicht zu den Methoden der Informationsauswertung, nämlich die hermeneutische, die historische oder die juristische Methode. Tatsächlich scheint es sinnvoller, lediglich zwischen statistischen, also quantitativen, und hermeneutischen, also eher qualitativen Verfahren der Informationsauswertung zu unterscheiden, da sowohl die Geschichtswissenschaft als auch die Jurisprudenz sich des hermeneutischen Verstehens bedienen, wenngleich mit jeweils charakteristischen Besonderheiten, auf die in späteren Kapiteln noch eingegangen wird.

Der *Patzelt*sche Sprachgebrauch hat jedoch einige Vorteile: Er rückt die Geschichtswissenschaft und die Jurisprudenz näher an die Sozialwissenschaften heran, und er nimmt auch dem innerpolitikwissenschaftlichen Streit zwischen Vertretern der empirisch-analytischen, der normativ-ontologischen und der kritisch-dialektischen Richtung einiges an Schärfe. Denn im Streit dieser verschiedenen Schulen wurden auch die Unterschiede in den Methoden immer wieder als Ab- und Ausgrenzungskriterium herangezogen. Das gilt gerade für den Gegensatz von Erklären und Verstehen, der sich als hinfällig erweist, wenn man das hermeneutische Verstehen als eine Form der Informationsauswertung begreift.

Der von *Patzelt* vorgeschlagene Sprachgebrauch reflektiert zudem den methodologischen Wandel innerhalb der Sozial- und Geisteswissenschaften. Während sich Sozialwissenschaftler als Vertreter junger, um Anerkennung ringender Disziplinen an den Naturwissenschaften orientierten, versuchten Historiker, diesem Sog zu entkommen und die Eigenständigkeit der historischen Erkenntnis zu behaupten. Sie waren eher bereit, Wilhelm *Dilthey* zu folgen und auf die Methode des Verstehens zu setzen, während der Soziologe Max *Weber* für eine Kontrolle des Verstehens von Zusammenhängen mit den Methoden kausaler Zurechnung plädierte (vgl. *König* 1973, S. 19). Doch mit der gegen Ende der sechziger Jahre dieses Jahrhunderts einsetzenden Einsicht, daß die Soziologie "die Naturwissenschaften zwar nachahmen, aber nicht wirklich zu einer Naturwissenschaft des Sozialen werden kann" (*Lepenies* 1989, S. 69), setzte eine Wende zu interpretativen, qualitativen Methoden ein, womit die von zahlreichen Sozialwissenschaftlern geschmähte, von vielen Historikern dagegen als "Sonderweg der Geschichte" gepriesene Hermeneutik Einzug hielt in sozialwissenschaftliche Forschungsprojekte als eine empirische Forschungsmethode. Umgekehrt fanden die quantitativen Forschungsmethoden der Sozialwissenschaften Eingang in die Geschichtswissenschaft, vor allem bei Historikern wie Jürgen *Kocka* und Hans-Ulrich *Wehler*, die für eine *historische Sozialwissenschaft* plädierten.

Damit wurden die Grenzen zwischen den Erkenntnis- und Forschungsmethoden einerseits sowie zwischen den Disziplinen oder Fächern hinsichtlich der Methodenanwendung andererseits durchlässiger. Nicht zugunsten eines "Einheitsbreis", wohl aber zugunsten eines *Methodenpluralismus* nicht nur in der Politikwissenschaft, sondern auch in anderen Sozialwissenschaften, der Geschichte und auch der Rechtswissenschaft. Auf die Politikwissenschaft bezogen finden wir eine ganze Bandbreite von empirischen Forschungsmethoden: von experimentellen Methoden über repräsentative Befragungen bis hin zu wenig vorstrukturierten Fallstudien, die sich an der Erfassung der sozialen Realität der beteiligten Personen orientieren; von der Messung struktureller Faktoren mit Hilfe von Aggregatdaten über das Gruppengespräch bis hin zum Tiefeninterview: "Anything goes" oder postmoderne Beliebigkeit, könnten Kritiker einwerfen. Oder sie könnten einwenden, daß es mit der Eigenständigkeit der Sozialwissenschaften nun vorbei sei: Zwischen den Polen Geistes- und Naturwissenschaft hin- und hergezogen tendierten die Sozialwissenschaften nun wieder zum Pol Geisteswissenschaften, nachdem dessen Anziehungskraft offensichtlich in jüngster Zeit zugenommen hat.

Diesen Eindruck halten wir für unberechtigt. Der Methodenpluralismus hat zwar die Zuordnung von einzelnen Fächern und bestimmten Methoden aufgehoben, doch in disziplinübergreifenden Forschungsansätzen finden sich Kombinationen von theoretischen Fragestellungen, Methoden und Daten wieder. Die Auswahl der Methoden aus dem Werkzeugkasten geschieht nicht willkürlich und ungezielt, sondern jeweils unter Berücksichtigung eines Forschungsgegenstandes und des darauf bezogenen theoretischen Entwurfs. Oftmals werden verschiedene Methoden kombiniert, um die mit einer bestimmten Methode verbundenen Schwächen zu vermeiden. So lassen sich allein in der von Politikwissenschaftlern betriebenen Wahlforschung mindestens drei verschiedene Forschungsansätze nennen: Der sozialpsychologische Ansatz der Michigan-Schule, der mit Hilfe von Umfragedaten die Determinanten der individuellen Wählerentscheidung mit induktiv gewonnenen Konzepten zu erhellen versucht; ein eher soziologisch geprägter Ansatz, der auf der Grundlage von Aggregatdaten gesellschaftliche Konfliktlinien herausarbeitet und dabei historisch-induktiv vorgeht; und schließlich ein ökonomisch-individualistischer Ansatz, der aus Axiomen über das Verhalten nutzenmaximierender Akteure Modelle individuellen Wählerverhaltens konstruiert.

Angesichts der soeben geschilderten Methodenvielfalt stellt sich die Frage, was eine derartig pluralistische, ihre Erkenntnisse als Konstruktionen verstehende Politikwissenschaft an gesicherten Erkenntnissen vorweisen kann. Läßt sich das Wissen der Politikwissenschaft enzyklopädisch verpacken, läßt es sich als - auch methodisch - gesicherte Erkenntnis in der Politikberatung verwerten? Gibt es gar Aussagen, die man als gesicherte Erkenntnis der Politikwissenschaft qualifizieren und mit "fünf Sternen" schmücken kann? Die Publikation von hartgebundenen Lexika der Politik läßt vermuten, daß die Politikwissenschaft aus den zaghaften Anfängen zu einer reifen Wissenschaft herangewachsen ist. Was sie zu bieten hat, muß man dort nachlesen, doch ein Beispiel soll aufzeigen, wie man durch den Einsatz unterschiedlicher Forschungsmethoden ein tragfähiges Gebäude errichtet hat.

Das Beispiel stammt aus der Lehre von den internationalen Beziehungen: In seiner Untersuchung zum internationalen System nach dem Ende des Ost-West-Konflikts stellt Ernst-Otto *Czempiel* die These auf, Demokratisierung sei die wichtigste Strategie zur Gewaltvermeidung. "Wenn alle europäischen Staaten, die Sowjetunion eingeschlossen, demokratisch werden, ist der permanente Gewaltverzicht gesichert (jedenfalls zum größten Teil)" (*Czempiel* 1992, S. 29). Worauf gründet sich seine Aussage? *Czempiel* wird sicher nicht die Tatsache abstreiten, daß Demokratien, zumal als Großmächte, vor Kriegen bisher nicht zurückscheuten. Die ambivalenten Forschungsergebnisse zum Zusammenhang zwischen Regimetyp und äußerem Konfliktverhalten sind ihm sicherlich bekannt (*Merritt/Zinnes* 1991). Doch sein Optimismus gründet auf einer anderen Festellung: "Informativ ist dagegen die inzwischen weitgehend anerkannte Feststellung, daß Demokratien untereinander bisher keinen Krieg geführt haben" (*Czempiel* 1992, S. 30). Hier haben wir eine derartige "Fünf-Sterne"-Festellung ("weitgehend anerkannt"). Der amerikanische Politikwissenschaftler Bruce *Russett* bezeichnet sie gar als "eine der stärksten nichttrivialen oder nichttautologischen Festellungen, die man über internationale Beziehungen machen kann" (*Russett*, zitiert nach *Sorensen* 1993, S. 93).

Sie kann zudem auf eine lange Tradition zurückblicken. In seiner Schrift "Über den ewigen Frieden" forderte der Philosoph Immanuel *Kant* im Jahre 1795 eine republikanische Verfassung in jedem Staat als Voraussetzung für den Frieden - *Kant* spricht von Republik, weil Demokratie für ihn aufgrund der mangelnden Gewaltenteilung eine Form von Despotismus darstellte. Die Friedfertigkeit von Republiken begründete er wie folgt:

> "Wenn (wie es in dieser Verfassung nicht anders sein kann) die Beistimmung der Staatsbürger dazu erfordert wird, um zu beschließen, ob Krieg sein solle oder nicht, so ist nichts natürlicher als daß, da sie alle Drangsale des Krieges über sich selbst beschließen müßten (als da sind: selbst zu fechten; die Kosten des Krieges aus ihrer eigenen Habe herzugeben; die Verwüstung, die er hinterläßt, kümmerlich zu verbessern; zum Übermaße des Übels endlich noch eine den Frieden selbst verbitternde, nie [wegen naher immer neuer Kriege] zu tilgende Schuldenlast selbst zu übernehmen), sie sich sehr bedenken werden ein so schlimmes Spiel anzufangen" (*Kant* [1795] 1953, S. 426).

An diesem Beispiel läßt sich das fruchtbare Zusammenwirken verschiedener Forschungsrichtungen bei der Beantwortung einer politisch wichtigen Fragestellung erkennen. Zunächst einmal ist die politische Ideengeschichte gefragt, wenn es um die Entstehung und Entwicklung des Begriffs Demokratie geht. Denn nicht nur die Demokratie, auch der Begriff mußte erst von den Griechen erfunden werden, wie uns der Historiker Christian *Meier* (1970) gezeigt hat. Noch *Kant* verwendet den Begriff Republik, nicht Demokratie, und es wird nach *Kant* noch eine Weile dauern, bis sich der Begriff Demokratie im heutigen Verständnis durchgesetzt hat. Einen wichtigen Philosophen auf seiner Seite zu haben, reicht jedoch nicht aus. Die Hypothese von der Friedfertigkeit der Demokratien untereinander verdankt ihre Akzeptanz einem langen und mühseligen Forschungsprozeß, in dessen Verlauf nicht nur Daten über sämtliche Kriege seit Beginn des 19. Jahrhunderts gesammelt und ausgewertet wurden, sondern auch über die Kriege in der Welt der antiken Stadtstaaten und in nichtindustrialisierten Gesellschaften ohne zentralisiertes politisches System. Ohne die Zulieferung von hermeneutisch arbeitenden Historikern oder Ethnographen hätten diese Erkenntnisse kaum gewonnen werden können.

Bei der Feststellung, daß es keinen eindeutigen Fall eines Krieges zwischen zwei souveränen Demokratien im modernen Staatensystem gegeben hat, handelt es sich um eine so robuste Verallgemeinerung, daß sie innerhalb weniger Jahre zur "conventional wisdom", zu einer allseits bekannten und akzeptierten Erkenntnis, aufrücken konnte. Wir werden im Verlauf unserer Diskussion konkurrierender Forschungsprogramme auf dieses Beispiel zurückkommen.

Halten wir fest: Wissenschaftliche Erkenntnis ist Konstruktion, und Methoden sind das Handwerkszeug, mit dessen Hilfe Wissenschaftler ihre theoretischen Gebäude errichten. Wir unterscheiden dabei Methoden der Informationsbeschaffung und -auswertung. Methodologen oder Wissenschaftstheoretiker interessieren sich für grundlegende Erkenntnis- oder Denkmethoden des Schließens und Verstehens, die den Forschungsmethoden der empirischen Sozialforschung vorgeordnet sind. Charakteristisch für die modernen Sozialwissenschaften einschließlich der Geschichte und der Rechtswissenschaft ist jedoch nicht mehr die eindeutige Zuordnung von Disziplinen und Methoden, sondern ein Methodenpluralismus, der aus dem ungeklärten Status zahlreicher Grundsatzfragen resultiert. In disziplinübergreifenden Forschungsansätzen sind schließlich Konstruktionsentwürfe und -verfahren wieder pragmatisch gebündelt, die unter dem Vorzeichen unterschiedlicher wissenschaftlicher Grundsatzprogramme erstellt wurden.

2.2   Empirisch-analytische Forschung: Erklären mit Hilfe geprüfter Gesetzesaussagen

In der Politikwissenschaft fehlt, wie wir bereits festgestellt haben, Einigkeit in methodologischen Grundsatzfragen. Verschiedene Grundsatzprogramme konkurrieren stattdessen um die Gunst der Forscher. Von ihrem Selbstverständnis her lassen sich sicherlich die meisten empirisch arbeitenden Politologen als mehr oder weniger offene Sympathisanten des empirisch-analytisch genannten methodologischen Grundsatzprogramms bezeichnen. Hinter dem Kürzel empirisch-analytisch verbergen sich zwei Zielvorstellungen: Die von der Wissenschaft aufgestellten Theorien sollen sowohl empirisch als auch logisch wahr sein. Dabei ist die logische Wahrheit Voraussetzung der empirischen Wahrheit, denn eine in sich widersprüchliche, also logisch falsche Theorie kann nicht an der Wirklichkeit überprüft werden. Doch auch der Wahrheitsanspruch einer logisch schlüssigen, empirisch bewährten Theorie ist nur begrenzt. Denn weder harte Fakten, wie vom Positivismus behauptet, noch klares Denken, wie von Rationalisten postuliert, können sichere Erkenntnis verbürgen. Darauf hat vor allem der "Kritische Rationalismus" aufmerksam gemacht.

Der Philosoph Karl *Popper* gilt als der geistige Vater des *Kritischen Rationalismus*. In Deutschland wurde die von ihm in seinem Buch "Logik der Forschung" (*Popper* [1934] 1982) formulierte Wissenschaftstheorie von Hans *Albert* vertreten und ergänzt, der in seinem Buch "Traktat über kritische Vernunft" (1969) die "Methodologie der kritischen Prüfung" formulierte. Beim Kritischen Rationalismus handelt es sich nicht ausschließlich um eine sozialwissenschaftliche Methodologie. Sie zielt vielmehr auf die Grundlagen menschlichen Erkennens überhaupt, gleich ob in den Natur- oder in den Sozialwissenschaften. Doch auch aus zahlreichen Lehrbüchern zu den Methoden der empirischen Sozialforschung wird ersichtlich, daß die Autoren sozialwissenschaftliche empirische Forschung an das methodologische Grundsatzprogramm des Kritischen Rationalismus knüpfen (z.B. *Kromrey* 1990; *Friedrichs* 1973).

Gelegentlich wird das empirisch-analytische Grundsatzprogramm auch als "nomologisch" oder "nomothetisch" bezeichnet, da es seinen Anhängern darum geht, Regelmäßigkeiten oder gesetzmäßige Zusammenhänge zu erforschen. Die bei der Prüfung von Hypothesen oder Theorien zugrunde gelegte Struktur "deduktiv-nomologischer Erklärung" stammt von Carl G. *Hempel* und Paul *Oppenheim* (1948; vgl. auch *Hempel* 1972).

In seinen Grundzügen sieht das empirisch-analytische Programm wie folgt aus: Ziel wissenschaftlicher Erkenntnis ist die Konstruktion von Theorien und mit ihrer Hilfe die Erklärung von Sachverhalten. In diesem Ziel unterscheiden sich die Sozialwissenschaften nicht von den Naturwissenschaften, deren Theorien "Naturgesetze" formulieren, die raum-zeitlich unbegrenzt Geltung haben. Auch in den Sozialwissenschaften greift man für die Erklärung bestimmter Sachverhalte zurück auf sogenannte nomologische Hypothesen, also Gesetzesaussagen in der Form von Wenn-Dann-Sätzen, die sich in empirischer Prüfung bewährt haben und damit vorläufig als wahr gelten.

Bezogen auf unser obiges Beispiel von der Gewaltanwendung zwischen Staaten ließe sich die Tatsache der friedlichen Koexistenz der Schweiz und Frankreichs damit erklären, daß beide Staaten Demokratien sind. Das allgemeine Gesetz würde lauten: "Für alle demokratisch regierten Staaten gilt: Sie führen untereinander keinen Krieg." Oder anders formuliert: "Wenn Staaten demokratisch regiert sind, dann führen sie untereinander keinen Krieg." Um dieses Gesetz auf den konkreten Fall zweier Staaten anzuwenden, müßten wir noch feststellen, ob sie demokratisch verfaßt bzw. regiert sind. Wir könnten dann aus diesem allgemeinen Gesetz und der konkreten *Randbedingung* ("Die Schweiz und Frankreich sind demokratisch verfaßte Staaten") ableiten, was zu erklären ist, das "Explanandum" der Friedfertigkeit dieser beiden Staaten.

Formal sieht die Struktur einer solchen deduktiv-nomologischen Erklärung wie folgt aus: Das *Explanans* besteht aus zwei Prämissen, wovon eine ein deterministisches, allgemeines Gesetz ist, die andere Anfangs- oder Randbedingungen enthält. Aus beiden wird das zu erklärende Ereignis, das *Explanandum*, logisch abgeleitet.

Struktur einer deduktiv-nomologischen Erklärung

Explanans: (allgemeines Gesetz)	Wenn zwei Länder demokratisch verfaßt sind, dann führen sie untereinander keinen Krieg.
Randbedingung:	Die Schweiz und Frankreich sind demokratisch verfaßte Staaten.
Explanandum:	Die Schweiz und Frankreich führen untereinander keinen Krieg.

Das Ganze klingt trivial, ist es aber nicht, vor allem vor dem Hintergrund der These, daß die innere Verfaßtheit von Staaten nichts mit der äußeren Konfliktbereitschaft zu tun hat. Die wird besonders von Vertretern der bislang in der Lehre von den internationalen Beziehungen dominierenden Schule vertreten, von den sogenannten Realisten oder Neorealisten. Aus deren Sicht ist das internationale System anarchisch, der (auch gewaltsame) Konflikt zwischen Staaten angesichts des Sicherheitsdilemmas unvermeidlich. "Realism has no place for an expectation that democracies will not fight each other," so Bruce *Russett* (1993, S. 24). Allerdings ist die Erklärungskraft unseres "Gesetzes" begrenzt. Von den 183 im Oktober 1993 der UNO angehörenden Nationalstaaten haben nur wenige das Prädikat demokratisch verdient. Über die Konfliktbereitschaft und -häufigkeit zwischen den anderen Staaten sagt unser Gesetz nichts aus, auch nicht über die Konfliktbereitschaft von Diktaturen gegenüber Demokratien oder umgekehrt von liberalen Demokratien gegenüber autoritär regierten Ländern.

Trotzdem hat die konstatierte Gesetzmäßigkeit ihren Reiz: Man kann daraus Prognosen ableiten. Demokratisierung ist offensichtlich dem Frieden förderlich. Nimmt die Zahl der Demokratien zu, müßte die Kriegshäufigkeit abnehmen. Die behauptete Gesetzmäßigkeit eignet sich nicht nur zur Prognose, sondern auch für die Praxis: Wir sollten uns für Demokratisierung einsetzen, wenn wir die Welt friedlicher gestalten wollen.

Bislang haben wir lediglich die Logik bemüht, um aus einer von uns postulierten Gesetzmäßigkeit einen Schluß zu ziehen für das Zusammenleben zweier Staaten. Zweifler, die dem Frieden nicht trauen, werden nun wissen wollen, ob es sich bei der von uns postulierten Gesetzesaussage wirklich um eine empirisch bewährte Hypothese handelt. Um die vorgeschlagene Gesetzesaussage zu widerlegen, bedarf es streng genommen nicht viel: Der Fall einer kriegerischen Auseinanderstzung zwischen zwei demokratisch regierten Ländern genügt. Jede Anwendung der Gesetzesausage auf einen konkreten Fall ist zugleich eine Prüfung: Finden wir Demokratien, die untereinander Krieg führen, dann muß das Gesetz als widerlegt gelten. Um es zu prüfen, sollten wir es immer wieder auf das Ereignis "Krieg zwischen zwei Staaten" anwenden, in der Absicht, es zu *falsifizieren*. Mit anderen Worten: Wir sollten den Herrschaftstyp der an Kriegen beteiligten Länder immer mitberücksichtigen, weil unser Gesetz uns nahelegt, daß die innere Ordnung eines Staates sein Verhalten nach außen mitbestimmt. Immer wenn wir beim Versuch, das Gesetz zu widerlegen, scheitern, dürfen wir - so paradox das klingen mag - aufatmen, denn das von uns postulierte Gesetz hat sich dann bewährt. Unser Aufatmen sollte jedoch nicht zu tief sein, denn ganz festen Boden werden wir nie unter den Füßen haben. Es gibt keine Sicherheit, daß das von uns festgestellte Gesetz immer und überall gelten wird: Schon morgen mag ein kriegerischer Konflikt zwischen zwei demokratischen Staaten ausbrechen, der uns zwingt, das Gesetz aus der Riege der bewährten Gesetze auszuschließen.

Doch es gibt Ausnahmen von der Regel. Tritt das durch unser Gesetz verbotene Ereignis "Krieg zweier Demokratien untereinander" auf, dann müßten wir es nach dem eben beschriebenen deduktiven Erklärungsschema über Bord werfen. Das gilt jedoch nur, solange wir an einem strikt deterministischen Gesetz interessiert sind. Dann können wir mit Hilfe der Logik aus den zwei Klassen von Prämissen (Gesetzmäßigkeit, Antezedenz- oder Randbedingung) das Explanandum deduzieren. Entscheiden wir uns, Ausnahmen zuzulassen, begeben wir uns auf unsicheres Terrain. Wir können z.B. als *probabilistische* oder statistische Gesetzesaussage formulieren: "Es ist sehr unwahrscheinlich, daß Demokratien untereinander Krieg führen." Eine solche Umformulierung ist zwar - was soziale Tatbestände anbetrifft - realistischer, macht die Prüfung aber komplizierter. Denn was ist "sehr unwahrscheinlich"? Wieviele Ausnahmen von der Regel wollen wir zulassen? Angenommen wir stoßen bei der Erforschung der Geschichte des Krieges auf einen Krieg zweier Demokratien untereinander, haben wir es dann mit einem zulässigen Ausnahmefall zu tun? Dieses zweite, *Induktion* genannte Prüfverfahren basiert nicht auf logischer Implikation; denn: "Aus einer statistischen Gesetzesaussage und den Anfangsbedingungen ist das Explanandum nicht logisch ableitbar" (*Opp* 1970, S. 43). Deduktiv-nomologische Erklärungen lassen nur ein Entweder-Oder zu; eine probabilistische Erklärung ist dagegen eine Sache des Grades. Bei ihr besteht das Explanans zwar auch aus einem allgemeinen Gesetz und konkreten Randbedingungen, aber das Explanans verleiht dem Explanandum nur einen mehr oder weniger hohen Grad induktiver Stützung.

> "Ein induktives Argument dieser Art *erklärt* eine bestimmte Erscheinung dadurch, daß sie zeigt, daß ihr Auftreten im Hinblick auf bestimmte singuläre Ereignisse und bestimmte statistische Gesetze mit hoher logischer oder induktiver Wahrscheinlichkeit zu erwarten war" (*Hempel* 1972, S. 243; vgl. *Gabriel* 1978, S. 25).

Beide Typen von Erklärungen geben Antworten auf die Frage nach dem Warum. Warum kommt es zu Kriegen zwischen Staaten? Warum kommt es zwischen anderen Staaten nicht zu Kriegen? Offensichtlich sind wir als Wissenschaftler erst richtig zufrieden, wenn es uns gelingt, solche Warum-Fragen zu beantworten. "Erst nach der befriedigenden Beantwortung der Erklärung heischenden Warum-Frage ist unser tieferes Bedürfnis nach Erkenntnis befriedigt", schreibt der Philosoph Wolfgang *Stegmüller*. "Wir wissen dann nicht nur, was geschieht, sondern warum es geschieht. Dieses zweite Wissen erlangen wir dadurch, daß wir neben der Kenntnis der Einzeltatsachen zusätzlich die gesetzmäßigen Zusammenhänge zwischen diesen Einzeltatsachen erkennen" (*Stegmüller* 1969, S. 77). Es liegt uns deshalb viel daran, Gesetzmäßigkeiten zu erforschen, weil wir hoffen, auf diese Weise den *Ursachen* von Ereignissen auf die Spur zu kommen. Forscher sprechen von "Kriegsursachenforschung"; im Falle der von uns postulierten Beziehung hätte die Gewaltbereitschaft eines Staates ursächlich mit seiner inneren Herrschaftsordnung zu tun.

Nicht jeder empirisch festgestellte Zusammenhang in der Form eines Wenn-Dann-Satzes verdient jedoch das Prädikat "Kausalgesetz". Es sind deduktiv-nomologische Erklärungen vorstellbar, die man nicht als kausal bezeichnen würde, z.B. wenn die Wenn-Dann-Aussage lediglich formuliert, daß immer, wenn ein Objekt ein bestimmtes Merkmal aufweist (z.B. "demokratisch"), auch ein anderes Merkmal zu beobachten ist ("friedfertig"). Um von *Kausalität* sprechen zu können, müssen in der Regel noch weitere Bedingungen erfüllt sein. Zunächst einmal muß die Ursache zeitlich vor der Wirkung liegen, es muß also eine Reihenfolge von Ursache zu Wirkung geben. Erst Demokratie, dann Friedfertigkeit, so die Reihenfolge. Denn erst dann ist gegeben, was *Kant* als Grund für die Friedfertigkeit von Demokratien ansah: Die Bürger einer Republik würden freiwillig der Belastung durch die Kosten eines Krieges nicht zustimmen. Als weitere Bedingung für eine Kausalerklärung kommt hinzu, daß es gelingen muß, alle anderen Mitverursacher auszuschließen, also alle rivalisierenden Erklärungen auszuschalten - ein in der sozialwissenschaftlichen Forschungspraxis in der Regel unmögliches Unterfangen. Im Grunde genommen unterstellen wir immer, wenn wir von einer Kausalbeziehung zwischen zwei Variablen sprechen, daß wir ein Experiment durchführen könnten, bei dem wir gezielt eine Variable manipulieren, während wir alle anderen Faktoren "konstant" halten. Verändert sich dann die abhängige Variable bei Veränderung der unabhängigen Variable, dann können wir diesen Effekt auf die Wirkung der unabhängigen Variablen zurückführen.

In der sozialwissenschaftlichen Forschungspraxis sind solche Experimente, bei denen der Forscher ein "Eingriffsrecht" hat, jedoch nur selten möglich. So behelfen wir uns mit statistischen Methoden, z.B. der statistischen Kontrolle einer Zwei-Variablen-Beziehung durch Berücksichtigung einer dritten Variable. Angesichts der Multikausalität sozialer Ereignisse erfordert die Aufdeckung von Kausalzusammenhängen in der Regel jedoch weit komplexere multivariate Modelle, die durch Pfeildiagramme dargestellt und als Gleichungssysteme formuliert werden. Beispiele dafür finden sich im ⇨ Kapitel III, Abschnitt 4.2.

Mit einer einzelnen Gesetzesaussage können wir also noch nicht viel anfangen. Wenn es darum geht, Gewalt zwischen Staaten zu erklären, benötigen wir ein ganzes Bündel von aufeinander abgestimmten Hypothesen, nämlich eine *Theorie*. Anders formuliert: Das Gesetz selbst verlangt nach einer Erklärung, nach einer Einbettung in eine Theorie über Gewalt in der internationalen Politik (*Nielebrock* 1993). In unserem Falle sollte die Theorie beides berücksichtigen: die zwischenstaatlichen Beziehungen, aber auch die innerstaatlichen Herrschaftsstrukturen. Benötigt wird also ein Gefüge von Aussagen, von denen zumindest einige sich empirisch bewährt, also den eben beschriebenen Prüfungen Stand gehalten haben.

Bevor wir zu einer empirisch bewährten Theorie gelangen, muß allerdings eine Menge Kärrnerarbeit geleistet werden. Denn was nützt uns unsere griffige Erklärung, wenn wir uns nicht einig sind, ob wir ein Land überhaupt als Demokratie bezeichnen können oder nicht? Offensichtlich liegt hier der Hase im Pfeffer begraben. Die Prüfung unserer Gesetzesaussage, Voraussetzung für unser Ziel der Erklärung der Friedfertigkeit von Demokratien, basiert ihrerseits auf wichtigen Voraussetzungen. Wir müssen uns zunächst über die Begriffe klarwerden: Wie definieren wir "Demokratie", wie definieren wir "Krieg"? Welche Maßstäbe legen wir in einem ganz konkreten Fall an, wenn es darum geht zu entscheiden, ob ein bestimmtes Land als Demokratie gelten soll oder nicht? Bei den entscheidenden Begriffen "Demokratie" und "Staat" handelt es sich um Konstrukte, die nicht ohne weiteres in der Wirklichkeit beobachtet werden können. Wir brauchen konkrete Indikatoren, bei deren Vorliegen wir bereit sind, von "Demokratie" oder "Krieg" zu sprechen.

Aus der Sicht der kritisch-rationalen Wissenschaftstheorie ist dieses Problem eher von untergeordneter Bedeutung. Es handelt sich um das Problem der *Beschreibung*. Beschreibungen geben Antwort auf die Frage "Was ist der Fall?", formuliert *Stegmüller* (1969, S. 76). Und auch Hans *Albert* sieht in Beschreibungen nur einen Schritt auf dem Weg zur Erklärung: "Die Komponenten einer solchen Beschreibung sind singuläre Aussagen, also Aussagen, an die die theoretische Interpretation (Erklärung und Prognose) anknüpfen kann, soweit sie die dazu notwendigen theoretisch relevanten Feststellungen enthalten" (*Albert* 1973, S. 83).

Im Ansatz des Kritischen Rationalismus stellt die Beschreibung bzw. Beobachtung keinen gewichtigen Stolperstein dar. Sie wird dort unter dem Stichwort *Basisprobleme* abgehandelt. Dabei geht es um Basissätze, "die behaupten, daß sich in einem individuellen Raum-Zeit-Gebiet ein beobachtbarer Vorgang abspielt" (*Popper* 1982, S. 69). Sie werden zur Falsifikation von Theorien benötigt. Es handelt sich - ähnlich wie im Gerichtsverfahren - um Festsetzungen einer Jury, die prinzipiell revidierbar sind und selbst wieder auf der Anwendung von Theorien (Gesetzen) basieren. Das Fundament der Wissenschaft wird dadurch nicht eben fester.

> "So ist die empirische Basis der objektiven Wissenschaft nichts 'Absolutes'; die Wissenschaft baut nicht auf Felsengrund. Es ist eher ein Sumpfland, über dem sich die kühne Konstruktion ihrer Theorien erhebt; sie ist ein Pfeilerbau, dessen Pfeiler sich von oben her in den Sumpf senken - aber nicht bis zu einem natürlichen, 'gegebenen' Grund. Denn nicht deshalb hört man auf, die Pfeiler tiefer hineinzutreiben, weil man auf eine feste Schicht gestoßen ist: wenn man hofft, daß sie das Gebäude tragen werden, beschließt man, sich vorläufig mit der Festigkeit der Pfeiler zu begnügen" (*Popper* 1982, S. 76).

Für einen empirisch arbeitenden Politikwissenschaftler ist das "Basisproblem" aber mit einem folgenreichen Schritt verbunden: Er muß sich von der Ebene der Theoriesprache auf die Ebene der Beobachtungssprache begeben, d.h. mit den anderen Kollegen in der Jury der eigenen Disziplin darüber streiten, welche Beobachtungstatbestände es rechtfertigen, im Falle eines bestimmten Landes von "Demokratie" zu reden. Es müssen "Korrespondenzregeln" aufgestellt werden, die zwischen dem abstrakten Begriff Demokratie und den empirisch beobachtbaren Indikatoren vermitteln. Solche Korrespondenzregeln bedürfen aber selbst wieder der theoretischen Rechtfertigung. Es handelt sich also um einen gewagten Schritt von Höhen der Theorie auf den (schwankenden) Boden der beobachtbaren Tatsachen, den man mit dem Begriff *Operationalisierung* bezeichnet.

Wie kompliziert dieser Schritt ist, sei an dieser Stelle im Hinblick auf unser obiges Beispiel nur kurz angedeutet. Bereitet eine Definition von Demokratie schon enorme Schwierigkeiten, weil verschiedene Leute ganz unterschiedliche Vorstellungen von Demokratie haben, so wird das Problem noch komplizierter, wenn es darum geht, geeignete Indikatoren zur Messung des abstrakten Konzepts "Demokratie" zu entwickeln. Wollen wir als Demokratien nur solche Länder gelten lassen, in denen es Wahlen gibt, bei denen mindestens zwei, wenn nicht gar mehrere Parteien um die Gunst der Wähler ringen? Sollen alle Bürger das Wahlrecht besitzen, oder wollen wir uns mit weniger begnügen? Wenn ja, mit wieviel? Deutlich wird, daß mit der Operationalisierung viele heikle Fragen beantwortet werden müssen. Wie schwierig es ist, akzeptable Indikatoren für Demokratie zu entwickeln, läßt sich an den wissenschaftlichen Konferenzen ablesen, die diesem Thema gewidmet wurden (*Inkeles* 1991).

Auf ähnliche Schwierigkeiten trifft man bei der Operationalisierung des Begriffs Krieg. In Untersuchungen über die Friedfertigkeit von Demokratien greift man in der Regel zurück auf Daten des Forschungsprojekts *Correlates of War* und definiert Krieg als "groß angelegte, institutionell organisierte, tödliche Gewalt" (*Russett* 1993, S. 12). Eine andere Definition nimmt die Hamburger Arbeitsgemeinschaft Kriegsursachenforschung vor. Sie hat ihrem Kriege-Register die Definition des ungarischen Friedensforschers Istvan *Kende* zugrundegelegt, der Kriege als "gewaltsame Massenkonflikte" definiert, die folgende Merkmale aufweisen:

> "a) an den Kämpfen sind zwei oder mehr bewaffnete Streitkräfte beteiligt, bei denen es sich mindestens auf einer Seite um reguläre Streitkräfte (Militär, paramilitärische Verbände, Polizeieinheiten) der Regierung handelt;
>
> b) auf beiden (!) Seiten muß ein Mindestmaß an zentralgelenkter Organisation der Kriegführenden und des Kampfes gegeben sein, selbst wenn es nicht mehr bedeutet als organisierte bewaffnete Verteidigung oder planmäßige Überfälle (Guerillaoperationen, Partisanenkrieg usw.);
>
> c) die bewaffneten Operationen ereignen sich mit einer gewissen Kontinuierlichkeit und nicht nur als gelegentliche, spontane Zusammenstöße, d.h. beide Seiten operieren nach einer planmäßigen Strategie, gleichgültig ob die Kämpfe auf dem Gebiet einer oder mehrerer Gesellschaften stattfinden oder wie lange sie dauern" (*Gantzel* u.a. 1992, S. 6).

Ähnlich den "unbestimmten Rechtsbegriffen" in Verfassungen oder Gesetzen, die Gerichten und Verwaltungen Spielraum lassen, aber auch Entscheidungen abverlangen, gibt auch diese Definition noch viele Fragen auf, die beantwortet werden müssen, um über das Vorliegen eines Krieges entscheiden zu können.

Im Grunde ist man sich einig, daß ein theoretischer Begriff nie vollständig durch Indikatoren abgedeckt werden kann. Doch nur wenn es gelingt, Indikatoren zu formulieren, kann der nächste Schritt unternommen werden, der mit *Messen* bezeichnet wird, in unserem Falle also die Klassifizierung einzelner Staaten als Demokratien oder bestimmter gewaltsamer Ereignisse als Krieg. Erst am Ende dieses langen Weges verfügen wir über "Daten", die uns eine Prüfung des postulierten Zusammenhangs erlauben.

Mit dem hier nur skizzenhaft dargestellten empirisch-analytischen Grundsatzprogramm tun sich Politikwissenschaftler recht schwer. Es mangelt infolgedessen an gehaltvollen Gesetzesaussagen, die es mit Erkenntnissen in den Naturwissenschaften aufnehmen könnten. Manche Hypothese ist eher vorschnell zum Gesetz erklärt worden. Erwähnt sei das "eherne Gesetz der Oligarchie" des deutschen Soziologen Robert *Michels* (1911), das Großorganisationen für unvereinbar mit Demokratie erklärte. Als ein weiteres Beispiel mag hier das von dem französischen Politiksoziologen Maurice *Duverger* (1959) formulierte Gesetz herangezogen werden, das einen Zusammenhang zwischen Wahlsystem und Parteiensystem postuliert. Die relative Mehrheitswahl, wie in England praktiziert, führe zum Zweiparteiensystem, während die Verhältniswahl ein Vielparteiensystem bewirke. Auch hier lassen sich umgehend von dem Gesetz "verbotene" Ereignisse beobachten, wenn man sich einmal auf die Operationalisierung von "Wahlsystem" und "Parteiensystem" geeinigt hat. Das "Fast-Zweiparteiensystem", das wir über lange Strecken der alten Bundesrepublik beobachten konnten, existierte trotz Verhältniswahlrecht, während es in Großbritannien, dem Stammland des Mehrheitswahlrechts, in den siebziger Jahren im Parlament zu unklaren Verhältnissen kam.

An der Diskussion über Duvergers Gesetz wird deutlich, daß manche Politikwissenschaftler mit dem Begriff *Gesetz* einen streng deterministischen Zusammenhang assoziieren. Eine beobachtete empirische Regelmäßigkeit, von der es auch Ausnahmen gibt, möchte man jedoch nicht mit dem Begriff Gesetz bezeichnen. Dieter *Nohlen* formuliert "Duvergers Gesetz" deshalb auch vorsichtiger: "Je mehr verfestigte gesellschaftliche Fragmentierung, desto wahrscheinlicher ist die Einführung eines Verhältniswahlsystems und desto wahrscheinlicher ist auch die Herausbildung eines Vielparteiensystems" (*Nohlen* 1987, S. 1124).

Halten wir fest: Empirisch-analytische Forschung propagiert als Erkenntnisziel allgemeine, raum-zeitlich ungebundene Gesetze, die Falsifikationsversuchen standgehalten haben und darum als vorläufig wahr gelten. Sie können zur Erklärung singulärer Ereignisse herangezogen werden. Am Anfang der Überlegungen eines Wissenschaftlers steht eine Vermutung über eine bestimmte Gesetzmäßigkeit, die sich für die Erklärung eines beobachteten Sachverhalts eignen würde. Wie der Wissenschaftler zu seiner Vermutung kommt, bleibt "außen vor". Er mag einen plötzlichen Einfall haben, weitgereist, vielbelesen oder von Ehrgeiz durchdrungen sein. Im unserem Beispiel aus der internationalen Politik hatte er womöglich *Kants* Schrift über den "Ewigen Frieden" gelesen, denn dorthin läßt sich die Hypothese von der Friedfertigkeit liberaler Demokratien zurückverfolgen. Robert *Michels* "ehernes Gesetz der Oligarchie" entstammt eigenen Erfahrungen im Umgang mit Parteibürokratie. Die Vermutung über einen gesetzmäßigen Zusammenhang zwischen Wahlrecht und Parteiensystem taucht in der politischen Debatte immer wieder auf. All dies tut wenig zur Sache. Was zählt, ist die empirische Prüfung. Als empirisch gilt, was falsifizierbar ist. Je größer die Zahl der potentiellen Falsifikatoren, also der von einem Gesetz "verbotenen" Ereignisse, desto empirisch gehaltvoller, weil allgemeiner, ist ein Gesetz. Als bewährt und damit vorläufig wahr gilt, was der Prüfung standgehalten hat.

Es liegt nahe, daß diese Prüfung am aufschlußreichsten ist, je präziser die verwendeten Begriffe sind, je exakter sich die Kriterien des Scheiterns formulieren lassen. Die Umwandlung der Fragestellung über den Vorgang des Messens in eine Beziehung zwischen Variablen, von denen einige als abhängige, andere als unabhängige festgelegt werden, erleichtert das Geschäft der Prüfung. Doch bevor Hypothesen aufgrund statistischer Tests zurückgewiesen werden können, müssen zunächst schwierige Entscheidungen über die Verknüpfung von Theorie- und Beobachtungsbegriffen gefällt werden, die eine überzeugende Falsifikation zwar nicht unmöglich machen, aber doch nachhaltigen Zweifeln aussetzen.

Erschwert wird das Geschäft der Falsifikation von Hypothesen aber auch durch die Komplexität menschlicher Gesellschaften, die sich gegen die Erklärung mit Hilfe einfacher, allgemeiner, raum-zeitlich ungebundener Gesetzesaussagen sperrt. Erklärungen gelten nur mit Einschränkungen; statt knapper Gesetze bedarf es komplexer Theorien, deren Erklärungskraft dadurch begrenzt ist, daß es immer nur unvollkommen gelingt, alle systematisch ein bestimmtes Ereignis beeinflussenden Faktoren "unter einen Hut" zu bekommen, also in ein Erklärungsmodell zu integrieren. Schließlich kommt aus der Sicht mancher Kritiker hinzu, daß komplexe Systeme wie menschliche Gesellschaften, Organisationen, aber auch Individuen eine Geschichte haben, d.h. ihr jeweiliger Zustand nicht nur durch Rückgriff auf empirische Gesetzmäßigkeiten erklärt werden kann, sondern die Kette singulärer Ereignisse in der Vergangenheit ebenfalls zu berücksichtigen ist. Mehr noch: Die festgestellten empirischen Regelmäßigkeiten in der Gestalt probabilistischer Gesetze unterliegen selbst dem historischen Wandel. Die von Wissenschaftlern konstruierten Theorien können weder objektive Wahrheit noch ewige Gültigkeit für sich reklamieren. Entscheidend ist jedoch die intersubjektive Prüfbarkeit. Denn dann können Theorien von Wissenschaftlern zu Fall gebracht werden, statt in der gesellschaftlichen Praxis zu scheitern.

2.3 Der Forschungsansatz des Behavioralismus: Politikwissenschaft als empirische und theoretische Gesetzeswissenschaft

Nicht alle Politikwissenschaftler sind jedoch so "gesetzesscheu", wie oben beschrieben. In der amerikanischen Politikwissenschaft formierte sich in den 50er Jahren als Reaktion auf den vorherrschenden Institutionalismus eine szientistisch gestimmte Protestbewegung, die sich nach Ansicht des deutschen Politikwissenschaftlers Jürgen *Falter* auf ihre Fahnen geschrieben hatte, "Politikwissenschaft als empirische und theoretische Gesetzeswissenschaft zu betreiben, deren Ziel die möglichst quantitative Beschreibung, Erklärung und Prognose politischer Vorgänge ist" (*Falter* 1979, S. 2). Dieser "behavioralistische" (im Unterschied zu dem "behavioristischen" in der Psychologie) Forschungsansatz wurde mit dem Ziel, eine "allgemeine Theorie des politischen Verhaltens zu formulieren" (*Gabriel* 1990, S. 68), von dem amerikanischen Politikwissenschaftler David *Easton* in einem Acht-Punkte-Katalog formuliert. Innerhalb des übergreifenden empirisch-analytischen Grundsatzprogramms stellt der Behavioralismus eine weitere mögliche Konkretisierung neben dem Kritischen Rationalismus, den wir bereits angesprochen haben, dar. Weil er explizit ausformuliert ist und von vielen empirisch arbeitenden Forschern zumindest in Teilen unterschrieben wird, seien seine wesentlichsten Grundsätze hier wiedergegeben:

"(1) Es gibt empirisch beobachtbare Regelmäßigkeiten im politischen Verhalten, um deren Beschreibung und Erklärung sich die Politikwissenschaft bemüht. Aus erklärungskräftigen Theorien lassen sich Prognosen über zukünftiges Verhalten ableiten.

(2) Die Gültigkeit politikwissenschaftlicher Theorien ist durch ihre Konfrontation mit Beobachtungsaussagen zu prüfen.

(3) Zum Zweck der Datenerhebung und der Datenanalyse sind standardisierte Methoden anzuwenden, deren Qualität nicht ein für allemal gesichert ist, sondern die einer ständigen Weiterentwicklung bedürfen.

(4) Im Interesse einer möglichst großen Genauigkeit der politikwissenschaftlichen Aussagen ist die Erhebung quantitativer Daten anzustreben. Hierin liegt kein Selbstzweck, vielmehr ist die theoretische Relevanz der quantitativen Befunde zu beachten.

(5) Ethische Bewertung und empirische Erklärung sind in der wissenschaftlichen Analyse auseinanderzuhalten. Der Wissenschaftler kann sich mit beiden Arten von Problemen beschäftigen, darf aber das eine nicht mit dem anderen verwechseln.

(6) Wissenschaftliche Forschung muß Theorie und empirische Analyse systematisch miteinander verbinden. Atheoretische empirische Forschung ist häufig trivial, von empirischer Forschung nicht kontrollierte Theorien sind in der Regel nutzlos.

(7) Die praktische Anwendung politikwissenschaftlicher Erkenntnisse setzt Grundlagenforschung voraus. Zur Lösung von Problemen der politischen Praxis kann die Politikwissenschaft ausschließlich durch bewährte Theorien beitragen.

(8) Das politische Verhalten von Individuen läßt sich nur aus dem Gesamtzusammenhang einer sozialen Handlungssituation heraus verstehen. Dies legt es für die Politikwissenschaftler nahe, auf Erkenntnisse solcher Nachbardisziplinen zurückzugreifen, die sich ebenfalls mit dem individuellen Verhalten beschäftigen, aber theoretisch und methodisch weiter fortgeschritten sind (Interdisziplinarität)" (*Gabriel* 1990, S. 68f.).

Der Behavioralismus ist also durch strikte Operationalisierung, Quantifizierung und dem Streben nach "hard facts" gekennzeichnet. Die Meinungen gehen allerdings darüber auseinander, inwieweit es sich um einen theoriegeleiteten Empirismus im Sinne des kritischen Rationalismus handelt, der den Primat von Theorie und deduktivem Prinzip betont, oder ob man in ihm eine politikwissenschaftliche Variante des Positivismus sehen sollte. Während Jürgen *Falter* den Behavioralismus gegen den Vorwurf des "atheoretischen Deskriptivismus" in Schutz nimmt (*Falter* 1979, S. 7), hält Franz *Lehner* (1974, S. 249) die von den Behavioralisten zumindest partiell "gemeinsam praktizierte Wissenschaftsphilosophie" für "naiven Empirismus".

Wollte man den Ansatz kurz charakterisieren, dann ließen sich schlagwortartig zwei Ziele nennen: *theoretical fit* und *empirical fit*. Die induktiv-pragmatisch aufgestellten Theorien sollen in einen breiten Theorierahmen eingepaßt werden können (z.B. sollte die Theorie des Wählerverhaltens als eine Form der politischen Partizipation mit einer generellen Theorie der politischen Partizipation verzahnt werden können). Andererseits sollen die Daten - z.B. aus Umfragen - mit den vorgelegten Modellen und daran anknüpfenden statistischen Verfahren auch möglichst exakt reproduziert werden können; die getesteten Modelle sollen also eine möglichst hohe Erklärungskraft besitzen.

In manchen Bereichen wie der Wahlforschung hat sich die von den Maximen des Behavioralismus inspirierte Forschung als fruchtbar erwiesen. Andererseits sind auch die Grenzen der Erklärungskraft dieses Ansatzes, gemessen an den oben aufgestellten Grundsätzen, deutlich geworden. Der sozialpsychologische Ansatz der Michigan Schule (*Campbell* u.a. 1960), der als Meilenstein in der behavioralistischen Forschung angesehen werden kann, wird deshalb in jüngster Zeit verstärkt mit anderen Ansätzen, z.B. rational-choice Modellen, verknüpft. Richtig ist, daß sich die Autoren des "American Voter" nicht von theoretischen Höhen abseilten, sondern sich bei der Suche nach Faktoren, die die individuelle Wahlentscheidung beeinflussen, von plausiblen, vom Common-Sense nahgelegten Konzepten leiten ließen. U.a. waren das die Parteiidentifikation, die Orientierung gegenüber den Kandidaten und die jeweils vor einer Wahl diskutierten Themen ("issues").

Auch über andere Bereiche des politischen Verhaltens wissen wir inzwischen mehr dank behavioralistisch inspirierter Forschung. Das gilt für die Formen politischer Partizipation und Proteste, für das "legislative Verhalten" ebenso wie für viele andere Begriffe der politischen Theorie wie Repräsentation, öffentliche Meinung und Legitimität, die im Zuge empirischer Forschung einer Operationalisierung unterzogen wurden.

Das Programm lädt jedoch auch zur Kritik ein. Läßt sich Repräsentation reduzieren auf die Übereinstimmung von Einstellungen zwischen Wählern und Abgeordneten? Ist öffentliche Meinung lediglich die Aggregation von in Umfragen erfaßten Einstellungen? Und kann man Legitimität gleichsetzen mit "diffuser Unterstützung" politischer Institutionen? Der rigide Empirismus hat den aus der politischen Theorie übernommenen Begriffen offensichtlich ihren Zauber genommen.

Auch das Postulat, Theorien durch Beobachtungsaussagen zu prüfen, läßt sich nicht immer durchhalten. Man denke nur an die Erforschung von Macht in interpersonalen Beziehungen. Wenn eine Person Macht über eine andere hat, dann läßt sich das am einfachsten daran erkennen, daß die mächtige Person in der Lage ist, gegen den Willen der anderen etwas durchzusetzen. Doch welchen Schluß ziehen wir, wenn die Machtbeziehung schon so verinnerlicht ist, daß der Machtunterworfene keinen Widerstand zeigt? Wollen wir daraus schließen, daß zwischen beiden Personen Einvernehmen herrscht, Konsens, also eine symmetrische, statt einer asymmetrischen Machtbeziehung? Ganz ähnlich verhält es sich mit den sogenannten "non-decisions", die Aufschluß darüber geben könnten, wer in einer Gruppe oder Gemeinde wirklich das Sagen hat, indem er unliebsame Entscheidungen von vornherein unmöglich macht: Wie wollen wir etwas prinzipiell nicht Beobachtbares wie Nichtentscheidungen, die dadurch zustande kommen, daß eine Lobby so stark ist, daß sich kein Widerstand gegen sie regt, beobachten?

Die Konzentration auf das Beobachtbare, wie von den Behavioralisten mit Nachdruck gefordert, setzt der politikwissenschaftlichen Erkenntnis Grenzen, die von den Vertretern des behavioralistischen Forschungsprogramms durchaus gewollt sind, um Spekulationen vorzubeugen. Oder die sie zum Anlaß nehmen, möglichst kreativ Verfahren zu ersinnen, mit deren Hilfe doch zumindest indirekt beobachtet werden kann, was sich tendenziell der Beobachtung entzieht. Doch mit der Reduktion legitimer wissenschaftlicher Erkenntnisse auf das Beobachtbare stoßen Behavioralisten auch bei anderen empirisch-analytisch orientierten Forschern auf Kritik. Das gilt auch für die Forderung nach Quantifizierung, der sich manche für Politikwissenschaftler interessante Sachverhalte entziehen. Das induktive Vorgehen bei der Aufstellung von Theorien wird nicht von allen empirisch-analytisch verfahrenden Forschern geteilt. Und schließlich interessiert neben dem Verhalten von Individuen auch das Verhalten von Gruppen, Organisationen, Verbänden und Staaten, also von kollektiven Akteuren, das sich weder an Individuen beobachten noch aus ihrem Verhalten ohne weiteres prognostizieren läßt. Alternative Ansätze sind also auch bei Forschern gefragt, die dem empirisch-analytischen Wissenschaftsprogramm und dem Kritischen Rationalismus verpflichtet sind. Weit grundsätzlicher ist jedoch die Kritik eher geisteswissenschaftlich orientierter Wissenschaftler, deren Methodologie wir uns jetzt zuwenden wollen.

Halten wir als Bilanz fest: Ziel empirisch-analytischer Politikwissenschaft ist die Formulierung zumindest vorläufig wahrer, empirisch gehaltvoller Theorien. Die Behavioralisten versuchten, diesen Anspruch für das individuelle politische Verhalten einzulösen. Sie verstanden sich als Protestbewegung gegen den in der Politikwissenschaft vorherrschenden Institutionalismus. Doch mit ihrer Konzentration auf das individuelle Verhalten verloren sie wichtige Bereiche der Politikwissenschaft aus dem Blick, z.B. das Verhalten von Kollektiven und Institutionen. Diese sind der quantitativen, Erklärung suchenden Forschung ebenso zugänglich wie das individuelle Verhalten. Die Bedeutung behavioralistischer Forschung liegt jedoch darin, die empirische Umsetzung wichtiger politikwissenschaftlicher Begriffe wie politische Kultur, Legitimität oder Partizipation in Angriff genommen zu haben.

2.4   Hermeneutik: Von der Kunstlehre des Verstehens zur empirischen Forschungsmethode

"Du kannst mich einfach nicht verstehen!" So lautet der Titel des weltweiten Bestsellers von Deborah Tannen, der lange den ersten Platz auf den Hitlisten besetzt hielt. Probleme mit dem Verstehen haben offensichtlich viele Menschen, und gerade dort, wo Verstehen noch am ehesten funktionieren sollte, nämlich in der face-to-face Partner-Beziehung, scheint es in der modernen Gesellschaft zu hapern. Verstehen ist in der Tat etwas, das wir ständig praktizieren, wobei wir oft scheitern, ohne daß uns dies - wie der gesamte Prozeß des Verstehens - bewußt würde. Besonders wenn wir uns in einer fremden Kultur bewegen, sind wir verunsichert, ob unser Verhalten richtig verstanden wird. Wenn wir es mit Fremden zu tun haben, deren Sprache wir nicht mächtig sind, fühlen wir uns besonders ohnmächtig. Vor diesem Hintergrund kann es nicht überraschen, wenn Anthropologen und Historiker, also Wissenschaftler, die Verstehensbarrieren bedingt durch räumliche und zeitliche Distanz zu überwinden haben, sich an einer Lehre des Verstehens - einer *Hermeneutik* - interessiert zeigen, die diesen Vorgang auf feste Grundlagen stellen könnte. Der Bedarf für eine solche Verstehenslehre nahm zu, je vielfältiger die Menschen miteinander kommunizierten. Neue Verständigungsmöglichkeiten mit Hilfe der Schrift schufen neue

Möglichkeiten, aber auch neue Verstehensprobleme. Für alle Wissenschaften, die sich mit literarischen Texten auseinandersetzten, wie die Germanistik oder andere Philologien, war die Formulierung einer Verstehenslehre von großer praktischer Bedeutung. Aber auch andere Wissenschaften wie die Theologie oder Jurisprudenz, denen es weit stärker noch um die Verbindlichkeit eines aus Texten herauszulesenden Sinns ging, meldeten Interesse an.

Beim *Verstehen* handelt es sich um einen geistigen Vorgang, der sich als Begreifen, Erfassen oder Erkennen von Sinn darstellen läßt. Verstehen hat immer auch eine soziale Dimension, wird ausgelöst durch Kommunikation mit einem Mitmenschen. Kognitive und affektive Elemente sind an diesem Prozeß beteiligt. In der Sprache der Informationstheoretiker ausgedrückt könnten wir Verstehen definieren als das Dekodieren sprachlicher Zeichen oder anderer Symbole, die wir über unsere Sinnesorgane wahrnehmen. Bei der Entzifferung der Symbole greifen wir auf in unserem Gedächtnis gespeicherte Inhalte zurück und erschließen auf diese Weise den Sinn des Gemeinten. Dabei können Diskrepanzen auftreten - "So war das nicht gemeint!" -, die sich offenbar niemals ganz ausräumen oder vermeiden lassen. Dem Verstehen ist eine Unschärfe eigen: Es gibt keine Gewähr, daß wir den subjektiv gemeinten Sinn einer sprachlichen Äußerung, eines Textes oder eines sonstigen Produktes des menschlichen Geistes erfaßt haben.

Aus diesem Grunde können sich die Verfechter des einheitswissenschaftlichen Ideals, das Natur- und Geisteswissenschaften einen soll, nur schlecht mit dem Verstehen als einer Methode des Erkennens anfreunden.

> "Hermeneutik steht hier allgemein für Pseudo-Methodologie unexakter, zurückgebliebener, der Willkür und Spekulation ausgelieferter Wissenschaftlichkeit, die durch logisch-mathematische Formalisierung ersetzt werden sollte, um den sogenannten Geisteswissenschaften erst zum Rang ernsthafter Wissenschaften zu verhelfen" (*Geldsetzer* 1992, S. 127).

Bei Sozialwissenschaftlern, die diesem einheitswissenschaftlichen Ideal folgten, geriet die Methode des Verstehens daher ebenfalls in Mißkredit. Eine positive Würdigung des Verstehens als Quelle von Erkenntnis war immer auch mit dem Hinweis auf seine Begrenztheit verbunden. Verstehen könne immer nur eine Teiloperation sein, "die gewissermaßen 1. exploratorisch, 2. provisorisch und 3. illustrativ ist", so der Soziologe René *König* in seinem Versuch eines "Umrisses einer Theorie der Beobachtung".

> "Das Verstehen ist exploratorisch, indem es vielfach im Anfangsstadium einer Untersuchung bei der Aufstellung erster Hypothesen hilft; es ist provisorisch, indem das dadurch vermittelte Wissen erst durch Kontrollen gesichert werden muß; und es ist illustrativ, indem es bei der Auswertung der gewonnenen Materialien bestimmte Ergebnisse in ein besonderes Licht rücken kann, manches betonen, anderes zurücksetzen kann. Aber über eines muß man sich klar bleiben: das Verstehen hat keine Beweiskraft und vermag auch keine besonderen Erkenntnisse zu vermitteln, die man nicht auf dem Wege der Beobachtung allein erreichen könnte. Umgekehrt gilt, daß aus dem Verstehen allein überhaupt keine gesicherte Erkenntnis mit *interpersonaler Geltung* erreicht werden kann" (*König* 1973, S. 20).

Während Soziologen die Methode des Verstehens in ihre Grenzen verwiesen, konnten und wollten sich Historiker und mehr noch Philologen von ihrem Selbstverständnis als Geisteswissenschaftler nicht lösen. Im Gegenteil: Parallel zur Entzauberung der

Welt durch die Naturwissenschaften avancierte die Methode des Verstehens zu einem Gegenmodell zur Methode des Erklärens in den Naturwissenschaften. Der Gegensatz zwischen "idiographischen" und "nomothetischen" Wissenschaften, zwischen auf das Einzigartige schauenden Verstehens- und an der Entdeckung von Gesetzmäßigkeiten interessierten Erklärungswissenschaften wurde geboren, in dessen Spannungsfeld schließlich auch die Politikwissenschaft geriet.

Die Verfechter der Methode des Verstehens können auf eine lange Tradition zurückblicken. Das Wort Hermeneutik leitet sich her von der in der antiken Wissenschaft entwickelten *hermeneutike techne*, verstanden als "Wissenschaft der interpretierenden Sinnvermittlung" (*Geldsetzer* 1992, S. 128). Wie man den Sinn von Texten "vereindeutigen" könnte: Dieses Problem blieb den Philologen fortan erhalten, und es blieben die Unterschiede zwischen denjenigen, die Texte für mehrfach auslegungsfähig hielten, und anderen, die stärker auf Eindeutigkeit drangen, auf die Erforschung und Ausschöpfung des eindeutigen und bestimmten Sinnes. Insbesondere die Renaissance knüpfte an die hermeneutische Methodologie der Griechen an: "Der Begriff Hermeneutik gehört zu den gräzisierenden Kunstwörtern, die im 17. Jahrhundert geprägt wurden" (*Müller* 1990, S. 119). Als "Methodologie der Sinn-Versicherung" mußte die Hermeneutik "sowohl praktisch geübt wie auch Gegenstand neuer Reflexion werden" (*Geldsetzer* 1992, S. 129). Neben die Erforschung des Sinns von Texten trat das Bedürfnis, "dogmatisierten Sinn" (ebd.) zu erschließen, vor allem für die Theologie und die Jurisprudenz.

Mit dem Erstarken der Naturwissenschaften und dem wachsenden Bedürfnis nach Abgrenzung auf Seiten der Geisteswissenschaften wuchs die Hermeneutik in eine neue verantwortungsvolle Rolle hinein. Einer der "Väter der Wissenschaftstheorie der modernen Geisteswissenschaft", der Philosoph Wilhelm *Dilthey*, formulierte diesen Anspruch so: "Die Natur erklären wir, das Seelenleben verstehen wir" (zit. nach *Geldsetzer* 1992, S. 127). Zugleich wurde die Hermeneutik von ihm psychologisiert: Durch sich Hineinversetzen in ein Gegenüber sollte die Objektivität des Verstehens gewährleistet werden.

> "Hermeneutische Arbeit - Verstehen - wird nunmehr unter das Ideal der identischen Reproduktion fremden Seelenlebens in allen seinen Formen und Möglichkeiten gestellt. Der Interpret wird zum Schauspieler, der die historischen Dokumente als dramaturgische Anweisungen benutzt und auf der Bühne der Geisteswissenschaften mit neuem Leben erfüllt" (*Geldsetzer* 1992, S. 132).

Das Modell des Nachvollzugs und sich Hineinversetzens kann auch als Konzession an den durch das naturwissenschaftliche Objektivitätsideal geprägten Zeitgeist interpretiert werden. Es sollte, so die Kritik von Jürgen *Habermas*, ein Äquivalent für die Beobachtung in den Naturwissenschaften schaffen: Nacherleben und Beobachten "erfüllen auf der empiristischen Ebene das Kriterium einer Abbildtheorie der Wahrheit: sie gewährleisten, wie es scheint, die Reproduktion eines Unmittelbaren im einsamen, von allen bloß subjektiven Trübungen gereinigten Bewußtsein. Objektivität der Erkenntnis ist dann durch die Eliminierung solcher trübenden Einflüsse definiert" (*Habermas* 1973, S. 226f.).

Nach dem untauglichen Versuch, die Objektivität des Verstehens durch Aufgabe des erkennenden Subjekts zu sichern, tritt die Hermeneutik in unserem Jahrhundert schließlich bei *Heidegger* und *Gadamer* im philosophischen Gewande mit Universalanspruch auf, nicht mehr lediglich als eine den Geisteswissenschaften adäquate Methode. *Gadamer* unternimmt eine Strukturanalyse des Verstehens überhaupt, "deren Ergebnisse jene methodenfeindliche Wendung der Hermeneutik, ihre Abwendung von ihren historischen Anfängen als Methodenlehre, schließlich einleiten" (*Ruloff* 1984, S. 42).

Bleiben wir jedoch bei der Hermeneutik als einer Methode des Verstehens. Hermeneutisches Textverstehen wird als Zirkel beschrieben: Der Leser kann sich einem Text nicht ohne Vorverständnis nähern; ein rudimentäres Vorverständnis ist Voraussetzung für den Verstehensprozeß. Beim Interpretieren erweitert sich das Verständnis des Lesers, er gelangt auf diese Weise an den Ausgangspunkt - wenngleich auf höherer Stufe - zurück, um mit diesem erweiterten Vorverständnis zu einem erweiterten Textverständnis zu gelangen.

Das zirkelförmige Bewegen in einer *hermeneutischen Spirale* beschreibt auch die Beziehung zwischen Teil und Ganzem beim Interpretationsvorgang: Die Bedeutung einzelner Elemente des Textes erschließt sich erst vom Ganzen des Textes her, während das Ganze sich von seinen Teilen her bestimmt. Dieses Hin- und Herbewegen zwischen Vorverständnis und Text, zwischen Teilen und dem Ganzen, aber auch zwischen Quelle und Text in der Interpretation des Historikers, zwischen dem zu untersuchenden Fall und der anzuwendenden Norm in der Jurisprudenz ist charakteristisch für das hermeneutische Verstehen. Der englische Historiker E.H. *Carr* hat diesen Prozeß der Interpretation von Fakten in seinem Buch "What is History?" recht plastisch beschrieben:

> "Der Historiker ist weder der demütige Sklave noch der tyrannische Herr seiner Fakten. Die Beziehung zwischen dem Historiker und seinen Fakten basiert auf Gleichheit, auf Geben und Nehmen. Wie jeder tätige Historiker weiß, wenn er einhält und darüber nachdenkt, was er tut, wenn er denkt und schreibt, dann kommt er zu der Einsicht, daß er kontinuierlich seine Fakten nach seiner Interpretation formt und seine Interpretation nach seinen Fakten. Es ist unmöglich, dem einen Vorrang vor dem anderen zu geben" (*Carr* 1964, S. 29, eigene Übersetzung).

Auch in der Anwendung des Rechts wandert der Blick zwischen Gesetzesnorm und Lebenssachverhalt hin und her, so der Rechtswissenschaftler Winfried *Hassemer* über die "juristische Hermeneutik". Während in der Regel davon ausgegangen wird, daß die Entscheidung eines Richters als *Subsumtion* eines Falles unter eine Norm gedeutet werden kann, verweist *Hassemer* auf die dynamische Wechselbeziehung zwischen Norm und Fall.

> "Norm und Fall (...) müssen im Akt der Rechtsfindung schrittweise zueinander in eine Beziehung gebracht werden, sind konkretisierend aufeinanderhin zu entwickeln und setzen einander insofern voraus. Damit dynamisiert sich das Verhältnis von Norm und Sachverhalt. Normanwendung wird zu Normkonkretisierung (am Sachverhalt); Sachverhaltsentscheidung wird zu Sachverhaltskonstitution (mit Hilfe der Norm). Norm und Sachverhalt stellen einander her im Prozeß von Normanwendung bzw. Sachverhaltsentscheidung" (*Hassemer* 1986, S. 201).

Wie ist es jedoch dann um die Objektivität des interpretierenden Verstehens bestellt? "Geschichte heißt Interpretieren", so E.H. *Carr*, und deswegen lautet seine Empfehlung an die Leser auch: "Studieren Sie den Historiker, bevor Sie die Fakten studieren" (*Carr* 1964, S. 23). Das Ergebnis der Interpretation läßt sich von dem Interpreten nicht trennen. Ebensowenig läßt sich Objektivität dadurch erzielen, daß der Interpret sich gänzlich in den Autor des Textes hineinversetzt - z.B. beim Interpretieren einer Quelle - und sich von den trübenden Einflüssen seines eigenen Vorverständnisses reinigt. Allenfalls sei "Sachlichkeit des hermeneutischen Verstehens" zu erreichen, so Jürgen *Habermas* (1973, S. 228), und zwar in dem Maße, "als das verstehende Subjekt über die kommunikative Aneignung der fremden Objektivationen sich selbst in seinem eigenen Bildungsprozeß durchschauen lernt." Zweifel sind jedoch angebracht, wenn für die Objektivität des Verstehens ein "objektiver Geist" postuliert wird, sei es in Form einer gemeinsamen Kultur oder einer gemeinsamen Sprache. Objektivität als Teilhabe an einem solchen "objektiven Geist" kann es nicht geben. Allenfalls kann "willkürliche Subjektivität" durch Bewußtwerdung des eigenen Vorverständnisses und durch Beachtung hermeneutischer Interpretationsregeln vermieden werden.

Diese Regeln erreichen kaum die Stringenz der in den Erfahrungswissenschaften üblichen Verfahren, z.B. bei der Überprüfung einer Hypothese mit Hilfe eines statistischen Tests. Der Jurist Emilio *Betti* hat sich vor allem um die über *Schleiermacher* (1768 - 1834) und *Dilthey* (1853 - 1911) verlaufende Traditionslinie einer methodisch ausgerichteten Hermeneutik in die Gegenwart verdient gemacht (*Betti* 1972). Auf seiner Arbeit fußend hat Friedrich *Heckmann* die Regeln der Hermeneutik wie folgt zusammengestellt:

"1.   Interpretation setzt die Kenntnis der Aneignung der im zu interpretierenden Text verwendeten Symbol- und Sprachmuster voraus. Diese Kenntnis schließt nicht nur die Ebene der 'allgemeinen Sprache' ein, sondern auch Symbol- und Sprachmusterdifferenzierungen sowie spezifische Fachsprache, wie sie in der jeweiligen Gruppe oder Subkultur existieren, aus deren Zusammenhang der Text stammt. Zu den Sprachdifferenzierungen und Sprachstilen gehören grammatikalische Sonderformen, die Verwendung bestimmter Metaphern und sprachlicher Floskeln, Eigenarten der Bedeutungszuweisung für Wörter sowie gruppenbezogene sprachlich-ideologische Formen.

2.   'Ein Verstehen ist ... stets an einer bestimmten Fragestellung, an einem bestimmten Woraufhin, orientiert. Das schließt aber ein, daß sie nie voraussetzungslos ist; genauer gesagt, daß sie immer von einem Vorverständnis der Sache geleitet ist, nach der sie den Text befragt. Aufgrund eines solchen Vorverständnisses ist eine Fragestellung und eine Interpretation überhaupt erst möglich'.

3.   '... der Sinn, den es zu ermitteln gilt, darf nicht ... in die sinnhaltige Form hineingelegt, sondern soll im Gegenteil aus ihr herausgewonnen werden'.

4.   Der Sinn des Ganzen ist aus dem Sinn der es konstituierenden Einzelelemente zu verstehen, das einzelne Element wird verständlich aus dem es umfassenden Ganzen.

5.   Die Bedeutung eines Wortes wird verstehbar aus dem Zusammenhang des Satzes, dem es zugehört. Die Bedeutung eines Satzes wird verstehbar aus dem Textteil oder Gesamttext, dem er zugehört.

6.   Ein Text ist Teil der Lebensäußerungen eines Menschen. Die Kenntnis der Biographie seines Autors und der jeweiligen spezifischen Lebenssituation, in welcher der Text verfaßt wurde, unterstützt das Verständnis des Textes.

7.   Ein Text sollte in bezug auf seine kulturellen Zugehörigkeiten identifiziert und als Teil dieser kulturellen Systeme interpretiert werden. Diese kulturellen Systeme können Zeit-, National-, Schicht-, Regional- und Subkulturen und deren jeweilige Verbindungen sein. Symbol-, Wert- und Normensysteme der jeweiligen Kul-

tur(en) müssen - nach Maßgabe der Fragestellung der Untersuchung - für die Interpretation herangezogen werden.

8. Texte sind als Teile größerer Kommunikationsprozesse aufzufassen. Die Interpretation des Einzeltextes erfordert die Rekonstruktion der Gesamtstruktur des Kommunikationsprozesses, dessen Teilelement vorliegt.

9. Die Interpretation von Texten, die Element und Abbild sozialer Strukturen und Prozesse sind, muß versuchen, diese sozialen Strukturen und Prozesse zu rekonstruieren. Der Analyse von Interessen-, Macht-, Normen- und Sanktionsverhältnissen kommt dabei besondere Bedeutung zu.

10. Interpretation erfordert die Rekonstruktion des Entstehungs- bzw. Produktionszusammenhangs eines Textes, seiner Anlässe, Motive, Adressaten und antizipierten Verwendungsweisen. Entstehungs- bzw. Produktionszusammenhang können liegen sowohl in individuellen Motiven, wie kollektiven Absichten, oder Macht- und Entscheidungsverhältnissen in Gruppen.

11. Haltungen, die den Interpretationsprozeß behindern, sind:
    – Abneigung und Intoleranz gegenüber abweichenden Ideen und Stellungnahmen;
    – Voreingenommenheit und Ressentiment, die dazu führen, 'die fremden Meinungen zu niedrig einzuschätzen und schief darzulegen'.
    – 'Konformismus gegenüber den öffentlich herrschenden Ansichten: ein Konformismus, der den auslegenden Betrachter zu einer ... unkritischen Übernahme ... überlieferter Vorurteile oder Ideologien und anderer konventioneller Lügen veranlaßt'.
    – '... geistige und moralische Enge oder Faulheit ...'.

12. Der Interpretationsprozeß erfordert eine Grundhaltung der Offenheit und 'Toleranz' gegenüber dem Text, die durch das Sich-Bewußtmachen eigener Vorurteilstendenzen seitens der interpretierenden Person unterstützt wird.

13. Interpretierende sollten sich gegenüber dem Text um höchste Aufmerksamkeit, Sensibilität und Intensität der Auseinandersetzung bemühen. Interpretation erfordert eine Anstrengung gegenüber dem Text.

14. Interpretation erfordert grundlegende inhaltliche Kenntnisse des Gegenstandsbereichs, dem der Text zugehört.

15. Interpretierende sollten über ein kognitives, motivationales und emotionales 'Vermögen' verfügen, das dem im Text repräsentierten 'Niveau' (zumindest) entspricht.

16. Verstehen ist ein fortschreitender Prozeß; es beginnt mit einem Vorverständnis, einer Interpretation eines Teils mit Hilfe einer hypothetischen Annahme über das Ganze, korrigiert diese Annahme aufgrund des Verständnisses des Teils und fährt fort, weitere Teile auf der Grundlage dieser Annahmen über das Ganze zu interpretieren, um in fortschreitenden Bewegungen des Verstehens zu einem Gesamtverständnis zu kommen.

17. Verstehen erfordert die Aktualisierung und Mobilisierung der Erfahrungs- und Erlebnisbasis des Subjekts. Je größer und komplexer diese sind, desto größer ist die Verstehensfähigkeit.

18. Je größer die Vorstellungskraft und Phantasie des Subjekts, desto größer seine Verstehensfähigkeit.

19. Die Interpretation eines Textes sollte durch mehrere Interpreten erfolgen. Grade ihrer Übereinstimmung können als Maß der Reliabilität und Objektivität einer Textinterpretation gewertet werden" (*Heckmann* 1992, S. 160ff.).

Halten wir fest: Bei der Hermeneutik handelt es sich um die in den Geistes- und Sozialwissenschaften angewendete Methode des Verstehens. Sie formuliert Regeln, mit deren Hilfe es gelingen soll, den Sinn eines sprachlichen Dokuments intersubjektiv nachvollziehbar zu entschlüsseln. Zwischen der Verbesserung der Regeln zur Auslegung von Texten und der Entdeckung von Lesarten eines einzelnen Textes scheint es jedoch ein Hase-und-Igel-Spiel zu geben. Die Regeln der Hermeneutik sind zwar dadurch nicht überflüssig, doch sind die mit ihrer Hilfe erstellten Konstruktionen kaum weniger schwankend als die von den kritischen Rationalisten erstellten Bauwerke. An den Regeln der Hermeneutik arbeiten viele: Historiker verfolgen bestimmte Grundsätze beim Interpretieren ihrer Quellen, Juristen beachten (und streiten über) Regeln bei der Auslegung von Verfassungstexten, Germanisten interpretieren ihre Texte - selbst die Grundsätze der Umfrageforscher über die Formulierung von Fragen sind Faustregeln, die Verstehen ermöglichen sollen und an denen ständig gearbeitet wird. Weitaus konsequenter widmet sich jedoch der jüngste Sproß auf dem so vielfach verästelten Stammbaum der Hermeneutik dieser Aufgabe: In der Soziologie hat sich ein "interpretatives Paradigma" etabliert, das als Gegenposition zur vorherrschenden quantitativ-empirischen Forschung ein ganzes Repertoire von qualitativen, auf den Regeln der Hermeneutik fußenden Verfahren entwickelt hat, die auch in der politikwissenschaftlichen Forschung zunehmend an Bedeutung gewinnen werden.

2.5   Qualitative empirische Sozialforschung

Während die Protestbewegung des Behavioralismus innerhalb der Politikwissenschaft noch um die Anerkennung strenger empirischer Forschungsmethoden rang, die den Vergleich mit naturwissenschaftlichen Verfahren nicht scheuen mußten, formierte sich in anderen sozialwissenschaftlichen Disziplinen bereits eine Oppositionsbewegung gegen die vorherrschende quantifizierende empirische Sozialforschung. Zuspruch bekam sie von verschiedenen Seiten: Von der Ethnomethodologie und vom symbolischen Interaktionismus, die als interpretative Ansätze "Handlungen aus der Position der Akteure heraus sehen und - in einer Art philosophischem Idealismus - unterstellen, daß diese die Realität, die es zu verstehen gilt, selbst erzeugen" (*Garz/ Kraimer* 1991, S. 10); von der Phänomenologie, deren Ziel darin besteht, "durch objektive Erkenntnis das Wesen einer Sache, d.h. das Allgemeine, Invariante, zu erfassen" und zwar durch die "Methode der Reduktion, die dazu führen soll, alle, den Blick auf das Wesentliche versperrenden und damit störenden Elemente zu beseitigen" (*Lamnek* 1988, S. 52); und schließlich von der soeben näher beschriebenen Hermeneutik. Inspiriert von diesen erkenntnistheoretischen Ansätzen postulierten Forscher eine Abkehr von den an den Naturwissenschaften orientierten Forschungsmethoden und entwickelten eine ganze Bandbreite alternativer "qualitativer" Methoden, die den subjektiven Sichtweisen der untersuchten Personen, ihren Wertvorstellungen, ihren Konstruktionen von sozialer Realität mehr Aufmerksamkeit schenkten und damit für sich in Anspruch nahmen, den Menschen und ihrem sozialen Handeln besser gerecht zu werden.

Nachdem zunächst gefragt wurde, ob es sich bei der "qualitativen Sozialforschung" um einen "Modetrend oder Neuanfang" handele (*Küchler* 1980), haben sich die qualitativen Forscher inzwischen "eine Nische erkämpfen können, in der sie sich samt Anhang häuslich eingerichtet haben", so Christian *Fleck* (1992, S. 747). Er gesteht der qualitativen Sozialforschung den Status einer "Subdisziplin" zu. Denn inzwischen gibt es nicht nur Lehr- und Handbücher zu qualitativen Methoden wie das von Uwe *Flick* u.a. herausgegebene "Handbuch Qualitative Sozialforschung" (1991) oder die zwei von Siegfried *Lamnek* herausgegebenen Bände "Qualitative Sozialforschung" (1988, 1989), sondern auch eigene Zeitschriften, Sektionen, Tagungen und Workshops.

Von einem Konsens über den eigenen Methodenkanon, über das Verhältnis zwischen herkömmlichen quantitativen und den alternativen qualitativen Methoden sowie über eine Sammelbezeichnung für diese Methoden oder die entsprechende Forschung sind die Anhänger des qualitativen Ansatzes aber noch weit entfernt. Auch an einer einheitlichen Bezeichnung mangelt es. Am weitesten verbreitet ist wohl das Etikett "Qualitative Sozialforschung" oder "Qualitativ-empirische Sozialforschung". Andere Forscher sprechen von "Rekonstruktiver Sozialforschung" (*Bohnsack* 1991) oder vom "interpretativen Paradigma" (*Lamnek* 1988). Gemeinsam ist den qualitativen Sozialforschern ein Unbehagen an den Methoden der konventionellen, sich an der Naturwissenschaft orientierenden Sozialwissenschaft. Das schließt auch die Ablehnung der etwas gönnerhaft der qualitativen Forschung zugedachten Rolle des explorativen Auskundschaftens im Vorzimmer zur eigentlichen harten Wissenschaft ein. Zu den Kritikpunkten gegenüber der konventionellen Sozialforschung gehört, sie vertrete "das Konzept einer restringierten Erfahrung":

> "Zulässig zur empirischen Prüfung von Hypothesen sind nur jene Erfahrungsdaten, die in irgendeiner Form standardisierbar (quantifizierbar) und damit intersubjektiv nachvollziehbar sind" (*Lamnek* 1988, S. 9).

Die herkömmliche empirische Sozialforschung nehme nicht genügend Rücksicht auf die "Eigenart der Forschungsgegenstände", sie betreibe einen "Meßfetischismus". Qualitative Sozialforscher bezweifeln vor allem den Sinn und Nutzen der Standardisierung von Meßinstrumenten in der konventionellen Sozialforschung und wehren sich gegen die damit einhergehende "Scheinobjektivität".

Die vorgebrachte Kritik läßt sich bündeln in dem Vorwurf, die von der quantitativen empirischen Sozialforschung eingesetzten Verfahren seien nicht gegenstandsadäquat, weil sie nicht geeignet seien, sinnhaftes menschliches Handeln zu erforschen. Davon abgesehen gibt es jedoch vielfältige Meinungsunterschiede darüber, ob qualitative und quantitative Methoden einander ergänzen können oder ob sie grundsätzlich verschiedene Vorgehensweisen darstellen.

> "Der Zusammenhalt solcher [qualitativer] Verfahren liegt derzeit weniger in einer geschlossenen und einheitlichen Konzeption als in einer gemeinsam geteilten Abgrenzung zu herkömmlichen, quantitativ-statistischen Vorgehensweisen" (*Garz/Kraimer* 1991, S. 1).

Die Pluralität und Offenheit des verstehenden Paradigmas erstreckt sich nicht nur auf die zugrundeliegenden Gegenstandstheorien, auf die Techniken der Datenerhebung, sondern auch auf die Verfahren der Datenanalyse. "Im konkreten Forschungsalltag gibt es fast so viele qualitative Analysen wie Forscher", so Renata *Tesch* (1992, S. 43):

> "Obwohl einige methodische Vorbilder vorhanden sind, die nachgeahmt werden kön-
> nen, decken sich nur selten die Forschungsziele und individuellen Arbeitsweisen zweier
> Forscher. Im Grunde erfindet jeder seine eigene Form der Analyse."

Die Pluralität hat jedoch auch ihre Grenzen. Der Verzicht auf jegliche Kriterien zugunsten einer bunten Vielfalt koexistierender Verfahren wird von *Garz* und *Kraimer*
(1991, S. 5) abgelehnt, denn "Beliebigkeit darf keine Konsequenz verstehender Ansätze sein".

Da sich die qualitative Sozialforschung als Kontrastprogramm zur konventionellen,
quantitativen Sozialforschung versteht, ist es sinnvoll, die wesentlichen Elemente des
qualitativen Programms vor dem Hintergrund der quantitativen Methodologie zu
erläutern. Später wird zu fragen sein, ob die wechselseitigen Fremdbilder überzogen
sind und ob nicht auch die quantitativen Sozialforscher mehr Gewissensfreiheit in
Anspruch nehmen gegenüber den in den zahlreichen Lehrbüchern zur konventionellen Sozialforschung genannten Vorschriften. Die Gegenüberstellung von qualitativen
und quantitativen Forschungsweisen ist selbst wiederum ein Interpretationsvorgang,
der sich auf verschiedene Quellen stützt, u.a. das "Handbuch qualitative Sozialforschung" oder *Lamneks* zweibändiges Werk "Qualitative Sozialforschung". In Begriffen der qualitativen Sozialforschung gesprochen handelt es sich damit um eine
"Rekonstruktion von Rekonstruktionen" qualitativer Forschung. Eine solche Rekonstruktion muß angesichts des Wandels in diesem Forschungsbereich notwendigerweise vorläufigen Charakter haben.

Ein erster Unterschied besteht in dem Verständnis dessen, was als "empirisch" zu
gelten hat. Während der Kritische Rationalismus und in seinem Gefolge der Behavioralismus unter empirischer Forschung versteht, daß die postulierten Aussagen
über gesetzmäßige Zusammenhänge mit Hilfe von Basissätzen geprüft werden können, die die soziale Realität beschreiben, verstehen qualitativ arbeitende Sozialforscher unter empirischer Forschung eine möglichst "dichte Beschreibung" der sozialen
Wirklichkeit und der sie konstituierenden sozialen Subjekte. "Scheitern an der Realität" ist im Falle des Kritischen Rationalismus das Abgrenzungskriterium für empirische Forschung. Theorien, Hypothesen und Gesetze sind zwar Konstruktionen des
Forschers, doch ähnlich wie die Entwürfe der Naturwissenschaftler müssen auch die
Entwürfe der Sozialwissenschaftler sich an der äußeren Realität bewähren, mit der
Welt da draußen in Übereinstimmung gebracht werden: Empirisch wahre Theorien
korrespondieren mit den Fakten, die in Basissätzen formuliert werden.

Mathematik und Logik sind in diesem Sinne keine empirischen Wissenschaften, und
bei der Anerkennung der Theologie als Wissenschaft tun sich kritische Rationalisten
schwer, da sich Aussagen über Gott nun einmal nicht empirisch prüfen lassen. Auch
wenn es um das "Wesen" von etwas geht, sei es des Staates, des Kapitalismus oder
einer politischen Ideologie, müssen die kritischen Rationalisten passen. Unter
"empirisch" verstehen qualitative Sozialforscher dagegen, daß der Forscher als Teilhaber einer von den Menschen selbst konstruierten sozialen Realität versucht, Zugang zu den Realitätskonstruktionen seiner Mitmenschen zu gewinnen. Das geschieht - wie im Alltag auch - durch Beobachtung und Kommunikation. Doch im

Unterschied zu den Kommunikationsprozessen des Alltags, wo die unterschiedlichen Realitätskonstruktionen oftmals sehr unvermittelt aufeinanderprallen und zu Konflikten führen, ist ein qualitativer Sozialforscher nicht am Konflikt mit seinen Forschungssubjekten interessiert, sondern bereit, ihnen möglichst viel Spielraum zu geben, ihre Sicht der Dinge zu artikulieren.

Qualitative Sozialforscher sind zunächst einmal geübte Zuhörer oder zurückhaltend-schweigsame Betrachter, die - z.B. im Falle eines Interviews - die Kommunikation mit ihren Forschungssubjekten möglichst wenig durch eigene Einwirkung zu lenken versuchen, sondern offen sind für die Gedanken der von ihnen untersuchten Personen. Qualitative empirische Forschung praktiziert weniger "Konfrontation mit der Realität", da im Unterschied zum Kritischen Rationalismus keine "kühnen Konstruktionen" entworfen und an die Forschungssubjekte herangetragen werden. Ausgangspunkt der qualitativen Forschung sind vielmehr die möglicherweise ebenso kühnen Wirklichkeitskonstruktionen der beforschten Subjekte.

Ansatzpunkt ist in jedem Fall der Alltag der untersuchten Personen, ihre konkrete Lebenswelt. Qualitative Sozialforscher tun im Grunde etwas, was Menschen in ihrem Alltagsleben ständig tun: Sie interpretieren das Handeln anderer, indem sie Sinnkonstruktionen vornehmen. Qualitative Sozialforscher errichten über diesen Konstruktionen ersten Grades solche zweiten Grades, indem sie die Konstruktionen der von ihnen untersuchten Personen rekonstruieren.

> "Die Besonderheit sozialwissenschaftlichen Denkens besteht also darin, daß sich nicht nur dieses Denken selbst aus Interpretationen, Typenbildungen, Konstruktionen zusammensetzt, sondern daß bereits der Gegenstand dieses Denkens, eben das soziale Handeln, das Alltagshandeln auf unterschiedlichen Ebenen durch sinnhafte Konstruktionen, durch Typenbildungen und Methoden vorstrukturiert ist" (*Bohnsack* 1991, S. 24).

Zwischen dem Alltagshandeln der Menschen und dem wissenschaftlichen Vorgehen besteht aus der Sicht der einheitswissenschaftlich orientierten Forscher jedoch eine deutliche Trennungslinie. Zwar können Menschen ohne gültiges Alltagswissen gar nicht existieren, doch Wissenschaft geht über Alltagswissen hinaus, sowohl was die Erkenntnisse anbetrifft also auch hinsichtlich der Methoden. Neue Wirklichkeitsdimensionen werden erschlossen, die dem vorwissenschaftlich denkenden Menschen verschlossen bleiben oder die ihm beim alltäglichen Handeln eher überflüssig oder gar hinderlich erscheinen.

Während quantitativ arbeitende Forscher ihren Untersuchungsobjekten mit Hilfe von normierten Stimuli gezielt bestimmte verbale oder nonverbale Reaktionen in vorgefertigten Bahnen entlocken, begegnen qualitative Sozialforscher den von ihnen untersuchten Personen wie Fremden, deren Wirklichkeitsauffassungen es - methodisch kontrolliert - zu verstehen und im Anschluß daran zu rekonstruieren gilt. Die Sinnhaftigkeit sozialen Handelns soll erfaßt, nachvollzogen und durch die Bildung von Typen oder die Generierung von Theorien verstehend rekonstruiert werden. Qualitative Sozialforscher heben hervor, daß es sich bei einem Interview um Kommunikation zwischen Forscher und Beforschten handelt. Diese Kommunikation sollte nicht einseitig vom Forscher dominiert werden, sondern es geht im Gegenteil darum, möglichst offen zu sein für die Sprache des Beforschten und seinen eigenen Bezugsrahmen. Qualitative Sozialforscher sprechen daher auch von den Prinzipien der Offenheit und der Kommunikation. Der Unterschied zur quantitativen Sozialforschung besteht also nicht in der Forderung nach methodisch kontrolliertem Vorgehen, sondern eher darin, wie die methodische Kontrolle erreicht werden soll. Bei der quantitativen Forschung ist es die Standardisierung der Meßvorgänge, bei qualitativer Forschung die nicht restringierte Kommunikation.

> "Methodische Kontrolle bedeutet hier also Kontrolle über die Unterschiede der Sprache von Forscher und Proband, über die Differenzen ihrer Interpretationsrahmen, ihrer Relevanzsysteme. Und diese Kontrolle gelingt nur, wenn ich dem Probanden Gelegenheit gebe, sein Relevanzsystem zu entfalten, und dann darauf aufbauend - rekonstruierend - mir die Unterschiede der Interpretationsrahmen vergegenwärtige" (*Bohnsack* 1991, S. 20).

Zum Katalog der Unterschiede zwischen qualitativer und quantitativer Forschung gehört auch der Ablauf des Forschungsprozesses. Hier läßt sich sagen, daß in den Lehrbüchern zur quantitativen Forschung ein eher rigider Forschungsablauf vorgegeben wird. Man beginnt mit der Entwicklung der Fragestellung, der Formulierung der Hypothese, der Definition und Explikation von Begriffen. Danach sind Entscheidungen über das Forschungsdesign zu treffen: Wie sollen die Begriffe operationalisiert und die Untersuchungseinheiten ausgewählt werden? Ein Meßinstrument - z.B. ein Fragebogen - muß entworfen, getestet und anschließend im Feld an den ausgewählten Untersuchungseinheiten angewendet werden. Die anfallenden Daten werden erfaßt, kodiert und anschließend mit Hilfe statistischer Programme analysiert. Im Gegensatz dazu betonen qualitative Forscher den zyklischen Ablauf des Forschungsprozesses. Der Forscher pendelt zwischen Datenerhebung, Auswertung und Theoriebildung. Der Forschungsprozeß folgt nicht einem klaren Ablaufschema, die Feldarbeit ist nicht strikt von der Interpretation der Daten getrennt. So gibt es bei der von *Glaser* und *Strauss* vorgelegten Konzeption einer datenbasierten Theorie ("grounded theory") keine klare Trennungslinie zwischen Datensammlung und Datenanalyse (*Strauss* 1991).

Während in der quantitativen Forschung die Fallstudie eher zum Zweck der Exploration oder Hypothesenbildung eingesetzt wird, eventuell auch, um einen besonders kritischen oder Extremfall zu untersuchen, genießt sie in der qualitativen Forschung einen wesentlich höheren Stellenwert. Eine Fallstudie ist nach *Lamnek* (1989, S. 5f.) dadurch charakterisiert, "daß sie ein einzelnes soziales Element als Untersuchungsobjekt und -einheit wählt". Um dies hervorzuheben, verwenden qualitative Forscher auch den Begriff "Einzelfallstudie". Aus der Sicht der experimentellen Forschung leidet eine Studie mit nur einem Untersuchungsobjekt unter dem Mangel, daß die Kontrollgruppe fehlt, ein gezielter Test einer Kausalhypothese also nicht möglich ist. Das Urteil über Fallstudien fällt dementsprechend vernichtend aus:

> "... solche Studien haben aufgrund des Mangels von Kontrollen fast keinen wissenschaftlichen Wert. ... Grundlegend für die wissenschaftliche Beweisführung ist der Vorgang des Vergleichs, das Festhalten von Unterschieden oder von Kontrast" (*Campbell/Stanley* 1963, S. 6).

Aus der Sicht der qualitativen Forschung handelt es sich bei der "Einzelfallstudie" dagegen nicht um eine spezielle Erhebungstechnik, sondern um einen "Forschungsansatz". Schon weil sich die interpretative Sozialforschung zum Ziel gesetzt hat, möglichst offen zu sein für die Wirklichkeitskonstruktionen ihrer Untersuchungsobjekte und diesen möglichst viel Spielraum zur Artikulation einzuräumen, verbieten sich Studien mit großen Fallzahlen. Stattdessen plädieren qualitative Sozialforscher dafür, ihre Untersuchungsobjekte nach theoretischen Kriterien auszuwählen ("theoretical sampling") und mit einem Bündel unterschiedlicher Methoden zu untersuchen. Hier trifft sich die qualitative Sozialforschung mit der Vorgehensweise von Politikwissenschaftlern, die ihre Forschungsgegenstände unter theoretischen Gesichtspunkten auswählen und einen einzelnen Fall möglichst umfassend mit verschiedenen Methoden untersuchen. Andere sehen dagegen in der Methode des Vergleichs eine Übertragung experimentell-kontrollierter Vorgehensweisen auf die politikwissenschaftliche Forschung.

An der qualitativen Forschung fällt nicht nur die Vielzahl der unterschiedlichen Methoden, sondern auch die Bandbreite der Themen ins Auge, denen sich die "Barfuß"-Sozialforscher in ihren oftmals mit bescheidenen Mitteln durchgeführten Projekten widmen. Fußballfans werden da zum Beispiel untersucht oder zum politischen Extremismus neigende Jugendliche, aber auch Subkulturen wie die der obdachlosen Nichtseßhaften, Prostituierten oder Kriminellen, denen der österreichische Soziologe Roland *Girtler* seine Aufmerksamkeit widmete. Welche Probleme das für sein berufliches und sein Privatleben mit sich brachte, berichtete *Girtler* in seinem Buch "Methoden der qualitativen Sozialforschung", das er als "Anleitung zur Feldarbeit" versteht:

> "Ich sehe es als selbstverständlich an, den Mitgliedern der mich interessierenden sozialen Gruppen auch meine Lebenswelt zu öffnen. Dies kann natürlich einige Probleme mit sich bringen. So äußerten sich Sekretärinnen und Kollegen an der Universität bisweilen kritisch über mich, weil ich dreckige und verwildert aussehende Sandler (= Nichtseßhafte) in meinem Zimmer am Institut empfing und sie auch stundenlang bei mir behielt, was besonders im Winter für diese Leute angenehm war. Aber gerade durch ein solches Handeln wurde ich von ihnen repektiert und als eine Art Freund empfunden" (*Girtler* 1984, S. 57).

Qualitativ arbeitende Sozialforscher sind also öfter an den Rändern der Gesellschaft anzutreffen als die Mainstream-Forscher der etablierten quantitativen Sozialforschung. Während letztere Kundschafter wie z.B. Interviewer an die Brennpunkte der Gesellschaft entsenden, die so gewonnenen Daten dann in den vier Wänden des Forschungsinstituts auswerten, treibt es qualitativ arbeitende Sozialforscher eher in die Nischen, Ecken und (Un-)Tiefen der Gesellschaft, wo sie den oftmals einen radikal anderen Lebensstil pflegenden Forschungssubjekten statt mit vorfabrizierten Fragen mit offenem Geist zu begegnen versuchen. In der Regel geht es allerdings auch in der qualitativen Forschung nicht so romantisch zu wie bei *Girtlers* Sandlern.

2.6 Quantitative und qualitative Forschung im Vergleich

Quantitativ-empirische Forschung ist unter dem methodologischen Vorzeichen angetreten, allgemein gültige Gesetzmäßigkeiten möglichst kausaler Natur zu entdecken. Die als "Gesetze" vorgelegten Forschungsergebnisse sollen generalisierbar sein, konkret gesprochen also nicht nur im Labor gelten (*externe Validität*), und sie sollen auch durch Zurückweisung falscher Kausalhypothesen zustande gekommen sein (*interne Validität*). Darüber hinaus stellt sich für die quantitative Forschung das Problem, die Lücke zwischen Theorie- und Beobachtungssprache zu überbrücken. Das geschieht durch den Vorgang der Operationalisierung der in den Hypothesen verwendeten Begriffe und die anschließende Messung von Variablen mit einschlägigen standardisierten Instrumenten. Dabei begibt sich der empirisch-quantitativ arbeitende Forscher auf ein unsicheres Feld: Ob wirklich das gemessen wurde, was gemessen werden sollte, ist keineswegs sichergestellt. Die verwendeten Indikatoren können mehr oder weniger gut mit dem theoretischen Begriff korrespondieren; eine erschöpfende Auflistung aller Indikatoren für ein theoretisches Konstrukt (z.B. Demokratie, Legitimität, Apathie, Parteiidentifikation etc.) ist nicht möglich. Weiterhin ist nicht auszuschließen, daß eine Messung zu einem anderen Zeitpunkt oder durch einen anderen Forscher ein anderes Resultat erbringen würde, ohne daß sich der wahre (allerdings unbekannte) Zustand des untersuchten Objekts geändert hat. Im konkreten Fall einer Einstellungsuntersuchung ergibt sich z.B. bei der wiederholten Messung einer Variablen bei einem Befragten das Problem, ob die bei der zweiten Befragung gegebene unterschiedliche Antwort auf eine tatsächliche Einstellungsänderung zurückzuführen ist oder ob sie lediglich die Unzuverlässigkeit oder Ungenauigkeit des Meßinstruments widerspiegelt. Hiermit sind die zwei wichtigsten Gütekriterien der quantitativ-empirischen Forschung genannt: Validität (Gültigkeit) und Reliabilität (Zuverlässigkeit).

Unter *Validität* versteht man die Gültigkeit einer Messung. Ein Meßinstrument ist valide, wenn es tatsächlich mißt, was gemessen werden soll. Unter *Reliabilität* versteht man die Zuverlässigkeit eines Meßinstruments. Sie gibt an, inwieweit Messungen reproduzierbar sind, sei es durch einen anderen Forscher oder zu einem anderen Zeitpunkt. Validität und Reliabilität sind nicht unabhängig voneinander zu sehen. Ein Meßinstrument kann zwar zuverlässig messen, ohne valide zu sein, doch eine gültige Messung setzt ein zuverlässiges Meßinstrument voraus.

Quantitativ arbeitende Sozialforscher bedienen sich verschiedener Verfahren bzw. Tests, um die Validität und Reliabilität eines Meßinstruments abzuschätzen. So kann man die Zuverlässigkeit eines Meßinstruments durch Anwendung paralleler Tests prüfen, d.h. verschiedene Meßinstrumente anwenden, um ein und dieselbe Dimension eines Konzepts zu messen. Die Korrelation zwischen den Testergebnissen gibt dann Auskunft über die Zuverlässigkeit der Messung. Ob bei der Inhaltsanalyse "richtig" codiert wurde, kann man feststellen, indem man denselben Text von verschiedenen Codierern verschlüsseln läßt und die Ergebnisse miteinander vergleicht. Auch zur Prüfung der Gültigkeit sind verschiedene Verfahren vorgeschlagen worden, die von einfachen Verfahren der Überprüfung der "face validity" bis zu aufwendigen Verfahren der Überprüfung der Konstruktvalidität reichen. Relativ überzeugend läßt sich in manchen Fällen die "Kriteriumsvalidität" anwenden, bei der die Resultate eines Meßvorgangs mit einem anderen externen Kriterium verglichen werden.

So überprüften Wahlforscher in den USA, ob die Antworten auf die Frage nach der Wahlbeteiligung zutrafen, indem sie diese mit den amtlichen Wahlunterlagen verglichen. Hierbei konnte festgestellt werden, welche Befragten "gelogen" hatten. Dies gilt aber nur unter der Voraussetzung, daß die amtlichen Wahlunterlagen gültig und zuverlässig gemessen worden waren. Eine ähnliche Untersuchung wurde nun erstmals auch in der Bundesrepublik durchgeführt. In seiner Studie über "Nichtwähler" konnte Michael *Eilfort* die Gültigkeit der Antworten auf die Frage nach der Wahlbeteiligung durch Abgleich mit dem Wählerverzeichnis ohne Verletzung der Anonymität der Befragten messen (*Eilfort* 1994, S. 136 ff).

Für qualitativ forschende Sozialwissenschaftler stellt sich das Problem der Gültigkeit und Zuverlässigkeit nicht in der gleichen Weise, da sie nicht von der Theorie zur Realität vorgehen, sondern umgekehrt bei den in der sozialen Realität verwendeten Alltagsbegriffen ansetzen und daraus theoretische Begriffe entwickeln. Auch wenn für die qualitative Forschung andere Gütekriterien vorgeschlagen worden sind wie Triftigkeit, Fidelität oder Stimmigkeit (vgl. *Bogumil/Immerfall* 1985), verzichtet qualitative Forschung doch nicht auf die traditionellen Gütekriterien wie Gültigkeit oder Zuverlässigkeit.

Qualitativ arbeitende Sozialforscher nehmen für sich in Anpruch, gültigere Forschungsergebnisse vorzulegen, da sie realitätsgerechter vorgingen. Sie arbeiteten in größerer Nähe zum sozialen Feld und zugleich offener für die "Relevanzsysteme der Untersuchten", so *Lamnek* (1988, S. 159). Statt von Kriteriums- oder von Konstruktvalidität wird auch von "kommunikativer" oder "ökologischer" Validität gesprochen. Unter letzterer versteht Aaron *Cicourel* (1982, S. 15) die Fähigkeit des Forschungsinstruments (z.B. einer Befragung), "die alltäglichen Lebensbedingungen, Meinungen, Werte sowie die Wissensbasis der untersuchten Personen einzufangen, und zwar so, wie sie sich in ihrem natürlichen Habitat zeigen."

Huber schlägt vor (1992, S. 163), die Zuverlässigkeit "der qualitativen Analyse als einer wissenschaftlichen Methode" durch "explizite Vergleichprozeduren" von Deutungen innerhalb von Texten, zwischen Texten oder zwischen Untersuchungen zu steigern. In der Regel ist Verstehen keine Ein-Personen-Veranstaltung; es bedarf immer mehrerer, sich gegenseitig ergänzender und kontrollierender Interpreten. Insgesamt wird man wohl erwarten dürfen, daß der verstärkte Einsatz von Microcomputern den Ergebnissen qualitativer Forschung größere Zuverlässigkeit im Sinne von Reproduzierbarkeit der Ergebnisse oder Verstehensprozesse verleihen wird.

Kontrastiert man, wie hier soeben vorgeführt, quantitative und qualitative Forschung, so muß man zu dem Ergebnis kommen, zwischen beiden Ansätzen lägen Welten. Zu unterschiedlich erscheinen beide Vorgehensweisen, daß man sie am besten mit wechselseitig nicht konvertierbaren Währungen vergleichen könnte. Oder vielleicht besser mit zwei verfeindeten Stämmen: Sozialforscher, die ihre primäre wissenschaftliche Sozialisation bei den "Quantitativen" erhalten haben, können nicht mehr zu einer Umkehr gebracht werden - und umgekehrt. Doch glücklicherweise trügt der Vergleich. Wir glauben feststellen zu können, daß sich die Stimmen für ein "geordnetes Miteinander" beider Ansätze mehren. So plädiert Renate *Mayntz* dafür, "quantitative und qualitative Methoden nicht verschiedenen Methodologien, sondern unterschiedlichen Forschungsaufgaben zuzuordnen" (*Mayntz* 1985, S. 70). Ähnlich argumentiert Alan *Bryman*, wenn er feststellt, daß "Methoden wahrscheinlich viel autonomer sind, als viele Kommentatoren (und besonders jene, die methodologische Argumente benutzen) bereit sind einzugestehen" (*Bryman* 1988b, S. 125).

Tatsächlich leidet die Debatte zwischen beiden Seiten unter wechselseitigen Fehlwahrnehmungen: Die quantitativ arbeitenden Sozialwissenschaftler folgen lange nicht so sklavisch den in den Methodenlehrbüchern vorgeschriebenen Verfahren, wie von der Gegenseite vermutet, während die qualitativen Sozialforscher sich, was die Gütekriterien der Forschung anbetrifft, durchaus konsensbereit zeigen. Vermutlich liegt der Mangel in der wechselseitigen Wahrnehmung auch darin, daß quantitative

Forscher im Vergleich zu ihren qualitativ arbeitenden Kollegen weniger Bereitschaft zeigen, ihre jeweilige Forschungspraxis zu rekonstruieren. Doch in den Werkstätten der quantitativen Forschung wird auch exploriert und konstruiert. So trifft es bei weitem nicht zu, daß quantitativ arbeitende Forscher mit theoretisch abgeleiteten Hypothesen beginnen, Daten erheben, daran Hypothesen testen, eventuell verwerfen und dann mit einer neuen Hypothese wieder von vorn beginnen. Zu beobachten ist vielmehr, daß quantitative Forscher ihre einmal erhobenen Daten auch zur Generierung von Hypothesen nutzen - mit einem einmal erhobenen Datensatz lassen sich viel mehr Kreuztabellen erstellen, als für den Test einer Hypothese erforderlich sind - und letztlich wesentlich "induktiver" vorgehen als vermutet. Umgekehrt herrscht in den Werkstätten qualitativer Forschung mehr methodische Strenge als von quantitativen Forschern vermutet.

Halten wir fest: Zwischen qualitativer und quantitativer Sozialforschung lassen sich eine Reihe von Unterschieden feststellen, die z.T. grundsätzlicher Natur sind, aber auch zu Fehlwahrnehmungen und unnötigen Abgrenzungen geführt haben. Diesen wechselseitigen Fehlwahrnehmungen wollen wir abhelfen, indem wir einen Blick in die Werkstätten verschiedener Forscher werfen, die mit ganz unterschiedlichen qualitativen und quantitativen Methoden arbeiten. Die Methoden der Dokumentenanalyse und -interpretation, wie sie Werner *Reh* (⇨ Kapitel III) anwendet, oder die Experteninterviews von Josef *Schmid* (⇨ Kapitel V) lassen sich eher den qualitativen Verfahren zurechnen, während *Bürklin, Rucht* und *Schmidt* (⇨ Kapitel II, IV und VI) der quantitativen Forschung zuzurechnen sind. Wir haben sie um Rekonstruktionen der von ihnen durchgeführten Projekte gebeten. Bevor wir diesen Gang durch die Werkstätten der politikwissenschaftlichen Forschung antreten, werden wir uns den Ablauf von Forschungsprozessen anschauen. Hier ist mehr Gemeinsamkeit zu beobachten, als die erbitterten methodologischen Kontroversen vermuten lassen. Zunächst aber fassen wir unsere eigene methodologische Orientierung mit dem Leitbild "kritisch-empirische Politikforschung" zusammen.

3   Das Leitbild kritisch-empirischer Politikforschung

Mit der differenzierten Darstellung der methodologischen Kontroversen wollten wir die Pluralität ordnen und nicht durch Diffusität Verwirrung bei Studienanfängern stiften. Es gibt zwar die Grundkontroverse zwischen qualitativer und quantitativer Forschung, es existieren die Scharmützel zwischen streng positivistischen Behavioralisten und kritisch-rationalistischen Popperianern - aber im Alltag der Politikwissenschaft spielen diese Streitigkeiten keine prägende Rolle. Der im letzten Abschnitt angesprochene Abbau von allzu rigiden Barrieren zwischen qualitativen und quantitativen Ansätzen ist für uns ermutigend. Das heißt aber nicht, daß alles geht und jeder machen kann, was er will.

Es gilt einen pragmatischen Mittelweg zu finden, der empirisch orientiert ist, aber auch kritisch die eigene Methodik offenhält. Für diesen Weg wollen wir den neuen Begriff "kritisch-empirische Politikforschung" vorschlagen. Im folgenden Abschnitt werden wir kein fertiges Rezept zur Umsetzung dieses Konzepts liefern, aber doch in aller Kürze unser Leitbild der kritisch-empirischen Politikforschung skizzieren, von dem wir glauben, daß es in der heutigen deutschen Politikwissenschaft breit akzeptiert werden könnte, da dies dem Alltag der politikwissenschaftlichen Forschung weitgehend entspricht (vgl. Schaubild 1).

Schaubild 1:   Das Leitbild kritisch-empirischer Politikforschung zwischen quantitativen und qualitativen Ansätzen

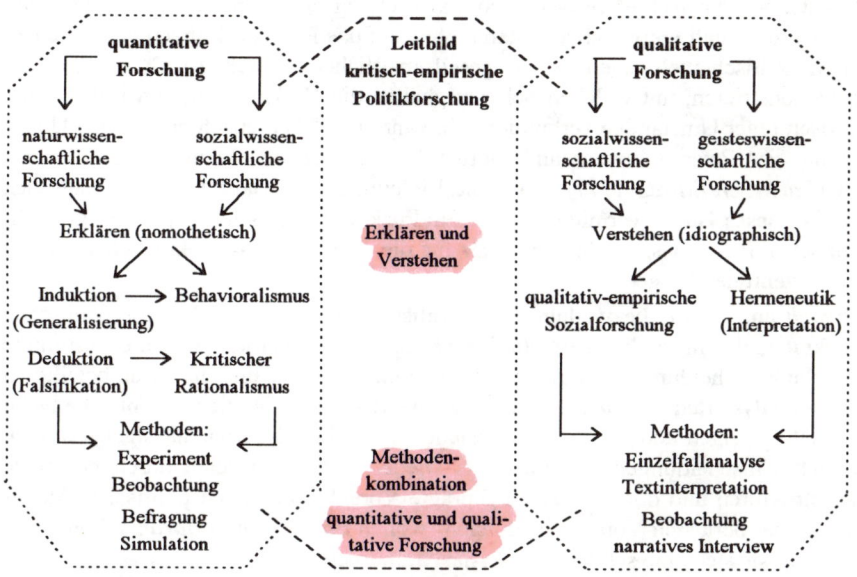

Ob eine Wissenschaft, die sich mit der Politik beschäftigt, über ihren Schatten springen und objektiv und methodisch kontrolliert Wissen über ihren Gegenstand zusammentragen kann, wird von manchen in Frage gestellt. Können sich Politikwissenschaftler überhaupt frei machen von der Parteilichkeit, die nun einmal zur Politik dazugehört? Können sie systematisch geprüftes Wissen bereitstellen, das keine politischen Rücksichten nimmt? Können Politikwissenschaftler davon absehen, was ihre Erkenntnisse für die Legitimität des politischen Herrschaftsapparats bedeuten und sich "sine ira et studio", frei und unvoreingenommen, einer Fragestellung widmen?

Kritisch-empirische Politikforschung ist nicht politisch abstinent. Sie ist sich dessen bewußt, daß ihre Erkenntnisse immer politische Implikationen haben, nicht wertfrei hinsichtlich einer bestimmten politischen Realität sein können. Wer über Parteiverdrossenheit forscht, muß damit rechnen, daß seine Ergebnisse von den Parteien begrüßt oder abgelehnt werden können, je nachdem ob sie sich als Betroffene zu recht oder zu unrecht kritisiert fühlen.

Umgekehrt bedarf politikwissenschaftliche Forschung zu ihrer Durchführung aber auch bestimmter gesellschaftlicher Voraussetzungen. Wo Archive verschlossen bleiben, Verwaltungen abgeriegelt werden und Publikationen der Zensur unterliegen, kann politikwissenschaftliche Forschung nicht gedeihen. Der Zugang zu politischen Institutionen, zu politischen Organisationen und Akteuren muß gewährleistet sein. Auf der anderen Seite darf die Politikwissenschaft nicht selbst das Licht einer kritischen Öffentlichkeit scheuen und muß ihre Ergebnisse in allgemein zugänglicher Form präsentieren. In dieser Hinsicht ist Politikwissenschaft auch methodisch eine Demokratiewissenschaft. Demnach hat es auch in der ehemaligen DDR nie eine Politikwissenschaft, die den Namen verdient, gegeben.

Wenn wir von kritisch-empirischer Politikforschung sprechen, so meinen wir, daß Politikwissenschaft empirisch sein kann, ohne auf das Prädikat kritisch verzichten zu müssen - kritisch auch gegenüber der gesellschaftlichen Realität. An Grenzfällen läßt sich demonstrieren, mit welchen Schwierigkeiten die Verknüpfung von kritisch und empirisch unter Umständen verbunden sein kann. Die "theoretisch-empirische Untersuchung" von Peter *Bachrach* und Morton *Baratz* über "Macht und Armut" in den USA (*Bachrach/Baratz* 1977) sowie die Einleitung von Claus *Offe* zur deutschen Ausgabe dieses Buchs vermitteln einen Eindruck von den Schwierigkeiten kritisch-empirischer Politikwissenschaft in einer für die Legitimität demokratischer Gesellschaften zentralen Frage.

Bachrach und *Baratz* bezweifeln den pluralistischen Charakter der amerikanischen Demokratie, der in zahlreichen Studien nachgewiesen worden war, die bestimmte politische Entscheidungen vor allem auf kommunaler Ebene und die daran beteiligten Akteure analysierten. *Bachrach* und *Baratz* werfen diesen Studien vor, nur die halbe Wahrheit zu zeigen und das "zweite Gesicht der Macht" zu vernachlässigen, nämlich die Nicht-Entscheidungen, die ihrerseits wiederum bedingt seien durch politische Machtstrukturen und durch diese vorgeprägte Vorentscheidungen politischer Akteure. Diese "verborgenen Vorentscheidungen" wollen *Bachratz* und *Baratz* rekonstruieren, womit sie sich eine schwere Beweislast aufbürden.

Ihre durchaus kreative Schöpfung eines zweistufigen Machtbegriffs wird von *Offe* kritisiert, der den Autoren vorwirft, "nicht über eine klassentheoretische Fundierung ihres theoretischen Arguments [zu] verfügen und sich aus diesem Grunde nicht leisten [zu] können, aus dem empiristischen Reglement vollends auszubrechen" (*Offe* 1977, S. 17). Während *Offe* den Pluralisten unterstellt, ihre Theorie "über die gesellschaftlichen und politischen Machtverhältnisse der amerikanischen Demokratie" finde "in verschiedenen empirischen Studien ihre schon vom Forschungsansatz her präjudizierte Bestätigung" (ebd. S. 8), empfiehlt er *Bachrach* und *Baratz* als Ausweg aus den Dilemmata ihres handlungstheoretischen Ansatzes eine Lösung auf der Ebene der Theorie politischer Klassenherrschaft. Doch gerade in dem Verzicht auf den (relativ einfachen) Ausweg einer historisch-gesetzlich argumentierenden Theorie der strukturellen Machtbedingungen und in der Beschränkung auf das "empirisch Machbare" besteht das Verdienst der beiden amerikanischen Politikwissenschaftler. Anders als *Offe* damals sehen wir in ihrer macht-kritischen Analyse einen kreativen Fall kritisch-empirischer Politikwissenschaft. Wer wie *Bachrach* und *Baratz* seine Karten auf den Tisch legt, riskiert allerdings, daß die Grenzen der Möglichkeit empirisch gehaltvoller Aussagen sichtbar werden. Doch der Politik schmerzen solche Untersuchungen mehr als eingekapselte Theorieentwürfe.

Kritisch-empirische Politikforschung in unserem Sinne ist nicht risikoscheu, wie das bei politischen Ideologien häufig der Fall ist, sondern stellt ihre Ergebnisse immer wieder zur Disposition. Sie ist aber auch nicht ausschließlich positivistisch-fakten-zentriert. Sie pflegt einen konstruktiv-dekonstruktiven Umgang mit der Realität. Das heißt, sie geht davon aus, daß Wissenschaft Realität nie einfach abbilden kann, son-dern daß sie diese konstruiert und sowohl kritische Theoriegebäude als auch politi-sche Ideologiegebäude dekonstruiert. Sie scheut sich nicht, die Dinge beim Namen zu nennen, auch wenn es brenzlig wird. Weil sie empirisch gehaltvolle Aussagen for-muliert, kann sie sich nicht ausschließlich immer wieder selbstbezüglich reproduzie-ren, sondern sieht sich einem gesellschaftlichen Lernprozeß verpflichtet, indem sie gegenüber neuen Problemen, neuen Konzepten, neuen Einsichten und nicht zuletzt neuen Methoden offen bleibt. Kritisch und empirisch sind keine Gegensätze, sondern gehören aufs engste zusammen.

Nach diesem Aufweis der Möglichkeit kritisch-empirischer Politikforschung wollen wir einige aus unserer Sicht zentrale Eckwerte nennen, von der sich solche Forschung leiten lassen sollte.

Kritisch-empirische Politikforschung ist theoriegeleitet und theorieorientiert, ohne von Theorien allzu sehr fasziniert zu sein. Unter Theorien versteht man in der Regel im Anschluß an den nomologischen Ansatz ein Geflecht von miteinander ver-knüpften Wenn-Dann-Hypothesen, von denen einige den Status von nicht prüfbaren Axiomen, andere den Status von geprüften und empirisch bewährten Hypothesen haben. In einem weiteren und zugleich loseren Sinne kann man darunter auch durch induktive Abstraktionsprozesse gewonnene allgemeine Aussagen verstehen. Man kann Theorien nach ihrer Generalisierbarkeit, nach ihrer Sparsamkeit oder Eleganz und schließlich nach ihrer Fruchtbarkeit oder Relevanz unterscheiden.

So spricht man im Hinblick auf die Generalisierbarkeit von allgemeinen Theorien, von Theorien mittlerer und geringer Reichweite. Dabei ist anzumerken, daß die Poli-tikwissenschaft für solche allgemeinen, raumzeitlich unbegrenzten Theorien bislang eher Fehlanzeige melden muß. Doch Verallgemeinerungsprozesse spielen eine wich-tige Rolle insofern, als durch sie ein Theorieimport in die Politikwissenschaft statt-findet, der Impulse für die empirische Forschung zur Folge hat. So profitiert die Par-teienforschung u.a. von der Organisationstheorie, die Erforschung des Wählerverhal-tens von sozialpsychologischen Konzepten wie "Einstellung" und "kognitive Disso-nanz" und die Verbändeforschung von der Theorie des "dritten Sektors", die sich der Erklärung von nicht vom Markt oder vom Staat bereitgestellten Gütern und Dienst-leistungen widmet.

Nicht nur Nachbarwissenschaften, sondern auch die "politische Theorie" der Klassi-ker des politischen Denkens läßt sich auf diese Weise anzapfen und für die empiri-sche Forschung nutzbar machen. Weiter oben haben wir schon den Einfluß Imma-nuel *Kants* auf die zeitgenössische empirische Forschung über die Friedfertigkeit von Demokratien angeführt. Andere Beispiele sind nicht schwer auszumachen: So kann sich die moderne Föderalismustheorie von den "Federalist Papers" inspirieren lassen, in denen der Entwurf der amerikanischen Bundesverfassung aus dem Jahr 1787 kommentiert und verteidigt wurde. Ähnliches gilt für *Montesquieus* Theorie der Gewaltenteilung, *Hobbes*' Theorie der Souveränität oder *Rousseaus* Theorie des

Gemeinwohls. Theorien erfüllen somit eine heuristische Funktion, indem sie empirische Forschung anregen.

Hinter Sparsamkeit oder Eleganz verbirgt sich das reduktionistische Element politikwissenschaftlicher Theoriebildung. Die soziale Wirklichkeit soll durch Theoriebildung nicht verdoppelt, sondern die mit verschiedenen Forschungsmethoden erzeugten Daten sollen mit einer möglichst geringen Zahl von Variablen reproduziert werden. Wenn sich die Theorie dann noch formalisieren läßt, d.h. möglichst weitgehend durch mathematische Symbole ausdrücken läßt, verdient sie das Prädikat Eleganz. Leider muß man feststellen, daß es sich bei den in der Politikwissenschaft anzutreffenden eleganten Theorien eher um gedankliche Konstrukte handelt, um "Spieltheorien", die von einem ganz bestimmten Menschenbild, z.B. dem *homo oeconomicus*, ausgehen. Aus ihnen lassen sich zwar für die empirische Forschung fruchtbare Fragestellungen entwickeln, doch das Prädikat "empirisch bewährt" kann ihnen nur bedingt zuerkannt werden. Als Beispiel sei hier die "Ökonomische Theorie der Demokratie" von Anthony *Downs* (1968) genannt, die den Parteienwettbewerb, die Entscheidungen der Wähler und die Wahlbeteiligung unter Kosten-Nutzen-Gesichtspunkten analysiert. Seine Theorie hat die empirische Wahl- und Parteienforschung bei der Formulierung von empirisch prüfbaren Hypothesen inspiriert. Aber eine Erklärung für die selbst in den USA aus dem Blickwinkel dieser Theorie noch hohe Wahlbeteiligung kann sie nicht liefern. Kalkulierten Wähler nämlich den Nutzen ihrer Wahlentscheidung aus dem angebotenen Parteidifferential und der Wahrscheinlichkeit, wie wenig Einfluß ihre Stimme auf das Wahlergebnis haben könnte, dann blieben sie am Wahltag in noch größerer Zahl zu Hause. Sparsam und elegant sind oftmals gerade axiomatisch-deduktive Theorien, die am Schreibtisch entwickelt wurden und nur bedingt zur Erklärung politischer Phänomene taugen (⇨ Kapitel VI).

Bleibt das Kriterium der Relevanz, das sich am ehesten Theorien verdient haben, die empirisch-induktiv entwickelt werden und direkt auf politikwissenschaftlich interessante Sachverhalte bezogen sind. Manfred G. *Schmidts* Forschung zur Frage "Do parties matter?" ist in diesem Sinne unmittelbar relevant, da sie eine Antwort auf die von Bürgern am Wahltag gestellte Frage gibt, ob Wählen überhaupt einen Sinn macht, ob durch die Entscheidung für die eine oder andere Partei überhaupt etwas bewegt werden kann. Was die Relevanz anbetrifft, so läßt sich Ähnliches auch für die anderen in diesem Band vorgestellten Forschungsprojekte sagen, die sich alle an politisch wichtigen Sachverhalten, sei es die interne Struktur von Parteien (⇨ Kapitel V), sei es politischer Protest in der Bundesrepublik (⇨ Kapitel IV), sei es das Wählerpotential der Grünen (⇨ Kapitel II) oder die Politikverflechtung in der Verkehrspolitik (⇨ Kapitel III), orientierten.

Politikwissenschaftliche Forschung kann in der Regel an vorhandenen Theorieentwürfen nicht vorbei. Wer über Parteien, Wahlen, Verbände oder Institutionen forscht, hat es mit einem wohlentwickelten Korpus von Theorieentwürfen zu tun, die bei der Entwicklung des eigenen Forschungsprojekts nicht ignoriert werden können. Die Offenheit für alternative Hypothesen ist nur dann beeinträchtigt, wenn man der Faszination einer Theorie erliegt, statt systematisch ihre Schwachpunkte offenzulegen.

Kritisch-empirische Politikwissenschaft vergewissert sich immer wieder der verwendeten Begriffe und formuliert mit ihrer Hilfe möglichst klare, prägnante Fragestellungen. Politikwissenschaftler können ihre Begriffe in den seltensten Fällen selbst definieren, worunter wir die Ersetzung eines unbekannten sprachlichen Symbols durch eine Reihe anderer bekannter sprachlicher Symbole verstehen. Nach konventioneller Methodologie bedeutet Definition keinen Erkenntnisgewinn, sondern ermöglicht lediglich eine sparsamere Verwendung sprachlicher Symbole. Meist sind die Begriffe jedoch einem gesellschaftlichen Kontext und einer bestimmten historischen Tradition entnommen und führen deshalb eine Menge "Ballast" mit sich herum, der sich nicht ohne weiteres abwerfen läßt. So ist der Begriff "soziale Bewegung" durch die deutsche Erfahrung mit der Nazi-Bewegung belastet, was zunächst einmal in Rechnung gestellt werden muß. Auch der Begriff "Volkspartei" hat in der Parteienforschung einen von der deutschen geschichtlichen Erfahrung nicht zu lösenden Bedeutungsgehalt. Die von empirisch-analytisch forschenden Politikwissenschaftlern favorisierte definitorische, durch Konventionen abgesicherte Willkür ist also nur bedingt praktikabel, da die wichtigsten Begriffe wie Macht, Legitimität, Herrschaft, Staat etc. aus dem alltäglichen Sprachgebrauch der Politik nicht wegzudenken sind. Neuschöpfungen wie der Begriff "politische Kultur" haben das Schicksal erfahren, von der Politik vereinnahmt und von daher mit zusätzlicher Bedeutung befrachtet oder zur Worthülse degradiert zu werden.

Die Arbeit an Begriffen bildet mit den wichtigsten Aspekt kritisch-empirischer Politikwissenschaft. Sie ist das Fundament solider wissenschaftlicher Arbeit.

> "Die Entwicklung eines begrifflichen Bezugsrahmens, einer bestimmten Art und Weise, spezielle Ausschnitte aus der Wirklichkeit zu sehen und zu strukturieren, stellt eine kognitive Herausforderung dar, die nicht als relativ unbedeutendes Vorspiel mißverstanden werden sollte" (*Mayntz* 1985, S. 70).

Typologien zu entwickeln, dafür die Ausprägungen verschiedener Merkmale miteinander im Sinne einer "Kreuztabelle" zu kombinieren, kann sich bereits als kognitives Nüsseknacken erweisen.

Im weiteren Fortgang der Untersuchung, wenn Variablen benannt und ihre Beziehungen untereinander spezifiziert werden, ist es sinnvoll, ein "Modell" des vorgestellten Gegenstandsbereichs zu entwickeln, also eine Art Landkarte, die man durch eine entsprechende Legende erklären kann. Ob es sich um die Erforschung des Wählerverhaltens, von Kommunikationsprozessen in sozialen Bewegungen oder des Geflechts internationaler Beziehungen handelt: Spätestens bei der Modellkonstruktion wird deutlich, daß immer nur ein Ausschnitt aus der Wirklichkeit untersucht werden kann und zahlreiche Faktoren außen vor bleiben. Ein explizit konstruiertes Modell als Grundlage für eine Untersuchung bietet zudem die Möglichkeit zu verdeutlichen, daß es Sozialwissenschaftler immer mit Beziehungen von Faktoren auf verschiedenen Ebenen zu tun haben. So sind Parteien komplexe Organisationen, die von der Mitgliederebene bis zur Regierungsebene reichen und in ein mehrstufiges politisch-administratives System eingebunden sind.

Die Komplexität der realen Welt stellt eine Herausforderung für die Sozialwissenschaft dar. Das empirisch-analytische Instrumentarium scheint eher zugeschnitten auf Probleme, bei denen nur einige Parameter variieren können.

"Im Gegensatz dazu sind komplexe Probleme sehr viel weniger spezifiziert; sie involvieren viele Parameter, behandeln komplexe Wirkungen einer gegebenen Handlung, einschließlich ihrer entfernteren Nebenwirkungen" (*Mayntz* 1985, S. 74f.).

Das deduktiv-nomologische Erklärungsmodell stößt hier an seine Grenzen, da für solche "organisierte Komplexität" kaum Vorhersagen spezifischer Ereignisse möglich sind. Da macht es mehr Sinn, die Geschichte eines solchen Systems, sei es Partei, Verband oder Staat, zumindest über eine bestimmte Wegstrecke nachzuzeichnen.

Aus diesen Betrachtungen über die Struktur des Gegenstandsbereichs sollte jedoch nicht voreilig auf eine Parteinahme zugunsten qualitativer Forschung geschlossen werden. Im Gegenteil, viele Gegenstände, mit denen es Politikwissenschaftler zu tun haben, erfordern eine quantitative Betrachtungsweise. Sie treten in großen Fallzahlen auf, wie Wähler, Verbände, Parteien und auch Staaten, und es führt in der Regel kein Weg an quantitativer Forschung vorbei. Der Einzug quantitativer Methoden in die Geschichtswissenschaft legt beredtes Zeugnis davon ab, daß die soziale Wirklichkeit moderner Gesellschaften nicht ohne das Rüstzeug der quantitativen Forschung erfaßt werden kann. So argumentieren die Verfasser einer Einführung in die quantitativen Methoden der Geschichtswissenschaft, daß sich "Quellenberge in der modernen Zeit derart häufen, daß der Forscher mit impressionistischer Lektüre diese Materialflut nicht mehr bändigen kann. (...) Eine Entscheidung für oder gegen quantitative Methoden muß vor allem von dem Forschungsproblem abhängen, das der Wissenschaftler zu lösen versucht" (*Jarausch* u.a. 1985, S. 4f.). Von quantitativer Forschung können Politikwissenschaftler nur profitieren. Denn dann lassen sich auch die weiteren Vorteile quantitativer Forschung nutzen, sei es die präzisere Formulierung von Fragestellungen oder die Formalisierung von Beziehungen zwischen einzelnen Variablen.

Unser Leitbild kritisch-empirischer Politikforschung plädiert also für empirische Forschung, ohne in den Methoden dogmatische Vorgaben zu machen, sondern für Pluralismus und Pragmatismus. Und es plädiert für kritische Forschung im Sinne der Wortbedeutung des alten griechischen Verbs, aus dem "Kritik" abgeleitet ist: trennen, unterscheiden, beurteilen, erklären. Dies führt uns zurück auf die ersten Absätze unseres Kapitels. Aber für uns bedeutet Kritik an dieser Stelle noch eine Nuance mehr: Mißtrauen in allzu selbstverständliches Alltagswissen. Hier trennen uns Gräben von qualitativen Forschern, die gerade dieses Wissen so hoch halten. Im Alltagswissen steckt uns zuviel Allgewißheit: "Wie die Erfahrung lehrt ..." oder "Wie die Geschichte zeigt ...", solche Aussagen gehören nach unserer Auffassung in keine wissenschaftliche Abhandlung. Auch harmlose Umformulierungen - "wie man weiß ..." - sind strikt zu vermeiden. Übrigens ist genauso großes Mißtrauen gegenüber dem Satz "Wie die Zahlen beweisen ..." am Platze. Zahlen allein beweisen überhaupt nichts, Kausalität ist in den Sozialwissenschaften der Ausnahmefall. Zahlen zeigen höchstens quantitative Zusammenhänge. Die gilt es zu interpretieren und zurückzubeziehen auf operationalisierte Begriffe. Diese sind nicht zwingend, also sind wir wieder bei beträchtlichem qualitativen Spielraum angelangt.

Genauso abwegig wäre allerdings das populäre Verdikt: "Mit Statistik kann man alles beweisen". Durch gute Kenntnisse der Methoden kommt es gerade darauf an, kritisch Zahlen, Daten, Statistiken zu sichten und die Spreu vom Weizen zu trennen. Manipulieren kann man mit Daten und Statistiken in der Öffentlichkeit in der Tat beträchtlich. Sozialwissenschaften sollten gerade hier ihre kritische Aufklärungsfunktion wahrnehmen. Dazu einen kleinen Beitrag zu leisten, dient auch ein Methodikbuch der Politikwissenschaft.

Zusammenfassend läßt sich festhalten, daß es den Königsweg empirischer Politikforschung wohl nicht gibt. Als Politikwissenschaftler haben wir den Kompromiß schätzen gelernt, denn: "La démocratie est le compromis de tous les jours", wie Ernst *Fraenkel* ([1960] 1991, S. 61) einst schrieb. Für die Praxis der empirischen Politikforschung gilt diese Feststellung ebenfalls. Unser Leitbild trägt dem Alltag der politikwissenschaftlichen Forschung Rechnung, ohne den Grundsatz systematischer, intersubjektiv nachvollziehbarer Forschung aus dem Auge zu verlieren.

4   Planung und Ablauf von Forschung

Politikwissenschaftliche Forschung kann viele Anlässe und Anstöße haben: Eine Examensarbeit für den Studienabschluß, eine Dissertation für die Promotion, ein wissenschaftlicher Aufsatz für eine Fachzeitschrift, ein Forschungsprojekt (von zwei bis sechs Jahren Dauer mit zwei bis einem Dutzend wissenschaftlichen Mitarbeitern), die Auftragsforschung eines Ministeriums zu aktuellen Ursachen und Bekämpfungsformen des jugendlichen Rechtsradikalismus oder zu den Folgen der politischen Umwälzungen in Ost-Europa und vieles mehr. Politikwissenschaftliche Forschung tritt deshalb auch in ihren Formen höchst vielfältig auf: Als 20-Seiten-Papier, aber auch als 200-Seiten-Dissertation mit umfangreichem Anmerkungsapparat und langem Literaturverzeichnis, als Gutachten für einen politischen Auftraggeber, das überzeugend argumentieren und verständlich geschrieben sein muß ohne Fußnotenballast, oder als mehrbändige Forschungsverbundstudie eines Sonderforschungsbereichs der *Deutschen Forschungsgemeinschaft* (DFG). Politikwissenschaftliche Forschung basiert zudem auf höchst unterschiedlichen Methodologien, wie wir im vorigen Abschnitt gezeigt haben. Und sie bedient sich diverser Methoden, die im Mittelpunkt des weiteren Verlaufs unseres Textes stehen werden.

Kann man angesichts dieser Vielfalt überhaupt einheitliche Regeln für die Planung und den Ablauf von Forschungsprozessen aufstellen? Gehorcht nicht eine Wahlanalyse anderen Regeln als die Analyse des Konfliktpotentials der Nah-Ost-Region oder des Einflusses der Parteien und Verbände auf die Gesundheitspolitik? In der Tat gibt es kein Kochbuch für den Ablauf aller Forschungsprozesse nach dem Motto, man nehme eine Hypothese, operationalisiere, messe und analysiere, und der Kuchen ist gebacken.

Es gibt zwar solche Versuche, feste Ablaufschemata spezialwissenschaftlicher Forschungsprozesse exakt zu kanonisieren - wie ein Planungs- und Bewertungsschema von Achim *Schrader* in 43 Paragraphen (1973, S. 12-21) -, aber die Wirklichkeit der Forschung, wie sie sich z.B. in den 80 Fachaufsätzen der PVS manifestiert, die wir oben ausgewertet haben, entspricht fast nie diesem Schema.

Obwohl deshalb von der trügerischen Sicherheit von "Rezeptbüchern" abzuraten ist, gibt es doch wichtige Hauptstufen und Grundregeln des Forschungsprozesses, die man beachten sollte - ähnlich, wie es Regeln des Zitierens und des Literaturverarbeitens sowie des Aufbaus eines Referates oder einer Examensarbeit gibt, wie sie z.B. von *Simonis* (1992) dargestellt werden.

Wir werden uns hier auf empirische Forschungsprozesse im Sinne unseres Leitbilds "kritisch-empirischer Politikforschung" konzentrieren, wohlwissend, daß damit nicht die gesamte Forschung angesprochen wird. Auch unser Überblick der in der Fachzeitschrift PVS publizierten Artikel zeigte, daß ein beträchtlicher Teil der Fachdebatte dem theoretischen Diskurs dient und nicht der empirischen Forschung. Werner J. *Patzelt* (1992, S. 235 f.) macht zu Recht darauf aufmerksam, daß auch bei der theoretischen Forschung Regeln der wissenschaftlichen Redlichkeit und Nachvollziehbarkeit, der logischen und argumentativen Konsistenz zu beachten sind. Und er geht noch weiter, indem er neben empirischer Forschung auch den Ablauf normativer Forschung in der Politikwissenschaft behandelt, bei dem es um die Erarbeitung von Werturteilen und Handlungsvorschlägen geht (ebd., S. 243-252).

Gerade im Bereich wissenschaftlicher Gutachten kann auch die moderne Politikwissenschaft mit normativen Fragen konfrontiert werden, die nicht (allein) mit empirischer Analyse zu beantworten sind - z.B. Fragen wie: "Empfiehlt sich eine stärkere Berücksichtigung von Formen direkter Demokratie durch das Grundgesetz?" oder: "Wie kann die staatliche Parteienfinanzierung in Deutschland grundsätzlich demokratischer oder transparenter gestaltet werden?" Gerade im Rahmen der Politikfeldanalysen oder der internationalen Politik sind gutachterliche Fragestellungen von politischen Auftraggebern an die Politikwissenschaft nicht selten, bei denen durchaus anders vorgegangen wird als bei empirischen Politikanalysen, ohne doch den Boden des wissenschaftlichen Diskurses und der Seriösität zu verlassen. Dies ist allerdings immer eine gefährliche Verführung, da der Auftraggeber von dem Gutachten zufriedengestellt werden will (als Beispiel für den "gutachterlichen Stil" vgl. *von Alemann/ Schmid* 1993).

Zurück zu unserem Hauptgegenstand, der empirischen politikwissenschaftlichen Forschung. Basis für jedes wissenschaftliche Vorhaben - sei es eine Examensarbeit oder ein Sonderforschungsbereich von Dutzenden von Wissenschaftlern - ist ein Plan, ein Arbeitsprogramm, das vorher festgelegt werden muß. Die *Deutsche Forschungsgemeinschaft*, die wichtigste staatliche Förderungsinstitution für die universitäre Forschung durch "Drittmittel", verlangt für jeden Antrag, ob aus der biomedizinischen Genforschung oder dem Maschinenbau, aus der Orientalistik oder den Sozialwissenschaften, den folgenden Aufbau (vgl. den Kasten auf der gegenüberliegenden Seite).

Aus diesen Vorgaben kann man viel lernen - nicht nur für das große Forschungsprojekt, sondern selbst für jede Examensarbeit. Auch hier sollte man, und wenn es nur für die eigene Arbeitsplanung ist, einen solchen "Antrag" formulieren. Wir können festhalten: Für wissenschaftliche Projekte jeglicher Fachdisziplinen muß ein Minimum an Klarheit über Thema und Fachgebiet, Stand der Forschung, Ziel und Arbeitsprogramm bestehen.

Aufbau eines Forschungsantrages

1. Allgemeine Angaben (u.a. Antragsteller, Thema, Fachgebiet, Gesamtdauer)

2. Stand der Forschung, eigene Vorarbeiten

"Der Stand der Forschung soll präzise, aber knapp und nur in seiner unmittelbaren Beziehung zum konkreten Vorhaben und als Begründung für die eigene Arbeit dargestellt werden.

Hier wird keine lückenlose Übersicht erwartet, sondern eine kritisch abwägende Darstellung derjenigen Hypothesen und Ergebnisse, die gegenwärtig im Mittelpunkt der Forschung auf dem gewählten Gebiet stehen, mit Angabe der wichtigsten einschlägigen Arbeiten anderer Wissenschaftler. In dieser Darstellung sollte deutlich werden, wo der Antragsteller seine eigenen Arbeiten eingeordnet sieht und zu welchen der anstehenden Fragen er einen Beitrag leisten will".

3. Ziele und Arbeitsprogramm,

3.1 Ziele

"Gestraffte - Weitschweifigkeit vermeidende - Darstellung der wissenschaftlichen Zielsetzung.

Sofern von dem Vorhaben neben der Erweiterung der wissenschaftlichen Erkenntnis Ergebnisse erwartet werden, die unter außerwissenschaftlichen - z.B. wissenschaftspolitischen, wirtschaftlich-technischen, gesellschaftspolitischen - Aspekten bedeutsam sind, sollte darauf hingewiesen werden".

3.2 Arbeitsprogramm

"Detaillierte Angaben über das geplante Vorgehen während des Antragzeitraums (bei experimentellen Vorhaben: Versuchsplan).

Die Qualität des Arbeitsprogramms ist für die Förderungswürdigkeit des Vorhabens von entscheidender Bedeutung. Seiner Darstellung sollte daher besondere Aufmerksamkeit gewidmet werden. Als Anhaltspunkt kann dienen, daß sie in der Regel etwa die Hälfte des gesamten Antrages ausmachen sollte. Das Arbeitsprogramm muß u.a. schlüssig nachweisen, warum, welche Mittel, wofür beantragt werden, gegebenenfalls mit Hinweisen auf die einzelnen beantragten Positionen.

Eingehende Darstellung der Methoden, die bei der Durchführung des Vorhabens angewandt werden sollen: Welche Methoden stehen bereits zur Verfügung, welche sind zu entwickeln, welche Hilfe muß außerhalb der eigenen Arbeitsgruppe/des eigenen Instituts in Anspruch genommen werden?"

4. beantragte Mittel.

Quelle: *Deutsche Forschungsgemeinschaft* 1987, S. 8-9

Mit den bisherigen Hinweisen der DFG ist allerdings nur eine Groborientierung vermittelt worden. Der empirische politikwissenschaftliche Forschungsprozeß läßt sich durchaus noch differenzierter auffächern, ohne schon der oben angesprochenen Gefahr des "Kochbuches" zu verfallen. Wilhelm *Bürklin* z.B. unterscheidet in seinem Kapitel (⇨ Kapitel II) zehn Phasen des Forschungsprozesses für die Umfrageforschung. Heine *von Alemann* (1977, S. 140) nennt in seinem sehr nützlichen Buch

"Der Forschungsprozeß" 18 Phasen, die er in vier Hauptphasen bündelt: Definiti-
onsphase, Durchführungsphase, Analysephase, Disseminationsphase. Ein anderer
Autor eines bekannten Methodenbuches, Jürgen *Friedrichs* (1982, S. 51), verwendet
für sein Schema eines Forschungsprozesses die drei Hauptphasen: Entdeckungs-,
Begründungs- und Verwertungszusammenhang. Auch wir werden den Forschungsprozeß in drei Hauptstufen unterteilen, die wir folgendermaßen bezeichnen: 1. Das
Problem, 2. Das Material, 3. Die Lösung.

Abbildung 1:   Die drei Hauptstufen des Forschungsprozesses

4.1   Erste Hauptstufe: Das Problem

Diese drei Hauptstufen des Forschungsprozesses muß sicherlich jeder empirisch
arbeitende Wissenschaftler durchschreiten, ob er nun über die Befreiungsbewegungen
in Süd-Afrika oder die Willensbildung in einer Bürgerinitiative, über die Kompetenzen des amerikanischen Präsidenten oder die Parteiidentifikation katholischer Land-
frauen arbeiten will. Die drei Hauptstufen lassen sich auch noch in Einzelschritte
zergliedern, die ebenfalls noch so allgemein formuliert werden können, daß sie in fast
jedem politikwissenschaftlichen Forschungsprozeß durchlaufen werden müssen. Die
einzelnen Treppenstufen müssen allerdings nicht in einer unumstößlichen Reihenfolge durchschritten werden. Im konkreten Einzelfall können einzelne Stufen auch über-
sprungen, sogar vertauscht oder zusammengefaßt werden. Man stelle sich also keine
in Beton gegossene Treppe vor, sondern ein Treppenmodell aus Bausteinen, das zum
Weiterbauen einlädt. Bei einem langfristigeren Projekt von ein oder zwei Jahren wird
man z.B. nicht den Forschungsstand einmal erfassen und damit endgültig festhalten,
sondern die Fortentwicklung während der Arbeit weiter beobachten müssen. Manche
anderen Schritte kann man gleichzeitig bearbeiten. Diese Flexibilität zeigt sich auch
in der Variation, mit der die Autoren unseres Textes im weiteren Verlauf ihre Erfahrungen mit ihren Forschungsarbeiten schildern.

Die erste Hauptstufe zur Problemformulierung kann man in fünf Einzelschritte unterteilen.

Abbildung 2:   Fünf Einzelschritte der Problemstufe

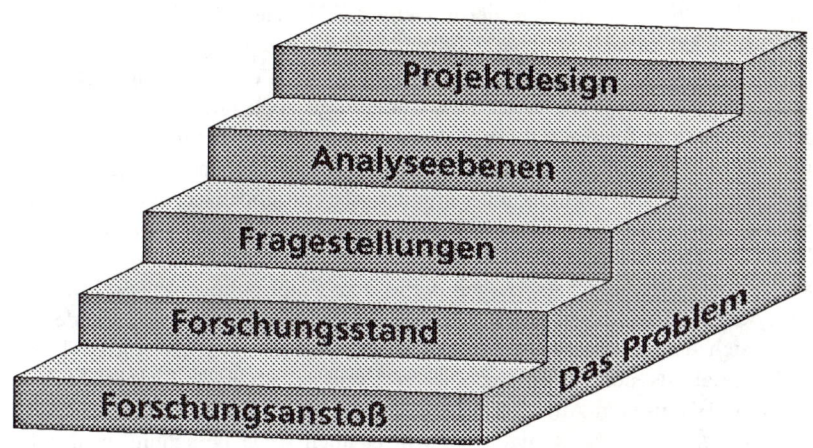

4.1.1 Der Forschungsanstoß

Am Anfang wissenschaftlicher Neugier steht immer ein konkreter Anstoß, eine Frage, eine Idee, ein Problem, manchmal auch ein Vorschlag von außen oder ein Auftrag. Das klingt so trivial wie plausibel: Natürlich muß es ein Problem geben, das man lösen will oder soll. Probleme gibt es zuhauf, nichts einfacher als das. Also wo ist das Problem? Laßt es uns anpacken.

Die Problemsuche ist aber im Gegenteil eine besonders schwere Klippe für Anfänger, die ein eigenständiges Forschungsthema suchen, sei es für eine mündliche Prüfung oder eine Examensarbeit. Vielen Studierenden fällt es leicht, bei einem gegebenen wissenschaftlichen Text das Grundproblem zu identifizieren und auf den Punkt zu bringen. Aber hat man in einem Seminar vier Aufsätze zu unterschiedlichen Problemen des heutigen Parteiensystems - z.B. Parteienverdrossenheit, Parteienfinanzierung, Rechtsradikalismus, Parteiorganisationsreform - gelesen und je für sich gut verstanden, dann fällt es manchem doch sehr schwer, das gemeinsame Problem, den kleinsten gemeinsamen Nenner, das Querschnittsthema zu allen vier Aufsätzen zu formulieren. Eine solche Syntheseleistung muß man aber bei der Themenfindung erbringen. Dafür gibt es kein Patentrezept, man muß es üben und lernen. Wie bei einem grobkörnigen Mosaik muß man Abstand gewinnen und die Augen etwas zusammenkneifen, damit man sich ein Bild machen kann.

Das Forschungsproblem kann aus vielen Quellen gespeist sein: Es kann ein politisches Problem sein, das gerade heftig diskutiert wird oder das zu wenig beachtet erscheint, oder es kann ein politikwissenschaftliches Problem sein, auf das man bei der Lektüre gestoßen ist und das einen fasziniert. Es kann sich um eine vermeindliche Selbstverständlichkeit handeln, die man hinterfragen will, oder es kann eine Unwahrscheinlichkeit sein, die liebgewonnenen Vorurteilen widerspricht.

Es kann eine "Warum-Frage" sein - "Warum beteiligen sich junge Erwachsene weniger an Wahlen?" -, es kann auch eine "Wie-war-es-wirklich-Frage" sein, z.B. zum
Fall der Mauer in Berlin im Spätherbst 1989. Aber der Politikwissenschaftler ist kein
Chronist. Seine Frage wird auch hier unweigerlich wieder vom "Was war wirklich?"
zum "Warum hat es sich ereignet?" führen. Auch Einzelereignisse will der Politikwissenschaftler nicht als Chronist beschreiben, sondern erklären, einordnen können.
Es kann sich bei der anfänglichen Forschungsfrage auch um eine "Was-tun-Frage"
handeln - "Was tun für die politische Verwaltungsreform, für die europäische Integration, für mehr Demokratie in den Parteien?". Solche Fragen bedingen gleich zwei
riskante Probleme: Sie sind zukunftsgerichtet, also prognostisch. Sie müßten also in
irgendeiner Form das Problem der Kausalität lösen, da eine "Wenn-dann-Frage"
impliziert ist. Und sie sind gleichzeitig praxeologisch motiviert, also an politischer
Wirkung interessiert, und müssen sich damit dem Spiel politischer Macht und Interessen in der Gesellschaft aussetzen. Ein schwer kalkulierbares Spiel, wie der Politologe, der sich darauf einläßt, nur zu gut weiß. Und der genauso gut weiß, daß er
keine Wahl hat, als sich darauf einzulassen. Denn selbstverständlich strebt er es an,
im Idealfall "Wenn-dann-Aussagen" als Ergebnis seines Erkenntnisprozesses formulieren zu können, und ebenso natürlich will er auch seine Forschung in den Dienst
von Aufklärung und Humanität stellen. Also will er auch politisch wirken. Aber
wenn er Realist bleibt, weiß er nur zu gut, daß er sich beiden Zielen immer nur annähern, sie aber nie zur Deckung bringen kann.

Hilfsfragen zur Themensuche:
- Welches Problem in der Politik/Politikwissenschaft wird heftig diskutiert?
- Welches Problem wird zu wenig beachtet?
- Welche Selbstverständlichkeit muß einmal in Frage gestellt werden?
- Welche Unwahrscheinlichkeit verdient, erforscht zu werden?
- Wie war es wirklich?
- Warum hat es sich ereignet?
- Wer tut was, wann, warum und mit welcher Wirkung?
- Was kann man tun?
- Was passiert dann, wenn ...?
- Was habe ich gelesen, gehört, gedacht, das mich interessiert, verwirrt,
  mobilisiert?

(Einen noch längeren Fragenkatalog schlägt *Kruse* 1994, S. 122 vor)

Herunter zu den handfesten Problemen von jungen PolitologInnen, ein politisch und
politikwissenschaftliches Thema zu finden! Der Professor, der das vorgeschlagene
Thema begutachtet, um es zu akzeptieren oder abzulehnen, hat nur drei Möglichkeiten: Entweder ist das Thema "zu weit" oder es ist "zu eng" oder es fehlt eine politikwissenschaftliche Perspektive. Meistens ist das erstere der Fall. Die Demokratie in
Deutschland, die Frau in der Politik, der Frieden in der Welt: was gibt es nicht für
dringende Probleme, die man mit einer Hausarbeit lösen könnte. Leider wird das

meistens nichts. Deshalb lieber die Blutspendepraxis in Berlin-Zehlendorf oder den Parteiausschluß von Karl-Heinz Schmitz in Köln-Nippes untersuchen, da beide doch ein Licht werfen auf alles übrige in der Politik? Es gibt keinen Königsweg zwischen der Skylla des zu engen Problems und der Charybdis der zu weiten Thematik. Man hüte sich vor dem Herzblut des zu großen Engagements am Problem! Es macht leicht blind für die wissenschaftliche Klarheit, für die Kritik, auch gegen sich selbst, und für Härte in der Argumentation. Die offen parteiliche Wissenschaft des orthodoxen Marxismus/Leninismus ist - Marx sei Dank, denn er selbst war kritischer - sang- und klanglos glücklicherweise untergegangen. Aber nicht weniger problematisch ist ein neuer "Betroffenheitskult" (*Stephan* 1993), der sich ständig persönlich einbringt, in Bewegung ist, bewußt lebt und die Menschheit rettet. In der Politik ist solches Engagement hoch zu begrüßen, in der Politikwissenschaft muß es kritisch kontrolliert werden, um nicht die notwendige Distanz zum Forschungsgegenstand zu verlieren.

Häufig ist aber auch die Themensuche entbehrlich, denn das Problem, das zu erforschen ist, wird von außen vorgegeben, vom Professor oder vom Arbeitgeber oder auch von Stiftungen und Regierungen, die Auftragsarbeiten vergeben oder Ausschreibungen vornehmen. Dann muß man sich nur selbst prüfen, ob man das Thema für relevant und interessant hält und sich selbst für kompetent, es zu bearbeiten. Denn wenn das eine oder das andere fehlt, dann sieht es schlecht aus mit der Examensarbeit oder auch mit dem Großforschungsprojekt.

Es gibt also keine festen Regeln oder Methoden für die Auswahl eines Forschungsthemas. Am besten ist es, wenn das Problem politisch-praktisch interessant und relevant sowie gleichzeitig auch politikwissenschaftlich theoretisch-relevant und interessant ist. Und man muß Interesse an seinem Thema haben, sonst fehlt die Motivation. Und eines muß auch ganz sicher gegeben sein: Es muß machbar, bearbeitbar, methodisch und materialmäßig realisierbar sein. Ob dies der Fall ist, das werden aber erst die nächsten Schritte des Forschungsprozesses zeigen.

Mit einem Beispiel aus einem Projektantrag für ein größeres wissenschaftliches Forschungsvorhaben wollen wir die Notwendigkeit klarer Arbeitsplanung, gerade auch für die erste Hauptstufe des Forschungsprozesses, illustrieren. Es handelt sich um ein größeres Projekt, das Ulrich *von Alemann* und Peter *Raschke* 1980 beim Bundesumweltamt Berlin eingereicht haben - im Rahmen einer begrenzten Ausschreibung, für das mehrere Projektteams aufgefordert waren, sich zu bewerben. Unser Antrag kam in die engste Wahl und unterlag schließlich dem eines anderen Konkurrenten, der den Zuschlag erhielt. Man sieht: Politikwissenschaft unterliegt auch Marktgesetzen. Die Arbeit von drei Monaten, die für die Entwicklung einer Projektplanung dieser Größenordnung mindestens veranschlagt werden müssen, kann sich auch als vergeblich herausstellen.

Die folgenden Auszüge aus dem Projektantrag "Rolle der Umweltschutzverbände im politischen Entscheidungsprozeß der Bundesrepublik Deutschland" betreffen den Problemanstoß:

"1. Problemstellung

(...) Der Umweltpolitik kommt durch ihre Verzahnung mit den existenziell bedeutsamen Politiken - von Energie-, Wirtschafts- und Konjunkturpolitik über Verkehrs- und Technologiepolitik bis zur übergreifenden quality of life - auch für die Zukunft jenseits von Moden kurzlebiger issues überragende Bedeutung zu. Akteure, Interessen und deren Organisations- und Entscheidungsmacht entsprechen auch hier keineswegs einem pluralistischen Gleichgewichtsmodell. Der *Staat* steckt im Dilemma der Förderung ökonomischer Leistungsfähigkeit, dessen Wahrnehmung in erster Linie an die privatwirtschaftlich organisierten Unternehmungen delegiert wird, und der Gewährleistung guter und gleichverteilter Lebensbedingungen für die gesamte Bevölkerung. Das klar definierte Ziel der *privaten Wirtschaft* als Gewinnoptimierung dagegen ist wachstums- und outputorientiert und daran interessiert, alle Infrastruktur- und Nebenkosten auf die Allgemeinheit abzuwälzen. Ihrem eindeutigen Ziel entspricht eine leistungsfähige und schlagkräftig organisierte Vertretung umweltpolitischer Gegeninteressen. Die dritte Akteursgruppe, die *allgemeine Bevölkerung*, ist direkt am stärksten am Umweltschutz interessiert, da sie die betroffenen Gruppen stellt, aber völlig diffus und wenig leistungsfähig organisiert.

Bei diesen Akteuren sind grob drei Gruppierungen zu unterscheiden: (1) Die klassischen Großorganisationen der Arbeitnehmer und Berufsgruppen, unter denen vor allem die Gewerkschaften, als Vertreter der ökonomisch unterprivilegierten Gruppen, für sich im Dilemma der Verfolgung des materiellen, oft existenziellen, aber nicht selten kurzfristigen Interesses an Arbeitsplatzsicherung und Verbesserung des materiellen Lebensstandards durch wirtschaftliche Prosperität in Wachstumsperioden einerseits stehen und der längerfristigen Verfolgung von Hebung der Lebensqualität der gesamten abhängig Beschäftigten auch durch verstärkten Umweltschutz andererseits; die meistens etablierten Großverbände bearbeiten in eigens dafür eingerichteten Fachabteilungen oder Aktionsgruppen Umweltprobleme - von den wirtschaftlichen Verbänden der Unternehmer und Gewerkschaften bis zu den Kirchen. (2) Die neu entstandene Bürgerinitiativbewegung im Umweltschutzbereich kann sich demgegenüber klar auf die Forderung nach Forcierung von Umweltschutz konzentrieren; die Spontanität der Bürgerinitiativbewegung ist aber Stärke und Schwäche zugleich, da kurzfristige Mobilitätsfähigkeit hoch, die langfristige Durchsetzungsstrategie aber problematisch ist. Schließlich existieren (3) im Umweltbereich fest organisierte Verbände, die teilweise über lange historische Traditionen verfügen. Sie reichen von den traditionellen Naturschutzbünden, wie dem 'Bund für Umwelt und Naturschutz Deutschland e.V.' über Interessenverbände (pro Grün) bis zum bedeutendsten Dachverband der Umweltbürgerinitiativen, dem 'Bundesverband Bürgerinitiativen Umweltschutz e.V.'.

Diese gesamte Gruppe des organisierten Umweltschutzes in traditioneller Verbandsform ist bisher in der Forschung kaum erfaßt und von der Politik zu wenig zur Kenntnis genommen. Ihr gilt die ganze Aufmerksamkeit dieser Untersuchung" (*von Alemann/ Raschke* 1980, S. 5 f.).

4.1.2 Der Forschungsstand

Wir haben eben gefordert, daß ein Problem politikwissenschaftlich interessant und relevant sein sollte. Genau dieses kann man mit dem zweiten Schritt testen, der Erfassung des Forschungsstandes. Dies ist kein Selbstzweck, um wissenschaftliche Belesenheit zu demonstrieren. Mit dem Erfassen des bisherigen Forschungsstandes zu meinem Thema beginne ich, mich mit dem Problem bekanntzumachen, mich einzuarbeiten, in der Problematik zu Hause zu fühlen. Ich erleichtere mir die Arbeit dadurch, daß ich erfasse, was bekannt ist über das Problem und wie es bisher bearbeitet wurde, denn ich muß das Rad nicht immer wieder neu erfinden, manchmal reicht es auch, es mit ein paar kleinen Gewichten neu auszuwuchten. Insbesondere sollen folgende drei Fragen geklärt werden:

"1)   Ist das Forschungsproblem bereits früher wissenschaftlich untersucht worden?

2)   Läßt sich das Problem überhaupt in einen wissenschaftlichen Bezugsrahmen übersetzen?

3)   Kann die Forschungsfrage mit dem vorhandenen methodologischen Instrumentarium (und seiner möglichen Erweiterung) beantwortet werden?" (H. *von Alemann* 1977, S. 64)

Meine Forschungsfrage kann durchaus schon dutzende Male untersucht worden sein, aber es wird eine neue Methode angewandt, die bisher noch nicht eingesetzt wurde. Insofern lohnt eine erneute Forschung. Die Übersetzung in einen wissenschaftlichen Bezugsrahmen bedeutet, daß ich mich mit der wissenschaftlichen Begrifflichkeit, der Fachsprache, auseinandersetzen muß. Was heißt "politische Kultur", "Wertwandel", "Konflikt" im wissenschaftlichen Kontext? Vielleicht etwas durchaus anderes als in der Alltagssprache? Forschungsstand bearbeiten heißt praktisch in erster Linie Literaturanalyse betreiben. Das beginnt bei Lexika und ersten Büchern, Aufsätzen und deren Literaturverzeichnissen, geht über systematisches Bibliographieren in Fachbibliographien und Bibliotheken bis zur Benutzung von internationalen Verzeichnissen wie *Social Science Citation Index* oder *International Political Science Abstracts* und führt schließlich zur Konsultation von Literaturdatenbanken wie dem *Sozialwissenschaftlichen Literatur Informationsdienst* SOLIS. Zu diesen Techniken der Literatursuche und -erfassung müssen die einzelnen Schritte und Möglichkeiten hier nicht aufgeführt werden. Sie werden von *Simonis* (1992) sehr detailliert und übersichtlich geschildert.

Die größte Verführung bei der Literaturrecherche ist das Fotokopiergerät. Umberto *Eco*, der auch ein nützliches Büchlein zum wissenschaftlichen Arbeiten geschrieben hat, warnt deshalb:

"Vorsicht: Fotokopien können zum Alibi werden. Fotokopien sind ein unerläßliches Hilfsmittel, sei es, um einen in der Bibliothek schon gelesenen Text zur Verfügung zu haben, sei es, um einen noch nicht gelesenen Text mit nach Hause nehmen zu können. Aber oft werden Fotokopien als Alibi verwendet. Man trägt hunderte von Kopien nach Hause, man hat ein Buch zur Hand gehabt und mit ihm etwas unternommen und glaubt darum, es gelesen zu haben. Der Besitz der Fotokopien erspart die Lektüre. Das passiert vielen. Eine Art Sammelrausch, ein Neo-Kapitalismus der Information. Setzt euch gegen die Fotokopie zur Wehr! Habt ihr sie, so lest sie sofort und verseht sie mit Anmerkungen. Seid ihr nicht unter Zeitdruck, dann fotokopiert nichts Neues, ohne euch die vorherige Fotokopie angeeignet zu haben (d. h.: gelesen und mit Anmerkungen versehen). Es gibt vieles, was man gerade deshalb nicht weiß, weil man einen bestimmten Text fotokopiert hat; so hat man sich der Illusion hingegeben, man hätte ihn gelesen" (*Eco* 1988, S. 162).

Natürlich ist der Umfang einer Literaturanalyse dem geplanten Projektvolumen anzupassen. Eine Seminararbeit kann auf der Basis von einem halben bis zwei Dutzend Quellen geschrieben werden. Eine Dissertation dagegen muß auf dem Hauptfeld der Thematik die einschlägige Literatur umfassend berücksichtigen, auch wenn es weit über 200 Titel sein mögen. Das erste Exposé eines Forschungsprojektes kann sich dagegen wieder mit einem Dutzend Titel begnügen, muß allerdings schon die relevantesten kennen. Das ist nicht einfach, aber unerläßlich.

4.1.3 Die Formulierung von Fragestellungen

Aus der Kenntnis meines Forschungsproblems sowie dem Wissen über den Forschungsstand kann ich nun im nächsten Schritt meine eigenen Fragestellungen präzisieren und konkretisieren. Damit geht es nun um die eigentliche "Konzeptionalisierung" des Vorhabens. Konzeptionalisierung meint, daß die grundlegenden Konzepte und Begriffe festgelegt sowie Vermutungen über deren Zusammenhang angestellt werden. Es werden Hypothesen gebildet, Annahmen über mögliche Ergebnisse, Fragestellungen an den Untersuchungsgegenstand formuliert. Formulierung von Fragestellungen meint gleichzeitig die Konzentration auf das Wesentliche, das Erforschbare - also Ausgrenzung des konkret interessierenden Ausschnittes aus dem immer unendlich umfassenden Problemuniversum meiner ursprünglichen Thematik und Eingrenzung auf das Machbare.

Beispiele für die Entwicklung von Fragestellungen und Arbeitshypothesen finden sich auch in den Kapiteln dieses Buches, wenn anwendungsbezogene Methoden vorgestellt werden, so insbesondere bei Josef *Schmid* und Manfred G. *Schmidt* (⇨ Kapitel V und VI).

Exemplarisch wollen wir an dieser Stelle auch wieder die entsprechende Passage aus dem Projektantrag von *von Alemann/Raschke* zur "Rolle der Umweltschutzverbände im politischen Entscheidungsprozeß der Bundesrepublik Deutschland" zitieren, nachdem wir bereits oben die Problemstellung wiedergegeben haben:

"**2. Zielsetzung und Arbeitshypothesen**

Die Untersuchung gilt den Umweltschutzverbänden und den Großverbänden, die besonders in der Umweltpolitik engagiert sind (zum Beispiel durch eigene Fachabteilungen).

Das Erkenntnisinteresse richtet sich

1. auf die Organisations-, Arbeits- und Aktionsweisen der Umweltschutzverbände sowie ihre Mitgliederstrukturen und ihr Selbstverständnis;

2. auf die Rolle und Funktion der Umweltschutzverbände in der Umweltpolitik, insbesondere ihr Verhältnis zu dem politisch-administrativen System, zu den etablierten Großorganisationen und zu den informellen Organisationen der Umweltschutzbewegung;

3. auf die möglichen Wechselbeziehungen zwischen den im Umweltschutz engagierten Verbänden und politischer Administration, insbesondere den Kooperationsstrategien und -modellen im Bereich der Umweltpolitik.

Arbeitshypothesen:

1. Im Sog der Ökologiebewegung findet ein tiefgreifender und noch nicht eindeutig gerichteter Wandel des Selbstverständnisses der traditionellen Naturschutzverbände statt.

2. Die Folgen des ideologischen und organisatorischen Wandels in den traditionellen Verbänden führen zu konfliktträchtigen Anpassungsproblemen sowohl von Verbandsführung als auch auf seiten der Mitgliedschaft.

3. Der ideologische Wandel findet in den traditionellen Umweltverbänden ungleichzeitig statt, nicht zuletzt wegen unterschiedlicher Rekrutierungsmuster von stabilerer Führung und stärker fluktuierender Mitgliedschaft. Das führt zu innerorganisatorischen Spannungen zwischen Spitze und Basis, die die Verbandspolitik und die Kooperationsfähigkeit beeinflussen.

4. Die basisorientierte und spontane Bürgerinitiativbewegung wird durch Einsatz des traditionellen Organisationsinstrumentes eines Dachverbandes (BBU) verändert.

5. Trotz des organisatorischen Wandels - der neuen Rolle der Mitgliedschaft in traditionellen Umweltverbänden und der zentralistischen Tendenzen bei neuen Umweltinitiativen - kann nicht von einer generellen Konvergenz der Interessenvertretung im Umweltbereich ausgegangen werden.

6. Während Ziel- und Organisationswandel bei den Umweltverbänden eher von der Mitgliedschaft ausgelöst wird, wird bei den etablierten Großverbänden die zusätzliche Vertretung von Umweltinteressen eher durch Initiative der Verbandsführung - nicht zuletzt durch Nachfrage aus dem politisch-administrativen Bereich - herbeigeführt.

7. Traditionelle korporative Strategien durch Austauschbeziehungen zwischen Verbandsspitze und Administration greifen bei den Umweltverbänden weniger, da besonders die Verpflichtungsfähigkeit der Mitgliedschaft durch die Verbandsführung schwächer ausgebildet und weniger vorhersagbar ist. Es bedarf daher anderer Kooperationsmodelle.

8. Um eine Kontinuität in den Beziehungen zwischen staatlichen Organen und organisierten Umweltschutzinteressen zu entwickeln, müssen die besonderen innerorganisatorischen Strukturen in Rechnung gestellt werden. Statt staatlicher Penetration, die das interne Konfliktpotential erhöht, sind Modelle, die eine autonome und stabile Interessenartikulation fördern, zu entwickeln. Eine solche leistungsfähigere Vertretung der Umweltschutzinteressen könnte die asymmetrische Einflußnahme in der Umweltpolitik ausgewogener gestalten" (*von Alemann/Raschke* 1980, S. 7 ff.).

Fassen wir zusammen: Die Formulierung von Fragestellungen und Arbeitshypothesen dient der Ab- und Eingrenzung des Themas. Man soll nicht versuchen, die ganze Welt zu erklären. Man muß konkret, realistisch und pragmatisch sein und zunächst das anfangs immer zu große und zu weite Problemfeld abstecken und festlegen. Das ist früh- und rechtzeitig zu tun, um nicht in das Forschungsfeld nach dem Motto zu stolpern: "Schau'n wir mal!" Manche explizit qualitativ orientierten Forscher scheinen die Devise zu vertreten, sich der gesellschaftlich-politischen Wirklichkeit vorurteilsfrei zu öffnen und diese erst einmal "erzählen" zu lassen, um ihr zuzuhören. Unserer Auffassung nach muß dagegen wissenschaftliche Forschung zielgerichtet und theoriegeleitet sein und deshalb explizite Probleme oder Themen aufgreifen und sie in Fragestellungen und Hypothesen auffächern, die an die Empirie herangetragen werden. Ohne Plan und Ziel wird Wissenschaft beliebig und unverbindlich, oder sie lügt sich selbst in die Tasche. Denn bestimmte oder unbestimmte Forschungsinteressen und Perspektiven im Kopf des Wissenschaftlers lassen sich nie ganz ausschalten. Die Wirklichkeit wird vom Wissenschaftler immer wieder rekonstruiert und nie spiegelbildlich abgebildet. Insofern gehen wir immer mit Vorurteilen und eigenen Erkenntnisinteressen an die Wirklichkeit heran, ob wir es uns eingestehen oder nicht. Dies lehrt auch die Hermeneutik, auf die wir oben verwiesen haben.

4.1.4 Die Auswahl der Analyseebene

Nach der Formulierung der Fragestellungen und Hypothesen zu meinem Thema kommt als nächster Schritt ein höchst komplizierter: die Entscheidung für eine oder mehrere Analyseebenen.

Als "Methoden" der Politikwissenschaft haben wir oben in Anlehnung an Werner J. *Patzelt* definiert:

> "Methoden sind (...) die konkreten Verfahren der Informations*gewinnung* ('Datenerhe-bung') durch Dokumentenanalyse, Befragung, Beobachtung, Experiment und Simula-tion oder der Informations*auswertung* ('Datenanalyse') durch die Nutzung der herme-neutischen Methode, der historischen Methode, der juristischen Methode oder der sta-tistischen Methoden" (*Patzelt* 1992, S. 194).

Die Entscheidung für bestimmte "Analyseebenen" ist diesen Methoden noch vorgela-gert. Analyseebenen wollen wir spezifische wissenschaftliche Herangehensweisen an den Forschungsgegenstand nennen, um unterschiedliche Dimensionen (z.B. der Reichweite und Originalität der Daten, der Zeitebene und der Aggregationsebene) zu erfassen. Wir schlagen vor, sieben Analyseebenen zu unterscheiden.

---

1. Ebene der Originalität
   - Primärerhebung
   - Sekundäranalyse

2. Ebene der Reichweite
   - Vergleichende Analyse
   - Fallstudie

3. Zeitebene
   - Diachrone Analyse
   - Synchrone Analyse

4. Auswahlebene
   - Vollerhebung
   - Auswahl

5. Aggregationsebene
   - Individualdaten
   - Aggregatdaten

6. Akteur/System-Ebene
   - Akteur
   - System

7. Realitätsebene
   - Feldstudie
   - experimentelle Studie

Bei jeder Analyseebene ist eine Entscheidung zwischen einer oder mehreren Alternativen zu treffen. Wir werden sehen, daß die später konkret benutzte Methode (z.B. eine Bevölkerungsumfrage) eine spezifische Mischung aus diesen Analyseebenen darstellen kann.

(1)   Zur Ebene der Originalität:

Auf dieser ersten Ebene ist eine Entscheidung zwischen der Erhebung oder Erfassung von Primärdaten oder dem Einsatz einer Sekundäranalyse bereits vorhandener Daten oder Quellen zu treffen.

Bei *Primärdaten* handelt es sich um selbst erstellte Daten, die nur dem Zweck der Forschung dienen, die also von Forschern bewußt für Analysezwecke erhoben werden. Dabei kann es sich um eine Befragung der Studenten eines Seminars handeln oder um eine Bevölkerungsumfrage, es kann sich um die teilnehmende Beobachtung einer Stadtratssitzung oder eines Parteikongresses, einer UNO-Vollversammlung oder eines Exekutivausschusses einer Befreiungsbewegung handeln.

Wenn der Forscher sich persönlich "ins Feld" begibt, z.B. durch Beobachtung oder Befragung von Entscheidungspersonen, ist damit der große Vorteil des eigenen Einblicks, des unverfälschten Eindrucks und Augenscheins verbunden. Wie wir mittlerweile wissen, ist diese Chance gleichzeitig ein Risiko, sich nämlich durch persönliche Perspektiven, Sympathie oder Antipathie ablenken zu lassen. Größere Mengen von Primärdaten, insbesondere der Umfrageforschung, werden aber nie selbst persönlich erhoben werden können, sondern arbeitsteilig erstellt. *Bürklin* weist in seinem Kapitel (⇨ Kapitel II) auf die vielfältigen Fehlerquellen hin, die hier möglich sind. Aber auch auf die Vorteile macht er aufmerksam, nämlich zielgenau bestimmte Personen zu einem bestimmten Zeitpunkt genau danach zu fragen, was man erfahren will, um nicht auf die Daten anderer angewiesen zu sein.

Auch die Inhaltsanalyse von *Rucht* u.a. (⇨ Kapitel IV) ist eine Primärerhebung der Zeitungsberichterstattung über Protestereignisse, wenn auch diese bereits durch die Zeitungsberichterstattung indirekt gefiltert worden sind. Die Experteninterviews, die Josef *Schmid* in seinem Projekt durchgeführt hat (⇨ Kapitel V), gehören ebenso zu den Primärdaten.

Größere Untersuchungen mit Primärdaten sind zeitaufwendig und teuer, insbesondere, wenn sie auch noch international vergleichend angelegt sind. Dies waren die klassischen Studien von *Almond/Verba* "Civic Culture" (1963), oder die jüngere Untersuchung von *Barnes/Kaase* "Political Action" (1979), die jeweils in fünf Staaten gleichzeitig repräsentative Bevölkerungsumfragen eingesetzt haben. Aber auch für kleinere und bescheidenere Vorhaben kann man Primärdaten erheben, z.B. für Examensarbeiten durch kleinere Gruppenbefragungen, teilnehmende Beobachtung oder Experteninterviews.

Meistens ist es für kleinere Forschungsvorhaben aber wirtschaftlicher, *Sekundärdaten* zu verwenden. Diese Daten können von "Dritten" für Forschungszwecke erhoben worden sein, z.B. sind dies die gesammelten Datenbestände von bisherigen Wahl- und Einstellungsumfragen, die im *Zentralarchiv für empirische Sozialforschung an der Universität zu Köln* aufbereitet und für Forschungszwecke vorgehalten werden. Es können aber auch Prozeßdaten sein, die vom Staat für politische, wirtschaftliche oder Planungszwecke erhoben worden sind, z.B. die offiziellen Wahlstatistiken sowie

alle die vielen Einzeldaten zu Wirtschaft und Sozialem, Bildung und Kultur, die das
Statistische Bundesamt sammelt und u.a. in den bekannten Statistischen Jahrbüchern
publiziert. Vergleichbares gibt es auch auf Landesebene und auch auf EU-Ebene
sowie bei internationalen Institutionen wie UNO oder OECD.

Aus solchen Datenbeständen hat sich z.B. Manfred G. *Schmidt* (➪ Kapitel VI) bedient für seine Daten über den Zusammenhang von Regierungstätigkeit und Parteipolitik.

> "Quellen für solche sekundären Aggregatdaten sind nicht nur die amtlichen Statisti-
> schen Jahrbücher, sondern auch andere statistische Veröffentlichungen von Organisa-
> tionen und Ministerien (...). Weiterhin periodische politisch-wirtschaftliche Handbü-
> cher, wie z.B. 'Political Handbook of the World', 'The Statesman's Yearbook' oder der
> 'Fischer Weltalmanach'. Ebenfalls verwendbar können periodische historische Fakten-
> sammlungen sein, wie besonders 'Keesings Archiv der Gegenwart', und biographische
> Hand- und Jahrbücher (*Who's who*). Eine neue und in Zukunft vielleicht wichtigere
> Sparte bilden politikwissenschaftliche Publikationen, die aus der systematischen
> Sammlung von international vergleichenden Statistiken und Daten bestehen, wie z.B.
> *Russett* u.a., World Handbook of Political and Social Indicators, New Haven 1964, und
> *Banks/Textor*, A Cross-Polity Survey, Cambridge/Mass. 1963 und *Taylor/Jodice*
> (1984) sowie *Flora* (1982, 1987)" (*von Alemann/Forndran* 1990, S. 176).

Die Vorteile der Sekundäranalyse liegen nicht nur im einfacheren und preiswerteren
Zugang, sondern auch darin, daß man oft auf lange Zeitreihen, z.B. bei der Wahl-
oder Wirtschaftsstatistik, zurückgreifen kann. Aber den Vorteilen stehen auch ge-
wichtige Nachteile gegenüber:

- "Für neue Fragestellungen ist man gezwungen, alle alten Grundhypothesen und Operationalisierungen, die auch in 'deskriptive' Daten einfließen, zu übernehmen;
- die eigentliche Datenerhebung kann nicht mehr kontrolliert werden, alte Fehler ver-
  vielfachen sich; und schließlich
- die Vergleichbarkeit der Daten aus unterschiedlichen Erhebungen ist außerordentlich
  begrenzt, da meist unterschiedliche Grundannahmen, Frageformulierungen und Operationalisierungen vorgenommen werden" (*von Alemann/Forndran* 1990, S. 175).

(2)   Zur Ebene der Reichweite:

Die zweite Dimension der Analyseebenen betrifft die Reichweite mit der Leitfrage:
Soll eine vergleichende Analyse oder eine Fallstudie angefertigt werden?

"Der Vergleich hat in der Politikwissenschaft größere Bedeutung als in anderen Sozialwissenschaften" - so hebt *von Beyme* (1988, S. 50) wie mancher andere den Vergleich als ein Spezifikum der Politikwissenschaft hervor. In soziologischen Methodenlehrbüchern finden sich deshalb kaum eigene Würdigungen der Methode des
Vergleichs. Vielleicht deshalb, weil das "Vergleichen" von Einzelfällen, Beobachtungen, Daten, Erkenntnissen so grundlegend zum wissenschaftlichen Arbeiten gehört,
daß es nicht gesondert hervorgehoben werden muß. Versteht man Vergleich so allgemein, dann ist es sicher kein Spezifikum der Politikwissenschaft. Aber der Vergleich nicht nur von Einzeldaten, sondern von größeren Einheiten, Aggregaten, Kollektiven, Institutionen, Staaten und ganzen Ländergruppen, hat doch in der Politikwissenschaft eine ältere Tradition und eine breitere Verankerung. Eine ganze Teildisziplin des Faches trägt den Namen Vergleich politischer Systeme (oder auch Vergleichende Regierungslehre bzw. comparative politics). Auch die Feststellung eines

Zusammenhangs zwischen Demokratie und Friedfertigkeit in der Außenpolitik impliziert einen Vergleich: Die Herrschaftsformen verschiedener Staaten werden verglichen und demokratische von nicht-demokratischen unterschieden.

> "Die vergleichende Methode im engeren Sinne ist als *eine* sozialwissenschaftliche Methode neben anderen zu verstehen. Sie beinhaltet den expliziten Vergleich einer möglichst begründeten Auswahl von Fällen und wird in der Regel zum Zweck empirischer Generalisierung und zur Überprüfung von Hypothesen verwandt" (*Nohlen* 1985, S. 1080).

Ein gutes Beispiel für eine typisch politikwissenschaftliche vergleichende Analyse ist das Forschungsvorhaben von Manfred G. *Schmidt* (➪ Kapitel VI). Er schildert detailliert die vielen methodischen Probleme, die bei seiner vergleichenden Analyse zu bewältigen waren, z.B. die Wahl der Vergleichsebenen, die Auswahl der Indikatoren, die Probleme der geringen Fallzahl beim Vergleich von Staaten, wodurch statistische Operationen sehr erschwert werden, usw. Trotz all dieser Probleme resümiert er schließlich: "Die vergleichende Analyse ist eine vorzügliche Methode zur Erkenntnisgewinnung und Erkenntnisüberprüfung".

Das Gegenteil einer vergleichenden Analyse ist die *Fallstudie*, teilweise auch Einzelfallstudie genannt.

> "Eine Fallstudie (*case study*) ist die Untersuchung eines Objektes: eines Landes, eines politischen Systems, einer Institution, einer Organisation oder eines Problems in einem bestimmten Zusammenhang, der Auswahl, Fragestellungen und begriffliches Instrumentarium der Fallstudie begründet" (*Nohlen* 1985, S. 224).

Auf den ersten Blick erscheint die Alternative klar auf der Hand zu liegen: Die Fallstudie befaßt sich mit dem Einzelfall oder dem singulären Ereignis, die vergleichende Analyse mit einer größeren Zahl von Fällen oder Ereignissen. Das Beispiel einer Fallstudie präsentiert uns Josef *Schmid* (➪ Kapitel V) mit seiner Analyse der CDU. Diese einzelne Partei ist sein Forschungsgegenstand: Er vergleicht sie nicht mit anderen Parteien in Deutschland oder in Europa. Aber er untersucht innerhalb der CDU insbesondere die zehn Landesverbände, die systematisch miteinander verglichen werden. Und er vergleicht auch im Längsschnitt, also in der historischen Entwicklung der CDU, Zustände in verschiedenen Perioden und bekennt sich somit auch selbst dazu, daß er innerhalb seiner Fallstudie die Methode des Vergleichs anwendet.

Vergleich und Fallstudie schließen sich also nicht gegenseitig aus. Der Vergleich politischer Kultur in Großbritannien und Deutschland kann also durchaus auch einzelne Fallstudien einschließen, z.B. über die jeweilige Wertevermittlung im Erziehungssystem in beiden Staaten. Und genauso können in einer Fallstudie auch Vergleiche einbezogen werden.

> "Die Einzelfallstudie ist demnach keine besondere Technik. Sie ist vielmehr eine bestimmte Art, das Forschungsmaterial so zu ordnen, daß der eigentliche Charakter des untersuchten sozialen Gegenstandes erhalten bleibt. Anders ausgedrückt ist die Einzelfallstudie ein Ansatz, bei dem jede soziale Einheit als ein Ganzes gesehen wird" (*Goode/ Hatt* 1972, S. 300).

Man könnte diese Aussage übertragen auf die vergleichende Analyse. Diese ist demnach ebenfalls keine besondere Technik. Sie ist vielmehr eine bestimmte Art, das Forschungsmaterial zu ordnen, daß der vergleichende Charakter der untersuchten sozialen Gegenstände erkennbar bleibt.

Gerade bei Fallstudien werden häufig mehrere Untersuchungsmethoden eingesetzt, um möglichst viele Aspekte mit unterschiedlichen Perspektiven zu erfassen. Typisch dafür sind Studien über Gemeindepolitik und kommunale Entscheidungsstrukturen, in denen teilnehmende Beobachtungen und Dokumentenanalyse, Umfragen und Inhaltsanalysen im "Methodenmix" eingesetzt werden können.

In der quantitativen soziologischen Methodenlehre wird Fallstudien häufig nur eine untergeordnete Bedeutung zugeordnet, da sie durch die Begrenzung des Einzelfalles nicht zur Generalisierung und damit zur Theoriebildung taugten. Sie seien mehr deskriptiv oder auch explorativ nützlich. In der qualitativen Sozialforschung kommt der Fallstudie dementsprechend umgekehrt ein hoher Stellenwert zu.

In der Politikwissenschaft dagegen spielen Fallstudien im weitesten Sinne eine sehr bedeutende Rolle, wie auch unsere Auswertung der PVS-Jahrgänge oben gezeigt hat (⇨ Abschnitt 1.3). Das liegt natürlich auch daran, daß sich Politikwissenschaft mehr als die Soziologie mit Entscheidungsprozessen und internen Strukturen in Organisationen und Institutionen befaßt, seien es Parteien, Parlamente, Regierungen oder Verbände, Bürgerinitiativen oder supranationale Organisationen.

Manchmal wird reklamiert, eine Einzelfallanalyse würde vorgenommen, um einen "Idealtypus" zu rekonstruieren, z.B. die Arbeit eines weithin unbekannten Parlamentariers zu untersuchen, um damit den Idealtyp des Hinterbänklers zu entfalten. Dies wäre nicht korrekt, denn eine Einzelfallanalyse betrachtet ja immer einen tatsächlich existierenden Realtyp, während der Idealtypus - im Sinne von Max Weber - eine gedankliche Konstruktion des Forschers ist, der so in der Wirklichkeit nicht vorkommt und in dem typische Merkmale in idealer Weise ausgeprägt sind.

(3) Zur Zeitebene:

Die dritte Analyseebene, nach der Originalität und der Reichweite, die in der Forschungsplanung entschieden werden muß, ist die Zeitdimension. Bei einer diachronischen Analyse werden zu verschiedenen Zeitpunkten Beobachtungen an denselben oder verschiedenen Untersuchungsobjekten vorgenommen. Bei einer Querschnittsanalyse werden die untersuchten Einheiten nur zu einem Zeitpunkt beobachtet. Es liegt nahe, daß Untersuchungen von Veränderungen und Wandlungsprozessen mehrere Messungen umfassen müssen.

Eine *diachrone* Analyse muß keine klassische historische Analyse sein. Sie kann auch mit sozialwissenschaftlichen Fragestellungen und Daten arbeiten, z.B. eine historische Wahlanalyse, für die *Falters* Untersuchung des Wählerpotentials der Nationalsozialisten ein exzellentes Beispiel ist (*Falter* 1991). Eine diachrone Längsschnittanalyse kann sowohl eine Fallstudie sein, z.B. die Entwicklung und Entfaltung der deutschen Ostpolitik, als auch eine vergleichende Analyse, z.B. der Regierungspolitik in demokratisch verfaßten Industriestaaten in den Jahren 1950 bis 1990 unter dem Einfluß der Parteipolitik, wie Manfred G. *Schmidt* (⇨ Kapitel VI) dies unternommen hat. Außerdem kann eine diachrone Studie eine Primärerhebung sein, beispielsweise die Inhaltsanalyse von Protestereignissen zwischen 1949 und 1989 von *Rucht* u.a. (⇨ Kapitel IV), oder auch eine Sekundäranalyse von fertigen Daten. Dies ist bei Längsschnittuntersuchungen im übrigen sicher häufiger, da meistens auf ältere Umfrageergebnisse oder auf amtliche Statistiken zurückgegriffen werden muß, wenn man sich nicht der klassischen historischen Methoden der Dokumenten- und Quellenanalyse bedienen will.

Dasselbe gilt für die *synchrone* oder Querschnittanalyse von gegenwartsbezogenen Daten und Quellen. Auch diese läßt sich einmal als Primärerhebung, ein anderes Mal als Sekundäranalyse sowohl als Fallstudie als auch vergleichende Analyse durchführen.

(4) Zur Auswahlebene:

Bei der vierten Dimension unserer Analyseebenen handelt es sich um die Entscheidung, ob eine Vollerhebung oder eine Auswahl vorgenommen werden soll.

Eine *Vollerhebung* ist dann gegeben, wenn die Summe aller Analyseeinheiten der Grundgesamtheit entspricht. Wenn die Grundgesamtheit "alle Kanzler der Bundesrepublik" heißen soll, dann handelt es sich nur um sechs Personen, die selbstverständlich mit einer Vollerhebung erfaßt werden müßten. Bei einer kleinen Grundgesamtheit macht die Auswahl einer Stichprobe nach dem Zufallsverfahren keinen Sinn. Man wählt einen oder mehrere Fälle unter theoretischen Gesichtspunkten aus. Auch Josef *Schmid* entscheidet sich bei seiner Untersuchung der zehn Landesorganisationen der CDU für eine Vollerhebung (⇨ Kapitel V), obwohl er sich möglicherweise auch für eine Auswahl von drei bis sechs typischen regionalen Landesorganisationen hätte entschließen können. Aber bei einer so kleinen Anzahl der Fälle ist hier die Auswahl problematisch und kann nie repräsentative oder verallgemeinerbare Ergebnisse bringen. Auch Manfred G. *Schmidt* (⇨ Kapitel VI) begründet seinen Entschluß, in einer Vollerhebung alle demokratischen und wirtschaftlich entwickelten Industrieländer in seine Vergleichsanalyse einzubeziehen, damit, daß er genügend Fälle heranziehen will, um bei seinen wenigen Variablen (Staatstätigkeit und parteipolitische Zusammensetzung) genügend Varianz zum Testen zu erhalten. Eine Vollerhebung wird von Heine *von Alemann* dann empfohlen, wenn

> "a) auf die Sicherheit der Aussagen sehr viel Wert gelegt wird (etwa für exakte Planungsunterlagen) oder
>
> b) wenn Daten zur Verfügung stehen sollen, mit denen andere Stichproben verglichen und geeicht werden können,
>
> c) eine tief gegliederte Tabellenanalyse durchgeführt werden soll,
>
> d) die Grundgesamtheit nicht sehr groß ist (so daß die Differenz zwischen der beabsichtigten Auswahl und der Grundgesamtheit so klein wird, daß die Mehrkosten für die Gesamterhebung gerechtfertigt erscheinen)" (H. *von Alemann* 1977, S. 89 f.).

Eine Vollerhebung kann also eine recht kleine Grundgesamtheit betreffen, wie die CDU-Landesorganisationen von Josef *Schmid*, aber auch eine sehr große, wie sämtliche Regierungen aller OECD-Staaten zwischen 1950 und 1990 bei Manfred G. *Schmidt*. Es kommt auf die Verfügbarkeit der Daten und die spezifische Fragestellung an.

In der empirischen Sozialforschung sind aber die *Auswahlanalysen* die häufigsten Beispiele. Es handelt sich dabei in der Regel um repräsentative Stichproben auf der Basis der mathematischen Wahrscheinlichkeitstheorie (Stochastik). Über "die deutschen Wähler" oder "die SPD-Wähler" kann man nicht mittels Vollerhebung wissenschaftlich befriedigende Ergebnisse erhalten, denn man kann sie unmöglich alle befragen. Hier müssen repräsentative Stichprobenverfahren eingesetzt werden, die die Datenmenge sinnvoll reduzieren.

Wilhelm *Bürklin* führt in seinem Analysekapitel aus der Umfrage- und Einstellungsforschung (⇨ Kapitel II) detailliert in die Grundlagen der Stichprobentheorie ein, die wir deshalb hier nicht wiederholen müssen.

Die repräsentative Zufallsauswahl erfolgt idealerweise nach dem Urnenmodell, das die vollständige Grundgesamtheit enthält - wie die Lottotrommel alle infrage kommenden Zahlenbällchen.

> "Zieht man nun eine Stichprobe nach dem Zufallsprinzip aus dieser Urne, so läßt sich der statistische Zufallsfehler bestimmen, mit dem einzelne Merkmalswerte der Stichprobe von der Grundgesamtheit abweichen. Es zeigt sich, daß diese Abweichung bei einer reinen Zufallsauswahl sehr klein ist und sich die Fehlergrenzen (das Mutungsintervall) zudem zuverlässig schätzen lassen" (H. *von Alemann* 1977, S. 90).

Einfache Zufallsstichproben, bei der jede Einheit der Grundgesamtheit die gleiche Chance hat, in die Stichprobe aufgenommen zu werden, sind in sozialwissenschaftlichen Untersuchungen selten. In der Regel wendet man Wahrscheinlichkeitsstichproben an, bei denen man - zumindest theoretisch - die Wahrscheinlichkeit angeben kann, mit der eine Einheit der Grundgesamtheit in die Stichprobe aufgenommen wird. Häufig werden pragmatische Annäherungen gesucht. Die *Quotenauswahl* ist dabei am wichtigsten, die voraussetzt, daß eine Reihe von Merkmalen der Grundgesamtheit bekannt sind (z.B. Alter, Geschlecht, Beruf, Ausbildung aus den Daten der Volkszählung). Danach werden in diesen einzelnen Bereichen (Quoten) getrennte Stichproben gezogen. Auch das Sample von *Rucht* u.a. in ihrer Inhaltsanalyse (⇨ Kapitel IV) ist keine reine Zufallsauswahl. Dazu hätten sie aus allen Zeitungen der Bundesrepublik an sämtlichen Tagen völlig zufällige Stichproben ziehen müssen. Sie haben sich mit plausiblen Gründen für zwei Zeitungen entschieden sowie diese nur jede vierte Woche komplett und dazwischen nur die Montagsausgaben untersucht, so daß der Aufwand um 60 % reduziert werden konnte.

Andere Auswahlverfahren gehen noch sehr viel selektiver und in gewisser Weise auch willkürlicher vor. Das ist besonders bei den in der Politikwissenschaft so verbreiteten "Expertenbefragungen" üblich. Ein Beispiel dafür gibt uns Josef *Schmid* in seiner CDU-Analyse (⇨ Kapitel V). Er räumt ein, daß es Probleme der Repräsentativität gäbe, da die Vergleichbarkeit und Reproduzierbarkeit der Ergebnisse gering sei. Wir erinnern uns an den Beginn dieses Textes: Wissenschaft sei kritische Neugier, gebändigt durch nachvollziehbare Methodik. Gerade für die auch in Examensarbeiten und anderen kleineren wissenschaftlichen Forschungsvorhaben leicht integrierbare Methode der Experten- und Eliteninterviews ist deshalb zu fordern, daß grundlegende Standards der Nachvollziehbarkeit beachtet und gewährleistet bleiben, z.B. ein im Anhang abgedruckter Interviewleitfaden, eine Liste der Gesprächspartner und evtl. eine spätere interne Zugänglichkeit der Interviewaufzeichnungen für interessierte Forscher.

(5)   Zur Aggregationsebene:

Die fünfte Analyseebene im Forschungsprozeß, die wir unterscheiden wollen, ist die Aggregationsebene der Daten. Der orthodoxe Behavioralismus geht von der Grundregel des methodologischen Individualismus aus. Jedes Verhalten von Gruppen, Kollektiven und Institutionen muß sich auf individuelles Verhalten einzelner reduzieren lassen, das deshalb die vorrangige Analyseeinheit darstellen sollte. Die so orientierte Einstellungs- und Wahlforschung zieht deshalb durch Umfragen ermittelte Individualdaten vor, wie uns Wilhelm *Bürklin* (⇨ Kapitel II) demonstriert.

Individualdaten beruhen also auf individuellen Objekten, Personen und Ereignissen, die man mittels Befragung, Beobachtung, Dokumentenanalyse und Experiment erheben kann. Sie haben den großen Vorteil, daß der Sozialwissenschaftler genau das Problem, das er erforschen will, in Begriffe zergliedern, diese operationalisieren, in Fragen umformulieren und dem einzelnen stellen und ggf. später wiederholen kann.

Bei *Aggregatdaten*, d.h. der Zusammenfassung von Individualdaten über Merkmale von individuellen Objekten (Personen, Ereignissen) auf lokaler, regionaler oder internationaler Ebene, muß der Forscher in der Regel die Daten akzeptieren, die er vorfindet, z.B. in der offiziellen Wahlstatistik, der Wirtschafts- oder Sozialstatistik von regionalen, nationalen oder internationalen Institutionen.

Er muß also die Arbeitslosenstatistik so übernehmen, wie er sie antrifft, auch wenn international unterschiedlich definiert wird, was mit den Daten zur Arbeitslosigkeit von Land zu Land jeweils erfaßt wird. Und er muß vorsichtig sein, wenn er von Aggregatdaten auf individuelles Verhalten zurückschließt. Hier muß er den "ökologischen Fehlschluß" in Rechnung stellen. Stellt man einen Zusammenhang zwischen Merkmalen auf der Aggregatebene fest, kann man nicht ohne weiteres schließen, daß der Zusammenhang zwischen diesen Merkmalen auch auf der Individualebene besteht. Das gilt auch umgekehrt: Hat man einen Zusammenhang zwischen zwei Variablen auf der Individualebene festgestellt, dann muß auf der Aggregatebene der Zusammenhang nicht auch beobachtbar sein.

Wenn zum Beispiel in Wahlkreisen mit hohem Arbeiteranteil die Republikaner hohe Stimmanteile bekommen, darf man daraus noch lange nicht schließen, daß es die Arbeiter sind, die Republikaner wählen. Umgekehrt: Weiß man aus Befragungen von Einzelpersonen, daß es einen Zusammenhang zwischen sozialer Schicht und politischem Extremismus in dem Sinne gibt, daß sozial Schwache eher Republikaner wählen, dann bedeutet dies noch lange nicht, daß in Wahlkreisen mit einem hohen Anteil sozial Schwacher ein hoher Stimmanteil für die Republikaner notwendigerweise zu erwarten ist. Daraus läßt sich folgern, daß eine sozialwissenschaftliche Untersuchung nach Möglichkeit mehrere Ebenen berücksichtigen sollte. Der ökologische Fehlschluß unterläuft z.B. immer wieder bei der Interpretation von Wahlergebnissen im Fernsehen den Journalisten und Meinungsforschern. Wenn die SPD in einem Arbeiterbezirk oder die CDU in einem Villenviertel 5 % Stimmen verlieren, dann wird schnell kurzgeschlossen, die Arbeiter hätten die SPD bzw. die Villenbewohner die CDU gemieden. Das ist ein Fehlschluß. Die beispielsweise 50 % Arbeiter oder die 20 % Villenbesitzer in den beiden Wahlbezirken könnten ebensogut gewählt haben wie immer, und nur der gesamte Rest in den beiden Wahlbezirken, also die Nichtarbeiter im ersten und die Nichtvillenbesitzer im zweiten, haben sich jeweils vielleicht anders entschieden. Nur mit Individualdaten kann man zweifelsfrei zurückverfolgen, daß ganz bestimmte einzelne Wähler, die sich soziographisch genau zuordnen lassen, sich so und nicht anders entschieden haben.

Den Nachteilen von Aggregatdaten gegenüber Individualdaten stehen aber auch unbestreitbare Vorteile gegenüber: Sie sind in einem viel größeren Umfang und viel einfacher und billiger erhältlich. Was man allein aus den zahlreichen Bänden des *Statistischen Jahrbuchs der Bundesrepublik* herausholen könnte, ist eine ganz ungeheuere Datenfülle, die jedem Studierenden in jeder Bibliothek zur Verfügung steht - neuerdings auch elektronisch aufbereitet.

Auch das Problem der Interaktion von Forscher und Objekt - wie beim Interview - ist bei Aggregatdaten weitgehend ausgeschaltet. Im übrigen sind nur wenige Politologen strenge methodologische Individualisten. Viele Analyseobjekte müssen oder können nicht auf die Individualebene heruntergebrochen werden, wie das Verhalten von Regierungen und Parteien, von Verbänden oder Befreiungsbewegungen. Ebensowenig ist dies mit bestimmten Ereignissen, die Analyseeinheiten der Politologen bilden können, der Fall, wie z.B. Kriege oder Umweltkatastrophen.

(6)   Zur Akteur/Systemebene:

Ob man als vorrangige Analyseperspektive die Akteursebene oder die Systemebene wählt, ist besonders in der Teildisziplin Internationale Politik eine wichtige und weitreichende Grundentscheidung. Die klassischen "Akteure" der internationalen Politik sind die einzelnen Staaten. Aus der *Akteursperspektive* wird deshalb die Außenpolitik einzelner Staaten und das grenzüberschreitende Handeln nichtstaatlicher Akteure auf ihre Bedingungen und Wirkungen hin untersucht. Akteure können Einzelpersönlichkeiten sein (Regierungschefs oder Außenminister im Sinne der traditionalistischen Auffassung "Männer machen Geschichte"), aber auch kollektive Akteure wie Regierungen, Beratergremien, supra-nationale Organisationen oder multinationale Konzerne. Für eine solche akteurzentrierte internationale Politik ist immer noch der Machtbegriff, seine Anwendung und Durchsetzung entscheidend, wie das Zitat eines prominenten deutschen Vertreters dieser Auffassung zeigt:

> "Auch heute zielt die Außenpolitik jedes Staates nach wie vor darauf, sich in einer Weltgesellschaft zu behaupten, in der die Macht anderer Staaten die Existenz, die Unabhängigkeit und die Wohlfahrt vernichten kann" (*Schwarz* 1985, S. 71).

Die *systemische Perspektive* als Analyseebene geht dagegen davon aus, daß die Struktur des internationalen Systems das außenpolitische Handeln der Staaten determiniert und nicht die einzelnen Akteure. Das besondere an der Struktur des internationalen Systems ist seine letztlich anarchische Natur, weil es keine formalen Herrschaftsverhältnisse unter unabhängigen Staaten gibt. Das bedeutet allerdings keine Abwesenheit realer Machtbeziehungen oder die Existenz von Herrschaftsfreiheit. Anarchie bedeutet auch nicht Chaos, d.h. völlige Regellosigkeit der internationalen Politik. Vielmehr bilden regelmäßige Abläufe die Prozeßmuster internationaler Politik, die es zu untersuchen gilt. Sie gehorchen eher Konventionen und Nützlichkeitserwägungen als - wie im innerstaatlichen Prozeß - institutionellen Verfassungen.

Auch in den Bereichen von Innenpolitik und Vergleichender Politik macht die Unterscheidung von Akteurs- und Systemperspektive Sinn. Die Politikwissenschaft hat dabei einen starken Hang zur Konzentration auf Systeme, Strukturen und Prozesse oder höchstens auf kollektive Akteure (z.B. Regierungen, Parteien, Verbände) entwickelt. Die Person des einzelnen politischen Entscheiders gerät dabei völlig in den Hintergrund, wie dies z. B. bei dem Ansatz von Manfred G. *Schmidt* (➪ Kapitel VI) und seiner Analyse der Frage "do parties matter?" der Fall ist. In der Analyse deutscher Verkehrspolitik von Werner *Reh* (⇨ Kapitel III) ist das anders; hier wurde auch die Rede eines Bundesverkehrsministers quellenkritisch zerlegt und kommentiert.

(7)   Zur Realitätsebene:

Bei dieser siebten und letzten Unterscheidung von Analyseebenen kann man die Untersuchungsform nach ihrer Nähe zur gesellschaftlichen Realität bestimmen. Hier kann es sich zum einen um Feldforschung handeln, wo der Forscher nur beobachtet und registriert, zum anderen um Laborforschung, bei der der Forscher möglichst alle Faktoren und Variablen streng kontrolliert.

Bei der *Feldforschung* begibt sich der Wissenschaftler in die politisch-gesellschaftliche Realität und studiert sie "vor Ort". Das können Verbände, Parteien, Parlamente, Verwaltungen, nationale und internationale Organisationen oder auch ganze Nationen sein. Beeindruckendes Beispiel einer solchen umfassenden "Feldstudie" ist der Reisebericht des französischen Politikers und Publizisten Alexis de *Tocqueville* (1805-1859) "De la Démocratie en Amérique" (1835) - ein Klassiker der politischen Analyse, politischen Kulturforschung und Demokratietheorie.

Eine solche Form der ganzheitlichen Feldforschung ist aber heute selten geworden. Politischer Auslandsjournalismus in seiner besten Form kann sich manchmal erfolgreich in dieser Richtung bewegen. Aber dann fehlt in der Regel der Versuch, Erklärungen durch kontrollierte Variablen und Indikatoren intersubjektiv überprüfbar zu machen. Aber auch mit dem Umfragebogen und den Leitfragen für Expertenbefragungen in der Hand begibt sich der Wissenschaftler "ins Feld". Feldforschung im weiteren Sinne verstanden ist demnach alle Sozialforschung, die politische Prozesse und Institutionen in ihrer realen Situation aufsucht sowie politisch relevante Personen in ihrer natürlichen Lebenssituation untersucht, statt diese Situation zu kontrollieren oder zu simulieren.

Der Gegensatz zur Feldforschung ist das *Experiment*. Vorbild ist das naturwissenschaftliche Experiment, wo unter Laborbedingungen alle Faktoren und Variablen vom Forscher möglichst konstant gehalten und kontrolliert einzeln verändert werden, um den jeweiligen Effekt isolieren zu können. Experimente sind damit die stringenteste Form der Überprüfung von Kausalhypothesen, weil im Experiment alle Kausalfaktoren bis auf einen konstant gehalten werden, so daß man ausschließlich die Wirkung dieses einen Faktors testen kann (*Campbell/Stanley* 1963).

Experimente sind in der Politikwissenschaft allerdings selten, weil sie voraussetzen, daß der Forscher die Untersuchungsbedingungen autonom gestalten kann, z.B. die Zuweisung von Personen zu einer Experimentalgruppe einerseits und zu einer Kontrollgruppe andererseits. Das würden sich die meisten Bürger oder Politiker nicht gefallen lassen.

Experimentelle Sozialforschung ist eher in Nachbardisziplinen, wie insbesondere in der empirischen Sozialpsychologie, zu Hause. Dort können aber auch politisch und politikwissenschaftlich sehr relevante und interessante Forschungen stattfinden, so z.B. Experimente zum menschlichen Aggressionspotential. Dabei wurden in von außen durch Einwegspiegel kontrollierten Versuchsräumen Personen aufgefordert, anderen Probanden Elektroschocks bis über die (vermeintliche, da diese Probanden

Schauspieler waren) Schmerzgrenze zu verabfolgen (*Milgram* 1974). Solche Experimente sind allerdings ethisch recht bedenklich.

Eine "weichere" Form des Experiments ist das *Feldexperiment* (auch Quasi-Experiment oder natürliches Experiment genannt) - eigentlich ein Widerspruch in sich. Beim Feldexperiment versucht der Forscher, unter weitgehend natürlichen Bedingungen einen dennoch experimentellen Versuchsaufbau durchzuführen, d.h. gezielt einen Faktor zu variieren und alle anderen konstant zu kontrollieren. Die Sozialpsychologie hat dies z.B. in Jugendlagern häufig versucht. In der Politik wären Feldexperimente durchaus spannend und reizvoll (*Putt/Springer* 1989; *Campbell/Ross* 1970); doch sie setzen die Kooperationsbereitschaft von Politikern und Verwaltungen voraus, die selten eingeräumt wird. Auch ist gerade in der Politikfeldforschung durchaus denkbar, daß der Forscher die Wirkung eines kontrolliert geänderten Faktors analysiert, z.B. ein neues Gesetz, eine politische Maßnahme oder Entscheidung. Dann fehlt aber zur experimentellen Situation in der Regel die Kontrollgruppe, bei der alle übrigen Randbedingungen und Faktoren konstant gehalten werden. Claus *Offe* (1991) hat einmal die deutsche Vereinigung als ein gigantisches "natürliches Experiment" bezeichnet. Dies war aber mehr eine Metapher als eine methodologische Einschätzung, denn auch hier fehlt wieder die Kontrollgruppe, z.B. eine Enklave der alten DDR, in der die SED weiter herrscht. Menschen sind eben zum Glück keine Labormäuse, die der Forscher beliebig manipulieren kann.

In der Forschungsrealität eines kleineren Projektes sind genuine Feldforschung auf der einen Seite und experimentelles Design auf der anderen Seite Extremfälle, die selten rein auftreten. "Desk research" (Schreibtischforschung) mit viel Bibliotheks- und einiger (meist sekundärer) Datenunterstützung beherrschen den Alltag der deutschen Politikwissenschaft. Man sollte sich nicht damit zufrieden geben. Die Forschungsbeispiele der folgenden Kapitel zeigen, daß auch ohne immensen Aufwand Beachtliches erreicht werden kann.

Eine besondere Form des Experimentes ist die *Computersimulation*, bei der modellhaft reduziert Entscheidungsabläufe, politische Prozesse und Zukunftsszenarien durchgespielt werden können. Häufig sind solche Computersimulationen von der mathematischen Spieltheorie beeinflußt. Sofern mit Computersimulationen Zusammenhänge der realen Welt nachgebildet werden, sind sie im weiteren Sinne auch zu den empirischen Forschungsmethoden zu rechnen. Mit ihnen lassen sich zwar keine konkreten Prognosen stellen, aber interessante Zukunftsszenarien und Trendfortschreibungen entwerfen. Politikwissenschaftliche Simulationen gibt es inzwischen für ganz unterschiedliche Problembereiche, angefangen von Wahlkampfsimulationen für amerikanische Präsidentschaftswahlen bis hin zur Simulation ökologischer Entwicklungstendenzen (*Meadows* u.a. 1992). Selbst auf dem Markt der Computerspiele für PC befinden sich einige interessante Simulationen, die durchaus für die politische Didaktik hochinteressant sind, z.B. Sim City für die Kommunalpolitik. Auch anspruchsvollere Diplomatie- und Strategiespiele sind im Grunde nichts anderes als Computersimulationen.

In der Politikwissenschaft ist eines der anspruchsvollsten und weitreichendsten Modelle das am Wissenschaftszentrum in Berlin erarbeitete *GLOBUS*-Modell (*GLOBUS* steht für *Generating Long Term Options by Using Simulation*), das inzwischen in einer PC-Version vorliegt (*Bremer/Grun* 1988). Im *GLOBUS*-Modell wird die Interdependenz von Politik und Wirtschaft im nationalen und internationalen Rahmen modelliert; es stellt seinem Anspruch nach eine "empirisch fundierte Teiltheorie zur globalen Interdependenz von Politik und Wirtschaft dar" (*Eberwein* 1990, S. 10). Modelle wie *GLOBUS* können zur retrospektiven Überprüfung von Theorien und für experimentelle Zwecke eingesetzt werden. Da Simulationsmodelle wie *GLOBUS* auf empirisch fundierten Hypothesen beruhen, sind sie von der Qualität der eingesetzten Daten abhängig. Zwar gibt es weltweit Daten in Hülle und Fülle, doch sind sie oft fehlerhaft und für die gerade ganz konkret benötigte Fragestellung dann nicht vorhanden (*Eberwein* 1990, S. 17).

Fassen wir zusammen: Auf den ersten Blick mag die Vielfalt der sieben hier vorgestellten Analyseebenen mit ihren einzelnen Ausprägungen unübersichtlich und verwirrend erscheinen. In der Praxis der Forschung gibt es zwar immer viele Alternativen, ein Projekt so oder anders durchzuführen. Die meisten Möglichkeiten erledigen sich aber schnell von selbst, z.B. mangels Zeit oder Geld. Konkret bleibt dann oft nicht viel Entscheidungsspielraum übrig.

Bei allen sieben Analyseebenen, die wir hier vorgestellt haben, kommt es auf die Problem- und Fragestellung an, die Zeit- und Finanzressourcen sowie den Feldzugang, welche Perspektive für die Planung des Projektes jeweils gewählt wird. Die fünf Forschungsbeispiele im weiteren Text zeigen anschaulich die unterschiedlichen Kombinationen von Primäranalyse (⇨ Kapitel II, III, IV und V) und Sekundäranalyse (⇨ Kapitel VI), vergleichender Analyse (⇨ Kapitel VI) und Fallstudie (⇨ Kapitel V), diachroner Analyse (⇨ Kapitel IV und VI) und synchroner Analyse (alle übrigen), Vollerhebung (⇨ Kapitel VI), Zufallsauswahl (⇨ Kapitel II), Quotenauswahl (⇨ Kapitel IV und VI) und Einzelfall- (⇨ Kapitel III) sowie Aggregatdatenanalyse (⇨ Kapitel VI und III) und Individualdatenerhebung (⇨ Kapitel II und V). So viele Fragen, so viele Methoden. Die jeweilige Entscheidung ist eine Frage von Kreativität und Phantasie und nicht etwa ein Problem der guten Statistikkenntnisse.

4.1.5 Das Projektdesign

Nach dieser recht ausführlichen Schilderung der Analyseebenen können wir uns nun der fünften und letzten Stufe innerhalb unserer ersten Hauptstufe zuwenden, dem Projektdesign. Im Grunde ist das Projektdesign nichts anderes als der gebündelte und gestraffte Inhalt dieses ganzen Kapitels zu Planung und Ablauf von Forschung. Es muß nur übersichtlich und für die (konstruktive) Kritik der Beurteiler (seien es nun Kommilitonen, Kollegen, Betreuer oder Finanziers) formuliert und niedergeschrieben werden. Mit den Auszügen aus den Merkblättern der DFG zur Formulierung von Forschungsanträgen haben wir oben bereits erste grobe Hinweise gegeben.

Die Generalisierbarkeit solcher Vorgaben zeigt sich auch darin, daß andere Stiftungen zur Forschungsförderung ähnliche Angaben verlangen. Die *Hans-Böckler-Stiftung*, das Mitbestimmungs-, Forschungs- und Studienförderungswerk des DGB, gibt ein Faltblatt mit Hinweisen für Antragsteller/innen zum Aufbau von Forschungsanträgen in einer sehr übersichtlichen Form heraus, aus dem wir den Kern im Kasten wiedergeben.

Aufbau von Projektanträgen

Der Aufbau eines Projektantrages sollte nach folgender Struktur erfolgen:

1. Allgemeine Angaben

1.1 Antragsteller/in

1.2 Thema

1.3 Kurztitel

1.4 Forschungsförderungsschwerpunkt

1.5 Voraussichtliche Gesamtdauer

1.6 Antragszeitraum

1.7 Beginn der Förderung

2. Kurzfassung

3. Ausgangslage/Skizzierung des Problemfeldes

4. Zielsetzung und Fragestellung des Projektes

5. Forschungsbedarf (Stand der Forschung, eigene Vorarbeiten)

6. Arbeitsprogramm

6.1 Auswahl des Untersuchungsfeldes

6.2 Methodisches Vorgehen

6.3 Zeitplanung

7. Beantragte Mittel

7.1 Personalbedarf

7.2 Sachkosten

7.3 Reisekosten

Quelle: Hans-Böckler-Stiftung: HBS-Forschungsförderung. Hinweise für Antragsteller/innen.
Faltblatt o. J.

Natürlich muß nicht jedes kleinere Forschungsvorhaben bei Stiftungen beantragt und durch Drittmittel finanziert werden. Aber auch bei einer Examensarbeit diszipliniert es ungemein, wenn man die Vorgaben der wissenschaftlichen Stiftungen beherzigt und einen genauen Plan über Ziele, Methoden, Arbeitsschritte, Zeit und Ressourcen anlegt. An der FernUniversität wird deshalb jedem Studierenden der Politikwissenschaft, der eine Magisterarbeit oder Dissertation plant, vorgegeben, ein Exposé von ca. zehn Seiten Text einzureichen, das folgende Angaben enthalten sollte:

Exposé einer wissenschaftlichen Arbeit

1. Problembereich
2. Forschungsstand
3. Fragestellungen
4. Methoden, Materialzugang
5. Arbeitsplan
6. Wichtigste Literatur

Ganz falsch wäre es nämlich, als erstes Exposé eine Gliederung des späteren Textes aufzusetzen und einzureichen, was immer wieder versucht wird. Eine solche Gliederung kann und soll erst viel später angefertigt werden, da sie sich zu Beginn gar nicht absehen läßt.

Unsere Stufen des Forschungsprozesses sind an einem Treppenabsatz angekommen: Mit der Niederschrift des Forschungsplans ist die erste Hauptstufe beendet, das Problem ist definiert, der Forschungsstand erfaßt, die Fragestellungen sind formuliert, die Analyseebenen ausgewählt, das Projektdesign ist festgehalten und ggf. eingereicht. Nun beginnt die eigentliche Forschung: Das empirische Material rückt in den Mittelpunkt.

4.2 Zweite Hauptstufe: Das Material

Die zweite Hauptstufe zum "Material" umfaßt die eigentliche Durchführung der Forschung und damit zeitlich den Löwenanteil eines jeden Projektes. Während die erste Phase und auch die dritte, die im wesentlichen in der Berichtsformulierung besteht, hauptsächlich Schreibtischarbeit bedeuten, unterbrochen durch einige Ausflüge in die Bibliotheken, so beginnt hier nun die "Feldphase".

Man macht sich auf in die rauhe Wirklichkeit, geht in die Archive, macht Termine mit seinen Interviewpartnern oder bezieht seinen Beobachtungsposten. Vor diesem endgültigen Schritt in die Empirie ist nur noch in zwei Zwischenstufen das Instrumentarium zu konkretisieren und zu verfeinern. Insgesamt besteht diese zweite Hauptstufe aus vier Einzelschritten.

Abbildung 3:   Vier Einzelschritte der Materialstufe

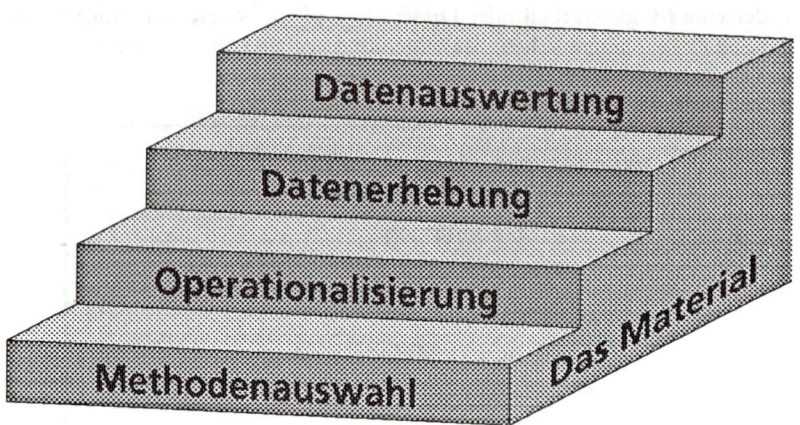

4.2.1 Die Methodenauswahl

Wenn die Analyseebenen festgelegt sind, dann gilt es jetzt noch, die konkreten Methoden der Datenerhebung zu fixieren und die Durchführung im einzelnen praktisch zu planen. Der oben schon an zwei Stellen zitierte Projektantrag von *von Alemann/ Raschke* zur "Rolle der Umweltschutzverbände im politischen Entscheidungsprozeß der Bundesrepublik Deutschland" hatte folgenden Methodenmix für die Untersuchung vorgesehen:

> "**3. Projektbeschreibung**
>
> Die Zielsetzung des Projekts und die Arbeitshypothesen wurden in fünf Hauptstränge umgesetzt, in die sich das Projekt sachlich gliedert.
>
> **1. Verbandsanalyse:** Um die Organisations-, Aktions- und Arbeitsweise der Umweltschutzverbände genauer kennenzulernen, sind eigene Erhebungen notwendig. Hier soll mit Hilfe von Expertengesprächen aus den einzelnen Verbänden, durch Analyse der Satzungen, Geschäftsordnungen, Verbandsschriften und -programme, Tagungsprotokolle sowie durch die Einbeziehung von Verbandsakten versucht werden, charakteristische Struktur- und Entwicklungsdaten herauszuarbeiten. Diese sollen in Form von Verbandskurzmonographien präsentiert werden. Zugleich dient dieser Abschnitt des Projekts als wesentliche Vorbereitung für die Operationalisierung der Hypothesen und der Konstruktion des Eliten- und des Mitgliederfragebogens.
>
> **2. Elitenbefragung:** Der Versuch, die zukünftige Rolle und Funktion der im Umweltschutz engagierten Verbände zu bestimmen, setzt die Kenntnis der politischen Einschätzungen, Bewertungen und Ziele der Verbandsführer voraus. Es sollen daher mit Vorstandsmitgliedern der Umweltschutzverbände teil-standardisierte Intensivinterviews durchgeführt werden. Im Sample zu berücksichtigen sind allerdings nicht nur Vorstandsmitglieder der Bundes- oder Zentralvereinigung, sondern auch die von (ausgewählten) Landes- und regionalen Unterorganisationen bzw. Mitgliedsverbänden.

3. Mitgliederbefragung: Bereits aus der Hypothesenbildung (vgl. insbesondere These 2 bis 5) wurde deutlich, daß aufgrund der dynamischen Situation im Politikfeld Umweltschutz und ihres Einflusses auf innerorganisatorische Entwicklungen die Einschätzung der Funktion der Umweltschutzverbände nicht allein aus den offiziellen oder informellen Erklärungen der Verbandsführung abgelesen werden kann. Ebenso notwendig sind dazu Kenntnisse über die Entwicklung der Problemperzeption, der Folgebereitschaft sowie des Aktivierungspotentials bei den Mitgliedern. Dies soll durch eine Mitgliederbefragung bei ausgewählten lokalen Untergliederungen erhoben werden.

4. Expertenbefragung: Da die Umweltschutzverbände in einem Politikfeld agieren, das nur in geringem Maße von ihnen, sondern entscheidend von der Administration, den Parteien und den etablierten Großverbänden bestimmt wird, ist das Verhältnis der Umweltschutzverbände zu diesen Instanzen und Organisationen ein weiterer wesentlicher Bestimmungsfaktor ihrer Funktion. Es sollen daher mit funktionalen Repräsentanten dieser Instanzen und Organisationen Expertengespräche geführt werden.

5. Expertisen: Um einen schnellen und zum anlaufenden Projekt parallelen Zugriff zu den gesetzlichen Bestimmungen, zu den rechtlichen und politologischen Thesen, Modellen und Untersuchungen zu erhalten, die für die Hypothesenbildung und die Konstruktion der Fragebögen und Interviewleitlinien relevant sein können, ist beabsichtigt, Expertisen in den drei einschlägigen Bereichen zu vergeben.

Eine vierte Expertise soll sprach- und begriffsanalytisch eine ideologiekritische Analyse der Verbandsschriften und -programme ermöglichen.

Zeitlich gliedert sich das Projekt in zwei Phasen. In eine zweimonatige Vorphase, in der die Projektnehmer (z. T. unterstützt durch eine studentische Hilfskraft) organisatorisch, personell und inhaltlich die Hauptphase vorbereiten, indem die Felderschließung begonnen, Mitarbeiter eingestellt, die Leitlinien für die Expertisen und die Expertengespräche formuliert sowie die Hypothesen ergänzt und präzisiert werden sollen. Daran schließt sich die 18monatige Hauptphase an, in der die oben angeführten fünf Hauptstränge zu erarbeiten sind. An drei einschneidenden Zeitpunkten sind Rückkoppelungsgespräche mit dem Auftraggeber vorgesehen, die durch weitere ergänzt werden können" (*von Alemann/Raschke* 1980, S. 10-12).

Man sieht, es handelte sich bei diesem Vorhaben um eine ziemlich komplexe Kombination von Dokumentenanalysen und Befragungen sowohl durch standardisierte Interviews der Mitglieder der Umweltschutzverbände als auch durch eher qualitative Experten- und Eliteninterviews von Entscheidungsträgern in diesem Feld.

Alle folgenden Kapitel dieses Kurses mit den anwendungsbezogenen Forschungsmethoden geben einen plastischen Einblick in die Forschungswerkstatt, wenn sich z.B. *Bürklin* (⇨ Kapitel II) für die Methode der Umfrageforschung, *Reh* (⇨ Kapitel III) für die Dokumentenanalyse, *Rucht* (⇨ Kapitel IV) für die Inhaltsanalyse, *Schmid* (⇨ Kapitel V) für Experteninterviews und *Schmidt* (⇨ Kapitel VI) für Aggregatdatenanalyse entscheiden.

Im nachfolgenden ⇨ Abschnitt 5 werden wir die zentralen Methoden der Datenerhebung mit einigen konkreten Hinweisen noch einmal Revue passieren lassen, so daß sich hier weitere Hinweise erübrigen.

4.2.2 Die Begriffe klären und operationalisieren

Bereits bei der Präzisierung des Problems und der Fragestellungen müssen zentrale Begriffe geklärt und konzeptionell konkretisiert werden. Darauf haben wir oben bereits verwiesen. Nun gilt es, diese Konzepte für die empirische Forschung tatsächlich meßbar und handhabbar zu machen.

> "Eine *Operationalisierung* der Begriffe verfolgt also mehrere Zwecke: Einmal wird überhaupt aus den mannigfaltigen Möglichkeiten der *Konkretisierung* abstrakter Begriffe eine Auswahl getroffen, d.h. es werden ganz bestimmte *Indikatoren* für den theoretischen Begriff ausgewählt, zweitens wird diese Indikatorenauswahl auch nach außen hin kundgetan, d.h. sie wird veröffentlicht und damit kritisierbar und drittens sollen die verwendeten Indikatoren quantifiziert werden, d.h. es soll eine *Messung* der vorgeschlagenen Begriffe erfolgen" (H. *von Alemann* 1977, S. 69).

Nicht jeder Forschungsgegenstand eignet sich allerdings für eine solche exakte Messung. Bei einer Fallanalyse kommt es vielleicht nur auf eine minuziöse Beschreibung eines politischen Entscheidungsvorganges und der daran beteiligten Personen und ihrer Interessen an. Wenn empirische Forschung aber versucht, zu objektivierbaren Daten durch Quantifizierung zu gelangen, müssen klare Indikatoren und operationalisierbare Definitionen festgelegt werden.

Wenn die Hypothese untersucht werden soll, daß demokratische Staaten nicht miteinander Krieg führen, muß für eine konkrete Untersuchung zunächst festgelegt werden, mit welchen Indikatoren bestimmt werden kann, ob Staaten demokratisch sind. Soll der Indikator einfach das Vorhandensein einer demokratischen Verfassung sein? Oder müssen inhaltliche Indikatoren gewährleistet sein, z.B. Geltung von Grundrechten, Wechsel von Regierung und Opposition, Gewaltenteilung, unabhängige Gerichte, Ausschluß von Gewalt und Willkür etc. im Sinne der Definition der freiheitlich-demokratischen Grundordnung durch das Bundesverfassungsgericht? Zweitens muß "Krieg" definiert werden - ist das auch schon die eiskalte Feindschaft oder nur der erklärte heiße Kriegszustand mit Waffengewalt?

Operationalisieren heißt also meßbar, objektivierbar machen. Aber das operationalisierte Konzept bleibt doch immer ein Konstrukt, es gibt keine Identität zwischen Begriff und Realität. Die "Passung" kann mehr oder weniger plausibel, valide und reliabel sein, sie wird nie total gelingen. Deshalb sind die Schritte der Operationalisierung immer offenzulegen, damit sie kritisch diskutiert werden können. In der Wissenschaftspublizistik ist das leider nicht immer der Fall. Ein gutes Beispiel sind die neuerdings so beliebten "rankings" der bundesdeutschen Universitäten in Publikumszeitschriften. Gesucht wird die "beste" Universität und die Rangfolge der übrigen. Gefragt ist also eine Operationalisierung von wissenschaftlicher Qualität. Herausgekommen ist im *Spiegel, Stern, Forbes* und *Focus* ein Potpourri von Ranglisten, die nur eines gemeinsam haben: daß sie nichts gemeinsam haben. Qualität wurde einmal operationalisiert als Akzeptanz bei den Studierenden, ein andermal als Reputation bei den Professoren, wieder ein andermal als Anerkennung bei Personalchefs und Arbeitgebern in der Wirtschaft und schließlich als Publikationsfrequenz in Fachzeitschriften. Jede Operationalisierung von Qualität wurde in der eigenen Zeitschrift als die eigentlich objektive gefeiert.

Dabei gibt es sicher noch viel mehr Möglichkeiten. In den USA, wo "rankings" eine lange Tradition haben, werden Zitierhäufigkeiten gezählt oder Referate auf den wichtigsten Fachkongressen. Wissenschaftsminister in deutschen Bundesländern versuchen, Sachmittel nur noch proportional zu den Abschlußquoten eines Faches oder der Drittmitteleinwerbung von Forschern zu vergeben - auch dies sind insofern Operationalisierungen wissenschaftlicher Qualität, die zu Ranglisten führen, wenn auch zu überaus unzulänglichen. Zu kurz greift jeder einzelne Indikator, ob man Studierende, Professoren oder Personalchefs befragt bzw. Daten über Zitationen, Examina oder Forschungsmittel konsultiert - alle nennen nur einen einzigen Aspekt von Qualität. Auch wenn man ein halbes Dutzend Indikatoren verwendet und kumuliert gewichtet, erhält man keine "Objektivität", denn zwölf noch feiner und anders gewichtete können ein anderes Ergebnis bringen. Der notwendige Schluß aus diesem Dilemma lautet nicht, die Suche nach Objektivität, Validität oder Reliabilität aufzugeben, sondern sich dabei der subjektiven Entscheidungen bewußt zu bleiben und diese der wissenschaftlichen Kritik offen zugänglich zu machen.

In den beiden Kapiteln von *Rucht* (⇨ Kapitel IV) und Manfred G. *Schmidt* (⇨ Kapitel VI) werden uns besonders eindringlich die Probleme ihrer jeweiligen Begriffsbildung illustriert. Im Kapitel von *Bürklin* zur Umfrageforschung werden die Probleme des Messens und des Operationalisierens in systematischer Weise kurz angesprochen. Eine ausführlichere Würdigung der methodischen Probleme von Operationalisierung findet sich bei *Kromrey* (1990, Kapitel 4).

4.2.3 Die Datenerhebung

Die Methoden der Datenerhebung sind der eigentliche Kern empirischer Forschung. Sie werden an dieser Stelle allerdings nur ganz kurz als ein Schritt des Forschungsprozesses angetippt, da sie an anderer Stelle ausführlich gewürdigt werden. Denn die folgenden Kapitel werden anhand exemplarischer Forschungsvorhaben die Datenerhebung bei der Umfrageforschung, bei der Dokumentenanalyse, bei Experteninterviews, Inhaltsanalyse und Aggregatdatenanalyse eingehend erörtern.

Die überleitenden Hinweise des nächsten Abschnitts (⇨ 5) bieten weitere Ergänzungen zur Datenerhebung, die in den speziellen Forschungsanwendungen der späteren Kapitel möglicherweise zu kurz kommen. Deshalb an dieser Stelle keine lange redundante Ausführung, sondern als kleine Erholung in dieser schier unendlich erscheinenden Flut von Informationen, die "Insel der Forschung" aus dem Lehrbuch von Heine *von Alemann* (1977) mit den verschlungenen Pfaden des Forschungsprozesses, seinen Irrungen und Wirrungen, Wüsten und Nebelfeldern, Verzweiflungsschluchten, aber auch der Stadt der Hoffnung (vgl. die Abbildung auf der folgenden Seite).

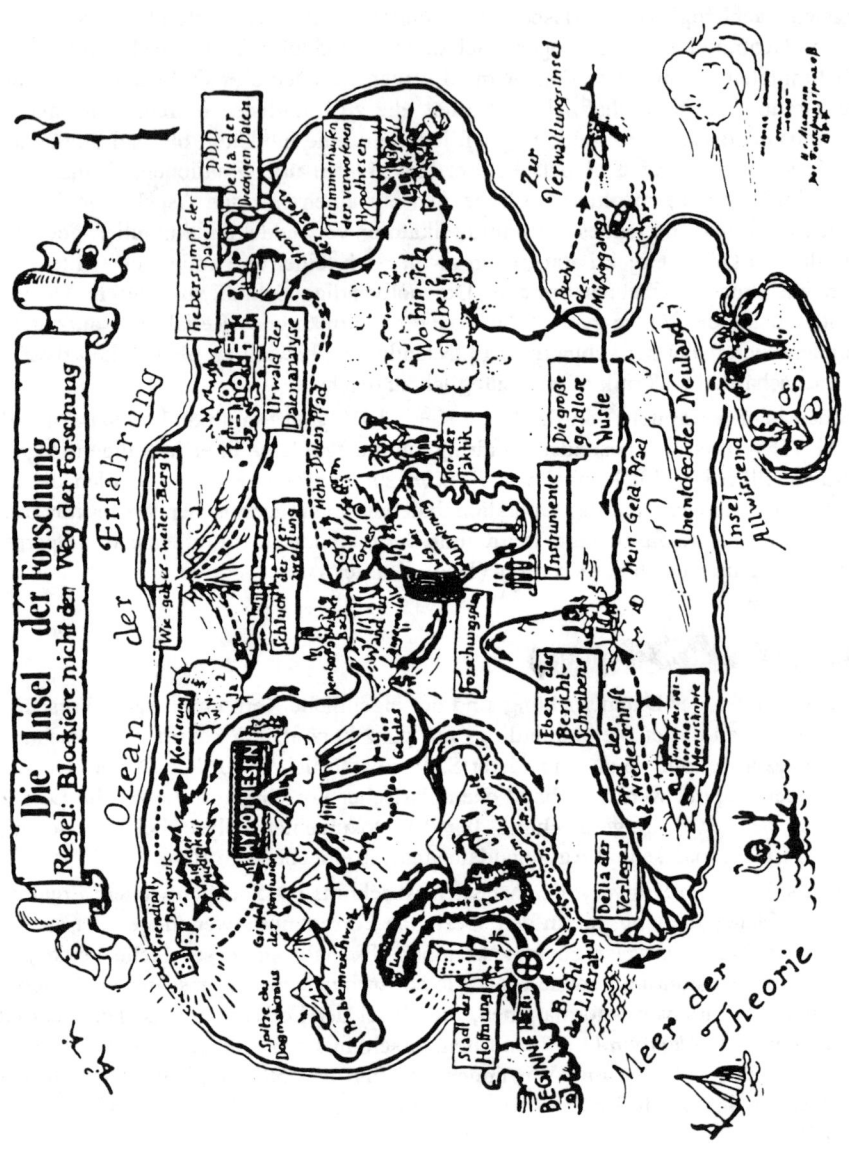

(Aus: Heine *von Alemann* 1977, S. 152f.; mit freundlicher Genehmigung des Teubner-Verlages und des Verfassers)

4.2.4 Die Datenauswertung

Für den letzten Schritt der mittleren Hauptstufe "Das Material" gilt dasselbe wie für die zuletzt bewältigte Stufe. Er soll hier nur kurz benannt, aber nicht näher erörtert werden, weil auch dies an anderen Stellen dieses Kapitels (⇨ Abschnitt 6) ausführlicher geschieht.

Wir hatten uns oben der Definition von Werner J. *Patzelt* angeschlossen, der für die Politikwissenschaft die Methoden der Datenerhebung von denen der Datenanalyse bzw. der Informationsauswertung trennt. Diese letzteren seien die hermeneutische Methode, die historische Methode, die juristische Methode und die statistischen Methoden (*Patzelt* 1992, S. 194).

Grundfragen der *hermeneutischen* Methode haben wir oben (⇨ Abschnitt 2.4) skizziert. In die (zeit)*historischen* Methoden der Quellenauswertung und in die *juristischen* Methoden der Textanalyse von Rechtsquellen, seien es Verfassungen, Gesetze, Verordnungen oder Gerichtsurteile, führt das Kapitel von Werner *Reh* (⇨ Kapitel III) zur Dokumentenanalyse ein. Die im engeren Sinne sozialwissenschaftlichen Methoden der statistischen Analyse werden von Wilhelm *Bürklin* (⇨ Kapitel II) in seinem Kapitel zur Umfrageforschung angerissen.

Statistische Analyseverfahren sind nützlich und wichtig bei bestimmten Forschungsfragen. Nicht mehr und nicht weniger. Sie sind weder der goldene Königsweg noch der alleinige steinige Pfad zur Wahrheit. Genauso wenig können dies die qualitativen, hermeneutischen Verfahren für sich beanspruchen. In die quantitativen Verfahren wird am meisten Geld, Ressourcen und öffentliches Interesse von Auftraggebern investiert. Manche interessante, qualitative empirische Fallstudie findet dagegen schwer Förderung durch die etablierten Forschungsstiftungen. In diesen Ungleichgewichten liegt nach Peter *Atteslander*, wie er im Ausblick seines klugen Einführungsbuches in die Methoden der empirischen Sozialforschung schreibt, eine große Gefahr:

> "Sie wird wesentlich verstärkt durch die immer wohlfeilere Hilfestellung durch die Mikroelektronik in der Verarbeitung jener sozialen Befunde, die in Zahlen ausgedrückt werden können. Die Mikroelektronik hilft beispielsweise wenig bei der Analyse von Antworten auf offene Fragen. Diese bleibt arbeitsintensiv, ebenso wie die sprachliche Analyse qualitativer Befunde. Der Trend zur Quantifizierung wird deshalb noch weiter verstärkt.
>
> Es wird tatsächlich auch in Zukunft leichter werden, Exaktheit in immer trivialere Bereiche hineinzutragen, dies unter Wahrung scheinbarer Wissenschaftlichkeit. Die Wissenschaftlichkeit der empirischen Sozialforschung wird in Zukunft aber entscheidend davon abhängen, inwiefern Logik, Kontrolle und Neugier im Bereich der Entdeckungszusammenhänge eingesetzt werden. Die ethische Entscheidung des Forschers sollte darin liegen, wesentliche Zusammenhänge gesellschaftlicher Erscheinungen zu erforschen, auch wenn die Schwierigkeiten außerordentlich groß sind" (*Atteslander* 1993, S. 385).

Unser Leitbild "kritisch-empirischer Politikforschung" versucht, einen Weg in eine Richtung relevanter, empirisch interessanter Sozialforschung zu weisen.

4.3   Dritte Hauptstufe: Die Lösung

Die dritte und letzte Stufe des Forschungsprozesses bringt die Lösung des Problems, das in der ersten Stufe gefunden, in den Forschungsstand eingebettet, mit Fragestellungen konkretisiert, mit Analyseebenen konfrontiert und als Projektdesign formuliert wurde. In der zweiten Stufe wurde dann das Material methodisch präzisiert, Begriffe geklärt und operationalisiert, die Datenerhebung organisiert sowie die Datenauswertung durchgeführt. Auch die Lösung als Finale des Forschungsprozesses besteht aus mehreren Schritten, nämlich aus erstens Berichtsformulierung, zweitens Publikation und drittens Rezeption.

Abbildung 4:   Drei Einzelschritte der Lösungsstufe

4.3.1 Die Formulierung des Berichts

Irgendwann ist es soweit: Der Abgabetermin drängt, der Bericht muß endlich geschrieben werden. Viele drücken sich lange während der Arbeit am Forschungsgegenstand davor, finden immer wieder noch spannende Literatur, die schnell eingearbeitet, noch neue Variablen, die schnell berechnet, noch raffiniertere statistische Verfahren, die noch ausprobiert werden müssen. Oft läßt man sich im Arbeitsplan auch zu wenig Zeit und Muße für die so wichtige Phase der Formulierung. Wenn man das Material erst einmal hat und auswerten kann, wird das Schreiben schon schnell fließen. Das ist in der Regel ein Irrtum. Der Bericht ist die eigentliche Probe, der Härtetest für die Wissenschaft. Er muß die Wissenschaft und/oder Praxis überzeugen von der Relevanz und Stichhaltigkeit der Forschung. Das Problem mag noch so ergreifend, die Hauptthesen noch so provozierend, die Daten und Quellen mögen noch so spannend, die Interpretation noch so zwingend sein: erst durch eine überzeugende Präsentation wird daraus ein nützlicher Beitrag zur Wissenschaft. Die manchmal geradezu verzweifelten Strategien, sich durch immer neue "Vorarbeiten" selbst zu betrügen, um die Niederschrift des Berichts aufzuschieben, schildert Otto *Kruse* in seinem Buch "Keine Angst vor dem leeren Blatt" (1994) höchst anschaulich und amüsant. Aber mehr noch: Er steuert interessante Tips für das Formulieren und Organisieren von Berichten bei.

Der Wissenschaftler ist deshalb auch Schriftsteller, der verpflichtet ist, seine Erkenntnisse lesbar öffentlich zu kommunizieren. Denn erst dadurch erreicht er Intersubjektivität, wird seine Methode nachvollziehbar und veröffentlicht. Die Wissenschaft bliebe sonst Privatbesitz, die nicht verwertbar wäre.

Sicher gilt als oberstes Gesetz für die wissenschaftliche Forschung und die Publikation: "Don't fake!" Nicht fälschen, das klingt selbstverständlich, ist es aber nicht. Auch großen Forschern sind schon Fälschungen und Manipulationen vorgeworfen worden. Dazu gehört aber auch der ganz kleine Betrug, sich mit falschen Federn zu schmükken. Deshalb heißt es Zitieren von wörtlichen und sinngemäßen Wiedergaben anderer Erkenntnisse. Die Einhaltung der Regeln des Zitierens fremder Autoren ist kein Selbstzweck penibler bis penetranter Akribie, sondern wesentlicher Teil der Offenlegung und Kritik der Quellen, aus denen Erkenntnisse geschöpft wurden. Die Regeln des Zitierens werden hier nicht wiederholt, sie sind an anderer Stelle ausführlich genug kommentiert worden (*Simonis* 1992; *von Alemann/Forndran* 1990, S. 141 ff.). Wichtig bleibt bei den so ungeliebten Regeln des wissenschaftlichen Apparates (Zitierregeln, Fußnoten, Quellen- und Literaturverzeichnisse, Dokumentation von Fragebögen und Stichproben im methodischen Anhang), daß damit Nachprüfbarkeit gewährleistet und das geistige Eigentum anderer respektiert und geschützt wird.

Als Anfänger stürzt man angesichts eines solchen drohenden Zeigefingers, immer alles nachzuweisen, in ein schreckliches Dilemma: Wie soll man denn alles anmerken und zitieren, was man von anderen übernimmt, ohne daß das Ergebnis schier unlesbar wird vor lauter Fußnotengebirgen? Hat man denn auch nur einen einzigen originellen winzigen Gedanken anzubieten, der nicht längst gedacht und von anderen formuliert worden ist? Die Überfrachtung mit Verweisen könnte die Folge solcher Unsicherheit sein und ist natürlich keineswegs sinnvoll. In das Allgemeingut aufgenommene Erkenntnisse brauchen nicht mehr zitiert zu werden. Max Weber oder Jürgen Habermas müssen deshalb nicht auf jeder Seite erneut bemüht werden.

Denn es gibt noch eine zweite Grundregel neben dem "Don't fake". Sie lautet: "Du sollst nicht langweilen!" Die Lesbarkeit von Berichten muß gewahrt bleiben. Erzählen Sie, machen Sie es spannend, den Forschungsprozeß und seine Ergebnisse nachzuvollziehen. Vermeiden Sie, "soziologesisch" (*Schrader* 1973, S. 226) oder "politikchinesisch" zu schreiben. Benutzen Sie die Fachausdrücke nur dann, wenn es unbedingt sinnvoll ist und nicht, um Belesenheit und angelsächsische Weltläufigkeit zu demonstrieren. Das Elektorat kann man genausogut als Wählerschaft bezeichnen und die elektorale Volatilität als Wechselwählerverhalten. Es gibt viele schlechte Beispiele, wo Fachjargon in Imponiergehabe ausartet.

Die Niederschrift eines Berichtes ist natürlich individuell sehr verschieden. Jedenfalls ist es eine ungeheure Erleichterung, daß dafür heute Textverarbeitungssysteme auf dem PC zur Verfügung stehen, die Korrekturen, Umstellungen, Ergänzungen und Verknüpfungen mit Fußnoten und Literaturverzeichnissen ungemein vereinfachen. Auch hierbei wird allerdings der Aufwand meistens unterschätzt, denn kaum jemand beherrscht diese Systeme so perfekt, daß alles auf Anhieb gelingt. Der Teufel sitzt im

Detail irgendeines kleinen Formatierungsbefehls, der nicht klappen will. Deshalb heißt es auch hier: viel Zeit reservieren.

Es ist sehr nützlich, von vornherein drei bis vier Versionen seines Textes einzuplanen (vgl. zum folgenden *Patzelt* 1992, S. 293 ff. sowie *Kruse* 1994, S. 151 ff.): Eine allererste Rohversion des gesamten Textes mit viel Platz für Korrekturen, die bereits alle wichtigen Gesichtspunkte enthält. Einzelne Kapitel solange perfekt auszufeilen, bis sie nur noch aneinander geheftet werden müssen, ist meist nicht sinnvoll. Eine zweite Version sollte die Rohversion im Gesamteindruck verbessern und verfeinern, weitere Zitate und Literatur einpassen, Überflüssiges kürzen, Fehlendes ergänzen. Dies sollte man auch Freunden zum kritischen Gegenlesen geben. Erst die dritte oder vierte Version sollte man - nach einem Liegenlassen von mindestens zwei Tagen - als Endversion sprachlich und gedanklich durchstylen. Dabei sind folgende Tips hilfreich:

- "Beseitige Wiederholungen von Gedanken, Informationen und Ausdrücken!
- Sorge für größtmögliche Klarheit, v.a. durch die Beseitigung aller nicht zwingend erforderlichen Fremdwörter!
- Teile lange Sätze in kurze Sätze auf!
- Nutze Satzzeichen wie Strichpunkt, Doppelpunkt und Gedankenstrich, um die Sätze gut zu gliedern!
- Nutze Strichaufzählungen, um zur Übersichtlichkeit der mitgeteilten Argumente und Informationen beizutragen!
- Bemühe dich um eine gut klingende, treffende, mit Lust zu lesende Sprache!" (*Patzelt* 1992, S. 294)

Danach kann die Reinschrift bzw. der Endausdruck erfolgen. Alle diese Schritte können bei einer Hausarbeit genauso aussehen wie bei einer Examensarbeit oder einem größeren Forschungsbericht.

Auch der Grundaufbau jeder wissenschaftlichen Arbeit ähnelt sich, besonders der Rahmen bleibt immer gleich. Die *Einleitung* bringt den Problemanstoß und das Vorgehen, der *Schluß* bringt die Ergebnisse auf den Punkt. Beides ist als Rahmen völlig unverzichtbar; ebenso der *Anhang*, der das Literaturverzeichnis und die Anmerkungen enthält - falls man nicht Fußnoten auf jeder Seite wählt - sowie ggf. weitere Informationen und Fakten zur Methodik, Fragebögen, Quellenlage usw.

Der *Hauptteil* kann in der Form viel variabler sein. Man kann ihn eher systematisch nach dem Gang des Forschungsprozesses gliedern oder inhaltlich nach wesentlichen Fragestellungen oder Aspekten des Themas. Auch dazu finden sich in *Simonis* (1992) und *von Alemann/Forndran* (1990) sowie in *Kruse* (1994) weitere Hinweise.

Wie auch immer der Bericht gestaltet ist, er muß mehrfach Korrektur gelesen werden. Da hilft auch das Rechtschreibprogramm des PCs nicht weiter. Jeder Tippfehler stört den Gesamteindruck mehr, als es eine noch so schöne Druckbildgestaltung wettmachen kann.

4.3.2 Die Publikation

Ist der Forschungsbericht geschrieben, so kommt schließlich die schwierige Schwelle der Publikation. Für kleinere Arbeiten im Studium ist dies natürlich noch kein Problem. Aber eine Examensarbeit kann in Ausnahmefällen durchaus schon in Teilen publikationswürdig sein. Für Dissertationen und Habilitationen ist die Veröffentlichung sogar vorgeschrieben.

Der Charakter des Berichts hängt selbstverständlich in Länge, Sprache und Form von der geplanten Publikationsart ab. Einen Aufsatz schreibt man anders als eine Monographie, ein Gutachten muß flüssiger formuliert werden als eine Dissertation. Die wichtigsten wissenschaftlichen Publikationsarten sind:

- Der *wissenschaftliche Vortrag* auf einem Fachkongreß, häufig mit anschließender Veröffentlichung des "papers" in einem Sammelband; hier werden häufig "Werkstattberichte" frisch aus der Forschung vorgetragen, die dann noch einmal für die Publikation überarbeitet und oft mit Repliken und Kommentaren der Diskutanten veröffentlicht werden, was einen sehr aktuellen und lebhaften Eindruck aus dem "Leben der Forschung" vermitteln kann;

- die *wissenschaftliche Fachzeitschrift*, die meistens ein strenges Ausleseprinzip unter den zahlreichen eingereichten Manuskripten durch die oft renommierten Herausgeber und ihre Gutachter walten läßt; insofern erhält man hier von der "scientific community" selektierte und für gut befundene Fachaufsätze präsentiert;

- die *wissenschaftliche Monographie*, die wie oben gesagt bei Dissertationen und Habilitationen vorgeschrieben ist; deshalb stellen diese auch einen großen Anteil der Buchpublikationen in den Sozialwissenschaften; leider schaffen nur wenige etablierte Wissenschaftler die Konzentration und Muße für weitere größere monographische Publikationen; die Sammelbände nehmen in Deutschland dagegen fast überhand; die Ausnahmen sind deshalb um so höher einzuschätzen.

Von der offiziellen Zeitschriften- und Buchpublikation über Verlage ist noch die *graue Literatur* im Selbstverlag von einzelnen Instituten und Institutionen zu unterscheiden. Dazu gehören sowohl Behördenschriften, Gutachten oder Publikationen von Parteien und Verbänden, die oft als Quellen hochinteressant (und kostenlos!) sind - wenn man das Eigeninteresse derjenigen, die dies publizieren, in Rechnung stellt -, als auch "discussion papers" und "preprints" wissenschaftlicher Institute, die es lohnt, ausfindig zu machen, weil sie den neuesten Stand der Debatte widerspiegeln.

Publikation heißt Offenlegung, Veröffentlichung, Diskussion, Debatte und Diskurs auf dem Markt der Meinungen. Das haben wir in diesem Text schon bis zum Überdruß wiederholt: daß Wissenschaft für Kritik offen sein muß, deshalb auch das *arcanum* der Herrschaftswissenschaft scheut, die sich in den Dienst parteilicher Manipulation im Sinne von Aldous Huxleys "Schöner neuer Welt" oder George Orwells "1984" stellt. Aber es gibt auch eine Gegenseite der Offenheit, die des Vertrauens und des Datenschutzes. Wissenschaft kann auch fehlgehen durch Mißbrauch privater, personenbezogener Daten und Verletzung der Intimsphäre der Beforschten. Es ist bei der Umfrageforschung streng zu beachten, daß die Daten anonymisiert werden, um einem späteren Mißbrauch durch private oder staatliche Nutzer einen Riegel

vorzuschieben. Aber dies ist auch bei Experten- und Tiefeninterviews oder teilnehmender Beobachtung zu gewährleisten, wo Vertrauensschutz geboten sein muß.
Gerade bei Experteninterviews ist deshalb schon bei der Verabredung des Termins
sicherzustellen, ob eine Genehmigung für die spätere Publikation mit oder ohne Namensnennung gegeben wird bzw. ob eine wörtliche Äußerung vor der Publikation zur
Genehmigung vorgelegt werden soll.

Die Publikation von wissenschaftlichen Erkenntnissen wirft sehr grundsätzliche
Fragen der Forschungsethik auf. Der amerikanische Verband der Politikwissenschaftler, die *American Political Science Association* (APSA), hat deshalb seit langem
einen Ethik-Kodex verabschiedet, der diese Fragen zu regeln versucht und eine der
Berufsethik für die Politologen, ähnlich wie für die Mediziner oder die Anwälte,
etablieren will. Er enthält entsprechende Pflichten der Politologen nach Objektivität,
Integrität und Professionalität, aber auch Rechte, z.B. Schutz von Informanten, ähn-
lich wie das Zeugnisverweigerungsrecht der Journalisten. Die *Deutsche Vereinigung
für Politische Wissenschaft* hat 1994 nach amerikanischem Vorbild ebenfalls einen
Ehrenkodex verabschiedet. Neben den Regeln zu den Rechten der Untersuchten, zu
Publikationen und Begutachtungen scheinen uns für unseren Zusammenhang die
Regeln zur "Integrität und Objektivität" besonders bemerkens- und zitierenswert:

> "(1) Politikwissenschaftler/innen streben in Ausübung ihres Berufes nach wissenschaftli-
> cher Integrität und Objektivität. Sie sind den bestmöglichen Standards in Forschung,
> Lehre und sonstiger beruflicher Praxis verpflichtet. Geben sie fachspezifische Urteile
> ab, sollen sie ihr Arbeitsgebiet, ihren Wissensstand, ihre Fachkenntnis, ihre Metho-
> den und ihre Erfahrungen eindeutig und angemessen darlegen.
>
> (2) Bei der Präsentation oder Publikation politikwissenschaftlicher Erkenntnisse werden
> die Resultate ohne verfälschende Auslassung von wichtigen Ergebnissen dargestellt.
> Einzelheiten der Theorien, Methoden und Forschungsdesigns, die für die Einschät-
> zung der Forschungsergebnisse und der Grenzen ihrer Gültigkeit wichtig sind, wer-
> den nach bestem Wissen mitgeteilt.
>
> (3) Politikwissenschaftler/innen sollen in ihren Publikationen sämtliche Finanzierungs-
> quellen ihrer Forschungen benennen. Sie gewährleisten, daß ihre Befunde nicht
> durch spezifische Interessen der Geldgeber verzerrt sind.
>
> (4) Politikwissenschaftler/innen dürfen keine Zuwendungen, Verträge oder Forschungs-
> aufträge akzeptieren, die die in diesem Kodex festgehaltenen Prinzipien verletzen.
>
> (5) Sind Politikwissenschaftler/innen, auch Studierende, an einem gemeinsamen Projekt
> beteiligt, werden zu Beginn des Vorhabens bezüglich der Aufgabenverteilung, der
> Vergütung, des Datenzugangs, der Urheberrechte sowie anderer Rechte und Verant-
> wortlichkeiten Vereinbarungen getroffen, die von allen Beteiligten akzeptiert werden.
> Diese können im Fortgang des Projekts aufgrund veränderter Bedingungen einver-
> nehmlich korrigiert werden".

4.3.3 Die Rezeption

Nach der Publikation scheint der Forschungsprozeß abgeschlossen. Die Arbeit ist
getan, und wenn es gut geht, liegt sie nun als Aufsatz in einer renommierten Fachzeitschrift oder sogar als Buch eines bekannten Verlages vor. Jeder Autor, auch der
routinierteste, freut sich über das Publikationserlebnis, nimmt den Band stolz in die

Hand und zeigt ihn Freunden und seiner Familie. Dann stellt er ihn in das Regal. Und das war es dann?

Mitnichten. Denn nun kann alles von neuem beginnen. Die Publikation wird Teil des Forschungsstandes. Sie geht damit in den zweiten Schritt unserer ersten Hauptphase wieder ein. Jedes neue Projekt muß sich neu damit auseinandersetzen, die Ergebnisse rezipieren und reagieren auf neue Erkenntnisse. Der Autor wartet gespannt auf Rezensionen in den Fachzeitschriften. Meist vergeblich, denn nicht jedes Buch kann rezensiert, jeder Artikel kommentiert werden. Mittelfristig wird das Werk vielleicht zitiert und kritisiert, was noch wichtiger als einmalige Rezensionen sein kann. Kurz und gut: Jedes Ende ist ein neuer Anfang.

Aber damit ist nur die Wissenschaftsgemeinschaft angesprochen. Forschungsergebnisse wirken auch in die breitere Öffentlichkeit, versuchen, die Brücke zwischen Theorie und Praxis zu schlagen. Das Vernichtungspotential von technischer Wissenschaft in diesem Jahrhundert hat uns den Blick dafür geschärft, daß Wissenschaft immer Verantwortung für den Menschen und die Natur trägt, auch Aufklärung im emphatischen Sinne der bürgerlichen Emanzipationsbewegungen bedeutet. Emanzipation heißt Herausführung aus Unmündigkeit. Wissenschaft sollte sich deshalb einem emanzipatorischen Erkenntnisinteresse verpflichtet fühlen. Das schließt gerade für die Politikwissenschaft eine Verpflichtung ein, sich für Selbstverwirklichung und Selbstbestimmung, für Abbau unkontrollierter Herrschaft zu engagieren. Dabei gilt es, die eigenen Wertprämissen genauso offenzulegen wie die Quellen, Daten, Methoden und Operationalisierungen. Sozialwissenschaftler tragen Verantwortung, gerade auch, wenn sie ihre Forschungsergebnisse in die Öffentlichkeit tragen. Deshalb ist der sechsten Regel des Ethik-Kodexes der deutschen Politikwissenschaftler voll zuzustimmen:

> "(6) In ihrer Rolle als Forschende, Lehrende und in der Praxis Tätige tragen Politikwissenschaftler/innen soziale Verantwortung. Ihre Empfehlungen, Entscheidungen und Aussagen können das Leben ihrer Mitmenschen beeinflussen. Sie sollen sich der Situationen und immanenten Zwänge bewußt sein, die zu einem Mißbrauch ihres Einflusses führen könnten. Politikwissenschaftler/innen sollen geeignete Maßnahmen ergreifen, um sicherzustellen, daß ein solcher Mißbrauch und daraus resultierende nachteilige Auswirkungen auf Auftraggeber/innen, Forschungsteilnehmer/innen, Kollegen/innen, Studierende und Mitarbeiter/innen vermieden werden".

Damit sind wir endgültig auf der letzten Stufe, auf dem Plateau des Forschungsprozesses angelangt und können einen kurzen Blick zurückwerfen. Aus den drei Hauptstufen - Problem, Material, Lösung - hat sich eine Treppe aus insgesamt zwölf Einzelstufen aufgebaut. Sicher kann man bei bestimmten Projekten die eine oder andere Stufe überspringen, aber man muß sie dabei trotzdem im Auge behalten, sonst gerät man leicht ins Stolpern. Fragen der Datenerhebung und -auswertung werden nun noch vertieft angesprochen - insbesondere in den Fällen, in denen die späteren Kapitel zu angewandten Forschungsmethoden ergänzungsbedürftig sind.

5   Methoden der Datenerhebung

Methoden sind Werkzeuge, mit deren Hilfe Politikwissenschaftler Konstruktionen errichten, die aus Begriffen, Hypothesen und Theorien bestehen. Die dazu nötigen Informationen müssen in der Regel erhoben und analysiert werden. Solche in quantitativer oder qualitativer Form vorliegenden Informationen bezeichnet man als Daten. Politikwissenschaftlern steht ein umfangreiches Repertoire empirischer Forschungsmethoden zur Datenerhebung zur Verfügung, von denen nur eine Auswahl, nämlich die gängigsten Verfahren - Dokumentenanalyse, Befragung von Einzelpersonen oder von Experten, Inhalts- und Aggregatdatenanalyse - in diesem Buch durch konkrete Forschungsbeispiele vorgestellt werden. Andere Forschungstechniken wie die Beobachtung werden nicht berücksichtigt, obwohl gerade auch die teilnehmende Beobachtung von vielen Politikwissenschaftlern, zumal von politisch engagierten, praktiziert wird. Wir wollen im folgenden die einzelnen Verfahren kurz porträtieren und dabei auf Beispiele aus der Forschungspraxis verweisen.

Zunächst soll aber versucht werden, Ordnung in die Fülle der Forschungsmethoden zu bringen. Das geschieht mit Hilfe einer Typologie, die zwei Merkmale von Methoden der Datenerhebung miteinander kombiniert, nämlich die Situation, in der die Daten entstehen, und die Art der Artikulation der untersuchten Personen. Bei der Forschungssituation lassen sich mehr oder weniger stark strukturierte Formen unterscheiden: von der informellen Situation eines Informationsgesprächs bis hin zum durchstrukturierten Experiment. Ein offenes Interview nimmt auf dieser Dimension eine Mittelposition ein. Die Äußerungen der untersuchten Personen können in nicht-verbale, mündliche oder schriftliche unterschieden werden. Die folgende Tabelle 2 aus *von Alemann/Forndran* (1990, S. 164) gibt einen Überblick über die verschiedenen Datenerhebungsmethoden.

Tabelle 2: Hauptformen der Erhebung primärer Daten

Situation:	Artikulation:		
	nicht-verbale und verbale	verbale mündlich	schriftlich
informell	Beobachtung (teilnehmend)	Informationsgespräch	schriftliche Quellenauswertung (Inhaltsanalyse)
formell und unstrukturiert	Beobachtung (systematisch)	Interview (offen)	Fragebogen (offen)
formell und strukturiert	Experiment Simulation	Interview (standardisiert)	Fragebogen (standardisiert)

Außer den genannten Merkmalen ist die Unterscheidung zwischen *reaktiven* und *nicht-reaktiven* Forschungsmethoden von großer Bedeutung. Bei fast allen sozialwissenschaftlichen Untersuchungen besteht die Möglichkeit, daß durch die Messung die interessierende Eigenschaft des untersuchten Objekts selbst verändert wird. Interviews sind in diesem Sinne reaktiv, weil der Befragte u.U. als Reaktion auf den Interviewer oder die Anordnung oder Formulierung der Fragen eine Antwort gibt, die nicht seiner wirklichen Einstellung entspricht. Der große Vorzug der Inhaltsanalyse besteht dagegen in ihrer Nicht-Reaktivität, da der Verfasser eines Zeitungsartikels oder Dokuments von der späteren Verwertung als Quelle für eine wissenschaftliche Untersuchung keine Kenntnis hatte. Zu den Regeln der Quellenanalyse gehört es, den Adressaten eines Dokuments auszumachen und zu entscheiden, ob der Verfasser eines Dokuments (z.B. eines persönlichen Briefs) die spätere Lektüre durch Dritte voraussehen konnte.

Einige Formen, wie Experiment und Computersimulation, sind oben bereits im Abschnitt zum Forschungsprozeß als Analyseebene (⇨ Abschnitt 4.1.4) angesprochen worden. Fünf in ihrer Bedeutung für die Forschungspraxis herausragende Verfahren werden in den nachfolgenden Kapiteln als Reportagen aus der Forschungswerkstatt vorgestellt. Wo das nicht möglich war, wie bei der Beobachtung, sind unsere einführenden Hinweise etwas ausführlicher.

5.1 Beobachtung

Wer die Debatten im Bundestag lediglich durch das Fernsehen wahrnimmt, wird sich wundern, wenn er oder sie das Geschehen im Bundestag einmal von der Tribüne aus beobachten kann. Denn dann stellt man fest, daß im Bundestag nicht nur Reden gehalten werden, applaudiert, dazwischengerufen oder abgestimmt wird, sondern daß die Abgeordneten während einer Plenardebatte viele andere Dinge im Kopf haben. Es herrscht Kommen und Gehen, manch einer liest Zeitung oder Akten, telefoniert oder nutzt die Gelegenheit zum Kontakt mit Kolleginnen und Kollegen. Und wer da nicht alles mit wem parliert, ungezwungen über Parteigrenzen hinweg! Natürlich bleibt dem Beobachter nicht verborgen, daß das Geschehen im Hohen Hause fast bis ins Einzelne vorstrukturiert ist: Der Ministerpräsident auf der Bundesratsbank rückt schon seinen Schlips gerade, weil er weiß, daß die Redezeit seines Vorredners in wenigen Minuten abgelaufen sein wird und er von der Präsidentin ans Pult gerufen wird. Wann die Abgeordneten klatschen, läßt sich nach einiger Zeit des Zuhörens ebenfalls gut abschätzen, obwohl das nicht im voraus festliegt. Bei welchen Rednern die Unruhe im Saal und die Zwischenrufe am stärksten zunehmen, läßt sich ebenfalls absehen. Wer allerdings mit der von der Politikwissenschaft genährten Erwartung gekommen ist, der Bundestag sei ein Arbeits- und kein Redeparlament, wird das vor Ort nicht bestätigen können: Hier wird vor allem geredet, und meistens nicht zu den Kollegen, sondern fürs Protokoll oder zum Fenster (bzw. zur Fernsehkamera) hinaus. Trotzdem wird man die mitgebrachte Erwartung nicht ohne weiteres fallenlassen, denn der Beobachter weiß ja, daß die Institution Bundestag nicht nur aus Plenardebatten besteht. Und ob man die in der Parlamentarismuskritik oft vorgebrachte These vom Funktionsverlust des Parlaments durch Beobachtung erhärten kann, darf auch bezweifelt werden. Denn dafür müßte man ja Entscheidungen beobachten können, die in den seltensten Fällen im Plenum selbst fallen. Ausschüsse, Fraktionssitzungen oder Arbeitskreise finden unter Ausschluß der Öffentlichkeit statt, sind also ohne weiteres nicht für einen Beobachter zugänglich.

Diese Restriktionen des Beobachten-Könnens von Politik erklären, warum Beobachten zwar zu den grundlegenden Forschungsmethoden der empirischen Sozialforschung gehört, von Politikwissenschaftlern, selbst solchen mit behavioralistischem Forschungsverständnis, aber eher gemieden wird. In der Tat sind wichtige politische Verhaltensweisen oder Entscheidungsprozesse für den Forscher unzugänglich: Entscheidungen und Verhandlungen finden hinter geschlossenen Türen statt und wählen ist nun einmal geheim, weswegen Wahlforscher auf die Auskunftsbereitschaft der Befragten angewiesen sind. Viele andere politikwissenschaftlich relevante Prozesse finden jedoch öffentlich statt, wo nicht nur Politikwissenschaftler Zutritt haben: Wahlkampfveranstaltungen und Protestdemonstrationen, Parteitage und Gewerkschaftskongresse oder auch UNO-Vollversammlungen. Gerade auf der kommunalen Ebene der Politik lassen sich viele Gelegenheiten nennen, wo Bürger Zugang haben und Politikwissenschaftler die Gelegenheit zu direkter Beobachtung nutzen können. Rats- und viele Ausschußsitzungen finden öffentlich statt, ebenso die Zusammenkünfte von Parteien und anderen Gruppen. Gerade in der Gemeindeforschung hat die Beobachtung immer einen wichtigen Platz.

Darüber hinaus kann man als Forscher Zugang zu interessierenden Veranstaltungen oder Gruppensitzungen finden, wenn man bereit ist, sich an bestimmte Spielregeln zu halten, an die sich Journalisten aufgrund ihrer Pflicht zur Information der Öffentlichkeit und ihrer Neigung, Schlagzeilen zu produzieren, nun einmal nicht halten können. So ist es nach unserer Erfahrung z.B. durchaus möglich, nach vorheriger Absprache regelmäßig an den Sitzungen der Wahlkampfkommission eines Landtagskandidaten teilzunehmen und auf diese Weise zu studieren, wie eine Wahlkampagne geplant und umgesetzt wird. Für den Forscher stellt sich dabei allerdings die Verpflichtung, mit der Verwertung der Ergebnisse bis nach der Wahl zu warten.

Schließlich kann man das Problem des Zugangs auf eine elegante, wenngleich aufwendige Weise lösen, indem man selbst zum Akteur wird und z.B. als Parteimitglied oder als Aktivist in einer sozialen Bewegung "teilnehmende Beobachtung" betreibt. Allerdings hat diese Form der Forschung einen gravierenden Nachteil: Man kann vom eigentlichen Forschungsziel abgelenkt und von den Zielen der Organisation vereinnahmt werden. Schließlich bleibt bei den anderen Beteiligten u.U. ein Rest von Mißtrauen, ob man die gewählte Rolle nicht irgendwann wieder mit der "bequemeren" Rolle des Politikwissenschaftlers vertauscht und sich auf diese Weise dem Handlungsdruck der Organisation entzieht.

Doch die *teilnehmende Beobachtung* hat einen wichtigen Vorteil gegenüber der direkten Beobachtung, bei der der Beobachter in der Rolle des Forschers verbleibt: Man kann auf diese Weise die Reaktivität des Beobachtungsvorganges verringern. Direkte Beobachtung kann zur Folge haben, daß der Forscher als Fremdkörper wahrgenommen wird und sich das Verhalten der beobachteten Personen verändert. Das Verschleiern der eigenen Rolle als "teilnehmender Beobachter" kann deshalb dazu dienen, die Reaktivität des Forschungsvorganges zu reduzieren und die Beobachtung unauffälliger zu gestalten. Allerdings stellen sich damit ethische Probleme und besondere Anforderungen an den Forscher, der "bewußt sein Image manipulieren und seine Beziehung zu den Forschungssubjekten gestalten" muß (*Brown* 1986, S. 181).

Zahlreiche Beispiele von Forschern lassen sich aus jüngster Zeit nennen, die als sozialwissenschaftliche Beobachter ihr politisches Engagement mit ihren Erkenntnisabsichten verknüpften konnten. Joachim *Raschke* studierte die GRÜNEN aus unmittelbarer Nähe und nutzte auf diese Weise "den anonymen Zugang zur offenen Parteiorganisation". Er besuchte Parteitage, Strömungstreffen und Mitgliederversammlungen und fiel, zumindest am Anfang, aufgrund mangelnder Bekanntheit nicht auf. Das Resümee seiner Eindrücke: "Zum Beispiel konnte man von der Galerie der Parteitage die höchst selektiven Kommunikationen zwischen Basis und Elite oder zwischen den Führungsleuten der diversen Strömungen beobachten. Auch für das Unterscheidungslernen hinsichtlich unterschiedlicher Denk-, Sprach- und Verhaltensstile waren diese Basare grüner Politik ein unvergleichliches Forum" (*Raschke* 1993, S. 13). Alexander *Mayer* (1993) ging noch einen Schritt weiter und studierte als beteiligter Kreistagsabgeordneter die Entscheidungsprozesse, die zum Bau einer Kreisstraße führten. Er nutzte die aus dieser Fallstudie gewonnenen Einsichten, um daran die Theorie der Politikverflechtung von *Scharpf* u.a. (1976) auf der Ebene der Kommunalpolitik zu überprüfen. Auch Werner *Reh* (⊃ Kapitel III) hat Formen der teilnehmenden Beobachtung für seine Fallstudie zur Verkehrspolitik genutzt. Schließlich ist als weiteres Beispiel für eine auf teilnehmender Beobachtung entstandene Untersuchung das Buch von Uwe *Thaysen* (1990) zu nennen, der aus nächster Nähe die Beratungen am "Runden Tisch" in der Endphase der DDR beobachten konnte.

Halten wir deshalb fest, daß sich die Forschungsmethode der Beobachtung durch einen wichtigen Vorzug auszeichnet:

> "Sie erlaubt dem Forscher, Individuen so zu studieren, wie sie sich in wirklichen sozialen und politischen Situationen verhalten. (...) Die direkte Beobachtung gibt eine realistischere Schilderung sozialen Verhaltens als ein konstruiertes soziales Experiment oder eine Umfrage" (*Brown* 1986, S. 164).

Das wird auch von Siegfried *Lamnek* betont, der aus der Sicht der qualitativen Forschung hervorhebt: "Hervorragendes Kennzeichen der teilnehmenden Beobachtung ist, daß sie in der *natürlichen Lebenswelt der Beobachteten* eingesetzt wird" (*Lamnek* 1989, S. 237). Man kann mit *Lamnek* (1989, S. 241ff.) zwischen verschiedenen Formen der Beobachtung unterscheiden:

1. *Naive und wissenschaftliche Beobachtung.* Die wissenschaftliche Beobachtung zeichnet sich durch planmäßiges Vorgehen, systematisches Aufzeichnen und den konkreten Forschungszweck aus, während die naive Beobachtung eher der Alltagserfahrung dient.

2. *Strukturierte und unstrukturierte Beobachtung.* Der Zweck der unstrukturierten Beobachtung ist die möglichst dichte Beschreibung politischen Verhaltens. Sie beginnt mit einer eher vage formulierten Liste von Forschungsfragen, die Offenheit gegenüber Unerwartetem zuläßt. Die Beobachtung wird von der Analyse begleitet: Die Notizen werden strukturiert. Darauf basierend werden Kategorien formuliert, die die weiteren Beobachtungen anleiten. Bei der strukturierten Beobachtung liegt demgegenüber bereits ein Kategorienschema zur Klassifikation der Verhaltensweisen vor (*Brown* 1986, S. 178).

3. *Offene und verdeckte Beobachtung.* Bei der offenen Beobachtung tritt der Beobachter ausdrücklich als Forscher auf, während er bei der verdeckten Beobach-

tung seine Identität nicht preisgibt. Allerdings läßt sich verdeckte Beobachtung nur schwer durchhalten, wenn sie systematisch und strukturiert erfolgt.

4. *Teilnehmende und nicht teilnehmende Beobachtung.* Bei der teilnehmenden Beobachtung wird der Forscher selbst Element des zu beobachtenden sozialen Feldes, während er im anderen Falle außen vor bleibt. Die Schwierigkeit für den teilnehmenden Beobachter besteht darin, eine angemessene Rolle zu finden, die es erlaubt, systematisch Beobachtungen durchzuführen. Die teilnehmende Beobachtung könnte dementsprechend weiter unterteilt werden in aktive und passive teilnehmende Beobachtung, je nachdem ob der Forscher sich mit dem zu untersuchenden sozialen Feld identifiziert oder nicht.

5. *Direkte und indirekte Beobachtung.* Diese auf René *König* zurückgehende Unterscheidung ist wenig aussagekräftig, denn mit indirekter Beobachtung bezeichnete *König* solche Fälle, in denen man auf Berichte aus zweiter Hand angewiesen ist, z.B. auf den Bericht eines Augenzeugen oder eines Journalisten oder auf Dokumente. Es besteht bei indirekter Beobachtung nur ein indirekter Bezug zur Wirklichkeit; da es für diese Fälle andere Forschungsmethoden wie die Dokumenten- oder Inhaltsanalyse gibt, hielt *König* selbst diese Unterscheidung für wenig zweckmäßig (*König* 1973, S. 46).

6. *Feld- und Laborbeobachtung.* Während sich die Feldbeobachtung auf Vorgänge bezieht, die an Ort und Stelle und zur entsprechenden Zeit beobachtet werden, wird im Falle der Laborbeobachtung der Beobachtete aus seiner natürlichen Umwelt herausgelöst. Allerdings bleibt der Beobachter rezeptiv, d.h. es werden nicht, wie im Laborexperiment, bestimmte Variablen manipuliert, um Kausalzusammenhänge zu prüfen.

Die Beobachtung wird oftmals als qualitative Forschungsmethode praktiziert: "Die prototypische, qualitative Form der Beobachtung ist unstrukturiert (nicht standardisiert), offen, teilnehmend, tendenziell aktiv teilnehmend, direkt und im Feld" (*Lamnek* 1989, S. 249). Statt einer detaillierten Beschreibung des Forschungsprozesses der Beobachtung wollen wir uns hier auf drei Regeln für die unstrukturiert-offene Vorgehensweise im Feld beschränken, die der Politikwissenschaftler Michael *Brown* (1986, S. 172) nennt:

"1. Der Forscher sollte vermeiden, Notizen in Anwesenheit seiner Forschungssubjekte zu machen. Der Grund dafür ist, daß der Forscher auf jeden Fall vermeiden sollte, das normale Verhalten der von ihm beobachteten Subjekte zu beeinflussen oder zu stören. (...) Wir müssen lernen, unsere Beobachtungen im Gedächtnis zu speichern und unsere Erinnerungen später zu benutzen, um vollständige Aufzeichnungen anzufertigen. Dieses zu beherrschen ist eine der schwierigsten Aspekte der Beobachtung, aber sie ist absolut essentiell. (...)

2. Feldbeobachtungen sollten möglichst bald nach der Beendigung des Beobachtungsvorganges notiert werden. Da der Beobachter sich auf seine im Gedächtnis gespeicherten Notizen verlassen muß, ist die Zeit ein großer Feind. Je länger man mit dem Festhalten der Feldbeobachtungen wartet, desto weniger genau werden sie sein. (...)

3. Die Feldnotizen sollten so detailliert und konkret wie möglich sein. Nur sehr wenig von dem, was man beobachtet hat, sollte ausgelassen werden, vor allem in einem frühen Forschungsstadium. Dieses Erfordernis der Vollständigkeit ist gebo-

ten, um die Offenheit und Flexibilität während der Feldbeobachtungen zu gewährleisten. Außerdem sollte man in den Aufzeichnungen klar unterscheiden zwischen
konkretem tatsächlichem Verhalten und Spekulationen oder Schlüssen über Verhaltensmuster."

Nachdem die Frage "Wie soll protokolliert werden?" beantwortet worden ist, muß
entschieden werden, was protokolliert werden soll. Auch hierfür gibt es Vorschläge,
die jedoch dem jeweiligen Forschungsvorhaben angepaßt werden müssen (*Lamnek*
1989, S. 293). Im Falle einer strukturierten Beobachtung wird ein Kategorienschema
entwickelt, wobei die heikle Frage entsteht, welche Verhaltensweisen jeweils eine
Einheit bilden und dementsprechend systematisch notiert, d.h. kodiert werden sollen.
Da man außerdem kaum in der Lage sein wird, das Verhalten über längere Zeiträume
zu beobachten, muß eine Stichprobe gezogen werden. Vor dieses Problem sehen sich
insbesondere Forscher gestellt, die etwas über die Häufigkeit, die Dauer von bestimmen Verhaltensweisen sowie über bestimmte Verhaltenssequenzen aussagen wollen.

Insgesamt bleibt festzuhalten, daß die Forschungsmethode der Beobachtung von
Politikwissenschaftlern bislang eher vernachlässigt wurde. Dies ist weder durch den
mangelnden Zugang zu politisch interessanten Ereignissen, Institutionen oder Entscheidungsprozessen noch durch die These, daß sich substantiell wichtige Fragen
nicht mit Hilfe der Beobachtung beantworten ließen, zu rechtfertigen. Allerdings
sollte die Beobachtung wegen ihrer inhärenten Schwächen mit anderen Methoden,
z.B. Dokumentenanalyse, gekoppelt werden. Wo Protokolle angefertigt werden, die
öffentlich zugänglich sind, empfiehlt sich dieses Vorgehen. Allerdings wird man
schnell merken, daß auch die Dokumentenanalyse unvollständig ist. Auch wenn es
besonders reizvoll ist, selbst zum Teilnehmer zu werden, ist es doch in der Regel
empfehlenswert, Distanz zu wahren. Die Selektivität der Wahrnehmung stellt für die
Gültigkeit und Zuverlässigkeit der auf Beobachtung beruhenden Forschungsergebnisse ein wesentliches Hindernis dar. Durch aktive Teilnahme auf einer Seite des
Geschehens kann sie unter Umständen noch verstärkt werden.

5.2 Befragung und Gruppengespräch

Bei dem Wort Befragung denkt man zunächst an Meinungsumfragen, also Befragungen einer repräsentativen Stichprobe von (wahlberechtigten) Bundesbürgern mit Hilfe
eines standardisierten Fragebogens, wie sie in der Wahlforschung üblich sind. In dem
Beitrag von Wilhelm *Bürklin* (⇨ Kapitel II) wird diese Form der Befragung ausführlich dargestellt. Doch dabei handelt es sich nur um einen Typ von Befragung, die in
der sozialwissenschaftlichen Forschung in ganz unterschiedlichen Formen auftreten
kann. Man kann Befragungen wie folgt unterscheiden (vgl. dazu *Kromrey* 1991, S.
267 ff; *Atteslander* u.a. 1991, S. 129 ff.):

- nach dem Grad der *Vorstrukturiertheit* der Interviewsituation in wenig strukturierte, teilstrukturierte und stark strukturierte Befragung;

- nach dem Grad der *Standardisierung* des eingesetzten Forschungsinstruments in
  nicht-standardisierte Befragung, teilstandardisierte Befragung sowie vollstandar-
  disierte Befragung;

- nach der Form der *Datenerhebung* in mündliche oder schriftliche Befragung, wobei die mündliche Befragung im direkten Kontakt des Befragten durch einen Interviewer oder durch telefonische Kontaktaufnahme erfolgen kann;
- nach der *Zahl der Befragten* in Einzel- oder Gruppeninterview;
- nach der *Auswahl der Befragten* in Repräsentativbefragung, Vollerhebung oder eine von theoretischen Gesichtspunkten gesteuerte, systematische Befragung.

Grundsätzlich handelt es sich bei allen Befragungen um Formen zwischenmenschlicher Kommunikation, die sich jedoch unterschiedlich stark von den Gesprächsformen des Alltags unterscheiden. Auch im täglichen Leben gibt es ganz verschiedene Formen des Gesprächs; man denke nur an ein Prüfungsgespräch zwischen Professor und Student, an das Verhör eines Verdächtigen durch einen Kriminalbeamten, die Erhebung der Anamnese eines Patienten durch den Arzt oder das Gespräch eines Sozialhilfeempfängers mit dem Sachbearbeiter und vergleiche sie mit dem Gespräch am Mittagstisch in der Kantine. Je nach Zweck des Gesprächs ist die Situation unterschiedlich stark vorstrukturiert und das Gespräch eher symmetrisch, d.h. die Teilnehmer sind gleichberechtigt in der Kommunikation, oder asymmetrisch, d.h. es herrscht eine hierarchisch geprägte Kommunikation.

Die zu sozialwissenschaftlichen Forschungszwecken durchgeführten Gespräche unterscheiden sich in einem gravierenden Punkt von solchen Alltags-Gesprächen: Der Befragte mag zwar mehr oder weniger eingeengt sein in seinen Artikulationsmöglichkeiten durch das verwendete Forschungsinstrument. Doch was er sagt, bleibt für ihn persönlich folgenlos. An die Antworten in einer sozialwissenschaftlichen Befragung sind keine Sanktionen oder Gratifikationen geknüpft (außer allenfalls einer geringfügigen Entlohnung für die Teilnahme am Gespräch). Grundsätzlich soll die Anonymität des Befragten gesichert sein, obwohl dies den Befragten nicht immer bewußt ist und sie sich z.B. bei ihren Antworten an dem, was sie für sozial wünschenswert halten, orientieren. Bei politikwissenschaftlichen Befragungen von Experten oder Eliten kann dagegen die Anonymität nicht immer gewährleistet werden. Im Unterschied zu Gesprächen des Alltags fehlt der Befragung damit der "Ernst der Situation": Man wird gefragt, ob man zur Wahl geht, welche Partei man wählt, ob man eventuell bereit ist, an einer Sitzblockade teilzunehmen, ohne daß einen der Gesprächspartner, sei es ein Interviewer oder der Forscher selbst, dafür belangen kann. Andererseits knüpft auch die Befragung an die natürliche Gesprächssituation an, baut auf die Mitteilsamkeit der Beforschten, denn die Teilnahme an der Untersuchung ist ja - abgesehen von amtlich verfügten Befragungen wie der Volkszählung - grundsätzlich freiwillig.

Während sich im Alltag die Strukturen eines Gesprächs aus den Normen oder Konventionen einer Gesellschaft ergeben, sind sie bei sozialwissenschaftlichen Untersuchungen vom Forscher antizipierend gestaltet, auch wenn der gesamte Gesprächsverlauf nicht immer vorhergesehen werden kann. Als Gestaltungselemente lassen sich das Forschungsinstrument, die Auswahl der Interviewer, die Art des Kontakts, der Stil der Befragung etc. nennen, wobei festzuhalten ist, daß die einzelnen Gestaltungselemente nicht völlig unabhängig voneinander gewählt werden können.

Beim *wenig strukturierten* Interview handelt es sich um ein Gespräch, das ohne Fragebogen geführt wird. Den Befragten wird möglichst viel Spielraum eingeräumt,

Sachverhalte aus ihrer Sicht und mit ihren Worten darzustellen. Der Interviewer hört vor allem zu und versucht durch Nachhaken, den Gesprächsfluß in Gang zu halten. Doch der Verlauf des Interviews hängt wesentlich vom Befragten ab, da die Fragen des Interviewers den Antworten des Befragten folgen. Beim *teilstrukturierten* Interview handelt es sich dagegen um "Gespräche, die aufgrund vorbereiteter und vorformulierter Fragen stattfinden, wobei die Abfolge der Fragen offen ist" (*Atteslander* u.a. 1991, S. 162). Die Fragen liegen als Gesprächsleitfaden vor, doch es ist grundsätzlich möglich, vom Befragten eingebrachte Themen aufzugreifen. Bei *stark strukturierten* Interviews wird vor Beginn der Feldarbeit ein Fragebogen entworfen und in einem Pretest überprüft, da während der Erhebungsphase eine Modifikation nicht mehr möglich ist. Der Spielraum der Befragten ist auf die Beantwortung der Fragen in der vorgegebenen Reihenfolge eingeengt.

Ein wesentliches Element zur Strukturierung der Befragung ist also der *Fragebogen*. Beim vollstandardisierten Interview wird allen Befragten in der Stichprobe ein vorformulierter Fragebogen mit vorgegebenen Antwortkategorien vorgelegt. In der Regel handelt es sich um geschlossene Fragen mit vorformulierten Antwortmöglichkeiten, aber auch offene Fragen sind in solchen Befragungen möglich. Beim teilstandardisierten Interview arbeitet der Forscher oder Interviewer mit einem Leitfaden, während sich beim unstandardisierten Interview die Fragen aus dem Gesprächsverlauf ergeben. Allerdings ist auch ein solches offenes Interview nicht völlig unstrukturiert. So kann man durch die Auswahl des Interviewers, von Ort und Zeit des Gesprächs auch ein solches unstandardisiertes Interview gestalten.

Der Grad der Strukturiertheit der Interviewsituation hängt auch von der Form der Befragung ab. Das face-to-face Interview, bei dem der Befragte von einem Interviewer zu Hause aufgesucht und persönlich befragt wird, galt lange Zeit als die klassische Vorgehensweise. Eine weitaus geringere Rolle spielte daneben die postalische, schriftliche Befragung, deren wesentlicher Nachteil darin besteht, daß vom Forscher nicht kontrolliert werden kann, wer den Fragebogen ausfüllt. Der technologische Wandel hat auch in der Umfrageforschung neue Möglichkeiten eröffnet: Telefonisch durchgeführte Befragungen sind in der Bundesrepublik zwar noch nicht ganz so alltäglich wie in den USA, doch ist angesichts der sinkenden Teilnahmebereitschaft an Umfragen im herkömmlichen Stil auch bei uns mit einer Zunahme zu rechnen. Natürlich setzt die Telefonumfrage voraus, daß möglichst viele Haushalte über ein Telefon verfügen, was in den neuen Bundesländern derzeit noch nicht der Fall ist. Schwierigkeiten können sich auch dadurch ergeben, daß eine wachsende Zahl von Telefonteilnehmern nicht mehr im Telefonbuch verzeichnet ist und bei der Auswahl der Befragten aus dem Telefonbuch (Gesamtverzeichnisse für die Bundesrepublik sind auf CD-ROM erhältlich) nicht berücksichtigt werden. In Kombination mit dem Computer (CATI - Computer-Assistiertes-Telefoninterview) ergeben sich allerdings weitere Vorteile des Telefoninterviews vor allem hinsichtlich der Geschwindigkeit der Datenauswertung. Bislang wurden die Vor- und Nachteile der drei Befragungsformen nur in wenigen Fällen systematisch erforscht.

Bei einer Gegenüberstellung der Forschungsergebnisse konnten *Frey* u.a. (1990, S. 57) zeigen, daß die Vorteile des persönlichen Interviews vor allem darin bestehen, daß seitens des Interviewers durch Nachfragen geklärt und geprobt werden kann sowie eher komplexe oder offene Fragen gestellt und visuelle Hilfen benutzt werden können. Dem stehen die hohen Kosten der persönlichen Befragung als wichtigster Nachteil gegenüber. Die telefonische Befragung hat ihre starken Seiten bei der Durchführungszeit und der Stichprobenreichweite. Sie schneidet bei der Verweigerungsrate nicht schlechter ab als die persönliche Befragung. Die schriftliche, postalische Befragung hat demgegenüber zahlreiche Schwächen, da sie relativ unflexibel bei den Fragen ist, der Rücklauf geringer ist als bei der mündlichen oder telefonischen Befragung und die Beantwortung der Fragen durch die eigentliche Zielperson nicht gewährleistet werden kann. Ihr wichtigster Vorteil liegt bei den geringen Kosten, wodurch sie auch attraktiv wird für kleinere wissenschaftliche Projekte. Die Mängelliste sollte also keinesfalls entmutigen, selbst eine postalische Befragung im Rahmen einer Forschungsarbeit durchzuführen!

Die persönliche Befragung hat nicht nur durch das Telefoninterview Konkurrenz bekommen, sondern auch durch die zunehmende Verbreitung von *Gruppengesprächen*, also "Befragungen" mit mehreren Personen. In der Form von *Focus Groups* hat das Gruppengespräch Einzug in die kommerzielle Wahlforschung oder Marketingforschung gehalten. Beim Gruppengespräch verzichtet man bewußt auf Repräsentativität. Stattdessen werden nach bestimmten Kriterien (Alter, Geschlecht, soziale Schicht etc.) homogene Gruppen zusammengestellt, um im Gespräch Wahrnehmungsweisen, Einstellungs- oder Deutungsmuster zu erforschen. Der Vorteil des Gruppengesprächs besteht darin, daß sich Meinungen in Auseinandersetzung mit anderen entwickeln. Zwar kann man auch hier versuchen, das Gespräch durch einen Leitfaden zu strukturieren, doch die Authentizität ergibt sich dadurch, daß ein Gruppengespräch dem alltäglichen Gespräch viel näher kommt. Wie es bei der persönlichen Befragung geschulter Interviewer bedarf, so braucht man beim Gruppengespräch geschulte Moderatoren, die dafür sorgen, daß schweigsamere Gruppenmitglieder nicht an den Rand gedrängt werden. Gruppengespräche werden mit Tonband oder Video aufgezeichnet. Außerdem kann man Satzanfangsprotokolle erstellen, um später die Wortbeiträge der einzelnen Gruppenteilnehmer leichter identifizieren zu können. Aufgrund des umfangreichen Materials ist die Auswertung von Gruppeninterviews sehr aufwendig (vgl. *Lamnek* 1989, S. 154 ff.).

Betrachtet man die möglichen Formen des Interviews auf einem Kontinuum von sehr gering vorstrukturiert bis stark strukturiert, so markieren das narrative Interview und die standardisierte Meinungsumfrage die Endpunkte dieses Kontinuums.

Beim *narrativen Interview* handelt es sich um eine Sonderform des Gesprächs, die vor allem in der Biographieforschung eingesetzt wird. Der Befragte wird gebeten zu erzählen, der Interviewer beschränkt sich auf die Rolle des Zuhörers, nachdem er das Gespräch durch eine Eingangsfrage in Gang gebracht hat. Wenn der Befragte die Erzählung beendet hat, kann der Interviewer durch Nachfragen Widersprüchlichkeiten klären. Das narrative Interview wird auf Video oder Tonband aufgezeichnet. Es ist vor allem dazu geeignet, "singuläre und authentische Lebensbiographien" (*Mühlfeld* u.a. 1981, S. 326) zu erheben. Sein Vorzug besteht darin, daß der Erzählende seine eigenen Relevanzmuster einbringen kann. Aus der Sicht der qualitativen Sozialforschung wird die "ökologische Validität" des narrativen Interviews hervorgehoben. Es ist aufgrund seiner Unstrukturiertheit und Offenheit eher geeignet, ein repräsentatives Abbild der vielfältigen Lebenssituationen eines Menschen zu geben. Der Offenheit des Gesprächs stehen Nachteile gegenüber, nicht nur forschungsökonomische, bedingt durch die Materialfülle, sondern auch im Hinblick auf die Verletzlichkeit der Befragten.

"Das narrative Interview muß als eine außerordentlich subtile Technik der empirischen Sozialforschung eingeschätzt werden. Die Befragten sind zum Teil überrascht und stehen dieser Methode relativ schutzlos gegenüber. Sie haben noch keine Abwehrstrategien entwickelt. Die Technik ist geeignet, die subjektive Erlebniswelt nicht nur öffentlich, sondern auch verfügbar zu machen. Der Sozialwissenschaftler, der dieses Instrument benutzt, sollte sich dieser Gefahr bewußt sein" (*Mühlfeld* u.a. 1981, S. 326).

Im Mittelfeld des Kontinuums von gering strukturiert bis stark strukturiert läßt sich eine Befragungsform verorten, die in der Politikwissenschaft große Bedeutung hat, nämlich die *Befragung von Eliten oder Experten*. Schon bald nach den ersten Erfolgen mit standardisierten Umfragen in der Wahlforschung mußten Politikwissenschaftler feststellen, daß Menschen, die über Macht verfügen - sei es Expertenwissen, sei es Macht bedingt durch die Position innerhalb einer Institution -, sich kaum mit standardisierten Fragebögen befragen ließen. Standardisierte Befragungen haben als Zielpersonen oftmals fiktive Durchschnittsbürger vor Augen, daher dürfen die gestellten Fragen nicht allzu komplex sein. Experten lassen sich nicht gern auf diese Weise unterfordern. Ein allenfalls durch einen Leitfaden vorstrukturiertes Interview kommt ihrem Bedürfnis entgegen, Sachverhalte mit eigenen Begriffen oder im eigenen Bezugsrahmen darzustellen. Sozialwissenschaftler versagen sich daher u.U. wichtige Erkenntnisse, wenn sie auf standardisierten Fragen bestehen. So stellten *Aberbach* u.a. bei Leitfadengesprächen mit Kongreßabgeordneten und Ministerialbürokraten fest, daß sie auf diese Weise Auskünfte erhielten, die sie nicht im voraus hätten antizipieren können (*Aberbach* u.a. 1975, S. 7). Doch während die genannten Autoren ihre Leitfadeninterviews zum Zwecke der Datenauswertung aufwendig verkodeten, um bei der Analyse auf statistische Verfahren zurückgreifen zu können, läßt sich auch mit interpretativen Methoden das Wesentliche aus Experteninterviews herausdestillieren (*Meuser/Nagel* 1991). Wie der Beitrag von Josef *Schmid* (⇨ Kapitel V) zeigt, verfolgen Politikwissenschaftler noch andere Ziele mit Expertengesprächen als an kompetente Aussagen zu kommen, mit denen sie ihre auf anderen Quellen beruhenden Erkenntnisse gewichten können. Expertengespräche bieten auch die Möglichkeit, Zugang zu internen, unveröffentlichten Dokumenten zu erhalten.

Auf der anderen Seite des von unstrukturiert bis strukturiert reichenden Kontinuums stehen die *repräsentativen Meinungsumfragen* als wohl gebräuchlichste Form der Befragung. Sie gehören inzwischen zum Alltag der Politik. Kaum ein Tag vergeht, ohne daß wir irgendwelche Zahlen aus demoskopischen Umfragen in der Zeitung lesen, die z.T. von den Umfrageinstituten selbst, z.T. aber auch von den Auftraggebern in Umlauf gesetzt worden sind. Auftraggeber gibt es viele: Regierungen, Ministerien, Parteien, Verbände, Kirchen und natürlich auch Wissenschaftler. In einigen Fällen hat sich die Kooperation zwischen Forschungsinstitut und Auftraggeber verstetigt: Jedem politisch Interessierten ist das *Politbarometer* ein Begriff, das von der Forschungsgruppe Wahlen monatlich für das ZDF produziert wird. Daneben gibt es andere regelmäßig durchgeführte Umfragen wie die von der Europäischen Kommission in Brüssel in Auftrag gegebenen *Eurobarometer*. Für Sozialwissenschaftler von besonderem Interesse sind die seit 1980 jährlich durchgeführten "Allgemeinen Bevölkerungsumfragen der Sozialwissenschaften" (ALLBUS). Sie werden vom *Zen-*

trum für Umfragen, Methoden und Analysen (*ZUMA*) in Mannheim in Auftrag gegeben und von der *Deutschen Forschungsgemeinschaft* (DFG) finanziert. Die Datenerhebung erfolgt durch *Infratest*, ein kommerzielles Meinungsforschungsinstitut
in München. Im ALLBUS 1992 wurden Fragen zu folgenden Themenbereichen gestellt:

Themenbereiche im ALLBUS 1992

1. Einstellung zu Politik und Wirtschaft
2. Einstellung zur Migration und eigene Migrationsbewegungen
3. Einstellung zum Vereinigungsprozeß
4. Wichtigkeit von Berufsmerkmalen
5. Einstellung zur sozialen Ungleichheit
6. Einstellungen zur Ehe und Familie
7. AIDS
8. Fragen zu Religiosität, Gottesglaube und Lebenssinn
9. Sonstiges
10. Standarddemographie

Quelle: ZA-Information, Nr. 32, Mai 1993

Die Daten des ALLBUS, des *Eurobarometers*, der *Politbarometer* der *Forschungsgruppe Wahlen* sowie zahlreiche andere Untersuchungen stehen für die Sekundäranalyse zur Verfügung. Die Datensätze mit den dazugehörigen *Codebüchern* sind
erhältlich beim *Zentralarchiv für empirische Sozialforschung* (ZA) an der Universität zu Köln (Postfach 410960, 50869 Köln). Das gilt auch für die Daten von Forschungsprojekten, die großen Einfluß auf die Theoriebildung in der Politikwissenschaft, vor allem im Bereich der politischen Kulturforschung, hatten. Erwähnt seien
in diesem Zusammenhang nur die Klassiker der politischen Kulturforschung, die
"Civic Culture"-Studie von Gabriel A. *Almond* und Sidney *Verba* (1963) sowie die
ländervergleichende Untersuchung zu konventionellen und unkonventionellen Formen politischer Partizipation "Political Action" (*Barnes/Kaase* 1979). Mit der Archivierung von Umfragedaten und der Bereitstellung für die Sekundäranalyse durch
andere Wissenschaftler ermöglicht das *Zentralarchiv* die Replikation von Untersuchungen und schafft damit eine wichtige Voraussetzung für die intersubjektive Überprüfbarkeit sozialwissenschaftlicher Forschung.

Repräsentative Umfragen sind in der empirischen Sozialforschung weit verbreitet,
doch wichtige Einsichten verdankt die Politikwissenschaft gerade auch Umfragen mit
speziellen Forschungsdesigns. So sind politische Sozialisationsforscher daran interessiert herauszufinden, welchen Einfluß verschiedene Sozialisationsagenturen auf
Kinder und Jugendliche haben. Neben qualitativen, wenig strukturierten Verfahren
haben hier auch miteinander verknüpfte Befragungen von Eltern und Kindern bzw.
Jugendlichen und Gleichaltrigen wichtige Erkenntnisse ermöglicht (*Niemi* 1973). Für

die Erforschung politischer Repräsentation ist es sinnvoll, die Befragung von Abgeordneten und Wählern ihres Wahlkreises miteinander zu verknüpfen, um das Ausmaß von Kongruenz zwischen ihren Einstellungen zu messen (*Herzog* u.a. 1990).

Die in der Politikwissenschaft am weitesten verbreitete Nutzung der Befragung besteht allerdings im selektiven Zitieren von Einzelergebnissen der Meinungsforschung für illustrative Zwecke. Als intensive Zeitungsleser greifen Politikwissenschaftler oft und regelmäßig auf Ergebnisse der Meinungsforschung zurück, die in Zeitungen oder Zeitschriften veröffentlicht wurden (z.B. SPIEGEL-Umfragen). Ergebnisse der Meinungsforschung liegen auch in Handbüchern gebündelt und sortiert vor, z.B. im "Allensbacher Jahrbuch der Demoskopie", dessen Band 9 für die Jahre 1984 bis 1992 vor kurzem erschienen ist (*Noelle-Neumann/Kröcher* 1993). Wer auf diese Weise von Meinungsumfragen Gebrauch macht, sollte sich der Schwächen und Probleme der Meinungsforschung bewußt sein, die inzwischen durch zahlreiche Untersuchungen zur Frageformulierung, zur Fragebogenkonstruktion oder zum Interviewerverhalten erhärtet worden sind. *Bürklin* nennt in seinem Beitrag (⇨ Kapitel II) die wichtigsten Fehlerquellen der Befragung, die beim Gebrauch von Umfrageergebnissen zu illustrativen Zwecken leicht in Vergessenheit geraten. In Ergänzung zu *Bürklin* sei deshalb noch einmal auf einige Forschungsergebnisse zur Umfrageforschung hingewiesen.

Ergebnisse der Umfrageforschung sind fehlerbehaftet. Das liegt einmal an der Tatsache, daß es sich bei den Ergebnissen demoskopischer Befragungen um Ergebnisse von Stichproben handelt. Während man den Stichprobenfehler einer auf Wahrscheinlichkeitsauswahl basierenden Umfrage jedoch abschätzen kann, sind Verzerrungen bedingt durch Interviewereffekte, Fragebogenkonstruktion oder Frageformulierung nicht ohne weiteres quantitativ abschätzbar.

Die Plazierung der Frage im Fragebogen kann Auswirkungen auf die Antworten haben, da durch den Fragebogen ein Bezugsrahmen geschaffen wird, der für die Beantwortung ausschlaggebend sein kann. Für die Wahlabsichtsfrage hat *Gibowski* (1973) gezeigt, daß im Wahljahr 1972 ein systematischer Zusammenhang zwischen Plazierung der Wahlabsichtsfrage und den Parteianteilen für CDU und SPD bestand. Mehr Befragte entschieden sich damals für die SPD, wenn sie erst am Ende des Fragebogens nach ihrer Wahlabsicht gefragt wurden, nachdem schon zahlreiche Fragen zu Politikern und politischen Themen gestellt worden waren. Zwar haben sich die Zeiten geändert, nicht aber die Möglichkeit von Plazierungseffekten bei Wahlabsichts- und anderen Fragen.

Randverteilungen einzelner Fragen können je nach Formulierung ganz unterschiedlich ausfallen. Offene Fragen können die Befragten in ihren Antworten u.U. stärker einengen als geschlossene Fragen. So konnten *Schuman* und *Scott* bei einer Telefonumfrage in den USA zeigen, daß auf die offene Frage nach den "wichtigsten nationalen oder Weltereignissen und Veränderungen" der letzten 50 Jahre die Entwicklung des Computers nur von 1,4% der Befragten genannt wurde. Am häufigsten wurden der Erste Weltkrieg, der Vietnamkrieg, die Eroberung des Weltraums und die Ermordung J.F. Kennedys genannt. Bei einer geschlossenen Frage, die diese in der offenen Frage am häufigsten geäußerten Antwortmöglichkeiten zusammen mit der Antwortkategorie "Erfindung des Computers" verwendete, wählten jedoch ein Drittel der

Befragten die Erfindung des Computers als ein wichtiges Ereignis. Univariate Verteilungen aus Meinungsumfragen, wie sie oft in der Presse veröffentlicht werden, können also ausgesprochen irreführend sein (*Schuman/Scott* 1987). Dies zeigen auch zahlreiche andere von *Schuman* und *Presser* durchgeführte Experimente, bei denen die Frageformulierung oder die Antwortkategorien variiert wurden (*Schuman/Presser* 1981). Gelegentlich scheut man in Umfragen zu politischen Zwecken auch vor Suggestivfragen nicht zurück. So konnte *Reuband* im Zusammenhang mit der Nachrüstungskontroverse zeigen, daß die Antwortverteilungen in zwei vom selben Erhebungsinstitut innerhalb weniger Tage durchgeführten Umfragen diametral entgegengesetzte Ergebnisse erbrachten: "Während in dem einen Falle die überwältigende Mehrheit sich gegen die Nachrüstung aussprach, war in der anderen Umfrage vermeintlich eine fast genauso große Mehrheit für die Nachrüstung" (*Reuband* 1985, S. 18). Er schließt daraus:

> "Die besten und ausgefeiltesten Techniken der Datenanalyse nützen nichts, wenn nicht den Erhebungsmethoden und deren Validität gebührende Aufmerksamkeit geschenkt wird. Einmal mehr wird offenkundig, wie sehr es - auch im deutschsprachigen Raum - systematischer Frageexperimente bedarf" (*Reuband* 1985, S. 22).

Hier soll nicht Mißtrauen gegen die Umfrageforschung gesät, sondern nur vor allzu leichtfertigem Gebrauch von Ergebnissen einzelner Fragen zu illustrativen Zwecken gewarnt werden. Natürlich stellt sich für Politikwissenschaftler auch immer wieder die - ebenfalls empirisch zu beantwortende Frage -, welche Wirkung Umfragen in der Politik haben. Umfrageforscher, die sich zu dem Thema geäußert haben, bezweifeln, daß es einen direkten und unmittelbaren Einfluß von Umfragen auf politische Sachentscheidungen gibt (*Converse/Traugott* 1986). Allerdings ist der "politische Betrieb (...) von einer großen Gier nach aktuellen Daten besessen", so *Furmaniak* u.a. (1975, S. 575). Sie weisen darauf hin, daß gerade in Zeiten politischen Wandels das Instrument der Umfrage versagt. Dennoch werden Befragungen auch weiterhin eine wichtige Rolle in Politik und politikwissenschaftlicher Forschung spielen. Es kommt darauf an, daß Politiker, Öffentlichkeit, Politikwissenschaftler und nicht zuletzt StudentInnen der Politikwissenschaft ihre Möglichkeiten realistisch einschätzen.

5.3   Inhalts- und Dokumentenanalyse

Weiter oben haben wir bereits erwähnt, daß mit der Vervielfältigung menschlicher Kommunikationsmöglichkeiten der Bedarf an zuverlässigen Auslegungsregeln und -methoden wuchs. Vor diesem Hintergrund ist auch die *Inhaltsanalyse* zu sehen, die im 20. Jahrhundert parallel zur Entwicklung der Massenmedien entstand, um die Wirkung dieser neuen Kommunikationsmittel zu erforschen. Inzwischen hat die Inhaltsanalyse ihren festen Platz nicht nur in den Kommunikationswissenschaften, sondern auch in zahlreichen anderen sozialwissenschaftlichen Disziplinen eingenommen.

Bei der Inhaltsanalyse handelt es sich um "eine empirische Methode zur systematischen, intersubjektiv nachvollziehbaren Beschreibung inhaltlicher und formaler Merkmale von Mitteilungen" (*Früh* 1991, S. 24). Auch die in der Politikwissenschaft verbreitete Dokumentenanalyse fällt unter diese Definition. Für *Früh* wie für andere quantitativ orientierte Inhaltsanalytiker impliziert die Bezeichnung empirische Methode jedoch, daß bestimmte Merkmale eines Textes gemessen und damit in Zahlen umgesetzt werden. Die einzelnen Schritte des Verfahrens wie Festlegung der Analyse-, Kodier- und Erhebungseinheiten oder die Auswahl der Texte sollen systematisch und intersubjektiv nachvollziehbar, also objektiv, sein. Auch die nicht-quantitative Dokumentenanalyse kann für sich in Anspruch nehmen, systematisch und intersubjektiv nachvollziehbar Texte zu analysieren, auch wenn sie sich eher an den weniger stringenten Regeln des hermeneutischen Verstehens orientiert (⇨ Kapitel III).

Die Inhaltsanalyse wird zu ganz verschiedenen Zwecken eingesetzt. So nutzen *Rucht* u.a. (⇨ Kapitel IV) die Inhaltsanalyse, um das Ausmaß von politischem Protest in den ersten vierzig Jahren bundesrepublikanischer Geschichte aus Zeitungsberichten zu rekonstruieren. Mit Hilfe der gewonnenen Daten sollen nicht primär Theorien über Kommunikationsprozesse geprüft, sondern Angaben über die Mobilisierung von sozialen Bewegungen gemacht werden. Soziale Bewegungen zeichnen sich ja dadurch aus, daß sie sich empirisch schlecht umreißen lassen: Wie viele Mitglieder die Frauen-, die Friedens- oder die Ökologiebewegung haben, läßt sich nicht so exakt beziffern, wie dies bei einer Partei oder einem Verband mit einer einigermaßen gut gewarteten Mitgliederkartei möglich ist. Soziale Bewegungsforscher müssen darum auf andere Quellen zurückgreifen - wie auf Umfragen, in denen nach der subjektiven Zugehörigkeit zu einer der Bewegungen gefragt wird, oder auf Angaben über Protestereignisse, die von sozialen Bewegungen veranstaltet werden. Als dritter Weg wäre die Zählung von Mitgliedern der zum Netzwerk einer sozialen Bewegung gehörenden Organisationen möglich, doch auch dadurch würde man die Größe einer sozialen Bewegung nur unvollkommen erfassen können.

Auch zur Klärung anderer Forschungsfragen wird die Inhaltsanalyse genutzt. Naheliegend ist die Untersuchung von Parteiprogrammen oder Regierungserklärungen, wie dies von *Hofferbert* und *Klingemann* (1990) praktiziert wird. *Klingemann* hat darüber hinaus Inhaltsanalysen zur Auswertung von offenen Fragen nach den guten und schlechten Seiten der politischen Parteien bei Wahlumfragen genutzt. Dieses Beispiel zeigt, daß Inhaltsanalysen auch im Zusammenhang mit anderen Methoden der Datenerhebung Verwendung finden, besonders wenn offene Leitfrageninterviews mit dem Ziel statistischer Analyse ausgewertet werden sollen.

Gegenüber anderen Forschungsmethoden bietet die Inhaltsanalyse folgende Vorteile:

> "1. Die Inhaltsanalyse erlaubt Aussagen über Kommunikatoren und Rezipienten, die nicht bzw. nicht mehr erreichbar sind.
>
> 2. Der Forscher ist nicht auf die Kooperation von Versuchspersonen angewiesen.
>
> 3. Der Faktor Zeit spielt für die Untersuchung eine untergeordnete Rolle; man ist nicht an bestimmte Termine zur Datenerhebung gebunden.
>
> 4. Es tritt keine Veränderung des Untersuchungsobjekts durch die Untersuchung auf.
>
> 5. Die Untersuchung ist beliebig reproduzierbar oder mit einem modifizierten Analyseinstrument am selben Gegenstand wiederholbar.
>
> 6. Inhaltsanalysen sind meist billiger als andere Datenerhebungsmethoden" (*Früh* 1991, S. 39).

Herzstück einer Inhaltsanalyse ist die Entwicklung eines Kategoriensystems zur Verkodung des Materials. Kategorien können entweder am Material selbst oder theoriegeleitet entwickelt werden. Das im Anhang zum Kapitel von *Rucht* u.a. (⇨ Kapitel IV) in Auszügen abgedruckte Codebuch zeigt darüber hinaus, daß ausführliche Hinweise für die Kodierer unerläßlich sind, will man entsprechend dem quantitativen Forschungsideal valide und reliable Messungen erhalten.

Die inhaltsanalytisch erhobenen Daten werden im Regelfall dazu genutzt, um "Frequenzanalysen" durchzuführen, also um zu ermitteln, wie häufig ein bestimmtes Thema, ein Name oder ein anderer Kommunikationsinhalt genannt werden. Außer der Häufigkeit interessieren sich Inhaltsanalytiker auch oft dafür, wie bestimmte Inhalte gewertet werden (positiv oder negativ), oder mit welcher Intensität das geschieht.

Für die Dokumentenanalyse in der Politikwissenschaft ist die Inhaltsanalyse ein recht aufwendiges Verfahren. Das gilt auch für die nicht minder aufwendigen qualitativen Alternativen. Weiter unten (⇨ Abschnitt 6) werden die grundlegenden Schritte einer qualitativen Inhaltsanalyse von Befragungsprotokollen aus einer Expertenbefragung kurz vorgestellt. Josef *Schmid* (⇨ Kapitel V) macht weitere Vorschläge in dem von ihm verfaßten Kapitel über Experteninterviews. In vielen Fällen ist jedoch ein eher quellen-interpretatives Vorgehen angesagt, bei dem die weiter oben genannten Hermeneutikregeln und die bei *Reh* (⇨ Kapitel III) aufgezählten Grundsätze der Quelleninterpretation angewendet werden sollten.

Trotz aller ausgefeilten Methodik der empirischen Inhaltsanalyse, der Umfrage- und Aggregatdatenforschung ist die mehr oder weniger selektive *Auswertung von Texten*, die der politische Prozeß ständig produziert, doch eine der verbreitetsten Methoden im Alltag der Politikwissenschaft. Das Instrumentarium für die Dokumenten-, Akten- und Quellenanalyse ist weitgehend von der Geschichtswissenschaft, z.T. auch von der Rechtswissenschaft sowie von den Sprach- und Literaturwissenschaften, die sich alle als Textwissenschaften verstehen, entwickelt worden. Werner *Reh* (⇨ Kapitel III) führt diese Verfahren der Arbeit mit schriftlichen Quellen im einzelnen vor. An dieser Stelle sollen die wichtigsten Textarten, die der politische Prozeß hervorbringt, am Beispiel einer Examensarbeit aus der Politikwissenschaft kurz vorgestellt werden. Es handelte sich um eine Magisterarbeit für einen kanadischen "Master of Arts" von Ulrich *von Alemann*, die die Auswirkungen des deutschen Parteiengesetzes von 1967 auf die innerparteiliche Demokratie zum Thema hatte. Eine Kurzfassung wurde in der *Politischen Vierteljahresschrift* publiziert (*von Alemann* 1972). Im Kern ging es um die Frage, inwiefern das Parteiengesetz von 1967 einen Wandel der innerparteilichen Demokratiestrukturen bewirkte bezüglich der Parteisatzungen und der innerparteilichen Willensbildung. Im Mittelpunkt stand deshalb eine Analyse der Entstehung des Parteiengesetzes sowie ein systematischer Vergleich der Satzungen der Bundestagsparteien vor und nach dem Erlaß des Parteiengesetzes. Auswirkungen auf die reale Willensbildung wurden durch eine Expertenbefragung von Parteigeschäftsführern, Bundestagsabgeordneten und Vorsitzenden der Parteijugendorganisationen erhoben. Insgesamt mußten deshalb folgende Textarten herangezogen und ausgewertet werden:

1. *Verfassungstext.* Das Grundgesetz mit seinem Parteienartikel (Art. 21 GG) war ein Ausgangspunkt und damit in Verbindung die wichtigsten juristischen Grundgesetzkommentare.

2. *Urteile des Bundesverfassungsgerichts.* Das Bundesverfassungsgericht hatte mit einer Entscheidung von 1966 die bisherige Parteienfinanzierung für verfassungswidrig erklärt und verlangt, daß endlich die Parteienfinanzierung auf eine gesetzliche Grundlage gestellt werde, wie schon im Grundgesetz von 1949 vorgesehen. Natürlich mußte auch die bisherige Rechtsprechung des Gerichts zum Parteienrecht, die in den Entscheidungsbänden gesammelt vorliegen (BVerfGE), und die einschlägigen Kommentare ausgewertet werden.

3. *Gesetzestexte.* Das neue Parteiengesetz selbst und damit korrespondierende Gesetze, insbesondere das Wahlgesetz, mußten analysiert werden, aber auch die Haushaltsgesetze, in denen die bisherige Parteienfinanzierung nachverfolgt werden konnte.

4. *Parlamentaria.* Die in den Bundestag eingebrachten Gesetzesentwürfe und die Protokolle der Bundestagsdebatten wurden verfolgt. Die Protokolle der Bundestagsdebatten und die Drucksachen sind in allen größerem Bibliotheken erhältlich. Leider waren die Ausschußprotokolle nicht zugänglich. Weil die Parteien das Gesetz ziemlich einvernehmlich einbrachten, konnte aus der Diskussion zwischen Regierungs- und Oppositionsfraktion nicht viel entnommen werden.

5. *Parteistatuten und Satzungen.* Alle Parteien haben ihre alten und neuen Satzungen bereitwillig zur Verfügung gestellt. Übrigens ist seit dem Parteiengesetz im Paragraph 6 für jeden Bürger das Recht gesichert, sich vom Bundeswahlleiter (identisch mit dem Präsidenten des Statistischen Bundesamtes, Wiesbaden) alle Satzungen, Programme und Vorstandslisten aller Parteien kostenlos schicken zu lassen.

6. *Parteikongressprotokolle.* Die Debatten auf Parteitagen, auf denen Satzungsfragen meist besonders erbittert debattiert werden, werden von allen Parteien in Kongreßprotokollen festgehalten, die teilweise publiziert, jedenfalls aber in den Parteiarchiven zugänglich gemacht werden. Die Parteien und ihre politischen Stiftungen verfügen über große Archive und Bibliotheken, die sie für politikwissenschaftliche Forschungsarbeiten meist durchaus öffnen - nicht nur ihren Sympathisanten.

7. *Medienberichterstattung.* Die Berichterstattung der Presse ist natürlich eine besonders ausführliche Quelle zur Rekonstruktion politischer Entscheidungen - wenn man die "Färbung" der Berichte in Rechnung stellt. Große Bibliotheken sammeln alle wichtigen Zeitungen. Inzwischen kann man die Jahresbände einiger Zeitschriften und Zeitungen auf CD-ROM erhalten, wodurch die Auswertung wesentlich erleichtert wird. Regionale Blätter haben z.T. eigene Archive, zu denen man Zugang erhalten kann. Manche Zeitschriften publizieren Jahresregister, die das Finden von bestimmten Berichten erleichtern (z.B. *Der Spiegel* und *Das Parlament*).

8. *Akten der Exekutive.* Diese konnten für die Untersuchung nicht herangezogen werden, obwohl das federführende Bundesinnenministerium oder auch das Justizministerium sicher über hochinteressante Akten zur Parteiengesetzgebung

verfügten. Akten der Exekutive sind erst nach langen Sperrfristen der Wissenschaft zugänglich.

9. *Persönliche Aufzeichnungen von Betroffenen.* Einige der befragten Experten zur Parteiengesetzgebung in Parlament und Parteien waren nicht nur zu Experteninterviews bereit, sondern stellten z.T. auch Entwürfe und Memoranden zur Verfügung oder verwiesen auf Archive und Quellen, die noch angezapft werden konnten.

10. *Graue Literatur.* Schließlich war natürlich die "graue Literatur" heranzuziehen, d.h. das gedruckte Material, das offen publiziert wird, aber nicht im Buchhandel erhältlich ist (und deshalb keine "ISBN-Nummer" hat). Dazu gehören die Publikationen von Parteien, Ministerien, Verbänden und internationalen Organisationen. Beim Thema Parteiengesetz war diese Quelle über die bisher schon genannten nicht so ergiebig. Bei vielen politikwissenschaftlichen Fragen, gerade im Bereich der Policy-Forschung, gibt es eine Fülle von grauer Literatur, besonders aus der Exekutive.

Einleitend haben wir politikwissenschaftliche ForscherInnen mit Detektiven verglichen. Bei der Suche nach Spuren des politischen Prozesses, wie sie sich in Texten, Quellen und Akten niedergeschlagen haben, ist in der Tat Phantasie und Spürsinn gefragt - nicht nur, um Material ausfindig zu machen, sondern auch, um es möglichst schnell und kostengünstig zu erhalten. Kreative Spurensuche ist aber nicht nur bei der Auffindung von Texten, sondern genauso beim Entdecken von amtlichen Daten und Statistiken nützlich.

5.4   Amtliche Statistiken und Aggregatdaten

Aggregatdaten stellen eine der wichtigsten und zugleich ergiebigsten Quellen für die politikwissenschaftliche Forschung dar. Wie der Begriff "Aggregat" bereits andeutet, handelt es sich um zusammengebündelte Daten für regionale Einheiten oder "soziale Aggregate" wie Gemeinden, Länder, Staaten oder Organisationen. So werden bei einer Wahl abgegebene Stimmen auf der Ebene der Stimmbezirke, der Wahlkreise, der Gemeinden, der Länder und schließlich des Bundes aggregiert. Das Problem der Aggregatdaten besteht darin, daß durch Aggregierung Information und Varianz verloren gehen - die auf der Ebene des Bundes aggregierten Daten können Unterschiede zwischen den Ländern verdecken -, und einmal Aggregiertes in der Regel vom Forscher nicht wieder disaggregiert werden kann. Disaggregierte Daten können jedoch je nach Fragestellung zur jeweils besonders interessierenden sozialen Einheit aggregiert werden. Aggregatdaten haben ihren festen Stellenwert in der politikwissenschaftlichen Forschung, da Sozialwissenschaftler nicht nur an individuellem Verhalten interessiert sind, sondern auch Aussagen über größere soziale Einheiten treffen.

Das Aggregieren von numerischen Daten kann auf ganz unterschiedliche Weise geschehen. Durchschnitts- oder Mittelwerte sind nur die geläufigste Form der Aggregierung. In diesem Zusammenhang ist eine auf *Lazarsfeld* und *Menzel* (1969, S. 499ff.) zurückgehende Typologisierung von Kollektivmerkmalen nützlich (vgl. *von Alemann/Forndran* 1990, S. 154):

- *Aggregative oder analytische Merkmale*: Hierbei handelt es sich um aggregierte Merkmale der einzelnen Mitglieder von Kollektiven, z.B. das Durchschnittseinkommen oder der Prozentanteil von Wählern für eine bestimmte Partei. Außer der Berechnung von Durchschnitten können auch noch andere statistische Verfahren angewendet werden, um aus den Individualmerkmalen analytische Merkmale von Kollektiven zu bilden (z.B. Berechnung von Standardabweichungen).

- *Strukturelle Merkmale*: Hierbei handelt es sich um Merkmale von Kollektiven, die durch Aggregierung von Maßzahlen über die Beziehungen zwischen einzelnen Mitgliedern des Kollektivs entstanden sind. So könnten z.B. Schulklassen dadurch charakterisiert werden, inwieweit sich in einer soziometrischen Untersuchung die Frage nach dem beliebtesten Schüler auf einen oder einige wenige konzentriert.

- *Integrale oder globale Merkmale*: Hierbei handelt es sich um Merkmale, die ein Kollektiv, z.B. Land, charakterisieren, ohne auf Individualmerkmale zurückführbar zu sein. So kann ein Land als demokratisch oder totalitär beschrieben werden. Es handelt sich dabei nicht um ein durch Aggregierung gewonnenes Merkmal.

Auch Einzelpersonen können durch unterschiedliche Merkmale beschrieben werden. Von politikwissenschaftlichem Interesse sind "kontextuelle Merkmale", die ein Individuum durch ein Merkmal des Kollektivs beschreiben, dem es angehört. Kontextuelle Merkmale sind aggregierte Merkmale der Individuen eines Kollektivs. Man verwendet sie in Erklärungen individuellen Verhaltens, wenn man vermutet, daß der Gruppendruck eine Person zu anderem Verhalten veranlaßt, als aufgrund der individuellen Merkmale zu erwarten wäre.

Eine prominente Rolle spielen *Aggregatdaten in der Wahlforschung*, und hier besonders in der historischen Wahlforschung, die nicht auf das Instrument der Befragung zurückgreifen kann. Wahldaten werden von den statistischen Ämtern in eigenen Publikationen zusammen mit Strukturdaten für einzelne Wahlkreise veröffentlicht. Allerdings enthalten die publizierten Strukturdaten nicht immer alle aus politikwissenschaftlicher Sicht wünschenswerten Informationen wie z.B. Angaben über die Arbeitslosigkeit, da die Bezirke der Arbeitsämter nicht mit den politischen Grenzen, innerhalb derer Wahldaten anfallen, übereinstimmen. Es müssen also u.U. Aggregatdaten auf die jeweils interessierende Untersuchungseinheit umgerechnet werden. Andererseits nützen manche Angaben wenig: Da die einzelnen Wahlkreise sich hinsichtlich des Anteils von Männern und Frauen wenig unterscheiden, läßt sich diese Variable nur schlecht zur Untersuchung der Frage nutzen, ob und auf welche Weise sich das Wahlverhalten von Männern und Frauen unterscheidet. In der Bundesrepublik ist hinsichtlich dieser Frage die repräsentative Wahlstatistik ergiebiger. Für diese Statistik erhalten die Wähler in ausgewählten Stimmbezirken nach den Merkmalen Alter und Geschlecht unterschiedliche Stimmzettel. Dadurch ist es später möglich, Aussagen über das unterschiedliche Wahlverhalten von Männern und Frauen jeweils nach bestimmten Altersklassen zu treffen. Diese nützliche Ausdifferenzierung der Wahlstatistik soll allerdings aus angeblichen Datenschutzgründen in Zukunft eingeschränkt werden. Ist ein Wahlforscher jedoch primär an individuellem Verhalten interessiert, sind die Daten der amtlichen Wahlstatistik nur von begrenztem Wert.

Aggregatdaten können durch unterschiedlichen Methoden der Datenerhebung gewonnen werden. Entsprechend lassen sich folgende Typen von Aggregatdaten unterscheiden (*Manheim/Rich* 1986, S. 206ff):

1. *Zensusdaten* aus Volkszählungen, die regelmäßig durchgeführt werden. In manchen Ländern wie z.b. den USA ist die alle zehn Jahre durchzuführende Volkszählung sogar in der Verfassung verankert. Da bei solchen amtlich erhobenen Daten Auskunftspflicht besteht, können die Daten größere Vollständigkeit für sich in Anspruch nehmen. Praktisch handelt es sich um Vollerhebungen, da jede Bürgerin und jeder Bürger erfaßt wird. Sie werden deshalb auch von mit Stichproben arbeitenden Forschern geschätzt, da sie die Möglichkeit eröffnen, die Repräsentativität von Stichproben abzuschätzen.

2. *Daten einzelner Organisationen* wie Parteien, Gewerkschaften, Verbände, Kirchen oder wirtschaftlichen Unternehmen. Bei solchen Daten stellt sich das Problem des Zugangs, da die erhobenen Daten Organisationsinteressen widerspiegeln, also nicht in die Hände konkurrierender Organisationen geraten sollen.

3. *Umfragedaten* aggregiert auf lokaler, Länder- oder nationalstaatlicher Ebene. So lassen sich die regelmäßig erhobenen Daten der Europäischen Gemeinschaft, das *Eurobarometer*, auf nationalstaatlicher Ebene als Aggregatdaten verwenden und in makro-quantitativen Untersuchungen einsetzen. Politikwissenschaftler greifen aber auch auf Expertenmeinungen zurück, wenn Daten anderweitig nicht verfügbar sind (➪ Kapitel V).

4. *Ereignisdaten*: Hierbei handelt es sich um in der ländervergleichenden Politikforschung herangezogene Daten über Aufstände, Revolutionen, Staatsstreiche etc., die aus Zeitungsberichten entnommen wurden und z.T. in entsprechenden Handbüchern veröffentlicht worden sind. Auch inhaltsanalytisch erzeugte Daten über Protestereignisse lassen sich hierzu zählen. Ein Beispiel dafür liefert Dieter *Rucht* in seinem vorgestellten Forschungsprojekt (➪ Kapitel IV). *Kriesi* u.a. (1992) verwenden Daten über Protestereignisse in ihrer vergleichenden Analyse von sozialen Bewegungen in verschiedenen Ländern.

Bei vielen in der Politikwissenschaft verwendeten Aggregatdaten handelt es sich um von Amts wegen erhobene Daten. Wie eingangs bereits betont, lassen sich die Vorläufer der empirischen Sozialforschung bis zu den ersten Gehversuchen der amtlichen Statistik in der Zeit der Entstehung der Nationalstaaten zurückverfolgen. Heute ist das Feld der amtlichen Statistik wesentlich umfangreicher. Von den mit gesetzlichem Auftrag arbeitenden Statistikern wird nicht weniger als ein "statistisches Gesamtbild" der gesellschaftlichen, wirtschaftlichen und ökologischen Situation der Bundesrepublik angepeilt. Um zu einer solchen Gesamtdarstellung zu gelangen, soll die Tätigkeit verschiedener Stellen in sachlicher, zeitlicher und regionaler Hinsicht koordiniert werden. In einer Publikation des *Statistischen Bundesamtes* wird dieser umfassende Auftrag wie folgt legitimiert:

> "Ein moderner Staat wie die Bundesrepublik Deutschland sieht es ferner als seine
> Pflicht an, in ausreichendem Umfang den Informationsbedarf aller gesellschaftlichen
> Gruppierungen, auch der an der politischen Willensbildung beteiligten gesellschaftli-
> chen und wirtschaftlichen Organisationen (Parteien, Sozialpartner, Verbände, Kammern
> usw.), zu decken. Das gleiche gilt - im Interesse einer gut funktionierenden Marktwirt-

schaft - auch für viele Informationsbelange der Wirtschaft selbst. So ist z.B. der Umfang der Produktions- und Außenhandelsstatistik nicht zuletzt durch die Wünsche der Unternehmen und ihrer Verbände bestimmt" (*Statistisches Bundesamt* 1988, S. 28).

Und da es sich beim modernen Staat Bundesrepublik um ein föderales Gemeinwesen mit Bundes-, Länder- und kommunaler Ebene handelt, fallen Daten auf ganz unterschiedlichen Ebenen an. Hinzu kommt inzwischen der Informationsbedarf der supranationalen Ebene: zunächst der Europäischen Union, die nach den EG-Verträgen berechtigt sind, "von den Mitgliedstaaten Auskünfte einzuholen und sich damit Kenntnis über Tatsachen zu verschaffen, die für ihre Maßnahmen wesentlich sind" (*Statistisches Bundesamt* 1988, S. 26); dann internationaler Organisationen wie der OECD, der *Organisation für wirtschaftliche Zusammenarbeit,* auf deren Datensammlungen sich Manfred G. *Schmidt* (⇨ Kapitel VI) in seiner Untersuchung besonders stützt; sowie der *Vereinten Nationen* und ihrer Unterorganisationen.

Zu den wichtigsten von Amts wegen erhobenen Daten zählen *Volkszählungsdaten.* In der Bundesrepublik wurde die letzte Volkszählung im Jahre 1987 durchgeführt. Vorausgegangen war eine heftige öffentliche Debatte über Sinn und Zweck dieses Unternehmens. Ein vom Bundestag einstimmig verabschiedetes Gesetz wurde vom Bundesverfassungsgericht verworfen, das in seinem Urteil vom 15. Dezember 1983 ein "Recht auf informationelle Selbstbestimmung" entwickelte. Das aufgrund des Urteils des Bundesverfassungsgerichts 1987 novellierte Bundesstatistikgesetz regelt u.a. die Auskunftspflicht und die Geheimhaltung. Danach können natürliche und juristische Personen zu wahrheitsgemäßen und vollständigen Auskünften verpflichtet werden. "Nach einer Grundsatzentscheidung des Bundesverfassungsgerichts", so das *Statistische Bundesamt* (1988, S. 23), "muß jedoch jedermann als gemeinschaftsbezogener Bürger die Notwendigkeit statistischer Erhebungen über seine Person in gewissem Umfang als Vorbedingung für die Planmäßigkeit staatlichen Handelns hinnehmen." Als Konsequenz des Streits um die Volkszählung werden nun die Möglichkeiten des regelmäßig durchgeführten, auf einer Haushaltsstichprobe beruhenden Mikrozensus stärker ausgeschöpft.

Durch das Urteil des Verfassungsgerichts bedingt wurde auch auf der lokalen Ebene stärker auf die Trennung von Verwaltung und Statistik geachtet und vielerorts abgeschlossene Statistikstellen eingerichtet. "Zu uns darf alles hinein, aber nicht alles hinaus", lautet das Prinzip der abgeschlossenen Statistikstelle. So bekommen z.B. die Statistikstellen die Kirchenaustritte von Bürgern gemeldet (also Angaben über Einzelfälle), die sie natürlich aus Gründen des Datenschutzes nicht weitergeben dürfen. Zu den Konsumenten der kommunalen Statistiken gehören Politiker, Verwaltungen, Firmen, Institute, Verbände und einzelne Bürger. Um Benachteiligungen zu vermeiden, bekommt im Prinzip jeder das Gleiche, d.h. die Verwaltung im Planungsbereich ist nicht besser gestellt als die Fraktionen des Rats und damit auch die Öffentlichkeit.

Ausdruck finden die Datensammlungsaktivitäten verschiedener staatlicher Ebenen in Publikationen wie Statistischen Jahrbüchern, aber auch in Einzelpublikationen bzw. Reihen zu bestimmten Sachgebieten. Schließlich werden die Ergebnisse der amtlichen Statistik heute auch für den möglichst schnellen benutzergerechten Zugriff durch entsprechende Informationssysteme (z.B. STATIS-BUND des Statistischen Bundesamtes) oder auf Datenträgern wie Magnetbändern, Disketten oder CD-ROM bereitgestellt.

Nützlich für die politikwissenschaftliche Arbeit sind die Statistischen Jahrbücher: das "Statistische Jahrbuch für die Bundesrepublik Deutschland", herausgegeben vom *Statistischen Bundesamt;* die Statistischen Jahrbücher für einzelne Bundesländer, z.B. das vom *Landesamt für Datenverarbeitung und Statistik NRW* herausgegebene "Statistische Jahrbuch NRW"; die für einzelne größere Städte jährlich erscheinenden Statistischen Jahrbücher sowie das vom *Deutschen Städtetag* in Köln herausgegebene "Statistische Jahrbuch Deutscher Gemeinden". Letzteres enthält Strukturdaten der Gemeinden mit mehr als 10.000 Einwohnern sowie Daten zu einzelnen Politikbereichen wie Wirtschaft, Verkehr, Bildung, Kultur sowie Finanzen und Steuern. Autoren der Einzelkapitel sind die Leiter Statistischer Ämter in größeren Städten, die sich zum "Verband Deutscher Städtestatistiker" zusammengeschlossen haben. Über die Aktivitäten des Verbandes informiert die zweimal jährlich erscheinende Zeitschrift "Stadtforschung und Statistik".

Im Bereich der Stadtforschung bieten sich wichtige Anknüpfungspunkte für politikwissenschaftliche Arbeiten. Denn von den Statistischen Ämtern größerer Städte werden heutzutage nicht nur von Amts wegen Daten gesammelt, die in der städtischen Verwaltung anfallen, sondern auch Umfragen durchgeführt, die Einstellungen der Großstädter zu Politik in ihrem Gemeinwesen erfassen. Sie sind Ausdruck der Tatsache, daß sich nicht nur Bundes- oder Landespolitiker, sondern auch Lokalpolitiker nicht mehr auf ihre Intuition verlassen, wenn es darum geht, die Wünsche der Bevölkerung, ihre Einstellungen oder ihr mögliches Wahlverhalten zu erfassen.

Für Politikwissenschaftler, die in Haus-, Magister- oder Doktorarbeiten auf Daten der Stadtforschung zurückgreifen wollen, gilt es, einige sehr nützliche Ratschläge zu beherzigen, die Gert *Nicolini*, der Leiter der Statistikstelle der Stadt Leverkusen, vor einigen Jahren Geographiestudenten mit auf den Weg gegeben hat:

> "Als Veröffentlichungs- und Informationsquelle für stadtgeographische Themen kommt der Kommunalstatistik und Stadtforschung, zu deren Aufgabe die Datenerhebung, die Datenaufbereitung und die Datenanalyse und -prognose gehört, die größte Bedeutung zu. Das Datenangebot umfaßt in der Regel weitreichende Informationen aus den Bereichen Wohnen und Bauen, Siedlungsstruktur und -entwicklung, Wirtschaft, Verkehr, soziale Infrastruktur u.ä.
>
> Geeignete Ansprechpartner sind daher die jeweiligen statistischen Dienststellen der Verwaltungen, wobei diese gemäß der verschiedenen Organisationsformen von Stadt zu Stadt unterschiedliche Bezeichnungen tragen können. In kreisfreien (größeren) Städten wird in der Regel der Name eines Amtes einen entsprechenden Hinweis geben.
>
> Der außenstehende Interessent, der den Datenfundus von Kommunalstatistik und Stadtforschung nutzen möchte, muß grundsätzlich berücksichtigen, daß die von ihm gewünschten Informationen in den seltensten Fällen so vorliegen, wie er sie in Form, Umfang und Gliederung benötigt, so daß er sie kaum sofort erhalten kann. Es wird meistens eine speziell auf die Fragestellung zugeschnittene Zusammenstellung notwendig sein. Deshalb muß auf jeden Fall ein entsprechender Zeitraum für die Bearbeitung einkalkuliert werden.
>
> In jedem Fall sollte der Besuch bei der Stadtverwaltung ausreichend vorbereitet sein. Dazu gehört die rechtzeitige - am besten schriftliche - Anmeldung mit einem Terminwunsch und der Bitte um Angabe einer Kontaktperson, damit man sich auf das Vorsprechen des Fragestellers einstellen kann. Soweit möglich, sollte der Fragenkomplex in der schriftlichen Anmeldung bereits angedeutet werden. Es sollte unbedingt vermieden

werden, ohne Vorankündigung des Besuchs vorzusprechen, da der laufende Dienstbetrieb es kaum erlaubt, daß sich ein Mitarbeiter spontan die eigentlich angebrachte Zeit nimmt. Die Gefahr, nur oberflächliche und unzureichende Informationen zu erhalten, wäre in diesem Falle viel zu groß, negative Auswirkungen auf den Wert der späteren Arbeit unvermeidlich. Wie in vielen Fällen gilt auch hier: Wie man kommt gegangen, so wird man auch empfangen.

Zur Vorbereitung der Anfrage gehört eine detaillierte Vorstellung des Arbeitszieles und die Zusammenstellung eines umfassenden Fragenkataloges. Dabei gilt grundsätzlich: Je konkreter die Fragestellungen - zumindest aber die Vorüberlegungen - sind, desto größer ist die Aussicht auf Erfolg eines Entgegenkommens des Ansprechpartners. Das schließt nicht aus, daß zusätzlich gefragt wird, ob aus der Sicht der Kommunalstatistik/ Stadtforschung weitere Aspekte, die dem Bearbeiter bis dahin unbekannt waren, der Arbeit nützlich sein könnten.

In den größeren Städten sind in den Dienststellen von Statistik und Stadtforschung häufig wissenschaftliche Mitarbeiter - nicht selten mit geographischer Ausbildung - beschäftigt, von denen über die bloße Bereitstellung der Daten hinaus meist auch eine methodische und inhaltliche Beratung und Betreuung erwartet werden kann. In jedem Fall sollte dem Ansprechpartner das genaue Thema der Arbeit vorgelegt werden, damit er gezielte Informationen zusammenstellen kann und über methodische Probleme diskutiert werden kann.

Von den statistischen Dienststellen aus können bei Bedarf weitere verwaltungsinterne Kontakte vermittelt werden, so z.B. zum Planungsamt, zur Stadt- und Verwaltungsbibliothek und zum Stadtarchiv. Auch zu externen Stellen, z.B. zur Industrie- und Handelskammer, bestehen meistens Beziehungen, die bei Bedarf genutzt werden können.

Wenn man die Stadt, über die man schreibt, nicht als seinen Wohnsitz oder seine Heimatstadt kennt, sollte man möglichst einmal vor und einmal nach dem Besuch bei der Stadtverwaltung die Örtlichkeiten genauestens erkunden, um weitere Fragestellungen zu formulieren bzw. um die erhaltenen Informationen richtig interpretieren zu können.

Die meisten der statistischen Dienststellen der Kommunalverwaltungen geben 'Statistische Berichte', die unterschiedliche Bezeichnungen tragen, heraus, in denen in monatlichem, vierteljährlichem oder jährlichem Rhythmus Daten veröffentlicht werden. Als Jahresausgabe tragen sie häufig die Bezeichnung "Statistisches Jahrbuch". Diese Veröffentlichungen sind als erste Informationsübersicht gut geeignet. Anhand der dortigen Übersichten lassen sich meist verständliche weitere Fragen, z.B. nach einer tieferen räumlichen Gliederung, stellen. Nicht selten geben die Stadtverwaltungen auch eigene Veröffentlichungsreihen zur Statistik und Stadtforschung heraus, die über spezielle Untersuchungen Auskunft geben.

Viele der Daten und Informationen, die von den Interessenten gewünscht werden, liegen nicht in veröffentlichter Form, sondern häufig nur als 'graue' Literatur - als verwaltungsinterne Ausarbeitung - vor. Hier muß besonders auf ausreichende Erläuterungen und genaue Quellenangaben geachtet werden, damit die Unterlagen später korrekt verwendet werden können.

Die Kommunalstatistik arbeitet mit einer Fülle von sehr differenzierten Begriffen, deren Bedeutung sich häufig nur geringfügig und für einen Außenstehenden meist schwer verständlich unterscheiden. Deshalb sollte man sehr vorsichtig mit den entsprechenden Zahlen umgehen, genaue Zuordnungen erfragen und exakte Erläuterungen geben. Beispiele für derartige begriffliche Feinheiten sind z.B. 'Einwohner - Bevölkerung - Bürger - Wohnbevölkerung - Hauptwohnsitzbevölkerung - wohnberechtigte Bevölkerung' und 'Beschäftigte - Arbeitsplätze - Erwerbstätige - Erwerbspersonen - Erwerbsfähige'.

Grundlage für die Arbeiten der Kommunalstatistik sind die jeweiligen Ergebnisse der Großzählungen, also insbesondere die 'Volkszählungen', die neben personenbezogenen Daten auch Wohnungs- und Arbeitsstättendaten umfassen. Auf den Ergebnissen solcher Zählungen baut die Aktualisierung im Rahmen der Fortschreibung auf. Dabei ist allerdings zu beachten, daß nicht alle erhobenen Merkmale fortschreibungsfähig sind, weil sie nicht meldepflichtig sind. Dazu gehören beispielsweise auch so interessante Daten wie Beschäftigtenzahlen von Unternehmen und Angaben über die Sozialstruktur, die in den Zwischenräumen der Zählungstermine bestenfalls geschätzt werden können.

Häufig werden Daten nur für Teilräume der Stadt benötigt. Während Zahlen für das gesamte Stadtgebiet in der Regel für alle Städte vorliegen bzw. leicht zusammengestellt werden können, dürften kleinräumige Daten nicht immer zur Verfügung stehen. Die nächst kleinere Ebene unterhalb der Grenze des Stadtgebietes sind die Stadtteile, für die in größeren Städten ebenfalls Daten ohne Probleme vorliegen müßten. Als kleinste räumliche Gliederung verwendet die Kommunalstatistik heute meist das Baublocksystem, um den Daten auf Baublockebene oder Baublockseitenebene aufbereitet werden. Je nach Straßenführung und Geländesituation löst sich der klassische Block, das Straßenviereck, in mehrere Blockseiten auf. Daten auf Straßenebene dürften weniger oft vorliegen, lassen sich aber durch Zusammenfassen mehrerer Blockseiten errechnen. Kleinere Städte dürften allerdings selten über eine differenzierte Baublockstatistik verfügen.

Bei der Dokumentation historischer Entwicklungen muß bei der Auswahl des Datenmaterials das Problem der Veränderung der administrativen Gebietsabgrenzungen berücksichtigt werden. Für die meisten Städte und Kreise hat sich im Laufe der Zeit - häufig mehrmals - durch kommunale und regionale Neugliederungen die Ausdehnung des Stadtgebietes verändert. Bei der Aufstellung entsprechender Zahlenreihen, so z.B. der Einwohnerentwicklung, muß darauf besonders geachtet werden.

Nach Abschluß der Arbeiten sollte unbedingt ein Exemplar der Diplomarbeit, des Referates oder sonstiger Ausarbeitungen der Kontaktperson bei der jeweiligen Verwaltung zur Verfügung gestellt werden" (*Nicolini* 1983, S. 420ff.).

Wer dem Rat Manfred G. *Schmidts* (⇨ Kapitel VI) folgen, seine Analysen jedoch nicht auf kommunaler, sondern auf ländervergleichender Ebene fortsetzen möchte, sei zunächst auf die bei ihm genannten Publikationen hingewiesen. Daneben gibt es jedoch noch eine Reihe von OECD-Einzelpublikationen mit vergleichenden Daten zu OECD-Ländern wie das von *Lane* u.a. (1991) herausgegebene "Political Data Handbook - OECD Countries" mit vergleichenden Tabellen und Einzelkapiteln zu den OECD-Ländern. Das 1992 erstmals als Sonderheft des *European Journal of Political Research* veröffentlichte "Political Data Yearbook 1992" enthält für 28 demokratisch regierte Länder Angaben über Wahlen und Volksabstimmungen, Regierungszusammensetzung, über institutionelle Veränderungen sowie wichtige politische Streitfragen für den Zeitraum 1. Januar 1991 bis 1. Januar 1992 (*Koole/Mair* 1992). Darüber hinaus gibt es je nach Forschungsbereich weitere für vergleichende Fragestellungen nützliche Datenhandbücher wie das von *Katz* und *Mair* herausgegbene Handbuch zu Parteiorganisationen in westlichen Demokratien. Das Handbuch enthält vergleichende Informationen über Parteiorganisationen (Organigramme), Mitgliederzahlen, Parteienfinanzierung und Kosten von Wahlkämpfen (*Katz/Mair* 1992).

Halten wir fest: Daten gibt eher zuviel als zu wenig, man muß sie nur finden. Aggregatdaten existieren von der kleinsten Gemeinde bis zur UNO in einer solchen Fülle, daß man sie als Wissenschaftler kaum bewältigen kann. Es kommt auf die kritische Auswahl an, um die Spreu vom Weizen zu trennen.

6 Grundfragen der Datenanalyse

Endprodukt der verschiedenen Datenerhebungsverfahren sind *Daten*, die im weiteren Verlauf des Forschungsprozesses reduziert, präsentiert und interpretiert werden.

Als Daten werden gewöhnlich quantifizierte oder quantifizierbare Informationen bezeichnet (*von Alemann/Forndran* 1990, S. 152). Manche Sozialwissenschaftler bezeichnen aber auch verbale Informationen als Daten. Der Gedanke, daß es sich bei "Text" um Daten handeln könnte, ist zunächst ungewöhnlich, da wir im alltäglichen Sprachgebrauch gewöhnlich an Zahlen denken, wenn wir das Wort "Daten" hören. Auch *Bürklin* (⇨ Kapitel II) plädiert für eine Eingrenzung des Begriffs auf quantitative Daten. Doch wir möchten uns der Sicht der inzwischen zahlreicher werdenden Sozialforscher anschließen, für die mündliche oder schriftliche Texte oder verbalisierte Bildsequenzen Daten sind, also Material, das es zu analysieren gilt *(Hoffmeyer-Zlotnik* 1992, S. 2). Wir halten diese großzügigere Verwendungsweise des Begriffs Daten für sinnvoller, wobei wir unter *Rohdaten* Texte (also auch Quellen) oder Zahlen verstehen, die durch verschiedene Methoden der Datenerhebung oder auch als Produkt des politischen Prozesses selbst produziert werden, während *Daten* im engeren Sinne die verbalen Kategorien oder Zahlen sind, die ein Sozialforscher im weiteren Verlauf des Forschungsprozesses erzeugt.

In diesem Sinne sind die handschriftlichen Aufzeichnungen, die Josef *Schmid* (⇨ Kapitel V) während und im Anschluß an seine Expertenbefragungen anfertigte, ebenso Daten wie die Angaben über die parteiliche Zusammensetzung von Regierungen in OECD-Ländern, die Manfred G. *Schmidt* (⇨ Kapitel VI) diversen Handbüchern entnahm und als Rohmaterial verwendete. Ähnliches gilt für die Zeitungsartikel der *Süddeutschen Zeitung* oder der *Frankfurter Rundschau*, die über Protestereignisse berichteten und die deshalb zu Erhebungseinheiten in Dieter *Ruchts* (⇨ Kapitel IV) Inhaltsanalyse wurden. Auch die Fragebögen einer standardisierten Umfrage stellen also Daten dar. Natürlich sind auch die aus einem Statistischen Jahrbuch entnommenen Zahlen in diesem Sinne Rohdaten, die noch aufbereitet werden müssen, bevor man daran gehen kann, sie mit Hilfe statistischer Verfahren zu analysieren.

Datenreduktion ist gewöhnlich der erste Schritt der Datenanalyse. Auf welche Weise und wie radikal dies geschieht, hängt von der Fragestellung und den Forschungszielen ab: Will man eine Aussage treffen über die Gesamtheit aller Wahlberechtigten in Deutschland, wird man aus Gründen der Forschungsökonomie nicht umhinkönnen, die standardisierten Antworten der Befragten zu verschlüsseln, um sie anschließend mit Hilfe statistischer Verfahren auszuwerten. Dafür wird das Ganze des Interviewtextes in einzelne Variablen zerlegt, die später beliebig miteinander kombiniert werden können. Der Vorgang der Datenreduktion setzt aber schon vor der eigentlichen Analyse ein, wenn entschieden wird, welche Objekte mit welchen Forschungsinstrumenten untersucht werden sollen. Reduktion ist allerdings eine Frage des Grades, nicht des Entweder-Oder: Manchem wird die drastische Reduktion von Information nicht behagen, die Manfred G. *Schmidt* (1992b, S. 394 ff.) vornimmt, wenn er die parteipolitische Zusammensetzung von Regierungen in demokratischen Industriestaaten auf fünf Typen reduziert, die von der Hegemonie bürgerlicher Parteien über ein Patt zwischen bürgerlichen und Links-Parteien bis hin zur Hegemonie einer sozialdemokratischen Partei reichen. Doch auch wenn das Forschungsziel darin besteht, durch Interpretation aus den vorliegenden verbalen Daten den Sinn im Hinblick auf die Forschungsfrage zu entschlüsseln, also möglichst prägnant das Wesentliche in der Aussage eines Experten oder eines Dokumentes wiederzugeben, nimmt man Reduktionen vor und in Kauf: das Material wird gesichtet, exzerpiert, verkodet, überschaubarer gemacht. Datenreduktion ist also nicht nur eine Angelegenheit quantitativer Analyse; auch in qualitativer Analyse wird selektiert, zusammengefaßt, paraphrasiert, abstrahiert. Auch wenn bei der Textinterpretation mehrere Lesarten ausprobiert werden - sei es durch einen Forscher oder besser noch: durch eine Gruppe von Forschern -, wird man in der Regel doch zum Schluß versuchen, Konsens herbeizuführen, d.h. "den Sinn" der Textstelle festzulegen.

Das Ergebnis der Datenreduktion, sei es durch Paraphrase, Selektion, Abstraktion oder durch Verschlüsselung und Aufbereitung mit Hilfe statistischer Verfahren, wird anschließend präsentiert durch exemplarische Zitate, eventuell auch durch die Wiedergabe eines kompletten Textes, durch Tabellen mit Text und/oder Zahlen oder auch durch Schaubilder oder Grafiken. *Miles* und *Huberman* (1984, S. 21f.) sprechen von "Data Display". Ihr "Sourcebook" zur qualitativen Datenanalyse enthält eine Fülle von Vorschlägen dafür, wie man seine Forschungsergebnisse in Tabellen, durch Schaubilder oder Grafiken darstellen kann. Sie fordern nachdrücklich, die aus verbalen Daten gewonnene Information zu organisieren und in einer kompakten Form zugänglich zu machen, so daß Schlußfolgerungen gezogen und nachvollziehbar gemacht werden können. Eine Tabelle im Schlußteil des Beitrags von Josef *Schmid* (⇨ Kapitel V) zeigt, wie dies in der Praxis geschieht: *Schmid* faßt die in seinen Informationsgesprächen erhaltenen Auskünfte sowie weitere "Daten" (also Zahlen) über Ausstattung von Parteien und Fraktionen und schließlich Einschätzungen eines weiteren Autors in einer Tabelle zusammen, die die Bedeutung von Partei, Fraktion, Regierung, innerparteilichen Vereinigungen und Bundestagsabgeordneten in den einzelnen Landesverbänden aufzeigt (*Schmid* 1990a, S. 130).

Der letzte Schritt der Datenanalyse besteht in der Formulierung eines Ergebnisses. Die zu Beginn des Projekts erarbeitete Fragestellung wird beantwortet, eventuell auch reformuliert. In der Regel werden nicht einfach Hypothesen verworfen, sondern Alternativen aufgezeigt oder Differenzierungen vorgenommen. Eine solche Differenzierung schlägt Manfred G. *Schmidt* (⇨ Kapitel VI) vor. Bei der Untersuchung seiner Frage, ob es einen Unterschied macht, welche Partei oder welche Parteien ein Land regieren, kommt er zu dem Ergebnis, daß es nicht nur einen, nämlich den sozialdemokratischen Weg zur Vollbeschäftigung gibt, sondern auch durch konservative Parteien gestaltete Pfade existieren. Jeder der beiden Wege ist gekennzeichnet durch unterschiedliche Randbedingungen. Nicht immer läßt sich eine Forschungsfrage derartig differenziert oder gar mit ja oder nein beantworten. Gelegentlich lassen sich keine eindeutigen Schlußfolgerungen ziehen, das Ergebnis lautet dann "inconclusive": Die Forschungsfrage ist zur Zeit und mit dem erhobenen Material nicht entscheidbar. Selten sind Sozialwissenschaftler jedoch bereit, ihre Leser oder Auftraggeber durch ein solches Ergebnis zu enttäuschen. Man ist in einem solchen Falle eher geneigt zu betonen, was die Daten "hergeben".

Der qualitative und quantitative Forschungsprozeß weist also einige grundlegende Gemeinsamkeiten auf, was das Vorgehen bei der Datenanalyse betrifft. Wie oben bei der Gegenüberstellung beider Ansätze gezeigt wurde, legen qualitative Forscher Nachdruck auf die Feststellung, daß die Datenanalyse parallel zur Datenerhebung erfolgt, was bei der quantitativen Forschung aufgrund der Arbeitsteilung zwischen Forscher und Interviewer sowie der oftmals größeren Zahl der untersuchten Fälle nicht leicht bewerkstelligt werden kann. Im folgenden sollen die Auswertungsstrategien quantitativer und qualitativer Forschung noch einmal knapp im Überblick dargestellt werden.

Im Falle der konventionell-quantitativen Datenanalyse werden die Daten zunächst aufbereitet. Die in einem Fragebogen erhobenen, noch in verbaler Form vorliegenden Daten werden verschlüsselt, d.h. den jeweiligen Antwortkategorien einer Frage werden Zahlen zugeordnet. Dazu wird ein *Codebuch* angelegt, das Anweisungen dazu enthält, wie bestimmte Texte verschlüsselt werden. Das Codebuch stellt eine unentbehrliche Brücke zwischen Fragebogen und Zahlencodes dar. Nur wenn der Codiervorgang sorgfältig dokumentiert ist, können mit Hilfe des Codebuchs die numerischen Codes später wieder für eine Sekundäranalyse rekonstruiert werden, da die Originale der Fragebögen in der Regel nicht aufgehoben werden. Ein Exemplar des Fragebogens, das Codebuch sowie der durch die Codierung produzierte Datensatz gehören also unbedingt zur Dokumentation einer Umfrage. Bei einer Inhaltsanalyse enthält das Codebuch detaillierte Angaben zum Kategoriensystem mit Beispielen zur Vercodung. Das Codebuch zu der von Dieter *Rucht* u.a. (⇨ Kapitel IV) durchgeführten Inhaltsanalyse zur Rekonstruktion von Protestereignissen liegt als Veröffentlichung des Wissenschaftszentrums vor und kann damit von anderen Wissenschaftlern schon eingesehen werden, während die Phase der Datenerhebung und -aufbereitung noch im Gange ist (*Rucht/Hocke/Ohlemacher* 1992). Teile aus dem Codebuch werden im Anhang zum Beitrag von *Rucht* u.a. dokumentiert. Auch bei der Verwendung von Zahlen der amtlichen Statistik müssen die Daten aufbereitet werden. Beim Ländervergleich müssen Diskrepanzen bereinigt werden, indem man sich begründet für die eine oder andere Zahl entscheidet. Falls es Zweifel an der Vergleichbarkeit der Zahlen gibt, kann man die Daten rekodieren, indem man sie auf ein niedrigeres Meßniveau transformiert. Diesen Weg hat Manfred G. *Schmidt* (⇨ Kapitel VI) in seiner Untersuchung eingeschlagen, indem er die Variable "Arbeitslosigkeit" rekodierte und nur noch zwischen Ländern mit niedriger, mittlerer und hoher Arbeitslosigkeit unterschied, da ihm die "exakten" Zahlen zu wenig verläßlich erschienen.

Durch den Vorgang des *Messens* werden Objekten nach bestimmten Regeln Zahlen zugeordnet. Bei der Messung der Größe eines Objekts werden in der Regel der Länge, Breite und Höhe unmittelbar Zahlen zugeordnet, indem man ein Zentimetermaß anlegt und die Zahlen abliest. In der empirischen Sozialforschung hat man es jedoch nicht so direkt mit Objekten zu tun: In der Regel liegen verbale Daten vor, die nach festen Vorschriften kategorisiert werden. Diesen Kategorien werden anschließend Zahlen zugeordnet. Bei diesem Vorgang handelt es sich zwar auch um Messen, allerdings wird hierbei nicht aus dem Objektbereich unmittelbar in das Zahlensystem abgebildet, sondern es findet eine Abbildung aus einem sprachlichen Symbolsystem in ein numerisches Symbolsystem statt. Wer mit den Grundrechenarten vertraut ist, hat einen Begriff davon, was man mit Zahlen machen kann. Bei der Auswertung quantitativer Daten in der empirischen Sozialforschung muß jedoch immer sorgfältig darauf geachtet werden, ob die mit den Zahlen durchgeführten Manipulationen legitim, d.h. rückübersetzbar sind in das sprachliche Symbolsystem.

Die durch Verschlüsselung der Antworten in einem Fragebogen oder durch Kategorisierung bestimmter Textabschnitte erzeugten oder aus der amtlichen Statistik entnommenen Zahlen werden in einer *Datenmatrix* angeordnet. Die Datenmatrix enthält in ihrer einfachsten Form jeweils eine Untersuchungseinheit pro Zeile und eine Variable pro Spalte. Untersuchungseinheiten können je nach Art der Datenerhebung Personen, Wahlkreise, Länder (in der Untersuchung Manfred G. *Schmidts*, ⇨ Kapitel VI) oder Protestereignisse (in der Untersuchung *Ruchts*, ⇨ Kapitel IV) sein. Aus den vorhandenen Variablen können neue Variablen berechnet und der Datenmatrix als weitere Spalten hinzugefügt werden, wenn das sinnvoll und geboten erscheint.

Als weitere Schritte folgen nun die univariate und später die bi- oder multivariate Auswertung der Daten. Bei der *univariaten Analyse* wird eine Spalte der Datenmatrix beschrieben - bei einer kategorialen Variable dadurch, daß man die Häufigkeit des Vorkommens der einzelnen Kategorien (wie z.B. Konfession, Parteizugehörigkeit) auszählt und anschließend prozentuiert, bei einer metrischen Variable (z.B. Arbeitslosigkeit in Prozent für einzelne Länder), indem man Mittelwerte und/oder Streuungswerte angibt. Der Beitrag von *Bürklin* (⇨ Kapitel II) geht intensiver darauf ein, wie dies im Falle von Umfragedaten gemacht wird und zeigt anschließend das Vorgehen bei der bivariaten und multivariaten Tabellenanalyse. Bei der *bivariaten Analyse* interessiert der Zusammenhang zwischen zwei Variablen, für den sich, je nach Meßniveau, unterschiedliche Maßzahlen berechnen lassen. Bei der *multivariaten Analyse* interessiert das Beziehungsgeflecht zwischen mehreren Variablen. Wie *Bürklin* zeigt, kann sich durch Berücksichtigung einer dritten Variable ein zuvor konstatierter Zusammenhang zwischen zwei Variablen als "Scheinkorrelation" erweisen, d.h. der ursprünglich festgestellte Zusammenhang wird durch die Drittvariable erklärt. Die Regressionsanalyse ist das verbreitetste Verfahren zur multivariaten Analyse metrischer Variablen. Manfred G. *Schmidt* (⇨ Kapitel VI) zeigt mit ihrer Hilfe, daß die parteipolitische Zusammensetzung von Regierungen Auswirkungen auf bestimmte Indikatoren von Staatstätigkeit hat, auch wenn andere ökonomische Faktoren berücksichtigt werden.

Bei der Datenanalyse ist zu unterscheiden zwischen deskriptiver und induktiver oder Inferenzstatistik. Im Falle der *deskriptiven Statistik* werden die Daten mit Hilfe statistischer Maßzahlen der zentralen Tendenz (Mittelwerte), der Streuung (Varianz, Standardabweichung) oder mit Zusammenhangsmaßen (Korrelationskoeffizient) charakterisiert, so daß eine komprimierte Beschreibung und ein Vergleich möglich werden. Schaubilder wie Balkendiagramme, Kreisdiagramme etc. dienen demselben Zweck, nämlich der möglichst kondensierten Darstellung der in den Daten enthaltenen wesentlichen Informationen. In der Regel interessiert man sich in einer quantitativen Untersuchung zunächst einmal dafür, ob und wieviel Unterschiedlichkeit zwischen den einzelnen Untersuchungsobjekten besteht. Gäbe es in westlichen Industriestaaten keine Unterschiede, z.B. im Wirtschaftswachstum, in der Staatsquote oder in den Ausgaben für Sozialleistungen zwischen den Ländern, würde es keinen

Sinn machen, danach zu fragen, ob die parteiliche Zusammensetzung von Regierungen Auswirkungen auf die Politikproduktion hat.

Der nächste, ebenfalls noch mit Hilfe der deskriptiven Statistik zu bewältigende Schritt besteht darin, Zusammenhänge zwischen den Variablen unter Berücksichtigung theoretischer Vorüberlegungen zu modellieren. *Induktive Statistik* wird gebraucht, wenn es darum geht, von der Stichprobe auf die eigentlich interessierende Grundgesamtheit zu schließen oder wenn gefragt wird, ob ein Zusammenhang "überzufällig" ist. Man prüft dann, ob die in der Stichprobe gemessenen Werte statistisch signifikant sind.

Man kann darüber streiten, ob bei einer Vollerhebung, wie Manfred G. *Schmidt* (⇨ Kapitel VI) sie durchführt hat, das Instrumentarium der Inferenzstatistik angewendet werden sollte. *Bürklin* (⇨ Kapitel II) behandelt eher den klassischen Fall, bei dem Inferenzstatistik zur Anwendung kommt: beim Schließen von Stichproben auf eine Grundgesamtheit. Bei einer auf Wahrscheinlichkeitsauswahl beruhenden Stichprobe besteht das Interesse des Forschers nicht an den Maßzahlen (Prozentanteilen, Durchschnittswerten, Korrelationskoeffizienten), die er mit Hilfe der Daten der Stichprobe berechnen kann, sondern an den "wahren" Werten für die Grundgesamtheit. Zu diesem Zweck werden die für die Stichprobe berechneten Kennwerte als Schätzwerte für die "wahren" Werte der Grundgesamtheit benutzt. Die Größe des bei dieser Schätzung gemachten Fehlers kann mit Hilfe der induktiven Statistik angegeben werden kann.

Generell gilt, daß eine größere Stichprobe verläßlichere Werte liefert. Doch läßt sich zeigen, daß schon Zufallsstichproben von 1000 befragten Bundesbürgern repräsentative Aussagen über die Gesamtheit aller Bundesbürger zulassen. Im Falle von Untersuchungen wie der von Manfred G. *Schmidt* (⇨ Kapitel VI) nutzt man ebenfalls das Instrumentarium der Inferenzstatistik, auch wenn es sich streng genommen um eine Totalerhebung handelt. Man kann jedoch unterstellen, daß die gemessenen Werte Zufallsziehungen aus der hypothetischen Grundgesamtheit aller möglichen Werte sind. Jeder Meßwert besteht also aus einer "wahren" und einer "zufälligen" Komponente. Wenn man von einem solchen Modell ausgeht, macht es Sinn, von "überzufälligen Zusammenhängen" zu sprechen, wie *Schmidt* dies tut. Allerdings sollte der Forscher seine Entscheidungen darüber, welche Variablen in ein Erklärungsmodell aufgenommen werden, nicht nur von statistischen Signifikanzüberlegungen abhängig machen. Die Variablenauswahl sollte mindestens ebenso stark von theoretischen Erwägungen gesteuert werden (*Küchler* 1979, S. 114).

Die Logik des vor allem im quantitativ-statistischen Paradigma verwendeten Hypothesentests besteht darin, eine Null-Hypothese mit einer Alternativhypothese zu konfrontieren. Die *Nullhypothese* bedeutet, daß kein bzw. nur ein zufälliger - eventuell durch Stichprobenziehung hervorgerufener - Zusammenhang besteht. Ist die Nullhypothese tatsächlich falsch und weist man sie aufgrund des Tests als falsch zurück, dann hat man genau das Richtige getan. Es ist jedoch auch möglich, eine richtige Nullhypothese zurückzuweisen und statt dessen die falsche Alternativhypothese zu akzeptieren. Die Wahrscheinlichkeit eines solchen Irrtums möchte man in der Regel sehr klein halten. Meist hält man sich an die Konvention, die Wahrscheinlichkeit, die Nullhypothese irrtümlich zurückzuweisen, auf 5% festzusetzen. Ähnliche Entscheidungsregeln finden sich in anderen Bereichen. Man denke nur an Gerichtsverfahren. Hier gilt der Grundsatz, daß der Angeklagte als unschuldig zu gelten habe (Null-Hypothese), bis man genügend Beweise für seine Schuld (Alternativhypothese) hat. Die Wahrscheinlichkeit, einen Unschuldigen zu verurteilen und damit die Nullhypothese zurückzuweisen, sollte möglichst gering sein.

Der Computer ist heute ein unentbehrliches Hilfsmittel bei der *quantitativ-statistischen Analyse*. Die eingesetzten Programme sind wesentlich benutzerfreundlicher als noch vor wenigen Jahren. Außerdem läßt sich heute auf dem Personalcomputer bewerkstelligen, was früher nur mit Hilfe großer Rechenanlagen möglich war. Wer mit dem PC Daten analysieren will, kann natürlich immer noch versuchen, sich sein eigenes Programm zu basteln. Anleitungen dazu gibt es in Hülle und Fülle. Doch weitaus effizienter ist es, auf vorhandene Statistik-Programmpakete zurückzugreifen. Das am weitesten verbreitete ist SPSS (*Nie* u.a. 1975), ursprünglich *Statistical Package for the Social Sciences*, heute *Superior Performance Software System* genannt. Inzwischen kann SPSS auf dem PC unter WINDOWS betrieben werden, gegenüber der Lochkartenversion am Großrechner früherer Zeiten eine enorme Erleichterung (als Einführung: *Bühl/Zöfel* 1994). Mit SPSS kann man die in diesem Kurs erwähnten Statistikprozeduren durchführen, also Tabellenanalyse oder Regressionsanalyse, aber noch weitaus mehr. Als weitere Software zur Datenanalyse kommen Tabellenkalkulationsprogramme (LOTUS, QUATTRO, EXCEL) in Frage, mit deren Hilfe man eine Datenmatrix zunächst einmal erfassen, speichern und grafisch auswerten kann. SPSS kann die mit einigen Tabellenkalkulationsprogrammen gespeicherten Daten einlesen, so daß komplexere Analysen möglich sind.

Auch die *interpretative Analyse verbaler Daten* kommt heute kaum noch ohne Computer aus. Trotzdem seien hier zunächst die wichtigsten Schritte einer qualitativ-empirischen Vorgehensweise erläutert. *Lamnek* (1989, S. 104 ff.) gliedert den Auswertungsprozeß qualitativer Interviewdaten in vier Phasen beginnend mit (1) der *Transkription*, bei der das Material in lesbare Form gebracht wird. Daran schließt sich (2) die *Einzelanalyse* an, bei der prägnante Textstellen entnommen werden und der Einzelfall charakterisiert wird. Danach geht man über den Einzelfall hinaus und versucht in der (3) *generalisierenden Analyse* Gemeinsamkeiten und Unterschiede zwischen den Interviews herauszuarbeiten, um Typisches zu erfassen. Bei *Lamnek* schließt sich (4) eine *Kontrollphase* an, bei der die gefundenen Interpretationen entweder in einem weiteren Durchgang oder durch andere Forscher kontrolliert werden, um Verzerrungen zu vermeiden. Andere qualitative Sozialforscher verfahren nach einem ähnlichen Schema. Michael *Meuser* und Ulrike *Nagel* (1991, S. 451 ff.) legen ein Modell für eine "interpretative Auswertungsstrategie für leitfadenorientierte ExpertInneninterviews" vor, an der wir uns im folgenden orientieren wollen.

In einem ersten Schritt werden die auf Tonband aufgenommenen Interviews transkribiert. Dabei ist auf die inhaltliche Vollständigkeit zu achten; u.U. muß auch ein Notationssystem für nichtsprachliche Elemente eingeführt werden. Angesichts des großen Aufwandes einer solchen Transkription schlagen *Meuser* und *Nagel* vor, nur gelungene Interviews mit Experten zu transkribieren.

Anschließend wird der Text paraphrasiert. Textgetreu, in eigenen Worten und der Chronologie des Interviews folgend soll wiedergegeben werden, was gesagt wurde.

"Nicht Redundanz ist das Problem des Paraphrasierens, sondern Reduktion von Komplexität" (*Meuser/Nagel* 1991, S. 457). Die angestrebte Verdichtung des Textmaterials geschieht dadurch, daß man die Themen des Gesprächs herausarbeitet, ohne nicht-antizipierte Themen zu unterschlagen.

Im nächsten Schritt werden die paraphrasierten Passagen mit Überschriften versehen. Man bleibt noch in der Terminologie des Befragten; Passagen, die mehrere Themen berühren, erhalten mehrere Überschriften. Anschließend werden Passagen mit ähnlichen Themen zusammengestellt und mit einer Hauptüberschrift versehen. Es gilt, möglichst treffende Überschriften zu formulieren. Beim nächsten Schritt verläßt man den Bereich des Einzelinterviews und stellt thematisch vergleichbare Textpassagen aus verschiedenen Interviews zusammen, die mit einer gemeinsamen Überschrift versehen werden.

> "Die Überschriften der Paraphrase werden als 'Steigbügel' benutzt, um den Äußerungen die Relevanzstrukturen des ExpertInnenwissens abzulesen: typische Erfahrungen, Beobachtungen, Interpretationen und Konstruktionen, Verfahrensregeln und Normen der Entscheidungsfindung, Werthaltungen und Positionen, Handlungsmaximen und Konzepte im Rahmen der Funktionsausübung" (*Meuser/Nagel* 1991, S. 460).

Gemeinsamkeiten und Unterschiede zwischen den Einzelinterviews sollen durch den thematischen Vergleich verschiedener Interviews herausgearbeitet werden, wobei ständig überprüft wird, ob die Zuordnungen plausibel sind. Anschließend wird eine "soziologische Konzeptualisierung" vorgenommen, d.h. unter Rekurs auf Fachwissen werden die Inhalte der Interviews in theoretisch relevanten Kategorien neu arrangiert. *Meuser* und *Nagel* (1991, S. 462) sprechen in diesem Zusammenhang von Übersetzung in soziologische Begriffe mit dem Ziel einer "Systematisierung von Relevanzen, Typisierungen, Verallgemeinerungen, Deutungsmustern".

Als letzte Stufe des Auswertungsprozesses werden die Kategorien systematisch geordnet, womit man sich auf die Ebene soziologischer oder politologischer Theorien begibt. Es findet eine "theoretische Generalisierung" statt.

Durch das aufwendige, schrittweise Vorgehen soll die "Kontrolle des Zirkelschlusses" gewährleistet werden: Damit die gefundenen Interpretationen den Anspruch auf Gültigkeit erheben können, muß das gewählte Verfahren nachprüfbar und nachvollziehbar sein.

> "Der Zwang zur permanenten Kontrolle des Verhältnisses von Theorie und Praxis muß institutionalisiert werden. Für die Auswertungspraxis ergibt sich daraus, daß alle Stufen durchlaufen werden müssen, daß keine Stufe übersprungen werden darf. Vielmehr erweist es sich, je weiter der Auswertungsprozeß vorangeschritten ist, immer wieder als notwendig, auf eine vorgängige Stufe zurückzugehen, um die Angemessenheit einer Verallgemeinerung, ihre Fundierung in den Daten, zu kontrollieren. In dieser Weise zeichnet sich die Auswertung durch Rekursivität aus" (*Meuser/Nagel* 1991, S. 465).

Aufgrund der großen Textfülle steht die qualitative Analyse z.B. narrativer Interviews immer wieder vor dem Problem, den Auswertungsprozeß zu ökonomisieren und zu routinisieren. *Mühlfeld* u.a. (1981, S. 335 ff.) schlagen vor, sich bei der Auswertung narrativer Interviews an den Leitfragen des Fragebogens zu orientieren, um Problembereiche zu identifizieren, die einzelnen Fragen des Leitfadens zugeordnet werden können. Der Interpretationsprozeß ist auch bei ihnen als mehrstufiges Verfahren angelegt, wobei die Transkription des Textes insgesamt viermal durchgelesen wird.

Der Text wird gelesen, Textstellen werden markiert, schließlich wird mit Schere und Klebstoff gearbeitet und einzelne Interviewausschnitte herausgelöst.

An dieser Stelle setzen Computerprogramme an, die den qualitativen Interpreten das Leben erleichtern sollen. Was das Kleben und Herauslösen von einzelnen Textstellen anbetrifft, können schon Textverarbeitungsprogramme wertvolle Hilfe leisten. Doch für die Kennzeichnung, Kodierung und Zusammenstellung von relevanten Segmenten eines Textes gibt es inzwischen zahlreiche Programme, die von Forschern selbst entwickelt und vertrieben werden. Das von Udo *Kuckartz* gemeinsam mit Andreas *Maurer* entwickelte Programm MAX erlaubt die Auswertung von bis zu 1000 Texten, zu denen Rahmendaten gespeichert werden können. Bei der Textauswertung werden einzelnen Textpassagen Schlagworte zugeordnet, Textsegmente können überlappen oder verschachtelt sein. Bei der Auswertung können alle Textsegmente, die zu bestimmten Schlagwörtern gehören, zusammengestellt werden (*Kuckartz* 1991). MAX ist nicht das einzige Programm auf dem Markt; über den Computereinsatz in der qualitativen Sozialforschung informiert detaillierter *Huber* 1992.

Wie bereits mehrfach erwähnt, ergänzen sich qualitative und quantitative Analyse. Dem wird durch die Computersoftware Rechnung getragen. Das zentrale Problem der intensiven qualitativen Analyse, nämlich die geringe Fallzahl, kann durch eine computerisierte Auswertungsstrategie teilweise behoben werden. Wenn bis zu 500 Leitfadengespräche durch die qualitative und quantitative Auswertung kombinierende hermeneutisch-klassifikatorische Inhaltsanalyse ausgewertet werden können, rückt der Einsatz repräsentativer Stichproben auch für die qualitative Forschung in greifbare Nähe (*Mathes* 1992, S.420).

7   Zum Schluß und zum neuen Beginn

Jedes Ende ist ein Anfang, heißt eine kluge Lebensweisheit. So geht es meistens auch in der Forschung. Am Schluß vieler englischsprachiger Forschungsberichte steht deshalb der klassische Satz: "Further research is needed". Das ist sicherlich nicht nur eine Ermutigung der Forschungskollegen, sondern auch eine Entschuldigung an Fachkritiker und schließlich eine Ermahnung an Forschungspolitiker, weiter Forschungsmittel bereitzustellen. Seltener ist vielleicht auch ein altes Wissenschaftler-Bonmot gemeint, das lautet: "Unsere gesicherten Erkenntnisse von heute sind die großen Irrtümer von morgen."

Jedenfalls bedeutet der Schluß dieses einführenden Grundrisses in die Methoden der Politikwissenschaft gleichzeitig Ausblick und Anfang der Werkstattbesuche in die Forschungspraxis. Was wir bisher als "Trockenkurs" gelehrt haben, muß nun in die Praxis geworfen seine Tragfähigkeit beweisen.

Im Einführungskapitel dieses Textes sind bereits einige editorische Vorüberlegungen angesprochen worden, welche Ideen das Zustandekommen des Textes und seiner folgenden Kapitel geleitet haben. Methoden in Arbeit, Forscher in ihrer Werkstatt, das war unsere didaktische Konzeption. Das Gliederungsraster, das wir den Autoren ursprünglich vorgegeben hatten, haben diese unterschiedlich genau reproduziert. Wir haben die Ergebnisse mit ihnen diskutiert und redigiert und schließlich überzeugt akzeptiert. Denn es sprachen gute Gründe dafür, daß sich besonders *Bürklin* (⇨ Kapitel II) und *Reh* (⇨ Kapitel III) von einigen Vorgaben freimachten, um die grundlegenden Methoden und Techniken der Umfrageforschung einerseits und der Quellen- und Dokumentenanalyse andererseits umfassender darzustellen. Beide Methoden erschienen uns so fundamental, daß sie auch mehr Raum zur Verfügung erhielten und die beiden Eröffnungskapitel bestreiten konnten.

Dabei ist uns wohl bewußt, daß *Bürklin* (⇨ Kapitel II) manchen Studierenden, die in die Sozialwissenschaften gestrebt haben, weil sie naturwissenschaftlich-mathematischen Wissenschaften entfliehen wollten, einige harte Nüsse aufgibt. Die Beherrschung dieser Methoden ist allerdings unverzichtbar, um sozialwissenschaftliche Forschung kritisch, d. h. auch reflektiert, betreiben zu können. Wer als Studierender der Sozialwissenschaften nicht wenigstens z.B. am Wahlabend vor dem Fernseher die Operationen (und manchmal auch die Manipulationen) der Wahlstatistik, Demoskopie und Wahlforschung kritisch durchschauen kann, hat sein Studienziel verfehlt. Nicht zuletzt solche Fertigkeiten vermittelt das ⇨ Kapitel II zur Umfrageforschung von *Bürklin*.

Die Quellen- und Dokumentenanalyse folgt als nächstes Kapitel (⇨ Kapitel III), weil sie genauso elementar ist und andererseits aber sträflich in der modernen politikwissenschaftlichen Methodenausbildung vernachlässigt wird. Die gängigen soziologischen Lehrbücher ignorieren sie fast vollständig. Nur dort, wo Politikwissenschaft noch ein zeithistorisches Fundament besitzt, wird sie für wichtig erachtet, aber meist ebensowenig gelehrt, sondern an die Veranstaltungen der Historiker delegiert. An seinen Beispielen aus dem "Politikfeld" Verkehrspolitik kann *Reh* zeigen, daß Quellenanalyse mitnichten für historische Fragestellungen reserviert werden muß, sondern dem aktuellen Feld der "policy studies" gut ansteht. Welche leicht zugänglichen Archive der Ämter, Parlamente, aber auch Gerichtsakten, Zeitungsdokumente, europäische Quellen hier genutzt werden können, wird eindrucksvoll demonstriert.

Demonstriert wird auch im Beitrag von *Rucht* u.a. (⇨ Kapitel IV), denn "Protestereignisse", d.h. in den meisten Fällen Demonstrationen, sind ihr Forschungsgegenstand. Auch sie analysieren Dokumente, nämlich Zeitungsberichte über den Wandel von Protestformen in der Geschichte der Bundesrepublik. Während *Reh* stärker die qualitative Methode der Quellenkritik und Textanalyse lehrt und anwendet, zeigen *Rucht* u.a. die quantitative Methode einer förmlichen Inhaltsanalyse (content analysis). Auch mit diesem Wechsel von quantitativen Methoden bei *Bürklins* Umfrageforschung, über die Inhaltsanalyse bei *Rucht* u.a. sowie später bei Manfred G. *Schmidts* Aggregatdatenanalyse alternierend mit qualitativen empirischen Ansätzen - bei *Rehs* Dokumentenanalyse und Josef *Schmids* Experteninterviews - deutet sich ein Prinzip unseres Leitbildes kritisch-empirischer Politikforschung an: quantitative und qualitative Ansätze wechseln sich in unserer Darstellung ab, sind beide legitim und befruchten sich gegenseitig.

Zwar handelt es sich bei Josef *Schmids* Experteninterviews (⇨ Kapitel V) genauso um den Gesamtbereich der Befragung, wie bei *Bürklins* Umfrageforschung, trotzdem trennen beide Welten. *Bürklin* plädiert für den strengen Königsweg empirisch-analytischer Sozialforschung; *Schmid* propagiert locker einen methodologischen Pragmatismus, der allerdings dennoch Disziplin, Zuverlässigkeit und Theorieorientierung fordert. Immerhin kann er im Ergebnis nachweisen, daß er mit Hilfe seiner Methoden einige Mythen der Parteienforschung killen konnte, so z. B. daß die CDU-Organisation eine streng auf den Bonner Parteiapparat ausgerichtete zentralistische Hierarchie sei.

Auch Manfred G. *Schmidt* (⇨ Kapitel VI) beschäftigt sich mit Parteien, aber nun wieder in einer ganz anderen Zugriffsform, nämlich nicht mit Parteiorganisationen, sondern mit Parteiregierungen im internationalen Vergleich. Er demonstriert daran den Nutzen der Aggregatdaten für die quantitative politikwissenschaftliche Forschung. Natürlich stellt er gebührend die Vorteile und Potentiale von Aggregatdatenanalyse heraus, denn das ist seine Aufgabe: Auf einer langen Zeitschiene für alle demokratischen Industriestaaten die Frage empirisch befriedigend zu prüfen, ob Parteifärbung der Regierungen wirklich einen signifikanten Unterschied im Politikergebnis ausmacht - dies ist kaum anders als durch ein solches Projektdesign erforschbar. Und es ist erfolgreich, wie viel positives Echo in der Wissenschaft beweist. Aber er verschweigt auch nicht die Kosten, mit denen er sein spezifisches Forschungsdesign "bezahlen" muß: "das Wie der Politik (wird) vernachlässigt ebenso wie das Tun und Lassen individueller und kollektiver Akteure".

Was für einen besseren Ansporn für pragmatischen Methoden-Mix könnte es geben? Unsere fünf Autoren gehen fünf verschiedene Wege. Manche, wie besonders *Reh* (⇨ Kapitel III) und *Schmid* (⇨ Kapitel V) zeigen uns in ihrem eigenen Forschungsprojekt eine Kombination von unterschiedlichen Pfaden auf. Damit soll aber nicht dafür plädiert werden, in jedem Projekt alles irgendwie mal ein bißchen zu versuchen. Ein Pichelsteiner Eintopf aus Interview, Dokumentenanalyse, Aggregatdaten und teilnehmender Beobachtung ist nur bei intensiven und recht anspruchsvollen Projekten sinnvoll, wenn jede Zutat wirklich zu ihrem Recht kommt. Sonst kommt ein fades Allerlei heraus.

Methodenmix: ja, aber nicht als Vorwand für die schnelle Küche. Die Kombination ist nur dann sinnvoll und vertretbar, wenn jede Methode adäquat eingesetzt wird und zu ihrem Recht kommt. Das vereinfacht kein Projekt, sondern macht es anspruchsvoller. Bei begrenzten Ressourcen ist deshalb weniger immer mehr: dafür aber richtig.

Am Ende dieses Ausblicks steht schließlich wieder die gute alte Devise: "Further research (methods) is (are) needed". Sicher haben wir nicht alle relevanten Methoden porträtiert. Die teilnehmende Beobachtung fehlt schmerzlich, Feldexperimente oder Computersimulationen wären auch noch schön gewesen. Und natürlich werden manche mehr qualitative Ansätze, das "narrative Interview" oder die "objektive Hermeneutik", vermissen. Darauf können wir nur kontern: Es ist halt ein Lehrbuch, und das ist mit diesem Umfang schon voll genug. Wir können aber auch mit Max *Weber* schließen, der in seinem Beitrag "Wissenschaft als Beruf" schon 1919 uns aus vollem Herzen gesprochen hat: "Die Darlegung wissenschaftlicher Probleme so, daß ein ungeschulter, aber aufnahmefähiger Kopf sie versteht, und daß er - was für uns das allein Entscheidende ist - zum selbständigen Denken darüber gelangt, ist vielleicht die pädagogisch schwierigste Aufgabe von allen" (*Weber* 1919, S. 578).

Kapitel II

Wilhelm Bürklin

Grundlagen empirischer Sozialforschung anhand der Umfrageforschung: Wer wählt warum die GRÜNEN?

1   Einleitung: Das standardisierte Interview als Königsweg der empirischen Sozialforschung?

Unter dem Begriff der Umfrageforschung fassen wir alle wissenschaftlichen Forschungsprojekte, bei denen die Befragung von Personen - das Interview - als Methode der Datenerhebung eingesetzt wird. Die Umfrage ist eine von mehreren Methoden der empirischen Sozialforschung, wobei wir unter einer Methode ein spezielles System von Regeln verstehen, nach denen der Forschungsprozeß organisiert ist, damit wissenschaftliche Erkenntnis möglich wird (*Friedrichs* 1980, S. 14). Die Instrumente, die nach den Regeln dieser Methode eingesetzt werden, sind spezielle Interviewfragen, bzw. der Fragebogen als Zusammenfassung mehrerer Fragenkomplexe. Inwieweit der Umfrageforscher dabei auf standardisierte Instrumente und das Muster einer vereinheitlichten Fragenanordnung im Interview zurückgreift, ist nicht festgelegt, sondern ergibt sich jeweils aus der zu beantwortenden Forschungsfrage. Das methodische Spektrum reicht hier vom lose strukturierten Gesprächs-Leitfaden bis zum standardisierten wissenschaftlichen Interview. Allerdings ermöglicht erst die Standardisierung des Interviews die Erhebung von Daten einer solchen Qualität, daß mit ihnen der vergleichende Test von Hypothesen, und damit die empirisch gestützte Theorieentwicklung, möglich wird. Aus diesem Grund wird der Begriff der Umfrageforschung im engeren Sinne nur für die standardisierte wissenschaftliche Befragung verwendet.

Fragebögen als Instrument der empirischen Sozialforschung wurden erstmals im England der 1830er Jahre sowie in Deutschland in der Mitte des 19 Jahrhunderts im Rahmen der problembezogenen empirischen Fallstudien des Vereins für Socialpolitik (sog. 'Enqueten') eingesetzt (*Kern* 1982; *Maus* 1973). Im Rahmen dieser Enqueten, die zu zahlreichen Problemfeldern durchgeführt wurden (von der Fabrikgesetzgebung über das Lehrlingswesen bis zu Wohnungsnot und Heimarbeit), war der Fragebogen jedoch nur eines von mehreren Untersuchungsinstrumenten. Zudem war der aus diesen Befragungen gewonnene Ertrag für die Sozialforschung wegen der methodischen Mängel und der Unausgereiftheit der Instrumente auch im Kreise des Vereins für Socialpolitik umstritten. Gleichwohl stellten diese Befragungen die Vorstufe zur

Entwicklung der standardisierten Umfrageforschung als eigenständige Teildisziplin der empirischen Sozialforschung dar. Die standardisierte Umfrageforschung, die im folgenden Kapitel als Forschungsmethode charakterisiert werden soll, ist eine relativ junge Disziplin.

Ihre Entwicklung ging in zwei Phasen vonstatten: In der ersten Phase, die Mitte der 1930er Jahre begann, wurde die Stichprobentheorie entwickelt und das Interviewverfahren als Methode zur Erhebung von Daten ausdifferenziert. In der zweiten Phase, die Ende der 1960er Jahre begann und die mit der Einführung der elektronischen Datenverarbeitung verbunden ist, wurden die Verfahren zur statistischen Analyse der erhobenen Daten entwickelt und verbessert (*Frankel/Frankel* 1987). Während die Grundzüge aller wesentlichen Techniken der Sozialforschung bis zu den 1930er Jahren entwickelt waren, fand die Institutionalisierung der Forschungsinfrastruktur erst nach dem Zweiten Weltkrieg statt (*Kaase* 1985, S. 1043ff). Damit waren die Voraussetzungen für die rasche Ausbreitung dieser Verfahren in zahlreichen Forschungsgebieten geschaffen. Da sich die Ausbreitung der Kenntnisse über empirische Forschungsmethoden schwerpunktmäßig im Bereich der Umfrageforschung vollzog, wurde das Interview zum wichtigsten Instrument dieser Forschung (*Scheuch* 1973, S.66). Wie die regelmäßigen Erhebungen des *Zentralarchivs für Empirische Sozialforschung* in Köln zeigen, wird die Befragung bis in die jüngste Zeit in den meisten großen empirischen Forschungsprojekten als Instrument eingesetzt (*Zentralarchiv* 1991: XVI). Die Folge ist, daß bisher kein anderes Erhebungsverfahren so viel zum gesicherten Wissen im Bereich der empirischen Sozialforschung beigetragen hat wie das Interview. Diese Entwicklung hat der Nestor der empirischen Sozialforschung in Deutschland, René *König*, vorausgesehen, als er 1952 in seiner ersten deutschsprachigen Einführung in die Methoden der Umfrageforschung die These aufstellte, daß "das Interview in seinen verschiedenen Formen doch immer der Königsweg der praktischen (d.h. empirischen; d. Verf.) Sozialforschung bleiben" werde (*König* 1962, S.27). Seine optimistische Prognose gilt wohl bis heute für die Wahlsoziologie. In weiten Bereichen der Politikwissenschaft - ob Politikfeldanalyse oder Internationale Politik - ist die Dominanz der Umfrageforschung nicht mehr so eindeutig. Hier ist eine Analyse von Aggregatdaten unverzichtbar (⇨ Kapitel VI).

1.1   Formen und Funktionen des Interviews

Die Ziele wissenschaftlich durchgeführter Befragungen sind Deskription und Erklärung (*Holm* 1975 , S. 11). Unter Deskription (Beschreibung) verstehen wir die Ermittlung der Verteilung der Befragten hinsichtlich einer interessierenden Fragestellung (z.B. "Wie hoch ist der Anteil der deutschen Wählerschaft, der bereit ist, der Partei der Republikaner die Stimme zu geben?"). Zweck der Erklärung ist es, darüber hinaus zu ermitteln, aus welchen Gründen diese Verteilung zustande gekommen ist, ob z.B. die soziale Lage eines Befragten oder dessen traditionelle Wertorientierungen für seine Haltung gegenüber den Republikanern verantwortlich sind. Ganz im Gegensatz zur Alltagserfahrung, wonach die Ermittlung von Informationen durch ein Gespräch ein relativ problemloses Unterfangen darstellt, ist der Erfolg der Umfrageforschung von der Beachtung zahlreicher Regeln abhängig. Das Interview eröffnet, wie schon *König* feststellte, nur dann "einen hinreichenden Weg zur Erkenntnis", wenn es "in kontrollierbarer Form angewendet wird" (*König* 1962, S. 27), d.h. es müssen die Voraussetzungen für einen kontrollierbaren Einsatz der verschiedenen Formen des Interviews gegeben sein.

Grundsätzlich verstehen wir unter einem Interview ein "planmäßiges Vorgehen mit wissenschaftlicher Zielsetzung, bei dem die Versuchsperson durch eine Reihe gezielter Fragen oder mitgeteilter Stimuli zu verbalen Informationen veranlaßt werden soll" (*Scheuch* 1973, S. 70f.). Diese Definition ist so weit gefaßt, daß sie jede Form des wissenschaftlichen Interviews einschließt. Wir unterscheiden das wissenschaftliche Interview 1. nach der Erhebungsform (schriftlich, mündlich/telefonisch), 2. nach der Anzahl der Interviewpartner (Einzel-, Gruppeninterview) und 3. vor allem nach dem Grad der Standardisierung (nicht-standardisiertes, teil-standardisiertes und voll-standardisiertes Interview).

Je nach vorgesehenem Erkenntnisinteresse wird das Interview in verschieden strenger Standardisierung eingesetzt. Weniger standardisierte Formen des Interviews (Leitfaden-, Experteninterview) werden häufig im Anfangsstadium einer Untersuchung in Form der Expertenbefragung eingesetzt, wenn eine Forschungsfrage noch nicht hinreichend konkretisiert ist, die verschiedenen Dimensionen eines Problems herauszuarbeiten sind und erste Forschungshypothesen formuliert werden sollen. In solchen *explorativen* Forschungssituationen wären standardisierte Fragen und Antwortvorgaben dysfunktional, da der Interviewer dann keine Möglichkeit hätte, seine Gesprächsführung an neu auftauchende Aspekte eines Problems anzupassen. Er muß weiterführende Fragen stellen und je nach Gesprächsentwicklung oder Kompetenz seines Gesprächspartners vom Leitfaden des Interviews abweichen können. Leitfadeninterviews haben einen hohen heuristischen Wert: Sie sind als nicht-quantifizierende Verfahren darauf ausgelegt, eine Person oder einen speziellen Fall (eine Untersuchungseinheit) ganzheitlich zu verstehen. Sie eignen sich daher sehr gut zur *Generierung von Hypothesen* in einem bisher noch nicht hinreichend präzisierten Forschungsgebiet bzw. in einem frühen Stadium des Forschungsprozesses. Die teil- oder nicht-standardisierten Formen des Interviews haben daher ihre unbestrittene Berechtigung. Sie erfüllen allerdings im Forschungsprozeß andere Funktionen als das standardisierte Interview.

1.2   Das standardisierte Interview

Die konsequente Einhaltung der Forderung nach methodischer Kontrolle ist nur für das (voll) *standardisierte Interview* gegeben. Beim standardisierten Interview, das als persönliches, schriftliches oder telefonisches Interview durchgeführt werden kann, sind Frageform, Antwortvorgaben und die Fragefolge genau festgelegt. Oberstes Ziel der Standardisierung ist die *intersubjektive Vergleichbarkeit* der erhobenen Daten: Für die Klassifizierung des Befragten sollen allein seine objektiven Persönlichkeitsmerkmale ausschlaggebend sein. Das bedeutet, daß die Reaktionen des Befragten nicht durch die Interviewsituation oder die Einstellungen, Verhaltensweisen oder intellektuellen Fähigkeiten des Interviewers beeinflußt werden dürfen. Die intersubjektiv vergleichbare Datenerhebung soll dadurch erreicht werden, daß Befragungsinstrumente und -situationen weitgehend einheitlich gestaltet werden.

Das standardisierte Einzelinterview hat gegenüber Expertengespräch und Gruppendiskussion die größte Bedeutung erlangt und kommt seit Jahren in über 80 Prozent aller Befragungsprojekte zum Einsatz (*Zentralarchiv* 1991: XVI). Eine der wichtigsten Ursachen für seine große Bedeutung sind die Vorteile, die sich aus der Verknüpfung des standardisierten Interviews mit der Stichprobentheorie ergeben. Das Verfahren zur Erstellung repräsentativer Stichproben machte es möglich, von einer relativ kleinen Zahl von Befragten, die ein verkleinertes Abbild der Grundgesamtheit darstellen, auf die Gesamtheit der durch sie repräsentierten Bevölkerung zu schließen. Diese Möglichkeit machte die Umfrageforschung zu einem objektiven, effizienten und methodisch gültigen Verfahren, um Informationen über die Eigenschaften oder Merkmale einer Gesamtbevölkerung durch Befragung eines nur kleinen Teiles dieser Bevölkerung zu erhalten. In allen Fällen, in denen repräsentative Aussagen über eine größere Bevölkerung zu treffen sind, ist die Umfrage eine vergleichsweise billige, schnelle und technisch erheblich leichter handhabbare Alternative zur Totalerhebung, wie sie etwa eine Volkszählung darstellt.

Nicht verschwiegen werden soll allerdings bereits an dieser Stelle, daß sich die Vorteile der standardisierten Befragung in dem Umfang relativieren, wie sich immer weniger Personen bereit finden, an solchen Umfragen teilzunehmen. In den vergangenen Jahren war das z.T. nur noch die Hälfte des ausgewählten Personenkreises, in der Regel die politisch stärker interessierten Bürger. Durch diese Ausfälle entsteht das Problem, daß diese durch Selbstauswahl reduzierte Personengruppe für die Gesamtbevölkerung nicht mehr repräsentativ ist.

Aus Gründen der mangelnden Repräsentativität ist aus unserer Betrachtung jene Form des Interviews auszuschließen, die für den Großteil der Bevölkerung schlechthin als Synonym für das Instrument der Befragung gesehen wird, das journalistische Interview. Das Interview in Zeitung, Rundfunk und Fernsehen hat grundsätzlich andere Funktionen: Es dient nicht dem wissenschaftlichen Erkenntnisinteresse, sondern der Unterhaltung und Information des Publikums sowie als journalistisches Stilmittel zur Verdeutlichung unterschiedlicher Standpunkte. Das gilt auch für die im Rahmen von Fernsehreportagen häufig durchgeführten "Umfragen" unter Passanten in Fußgängerzonen. Aus den dort erhaltenen Antworten läßt sich kein gültiger Schluß auf die Meinungsverteilung in der Gesamtbevölkerung ziehen. Dasselbe gilt für Telefonumfragen im Rahmen von Rundfunk- und Fernsehsendungen ("ted"), falls die Teilnahme an diesen "Umfragen" durch eigene Initiative (Selbstauswahl) der Anrufer erfolgt. Auch dieser überdurchschnittlich aktive Personenkreis ist nicht repräsentativ für die Gesamtbevölkerung.

Mit der Standardisierung des Interviews ist der Übergang zu einer grundsätzlich anderen Forschungsstrategie verbunden. An die Stelle der explorativen Erforschung eines Falles oder einer Person, wie sie für das Experteninterview typisch ist, tritt das Ziel der *Erklärung* gesellschaftlicher Tatbestände. Erklärungen dieser Art lassen sich auch durch die Analyse nur weniger Fälle entdecken. Voraussetzung dafür, daß diese Erklärungen in eine allgemeingültige Theorie überführt werden können, ist der Test, ob die entdeckte Regelmäßigkeit auch für größere Bevölkerungsgruppen Gültigkeit beanspruchen kann. Solche Tests lassen sich nur dann durchführen, wenn die Befragung in standardisierter Form durchgeführt und die protokollierten Antworten gemessen, d.h. in ein Zahlensystem überführt wurden. Erst durch die quantifizierende Messung - d.h. durch die Abbildung der Struktur eines empirisch relationalen Systems in ein numerisch relationales System - werden aus den Informationen der Befragten jene Daten, die die Prüfung von Hypothesen oder Theorien ermöglichen. Ein empirisch relationales System ist z.B. die Sympathie zu einer politischen Partei mit den Ausprägungen "niedrig, mittel, hoch". Eine mögliche Entsprechung dazu wäre die numerische Relation "1,2,3".

Solche numerisch relationalen Systeme werden als *Skalen* bezeichnet. Je nach Eigenschaft der empirisch relationalen Systeme lassen sich vier Skalenniveaus unterscheiden (*Kromrey* 1990, S. 112ff):

1. Sind die Merkmale einer Variablen allein durch Gleichheit/Ungleichheit (Äquivalenzrelation) voneinander unterschieden, so sprechen wir von einer *Nominalskala*. Ein Beispiel ist die Variable "Wahlverhalten", wobei der Wahl einer politischen Partei ein bestimmter numerischer Wert zugeordnet wird (z.B. CDU=1, SPD=2, FDP=3 usw.). Da diese Werte aber nicht als auf- oder absteigende Rangreihe interpretiert werden dürfen, könnte man beispielsweise auch Kodierungen wie 5, 2,10 usw. benutzen.

2. Sind die Beziehungen zwischen den Elementen durch eine natürliche Rangordnung (Ordnungsrelation) beschrieben, sprechen wir von einer *Ordinalskala*. Diese Skala muß die Rangordnung (z.B. "niedrig, mittel, hoch") in den Skalenwerten wiedergeben (z.B. 1,2,3) und darf wie am Beispiel der Parteiensympathie entsprechend interpretiert werden.

3. Sind die Abstände der Merkmalsverteilung von Bedeutung und lassen sich die Distanzen zwischen den Skalenwerten sinnvoll interpretieren, spricht man von einer *Intervallskala*. Eine Temperaturskala gemessen in Celsius entspricht einer Intervallskala, da die Differenzen zwischenden den Skalenwerten (Temperaturunterschiede) empirisch sinnvoll aufgezeigt werden.

4. Beinhaltet eine Skala alle Eigenschaften einer Intervallskala und läßt sich der Skalenursprung als empirisch festgelegter Nullpunkt ('absoluter Nullpunkt') interpretieren, so bezeichnet man diese Verhältnisrelation als *Ratioskala*. Beispiele für Verhältnisskalen sind Maße oder Gewichte, z. B. das monatliche Einkommen, das in Verhältnis-Kategorien (doppelt, 5-fach) interpretiert werden kann.

Zu beachten ist, daß die vier Skalen eine Hierarchie bilden und sich die Daten eines Meßniveaus auf die jeweils niedrigeren Meßniveaus zurückführen (transformieren) lassen. Die Variable Einkommen (metrisch gemessen in DM) könnte beispielsweise auch ordinal (niedriges Einkommen, mittleres Einkommen, hohes Einkommen) bzw. nominal skaliert (mit Einkommen/ohne Einkommen) gemessen werden. Auf der Grundlage der Einstufung 'mit Einkommen/ohne Einkommen' verliert die Variable jedoch an Aussagekraft (Informationsverlust), da die Einkommensunterschiede (z.B. Distanzen) bzw. Einkommensrelationen (Hälfte, dreifach) nicht mehr aufgezeigt werden können.

Über die Wahl des angemessenen Skalenniveaus ist bei der Konstruktion des Fragebogens zu entscheiden; es wird vor allem bei der Analyse der Daten und der Interpretation der Ergebnisse bedeutsam.

Die Quantifizierung der in einer Befragung erhobenen Merkmale von Personen ist Voraussetzung dafür, sie mit statistischen Verfahren zu beschreiben und zu analysieren. Differenzierte Vergleiche zwischen verschiedenen Befragtengruppen oder verschiedenen Forschungsergebnissen werden erst durch Standardisierung und Quantifizierung möglich.

Beispiel: Nur begrenzt vergleichbar ist das Ergebnis einer Untersuchung, wonach die Befragten mit ihrer sozialen Lage "weitgehend zufrieden" waren. Vergleichbarkeit kann hergestellt werden über die Erhebung von Zufriedenheitsniveaus - z.B. sehr zufrieden, zufrieden, unzufrieden, sehr unzufrieden - und die anschließende Summierung jeder Antwortkategorie über alle Befragten hinweg. Ergebnis könnte sein: 25 Prozent der Befragten waren sehr zufrieden, 60 Prozent zufrieden, 10 Prozent unzufrieden und 5 Prozent sehr unzufrieden.

1.3   Die empirische Hypothesenprüfung

Das übergeordnete Ziel der Umfrageforschung ist die Weiterentwicklung unseres theoretischen Wissens über die soziale Wirklichkeit durch den empirischen Test alternativer Hypothesen. *Ziel der Hypothesentests* ist die Formulierung ursächlicher Gesetzmäßigkeiten, sog. nomologischer Hypothesen (*Albert* 1964, *Popper* 1966/ 1989). Nomologische Hypothesen über den Zusammenhang zwischen zwei oder mehreren Merkmalen einer Untersuchungseinheit haben die Form von "*Wenn-Dann*"- oder "*Je-Desto*"-Sätzen. Ein Beispiel für eine nomologische Hypothese ist die Aussage: "Je höher das Bildungsniveau einer Person, desto höher ist ihre Toleranz gegenüber politisch Andersdenkenden." Gegenstand der Erklärung ist die *Dann-* bzw. *Desto-*Komponente, das Explanandum, im vorliegenden Fall das Ausmaß der Toleranz. Als ursächlich dafür wird die *Wenn-* bzw. *Je-*Komponente, das Explanans, hier das Bildungsniveau, gesehen.

Die Suche nach nomologischen Hypothesen und deren Verbesserung ist ein Prozeß, der nie abgeschlossen ist. Er wird immer wieder angestoßen durch neue Erklärungstatbestände oder aber dadurch, daß sich bisher als bewährt geltende nomologische Hypothesen als fehlerhaft oder unzureichend erweisen. Da nomologische Hypothesen niemals endgültig bestätigt (verifiziert) werden können, weil wir nicht wissen, ob zukünftig doch noch damit unvereinbare Fälle entdeckt werden, werden Hypothesenprüfungen immer nur mit dem Ziel der Falsifikation, d.h. der Widerlegung einer nomologischen Hypothese, durchgeführt (*Popper* 1989; *Lakatos* 1970). Nach dieser Logik werden wissenschaftliche Hypothesen mit der sozialen Realität konfrontiert und damit bewußt der Gefahr des Scheiterns ausgesetzt. Kann eine Hypothese oder eine Theorie nicht widerlegt werden, so gilt sie als bewährt und damit in ihrem Geltungsanspruch gestärkt. Auch wenn eine bewährte Theorie nur in den seltensten Fällen falsifiziert wird, führt ihr empirischer Test häufig zu Einschränkungen ihres Geltungsbereiches oder deckt bisher nicht bekannte zusätzliche Faktoren der Erklärung auf. Die empirische Hypothesenprüfung ist daher das zentrale Element der Weiterentwicklung sozialwissenschaftlicher Theorie.

1.4 Charakteristische Form der Datenauswertung

Für die Auswertung der in Umfragen gewonnenen Informationen führt die Standardisierung des Interviews zu einer veränderten Vorgehensweise: An die Stelle der Analyse von *Fällen* tritt die Analyse von *Variablen*. Steht bei der nicht-standardisierten Befragung die jeweils betrachtete Untersuchungseinheit im Zentrum der Analyse, so ist es für das Verfahren der Hypothesenprüfung ausreichend, im Interview nur wenige ausgewählte Merkmale einer Person zu erheben. Diese Merkmale werden Variablen genannt, ihre Merkmalsausprägungen Variablenwerte.

Ein *Beispiel* der Analyse zweier Variablen mag das verdeutlichen: Geprüft werden soll die Hypothese, daß das Bildungsniveau positive Wirkungen auf die Sympathie für die Partei der GRÜNEN habe. Zur Prüfung der entsprechenden nomologischen Hypothese "Je höher das Bildungsniveau, desto höher die Sympathie für die Partei der GRÜNEN" wäre es im Prinzip ausreichend, bei einer repräsentativen Stichprobe von Personen nur zwei Merkmale zu erheben: ihren Bildungsabschluß und ihre Sympathie gegenüber den GRÜNEN. Um zu überprüfen, ob der vermutete Zusammenhang tatsächlich besteht, wird in der anschließenden Datenanalyse untersucht, mit welchen Häufigkeiten die Merkmalsausprägungen der Variablen Sympathie gegenüber den GRÜNEN (z.B.: schwach, mittel, stark) mit denen des Bildungsabschlusses (z.B. Hauptschule, Realschule, Gymnasium, Studium) in Kombination auftreten. Als Bestätigung unserer Hypothese würde gelten, wenn Höhergebildete den GRÜNEN mit größerer Sympathie gegenüberständen, d.h. diese Merkmalskonstruktion (sehr viel) häufiger genannt worden wäre. Würde sich dagegen zeigen, daß die Merkmalskombination "starke Sympathie" und "Studium" genauso häufig aufträten wie die Kombination "starke Sympathie" und "Realschule" oder "starke Sympathie" und "Hauptschule", dann gälte die Hypothese als falsifiziert, da der eingangs vermutete Zusammenhang nicht nachgewiesen werden konnte.

1.5 Umfrageforschung vs. Aggregatdatenforschung

Schließlich zeichnet sich die Umfrageforschung durch eine bestimmte theoretische Sichtweise, eine individualistische Weltsicht, aus, die sie einer bestimmten Richtung der Politikwissenschaft zuordnet. Die Wahl der Methode der Datenerhebung bedeutet hier eine Vorentscheidung auf eine bestimmte Klasse von Theorien. In der Umfrageforschung werden individuelle Einstellungen und Verhaltensweisen thematisiert und auf der Ebene des Individuums zu erklären gesucht. Die individualistisch-verhaltenstheoretische Richtung der Politikwissenschaft unterscheidet sich deutlich von der klassischen Regierungs- und Institutionenlehre, wo Funktion und Arbeitsweise politischer Institutionen untersucht werden. In ihrer makro-quantitativen Ausformung thematisiert diese theoretische Sichtweise die Zusammenhänge zwischen kollektiven Verhaltensweisen und Aggregateigenschaften (z.B. Wahlergebnisse und Inflationsra-

ten) (*Eberwein* 1983, S. 8). Dem makrotheoretischen Zugang zu politikwissenschaftlichen Problemen entspricht typischerweise die Analyse von *Aggregatdaten*
(⇨ Kapitel VI), während mit dem mikrotheoretischen Zugang die Analyse von *Individualdaten* verbunden ist.

Besonders im Vergleich zum Verfahren der Aggregatdatenforschung läßt sich m.E.
zeigen, daß die Umfrageforschung mit standardisierten Interviews das Prädikat des
'Königsweges der Sozialforschung' zu Recht erhalten hat:

- Zum ersten ermöglicht das Interview die Erhebung genau der Daten, die für die
  Hypothesenprüfung notwendig sind. Ist der Aggregatdaten-Forscher in vielen
  Fällen gezwungen, seine Hypothesenprüfung den verfügbaren Daten anzupassen,
  so hat der Umfrageforscher die Möglichkeit, seine Datenerhebung genau an den
  Erfordernissen der Hypothesenprüfung ausrichten. Diese Möglichkeit steht allerdings nur dem Primärforscher offen; bei der Sekundäranalyse ist der Umfrageforscher ebenfalls auf die verfügbaren Daten verwiesen.

- Zum zweiten kann der mit Umfragen arbeitende Primärforscher seine Daten zu
  jedem ihm theoretisch bedeutsam erscheinenden Zeitpunkt (z.B. zwei Tage
  vor/nach einer Wahl) sowie in beliebigen Zeitabständen erheben. Demgegenüber
  wird die Mehrzahl der in Zeitreihen verfügbaren Aggregatdaten nur zu festgelegten Zeitpunkten (monatlich/jährlich) erhoben.

- Zum dritten lassen sich Einstellungen, Motive, Wertorientierungen und Verhal-
  tensabsichten von Individuen ausschließlich durch Umfragemethoden erfassen.
  Auch über die Methode der Beobachtung menschlichen Verhaltens (z.B. Verhalten gegenüber Minderheiten) können nur indirekte Schlüsse auf subjektive Einstellungen gewonnen werden; sie kann deren Erhebung durch das Interview nicht
  ersetzen.

- Ein weiterer Vorteil der Umfrageforschung ist in der Möglichkeit zu sehen, durch
  Wiederholungsbefragungen Einstellungsänderungen auf individueller Ebene untersuchen zu können. Dazu werden nach Ablauf einer gewissen Zeit, die Wochen,
  Monate oder auch mehrere Jahre betragen kann, denselben Personen zum Teil
  identische Fragen vorgelegt. Ziel dieser sog. Panel-Studien ist die Entdeckung
  und Erklärung des Wandels individueller Einstellungen. Hier ist allerdings anzumerken, daß die Untersuchung von Entwicklungstrends auch auf der Basis aggregierter Daten (z.B. Regierungspopularität) möglich ist. Diese Aggregatdaten
  können ebenfalls durch Umfragen generiert werden.

- Die fünfte und vermutlich wichtigste Ursache für die Bedeutung der Umfrageforschung ergibt sich aus deren bereits genannten Verbindung zur Stichprobentheorie. Die Möglichkeit, über die Befragung einer relativ kleinen Zahl von Personen
  auf die Merkmalsverteilungen ganzer Bevölkerungen zu schließen, hat die sozialwissenschaftliche Forschung revolutioniert (H. *von Alemann* 1977, S. 19; ⇨ Abschnitt 3.6).

2 Phasen des Forschungsprozesses

Das Verfahren der Umfrageforschung läßt sich in verschiedene Arbeitsphasen aufteilen (ausführlich dazu *Zetterberg* 1973, S.103-160; *Kromrey* 1990, S.32-39; *Porst* 1985; ➪ Kapitel I):

---

1. Entdeckung und Präzisierung der Forschungsfrage

2. Formulierung der Arbeitshypothesen;
   Bezugnahme zu aktuellem Forschungsstand und
   Literaturlage

3. Operationalisierung der Interviewfragen;
   ggf. Übernahme existierender Skalen

4. Entwurf des Fragebogens (Makroplanung)

5. Test des Fragebogens (Pretest)

6. Auswahl der Untersuchungseinheiten/Befragten (Stichprobe)

7. Durchführung der Hauptuntersuchung (Feldphase)

8. Übersetzung der Antworten in numerisches System (Daten)

9. Analyse der Daten mit statistischen Verfahren:
   Vergleich der Ergebnisse mit den Ausgangshypothesen und
   Entscheidung über:
   - Falsifizierung,
   - Modifizierung,
   - Bestätigung

10. Niederschrift der Forschungsergebnisse;
    Rückbezug zu aktuellem Forschungsstand und Literaturlage

Am Anfang jeder empirischen Untersuchung steht die Entdeckung einer untersuchungsleitenden Forschungsfrage. Gewonnen wird diese Frage sowohl aus der aktuellen politischen Debatte als auch aus der akademischen Diskussion über Erklärungslücken in der wissenschaftlichen Literatur. Häufig handelt es sich hier um analytische Fragen, die sehr breit angelegt sind und zu deren Beantwortung ein ganzes Fragenprogramm notwendig ist (sog. "Programmfragen"). Programmfragen thematisieren i.d.R. die tieferen Ursachen eines empirisch feststellbaren Tatbestandes (z.B.: Auf welche Ursachen läßt sich die Zunahme der Fremdenfeindlichkeit in Deutschland zurückführen?). Sind diese Fragen relativ allgemein gehalten, hat der empirische Sozialforscher die Problemformulierung zu präzisieren; d.h., er muß in der sog. "dimensionalen Analyse" klären, welche Bereiche der Realität, die sog. Dimensionen, angesprochen sind und welche der eingeführten sozialwissenschaftlichen Begriffe zur Präzisierung der Forschungsfrage herangezogen werden können.

Nachdem das Forschungsproblem mit sozialwissenschaftlichen Begriffen beschrieben ist, sind in einem zweiten Schritt die Arbeitshypothesen zu formulieren. In diesem Stadium muß der Anschluß an den aktuellen, in Literatur und Forschungsberichten dokumentierten Forschungsstand hergestellt werden. Diese theoretisch-konzeptuelle Einordnung ist eine der zentralen Voraussetzungen für den Erfolg jedes Umfrageprojektes. Sie setzt den Umfrageforscher in die Lage, am jeweils neuesten Stand empirisch belegten Wissens anzuknüpfen und ermöglicht dem Leser die Einordnung der gefundenen Forschungsergebnisse in den Fundus bereits vorhandener Erkenntnisse anderer Wissenschaftler. Für die Herausgeber wissenschaftlicher Zeitschriften ist die gelungene theoretisch-konzeptuelle Einordnung ein wesentliches Kriterium für die Veröffentlichung empirischer Analysen.

In einem dritten Schritt sind die Programmfragen und theoretischen Begriffe zu operationalisieren, d.h. in prüfbare Testfragen zu "übersetzen". Für die Operationalisierung kann in vielen Fällen auf bereits existierende, zum Standardprogramm gehörende Instrumente aus anderen Untersuchungen zurückgegriffen werden. Das gilt vor allem für demographische Angaben (Alter, Beruf, etc.) sowie für eine Vielzahl in der Politikwissenschaft bewährter Skalen und Indikatoren ("Postmaterialismus", "Parteiidentifikation", etc.).[1] Handelt es sich um einen neuen sozialen Tatbestand (z.B. Wahl der Republikaner), so bietet sich an, auf ähnliche Fälle, deren theoretische Erklärung und das dafür verwendete Fragenprogramm zurückzugreifen. Das Ergebnis der Operationalisierung ist das in der Umfrage zum Einsatz kommende Fragenprogramm.

In einem vierten Schritt sind die einzelnen Fragen zu thematischen Komplexen zusammenzufassen und in einer Reihenfolge anzuordnen. Bei dieser *Makroplanung des Fragebogens* ist vor allem darauf zu achten, daß die Effekte, die sich aus der spezifischen Plazierung einer Frage innerhalb des Fragebogens auf ihre Beantwortung ergeben können (⇨ Abschnitt 3), vermieden werden. Die resultierende vorläufige Version des Fragebogens ist dann an einer kleinen Zahl von Befragten zu überprüfen (Pretest), um noch verbliebene Schwächen der Frageformulierung und des Fragebogenaufbaus entdecken und beseitigen zu können. Nach Auswertung der Ergebnisse des Pretests kann die endgültige Version des Fragebogens festgelegt werden.

Parallel dazu ist die Entscheidung darüber zu treffen, welche Personen (Untersuchungseinheiten) in die Befragung aufgenommen werden sollen. Ist eine Vollerhebung nicht möglich oder wünschenswert, muß aus der interessierenden Zielgruppe eine Stichprobe der zu befragenden Personen gezogen werden (s.u.).

---

[1]   Informationen dieser Art sind seit einigen Jahren sehr gut dokumentiert. Sie stehen in Deutschland z.B. im Handbuch sozialwissenschaftlicher Skalen, das vom *Zentrum für Umfragen, Methoden und Analysen* (ZUMA) in Mannheim herausgegeben wird, zur Verfügung (Adresse: B2,1 68159 Mannheim 1, Telefon: 0621/1246-0). Daneben sind diese Fragen aus den gedruckten Dokumentationen aller Umfragestudien, die beim *Zentralarchiv für Empirische Sozialforschung* (ZA) an der Universität Köln archiviert sind, zu erschließen (Adresse: Bachemer Str. 40, 50931 Köln 41, Telefon: 0221-47694-0).

Bei dieser Personenstichprobe werden dann die Interviews durchgeführt. In der sog. Feldphase suchen die Interviewer die ausgewählten Personen auf, stellen die Fragen und protokollieren die Antworten. Diese Protokolle - die ausgefüllten Fragebögen - werden dann an die Primärforscher, bzw. an das Umfrageinstitut, zurückgegeben. Um in der folgenden statistischen Analyse den Verfahren der elektronischen Datenverarbeitung (EDV) unterzogen werden zu können, müssen die Antworten aus dem Interview in numerischer Form (Zahlen) verschlüsselt werden. Erst diese numerisch verschlüsselten Antworten werden als Daten bezeichnet. Im nächsten Schritt werden diese Daten ausgewertet, d.h. es wird geprüft, ob und inwieweit sich die eingangs formulierten Hypothesen durch die Daten bestätigen lassen. Im Ergebnis kann die Hypothesenprüfung dazu führen, daß bisherige theoretische Erklärungen gefestigt, widerlegt oder modifiziert werden müssen.

In einem letzten Schritt werden die Ergebnisse der Datenanalyse in einem Forschungsbericht niedergeschrieben und in den Zusammenhang der bisher vorliegenden Forschungsergebnisse eingeordnet. Der enge Bezug zum aktuellen Forschungsstand ist unverzichtbar, weil nur dadurch abgeschätzt werden kann, worin der Erkenntnisfortschritt des durchgeführten Umfrageprojekts liegt. In der skizzierten Abfolge des Forschungsprozesses läßt sich die Funktion der wissenschaftliche Umfrage, ein Instrument der Überprüfung und Fortschreibung theoretischen Wissens in der Sozialforschung zu sein, unmittelbar nachvollziehen.

Entsprechend dem unterschiedlichen Grad der Standardisierung der verschiedenen Phasen des Forschungsprozesses weisen diese verschiedene Schwierigkeitsgrade auf. Am anspruchsvollsten ist der Prozeß der Begriffsbildung und Operationalisierung, der zur Erstellung des Fragebogens führt. An zweiter Stelle stehen die Probleme der verfälschungssicheren Durchführung der geplanten Interviews und der Erreichbarkeit der ausgewählten Personengruppe (sinkende Ausschöpfungsquoten). An dritter Stelle steht die Auswertung der Daten. Sie läßt, da die Analyseprogramme inzwischen hoch standardisiert sind, am wenigsten Raum für Willkürentscheidungen des Sozialforschers. Die Analyseverfahren können je nach Kompetenz des Sozialforschers im Schwierigkeitsgrad gesteigert werden. Damit steigt dann aber auch wieder die Fehleranfälligkeit.

3   Probleme der Datenerhebung

So verlockend die Möglichkeit der Primärforschung auch ist, für die jeweils spezifische Fragestellung genau die zu ihrer Überprüfung benötigten Daten zu erheben, birgt sie doch eine Reihe ernstzunehmender Fehlerquellen. Werden diese Fehlerquellen nicht erkannt, so droht die Gefahr der Produktion sog. *Forschungsartefakte*. Solche methodisch induzierten "Kunstprodukte" ergeben sich, wenn durch Mängel im Forschungsprozeß die letzlich gewonnenen Aussagen derart verfälscht werden, daß sie eine empirisch richtige Beantwortung der aufgeworfenen Forschungsfrage nicht mehr zulassen (*Kriz* 1985, S. 563-566). Die Gefahr der Produktion methodischer Artefakte stellt sich in jeder Phase des Forschungsprozesses. Eine der am wenigsten kontrollierbaren Fehlerquellen liegt jedoch bei der Formulierung der Interviewfragen und beim Aufbau des Fragebogens, da diese Analyseschritte am wenigsten standardisiert werden können. Hier kommt es daher auf die Erfahrung des Sozialforschers an.

3.1   Die Frageformulierung als Fehlerquelle

Die meisten sozialwissenschaftlichen Begriffe können nicht direkt erfragt werden, sondern sind operational zu definieren. Der Begriff der *Operationalisierung* bezeichnet die "Übersetzung" einer Programmfrage in eine oder mehrere eindeutig zu beantwortende Testfragen, über die der konzeptuelle Begriff meß- und beobachtbar wird.

So läßt sich etwa der Begriff der "Ausländerfeindlichkeit" (bzw. des "Ethnozentrismus") nicht mit der Frage "Sind Sie ausländerfeindlich?" messen. Dazu ist der Begriff zu stark sozial stigmatisiert ("Ausländerfeinde" sind geächtet) und zu wenig konkretisiert (was genau ist unter "feindlich" zu verstehen?). Eindeutig erhoben werden kann dagegen z.B. das Ausmaß der Bereitschaft eines Befragten,

a) das Aufenthaltsrecht von Ausländern in Deutschland anzuerkennen,

b) einen Ausländer als Arbeitskollegen zu akzeptieren,

c) ihn als Wohnungsnachbarn anzuerkennen,

d) zu sich nach Hause einzuladen, oder

e) ihn durch Heirat Mitglied der eigenen Familie werden zu lassen.

Stellt man im Anschluß daran durch semantische und empirische Analysen fest, daß diese Indikatoren eine gemeinsame Begriffsdimension bilden, so können sie, etwa durch Summierung der Antwortkategorien, zu einer entsprechenden Skala "Ausländerfeindlichkeit" zusammengefaßt werden.

Für jeden analytischen Begriff sind unterschiedliche operationale Definitionen möglich und denkbar. So ließe sich z.B. der Begriff der Ausländerfeindlichkeit auch dadurch operationalisieren, daß man im Interview eine Reihe gegensätzlicher Aussagen über Ausländer vorlegt und persönlich bewerten läßt.[2]

3.2   Die Operationalisierung analytischer Begriffe: Am Beispiel der Studie "Grüne Politik"

Das Problem der Operationalisierung analytischer Begriffe soll im folgenden anhand eines Beispiels aus meiner eigenen Forschungspraxis diskutiert werden, der Studie zum Wahlverhalten für die GRÜNEN (*Bürklin* 1981; 1984). Im Rahmen der Studie "Grüne Politik" galt es, vor dem Hintergrund der traditionellen Muster des Wählerverhaltens in Deutschland eine Erklärung dafür zu finden, daß ein seit Beginn der

---

[2]   Zu solchen Fragen, die auch über Satzergänzungstests und durch Vorlage eines Bildes mit zwei stilisierten Personen, denen die Aussagen mit Sprechblasen zugeordnet wurden, gestellt werden können, siehe z.B. *Noelle* (1963, S. 89).

1980er Jahre zunehmender Teil der jüngeren Wählerschaft bereit war, die neue Partei der GRÜNEN zu wählen. Diese Forschungsfrage war Ende der 1970er Jahre mit den ersten Wahlerfolgen der GRÜNEN auf lokaler und regionaler Ebene virulent geworden. Die Wahlerfolge dieser neuen Partei stellte die Wahlforschung vor ein Erklärungsdefizit. Sie konnten als Abweichung von eingespielten empirischen Wählertraditionen in Deutschland auch theoretisch nur schwer eingeordnet werden. Empirisch hatten bis zu diesem Zeitpunkt größere Teile der Jungwähler jeweils die SPD gewählt, weshalb die etablierten Parteien von einer Fortsetzung dieses Wählerverhaltens ausgegangen waren. Die Parteien wurden in dieser Einschätzung durch die damals vorherrschenden Stabilitätserwartungen der Wahl- und Parteienforschung bestärkt. Theoretischer Ausdruck dieser Perspektive war die sog. Cleavage-Theorie von Seymour Martin *Lipset* und Stein *Rokkan* (1967). In dieser Theorie wurde auf der Grundlage der empirisch erfahrenen Stabilitäten in Nachkriegseuropa die These aufgestellt, daß die traditionell hohe Stabilität der politischen Hauptspannungslinien (cleavages), wie etwa der Klassenkonflikt, sowie die fortdauernde Ausrichtung der politischen Parteien an diesen Spannungslinien zu einem System der 'gefrorenen Parteiensysteme' (frozen party systems) in Westeuropas geführt hätten. Diese Systeme ließen daher nur sehr geringe Spielräume für die Entstehung neuer Parteien: Zu stark würden die sozialmoralischen Milieus der Traditionsparteien das Wählerverhalten bestimmen, zu sehr seien sie auf die Vertretung ihrer Wählerklientel festgelegt, als daß diese Traditionen unterbrochen werden könnten. In dieser Theorie gilt als Ursache der Stabilität des Wählerverhaltens die traditionell enge Zuordnung zwischen sozialstrukturell abgrenzbaren Wählergruppen und den politischen Parteien. Als Beispiele für die enge Zuordnung zwischen sozialen Gruppen und Parteien gelten in Deutschland die Nähe der Arbeiterschicht zur SPD oder der Katholiken zur CDU/CSU (ausführlich dazu die Lehreinheit 'Wählerverhalten und Wertewandel'). Angesichts dieser vorherrschenden Stabilitätsthese wurde zum Ziel der Studie "Grüne Politik", in Anknüpfung an die Cleavage-Theorie eine Erklärung für die Wahlentscheidung für die neue Partei der GRÜNEN zu finden. Die Programmfrage lautete: Wer wählt warum die GRÜNEN? Auf die Ebene der Datenanalyse übersetzt und konkretisiert, hieß das: Welche sozialstrukturellen Merkmale, Einstellungen und Wertorientierungen eines Wählers beeinflussen seine Bereitschaft zur Wahl der GRÜNEN?

Theoretisch ging die Studie "Grüne Politik" von der Gültigkeit einer zur Cleavage-Theorie alternativen Erklärung aus. Die grundsätzliche These dieser Studie lautete, daß sich am Beispiel der GRÜNEN eine neue Entwicklung des Cleavage-Systems feststellen lasse: Die klassischen interessenbezogenen Konfliktlagen verlören an Bedeutung, während neuen Konflikten über unterschiedliche Lebensweisen und neuen politischen Wertorientierungen größeres Gewicht zukäme. Diese neuen Konflikte könnten in dem Maße zur Auflösung der 'gefrorenen Parteiensysteme' führen, wie die alten Konfliktlagen, wie etwa der Klassenkonflikt, für die nachwachsenden Generationen an politischer Bedeutung verlören. Damit wäre eine Entwicklung von sozialstrukturell-interessenbezogenen zu wertbezogenen politischen Hauptspannungslinien bezeichnet. In der Logik dieser These müßte sich die Wählerschaft der GRÜNEN nicht mehr primär durch sozialstrukturelle Merkmale abgrenzen lassen, sondern durch gemeinsam geteilte Wertorientierungen.

In dieser theoretischen Einordnung war eine der Arbeitshypothesen der Studie, daß bei jüngeren Wählern die größere Sympathie für die GRÜNEN dadurch erklärt werden könne, daß die wertbezogenen Zielvorstellungen der GRÜNEN den veränderten demokratischen Einstellungen und Wertorientierungen der Nachkriegsgenerationen viel eher entsprächen als denen der etablierten Parteien. Diese Hypothese knüpfte an eine Reihe bis dahin vorliegender Veröffentlichungen an, die auf die wachsende Kluft in den politischen Problemprioritäten und politischen Zielvorstellungen zwischen Vor- und Nachkriegsgeneration hingewiesen hatten. Die größten Differenzen zeigten sich dabei hinsichtlich der veränderten Wertorientierungen und gestiegenen Beteiligungswünsche der jüngeren Generation. Die Hinwendung der jüngeren Bevölkerung von materialistischen zu nicht-materialistischen Politikprioritäten, wie z.B. die Höherbewertung des Umweltschutzes gegenüber dem Wirtschaftswachstum, hatte bereits *Inglehart* (1977) als "Stille Revolution" der europäischen Wertesysteme identifiziert. Analog dazu charakterisierten *Baker, Dalton* und *Hildebrandt* (1981) diesen Politikwandel, in dessen Zentrum die Frage des Schwangerschaftsabbruches, des Wahlrechtes für Ausländer oder des Ausbaus der Kernenergie standen, als Übergang zu den Themen der "Neuen Politik". In vergleichbarer Zuspitzung hatten *Barnes, Kaase* u.a. (1979) den deutlich verstärkten Wunsch der Nachkriegsgeneration nach demokratischer Beteiligung als "partizipatorische Revolution" bezeichnet. Sie hatten vor allem darauf aufmerksam gemacht, daß die veränderten Beteiligungsformen immer selbstverständlicher auch den Einsatz unkonventioneller Beteiligungsformen (Sitzblockaden, wilde Streiks) sowie die Akzeptanz nicht-legaler Aktionen (Gewalt gegen Personen und Sachen) mit einschloß.

Faßt man diese Entwicklungstrends zusammen, dann konnte Anfang der 1980er Jahre erwartet werden, daß sich die demokratischen Einstellungen der jüngeren Bevölkerung durch eine höhere Konfliktakzeptanz (die zu operationalisierenden Begriffe sind im folgenden in einer anderen Schriftart gesetzt) und ein ausgeprägtes demokratisches Regelverständnis von der älteren Generation unterscheiden. Dem standen zur selben Zeit die etablierten Parteien - CDU/CSU, SPD und FDP - gegenüber, die sich weiterhin auf die Themen und Politikstile der "Alten Politik" beschränkten. Daraus abgeleitet lautete eine der weiterführenden Hypothesen der Studie, daß die jüngeren Wähler in Reaktion darauf, daß ihre Forderungen nach einer Neuorientierung der Politik nicht aufgegriffen wurden, die Beeinflußbarkeit und die Reaktionsbereitschaft der etablierten Parteien und ihrer Politiker als gering einstuften und folglich das Vertrauen in die etablierte Politik verlören. Bei fortgesetzter Enttäuschung dieser Wählergruppe drohe daher die Akzeptanz der politischen Institutionen zu sinken und die von den etablierten Parteien repräsentierten Grundwerte, die herrschende politische Philosophie, abgelehnt zu werden. Die Folge sei letztlich die Bereitschaft zur Wahl einer Partei, die die etablierten Parteien und die herrschende politische Philosophie gleichermaßen ablehnt; Anfang der 1980er Jahre war das die Partei der GRÜNEN (zur Operationalisierung der Variable Wahlbereitschaft für die GRÜNEN siehe unten).

Bei dieser Problemstellung bestand eine der ersten Aufgaben der geplanten Studie darin, für die verschiedenen analytischen Begriffe angemessene Operationalisierungen zu finden. Für den Bereich politischer Wertorientierungen, der hier nicht weiter thematisiert werden soll, bot sich die von *Inglehart* entwickelte "Postmaterialismus-

Skala" an (Vgl. *Bürklin* 1988). Für die anderen Begriffe wurde dagegen auf eine Reihe unterschiedlicher Interviewfragen, die sich in anderen Studien bewährt hatten, zurückgegriffen. Sie wurden unabhängig davon, daß einige der Fragen ursprünglich für
andere Problemstellungen entwickelt worden waren, in das für diese Studie entwor-
fene theoretische Gesamtkonzept eingeordnet. Die Übernahme von Skalensätzen eröffnet die Möglichkeit des Vergleichs mit anderen Studien; sie befreit den Wissenschaftler aber nicht von der Notwendigkeit, deren theoretische Angemessenheit für
seine Untersuchung zu begründen. Dasselbe gilt für die Interpretation der Skalen, die
nicht kritiklos übernommen werden darf (Für die kritische Übernahme der "Postma-
terialismus-Skala" siehe *Bürklin* 1984, S. 136ff.). Aus dieser Fragebatterie wurde anschließend durch faktoranalytische Verfahren eine kleinere Liste von Interviewfragen
ausgewählt.[3] Die verbliebenen, auf ihre empirische Skalenqualtiät überprüften Interviewfragen wurden zur operationalen Definition der analytischen Begriffe verwendet. Dabei war auch die Entscheidung, welche der Interviewfragen welchem Begriff
zugeordnet wurde, Ergebnis der Faktoranalyse (vgl. *Bürklin* 1984, S.108ff):

Begriff/Skala	**Interviewfrage/Skalensätze**
Regelverständnis	1. Jeder sollte das Recht haben, für seine Meinung einzu-treten, auch wenn die Mehrheit anderer Meinung ist.[4]
	2. Eine lebensfähige Demokratie ist ohne politische Op-position nicht denkbar.
	3. Jede demokratische Partei sollte grundsätzlich die Chan-ce haben, an die Regierung zu kommen.
Konfliktakzeptanz	4. Die Auseinandersetzungen zwischen den verschiedenen Interessengruppen in unserer Gesellschaft und ihre Forde-rungen an die Regierung schaden dem Allgemeinwohl.

---

[3] Diese sog. "dimensionale Analyse" wurde mit den Verfahren der Faktoranalyse und der
Multidimensionalen Skalierung durchgeführt. Mithilfe dieser Verfahren läßt sich aus den
erhobenen Antwortmustern berechnen, inwieweit die Befragten verschiedene Fragen als
auf einer gemeinsamen Bedeutungsdimension zusammengehörig wahrnehmen. Das wird
immer dann der Fall sein, wenn die Befragten die zu einer Dimension gehörigen Fragen
stark gleichgerichtet beantworten. Dies drückt sich in hohen Korrelationskoeffizienten
aus, und die Fragen werden dann auf demselben "Bedeutungsfaktor" ausgewiesen. Üblicherweise dienen solche Analysen beim Pretest eines Fragebogens dazu, Interviewfragen,
die mehreren Dimensionen zugeordnet werden können, aus dem Fragenprogramm der
Hauptstudie auszusondern. Kann nämlich eine Frage zur operationalen Definition zweier
verschiedener Begriffe verwendet werden, dann wird sie den Bedeutungsgehalt beider
Skalen verunklaren. Bei der Sekundäranalyse von Umfragen sollten solche Interviewfragen von der weiteren Analyse ausgeschlossen werden.

[4] Anmerkung: Die standardisierten Antwortvorgaben für die Fragen 1-5 und 13-17 reichen
von +3 (volle Zustimmung) bis -3 (volle Ablehnung); für die Frage 6 die Antwort
"eigentlich immer, meistens, manchmal, so gut wie nie" vorgegeben. Die Antwortvorgaben
für die Fragen 8-12 reichen von +2 (volle Zustimmung) bis -2 (volle Ablehnung).

5. Der Bürger verliert das Recht zu Streiks und Demonstrationen, wenn er damit die öffentliche Ordnung gefährdet.

Politisches Vertrauen

6. Wie sehr vertrauen Sie darauf, daß eine Bundesregierung so handelt, wie sie es eigentlich sollte?

7. Ganz allgemein gesprochen: Würden Sie sagen, daß die Bundesrepublik nur zum besten einiger weniger Interessengruppen regiert wird oder würden Sie sagen, daß die Bundesrepublik zum Wohle aller Bevölkerungsgruppen regiert wird?

Beeinflußbarkeit

8. Neben dem Wählen gibt es keinen anderen Weg, um Einfluß darauf zu nehmen, was die Regierung tut.

9. Manchmal ist die ganze Politik so kompliziert, daß jemand wie ich gar nicht versteht, was vorgeht.

Reaktionsbereitschaft

10. Ich glaube nicht, daß sich die Politiker viel darum kümmern, wie Leute wie ich denken.

11. Im allgemeinen verlieren die Abgeordneten im Bundestag ziemlich schnell den Kontakt mit dem Volk.

12. Die Parteien wollen nur die Stimmen der Wähler, ihre Ansichten interessieren sie nicht.

Akzeptanz politischer Institutionen

13. Unser Bundestag in Bonn tut alles, um die Bundesregierung wirksam zu kontrollieren.

14. Sollten Bundestag und Bundesregierung einmal etwas tun wollen, was mit unserer Verfassung und unserer Rechtsordnung nicht übereinstimmt, wird das Bundesverfassungsgericht in Karlsruhe das schon zu verhindern wissen.

15. Unsere demokratische Verfassung hat ja sicherlich ihre Schwächen. Sie ist jedoch, verglichen mit allen anderen, immer noch die beste politische Ordnung, die man sich vorstellen kann.

Akzeptanz der herrschenden politischen Philosophie

16. Man sollte sich immer an die Gesetze halten, auch wenn man manchmal glaubt, daß sie nicht gerecht sind.

17. Die größte Gefahr für die westlichen Demokratien ist nach wie vor der Weltkommunismus, dem nur mit Härte begegnet werden kann.

Obwohl diese Skalensätze für sich in Anspruch nehmen, das Charakteristische des jeweiligen Begriffes abzubilden, stellen sie immer nur *eine von mehreren möglichen* operationalen Definitionen dar. Das läßt sich beispielhaft an unserem letzten Begriff der herrschenden politischen Philosophie darlegen. Gegen die gewählten Skalensätze wird man zu Recht einwenden, daß zur herrschenden politischen Philosophie der Bundesrepublik der Nachkriegszeit nicht nur das Bekenntnis zum Rechtsstaat und die Verteidigung der westlichen Demokratie gegen den Weltkommunismus gehöre. Als ebenso wichtig kann man das Bekenntnis zu Sozialstaat und sozialer

Marktwirtschaft oder gar die Leitidee der westlichen Demokratie ansehen, daß die politische Freiheit im Konfliktfall Vorrang vor der Verwirklichung sozialer Gleichheit haben solle. Diese Art der Kritik an operationalen Definitionen ist normalerweise der erste Schritt für die Entwicklung neuer Interviewfragen, die das Charakteristische eines Begriffes treffender abbilden sollen.

Das Problem ist hier, daß letztlich nicht entschieden werden kann, welche der operationalen Definitionen der Realität am nächsten kommen. Anders als etwa bei der Messung von Wählerpotentialen, deren Genauigkeit am Ergebnis der kommenden Wahl überprüft werden kann, fehlt bei analytischen Begriffen diese direkte empirische Entsprechung und damit das Kriterium zur Überprüfung der Gültigkeit (Validität) und der Zuverlässigkeit (Reliabilität) einer operationalen Definition.

Ein Meßinstrument wird dann als valide angesehen, wenn es tatsächlich das mißt, was es messen soll. In Ermangelung objektiver Kriterien zur Überprüfung der Validität einer operationalen Definition bieten sich vier Verfahren zur Validierung eines Meßinstrumentes an (*Lienert* 1967; *Friedrichs* 1973, S. 100ff.; *DeVellis* 1991):

1. Externe Gültigkeit: Validierung anhand eines Außenkriteriums, von dem man weiß, daß es in engem Zusammenhang mit dem Merkmal steht, das die Skala messen soll. Weiß man zum Beispiel, daß im städtischen Bildungsbürgertum Ausländerfeindlichkeit am wenigsten ausgeprägt ist, wird man eine Skala, die bei dieser Gruppe niedrige Werte von Ausländerfeindlichkeit mißt, als gültig ansehen.

2. Prognostische Gültigkeit: Validierung anhand des Zusammenhangs zwischen gemessener Einstellung und tatsächlichem Verhalten. Als gültig wird eine Messung dann angesehen, wenn z.B. Personen mit niedrigen Skalenwerten für Ausländerfeindlichkeit das auch an ihrem Verhalten erkennen lassen. Dazu wird das Verhalten gegenüber Ausländern erfragt oder beobachtet (zum Beispiel in Gaststätten, Geschäften etc.).

3. Extremgruppenvergleich: Validierung einer Messung durch den Vergleich von zwei Stichproben von Personen, von denen bekannt ist, bzw. von denen man erwarten kann, daß sie extrem hohe bzw. niedrige Werte der zu messenden Einstellung aufweisen. Zur Validierung von Skalen über Ausländerfeindlichkeit würde man zum Beispiel eine Gruppe von Skinheads mit aktiven Mitgliedern von Bürgerinitiativen zur Unterstützung ausländischer Asylbewerber vergleichen. Das Meßinstrument würde dann als gültig anerkannt werden, wenn sich die Mittelwerte dieser Gruppen deutlich und signifikant voneinander unterschieden.

4. Konstruktvalidität: Validierung eines Meßinstruments durch Heranziehen bekannter Tatsachen über Zusammenhänge zu anderen Konstrukten. Ist zum Beispiel bekannt, daß Ausländerfeindlichkeit negativ mit Neuen Werten (Postmaterialismus) zusammenhängt (korreliert) sowie positiv mit der Bereitschaft, sich auf einer Links-Rechts-Skala rechts einzuordnen, so muß eine valide Skala mit diesen Konstrukten gleichgerichtet korrelieren.

Neben der Validität eines Meßinstruments muß dessen Zuverlässigkeit, seine Reliabilität, gewährleistet sein. Sie gilt als gegeben, wenn wiederholte Anwendungen des gleichen Instrumentes zu übereinstimmenden Ergebnissen führen.

Die Reliabilität einer Messung läßt sich durch einen Re-Test, Parallel-Test sowie durch Konsistenz-Tests überprüfen. Beim Re-Test wird eine Messung bei den gleichen Befragten mit dem gleichen Instrument (nach Ablauf einer nicht zu langen Zeit) wiederholt. Beim Parallel-Test wird das gleiche konzeptuelle Konstrukt bei den gleichen Befragten mit einem anderen, äquivalenten Instrument gemessen. Beim Konsistenztest werden die zu einer Skala zusammengefaßten Skalensätze in zwei gleichgroße Hälften geteilt und den Befragten zu zwei verschiedenen Zeitpunkten im Interview vorgelegt. Als Maß für die Reliabilität wird jeweils die Höhe der Korrelation zwischen beiden Teilinstrumenten interpretiert.

Ein *Beispiel* für die Überprüfung der formalen Richtigkeit durch einen Paralleltest stellt die Überprüfung der Zuverlässigkeit der in der Studie "Grüne Politik" entwikkelten Skala "Wahlbereitschaft für die GRÜNEN" (*Bürklin* 1984, S. 56ff.) dar. Mit dieser Skala sollte gemessen werden, *wie weit* ein Befragter in seiner Sympathie für die GRÜNEN *zu gehen bereit* ist: Ablehnung, Begrüßung, Wahlabsicht, Wahl. Die dazu gebildete Guttman-Skala faßte die Antworten aus den Fragen, (a) ob die Befragten die Gründung einer Partei der GRÜNEN begrüßten, (b) sich vorstellen könnten, diese Partei bei einer Bundestagswahl zu wählen sowie (c) bei einer simulierten Wahlentscheidung im Interview ihre Stimme den GRÜNEN gaben, zu einer Skala zusammen. Je nachdem, wie weit ein Befragter gehen wollte, erhielt er den Skalenwert 0, falls er die GRÜNEN ablehnte, 1 für die Begrüßung, 2 für die Wahlabsicht und 3 für die Wahlentscheidung. Als Beleg für die Zuverlässigkeit dieser Skala wurde erwartet, daß jede Erhöhung des Skalenwertes (von 0 bis 3) auch einer tatsächlichen Annäherung an die GRÜNEN entsprechen sollte. Zur Überprüfung der Zuverlässigkeit wurde ein Paralleltest mit der Skala "Sympathie für die GRÜNEN" durchgeführt. Die Sympathie für die GRÜNEN wurde mit der Interviewfrage erhoben:

"Nun würde mich interessieren, wie Sie heute über die folgenden Parteien, ich meine die CDU, die CSU, die SPD, die FDP und die GRÜNEN denken: Hier haben wir eine Skala, mit deren Hilfe Sie Ihre Meinung abstufen können."

(Interviewer legt sog. Thermometerskala vor, die von -5 [unten, dunkle Kästchen] über 0 bis +5 [oben, helle Kästchen] reicht).

"Geben Sie mir bitte zu jeder Partei jeweils die entsprechende Zahl an. Je weiter Sie auf den hellen Kästchen nach oben gehen, umso mehr halten Sie von der betreffenden Partei; je weiter Sie auf den dunklen Kästchen nach unten gehen, umso weniger halten Sie von der Partei. Ganz allgemein: Wie würden Sie die einzelnen Parteien einstufen? Was halten Sie von den GRÜNEN?..."

Dieser Paralleltest zeigte einen zufriedenstellend engen Zusammenhang zwischen der Sympathieskala und der Skala Wahlbereitschaft auf: Mit steigenden Skalenwerten stiegen die Sympathiewerte monoton an, was auch als Indiz für die erwünschte Eindimensionalität der Skala gilt (Tabelle 1 und Abbildung 1). Darüber hinaus wies die Gesamtskala einen engeren Zusammenhang mit der Sympathieskala auf (eta=0,57) als jeder der Skalensätze für sich alleine. Vor diesem Hintergrund konnte von der Zuverlässigkeit der Messung ausgegangen werden. Auf dieser Grundlage wurde die Skala "Wahlbereitschaft für die GRÜNEN" für die weitere Analyse verwendet.

Tabelle 1: Wahl, Wahlabsicht, Begrüßung und kombinierte Grünwähler-
typologie, aufgegliedert nach Sympathie für die GRÜNEN (vgl.
Bürklin 1984, S. 63)

Sympathie für die GRÜNEN	Grüne begrüßen ja	Wahl-absicht ja	Wahl	Grünwählertypologie				N
				Ableh-nung	Begrüs-sung	Wahl-absicht	Wahl	
- 5	5	2	0	74	18	2	0	(313)
- 4	10	0	0	72	22	0	0	(100)
- 3	23	4	1*	50	39	5	0	(128)
- 2	23	5	1*	50	42	4*	1*	(106)
- 1	22	5	0	44	45	5	0	(144)
0	32	9	1*	35	53	8	1*	(455)
+ 1	59	24	5	20	53	21	4	(262)
+ 2	72	38	4	10	51	34	4	(134)
+ 3	90	66	15	2*	32	51	15	(96)
+ 4	97	80	35	3*	17	45	35	(29)
+ 5	91	82	59	5*	9*	32	55	(22)
Summe %	35	15	3	38.6	42.2	12.5	2.9(3.7)	(MD=130)
N	(674)	(296)	(59)	(749)	(819)	(243)	(56)(72)	(1939)
eta (r²)	.55(.30)	.42(.18)	.33(.11)	.57(.33)				

*n < 5

Abbildung 1: Wahl, Wahlabsicht und Begrüßung der GRÜNEN, aufgegliedert
nach der Sympathie für die GRÜNEN (vgl. *Bürklin* 1984, S. 63)

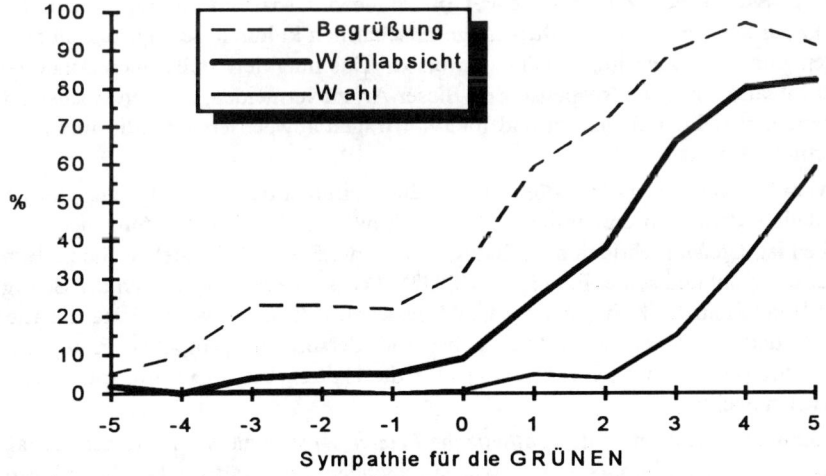

3.3   Die Lehre von der Frage (Response-Sets)

Zu den wichtigsten Grundsätzen der "Lehre von der Frage" gehört, daß im Interview keine Antworten produziert werden dürfen, die eher durch die spezifische Form der Fragestellung als durch die tatsächlichen Einstellungen der Befragten zustande kommen (*Scheuch* 1973, S. 77-89). Um solche Effekte nicht schon durch komplizierte Fragekonstruktionen hervorzurufen, ist einer der wichtigsten Grundsätze, daß jede Frage so einfach formuliert sein sollte, "wie noch eben mit dem sachlichen Zweck der Fragestellung vereinbar" ist (ebd. 1973, S. 78). Fragen sollen möglichst *kurz* sein, *grammatikalisch schwierige Konstruktionen vermeiden,* sich der *Alltagssprache* annähern und bei den Befragten einen *nicht zu hohen Wissensstand* voraussetzen.

Wird besonders der letzte Grundsatz mißachtet, lassen sich bei der bekannten Bereitschaft vieler Befragter, praktisch jede vorgelegte Frage zu beantworten, sehr schnell Artefakte produzieren. So erklärte sich z.B. in amerikanischen Umfragen wiederholt etwa ein Drittel der Befragten bereit, sich für bzw. gegen das "1975 Public Affairs Act" auszusprechen; tatsächlich hat es ein solches Gesetz niemals gegeben (*Bishop* 1981, S. 595). Ähnliche Messungen von Nicht-Einstellungen (non-attitudes) lassen sich produzieren, wenn man z.B. nach der Sympathie von Politikern fragt, ohne durch eine vorgeschaltete Filterfrage geklärt zu haben, ob der Befragte diese Politiker überhaupt kennt. Die Bereitschaft zur Beantwortung dieser Fragen hat mehrere Ursachen. Die Befragten möchten nicht unwissend erscheinen; sie sind bereit, auch schlecht formulierte oder unsinnige Fragen zu beantworten, um das Interview zum Abschluß zu bringen oder dem Interviewer einen Gefallen zu tun; schließlich handelt es sich bei einem Interview um eine unverbindliche und sozial folgenlose Form der Kommunikation, bei der man auch einmal über Unstimmigkeiten hinwegsehen kann. Weniger offenkundig sind nicht beabsichtigte Response-Sets, wie zum Beispiel die Neigung von Befragten, bei vorgegebenen Antwortskalen die Mittelkategorie oder bei stark wertgeladenen Fragen die Extrempositionen zu wählen. Schließlich neigen viele Befragte bei der Vorlage von Fragen, die mit 'Ja' oder 'Nein' zu beantworten sind, zu einer "Ja-Sage-Tendenz (Aquiescence) im Sinne der sozialen Erwünschtheit. Der Aspekt der sozialen Erwünschtheit ist gesellschaftlich-kulturell bedingt und in zahlreichen Kommunikationssituationen nachweisbar. Das Interview stellt einen Sonderfall dieser Situation dar. Um Response-Sets dieser Art zu vermeiden, müssen wechselnde Skalierungsverfahren eingesetzt und Interviewfragen abwechselnd positiv und negativ formuliert werden.

Interviewfragen müssen *eindeutig* sein. Sie dürfen immer nur eine Frage zur gleichen Zeit stellen, damit ein einheitlicher Bezugsrahmen für die Beantwortung der Frage gegeben ist. Gleich mehrfach mehrdeutig ist z.B. die Frage: "Wie stehen Sie zu Bundeskanzler Kohl und seiner Partei, der CDU?" Hier ist weder klar, ob sich der Befragte auf Bundeskanzler Kohl oder die CDU beziehen soll, noch welche Eigenschaften er zur Grundlage seiner Bewertung machen soll: Persönliche Sympathie, Kompetenz zur Lösung politischer Sachfragen oder aber die Haltung zu einer ganz spezifischen politischen Sachfrage.

Aus ähnlichen Gründen sind *hypothetische Fragen* zu vermeiden, da sie den Befragten entweder überfordern, oder aber wegen fehlender gegenwärtiger Problemrelevanz nicht angemessen beantwortet werden können. Fragen wie etwa: "Könnten Sie sich vorstellen, auch einmal die CDU zu wählen, wenn sich ihre Haltung zum Einsatz deutscher Truppen außerhalb des NATO-Gebietes ändert?" werden in Umfragen immer wieder gerne aufgenommen. Sie erlauben vermeintlich eine Vorhersage und sollen damit als Entscheidungshilfe dienen. Gleichwohl sagen solche hypothetischen Fragen mehr über die gegenwärtige Disposition eines Befragten als über sein zukünftiges Verhalten.

Ein weiteres Problem, das in der Vergangenheit immer wieder zu heftigen Debatten geführt hat, ist die Zulässigkeit der Formulierung *nicht-neutraler Fragen*. Als nicht-neutral oder suggestiv sind solche Fragen zu bezeichnen, die dem Befragten unabhängig von seiner wahren Einstellung die Wahl einer bestimmten Antwort nahelegen. Das kann zum einen durch implizite Wertungen geschehen. Eine besonders krasse Suggestivfrage könnte etwa lauten: "Was sollte bei der Anlage eines neuen Industriegebietes stärker berücksichtigt werden: die Profitinteressen der Unternehmer (stark negativ) oder die erhaltenswerten Lebensgrundlagen der Menschheit?" (stark positiv). Fragen können aber auch dadurch suggestiv wirken, daß Antwort-Alternativen hinzugefügt oder weggelassen werden. Am Beispiel der Beteiligung der Bundeswehr an NATO-Einsätzen erhält man höchste Zustimmungsraten dann, wenn die deutsche Beteiligung positiv bewertet wird (Beispiel: "Sind Sie dafür, daß sich Deutschland an den gemeinsamen Einsätzen der NATO beteiligt und dadurch einen Beitrag zur Erhaltung des Weltfriedens leistet?"). Ein deutlich geringeres Maß von Zustimmung wäre zu erwarten, wenn auf beide Wertungen (gemeinsam, Weltfrieden) verzichtet wird. Noch geringer wird die Zustimmung sein, wenn negative Konsequenzen herausgestellt werden (Beispiel: "Sind Sie dafür, daß sich Deutschland an den Einsätzen der NATO beteiligt, auch wenn dabei deutsche Soldaten getötet werden können?").

Die Gefahr der Formulierung nicht-neutraler Fragen kann nie vollständig ausgeschlossen werden, da das tatsächliche Antwortverhalten auch in der Realität davon abhängt, in welchem Bezugsrahmen eine solche Frage gestellt wird. Für den empirischen Sozialforscher ergibt sich daraus die Konsequenz, daß er Aussagen über die Stabilität einer solchen Einstellung nur dann gewinnen kann, wenn er die Konsequenzen und Wertungen in jeweils gesonderten Einzelfragen erhebt. Häufig wird es sich auch als sinnvoll erweisen, auf bewährte Frageformate oder sozialwissenschaftliche Skalen zurückzugreifen. Der Rückgriff auf diese Skalen ist geradezu unumgänglich, wenn überprüft werden soll, ob sich bestimmte Einstellungen im Zeitablauf verändert haben.

Ein über lange Zeit geführter Streit bezog sich auf die Verwendung sog. *offener Fragen*, also ohne Antwortvorgaben, im standardisierten Interview. Bei offenen Fragen ist zwar der Fragetext standardisiert, nicht aber die Antwortvorgabe. Ein immer wieder angeführtes Beispiel ist die Frage nach den wichtigsten politischen Sachfragen: "Was sehen Sie als derzeit wichtigste politische Probleme in der Bundesrepublik an?" Statt dem Befragten eine Liste der derzeit wichtigsten Probleme vorzugeben und ihn um eine Wichtigkeitseinstufung jedes dieser Probleme zu bitten (geschlossene Frage), werden beim offenen Frageformat alle Antworten protokolliert und erst später verschlüsselt, d.h. numerisch kategorisiert. Der Einsatz offener Fragen ist für den Befragten schwieriger, da von ihm verlangt wird, sich an etwas zu erinnern, während geschlossene Fragen lediglich verlangen, daß er Bekanntes wiedererkennt (*Maccoby/ Maccoby* 1962, S. 50). Die offene Fragestellung stellt höhere Anforderungen an den Befragten und überfordert daher häufig Befragte mit niedriger Schulbildung. Sie stellt auch an den Interviewer erhöhte Anforderungen und eröffnet die Gefahr der Antwortverfälschung durch sog. Protokollfehler. Andererseits wird mit der offenen Frage die Gefahr umgangen, daß bei der Erstellung des Fragebogens Antwortkategorien vergessen werden. Für explorative Studien in einem bisher wenig bekannten Forschungsfeld sind offene Fragen unverzichtbar.

3.4   Der Fragebogen als Fehlerquelle

Auf ähnliche Weise, wie die Formulierung einer einzelnen Interviewfrage Auswirkungen auf ihre Beantwortung haben kann, gehen vergleichbare Effekte auch von der Plazierung der Frage innerhalb des Fragebogens aus. Bei der Anordnung der Interviewfragen unterscheidet man zwischen *Mikro- und Makroplanung des Fragebogens*. Die Makroplanung bezieht sich auf die optimale Anordnung verschiedener Fragegruppen, die zusammen den Fragebogen bilden. Die Mikroplanung bezieht sich dagegen auf die Frageabfolge innerhalb dieser thematischen Blöcke.

Einer der Grundsätze der Makroplanung ist, daß die wichtigsten Fragen des Interviews dann gestellt werden, wenn die Aufnahmebereitschaft des Befragten am höchsten ist; das ist - nach Absolvierung einiger Einleitungsfragen - im mittleren Drittel des Interviews der Fall. Aus diesem Grund finden sich Fragen nach statistischen Merkmalen des Befragten (Alter, Bildung, etc.) meist am Ende eines Fragebogens. Zur Makroplanung gehört auch, mehrere Themenwechsel und Überleitungen vorzusehen, damit das Interesse am Interview nicht durch das Abspulen langer, monotoner Fragebatterien erlischt.[5]

Von größter Bedeutung für Makro- wie Mikroplanung des Fragebogens sind die sogenannten Ausstrahlungseffekte (*halo-effects*; engl.: halo = Heiligenschein, Lichthof), die von einzelnen Fragen oder ganzen Fragegruppen auf nachfolgende Fragen ausgehen. Jede Frage setzt den Bezugsrahmen für die folgenden Fragen. Wenn sich z.B. in einem Interview nach mehreren Fragen zum Umweltschutz die Frage nach der wahrgenommenen allgemeinen Problemlösungskompetenz der Bundesregierung unmittelbar anschließt, dann besteht eine große Wahrscheinlichkeit dafür, daß der Befragte auch diese Frage noch unter dem Aspekt des Umweltschutzes beantwortet, anstatt für seine Bewertung an die ganze Bandbreite politischer Probleme zu denken. Ausstrahlungseffekte lassen sich durch sog. split-half-Versuchsanordnungen entdecken. Dabei wird je einer Hälfte der Befragten eine in der Fragenanordnung verschiedene Version des Fragebogens vorgelegt. Als Beleg für die Existenz eines Ausstrahlungseffektes gilt dann, wenn sich die Antwortverteilungen der identischen Frage in den beiden Teilstichproben signifikant unterscheiden. Ausstrahlungseffekte lassen

---

[5]   Auf den Aspekt der abwechslungsreichen Gestaltung des Fragebogens hebt besonders *Noelle* (1963, S. 80ff.) ab. In diesem Text finden sich auch zahlreiche Beispiele für die Formulierung von Fragen und den Aufbau des Fragebogens.

sich abschwächen oder auslöschen durch Zwischenschalten thematisch fernliegender Fragen und häufigeren Themenwechsel.

Halo-Effekte innerhalb eines thematisch zusammengehörenden Blocks von Fragen lassen sich dadurch korrigieren, daß die Reihenfolge der Fragenanordnung von Interview zu Interview verändert wird. So wurde z.B. in der GRÜNEN-Studie der diskutierte Fragenblock zum Thema "demokratische Einstellungen" (Regelverständnis etc., s.o.) nicht als feststehende Liste vorgegeben, sondern in Form eines sog. Kartenspieles von insgesamt 14 Einzelfragen. Die Interviewer wurden angewiesen, bei jedem Interview den Kartensatz neu zu mischen und die Fragen in der so entstandenen Reihenfolge zu stellen.

3.5 Interview und Interviewer als Fehlerquelle

Obwohl sich das Interview durch die (gewollte) Künstlichkeit der Kommunikation deutlich von einem persönlichen Gespräch unterscheidet, trägt es Züge einer sozialen Situation und wird folglich von den Verhaltensweisen und Einstellungen der Beteiligten beeinflußt. Zahlreiche Methodenstudien, die in den letzten Jahren verstärkt auch in Deutschland beim *Zentrum für Umfragen, Methoden und Analysen* und von Mitarbeitern des *Zentralarchivs für Empirische Sozialforschung* in Köln durchgeführt wurden, zeigen übereinstimmend, daß das Verhalten der Interviewer bzw. die soziale Situation des Interviews erhebliche Auswirkungen auf die Qualität von Umfrageergebnissen haben kann.[6] Einige Sozialforscher gehen sogar soweit zu behaupten, daß das Hauptproblem der Umfrageforschung nicht bei den statistischen Meßverfahren läge, sondern in der Interaktion zwischen Interviewer und Befragten im Kontext der Interviewsituation zu suchen sei (*Bishop* 1981, S.593).

Die stärksten und am wenigsten kontrollierbaren Interviewereinflüsse sind beim nicht-standardisierten Interview beobachtet worden. Vor diesem Hintergrund wurde die Forderung aufgestellt, die Fragebögen für Umfragestudien so weit wie möglich zu standardisieren, um eine Gleichartigkeit der Interviewsituation herzustellen. Offene Fragen sollten die Ausnahme sein und die Interviewer wurden angehalten, die Fragen in jedem Falle wörtlich vorzulesen. Selbst die Betonung von Wörtern oder Satzteilen sollte nur nach Aufforderung vorgenommen werden. Beim sogenannten *"neutralen Interview"*, der strengsten Form der Standardisierung,[7] wurde die Künstlichkeit sogar so weit getrieben, daß der genaue Sitzabstand zwischen Interviewer und Befragtem festgelegt wurde (*Scheuch* 1973, S.95f; *Hyman* et al. 1954). Ganz im Gegensatz zum

---

[6] Siehe dazu die Forschungsberichte in den regelmäßig erscheinenden Zeitschriften *Zuma-Nachrichten* und *ZA-Informationen*.

[7] Zu unterscheiden vom "weichen Interview", bei dem der Interviewer ein möglichst vertrauensvolles Verhältnis zum Befragten aufbaut, um so den Befragten zur Kooperation zu bewegen, sowie vom "harten Interview", bei dem der Interviewer eine ausgesprochen autoritäre Stellung gegenüber dem Befragten einnimmt, um ihn dadurch abzuhalten, unvollständige oder unwahre Angaben zu machen. Weiches und hartes Interview werden vornehmlich in nicht-standardisierten Befragungen eingesetzt.

persönlichen Gespräch oder zum Leitfadeninterview ist bei dieser strengen Standardisierung die Empathie des Interviewers nicht erwünscht: Er soll die gegebenen Antworten nicht verstehend interpretieren, sondern neutral notieren.

Um zu gewährleisten, daß seitens des Interviewers die Gleichartigkeit der Stimulussituation gewahrt bleibt, soll jeder Interviewer nur eine begrenzte Zahl von Interviews (7-10) durchführen. Dadurch wird vermieden, daß der Interviewer immer "sachkundiger" wird und damit seine Fähigkeit zunimmt, aufgrund des Gesprächsverlaufs bestimmte Antworten bereits zu erahnen. In diesem Fall steigt die Wahrscheinlichkeit, daß der Interviewer aus den Antworten des Befragten zunehmend nur noch das heraushört und protokolliert, was der erwarteten Antwort entspricht (selektives Hören). Diese Empathie des Interviewers ist häufig Ursache von *Protokollfehlern* im Interview, wobei die Interviewer signifikant häufiger Falschprotokollierungen im Sinne ihrer eigenen Erwartungen vornehmen. Von einer direkten Beeinflussung des Interviewers wird man dann sprechen, wenn er durch verbale oder non-verbale Reaktionen (zum Beispiel zustimmendes Nicken), ein bestimmtes Antwortverhalten des Befragten ermuntert.

Eine ähnliche Wirkung geht von der Bereitschaft vieler Befragter aus, im Interview vornehmlich die Antwortvorgaben zu wählen, von denen sie vermuten, daß sie in der gesellschaftlichen Realität - hier speziell in der Interviewsituation - als wünschbare Eigenschaften angesehen werden. Im Interview führt dieser Effekt sozialer Erwünschtheit (social desirability) dazu, daß Befragte dazu neigen, ihre Antworten den vermeintlichen Einstellungen des Interviewers, bzw. den von ihm geschätzten Eigenschaften anzupassen. So wurde in einer Methodenuntersuchung des ZUMA nachgewiesen, daß sich Männer im mittleren Alter gegenüber jüngeren weiblichen Interviewern signifikant progressiver bzw. liberaler ausgaben, als sie das gegenüber männlichen Interviewern taten. Diese meist unbewußte Beeinflussung der Befragten durch den Interviewer im Sinne seiner Erwartungen und Hypothesen wird auch als Versuchsleiter- bzw. Interviewer-Effekt bezeichnet. Die Gefahr von Effekten ist besonders groß, wenn der Interviewer erkennbar einer höheren Sozialschicht angehört. Die Unterordnung unter einen statushöheren Interviewer stellt einen Sonderfall der obengenannten Ja-Sage-Tendenz (Aquieszenz) dar.

Eine besonders unerfreuliche Fehlerquelle stellt die Fälschung des Interviews durch den Interviewer selbst dar. Eine Fälschung liegt bereits dann vor, wenn der Interviewer die genau bestimmte Zielperson nicht antrifft und stattdessen eine andere, gerade verfügbare Person befragt. Noch schwerwiegender ist das immer wieder beobachtete Fälschen von Interviews, wobei der Interviewer den Fragebogen teilweise oder vollständig selbst ausfüllt, um Zeit und Mühe zu sparen.

Interviewereffekte können niemals vollständig ausgeschlossen werden. Aus diesem Grund sollte bei der Auswahl der Interviewer darauf geachtet werden, daß sie einen möglichst repräsentativen Querschnitt der Bevölkerung darstellen, damit sich die Effekte gegenseitig ausgleichen können.[8] Hinzu kommt die Notwendigkeit, jeder Befragung eine ausführliche Intervieweranweisung beizugeben und deren Einhaltung durch sorgfältige Auswahl und Schulung der Interviewer sicherzustellen. Zur Überprüfung bewußter Fälschungen werden Kontrollen bei den Interviewten vorgesehen.

3.6   Die Stichprobe als Fehlerquelle

Ausgangspunkt jeder wissenschaftlichen Befragung ist die Entscheidung darüber, für welchen Personenkreis die gefundenen Ergebnisse Geltung beanspruchen sollen. Ist die Zahl der zu Befragenden relativ klein, so bietet sich eine Befragung aller Personen, das heißt eine Vollerhebung, an. Ist dagegen die Grundgesamtheit so groß, daß eine Vollerhebung nur mit großem finanziellen und technischen Aufwand realisiert werden kann (z.B. die gesamte Bevölkerung der Bundesrepublik), wird man auf eine Teilerhebung ausweichen. In diesem Fall ist eine Entscheidung darüber zu treffen, welcher Personenkreis stellvertretend für die größere Bevölkerungsgruppe befragt werden kann. Anders ausgedrückt: Welche Einheiten der Grundgesamtheit können mit welchem Verfahren so ausgewählt werden, daß sie eine repräsentative Stichprobe darstellen?

Die Repräsentativität einer Stichprobe ist immer dann gegeben, wenn die Merkmalsverteilungen der Stichprobe denen der Grundgesamtheit, aus der sie gezogen wurde, entsprechen. Nur unter dieser Voraussetzung kann von den Ergebnissen der Stichprobe auf die Grundgesamtheit geschlossen werden.

Eine Stichprobe kann diesen Anforderungen nur genügen, wenn sie vier Voraussetzungen erfüllt (*Böltken* 1976; *Friedrichs* 1973, S.125):

1.   Sie muß ein verkleinertes Abbild der Grundgesamtheit hinsichtlich der Heterogenität (Verschiedenartigkeit) der Elemente und hinsichtlich der Repräsentativität der für die Hypothesenprüfung relevanten Variablen sein.

2.   Die Einheiten oder Elemente der Stichprobe müssen definiert (d.h. genau bestimmt) sein.

3.   Die Grundgesamtheit, aus der die Stichprobe gezogen wird, sollte angebbar und empirisch definiert sein (z.B. eine Gemeinde statt nur die Passanten einer Straße).

4.   Das Auswahlverfahren soll (nicht willkürlich sondern) genau angebbar sein und den unter 1 aufgeführten Kriterien entsprechen.

Die Qualität des Schlusses vom Ergebnis einer Stichprobe auf die Grundgesamtheit (Induktionsschluß) hängt von zwei Voraussetzungen ab: von der *Größe* der Stichprobe und deren *Repräsentativität*. Für die Stichprobenziehung macht man sich das "Gesetz der großen Zahlen" zunutze. Danach werden Ergebnisse, deren Wahrscheinlichkeiten sehr klein sind, sehr selten auftreten. Darüber hinaus wird die Wahr-

---

[8]   Das in der Vergangenheit von Hochschullehrern häufig geübte Verfahren, aus dem universitären Kontext initiierte Umfragen ausschließlich durch studentische Interviewer durchzuführen, ist aus diesen Gründen kritisch zu betrachten.

scheinlichkeit dafür, daß die gefundenen Stichprobenkennwerte (z.B. Anteilswert, Mittelwert eines Merkmals) beträchtlich von den ihnen entsprechenden Parametern in der Grundgesamtheit abweichen, umso kleiner, je größer der Umfang der Stichprobe ist (*Böltken* 1976, S. 39).

Diese Logik ist in der Vergangenheit häufig dahingehend mißverstanden worden, daß bereits die Größe der Stichprobe die Qualität der gefundenen Ergebnisse garantiere. Für die empirische Sozialforschung gilt diese Frage jedoch seit den amerikanischen Präsidentschaftswahlen von 1936 als geklärt. Anläßlich dieser Wahl hatte die Zeitschrift *Literary Digest* ihre Leser aufgefordert, der Redaktion mitzuteilen, für wen sie bei der bevorstehenden Wahl stimmen würden, Roosevelt oder Landon. Aufgrund dieser Leserbefragung, an der rund 10 Millionen amerikanischer Wähler teilnahmen, sagte die Zeitschrift den Sieg von Landon voraus. Konkurrierend dazu führten die Meinungsforschungsinstitute *Gallup* und *Crossley* zwei Umfragen durch, bei denen nur wenige tausend repräsentativ ausgesuchter Wähler befragt wurden, und sagten den Sieg Roosevelts vorher. Roosevelts Sieg bestätigte ihr Auswahlverfahren (*Bryson* 1976, S. 184-185). Der entscheidende Unterschied zwischen beiden Auswahlen bestand darin, daß die erste Stichprobe nicht aus der Gesamtheit der amerikanischen Wähler gezogen wurde, sondern aus der Leserschaft der Zeitschrift *Literary-Digest* - genauer: aus deren besonders aktivem Teil, der die Mühe auf sich nahm, an der Probeabstimmung teilzunehmen. Er war weder repräsentativ für die amerikanische Wählerschaft (s.o. Pkt. 1), noch waren die Einheiten der Stichprobe definiert (Pkt. 2), noch war - wegen der freiwilligen Teilnahme - das Auswahlverfahren angebbar (Pkt. 4).

Hatte diese Wahl den Durchbruch des Stichprobenverfahrens gebracht, so fand unmittelbar danach eine Diskussion darüber statt, nach welchem Verfahren die Befragten auszuwählen seien, um zu einer möglichst repräsentativen Stichprobe zu gelangen. In dieser Diskussion standen sich zwei Lager gegenüber. Eine Gruppe sprach sich für das Quotenverfahren aus, die andere Gruppe für die Methode der Zufallsstichprobe.

Beim *Quotenverfahren* werden zunächst für die jeweils interessierende Grundgesamtheit (z.B. eine Stadt, ein Bundesland) die wichtigsten soziodemographischen Merkmale erkundet (z.B. Anteile von Altersgruppen, Männern und Frauen, usw.). Diese Anteile werden dann auf die geplante Größe der Stichprobe umgerechnet, so daß sichergestellt ist, daß die realisierte Quotenstichprobe genau dieselben Merkmalsverteilungen aufweist. Diese Quotenstichprobe wird dann auf die einzusetzenden Interviewer aufgeteilt, so daß jeder Interviewer eine nach demographischen Merkmalen genau bestimmte Zielgruppe zu befragen hat (z.B. einen männlichen Arbeiter im Alter von 20-30 Jahren, eine weibliche Angestellte im Alter von 40-50 Jahren, usw.). Innerhalb dieser Quoten hat der Interviewer freie Hand bei der Bestimmung der Zielpersonen.

Demgegenüber läßt die *Wahrscheinlichkeits-* oder *Zufallsstichprobe* dem Interviewer keine Wahlmöglichkeit für die Auswahl seiner Interviewpartner. Von einer Zufallsstichprobe sprechen wir dann, wenn die Auswahl nicht willkürlich stattfindet, sondern jedes Element der Grundgesamtheit die gleiche oder eine genau angebbare Chance hat, in die Stichprobe zu gelangen. Das soll andere Einflüsse, wie z.B. die

Bekanntheit zum Interviewer eines Umfrageinstituts oder die Nähe zu dessen Wohnort, ausschließen.

Von den verschiedenen Verfahren der Stichprobenziehung hat sich in der professionellen Umfrageforschung die *dreistufige* Auswahl durchgesetzt. In einer ersten Stufe wird für eine Region oder ein Land eine Auswahl repräsentativer Flächen (z.B. Wahlkreise oder Stimmbezirke) ausgewählt. In einer zweiten Stufe wird aus diesen Primäreinheiten eine repräsentative Auswahl von Privathaushalten gezogen. Das kann entweder über die Adresskartei bei den Einwohnermeldeämtern oder aber über das Verfahren des Zufallweges (random route) geschehen.

Beispiel: Im ersten Fall müssen die Interviewer z.B. aus den Karteikästen des Einwohnermeldeamtes jeden i-ten Haushalt auswählen. Ist etwa aus einer Kartei von 100.000 Haushalten eine Stichprobe von 1000 zu ziehen, so ist jeder hundertste Haushalt in die Stichprobe aufzunehmen. Beim Verfahren des Zufallsweges erhält der Interviewer dagegen die Anweisung, von einer vorgegebenen Adresse ausgehend nach genauer Anweisung ein Wohngebiet zu begehen und einen nach diesen Begehungsregeln vorgefundenen Haushalt auszuwählen.[9]

In einer dritten Stufe wird im so bestimmten Haushalt die Zielperson ausgewählt. Dafür gibt es verschiedene Verfahren. Eines der möglichen Auswahlverfahren kann z.B. sein, die Person zu befragen, die als nächste Geburtstag hat.

Nur wenn jeder dieser Schritte exakt eingehalten wird, kann sichergestellt werden, daß jede Person die gleiche bzw. eine berechenbare Chance hat, in die Stichprobe zu gelangen.

Obwohl immer noch verschiedene Umfrageinstitute ihre Stichproben über das Quotenverfahren gewinnen (besonders in der Wirtschaftsforschung; wie z.B. das Institut für Demoskopie in Allensbach), gilt die Auseinandersetzung um Quoten- oder Zufallsauswahl seit den amerikanischen Präsidentschaftswahlen von 1948 als endgültig entschieden. Bei dieser Wahl hatten alle kommerziellen Umfrageinstitute auf der Grundlage von Quotenstichproben den Sieg von Dewey über Trumann vorausgesagt. Eine unmittelbar nach der Wahl eingesetzte Arbeitsgruppe des amerikanischen *Social Science Research Council* untersuchte die Ursachen für die falschen Wahlprognosen und identifizierte als Haupt-Fehlerquelle das von allen Instituten eingesetzte Quotenverfahren (*Mosteller* et al. 1949). Seither gilt in der empirischen Sozialforschung die Auseinandersetzung zwischen Quoten- und Zufallsstichprobe als geklärt.

Der letztlich entscheidende Vorteil einer Zufallsstichprobe besteht jedoch darin, daß aus ihren Parametern berechnet werden kann, mit welchem Sicherheitsgrad der wahre Wert der Grundgesamtheit innerhalb bestimmter Grenzen liegt (Inklusionsschluß).

---

[9] Diese Begehungsregeln haben etwa die Form: "Beginnen Sie bei der angegebenen Startadresse mit dem Gesicht zur Straße, gehen Sie dann nach links in das 5. Haus auf der gegenüberliegenden Straßenseite und beginnen mit der Adressenerhebung. Dann gehen Sie auf derselben Straßenseite weiter, biegen an der nächsten Kreuzung nach rechts ...", usw.; vgl. zu diesem Verfahren etwa *Noelle* (1963, S. 128f).

Der Bereich, innerhalb dessen der wahre Wert liegt, wird als Vertrauens- oder Konfidenzintervall bezeichnet.

Beispiel: Bei einer Umfrage unter 1000 Wahlberechtigten sei auf die sog. 'Sonntagsfrage' ("Wenn am nächsten Sonntag Bundestagswahl wäre: Welche Partei würden Sie dann wählen?") ein Wähleranteil für die SPD von 40 Prozent ermittelt worden. Auf der Grundlage der Stichprobengröße von 1000 läßt dieser Anteilswert nur die Aussage zu, daß der wahre Wert - in Abhängigkeit vom gewünschten Sicherheitsgrad - um den Wert von 40 Prozent liegen wird. Wählt man das in diesen Fällen übliche Sicherheitsniveau von 95 Prozent, dann läßt das Umfrageergebnis die Aussage zu: "Mit 95-prozentiger Wahrscheinlichkeit liegt der (wahre) Stimmanteil der SPD bei 40 plus/minus 3,1%, d.h. zwischen 36,9 und 43,1 Prozent".[10] Obwohl diese Einschränkung für alle auf Stichproben basierenden Umfrageergebnisse gilt, hat es sich in den Veröffentlichungen bisher nicht eingebürgert, das Vertrauensintervall mit anzugeben.

Die einzige Maßnahme, das Konfidenzintervall eines gefundenen Wertes zu verringern und damit den Wert genauer vorherzusagen, besteht darin, die Stichprobe zu erhöhen. Dies stößt jedoch sehr schnell an finanzielle Grenzen, da eine Halbierung des Konfidenzintervalls jeweils nur durch die Vervierfachung der Stichprobengröße erreicht werden kann. Ein Vertrauensintervall von 40 plus/minus 1,5%, könnte im vorliegenden Beispiel nur bei einer Stichprobengröße von n=4000 erzielt werden.

3.7 Ausschöpfung der Stichprobe

Ein in den letzten Jahren immer dringender werdendes Problem für die Umfrageforschung ist in der abnehmenden Bereitschaft der Bevölkerung zu sehen, an Befragungen teilzunehmen. Durch die sinkenden Ausschöpfungsquoten, d.h. die Anteile, zu denen aus den repräsentativ angelegten Personenstichproben tatsächlich Interviews realisiert werden, nimmt die Repräsentativität der gewonnenen Ergebnisse ab. Wurden noch bis in die 1970er Jahre regelmäßig über 80 Prozent der ausgewählten Personen erreicht und interviewt, so sinkt seither die Ausschöpfungsquote ständig. Neben den stichprobenneutralen Ausfällen (Haushalt oder Befragungspersonen nicht aufzufinden) ist die wichtigste Ursache dafür die Verweigerung des Interviews (sog. nicht-stichprobenneutrale Ausfälle). Wenn die Verweigerung systematische Schwerpunkte hat, wenn z.B. vornehmlich junge Wähler, Frauen oder Anhänger einer bestimmten Partei das Interview verweigern, dann kann von der Repräsentativität der ausgeschöpften Stichprobe nicht mehr ausgegangen werden. Gelegentlich durch-

---

[10]   Berechnet wird der Vertrauensbereich von P nach der Formel $P = p \pm z\sqrt{p(1-p/n)}$; wobei p der Anteilswert aus der Stichprobe, n die Größe der Stichprobe und z der Parameter der Wahrscheinlichkeitsverteilung ist; für das 95%-Niveau hat z den Wert 2. Entsprechend lautet für obiges Beispiel die Berechnung: $P = 0,40 \pm 2\sqrt{(0,40 \cdot 0,60)/1000} = 0,40 \pm 2 (0,01549) = 0,40 \pm 0,031$; P liegt daher zwischen 36.9 und 43.1 %. Zur differenzierten Berechnung von Vertrauensintervallen vgl. *Sahner* (1990) und *Rönz/Strohe* (1994).

geführte Nachfaßaktionen, mit denen die Stichprobe mit einem anderem als ursprünglich ausgewählten Personenkreis aufgefüllt wird, haben auf die Repräsentativität der Befragung nur schwer abschätzbare Konsequenzen. Zur nachträglichen Korrektur von Stichprobenausfällen greifen die Umfrageinstitute in der Regel zum Verfahren der statistischen Gewichtung, um die Stichprobe den tatsächlichen Werten der Grundgesamtheit anzugleichen. Bei diesem Verfahren werden Befragte mit Merkmalen, die in der Stichprobe unterrepräsentiert sind, höher gewichtet, während überproportional vertretene Personengruppen mit einem geringeren Gewicht in die Datenanalysen eingehen.[11]

Das Verfahren der statistischen Gewichtung läßt sich ebenfalls einsetzen, um Stichproben, bei denen aus Vergleichsgründen Teilpopulationen überquotiert erhoben wurden, nachträglich auf ihre tatsächliche Größe umzugewichten. Erst dann werden repräsentative Aussagen über die Grundgesamtheit möglich. Als Beispiel sei hier eine Studentenumfrage aus dem Jahre 1979 genannt, die an den vier Universitäten Darmstadt, Frankfurt, Mainz und Mannheim durchgeführt wurde (vgl. dazu *Bürklin* 1980). Aus Kostengründen wurden an diesen Universitäten jeweils 80, 113, 123 und 104 Interviews durchgeführt. Entsprechend den aktuellen Studentenzahlen an diesen Universitäten waren diese Zahlen im Falle von Darmstadt und Mannheim zu hoch, in den anderen Fällen zu niedrig. So hätten z.B. an der Universität Mannheim, an der 6060, d.h. 10,01% der 59980 Studenten dieser vier Universitäten eingeschrieben waren, auch nur 42 der 420 Interviews durchgeführt werden dürfen. Im Stichprobenplan wurde diese Zahl mehr als verdoppelt, um ausreichend große Fallzahlen für die statistische Analyse zu erhalten. Da diese Überquotierung für die anschließend durchgeführten zeitvergleichenden Analysen unerwünscht war, wurden für jenen Zweck alle Interviews aus Mannheim mit dem Gewicht 0,409 multipliziert. Im Resultat summierten sich die Mannheimer Interviews in der gewichteten Stichprobe auf die korrekte Zahl 42 (104 x 0,409 = 42). Nachdem auch die anderen Interviews umgewichtet waren (Darmstadt 0,980, Frankfurt 1,406, Mainz 1,186) entsprachen die prozentualen Anteile der Stichprobe den tatsächlichen Studentenzahlen.

Festzuhalten bleibt, daß sich mit sinkenden Ausschöpfungsquoten der Vorteil der Zufallsstichprobe gegenüber der Quotenstichprobe, bei der die Ausschöpfung der wichtigsten demographischen Merkmale sichergestellt ist, beträchtlich relativiert.

3.8 Fehler bei der Datenübertragung

Eine letzte Fehlerquelle der Datenerhebung ergibt sich bei der Übertragung der Informationen aus dem Fragebogen in maschinenlesbare Form. Erst diese Quantifizierung der Informationen stellt die Grundlage für die statistische Auswertung von Umfragen mit Hilfe sozialwissenschaftlicher Datenanalyseprogramme dar. Dazu werden die Antworten auf die Interviewfragen verkodet, d.h. quantitativ in Zahlenwerte

---

[11]   Vgl. dazu den Studienbrief von *Bürklin* (1988): Wählerverhalten und Wertewandel sowie den Studienbrief von *Porst* (1983): Allgemeine Bevölkerungsumfrage in den Sozialwissenschaften.

"übersetzt", und anschließend auf Ablochschemata übertragen oder direkt über den Bildschirm eines Computers eingegeben. Dabei kommt es immer wieder zu Übertragungsfehlern (Verschreiben, Vertippen). Erst wenn diese Fehler durch Kontrollen bereinigt sind, kann die eigentliche Datenanalyse beginnen.

Ein *Beispiel* aus der Studie "Grüne Politik": "Wenn am nächsten Sonntag Bundestagswahl wäre: Welche Partei würden Sie dann wählen?" (Die möglichen Antworten sind i.d.R. schon im Fragebogen numerisch codiert. Auf die Antwort des Befragten: "die GRÜNEN", wird der Interviewer die Zahl 4 ankreuzen oder einkringeln. Bei der Datenerhebung wird diese Zahl auf Datenträger übernommen.)

CDU (in Bayern: CSU)	1
SPD	2
FDP	3
Grüne	4
Republikaner	5
eine andere Partei	6
keine dieser Parteien	7
würde nicht zur Wahl gehen	8
Antwort verweigert	9
Weiß ich nicht	0

4   Verfahren und Probleme der Datenanalyse

Nach Abschluß der Datenerhebung beginnt der Prozeß der Datenanalyse. Sie ist im Grundsatz für die Primär- und Sekundäranalyse nach denselben Kriterien durchzuführen. Je nach Untersuchungsziel bieten sich dazu verschiedene Analyseverfahren an:

Zur Beschreibung und Analyse einzelner Variablen werden *univariate Analyseverfahren* eingesetzt. Zur Analyse der Zusammenhänge zwischen zwei und mehreren Variablen stehen *bivariate* und *multivariate Analyseverfahren* zur Verfügung (siehe unten). Basieren diese Analysen auf Skalen, die aus mehreren Variablen zusammengefaßt werden, müssen die dafür infrage kommenden Variablen vorab durch Verfahren der *multidimensionalen Analyse* auf ihre empirische Dimensionalität überprüft werden (siehe oben). Dazu wird z.B. die Faktorenanalyse oder das Verfahren der Multidimensionalen Skalierung eingesetzt. Können diese Variablen als auf einer Bedeutungsdimension liegend identifiziert werden, besteht die Möglichkeit, sie durch einfache arithmetische Operationen zu neuen Skalen zusammenzufassen. Bei diesem Verfahren wird jedem Befragten ein neuer Skalenwert zugeordnet. Ein Beispiel aus der Studie "Grüne Politik" soll die Logik der Addition mehrerer Skalensätze zu einer sog. Likert-Skala veranschaulichen. In dieser Studie wurden zur Bildung der Likert-Skala Regelverständnis die von 1 (lehne voll ab) bis 6 (stimme voll zu) reichenden Skalenwerte der drei Fragen nach Minderheitenschutz, Recht auf Opposition und Chancengleichheit demokratischer Parteien (s. oben) addiert. Über die Addition erhielten Befragte, die allen drei Fragen voll zustimmten, den Wert 18 auf der Skala Regelverständnis, Befragte, die alle drei Fragen ablehnten, den Wert 3 (Vgl. *Bürklin* 1984; S. 127). Ein alternatives Verfahren zur Bildung von Skalen, die auf Intervallskalenniveau gemessen wurden, stellt der Regressionsansatz zur Bildung von sog. Faktorskalen (*Factorscores*) dar.[12] Sinn der Konstruktion solcher Skalen ist es, durch die Berücksichtigung mehrerer Antworten zu einem Thema die Fehleranfälligkeit der Einstellungsmessung bei Berücksichtigung einer Antwortmöglichkeit pro Bedeutungsdimension zu verringern.

Für welches der unterschiedlichen Verfahren sich der Umfrageforscher entscheidet, richtet sich in erster Linie nach dem Meßniveau der zu analysierenden Variablen. Für kategoriale Variablen auf nominalem und ordinalem Meßniveau ist das am häufigsten eingesetzte Verfahren die Analyse von Kreuztabellen. Nachdem für diese Datenqualität zahlreiche hier nicht näher zu besprechende Analyseprogramme entwickelt wurden (z.B. loglineare Verfahren wie ECTA, NONMET, GLIM) lassen sich grundsätzlich alle sozialwissenschaftlichen Analysen auf der Basis von Kreuztabellen durchführen. Für intervallskalierte Variablen stehen zusätzlich regressionsanalytische Verfahren, auf die im folgenden kurz eingegangen werden soll, zur Verfügung (z.B. einfache und multiple Regression, Pfadanalyse, Strukturgleichungsmodelle [LISREL], etc.).

4.1   Die Analyse univariater Verteilungen

4.1.1   Die Häufigkeitsauszählung

Für den einfachsten Fall der Registrierung sozialer Tatbestände und deren Veränderung kann sich die Datenanalyse mit der Berechnung univariater Häufigkeiten begnügen. Die Grundauszählung, auch univariate Häufigkeitsauszählung genannt, besteht in der Summierung der einzelnen Antwortkategorien jeder Variablen über alle Fälle hinweg. Das Ergebnis ist die aggregierte Verteilung der Antworten in der Gesamtstichprobe. Um diese Verteilung leichter interpretieren zu können, sind nicht nur die absoluten Zahlen, sondern auch die Prozentanteile auszuweisen.

Beispiel: Bei der im Jahre 1984 im Gebiet der Bundesrepublik durchgeführten Allgemeinen Bevölkerungsumfrage in den Sozialwissenschaften (ALLBUS) war die Frage nach der Wahlabsicht zum Bundestag erhoben worden. Diese Frage wurde zur Grundlage einer Folgestudie zu grüner Politik (*Bürklin* 1987). Die entsprechende Grundauszählung der Interviewfrage kann in folgender Tabellenform dargestellt werden (vgl. ebd., S. 113).

---

12   Vgl. zu den verschiedenen Verfahren der Skalenkonstruktion *DeVellis* (1991); zur konkreten Anweisung der Skalenbildung siehe die zahlreichen Handbücher der sozialwissenschaftlichen Analyseprogramme. Grundlegend und vorbildlich ist noch immer *Nie* et al. (1975).

Tabelle 2: Die Wahlabsicht zum Bundestag. Bundesrepublik 1984

Wahlabsicht	Antworten in %	n	gültige Antworten in %	n
CDU/CSU	32,2	968	44,2	968
SPD	29,1	873	39,8	873
FDP	3,7	110	5,0	110
Die GRÜNEN	7,6	229	10,4	229
eine andere Partei	0,4	12	0,6	12
würde nicht wählen gehen Antwort verweigert Weiß ich nicht	27,0	812	-	-
Gesamt	100,0	3004	100,0	2192

Beachte: Für den Tabellenkopf sollte ein möglichst aussagefähiger Titel gewählt werden, aus dem der Tabelleninhalt, die bezogene Grundgesamtheit und der Zeitpunkt der Datenerhebung hervorgeht. In der Tabelle werden neben den relativen (%) auch die absoluten Häufigkeiten (n) aufgeführt. In vielen Fällen ist es darüber hinaus sinnvoll, die Prozentwerte unter Ausschluß fehlender oder ungültiger Werte zu berechnen (hier unter Ausschluß der Befragten, die angaben, nicht wählen gehen zu wollen, bzw. sich noch nicht entschieden haben).

Aus dieser Tabelle geht hervor, daß 1984 7,6 Prozent aller 3004 Befragten angaben, die Partei der GRÜNEN wählen zu wollen, falls am nächsten Sonntag Bundestagswahl wäre. Bezogen auf die Befragten, die sich bereit fanden, ihre Parteipräferenz anzugeben, bzw. die Beantwortung der Frage nicht vollständig ablehnten (sog. gültige Antworten), waren das sogar 10,4 Prozent. Eine Prozentuierung auf der Grundlage der "gültigen Antworten" setzt die Annahme voraus, daß die Antwortverweigerer dieselben politischen Präferenzen aufweisen wie die zur Beantwortung bereiten Befragten. Da diese Annahme nicht immer gegeben ist und dem Ergebnis auch eine unsystematisch ausgeschöpfte Stichprobe zugrundeliegen kann, sollten zur Interpretation der Grundauszählung *auf jeden Fall* beide Prozentuierungen angeben werden.

4.1.2 Mittelwerte und Streuungsmaße

Sollen univariate Verteilungen mit einem einzigen Zahlenwert aussagekräftig zusammengefaßt werden, bedient man sich der Maße der zentralen Tendenz (Mittelwerte) und der Dispersion (Streuungsmaße). Diese Maße wird man immer dann zur Beschreibung einer Verteilung heranziehen, wenn man eine größere Zahl von Variablenwerten auf einen einzigen typischen Wert reduzieren möchte (siehe Bsp.). Die gebräuchlichsten Maße der zentralen Tendenz sind der *Modus*, der *Median* und der *arithmetische Mittelwert*.

Die einfachste Meßzahl ist der *Modus* (h) als häufigster Wert einer Verteilung; er setzt keine Anforderungen an das Meßniveau und kann zur Beschreibung jeder Variablen verwendet werden. Am häufigsten wird der Modus für nominalskalierte Variablen verwendet (z.B. bevorzugter Kanzlerkandidat; Wählerpotentiale; im Beispiel oben: CDU als die am häufigsten genannte Partei).

Demgegenüber gehen in die Berechnung des Medians ($\tilde{x}$) (lies: x-Schlange) sämtliche Skalenwerte ein. Als Zentralwert teilt der Median eine Stichprobe in genau zwei gleich große Gruppen und repräsentiert damit den Punkt einer Skala, der von der Hälfte der Befragten weder über- noch unterschritten wird. Für die Berechnung des Medians müssen die Variablen auf mindestens ordinalem Skalenniveau gemessen sein. Für das folgende Beispiel wählen wir aus Gründen der vereinfachten Berechnung eine fiktive Datenreihe.

Beispiel: Bei einer Befragung von 9 Parteimitgliedern wurden die folgenden Stundenzahlen für aktive Parteiarbeit pro Monat genannt: 1, 2, 2, 3, 4, 5, 6, 6 und 45 Stunden. Der Median als Maß der zentralen Tendenz kann bei dieser Meßreihe durch Abzählen bei $\tilde{x} = 4$ festgestellt werden: Genau die Hälfte der Parteimitglieder arbeitet mehr, bzw. weniger als 4 Stunden.

Das am häufigsten verwendete Maß der zentralen Tendenz ist der arithmetische Mittelwert ($\overline{x}$) (lies: x-quer). Er setzt mindestens intervallskalierte Variablen voraus, wird aber häufig auch für ordinalskalierte Variablen berechnet (z.B. Sympathiewerte für Politiker im monatlichen *Politbarometer* des ZDF). In der empirischen Sozialforschung gewann das arithmetische Mittel große Bedeutung, weil zahlreiche weiterführende Analyseverfahren auf ihm aufbauen (z.B. Korrelation, Faktorenanalyse, Regression sowie die Verfahren der schließenden Statistik; siehe dazu *Sahner* 1990). Auch im alltäglichen Gebrauch wird i.d.R. das arithmetische Mittel zur Berechnung von "Durchschnittswerten" verwendet. Es errechnet sich aus der Summe der Beobachtungswerte geteilt durch die Anzahl der Beobachtungen [$\overline{x} = 1/n \cdot \sum x_i$]. Nach dieser Formel erhält man als arithmetisches Mittel der o.g. Beobachtungsreihe den Wert $\overline{x} = 1/9 \cdot (1+2+2+3+4+5+6+6+45) = 8,2$.

Bereits die augenscheinliche Inspektion dieser (bewußt problematisch konstruierten) Zahlenreihe zeigt, daß der errechnete Durchschnittswert von 8,2 Stunden für fast alle Personen mehr oder weniger unzutreffend ist: Acht Personen arbeiten z.T. sehr viel weniger, eine Person sehr viel mehr! Aus diesem Beispiel wird deutlich, daß die Berechnung des arithmetischen Mittelwertes von der sog. *Normalverteilung* von Variablen ausgeht. Für Variablen mit *"schiefer Verteilung"* bzw. für alle Beobachtungsreihen mit untypisch großen oder kleinen Werten (sog. *"Ausreißer"*; hier: 45 Stunden) wird das arithmetische Mittel daher zu mehr oder weniger großen Verfälschungen führen. In diesen Fällen gibt der Median die zentrale Tendenz einer Datenreihe zutreffender wieder als das arithmethische Mittel (4 gegenüber 8,2 Stunden). Aus diesen Gründen sollte jede Grundverteilung vor der Berechnung der Maße der zentralen Tendenz zunächst auf eine mögliche Abweichung von der Normalverteilung untersucht werden. Das kann auf visuellem Wege über Balken- oder Histogramme (siehe Diagramm) oder durch die von jedem Analyseprogramm berechneten Werte über die "Schiefe" (engl.: *skewness*) einer Verteilung erfolgen.

Abbildung 2:   Annähernde Normalverteilung (fiktive Daten)

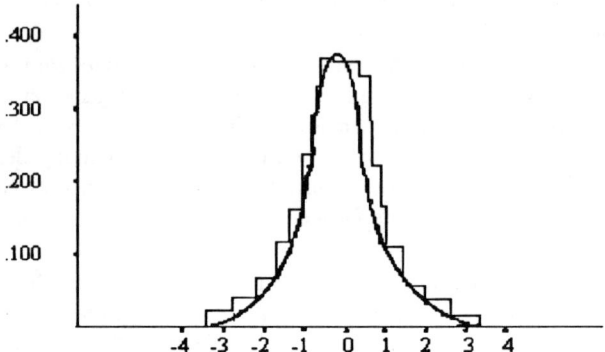

Abbildung 3:   Schiefe Verteilung (fiktive Daten)

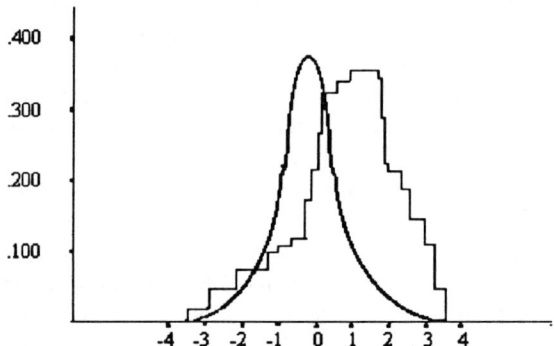

Eine zweite Kennzahl univariater Verteilungen ist das Streuungsmaß. Es gibt an, wie repräsentativ bzw. wie typisch ein Mittelwert für eine Verteilung ist. Dabei gilt, daß ein Mittelwert umso aussagekräftiger für eine Verteilung ist, je größer die Zahl der Meßwerte ist, die sehr nahe am Mittelwert liegen. Anders ausgedrückt: Je geringer die Streuung einer Variablen, umso repräsentativer der Mittelwert.

Beispiel: Die Erhebung der monatlichen Stundenzahl politischer Aktivität in zwei Umweltschutzgruppen mit jeweils 9 Mitgliedern hat die folgenden Meßwerte ergeben:

Gruppe I	13	14	14	15	*15*	15	16	16	17	Stunden
Gruppe II	1	3	9	11	*15*	19	27	45	89	Stunden

Hierbei ist zu beachten: In beiden Gruppen liegt der Median bei 15 Stunden. Dennoch ist offenkundig, daß Gruppe I mit dem durchschnittlichen Stundenwert von 15 sehr viel besser beschrieben ist als Gruppe II. Gruppe I ist hinsichtlich der Arbeitsstunden sehr viel homogener, weil die Meßwerte weniger um den Mittelwert streuen. Die größte Abweichung beträgt hier zwei Stunden gegenüber 74 Stunden in Gruppe II. Diese Beispiele verdeutlichen die Notwendigkeit neben dem Mittelwert auch Streuungsmaße zu berechnen; sie erlauben uns eine bessere Interpretation eines gefundenen Mittelwertes.

Das Streuungsmaß für ordinalskalierte Merkmale sind Quartilsabstände. Ein häufig verwendetes Maß ist der Quartilsabstand: Dazu wird eine Beobachtungsreihe in vier Teile (Quartile) aufgeteilt. Die Meßwerte, die den unteren und oberen Quartilsabstand markieren, geben an, in welcher Entfernung vom Median sich die Hälfte der Befragten befindet. Für die Gruppe I beträgt der Quartilsabstand jeweils 1 Stunde (14/16).

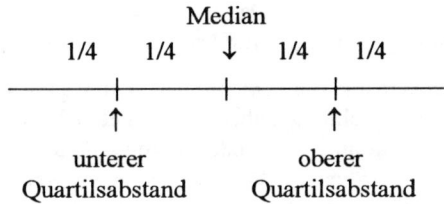

Die Streuungsmaße für metrische Variablen sind Varianz und Standardabweichung. Diese Maße werden ähnlich interpretiert, aber anders berechnet. Die Varianz einer Verteilung stellt die Summe der quadrierten Abweichungen vom Mittelwert geteilt durch die Anzahl der Beobachtungen dar [$s^2 = 1/n \cdot (x_i - \overline{X})^2$]. Die Quadratwurzel aus der Varianz ist die Standardabweichung; sie liegt auf dem selben Meßniveau wie die Originalwerte (z.B. Stunden) und ermöglicht dadurch eine anschaulichere Interpretation als die Varianz.[13] Varianz und Standardabweichung dienen nicht nur zur Deskription univariater Verteilungen, sondern sind auch die Ausgangskoeffizienten für zahlreiche Verfahren der schließenden Statistik, wie zum Beispiel die Signifikanzprüfung oder die Korrelations- und Regressionsanalyse (siehe unten).

---

[13] Am Beispiel von Gruppe I ist folgendermaßen vorzugehen: a) Berechnung des arithmetischen Mittelwertes; hier: $\overline{X} = 15$; b) Berechnung der Varianz: $s^2 = 1/9((13-15)^2+(14-15)^2+(14-15)^2+(15-15)^2+(15-15)^2+(15-15)^2+(16-15)^2+(16-15)^2+(17-15)^2) = 1/9(12) = 1,33$; c) Berechnung der Standardabweichung: $s = \sqrt{1,33} = 1,15$.

Eine der häufigsten Fehlerquellen der univariaten Analyse ist die Verwendung von Mittelwerten und Streuungsmaßen, die nicht der Skalenqualität entsprechen. Der häufigste Fehler besteht in der Verwendung von arithmetischem Mittelwert und Standardabweichung für Skalen auf nur ordinalem Meßniveau.

Beispiel: Zur Messung der Sympathie von Politikern in Bevölkerungsumfragen wird häufig eine 11-stufige Sympathieskala der folgenden Form vorgegeben und dann gebeten, den einzeln genannten Politikern jeweils einen dieser Sympathiewerte zuzuordnen:

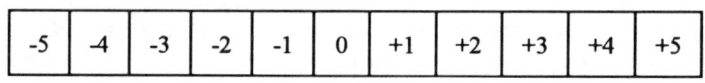

(sehr unsympatisch)   (sehr sympathisch)

Aufgrund dieser Skala wird der (arithmetische) Mittelwert für jeden Politiker berechnet, um Vergleichbarkeit herzustellen (z.B. "Politiker A erreicht einen Sympathiewert von -0,3, während Politiker B auf den Wert von 2,5 kommt"). Die Berechnung dieser Mittelwerte basiert auf der Annahme, daß die Abstände auf der vorgegebenen Skala jeweils gleich sind (z.B. zwischen -4 und -5 und +1 und +2) und die Skalenwerte daher addiert/dividiert werden können. Da von dieser Annahme nicht ausgegangen werden kann, dürften streng genommen nur Mediane berechnet werden.

Weniger leicht zu entdecken sind die Fehler, die sich aus der Anwendung mittelwertbasierter Verfahren für Beobachtungsreihen mit schiefen Verteilungen oder Ausreißern ergeben. Diese Fehler können vermieden werden, da alle gängigen Analyseprogramme heute bereits standardmäßig die Abweichungen von der Normalverteilung angeben (rechts- bzw. linksschiefe Verteilung) und die Verteilungen als Histogramme, Balkendiagramme etc. graphisch darstellen. Werden solche Abweichungen entdeckt, ist für weiterführende Analysen die Berechnung gewichteter Mittelwerte nahezulegen.[14]

4.2   Die Analyse bi- und multivariater Verteilungen

Während die univariaten Analyseverfahren dazu dienen, soziale Tatbestände zu *beschreiben* und durch den Vergleich über verschiedene Zeitpunkte oder zwischen verschiedenen Stichproben zu interpretieren, eröffnen die bi- oder multivariaten Verfahren die Möglichkeit, diese Tatbestände auf der Ebene des Individuums zu *erklären*. Im grundlegenden Fall, der bivariaten Analyse, wird dazu die Stärke des Zusammen-

---

[14]   Dabei werden die Meßwerte in Abhängigkeit von ihrem Abstand zum Mittelwert mit verringertem Gewicht in die Berechnung einbezogen. Auf der Basis dieser gewichteten arithmetischen Mittelwerte können alle weiterführenden Analysen, wie z.B. die Regression nach dem Verfahren der gewichteten kleinsten Quadrate (Weighted Least Squares (WLS); statt Ordinary Least Squares (OLS)) durchgeführt werden.

hanges zwischen zwei Merkmalen der Befragten berechnet und dieser Zusammenhang als Ursache-Wirkungs-Erklärung zwischen beiden Merkmalen interpretiert. Das jeweils zu erklärende Merkmal wird dabei als *abhängige Variable* bezeichnet, das erklärende Merkmal als *unabhängige Variable*. Am Beispiel der einfachsten bivariaten Erklärung in der Studie "Grüne Politik" war die abhängige Variable die Wahlbereitschaft für die GRÜNEN, die unabhängige Variable die Generationszugehörigkeit eines Befragten. Da sich die erwarteten Wirkungen auch empirisch zeigten - in der jüngsten Generation belief sich das Wählerpotential auf 35,9 Prozent, in der Kriegs- und Vorkriegsgeneration dagegen 8,3 Prozent (*Bürklin* 1984, S. 86) - konnte die Generationszugehörigkeit als eine Ursache der Wahlbereitschaft gelten. Solche bivariaten Modelle können allerdings nur dann als Ursache-Wirkungs-Zusammenhang interpretiert werden, wenn die Richtung der Beeinflussung zwischen den Merkmalen logisch zweifelsfrei ist. Bei dem Zusammenhang zwischen Generationszugehörigkeit und Wahlverhalten ist die kausale Interpretation möglich, da die Generationszugehörigkeit Wirkungen auf das Wahlverhalten haben kann. Eine umgekehrte Wirkung ist dagegen nicht denkbar, weil eine Änderung des Wahlverhaltens niemals die Generationszugehörigkeit beeinflussen kann.

Univariate Erklärungsmodelle entsprechen nicht der empirischen Realität. Da sich der gesellschaftliche und politische Handlungsrahmen, in dem Menschen Einstellungen bilden und Verhaltensentscheidungen treffen, außerordentlich vielschichtig darstellt, ist es sehr unwahrscheinlich und theoretisch auch nicht zu erwarten, daß sich Einstellungen oder Verhaltensweisen nur auf eine einzige Ursache zurückführen lassen. In der Regel kommen mehrere Ursachen mit unterschiedlichem Gewicht zusammen. Daher lassen sich in jedem auf einer Umfrage basierenden Datensatz zahlreiche bivariate Modelle berechnen. So kann z.B. als Ursache der Wahlbereitschaft für die GRÜNEN nicht nur die Generationszugehörigkeit identifiziert werden, sondern auch das Bildungsniveau (höher), die soziale Schicht (höher), der Familienstand (ledig), der Wohnort (städtisch), die ideologische Selbsteinstufung (links) oder die Wertorientierungen (postmateriell) eines Befragten.

Mit dieser Aneinanderreihung mehrerer bivariater Erklärungsmodelle könnte die Analyse abgeschlossen werden, wenn alle Variablen voneinander statistisch *unabhängig* wären, die Generationszugehörigkeit also nicht mit dem Bildungsniveau oder den Wertorientierungen der Befragten zusammenhinge. Von dieser Annahme kann allerdings nicht ausgegangen werden. Ganz im Gegenteil wissen wir, daß das Bildungsniveau seit den 1960er Jahren bei allen Nachkriegsgenerationen erheblich angestiegen ist und in der Folge in der jungen Generation verstärkt zur Ausprägung postmaterieller Wertorientierungen geführt hat. Aufgrund der nicht gegebenen statistischen Unabhängigkeit enthält die Variable Generationszugehörigkeit daher gleichzeitig auch Informationen über das Bildungsniveau und die Wertorientierung eines Befragten. Im Extremfall wäre in einer solchen Variablenkonstellation sogar denkbar, daß die Wahlbereitschaft allein auf Bildungseffekte und postmaterielle Wertorientierungen zurückginge, wegen des höheren Bildungsniveaus und der Präferenz für postmaterielle Wertorientierungen in der jüngeren Generation aber als Generationseffekt erschiene. Wir sprächen in diesem Fall von einer sog. Scheinkorrelation zwischen Wahlbereitschaft und Generationszugehörigkeit. Fehlinterpretationen dieser oder ähnlicher Art werden vermieden, wenn das bivariate Modell um die fraglichen

Drittvariablen (Bildungsniveau, Wertorientierungen) zum multivariaten Modell erweitert wird.

Für diesen Zweck ist es, wie *Lazarsfeld* überzeugend darlegte, absolut hinreichend, von der Analyse bivariater Zusammenhänge in Form von Kreuztabellen auszugehen und diese Beziehungen durch Einführung von sog. Test- oder Kontrollvariablen näher zu bestimmen. *Lazarsfeld* nannte diese Vorgehensweise *elaboration* (Siehe ausführlicher Punkt 4.2.2). Jede Elaboration eines bivariaten Zusammenhangs über verschiedene Kategorien dritter Variablen hinweg dient nach *Lazarsfeld* drei Zwecken, der Erklärung, Interpretation und konditionalen Spezifizierung statistischer Zusammenhänge:[15] Wie im folgenden gezeigt wird, kann die Einführung von Drittvariablen 1) Scheinkorrelationen zwischen zwei als kausal verknüpft angesehenen Variablen aufdecken, 2) die indirekten Effekte von sog. intervenierenden Variablen durch ihre Einbeziehung als Kontrollvariablen aus der Erklärung herausnehmen und 3) den konditionalen Charakter eines Zusammenhangs aufdecken, indem gezeigt wird, daß dieser Zusammenhang innerhalb der Kategorien dritter Variablen unterschiedlich groß ist. Für letztere Zusammenhangskonstellation hat sich der Begriff der 'statistischen Interaktion' eingebürgert (*Alwin/Campbell* 1987, S. 141).

4.2.1 Bivariate Tabellenanalyse: Das Beispiel des "Amtsbonus"

Ausgangspunkt der Tabellenanalyse ist die bivariate Kreuztabelle. Sie gibt Aufschluß über den grundlegenden Zusammenhang zwischen zwei Variablen. Der Aufbau und die Berechung einer bivariaten Kreuztabelle folgt der Logik des vermuteten Kausalzusammenhanges zwischen zwei Variablen (X Y).[16] Lautet z.B. eine der Arbeitshypothesen einer Untersuchung, daß die Sympathie, die ein Bundeskanzler in der Bevölkerung genießt (X), die Bereitschaft zur Wahl der Regierungspartei (Y) erhöht ("Amtsbonus"), dann muß die Kreuztabelle so angelegt werden, daß die Wahlbereitschaft von Personen mit hoher und niedriger Sympathie zum Bundeskanzler differenziert werden kann. An einem vereinfachten Beispiel könnte eine bivariate Kreuztabelle (im Jahre 1994 - also in der Amtszeit eines CDU-Kanzlers) den folgenden Inhalt haben:

---

[15]   Die Begriffsdreiheit *explanation, interpretation, specification* geht auf den wohl einflußreichsten sozialwissenschaftlichen Datenanalytiker, Paul F. *Lazarsfeld* zurück, der seinen multivariaten Ansatz erstmals 1946 vorstellte; siehe detailliert dazu *Lazarsfeld* und *Rosenberg* (1955).

[16]   Um die Effekte einer Kreuztabelle so klar wie möglich herausarbeiten zu können, wurde das folgende Beispiel bewußt konstruiert. Die Logik der Zusammenhänge ist allerdings realitätsnah.

Tabelle 3: Bereitschaft zur Wahl der CDU/CSU in Abhängigkeit von der Sympathie des Bundeskanzlers (fiktive Daten).

Bereitschaft zur Wahl der CDU/CSU	Kanzlersympathie		Gesamt in % (n)
	hoch in % (n)	niedrig in % (n)	
ja	63,3(760)	36,7(220)	54,4(980)
nein	36,7(440)	63,3(380)	45,6(820)
Gesamt (n)	100(1200)	100(600)	100(1800)

Bei der Erstellung einer solchen Kreuztabelle ist zunächst darauf zu achten, daß die unabhängige Variable (hier: Kanzlersympathie) im Tabellenkopf eingetragen wird und dann in Richtung auf die unabhängige Variable prozentuiert wird. In diesem Fall sind also die Spaltenprozente, die sich zu 100 Prozent summieren, auszuweisen. Die resultierende Kreuztabelle läßt sich folgendermaßen interpretieren: Von der Gesamtheit aller Befragten geben 54,4 Prozent (980 von 1800 Personen) an, die CDU/CSU wählen zu wollen (Zeile 1, Spalte 3). Entsprechend geben 45,6 Prozent, bzw. 820 Personen, an, die CDU/CSU nicht wählen zu wollen (Zeile 2, Spalte 3). Differenziert man diese Wahlbereitschaft nach der Sympathie zum Bundeskanzler, dann zeigt sich, daß Befragte, die eine hohe Sympathie gegenüber dem Bundeskanzler hegen, zu 63,3 Prozent die CDU/CSU wählen wollen (Zeile 1, Spalte 1), während dieser Anteil bei Personen mit niedriger Sympathie nur 36,7 Prozent beträgt (Zeile 1, Spalte 2). Wir können daraus folgern, daß die Sympathie zum Bundeskanzler aus der Fraktion der CDU/CSU die Bereitschaft zur Wahl der CDU/CSU erhöht: Offensichtlich ist es dem amtierenden Bundeskanzler gelungen, einen Amtsbonus für die Wahl seiner Partei zu mobilisieren. Der in Tabelle 3 abzulesende Effekt der Kanzlersympathie auf die Wahlentscheidung läßt sich vereinfachend auch mit einer Prozentsatzdifferenz (d%) ausdrücken: Diese Differenz zwischen Personen mit hoher und niedriger Sympathie beträgt 26,6 (63,3 minus 36,7 Prozent). Verkürzt ausgedrückt heißt das: Die Sympathie für den Bundeskanzler erhöht die Wahlbereitschaft um 26,6 Prozent.

Wie wir an diesem Beispiel sehen, wird die Wahlbereitschaft der CDU/CSU zwar stark, nicht aber vollständig durch die Kanzlersympathie bestimmt. In der Realität sind Merkmalskombinationen dieser Art niemals vollständig bestimmt (determiniert), d.h. es liegt kein *deterministischer* Zusammenhang vor. Auch wenn, um bei unserem Beispiel zu bleiben, der Einfluß der Kanzlersympathie auf die Wahl der Union sehr hoch sein sollte, werden nicht alle Personen mit hoher Kanzlersympathie auch die Union wählen, sondern nur ein bestimmter Anteil der Hoch-Sympathisierenden, nämlich 63,3 Prozent. Dieser Anteil kann als statistische Wahrscheinlichkeit p ($p = probability$) dafür interpretiert werden, daß bei höherer Kanzlersympathie auch eine höhere Bereitschaft zur Wahl der Union resultiert (Schreibweise: $p=0,63$). Mit dem Wechsel ins Lager der Sympathisanten steigt die Wahrscheinlichkeit zur Wahl der Union um 26,6 Prozent auf $p=0,63$. Auf diese Weise können grundsätzlich alle in Prozentwerten ausgewiesenen Ergebnisse von Teilerhebungen als Wahrscheinlichkeiten interpretiert werden. In diesem Fall sprechen wir von einem *stochastischen* oder auch *probabilistischen* Zusammenhang.

Die Berechnung von Prozentsatzdifferenzen stellt in vielen Fällen eine gute Grundlage für die Interpretation eines bivariaten Zusammenhangs dar. Mit zunehmender Anzahl von Variablenkategorien (z.B. 10 Sympathiestufen) wird die Berechnung von Prozentdifferenzen jedoch unübersichtlich, da z.B. bei 10 Sympathiestufen insgesamt 45 Prozentsatzdifferenzen gebildet werden können. Hier ist daher der Ausweis der Stärke der Beziehung in einem zusammenfassenden Koeffizienten vorzuziehen. Hinzu kommt, daß bei geringerer Befragtenzahl und geringeren Prozentsatzdifferenzen die Frage auftaucht, ob das gefundene Ergebnis statistisch signifikant ist. Bei einer Differenz von 26,6 Prozent wird man von einem signifikanten Effekt ausgehen können, bei einer Differenz von 2 Prozent ist das nicht gegeben. Auf dieser Grundlage ist der rigorose Hypothesentest immer als *zweistufiges Verfahren* anzulegen: Zunächst muß geprüft werden, ob ein gefundener Zusammenhang statistisch signifikant ist. In einem zweiten Schritt wird dann die Stärke des Zusammenhangs berechnet.

Ausgangspunkt des Signifikanztests von Kreuztabellen ist die Annahme der statistischen Unabhängigkeit. Entsprechend wird zunächst die sog. Nullhypothese (H_0) geprüft. Die Nullhypothese lautet in unserem Beispiel:

H_0: Die Kanzlersympathie hat keinen Effekt auf die Wahl der Regierungspartei.

Wenn diese Hypothese richtig ist, dann darf eine Differenz zwischen den Sympathiegruppen nur so groß sein, daß sie auf den (statistischen) Zufall zurückgeführt werden kann. Wie groß diese Werte sein dürfen, hängt u.a. von der Zahl der Befragten ab. Diese Werte können aus allen einschlägigen Statistiklehrbüchern ersehen werden. Ist diese Differenz größer, dann muß die Nullhypothese zugunsten der Haupt- oder Arbeitshypothese H_1 fallen gelassen werden. In diesem Fall gilt die Arbeitshypothese:

H_1: Die Kanzlersympathie hat einen Effekt auf die Wahl der Regierungspartei.

Ausgangspunkt für den Test der Nullhypothese ist die Berechnung der Häufigkeiten in einer Kreuztabelle, die zu erwarten wären, wenn die untersuchten Merkmale vollständig unabhängig voneinander wären. Das wäre in unserem Beispiel genau dann der Fall, wenn Personen mit hoher und niedriger Sympathie jeweils gleich hohe Wahlbereitschaften, nämlich 54,4 Prozent aufwiesen. Diese Tabelle nennt man *Indifferenztabelle*. Davon ausgehend wird in einem zweiten Schritt überprüft, wie weit die tatsächlich beobachteten Häufigkeiten der in einer Datenanalyse erstellten Kreuztabelle, der sog. *Kontingenztabelle*, von diesem Modell statistischer Unabhängigkeit abweichen und ob diese Abweichung statistisch signifikant ist.

Sind die Differenzen zwischen den erwarteten und den beobachteten Häufigkeiten null oder bleiben unterhalb eines jeweils genau bestimmbaren Wertes, dann gilt die Nullhypothese als bestätigt. Dieser Wert bestimmt sich durch die Fallzahl und den gewünschten Sicherheitsgrad (Vertrauensintervall) der Aussage. Ein sehr häufig verwandter statistischer Signifikanztest für nominalskalierte Variablen, der beide Merkmale berücksichtigt, und Ausgangswert für die Berechnung mehrerer Zusammenhangskoeffizienten ist, ist der Chi-Quadrat-Test.

Die Maßzahl Chi-Quadrat (χ^2) basiert auf dem Vergleich der *erwarteten* und *beobachteten* Häufigkeiten in einer Kreuztabelle; sie errechnet sich nach der Formel:

$$\chi^2 = \sum (f_b - f_e)^2 / f_e$$

wobei f_b der beobachtete Zahlenwert der jeweiligen Zelle und f_e der erwartete Zahlenwert bei statistischer Unabhängigkeit ist. Da die Logik der Berechnung von Chi-Quadrat für das Verständnis der Tabellenanalyse grundlegend ist, soll sie am Beispiel von Tabelle 3 ausführlich dargelegt werden.

Diese Erwartungswerte berechnen sich nach der Formel:[17]

$$f_{ek} = 1/n \; R_k \cdot S_k$$

wobei: R_k die Randsumme der Reihe der k'ten Zelle,

S_k die Randsumme der Spalte der k'ten Zelle

und n die Gesamtzahl aller Fälle in der Tabelle.

Für die Zelle, die sich in Tabelle 3 aus der Kreuzung der ersten Spalte und der ersten Reihe ergibt, ist der Erwartungswert $f_e = (980 \cdot 1200)/1800 = 653{,}33$. Die vollständige Vierfeldertafel der erwarteten Häufigkeiten bei statistischer Unabhängigkeit (bei der beide Untergruppen zu jeweils 54,4 Prozent die Union wählten) bildet die Indifferenztabelle ab. Gäbe es keinen Zusammenhang zwischen den Variablen, so wiese sie im vorliegenden Fall folgende Häufigkeiten auf (3b):

Tabelle 3a: Kontingenztabelle   Tabelle 3b: Indifferenztabelle

Kontingenztabelle (fb)		
760	220	980
440	380	820
1200	600	1800

Indifferenztabelle (fe)		
653,33	326,67	980
546,67	273,33	820
1200	600	1800

(Hinweis: Bitte rechnen Sie nach, daß die Proportionen: 653,33/1200, 326,67/600 und 980/1800 jeweils 54,4 Prozent betragen).

Zur Berechnung von Chi-Quadrat wird nun für jede Zelle die Abweichung von der statistischen Unabhängigkeit berechnet und diese Werte dann zu einem zusammen-

---

[17] Für diese Zwecke wurden die Formel-Notation vereinfacht. Für eine einheitliche Verwendung mit vielen Beispielen siehe *Blalock* (1972) sowie das Lehrbuch von *Benninghaus* (1990).

fassenden Koeffizienten summiert. Die Vorgehensweise zur Berechnung von Chi-Quadrat wird aus der Tabelle 3c ersichtlich:

Tabelle 3c: Berechung von Chi-Quadrat

Z.	S.	fb	fe	fb-fe	$(fb-fe)^2$	$(fb-fe)^2$ /fe
1	1	760	653,33	106,67	11378,49	17,416
1	2	220	326,67	-106,67	11378,49	34,826
2	1	440	546,67	-106,67	11378,49	20,814
2	2	380	273,33	106,67	11378,49	41,629
Gesamt		1800	1800	0		114,685

Z. = Zeile, S. = Spalte

$$\text{Chi-Quadrat} = 114,68$$

Nach dieser Formel ($\chi^2 = \Sigma(f_b - f_e)^2 / f_e$) berechnen wir für Tabelle 3 ein Chi-Quadrat von χ^2 = $((760\text{-}653,33)^2/653,33)$ + $((220\text{-}326,67)^2/326,67)$ + $((440\text{-}546,67)^2/546,67)$ + $((380\text{-}273,33)^2/273,33)$ = 114,68.

Aufgrund der spezifischen Berechnungsweise variiert die Maßzahl Chi-Quadrat nach der Größe einer Tabelle, d.h. sie nimmt mit der Größe der Tabelle zu. Daher kann sie nur in Abhängigkeit von der Anzahl der Reihen und der Spalten einer Tabelle interpretiert werden. Dazu berechnet man die Anzahl der sog. Freiheitsgrade (df; engl: *degrees of freedom*) einer Tabelle, indem man die Anzahl der Reihen einer Tabelle um 1 vermindert und mit der um 1 verminderten Anzahl der Spalten multipliziert. Im vorliegenden Fall erhält man:

$$df = (2\text{-}1)(2\text{-}1) = 1.$$

Nun vergleicht man den gefundenen Chi-Quadrat-Wert von 114,68 für einen Freiheitsgrad (df=1) mit der Chi-Quadrat-Verteilung, die in jedem Statistik-Lehrbuch zu finden ist (z.B. *Sahner* 1990, S. 178f). Für df = 1 finden wir dort für einen gewünschten Signifikanzgrad von 95% (0,05) den Wert von 3,84. Dieser Wert bedeutet, daß bei einer Vorhersagesicherheit von 95 % der Chi-Quadrat-Wert mindestens den Wert 3,84 annehmen muß, wenn die Abweichung als statistisch signifikant gelten soll. Möchte man den Signifikanzgrad auf 99% (0,01) erhöhen, muß dieser Wert bei 6,64 liegen.

Da der gefundene Wert von 114,68 weit darüber liegt, können wir sagen, daß der gefundene Zusammenhang auf mindestens 99%-Niveau signifikant ist. Die Nullhypothese wird mit 99%iger Sicherheit verworfen. Hätten wir diesen Wert für eine Tabelle mit 5 Reihen und 4 Spalten gefunden, würden wir von (4 x 3 =) 12 Freiheitsgraden ausgehen. Die entsprechenden Signifikanzschwellen würden dann 21,03 bzw.

26,22 betragen, d.h., daß wir auch bei dieser Tabellengröße von einem signifikanten Zusammenhang auszugehen hätten.

Gibt der Signifikanztest Auskunft über die Sicherheit eines Zusammenhangs, so wird die Stärke des Zusammenhangs durch einen Assoziationskoeffizienten ausgedrückt. Die gebräuchlichsten Koeffizienten für nominalskalierte Variablen auf der Basis von Chi-Quadrat sind der für Vierfeldertafeln anzuwendende Phi-Koeffizient (ϕ) und Cramer's V. Sie werden folgendermaßen berechnet:

$$\text{Phi} = \sqrt{\chi^2 / N} = \sqrt{114,68 / 1800} = 0,25$$

Bei größer dimensionierten Tabellen (d.h. mit einer größeren Anzahl von Reihen und Spalten) verwendet man den Koeffizienten Cramer's V, der nach der Anzahl der Reihen und Spalten (r,c) korrigiert; nur für 2x2-Tabellen (wie im vorliegenden Fall) ist V mit ϕ identisch.

$$\text{Cramer's V} = \sqrt{\chi^2 / N \ \min (r - 1, c - 1)} = \sqrt{114,68 / 1800} = 0,25$$

(wobei bezüglich der Anzahl der Reihen und Spalten jeweils der kleinere Wert einzusetzen ist)

Beide Koeffizienten nehmen dem Wert 0,0 an, wenn *keine Assoziation* vorliegt und den Wert 1,0, wenn *vollständige Assoziation* besteht. Alle dazwischen liegenden Werte geben abgestufte Stärken des Zusammenhangs wieder. Der in unserem Beispiel berechnete Wert von 0,25 ist als mäßig starker Zusammenhang zu interpretieren; sehr viel höhere Werte sind in der Umfrageforschung allerdings selten, weil durch das extrem niedrige Aggregationsniveau von Individualdaten die Varianz sehr stark erhöht wird. Die Heterogenität der gesellschaftlichen Meinungen kommt dadurch voll zum tragen.

Neben den Chi-Quadrat-basierten Korrelationskoeffizienten gibt es zahlreiche weitere Zusammenhangsmaße, die dem Datenanalytiker ohne zusätzlichen Aufwand zur Verfügung stehen. Jedes der einschlägigen Analyseprogramme berechnet die wichtigsten Koeffizienten automatisch, so daß sie für jede Tabelle ausgegeben werden können. Aus diesem Grund kann hier auf deren Berechnung verzichtet werden. Die leichte Verfügbarkeit dieser Zusammenhangsmaße kann zum Problem werden, wenn nicht beachtet wird, daß diese Koeffizienten jeweils bestimmte Anforderungen an die Skalenqualität stellen und daher strenggenommen nur für Skalen dieses Typs berechnet und interpretiert werden dürfen. Ohne hier auf diese Koeffizienten näher eingehen zu können, seien die wichtigsten Koeffizienten und ihre Zuordnung zu den Skalenniveaus aufgezählt (ausführlicher *Benninghaus* 1990):

I. Für Beziehungen zwischen *nominalskalierten* Variablen:

Phi, Tschurpow's T, Cramer's V, der Kontingenzkoeffizient C, sowie Goodman und Kruskal's Lambda.

II. Für Beziehungen zwischen *ordinalskalierten* Variablen:

Kendall's $Tau_{a,b,c}$, Goodman und Kruskal's Gamma, Somer's d und Spearman's Rangkorrelationskoeffizient r_s

III. Für Beziehungen zwischen *intervall- oder ratioskalierten* Variablen:

Pearson's Korrelationskoeffizient r,
sowie für die Beziehung zwischen einer nominalen und einer metrischen Variablen: eta.

Im Unterschied zu den Koeffizienten für nominalskalierte Variablen lassen die ordinalen und metrischen Zusammenhangsmaße auch Rückschlüsse auf die *Richtung* der Veränderung der abhängigen Variablen zu. Diese Koeffizienten nehmen i.d.R. Werte zwischen -1,0 (vollständig negative Korrelation), 0,0 (kein Zusammenhang) und +1,0 (vollkommen positive Korrelation) an. Von besonderem Reiz für die Interpretation eines Zusammenhangs sind die Koeffizienten Lambda, Gamma, r^2 und eta^2, da sie als Maße der proportionalen Fehlerreduktion (PRE-Maß; *proportional reduction of error*) interpretiert werden können. So kann etwa eine Korrelation zwischen zwei Variablen von r = 0,80 dahingehend interpretiert werden, daß bei Kenntnis des Wertes der unabhängigen Variablen der Vorhersagefehler für die abhängige Variable um 64 Prozent ($r^2 = 0,8^2 = 0,64$), verringert werden kann (siehe unten).[18]

4.2.2 Multivariate Tabellenanalyse

Wie Paul F. *Lazarsfeld* beispielhaft dargelegt hat, lassen sich bivariate Beziehungen durch Einfügung dritter Variablen auf ihre tatsächlichen Effekte reduzieren. Das Ergebnis dieser statistischen Elaboration kann die Aufdeckung einer Scheinbeziehung, einer Intervention, eines multikausalen Zusammenhanges, einer Interaktion oder die Aufdeckung einer scheinbaren Nicht-Korrelation sein.

Aufdeckung einer Scheinbeziehung

Eine Scheinbeziehung ist definiert als eine Assoziation, bei der ein bisher noch nicht berücksichtigter dritter Faktor (Z) einen Einfluß auf die abhängige Variable (Y) ausübt, der fälschlicherweise der unabhängigen Variablen (X) zugerechnet wird. In diesem Fall wäre es falsch, die Beziehung zwischen X und Y als kausale Ursache-Wirkungs-Beziehung zu interpretieren.

Am Beispiel des in Tabelle 3 aufgeführten Zusammenhanges zwischen der Bereitschaft zur Wahl der CDU/CSU und der Kanzlersympathie läge eine Scheinkorrelation dann vor, wenn die Parteibindung an die CDU/CSU (Z = "Parteiidentifikation"), als Ursache sowohl für die Kanzlersympathie (X) als auch die Wahlbereitschaft für die Union (Y) elaboriert werden könnte.

---

[18]   Vgl. zur Interpretation der PRE-Maße *Benninghaus* (1990, S. 192ff; 323ff).

Graphisch stellt sich eine Scheinbeziehung folgendermaßen dar:

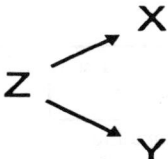

Läge in unserem Beispiel eine solche Scheinkorrelation vor, dann müßte die Bereitschaft zur Wahl der CDU/CSU bei allen Personen mit derselben Stärke der Parteibindung vergleichbar groß sein - unabhängig von ihrer Sympathie zum Bundeskanzler. Eine solche Scheinkorrelation läßt sich durch die folgende dreidimensionale Tabelle (4a), in der die Parteibindung als Kontrollvariable eingeführt wird, aufdecken:

Tabelle 4a: Bereitschaft zur Wahl der CDU/CSU in Abhängigkeit von Kanzlersympathie und Parteibindung (fiktive Daten).

Bereitschaft zur Wahl der CDU/CSU	Kanzlersympathie				Gesamt in % $_{(n)}$
	hoch		niedrig		
	Parteibindung		Parteibindung		
	hoch in % $_{(n)}$	niedrig in % $_{(n)}$	hoch in % $_{(n)}$	niedrig in % $_{(n)}$	
ja	$70_{(700)}$	$30_{(60)}$	$70_{(70)}$	$30_{(150)}$	$54{,}4_{(980)}$
nein	$30_{(300)}$	$70_{(140)}$	$30_{(30)}$	$70_{(350)}$	$45{,}6_{(820)}$
Gesamt	$100_{(1000)}$	$100_{(200)}$	$100_{(100)}$	$100_{(500)}$	$100{,}0_{(1800)}$

Aus Tabelle 4a wird ersichtlich, daß die Wahlbereitschaft in den beiden Teiltabellen (hohe und niedrige Kanzlersympathie) sich nicht mehr unterscheidet, wenn man in jeder Untergruppe nach der Parteibindung differenziert; sie beträgt bei Personen mit einer hohen Parteibindung 70 und mit niedriger Parteibindung 30 Prozent (Spalte 1/2 bzw. 2/4). Die Effekte kommen in diesem Fall dadurch zustande, daß in der Gruppe mit hoher Kanzlersympathie die Personen mit hoher Parteibindung überdurchschnittlich stark vertreten sind (100 gegenüber 1000 Personen). Die Parteibindung konnte offensichtlich als vorgelagerte oder übergeordnete Ursache identifiziert werden. Daher ist die Tabelle in der folgenden Form konsequenterweise neu anzuordnen:

Tabelle 4b: Bereitschaft zur Wahl der CDU/CSU in Abhängigkeit von Kanzlersympathie und Parteibindung (fiktive Daten).

Bereitschaft zur Wahl der CDU/CSU	Parteibindung				Gesamt in %(n)
	hoch		niedrig		
	Kanzlersympathie		Kanzlersympathie		
	hoch in %(n)	niedrig in %(n)	hoch in %(n)	niedrig in %(n)	
ja	70(700)	70(70)	30(60)	30(150)	54,4(980)
nein	30(300)	30(30)	70(140)	70(350)	45,6(820)
Gesamt	100(1000)	100(100)	100(200)	100(500)	100,0(1800)

Berechnet man jetzt innerhalb der beiden Teiltabellen (hohe vs. niedrige Parteibindung) Signifikanz und Korrelation des Zusammenhangs zwischen Kanzlersympathie
und Wahlbereitschaft, dann erhält man jeweils ein Chi-Quadrat und eine darauf aufbauende Korrelation von Null, d.h. der Zusammenhang zwischen Kanzlersympathie
und Wahlbereitschaft, der in der bivariaten Tabelle 3 als signifikanter, mäßig starker
Zusammenhang erschien, stellt sich als Scheinbeziehung dar.

Aufdeckung einer Intervention

Spricht man beim Verschwinden einer Korrelation bei Einführung einer Drittvariablen von einer Erklärung, oder besser: "Hinwegerklärung" des ursprünglich beobachteten Zusammenhanges, so sprechen wir von einer "Intervention", wenn die Drittvariable zwischen die unabhängige und abhängige Variable tritt. Beispiel: Die in mehreren Parteimitgliederstudien festgestellte negative Beziehung zwischen der Bereitschaft zur Mitarbeit in einer politischen Partei (Y) und der Größe des Wohnorts (X)
verschwindet, wenn das Ausmaß der Einbindung in die Parteiarbeit (Z) berücksichtigt wird. Die dahinterstehende Logik ist, daß mit zunehmender Wohnortgröße das
Ausmaß der politischen Einbindung in die Parteiarbeit abnimmt. Über diesen intervenierenden Effekt erklärt sich die in großen Gemeinden und Städten geringere Bereitschaft zur Mitarbeit in einer Partei. Graphisch stellt sich der intervenierende Kau-
salzusammenhang der Interpretation folgendermaßen dar:

$$X \longrightarrow Z \longrightarrow Y$$

Bezogen auf Tabelle 4b ließe sich ein intervenierender Zusammenhang dann behaupten, wenn die Parteibindung (X) zur Erhöhung der Kanzlersympathie (Z) und diese
wiederum zur Erhöhung der Wahlabsicht (Y) führte.

Aufdeckung multikausaler Beziehungen

Ist das Ergebnis einer Elaboration, daß eine Variable (X) die Ausprägung einer abhängigen Variablen Y nicht alleine bewirkt, sondern im Zusammenwirken mit einer
weiteren Variablen (Z), dann spricht man von der Aufdeckung einer multikausalen

Beziehung. Multikausale Beziehungen können durch Hinzunahme mehrerer Drittvariablen erweitert werden und verschiedene Formen annehmen. Im einfachsten Fall wirken beide oder alle Variablen additiv, d.h. unabhängig voneinander. Ein Beispiel für den additiven Effekt, den das Alter, die Wohngegend und das Bildungsniveau eines Befragten auf seine postmaterialistischen Wertorientierungen haben können, stellt die folgende, aus den Daten der Wahlstudie von 1987 berechnete Tabelle dar (vgl. *Bürklin* 1988, S. 118).

Tabelle 4: Die kombinierten Effekte von Alter, Bildung und Wohnort auf die neuen Werte 1987

Alter	Wohn-gegend	Bildung	Rest-gruppe %	Post-materialisten %	(n)
bis 35 Jahre	Stadt	Abi/Studium	57	43	(89)
		darunter	82	18	(267)
	Land	Abi/Studium	56	44	(32)
		darunter	81	19	(234)
über 35 Jahre	Stadt	Abi/Studium	87	13	(60)
		darunter	94	6	(773)
	Land	Abi/Studium	69	31	(40)
		darunter	96	4	(441)
Gesamt			88 %	12% (eta = .32)	

Daten: Wahlstudie 1987

Die Haupteffekte dieser Tabelle bestehen in der Erhöhung der Wahrscheinlichkeit für postmaterialistische Wertorientierungen durch das Bildungsniveau und das Alter. Bei den 18-35jährigen erhöht das Bildungsniveau die Wahrscheinlichkeit um das rund 2,3-fache (von 18 auf 43, bzw. 19 auf 44 Prozent; Spalte1, Zeile 1-4). Vergleichbar starke Effekte (2,2) zeigen sich auch in der Gruppe der über 35jährigen Stadtbewohner (von 6 auf 13 Prozent) - allerdings auf einem insgesamt um rund ein Drittel niedrigerem Niveau. (6:19/18 bzw. 13:44/43) (Auf die höheren Wahrscheinlichkeiten der älteren Akademikerschaft auf dem Lande soll hier nicht näher eingegangen werden). Dieses Beispiel zeigt, wie beide Effekte - Alter und Bildung - additiv auf die Erhöhung postmaterialistischer Wertorientierungen wirken.

Graphisch stellt sich dieser Zusammenhang wie folgt dar:

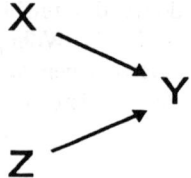

Der Sonderfall multikausaler Beziehungen: Interaktion

Als Interaktion wird die Elaboration eines Zusammenhangs durch Einführung einer Drittvariablen dann bezeichnet, wenn die Wirkung einer Variablen (X) auf die abhängige Variable (Y) in verschiedenen Kategorien der Drittvariablen (Z) unterschiedliche Effekte aufweist. Als Beispiel kann hier wieder auf die Analyse der Wahlbereitschaft für die GRÜNEN in Abhängigkeit von Alter und Bildungsgrad zurückgegriffen werden, wie sie in der Studie "Grüne Politik" bei einer Umfrage des Jahres 1980 aufgedeckt wurde (*Bürklin* 1984, S. 88). Diese Analyse zeigte, daß der positive Effekt des Bildungsniveaus auf die Wahlbereitschaft für die GRÜNEN (Gamma = +0,23) nicht in allen Altersgruppen gleichermaßen wirkte, sondern in den jüngsten Alterskohorten am stärksten war (0,37; vgl. letzte Spalte, Tabelle 5). In der Gruppe der 40-50jährigen hatte das Bildungsniveau praktisch keinen Einfluß (0,04). Dieses Zusammenwirken von Alter und Bildung stellt einen typischen Interaktionseffekt dar, der über die Berechnung der Zusammenhangskoeffizienten für Bildung und Wahlbereitschaft in verschiedenen Altersgruppen aufgedeckt wurde. Die Struktur dieser Modelle läßt sich mit den fortgeschritteneren Methoden der Tabellenanalyse zur Aufdeckung von Interaktionseffekten mittlerweile auch im Rahmen des Programms SPSS relativ einfach berechnen.

Tabelle 5:   Bereitschaft zur Wahl der GRÜNEN nach Alter und Bildung.
              Bundesrepublik 1980 (vgl. *Bürklin* 1984, S. 88).

Bereitschaftsgrad								
Alter	Bildung (%)	Ablehnung (%)	Begrüßung (%)	Wahlab- sicht (%)	Wahl (%)	Summe (%)	Summe (n)	Gamma (kondi- tional)
18-29	niedrig	25	53	20	2	100	123	
	mittel	24	37	32	7	100	109	
	hoch	9	36	30	25	100	69	0,37
30-39	niedrig	40	44	16	1	100	190	
	mittel	31	50	18	2	100	124	
	hoch	22	41	31	7	100	59	0,24
40-50	niedrig	39	50	10	1	100	257	
	mittel	45	43	6	5	100	95	
	hoch	44	40	15	2	100	48	0,04
51 und älter	niedrig	51	43	5	1	100	520	
	mittel	50	39	9	2	100	213	
	hoch	39	38	19	7	100	56	0,12
Gesamt		40,1	43,9	13,0	3,0	100	1863	

Bivariate Effekte: Bildung =   0,23
                          Alter   = - 0,34
Bildungsabschlüsse: niedrig =   Hauptschule/Berufschule
                          mittel   =   Mittlere Reife/Technikerschule
                          hoch   =   Studium

4.3   Die Analyse metrischer Variablen

Die Analyse von Kreuztabellen findet in zwei Fällen rasch ihre Kapazitätsgrenze: Der
erste Fall ist dann gegeben, wenn die Anzahl der zur Erklärung heranzuziehenden
Variablen zu groß wird. Möchte man z.B. in einem Modell sechs Variablen gleichzeitig auf ihre Effekte untersuchen, dann ergibt sich selbst dann, wenn jede Variable
nur dichotom gemessen ist,   eine Kreuztabelle mit $(2 \cdot 2 \cdot 2 \cdot 2 \cdot 2 \cdot 2) = 64$ Zellen.
Mit steigender Variablenzahl stößt die Analyse von Kreuztabellen damit sehr schnell
an die Grenze zu geringer Fallzahlen pro Zelle. Dies kann nur durch Ausweitung der
Fallzahlen durch vergrößerte Stichproben oder Zusammenfassung (Kumulation)
mehrerer vergleichbarer Datensätze ausgeglichen werden. Der zweite Fall ist dann
gegeben, wenn Zusammenhänge auf metrischem Meßniveau untersucht werden sollen. Fragestellungen dieser Art können etwa lauten: In welchem Maß ist die Zeit, die

jemand für politische Tätigkeiten aufwendet (gemessen in Minuten pro Woche), abhängig vom Bildungsniveau eines Befragten (gemessen in Schuljahren)? Oder: Wie stark wird die politische Beteiligung in Neuen Sozialen Bewegungen (Stunden) vom Lebensalter bestimmt? Für Fragen dieser Art stehen der empirischen Sozialforschung die Verfahren der Korrelations-, Regressions- und Pfadanalyse zur Verfügung. Da diese Verfahren auf der Analyse bivariater Korrelationskoeffizienten beruhen, sind sie gegen die Ausweitung der Variablenzahl unempfindlich. Andererseits setzen diese Verfahren metrisch skalierte Daten voraus, während der Großteil der aus Umfragen gewonnenen Daten, insbesondere im Bereich politischer Einstellungen, höchstens ordinales Skalenniveau aufweist. Mit diesen Verfahren erzielte Ergebnisse sind entsprechend mit Vorsicht zu interpretieren.

Ausgangspunkt jeder Elaboration des Zusammenhangs zweier metrischer Variablen ist die Analyse ihrer gemeinsamen Streuung, der Kovarianz. Die einfachste, visuelle Darstellung des Zusammenhangs zweier metrischer Variablen erfolgt in Form eines Streudiagramms. In einem Streudiagramm werden die Kombinationen zweier metrischer Variablen X und Y abgetragen. Auf der horizontalen X-Achse werden dabei die Werte der unabhängigen Variablen, auf der vertikalen Y-Achse die Werte der abhängigen Variablen abgetragen.

Aus Gründen der besseren Veranschaulichung und der leichteren Nachvollziehbarkeit des Rechengangs wurde auch hier ein Beispiel - mit Realitätsnähe - konstruiert. Gegeben sei der Zusammenhang des Einflusses des Lebensalters (X) mit der Anzahl von Stunden, die jemand wöchentlich für die Aufnahme und Verarbeitung politischer Informationen (Y) aufwendet. Die Frage lautet: Wie stark hängt die Aufnahme und Verarbeitung politischer Informationen vom Lebensalter ab?

Zur Überprüfung dieser Hypothese seien folgende neun Merkmalskombinationen gemessen worden:

Alter (X)	18	20	25	30	35	40	45	50	55
Stunden (Y)	1	5	3	11	6	14	12	19	16

In einen zweidimensionalen Raum übertragen resultiert daraus das folgende Streudiagramm (einschließlich der ausgedruckten Koeffizienten)[19]:

Abbildung 4:   Streudiagramm (laut Textbeispiel)

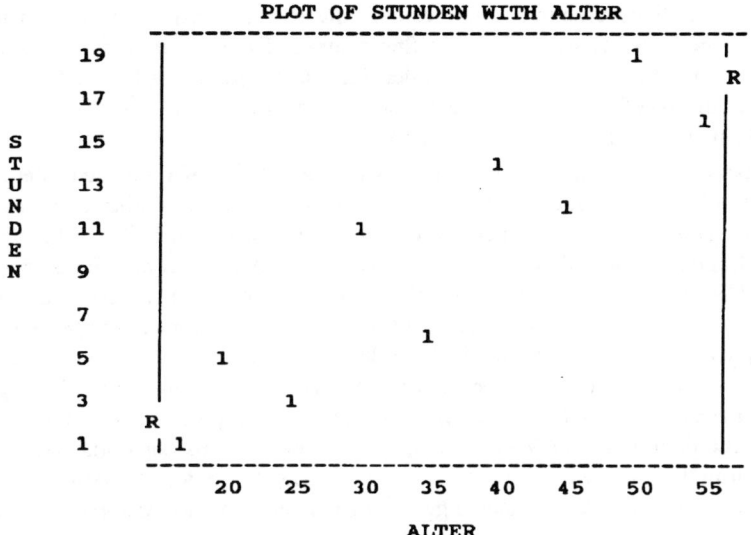

9 cases plotted. Regression statistics of STUNDEN on ALTER:
Correlation .90083 R Squared .81150 S.E. of Est 2.87990 Sig. .0009
Intercept (S.E.) -5.32709 (2.89508) Slope (S.E:) .42435 (.07730)

Bereits aus dem Muster dieses Streudiagramms können wir erste Hinweise auf die
Struktur der Beziehung gewinnen: Das abgetragene Punktemuster verläuft offensichtlich mit aufsteigender Tendenz, d.h. mit höherem Alter wird auch mehr Zeit für
politische Information aufgebracht. Daß dieser Zusammenhang relativ eng ist, läßt
sich aus dem Korrelationskoeffizienten von r = 0,90 ersehen. Darüberhinaus ist erkennbar, daß die Beobachtungen nur wenig um eine Gerade streuen, die man in die
Punktewolke freihändig einzeichnen oder rechnerisch bestimmen kann. Diese Gerade
heißt Regressionsgerade (von engl. *regress*: zurückgehen). Sie wird bestimmt durch
ihre Steigung und ihre Lage und hat im einfachsten Fall einer linearen Beziehung die
Form y = a + bx. Der Wert a gibt dabei den Schnittpunkt (intercept) der Regressionsgeraden durch die Y-Achse an; das ist genau der Wert, den die abhängige Variable
dann annimmt, wenn die unabhängige Variable Null ist, also keine Wirkung haben
kann, in unserem Beispiel ist a = -5.32709. Der Koeffizient b gibt die Steigung

---

[19]   Dieses Streudiagramm wurde mithilfe des Statistikprogrammes SPSS erzeugt, wobei für
jede Beobachtung im Diagramm die Zahl 1 eingetragen ist.

(Slope) der Regressionsgerade an. Sie drückt aus, wie eng der Zusammenhang zwischen den beiden Merkmalen ist, konkret: in welchem Umfang y steigt, wenn x um eine Einheit wächst. Würde in unserem Beispiel die Informationsaufnahme genau im selben Verhältnis steigen wie das Alter, dann könnte man von einem perfekten Zusammenhang sprechen. Der Steigungskoeffizient betrüge in diesem Fall genau 1, bzw. 45 Grad. Bestünde kein Zusammenhang, hätte das Alter also keine Wirkungen auf die Informationsaufnahme, dann verliefe die Regressionsgerade genau waagerecht, d.h. die Steigung wäre Null. Der Steigungskoeffizient beträgt im vorliegenden Beispiel b = + 0,42. Auf der Grundlage der Regressionsgleichung läßt sich für jeden Befragten ein Wert für die abhängige Variable vorhersagen. Für eine 37-jährige Person ergibt sich für unser Beispiel ein Wert von y = -5,33 + 0,42 · 37 = 10,21 Stunden.

Die Verbesserung des bivariaten Schätzmodells erschließt sich aus dem Vergleich zwischen uni- und bivariater Vorhersage. Die beste *univariate* Vorhersage einer abhängigen Variablen ist ihr eigener Mittelwert. Im vorliegenden Fall würden wir für jeden Befragten genau 9,7 Stunden vorhersagen. Nun zeigt sich allerdings, daß wir bei dieser Vorhersage einen systematischen Fehler machen: Bei jüngeren Befragten sagen wir tendenziell einen zu hohen und bei älteren einen zu niedrigen Wert voraus (vgl. gepunktete senkrechte Linien in Abbildung 5). Es bietet sich daher an, die Vorhersage in Abhängigkeit vom Lebensalter zu formulieren. Genau das ist die *Regressionsschätzung*. Hat das Merkmal Alter tatsächlich eine positive Wirkung auf die Stundenzahl, dann wird der Vorhersagefehler geringer sein als bei Vorhersage allein auf der Grundlage des Mittelwertes. Nach dieser Logik werden die Abweichungen (genauer die Summen der Abweichungen) der Meßwerte von der Regressionsgeraden kleiner sein als die Abweichungen vom Mittelwert. Dieser Unterschied ist aus den folgenden Schaubildern schon visuell erkennbar. In der Abbildung 5 sind die Abweichungen der Meßwerte vom Mittelwert, in der Abbildung 6 die (geringeren) Abweichungen von der Regressionsgeraden eingezeichnet. Die Abweichungen vom Mittelwert werden auch als *Gesamtvariation*, die von der Regressionsgeraden als - auch letztlich nach Berücksichtigung des Alters - *Nicht erklärte Variation* bezeichnet.

Abbildung 5:   Streudiagramm (laut Textbeispiel)

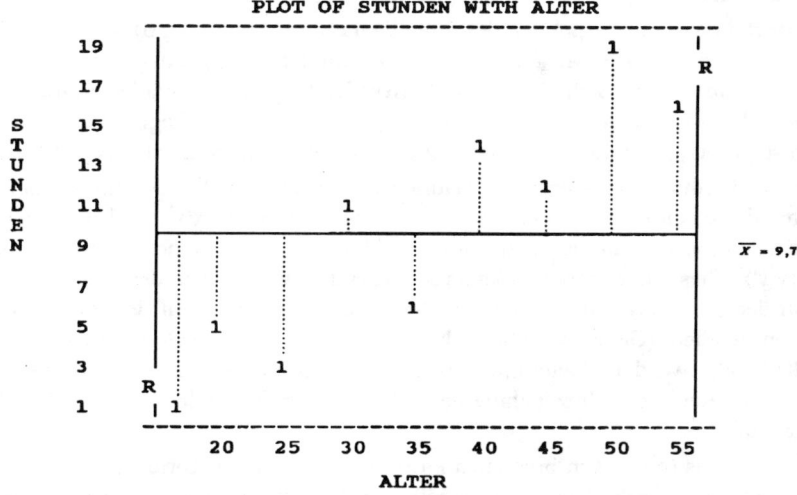

Abildung 6: Streudiagramm (laut Textbeispiel)

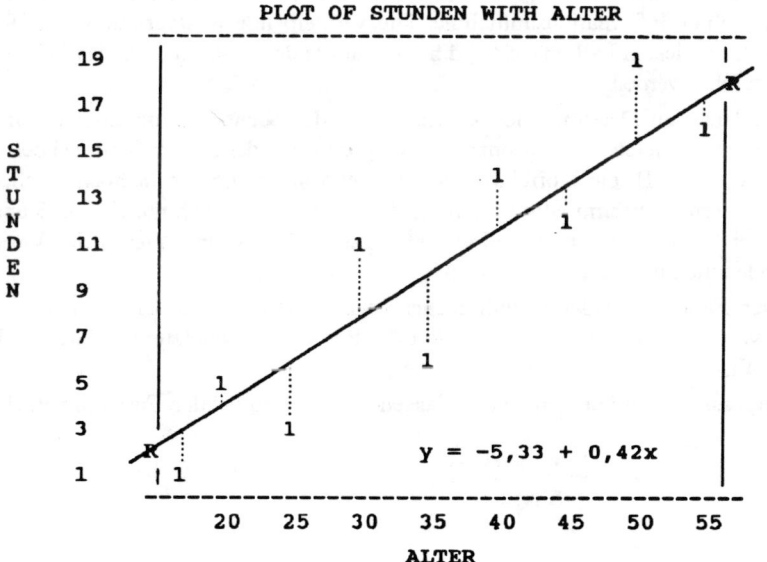

Am *Beispiel* des Beobachtungswertes (18;1) läßt sich die Verbesserung der Vorhersage anschaulich nachvollziehen. So lautet die quadrierte Abweichung vom Mittelwert $(1-9,7)^2 = 75,69$; die quadrierte Abweichung von der Regressionsgeraden dagegen nur noch $(1-(-5,33+0,42 \cdot 18))^2 = (1-2,23)^2 = 1,51$.

Nun zeigt die visuelle Inspektion des Streudiagramms (Abbildung 6) in unserem Beispiel, daß keiner der Beobachtungswerte genau auf der Regressionsgeraden liegt. Das bedeutet, daß wir bei Annahme des Wertes der Regressionsgeraden immer einen (kleinen) Schätzfehler machen. Die Vorhersagegenauigkeit der Regressionsschätzung ist umso größer, je geringer die Streuung der Punkte um die Regressionsgerade ist.

Nach der Methode der kleinsten Quadrate berechnet sich die Gesamtvariation als Summe der quadrierten Abweichungen vom Mittelwert $(y - \overline{y})^2$, und die Nicht erklärte Variation als Summe der quadrierten Abweichungen von der Regressionsgeraden, $(y-y')^2$, (lies:y-quer-Strich). Davon ausgehend vergleicht man den Vorhersagefehler auf der Basis des Mittelwertes mit dem Vorhersagefehler auf der Basis der Regressionsgeraden: (Gesamtvariation - Nicht erklärte Variation)/Gesamtvariation. Der ermittelte Wert wird als Determinationskoeffizient (r^2) bezeichnet und gibt den Prozentsatz der durch die Hinzunahme der unabhängigen Variable erreichten Fehlerreduktion an.

Die Wurzel aus (r^2) ist (im bivariaten Fall) der Pearson'sche Korrelationskoreffizient r, der gemeinhin als der Korrelationskoeffizient bezeichnet wird. Im Beispiel unseres Streudiagramms nimmt r den Wert 0,90 und r^2 den Wert 0,81 an. D.h. wir können unseren Vorhersagefehler um 81 Prozent reduzieren, wenn wir die Stundenzahl über das Alter vorhersagen. Anders ausgedrückt, läßt sich unter der Annahme einer linearen Beziehung zwischen Alter und Informationsaufnahme in Stunden 81 Prozent der Variablen Alter zurechnen, oder: Das Alter einer Person erklärt zu 81 Prozent die Variation ihrer Informationsaufnahme. Die verbleibende Restvariation von 19 Prozent bleibt in diesem Fall unerklärt, d.h. muß auf andere Faktoren als das Lebensalter zurückgeführt werden.

Das Pendant zum Determinationskoeffizient ist der Nicht-Determinationskoeffizient ($1-r^2$). Er ist in vielen Regressionsmodellen größer als der Determinationskoeffizient selbst. So mag z.B. ein Korrelationskoeffizient von $r = 0,50$ recht hoch erscheinen; der resultierende Determinationskoeffizient beträgt dabei jedoch nur $r^2 = 0,25$ und der Anteil der Nicht erklärten Variation $1-r^2$ sogar 0,75, d.h. drei Viertel der Variation bleiben letztlich unerklärt.

In diesen Fällen wird der Sozialforscher nach weiteren Variablen suchen, die den Vorhersagefehler reduzieren; er erweitert die Regressionsschätzung auf den multivariaten Fall.

Die Regressionskoeffizienten a und b lassen sich nach folgenden Formeln berechnen:

$$b = \frac{\sum (x_i - \overline{x})(y_i - \overline{y})}{\sum (x_i - \overline{x})^2} \qquad\qquad a = \overline{y} - b\overline{x}$$

Für unser Beispiel ergibt sich daraus die nach allen 10 Fällen aufgeschlüsselte Berechnung (bei geringen Rundungsfehlern):

Tabelle 6: Berechung der Regressionskoeffizienten

x_i	$x_i - \overline{x}$	$(x_i - \overline{x})^2$	y_i	$y_i - \overline{y}$	$(x_i - \overline{x})(y_i - \overline{y})$
18	-17,3	299,3	1	-8,7	150,5
20	-15,3	234,1	5	-4,7	71,9
25	-10,3	106,1	3	-6,7	69,0
30	-5,3	28,1	11	1,3	- 6,9
35	- 0,3	0,1	6	-3,7	1,1
40	4,7	22,1	14	4,3	20,2
45	9,7	94,1	12	2,3	22,3
50	14,7	216,1	19	9,3	136,7
55	19,7	388,1	16	6,3	124,1
318	0	1388,1	87	0	588,9

Beispiel: Für den 18jährigen Befragten (Zeile 1) ergibt sich eine Abweichung vom Mittelwert $(x_i - \overline{x})$ von (35,3-18=) -17,3, die quadrierte Abweichung beträgt 299,3; die analoge Abweichung der Skalenzahl $(y_i - \overline{y})$ beträgt (1-9,7=) -8,7, quadriert 150,5.

$$\overline{x} = \frac{318}{9} = 35,3 \qquad\qquad \overline{y} = \frac{87}{9} = 9,7$$

$$b = \frac{\sum (x_i - \overline{x})(y_i - \overline{y})}{\sum (x_i - \overline{x})^2} = \frac{588,9}{1388,1} = 0,42$$

$$a = \overline{y} - b\overline{x} = 9,7 - (0,42 \cdot 35,3) = -5,12$$

Eine generelle Bemerkung ist hier angebracht: Das Verfahren der linearen Regression kann nur dann eingesetzt werden, wenn der gefundene Zusammenhang tatsächlich (positiv oder negativ) linear ist. Da das Verfahren für kurvilineare Zusammenhänge (siehe Abbildung 5 auf der folgenden Seite) nicht eingesetzt werden kann, ist jeder Zusammenhang zunächst durch Inspektion des Streudiagramms auf Linearität zu untersuchen.

Abbildung 5: Streudiagramme mit linearer und nicht-linearer Beziehung (fiktive Daten)

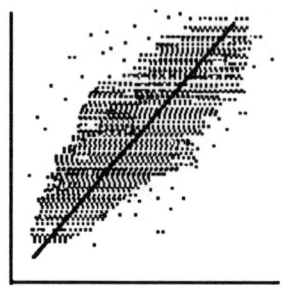

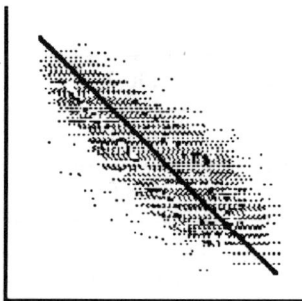

4.4   Die multivariate Analyse metrischer Variablen

Die Erweiterung der Regressionsanalyse um mehr als eine erklärende Variable folgt grundsätzlich derselben Logik wie die Tabellenanalyse und dient ebenfalls der Elaborierung bivariater Zusammenhänge. Für den einfachsten Fall, daß die abhängige Variable durch zwei Variablen erklärt werden soll - in unserem Beispiel etwa das Lebensalter (x_1) und die Höhe des Bildungsabschlusses (x_2) -, erweitert sich die Regressionsgleichung einfach um einen weiteren Regressionskoeffizienten auf: $y = a + b_1 x_1 + b_2 x_2$. Die Berechnung des Determinationskoeffizienten erfolgt analog zur bivariaten Regression.

In diesem Fall geben die b_1 und b_2 Regressionskoeffizienten jeweils an, welchen Beitrag jede einzelne Variable dann noch hat, wenn die Effekte der anderen in das Regressionsmodell aufgenommenen Variablen bereits berücksichtigt wurden. Berechnete man z.B. die Regressionskoeffizienten für die Daten in Tabelle 3, dann würde der beta-Koeffizient für die Kanzlersympathie Null werden. Zur Illustration der multivariaten Regressionsschätzung mit insgesamt zehn unabhängigen Variablen greifen wir auf das Beispiel der Berechnung der Effekte aller Einstellungsskalen auf die Wahlbereitschaft für die GRÜNEN in der Studie "Grüne Politik" zurück (vgl. *Bürklin* 1984, S. 182):

Tabelle 7:   Die Wahlbereitschaft im Zusammenhang aller Einstellungsskalen (1980)

Skala	Regressionskoeffizient (beta)	
Kernenergie	0,22	
Akzeptanz herrschende politische Philosophie	0,11	Wahlbereitschaft für
Regelverständnis	0,11	die GRÜNEN
Akzeptanz politische Institutionen	0,10	R = 0,45
Links-Rechts-Einstellung	0,10	$R^2 = 0,20$
Postmaterialismus	0,08	
Politisches Vertrauen	0,08	
Konfliktakzeptanz	0,06	
Reaktionsbereitschaft	*	
Beinflußbarkeit	*	

*= nicht signifikant

Aus dieser Tabelle läßt sich ablesen, daß 1980 die (Ablehnung des weiteren Ausbaues der) Kernenergie den stärksten Einzeleffekt auf die Wahlbereitschaft der GRÜ-NEN hatte (beta = 0,22). Demgegenüber wirkte sich die Akzeptanz der herrschenden politischen Philosophie nur noch halb so stark aus, obwohl die bivariate Analyse gezeigt hatte, daß die beiden Einzeleffekte fast gleich groß waren (vgl. ebd., S. 177). Dieses Beispiel zeigt, wie sich über das Verfahren der multiplen Regression Scheinkorrelationen entdecken lassen.

Bei diesem Beispiel ist allerdings zu beachten, daß das Verfahren der Regressionsanalyse intervallskalierte Variablen voraussetzt. Dies war für die abhängige Variable dadurch gegeben, daß die Skala "Wahlbereitschaft für die GRÜNEN" dichotomisiert, d.h. zu zwei Kategorien (vorhanden, nicht vorhanden), zusammengefaßt wurde. Diese Variable hat Intervallskalen-Qualität. Da die unabhängigen Einstellungsvariablen jedoch nur ordinale Skalenqualität besitzen, hätte die Regressionsanalyse streng genommen nicht eingesetzt werden dürfen. Wenn dieser Weg im vorliegenden Fall dennoch beschritten wurde, dann deshalb, weil zu diesem Zeitpunkt ein der Skalenqualität angemessenes Verfahren, das die Berücksichtigung von 10 Variablen ermöglichte, noch nicht verfügbar war. Heute wird man für diese Analyse beispielsweise auf das Programm LISREL (*Jöreskog* 1993; *Hayduk* 1987) zurückgreifen.

Das Verfahren der Regression läßt sich analog zur multivariaten Tabellenanalyse auch zum Test von Modellen einsetzen, bei denen es vor- und nachgelagerte Einflüsse, sogenannte kausale Zusammenhänge, gibt. Das wäre in dem letztgenannten Beispiel dann der Fall, wenn zusätzlich zu den Einstellungen auch sozialdemographische Merkmale eines Befragten (z.B. Alter, Schichtzugehörigkeit, Konfession) in das Modell aufgenommen werden würden. Da diese Merkmale in ihrer Wirkungsweise den Einstellungen vorgelagert sind (Alter wirkt auf Einstellungen, nicht umgekehrt), wird man in Form einer zweistufigen (mehrstufigen) Regression zunächst die Einflüsse der sozialdemographischen Variablen auf die Einstellungen eines Befragten und dann die Einflüsse aller Variablen insgesamt auf die Wahlbereitschaft berechnen.

Bestehen zwischen den Variablen einer Regressionsgleichung kausale Zusammenhänge, dann sollten diese schon vor der Analyse in Form eines Pfaddiagramms visuell dargestellt und entsprechend in Form einer stufenweisen Regression berechnet werden. Die Hypothese, daß das Lebensalter (X_1) nur eine indirekte Auswirkung auf die Aufnahme politischer Information (Y) derart habe, daß mit höherem Alter das Bewußtsein für die politischen Konsequenzen politischer Entscheidungen (X_2) zunimmt und erst dadurch eine Informationsnachfrage entsteht, ließe sich in dem Pfaddiagramm einer intervenierenden Variablenbeziehung folgendermaßen darstellen:

Pfaddiagramm:

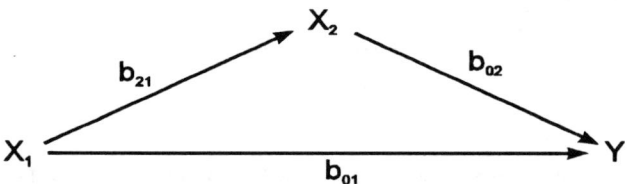

Erwiese sich diese Hypothese als richtig, dann würde der direkte Pfad von X_1 auf Y an Gewicht verlieren und dafür die Pfade b_{21} und b_{02} stärker werden. In diesem Fall würde man folgern, daß der Einfluß des Alters auf die Aufnahme politischer Informationen über den Pfad des Bewußtwerdens politischer Konsequenzen wirksam würde.

Für eine gute Erklärung der Regressions- und Pfadanalyse siehe *Nie* u.a. (1975) und zur Logik der mehrstufigen multiplen Regression *Opp/Schmidt* (1976).

5   Zusammenfassung und Ausblick

Die Umfrageforschung als Methode der Erhebung und Analyse personenbezogener Daten hat sich im Laufe der vergangenen drei Jahrzehnte zu einem relativ weit verbreiteten Verfahren der empirischen Sozialforschung entwickelt. Eine der wesentlichen Voraussetzungen dafür war die rasche Verbreitung der elektronischen Datenverarbeitung und die Entwicklung darauf gestützter Programme zur Analyse von

Massendaten. Waren diese Programme, wie z.B. SPSS (*Statistical Package for the Social Sciences*), bis vor wenigen Jahren nur an den großen Universitätsrechenzentren verfügbar, so ist heute der Betrieb dieser Programme auf jedem PC mit einer entsprechend großen Festplatte problemlos möglich. Da auch die wissenschaftliche Infrastruktur zur Erhebung und Archivierung von Umfragedaten inzwischen sehr gut entwickelt ist, können sich interessierte Wissenschaftler und selbst Studenten relativ einfach den Zugriff auf neueste Umfragedaten, wie z.B. die Allgemeine Bevölkerungsumfrage in den Sozialwissenschaften (ALLBUS), verschaffen.

Diese Möglichkeiten werden der Verbreitung der Analyse von Umfragedaten weiteren Vorschub leisten. Da darüber hinaus die der wissenschaftlich interessierten Öffentlichkeit verfügbaren Datensätze häufig sehr aktuelle Themen aufgreifen und in der Regel bereits die wichtigsten Standardskalen enthalten, fällt auch der Nachteil der Sekundäranalyse von Umfragedaten, auf die Formulierung der Fragen keinen Einfluß mehr zu haben, immer weniger ins Gewicht. Gleichwohl bleibt der Grundsatz, daß sich die wichtigsten Vorteile der Umfrageforschung nur dem Primärforscher eröffnen.

In einer zusammenfassenden Bilanz wird man feststellen können, daß die Umfrageforschung von der Entwicklung der Stichprobentheorie bis zur Bereitstellung zahlreicher Programme zur Analyse von Individualdaten einen hohen Reifegrad erreicht hat. Daneben konnte auch die Geschwindigkeit des Umfrageverfahrens erheblich gesteigert werden. Mit den Verfahren der Telefon-Umfrage (CATI; *Computer Assisted Telephone Interviewing*) werden die erhaltenen Antworten direkt in den Computer eingegeben und als Datensatz gespeichert. Dadurch können professionelle Forschungsinstitute eine Umfrage, für die noch vor wenigen Jahren mehrere Monate benötigt wurde, heute innerhalb weniger Tage durchführen.

Immer noch problematisch, bzw. in seiner Bedeutung zunehmend, sind dagegen die Schwierigkeiten, einen Teil der Bevölkerung für die Teilnahme an einer Befragung zu gewinnen. Dafür gibt es viele Ursachen. Sie reichen von der gestiegenen Mobilität der Bevölkerung und der daraus resultierenden geringeren Antreffbarkeit der Zielpersonen bis zur sinkenden Bereitschaft, sich für solche Aktionen die nötige Zeit zu nehmen. Damit sinkt auch der Wert des Verfahrens der Zufallsstichprobe. Das mag einer der Gründe dafür sein, daß einige der kommerziellen Marktforschungsinstitute noch immer mit dem Verfahren der Quotenstichprobe arbeiten. Sollten die Ausschöpfungsquoten weiter sinken, dann könnte sich die Frage nach der Überlegenheit der alternativen Stichprobeverfahren erneut stellen. Für die immer häufiger werdende Erhebung nicht-repräsentativ angelegter regionalspezifischer Populationen (Gemeinde, Stadtteil) oder für die Vollerhebung von Spezialpopulationen (Stadträte, lokale Parteimitglieder) sind diese Überlegungen ohnehin nicht ausschlaggebend.

Aus datenanalytischer Perspektive ist mit einer raschen Weiterentwicklung der sog. konfirmatorischen Verfahren zu rechnen. Dabei geht es um den empirischen Test von im Vorhinein exakt spezifizierten Modellen. Anstatt wie bei den klassischen explorativen Verfahren nach auffälligen Regelmäßigkeiten oder Abweichungen zu suchen - z.B. durch die Inspektion von Kreuztabellen oder der Ergebnisse von Faktorenanalysen - werden bei diesen Verfahren alternative Hypothesen darauf getestet, ob sie sich mehr oder weniger gut durch die empirische Datenstruktur bestätigen lassen. Wird man im ersten Fall etwa auf die Stärke des Zusammenhanges mehrerer Variablen verweisen, so wird man im zweiten Fall prüfen, durch welche Variablenkonstellation sich diese Zusammenhänge am besten erklären lassen und welcher Einzeleffekt für jede Kategorie einer Variablen dafür entdeckt werden kann. Für konfirmatorische Verfahren wurden Programme entwickelt, die häufig erst im Anschluß an die Datenanalyse mit SPSS eingesetzt werden - z.B. loglineare Verfahren wie GLIM oder NONMET (vgl. *Küchler* 1979).

Eine andere Weiterentwicklung der Analyse von Umfragedaten mit erheblich umfassenderen Konsequenzen stellt die sog. Mehrebenenanalyse dar. Bei diesen Verfahren werden nicht nur Individualdaten berücksichtigt, sondern auch sog. Kontextmerkmale, die als Rahmenbedingungen für Einstellungen und Verhalten des Individuums gelten können. Diese Kontextmerkmale haben den Charakter von Aggregatdaten. Hier kann es sich z.b. um die soziale Zusammensetzung einer Gruppe, um die Höhe der Arbeitslosigkeit bzw. die Dichte politischer Kommunikation in einer Gemeinde oder um die Gelegenheitsstruktur zur Teilnahme an politischen Protestaktivitäten handeln. Theoretisch stellen Kontextmerkmale strukturelle Effekte dar, während die Persönlichkeitsmerkmale als individuelle Effekte verstanden werden. Klassischerweise werden beide Effekte über unterschiedliche Verfahren, Individual- und Aggregatdatenanalyse, berechnet. Darüber hinaus stehen beide Effekte in unterschiedlichen Theorietraditionen: Während die strukturelle Theorie von der bestimmenden Kraft gesellschaftlicher Institutionen ausgeht, thematisiert die Verhaltenstheorie primär individuelle Eigenschaften. In vielen Fällen ist jedoch davon auszugehen, daß beide Effekte gleichzeitig wirksam werden. Als Beispiel kann hier die Schulleistung von Kindern in Abhängigkeit vom individuellen Intelligenzquotienten und der Zusammensetzung ihrer Schulklasse angeführt werden. Hier ist bekannterweise zu erwarten, daß nicht nur die Begabung (Individualeffekt), sondern auch das anregende Lernklima einer Klasse von vielen höher Begabten (Kontexteffekt) zum Lernerfolg beiträgt. In der Mehrebenenanalyse werden diese beiden Effekte simultan in einem gemeinsamen Schätzmodell berechnet. Aus diesem Grund ist von der Weiterentwicklung dieser Methode zu erwarten, daß sie den Weg für die Integration der über Jahre getrennt entwickelten Theorietraditionen von Individual- und Aggregatdatenanalyse ebnen wird.

Kapitel III

Werner Reh

Quellen- und Dokumentenanalyse in der Politikfeldforschung: Wer steuert die Verkehrspolitik?

Vorbemerkungen

In seiner 1789 gehaltenen Jenenser Antrittsvorlesung "Was heißt und zu welchem Ende studiert man Universalgeschichte" karikiert Friedrich *Schiller* die beschwerliche Arbeitsweise der historischen "Brotgelehrten":

> "ein solcher (Brotgelehrter, W.R.) wird beim Eintritt in seine akademische Laufbahn keine wichtigere Angelegenheit haben als die Wissenschaften, die er Brotstudien nennt, von allen übrigen, die den Geist nur als Geist vergnügen, auf das sorgfältigste abzusondern. ... Seine größte Angelegenheit ist jetzt, die zusammengehäuften Gedächtnisschätze zur Schau zu tragen und ja zu verhüten, daß sie in ihrem Werte nicht sinken. Jede Erweiterung seiner Brotwissenschaft beunruhigt ihn, weil sie ihm neue Arbeit zusendet, oder die vergangene unnütz macht; jede wichtige Neuerung schreckt ihn auf, denn sie zerbricht die alte Schulform, die er sich so mühsam zu eigen machte ...; er hat umsonst nach Wahrheit geforscht, wenn sich Wahrheit für ihn nicht in Gold, in Zeitungslob, in Fürstengunst verwandelt." (*Schiller* [1789] 1990, S. 20 f.).

Eine solch pekuniär verstandene Berufsauffassung kann für den "wahren Historiker" selbstredend nicht angemessen sein, hat dieser doch als "philosophischer Kopf" die "ganze moralische Welt" als Untersuchungsgegenstand. Eine vergleichbare Entgegensetzung von Geschichtswissenschaft als "Kunstlehre" und dem Versuch der sozialwissenschaftlichen Analyse von "Kausalitäten" hat sich, wie die folgende Äußerung von Friedrich *Meinecke* zeigt, noch lange Zeit in der deutschen Geschichtswissenschaft gehalten.

> "Die Wissenschaft greift hier also zum Mittel der Kunst. Sie will die Erkenntnis ergänzen durch Mittel, die außerhalb der Sphäre des eigentlichen Erkennens liegen. Mit anderen Worten, sie bleibt nicht reine Wissenschaft, die nur kausal erklären will, sondern geht in etwas anderes über. Deshalb ist der Vorwurf der Unwissenschaftlichkeit, den der Positivismus der im Rankeschen Geiste betriebenen Geschichtswissenschaft macht, formal gesehen nicht ganz unrichtig. ... Nur ein nicht mehr rein wissenschaftlicher, d.h. nicht mehr rein kausaler Weg, führt uns ein Stück weiter in ihre Tiefen (in die Tiefen der Wirklichkeit, W.R.) ... "(*Meinecke* [1928] 1990, S. 264 f.)

Wir gestehen: Wir lehren hier mühselige "Brotwissenschaft", wogegen Schiller den
Geist nur als Geist vergnügen wollte. Wir räumen ein: Wir verstehen Wissenschaft
nicht als Kunst, sondern eher als solides Handwerk, das auch vor "Positivismus", das
meint im wohlverstandenen Sinne den Versuch, die Wirklichkeit möglichst objektiv
wiederzugeben, nicht zurückschreckt, obwohl Friedrich *Meinecke* dieses Vorgehen
geißelte. Eine scharfe Trennlinie zwischen einem geisteswissenschaftlich-verstehen-
den und einem sozialwissenschaftlich-erklärenden Ansatz lehnen wir ab. Aber wir
wollen Friedrich *Schiller* auch nicht am heutigen Wissenschaftsideal messen. Er
konnte und wollte keinen adäquaten geisteswissenschaftlichen Werkzeugkasten für
die Probleme seiner Zeit bereitstellen.

In diesem Kapitel werden wir uns mit der politikwissenschaftlichen Dokumentenanalyse beschäftigen, die aus der Quellenanalyse der historischen Forschung hervorge-
gangen ist. Diese Quellen- und Dokumentenanalyse ist in der Geschichts- und auch
in der Sozialwissenschaft durchaus methodisch umstritten. Deshalb werden wir der
Darstellung des Anwendungsbeispieles Fernstraßenplanung in der Bundesrepublik
Deutschland einen allgemeinen Teil zum Stellenwert interpretativer oder hermeneutischer Verfahren, auf die die Quellenanalyse zurückgeführt werden kann, voranstellen.
Anschließend sollen dann die Schritte einer Dokumentenanalyse aus politikwissenschaftlicher Sicht den Lesern eine Hilfestellung für quellenkritische Untersuchungen
an die Hand geben. Bevor die eigentliche Fallstudie aus dem "Leben der Forschung"
präsentiert wird, folgen noch Ausführungen über den Spezialfall der juristischen
Auslegungstechnik von Quellen und Dokumenten, d. h. in der Regel Verfassungen,
Gesetze und sonstige juristische Texte. Da sich fast alle formalen politischen Akte
auf Rechtsakte zurückführen lassen, ist für den Politikwissenschaftler die Grund-
kenntnis der juristischen Methodik unverzichtbar.

1   Definitionen und methodische Kontroversen -
"Verstehen" und "Erklären" in der historischen,
juristischen und qualitativen Forschung

Beginnen wir mit einigen Aspekten der methodischen Diskussion in den Ge-
schichtswissenschaften, dem wissenschaftlichen Zweig, der bisher am meisten zur
Dokumenten- oder Quellenanalyse beigetragen hat. In den 70er Jahren gab es eine
intensive Diskussion über methodische Fragen und in deren Gefolge eine Annäherung von Sozialwissenschaften und Geschichtswissenschaft (*Wehler* 1980). Trotz
dieser Annäherung sind die meisten geschichtswissenschaftlichen Einführungen
heute noch von der Vorstellung geprägt, die Historiographie besitze einen eigenen,
durch die Methode des Verstehens zu charakterisierenden methodischen Zugriff auf
die Realität und die Quellen (*Borowsky/Vogel/Wunder* 1989, S. 157, *Opgenoorth*
1989, S. 20, *Hüttenberger* 1992, S. 253-265; auch: *Patzelt* 1992, S. 215 ff. Anders
jedoch *Boldt* 1984).

Deshalb ist zu fragen, worin diese Eigentümlichkeit der historischen Methode bestehen könnte, um daraus u.U. auch Folgerungen für eine politikwissenschaftliche Dokumentenanalyse zu ziehen. Zunächst ist festzuhalten, daß aus geschichtswissen-

schaftlicher Sicht keine Notwendigkeit zur Abweichung von der bereits in ⇨ Kapitel I, Abschnitt 3 dargestellten Planung des Forschungsprozesses gibt. Ebenso können die von *Heckmann* (1992) ausgearbeiteten Regeln der Hermeneutik (⇨ Kapitel I, Abschnitt 2.4) in der historischen Forschung volle Anwendung finden. Mehr noch, die historische wissenschaftliche Arbeit wird darin gut erläutert. Die "historistische", im gewissen Sinne "positivistische" Vorstellung, bloß zu berichten, "wie es eigentlich gewesen" ist (*Ranke* 1872, Bd. 33, S. VII) oder, nach einer anderen berühmten *Rankeschen* Formulierung, "nur die Dinge reden zu lassen" (*Ranke* 1872, Bd. 15, S. 103), kann heute kein akzeptables geschichtswissenschaftliches Credo mehr sein. Auch deskriptive Geschichtswissenschaft beruht auf einer - zu problematisierenden oder wenigstens zu explizierenden - Perspektivierung des Geschehenen.

Zu Recht wurde deshalb von modernen Historikern die Forderung nach "Bezugsrahmen zur Wahrnehmung", nach "Verständnis und ... Bewältigung der Gegenwartsprobleme", "Erweiterung und Ergänzung des methodischen Instrumentariums der traditionellen Geschichtswissenschaft" sowie der Stärkung "interdisziplinärer Zusammenarbeit" erhoben (*Borowsky/Vogel/Wunder* 1989, S. 12-15). Kombinationen quellengeleiteter historischer Forschung mit fruchtbaren sozialwissenschaftlichen Ansätzen (z.B. zum sozialen Wandel, dem state-and-nation-building) haben sich trotz der beispielhaften historischen Soziologen Otto *Hintze* (1861 - 1940) und Max *Weber* (1864 - 1920) bisher nicht allgemein durchgesetzt. Nur in einzelnen Teildisziplinen wie der Wirtschafts-, Sozial- und Kulturgeschichte, der Verfassungsgeschichte und der Alltagsgeschichte (Mikrohistorie) gelang diese Integration. Die in jüngster Zeit zu beobachtende Revitalisierung der literarisch-erzählenden (narrativen) Geschichtsschreibung (*Iggers* 1993, S. 51 ff.) - so verdienstvoll sie hinsichtlich ihrer breiten Publikumswirkung ist - oder die Ankündigungen über das "Ende der Geschichte als Wissenschaft" (*Iggers* 1993, S. 97 ff.) könnten allerdings wieder zu einem stärkeren Auseinanderdriften der Disziplinen führen.

Jede sozialwissenschaftliche Forschung - die historische ist nach unserem Verständnis darin eingeschlossen - verlangt nach einer Kombination qualitativer und quantitativer, verstehender und erklärender Techniken. Vorrangiges Ziel ist die Aufstellung und Bestätigung von Hypothesen im Sinne von Vermutungen über (Ursachen-) Zusammenhänge verschiedener gesellschaftlicher Faktoren oder Variabeln. Die Beantwortung der "Warum"-Frage - z.B. die nach dem Grund für das Scheitern der Weimarer Republik - bewegt den Historiker auch dann, wenn er nur "Wie-ist-es-gewesen"-Fragen zu behandeln meint. Durch das Beschreiben und Arrangieren von Personen, Zuständen und Ereignissen werden Kausalitäten zumindest suggeriert, selbst wenn nur die Chronologie den Brückenschlag herstellt. Ohne solche Zusammenhangsaussagen wären auch große erzählende Darstellungen nur langatmig. Die Quellen- und Dokumentenanalyse ist sowohl für heuristische Zwecke (Hypothesenfindung) als auch für die Hypothesenabsicherung im Rahmen kausaler Studien unverzichtbar.

Die Politikwissenschaft kann viel von der präzisen und genauen Technik der Quellenanalyse bei den Historikern lernen. Die Historiker dagegen können lernen, daß Quellen nicht "für sich" sprechen, sondern in den Zusammenhang von Problemstellung, Fragestellung, Hypothesenbildung und Theoriekonstruktion eingeordnet werden müssen.

1.1   Texte als historische Quelle

Quelle bezeichnet alles "Material zur Rekonstruktion der Vergangenheit"
(*Borowsky/Vogel/Wunder* 1989, S. 120) und steht somit als Gegenbegriff zur Fachliteratur (auch: Sekundärliteratur), in der die Forschungsgegenstände, d. h. also die
Quellen bzw. das Material, wissenschaftlich reflektiert werden. Quellenanalyse ist
demnach die Auseinandersetzung mit den äußeren und inneren Merkmalen der
Quellen mit Hilfe der Quellenkritik. Historiker bezeichnen als Quellen im Grunde
dasselbe, was empirische Sozialwissenschaftler als (Primär-)Daten ansehen. Quellen
sind dabei der Oberbegriff, der nicht nur schriftliche Zeugnisse, sondern auch bildli-
che oder gegenständliche Überreste umfaßt. In Frage kommen neben Texten auch
Filme, Tonbänder sowie Denkmäler, Bauten, Kunstgegenstände, Werkzeuge oder
Gegenstände des Wirtschaftsverkehrs. *Dokumente* sind ein Teil der Quellen, nämlich
die schriftlich vorliegenden Äußerungen, also z. B. Urkunden, Rechtstexte, Verwaltungsakten, Geschäfts- oder Privatakten. Seit der frühen Neuzeit sind die Verwaltungsakten die wichtigsten Quellen der historischen Forschung.

Die Methode der Dokumentenanalyse, obwohl sie ein "klassisches Feld qualitativ-
interpretativer Analyse" (*Mayring* 1993, S. 31) ist, wird in den meisten politikwissenschaftlichen und insbesondere auch soziologischen Methodenlehrbüchern vernachlässigt oder nur am Rande angesprochen. Man bezieht höchstens die quantitative
Inhaltsanalyse ein, in der es aber in der Regel um die systematische statistische Auswertung großer Textmengen geht und nicht um die Analyse von Einzeldokumenten
(⇨ Kapitel IV). Methodische Hinweise für die Technik von Quellen- und Dokumentenanalysen sind deshalb eher in geschichtswissenschaftlichen Einführungen und - in
geringerem Maße - auch in rechts- oder kommunikationswissenschaftlichen Lehrbüchern zu finden.

Bei einer Dokumentenanalyse muß man sich allerdings immer vergegenwärtigen,
daß die Quellen den historischen Prozeß nur fragmentarisch, ausschnitthaft und selektiv widerspiegeln. Analysiert werden kann nur das, was noch übrig geblieben und
zugänglich ist. Dies kann manchmal sehr wenig sein, zuweilen allerdings auch ein
kaum zu bewältigender Berg von Akten in riesigen Archiven. Dann gilt es auszuwählen. Der Untersuchende muß dabei immer selbst entscheiden, welche Dokumente als
"empirische Basis" für seine Arbeit in Frage kommen. Die "Mündlichkeit" von politischen Entscheidungen und Vorgängen muß bei der Dokumentenanalyse weitgehend
außen vor bleiben. Für den Historiker ist teilnehmende Beobachtung, experimentelle
Forschung oder Befragung im Gegensatz zum Politikwissenschaftler oder Soziologen
nur in Ausnahmefällen, insbesondere bei zeitgeschichtlichen Fragestellungen, möglich. Hier kann der Historiker Interviews einsetzen. In den letzten Jahrzehnten ist mit
der "oral history" eine auch für die sozialwissenschaftliche Forschung (Biographieforschung) methodisch innovative Technik entwickelt worden. Bei der "oral history"
läßt der Forscher Zeitzeugen, nicht nur Politiker, sondern gerade auch einfache Bürger, in langen "narrativen Interviews" ihre eigenen Erlebnisse und Erinnerungen erzählen, die dann verschriftlicht (transkribiert) und ausgewertet werden (⇨ Kapitel I).

Methodische Grundlagen der historischen Quellenanalyse sind insbesondere in der
deutschen Geschichtswissenschaft des 19. Jahrhunderts entwickelt worden. Die nur

mit Hilfe des Originals zu erreichende "strenge Darstellung der Tatsache" wurde seit Leopold von *Ranke* (1795-1866) "oberstes Gesetz" jeder wissenschaftlichen historischen Darstellung. Johann Gustav *Droysen* (1808-1884) versuchte, die Methoden der Quellenkritik zu einer "historischen Empirie" zu systematisieren (*Droysen* 1990, S. 86). In Auseinandersetzung mit ihm hat Ernst *Bernheim* die folgenden Quellenarten unterschieden, die auch heute noch für Untersuchungen hilfreich sein können (*Bernheim* 1903; *Brandt* 1959, S. 52 ff.):

Als *Überreste* bezeichnet man alles, was unmittelbar von den Begebenheiten übrig geblieben ist und 'unabsichtlich' darüber berichtet. Dabei kann es sich handeln um:

a) Sachüberreste (körperliche Überreste, Bauwerke, Geräte etc),

b) abstrakte Überreste (Institutionen, Rechtszustände aller Art, Tatsachen der Sitte, der Sprache etc),

c) schriftliche Überreste (geschäftliches und privates Schriftgut, z.B. Urkunden über Rechtsgeschäfte, Akten einer Behörde, private Briefe, Zeitungen, Literatur). Aufgrund eines durchgängigen neuzeitlichen Bürokratisierungstrends haben die Akten heute überragende Bedeutung gewonnen.

d) Aus heutiger Sicht sind Bild- und Tondokumente sowie weitere Datenträger hinzuzunehmen.

Tradition ist dagegen alles Material, das eigens und zum Zweck der (historischen) Überlieferung geschaffen worden ist (z.B. Annalen, Chroniken, Biographien, Autobiographien, Memoiren, mündliche Überlieferungsformen: Sagen, Erzählung, Lied). Mit der Quellengattung "Tradition" sind besondere Interpretationsprobleme verknüpft, weil die Intention des jeweiligen Autors kritisch herauszufiltern ist.

Die Wechselwirkung zwischen der wissenschaftlichen Fragestellung und der Verfügbarkeit bestimmter Quellenmaterialien (Quellenlage) ist regelmäßig kritisch zu reflektieren, da sie die Forschungsergebnisse erheblich prägen kann. "Traditionsquellen" müssen immer auch "gegen den Strich", d. h. gegen die Absicht der Verfasser, gelesen werden (z. B. polizeiliche Vernehmungsprotokolle, *Rusinek* 1992b, S. 111 ff.). Richtig ausgewertet können sie die Beantwortung von Fragen erlauben, die sich dem Verfasser oft so (noch) gar nicht stellten und die Verfolgung von anders gelagerten Erkenntnisinteressen ermöglichen (vgl. z. B. auch Gerichtsakten zur Analyse der Ursache rechtsextremistischer Gewalt bei *Willems/Würtz/Eckert* 1993).

In der politischen Geschichtsschreibung des 19. Jahrhunderts war neben Urkunden, Akten, Verträgen und Gesetzestexten vor allem die Traditionsquelle der Selbstzeugnisse von Staatsmännern (Briefe, Tagebücher, Memoiren, Autobiographien) ein Hauptgegenstand historischer Forschung. Daraus ließ sich am besten ihr intentionales Handeln, ihr biographischer und ideengeschichtlicher Horizont, die meist als Ursache für historische Vorgänge angesehen wurden, rekonstruieren. Allerdings ist bei der Interpretation dieser Quellen wegen der "notorischen Unzuverlässigkeit" der menschlichen Erinnerung sowie des persönlichen Rechtfertigungsstrebens besondere Vorsicht geboten (*Engelbrecht* 1992, S. 62; *Hüttenberger* 1992, S. 259).

Von überragender Bedeutung sind in der modernen Geschichtswissenschaft die schriftlichen Quellen (Dokumente), während Sachquellen, mit Ausnahme der Technikgeschichte, nur eine geringe Rolle spielen. Die modernen Massenmedien, Funk,

Film und Fernsehen, stellen als Formen der Massenkommunikation neue Möglichkeiten der Beeinflussung (z.B. durch nonverbale Kommunikation, durch die Kombination von Bild und Text) gegenüber den traditionellen Medien dar (Flugblatt, Zeitung, Buch). Sie verlangen aber auch nach einer Weiterentwicklung der Analysetechniken, die in der Massenkommunikationsforschung und im Bereich der Inhaltsanalyse vorgenommen werden (vgl. *Schenk* 1987, S. 33 ff. und *Kaase/Schulz* 1989; ➪ Kapitel IV).

Obwohl manche Historiker die Quellenanalyse als eine genuin historische Methode und als Teil eines subjektiven und hermeneutischen Verstehens betrachten, sehen wir in der sozialwissenschaftlich angewandten Quellen- und Dokumentenanalyse in erster Linie die Möglichkeit einer kritischen Auseinandersetzung mit dem empirischen Wahrheitsgehalt von Texten, um subjektive Verzerrungen auszuschalten. Ein kritisch-empirisches Wissenschaftsideal läßt sich demnach durchaus auf die historische Quellenanalyse übertragen. Der politische Entscheidungsprozeß wird so stark von Textquellen geprägt, daß der Politikwissenschaftler auf die Regeln und Methoden der von Historikern entwickelten Quellenanalyse nicht verzichten kann.

1.2   Textauslegung in der juristischen Methode

Die meisten Quellen und Dokumente, die für den Politikwissenschaftler interessant sind, bestehen, wie bereits erwähnt, aus mehr oder weniger amtlichen Texten: Akten, Protokolle, Verträge, Verordnungen, Gesetze oder Verfassungen. Grundkenntnisse juristischer Auswertungstechniken, die anhand dieser Textgattungen entwickelt worden sind, sind deshalb für den Politikwissenschaftler ebenfalls unverzichtbar. Die juristische Hermeneutik (d. h. die Lehre vom Verstehen und Auslegen von Texten) ist ein Spezialfall der Dokumentenanalyse, die dem Politikwissenschaftler ein weites Feld an Erkenntnissen erschließt. Sie hat einige Maßstäbe und Regeln hervorgebracht, die hier zum besseren Verständnis von Rechtstexten kurz skizziert werden sollen (*Rinken* 1991; *Köbler* 1988, S. 157 ff.; *Morlok* 1988).

Das von legitimierten Institutionen gesetzte oder "positive" Recht ist in fast allen demokratischen Verfassungsstaaten von überragender, alle gesellschaftlichen Bereiche durchdringender Bedeutung. Es ist in einer Normenhierarchie bzw. Stufenordnung vom Verfassungsrecht über Gesetzes- zu Verordnungs- und Satzungsrecht aufgebaut. Die zweite Rechtsquelle ist jenes Recht, das sich in langjähriger Übung herausgebildet hat (Gewohnheitsrecht), dessen Relevanz jedoch stark abnimmt. Das gilt drittens auch für die meist ungeschriebenen allgemeinen Rechtsgrundsätze. Die vierte Rechtsquelle ist das Richterrecht, das bei der Rechtsanwendung Lücken der Gesetzgebung schließt oder Recht zur Lösung von Einzelfällen schöpferisch "fortbildet". In den Internationalen Beziehungen gibt es analoge Rechtsquellen. Allerdings ist in dieser Sphäre die Allgemeinverbindlichkeit des Rechts wegen des Fehlens einer mit Sanktionsgewalt ausgestatteten Instanz nicht gesichert und auch die Regelungsdichte mit dem innerstaatlichen Recht nicht vergleichbar.

Allgemein kann das juristische hermeneutische Verfahren verstanden werden als wechselseitige Annäherung von Rechtsnorm und Sachverhalt, bis durch Konkretisierung und Verdichtung der zunächst abstrakten und unbestimmten Norm eine Anwendung auf die zu entscheidenden Einzelfälle möglich ist. Wenn die Norm lautet: Diebstahl liegt vor, wenn jemand eine fremde bewegliche Sache einem anderen in der Absicht rechtswidriger Zueignung wegnimmt, und der Sachverhalt darin besteht, daß Herr X das Auto von Herrn Y genommen hat, so ist durch "Subsumtion" (Unterordnung von Sachverhalten unter Begriffe oder spezielle Rechtsnormen) zu prüfen, ob die Norm Diebstahl zutrifft oder ob es sich etwa nur um Verleih oder Schenkung gehandelt haben könnte.

Die in den Gesetzen kodifizierten, aus Tatbestand und Rechtsfolge bestehenden Rechtssätze erlauben meist keine einfache und direkte Subsumtion der Sachverhalte unter die in den Normen definierten Tatbestände (*Engisch* 1977, S. 43 ff.), sondern es muß erst - unter Beachtung der Maxime der Gleichbehandlung aller gleichartigen Fälle - von den Gerichten ein Maßstab gebildet werden, der sowohl der Gleichheitsforderung wie auch der Sachgerechtigkeit für den Einzelfall entspricht (*Larenz* 1992, S. 33 ff. mit bezug auf *Fikentscher*). Daraus ergibt sich auch die Präzedenzwirkung von Urteilen. Der Jurist orientiert sich dabei zuerst am positiven Recht, weil er "einen inneren Zusammenhang von positivem Recht und seiner vernünftigen Rechtfertigungsfähigkeit stillschweigend voraussetzt" (*Kriele* 1976, S. 167). Neuere, formallogische, d.h. subsumtionstheoretisch argumentierende Ansätze anerkennen die Notwendigkeit der Gesetzesauslegung als notwendigen Zwischenschritt, z.B. bei unbestimmten Gesetzesbegriffen, und sehen den weiten Ermessensspielraum der rechtsanwendenden Verwaltungen. Aufgrund der Verpflichtung zur Gleichbehandlung kann die Wahl der hermeneutischen Methode nicht dem Belieben des Richters überlassen werden.

Die vier herkömmlichen Interpretationsregeln der "dritten Gewalt" müssen deshalb in eine Rangordnung gebracht werden (*Koch/Rüssmann* 1982, S. 231 ff.): "Aufgabe der Interpretation ist es, das verfassungsmäßig 'richtige' Ergebnis in einem rationalen und kontrollierbaren Verfahren zu finden, dieses Ergebnis rational und kontrollierbar zu begründen und auf diese Weise Rechtsgewißheit und Voraussehbarkeit zu schaffen - nicht etwa nur, um der Entscheidung willen zu entscheiden" (*Hesse* 1978, S. 11). Das Bundesverfassungsgericht (BVerfGE 1,299 [312]) hat eine an den folgenden Auslegungsgrundsätzen orientierte, "objektive Auslegungstheorie" entwickelt:

(1) Die Auslegung nach dem Wortlaut der Rechtsnorm (auch: grammatische oder "semantische" Auslegung) geht von der Ausdrucksweise des Gesetzgebers aus und versucht den Inhalt einer Norm aus der sprachlichen Fassung zu erkennen. Der allgemeine Sprachgebrauch, die Rechtssprache oder die Formulierungen der einschlägigen Passagen des positiven Rechts dienen als Anhaltspunkte. Mögliche Bedeutungen der Textfassung werden erörtert, Bedeutungsspielräume ausgelotet. ("Was steht wirklich in dem Text?").

(2) Die systematische Auslegung betrachtet den Zusammenhang, in dem die Norm steht, oder die gesamte Rechtsordnung (das Bundesverfassungsgericht spricht auch vom "Sinnzusammenhang"). Unter diesem Aspekt kann sich auch ergeben, daß die grammatische Methode nicht maßgebend sein kann. Das Zusammenspiel dieser beiden Interpretationsansätze ist vom Bundesverfassungsgericht wohl im folgenden gemeint und als Kern seiner Auslegungstätigkeit identifiziert: "Maßgebend für die Auslegung einer Gesetzesvorschrift ist der in dieser

zum Ausdruck kommende objektivierte Wille des Gesetzgebers, so wie er sich aus dem Wortlaut und dem Sinnzusammenhang ergibt, in den diese hineingestellt ist." ("Wie muß der Text im sinnvollen Zusammenhang mit seinem Umfeld gelesen werden?").

(3)   Die sog. teleologische Auslegung, die nach dem Zweck oder der Funktion einer Norm fragt, bleibt am wenigsten klar konturiert. Dafür gibt es keine Interpretationsregeln. Es scheint sich eher um eine "catch all"-Kategorie zu handeln, zu der bei Versagen der anderen Interpretationsansätze Zuflucht genommen wird. ("Was wollte der Gesetzgeber mit dem Text tatsächlich erreichen?").

(4)   Die historisch-genetische Methode enthält einerseits die Betrachtung der geschichtlichen Entwicklung des Rechtssatzes bzw. ähnlicher früherer Regelungen (historische Methode i.e.S.), andererseits soll die genetische Methode, die sich auf die Entstehungsgeschichte des Gesetzes anhand der Gesetzesmaterialien (Gesetzesvorlagen, Protokolle des Parlaments und seiner Ausschüsse usw.) beruft, dazu beitragen, den Willen des historischen Gesetzgebers zu ermitteln. Das Bundesverfassungsgericht billigt diesem Aspekt aber nur eine unterstützende Funktion für die ersten beiden Interpretationsansätze zu, als "sie die Richtigkeit der nach den angegebenen Grundsätzen ermittelten Auslegung bestätigt oder Zweifel erhebt", die dann ausgeräumt werden müssen. ("Wie ist der Text seinerzeit entstanden und was wollte der ursprüngliche Gesetzgeber damit erreichen?").

Diese Interpretationsregeln werden allerdings von manchen modernen Rechtslehrern als "Verlegenheitsformeln", oder, wie im Fall der "teleologischen Interpretation" als bloßes "Blankett" bezeichnet. Es wird von einem "häufigen Versagen" dieser Regeln ausgegangen (*Hesse* 1978, S. 23-25).

Für Politikwissenschaftler ist allerdings weniger die Aneignung einer Entscheidungsmethode als die Kenntnis der juristischen Auslegungsregeln wichtig. Die Grenzen der juristischen Hermeneutik werden dort erreicht, wo die gesetzliche Regelung lückenhaft oder nicht zweifelsfrei zu ermitteln ist. In diesem Fall ist der Richter auf die Ergänzung des Gesetzes (Rechtsergänzung) durch Analogie oder Umkehrschluß (argumentum e contrario) angewiesen. Weniger beliebt ist in Deutschland hingegen die Regel der richterlichen Selbstbeschränkung ("judicial restraint") oder die "political question doctrine", die Entscheidungsgegenstände an die Politik zur Kodifizierung zurückgibt.

Stehen verschiedene Verfassungsprinzipen in einem Spannungsverhältnis, soll das Prinzip praktischer Konkordanz angewendet werden (*Hesse* 1978, S. 28): Verfassungsrechtlich geschützte Rechtsgüter müssen in der Problemlösung einander so zugeordnet werden, daß jedes von ihnen Wirklichkeit gewinnt. Wo Kollisionen entstehen, darf nicht in vorschneller "Güterabwägung" oder gar abstrakter "Wertabwägung" eines auf Kosten des anderen realisiert werden. Außerdem müssen die Interpretationsspielräume zugunsten einer "verfassungskonformen Auslegung" genutzt werden, statt gesetztes Recht vorschnell zu kassieren.

Die Rechtswissenschaft hat also durchaus eine eigene Verstehenslehre hervorgebracht. Genauer besehen ist diese aber - abgesehen von der diffusen teleologischen Interpretation - in erheblichem Maße durch die Subsumtionslogik (Unterordnung von

Sachverhalten unter Begriffe oder spezielle Rechtsnormen) und die Feststellung von Tatsachen aufgrund von Zeugenbefragung geprägt, also durch eine deduktiv-nomologische Vorgehensweise - vorausgesetzt, Wortlaut und Sinn des positivierten Rechts sind eindeutig zu ermitteln.

1.3 Textverstehen in der qualitativen Forschung

Neben der historischen Quellenkunde und juristischen Texthermeneutik ist noch ein dritter Ansatz der Textinterpretation in den letzten Jahren - besonders in der Soziologie - hervorgetreten: die qualitativen Forschungsansätze (⇨ Kapitel I, Abschnitt 2.4 und 2.5). Qualitative Methoden werden häufig abwertend als „weich" gegenüber den „harten" quantitativen Methoden angesehen, insbesondere seitens der Zunft der quantitativen Methodiker. Die qualitative Forschung hat trotz ihrer Renaissance seit den 80er Jahren in der Tat noch kein festes Repertoire an standardisierten Techniken hervorgebracht (*Kardorff* 1991, S. 4 ff.), allerdings eine Reihe von interessanten Einzelansätzen. Daher ist Skepsis hinsichtlich der methodischen Strenge, Zuverlässigkeit und Verallgemeinerung ihrer Ergebnisse (*Flick* u.a. 1991, S. IX) durchaus angebracht.

Im Zentrum der qualitativen Forschung steht der Anspruch, Texte zu „verstehen" statt Tatsachen zu „erklären". Das Verstehen wird durch interpretative oder hermeneutische Verfahren angestrebt. Hermeneutische Verfahren haben eine lange Tradition in der Philosophie, den Philologien und der Geschichtswissenschaft. Um die Jahrhundertwende hat Wilhelm *Dilthey* sie als vorrangige Methode der Geisteswissenschaften angesehen, im Gegensatz zu den naturwissenschaftlichen empirischen und erklärenden Verfahren. Die Hermeneutik lehrt, daß ein Teil immer nur durch das Ganze verstanden werden kann, daß auch ein Textteil immer nur durch ein Vorverständnis vom insgesamt Gemeinten erfahren werden kann. Auch das Gesamtwerk eines Autors, seine Biographie und sein Zeithintergrund müssen betrachtet werden. Dadurch ergibt sich ein „hermeneutischer Zirkel", der vom Teil auf das Ganze schließt und vom Ganzen wieder zurück auf das Teil oder von der neuen Erkenntnis zurückgreift auf das Vorverständnis und spiralförmig wieder weiter fortschreitet, um den Textgegenstand auf einer jeweils höheren Stufe umfassender zu verstehen. Vertreter der kognitiven Linguistik gehen indessen davon aus, daß Verstehensprozesse durch - auch formal beschreibbare - Regeln und Strukturen geleistet werden (*Schnelle* 1991).

Die Unterschiede zwischen verstehenden und erklärenden, qualitativen und quantitativen Ansätzen können in vier Punkten zusammengefaßt werden, wobei aber die Gegensätze meines Erachtens nicht prinzipieller Natur sind. Es handelt sich um:

- den *Abstraktions- oder Generalisierungsgrad* der wissenschaftlichen Aussagen: Qualitative Ansätze betonen die Individualität handelnder Personen und ihrer Erlebnisverarbeitung, die Komplexität historischer Entwicklungen oder Konstellationen auf Kosten der Repräsentativität beobachteter Handlungsmuster. Die historische Beschreibung (Deskription), muß jedoch ebenfalls einer ständigen methodischen Kontrolle unterzogen werden. Aber, so ein Exponent qualitativer Forschung selbstkritisch: "Dies ist ein Standard, der in den bisherigen qualitativen Ansätzen immer wieder vernachlässigt wird" (*Mayring* 1993, S. 17). Es wird allerdings eine argumentative Verallgemeinerung angestrebt. Das Forschungsdesign vieler empirisch-analytischer oder quantitativer Studien ist ähnlich angelegt. Ebenso fußen viele qualitative Untersuchungen auf Hypothesen zu vergleichbaren Fällen. Diese werden dann auf neue Quellen und Dokumente übertragen, somit weiter generalisiert;

- das Verfahren der *Induktion*: die Annäherung an den Gegenstand geschieht bei qualitativen Ansätzen - abgesehen von standardisierten Verfahren der Inhaltsanalyse - induktiv und in einem offenen, sich allmählich erst konturierenden Verfahren, während die quantitative Forschung stärker deduktiv arbeitet. Die Offenheit gegenüber dem Untersuchungsgegenstand gilt als ein Hauptprinzip interpretativer Forschung. Dies spricht, richtig verstanden, jedoch nicht gegen das Ziel der Formulierung überprüfbarer Hypothesen. Im übrigen werden in fast jedem Forschungsprozeß sowohl induktive als auch deduktive Verfahren angewendet;

- den *Subjektbezug*: es gibt in der qualitativen Forschung einen wesentlich stärkeren - freilich meist nicht reflektierten - Einbezug des forschenden Subjekts und seiner Stellung zu den handelnden Personen oder überlieferten Ereignissen. Der Forscher wird häufig als konstitutives Element im Erkenntnisprozeß gesehen. Sein Vorverständnis und seine Interaktion mit dem Gegenstand prägen die Untersuchung mit, bereiten jedoch Schwierigkeiten hinsichtlich der Verallgemeinerbarkeit der Ergebnisse. Eine strikte ("kartesianische") Trennung zwischen objektiver, materieller Außenwelt und kognitiver Innenwelt des wahrnehmenden bzw. forschenden Subjekts ist nicht - oder nur "analytisch" - möglich. Ebensowenig kann der "Introspektion" oder Selbstbeobachtung ein besonderer Stellenwert in der qualitativen Forschung eingeräumt werden (anders *Mayring* 1993; S. 18). Welche Bedeutung einzelnen Komponenten der komplexen Wirklichkeit beigemessen wird, hängt auch in der quantitativen Forschung von subjektiven Momenten und der "kognitiven Landschaft" des Betrachters ab (*Atmanspacher* 1994). Für Politikwissenschaftler ist aber eine subjektive Wende, wie sie in der Sprachwissenschaft der 60er Jahre erfolgte (*Polenz* 1963), nicht akzeptabel. Statt um bloße Sprachspiele geht es um den Bezug der sprachlichen Äußerungen zur außersprachlichen Realität (anders *Jung* 1994, S. 217 ff.);

- die Betrachtung einer - methodisch kaum reflektierten - *Totalität* oder Ganzheit gesellschaftlicher Phänomene im Gegensatz zum Versuch der Isolierung der maßgeblichen Variablen in der quantitativen Forschung (und der empirisch-analytischen Forschung insgesamt). Dieser Anspruch hat wohl bei neomarxistischen Ansätzen eine ideologisch-herrschaftskritische Funktion erfüllt. Aus heutiger Sicht ist er weder methodologisch begründbar, noch in der Forschung praktisch einlösbar.

In der Geschichte der Sozialwissenschaften haben sich die beiden unterschiedlichen wissenschaftstheoretischen Ansätze - der qualitativ-verstehende und der quantitativ-erklärende - immer schon gegenseitig durchdrungen, zum Teil aber auch heftig befehdet. So ist der große Soziologe Max *Weber* eher der "verstehenden" Soziologie zuzurechnen. In der Gegenwart ist insbesondere durch Alfred *Schütz* die verstehende

Soziologie zu einer Analyse von Alltags- oder Lebenswelten weiter entwickelt worden. Jenseits bloßer Introspektion wurden Regeln der Interpretation und der Erfassung von Sinnstrukturen herausgearbeitet (*Schütz* 1981; *Schütz/Luckmann* 1984). Es entstanden spezielle Forschungsrichtungen zur Analyse von sprachlichen Symbolen und Wahrnehmungsstrukturen - wie der symbolische Interaktionismus oder die Ethnomethodologie (vgl. zusammenfassend *Kleining* 1991, S. 17 ff.). Versuche, die Verstehensmethoden zu objektivieren - wie *Oevermanns* "Objektive Hermeneutik" -, konnten den Anspruch, „ein für die Soziologie allgemein geltendes forschungslogisches Programm" zu entwickeln, allerdings meines Erachtens nicht einlösen (*Oevermann* u.a. 1979, S. 354). Trotz interessanter Analysetechniken, z.B. bei der Erfassung verborgener, d.h. latenter Sinnstrukturen, verbleiben diese Versuche zu eng dem untersuchten Gegenstandsbereich (Sozialisationstheorie bzw. Entwicklungspsychologie) verhaftet und lassen sich kaum zur generellen Analyse von Textdokumenten einsetzen.

Die qualitativen Forschungsansätze haben allerdings ebenfalls „Wahrheitskriterien" entwickelt, die sich mit den Wissenschaftlichkeitskriterien der empirisch-analytischen Forschung durchaus vergleichen lassen (angelehnt an *Kvale* 1991, S. 428 ff.):

- Konsistenz: innere Logik, Schlüssigkeit und Widerspruchsfreiheit von Äußerungen;
- Korrespondenz: Übereinstimmung von Äußerungen mit der objektiven Welt (eine von jenen Sprachphilosophen abgelehnte Position, die Sprache als konstitutives Merkmal sozialer Wirklichkeit ansehen);
- Pragmatischer Nutzen (pragmatische Validität): Nützlichkeit von Hypothesen und Aussagen des Forschers beim Voraussagen des praktischen Verhaltens der untersuchten Individuen und Gruppen oder Übertragbarkeit auf weitere Fälle;
- Kommunikative Validierung: dialogische Argumentation über konfligierende Interpretationen mit untersuchten Personen oder innerhalb der wissenschaftlichen Gemeinschaft.

Diese vier „Wahrheitskriterien" sind auch bei der Analyse von Quellen und Textdokumenten zu benutzen. Damit läßt sich auch bei qualitativen Untersuchungen eine Validierung der wissenschaftlichen Aussagen erreichen, um das allgemeine Ziel von Wissenschaftlichkeit, nämlich die intersubjektive Kommunizierbarkeit, zu erreichen. In dieser Hinsicht relativieren sich dann die methodischen Unterschiede zur empirisch-analytischen Forschung und ihre drei wesentlichen Wissenschaftlichkeitskriterien, die der Validität, der Reliabilität und der Intersubjektivität (⇨ Kapitel I).

In der Politikwissenschaft hat der Konflikt über „Verstehen" oder „Erklären" keine so große Rolle gespielt. In der traditionellen politikwissenschaftlichen Einteilung von drei wissenschaftstheoretischen Schulen - empirisch-analytisch, normativ-ontologisch und kritisch-neomarxistisch - wäre der verstehende Ansatz der normativ-ontologischen Schule zuzuordnen (*von Alemann/Forndran* 1990, S. 58). Allerdings ist die Trennschärfe dieser drei Schulen heutzutage in den Hintergrund getreten. Empirisch orientierte erklärende Ansätze haben die Vorderhand gewonnen, ohne sich allerdings immer mit der strengen positivistischen Methodenlehre zu identifizieren (vgl. *Bürklin/Welzel* 1994, S. 310; *von Alemann/Forndran* 1990, S. 48).

2   Schritte einer politikwissenschaftlichen Quellenanalyse

Quellen, d.h. in der Regel Textdokumente, sind im Grunde nichts anderes als Daten. Quellen sind Rohdaten über politische Prozesse der Vergangenheit, die allerdings nicht vom Wissenschaftler selbst erzeugt werden, wie z.B. Umfragedaten, sondern vorgefunden werden, wie z.B. Aggregatdaten. Ähnlich wie Aggregatdaten (⇨ Kapitel I und V) müssen auch Quellen sehr sorgfältig (eben quellenkritisch) auf ihre Eignung als Belege für wissenschaftliche Hypothesen oder Aussagesysteme (Modelle, Theorien) überprüft werden. Die Aggregatdaten einer Arbeitslosenstatistik dürfen nicht kritiklos als Abbild der tatsächlichen Arbeitslosigkeit in einer Gesellschaft übernommen werden, da die Definition von Arbeitslosigkeit für die Statistik immer auch politischen Vorgaben folgt und demgemäß schwankt. Ähnlich sind Herkunft und Aussagen jeder Quelle kritisch zu sichten und zu gewichten.

Im folgenden Abschnitt werden für eine solche quellenkritische Arbeit die einzelnen Analyseschritte idealtypisch zusammengestellt. Idealtypisch heißt dabei, daß nicht jeder Schritt bei der Analyse eines Dokuments oder bei einer bestimmten Archivarbeit anwendbar sein kann oder angewandt werden muß. Auch die oben (⇨ Kapitel I, Abschnitt 4) dargestellten Stufen des Forschungsprozesses werden nicht im einzelnen wiederholt, sondern nur durch die speziellen Aspekte der Quellen- und Dokumentenanalyse ergänzt.

(1) Ausgangspunkt ist die auf dem Forschungsstand des betreffenden Fachgebiets aufbauende *Fragestellung*, die regelmäßig eine Vorentscheidung über die Analyseebene einschließt. Überall dort, wo kontroverse Hypothesen über politische Strukturen und Prozesse nicht sekundärwissenschaftlich geklärt werden können, müssen Originalquellen herangezogen werden. Häufig werden historische Arbeiten dadurch ausgelöst, daß neue Quellenbestände zugänglich werden, die dann ein genaueres und auch neues Licht auf bestimmte Vorgänge werfen und zur Modifikation gängiger Hypothesen, gelegentlich sogar von scheinbar festem Schulbuchwissen zwingen (z.B. hinsichtlich der Einstellungen der deutschen militärischen Führung zur Dauer und den Verlusten des 1.Weltkriegs). Gleiches können auch gründliche Nachrecherchen von seit langem zugänglichen Dokumenten auslösen (z.B. zur angeblichen Kriegsbegeisterung der deutschen Bevölkerung, dem sog. "Augusterlebnis" von 1914). Der Erhebung von Daten für die quantitative empirische Forschung entspricht die Arbeit an Originalquellen für die qualitative Forschung, wie im 19. Jahrhundert mit dem Schlachtruf "ad fontes" propagiert. Auch seriöse Sekundärliteratur kann irren, und diese Irrungen können sich über Jahrzehnte in der Fachliteratur fortpflanzen. Deshalb ist auch die "herrschende Lehre" der Fachliteratur immer wieder einmal anhand der neuen Quellenlage zu überprüfen.

Auch die Dokumentenanalyse strebt intersubjektiv überprüfbare Aussagen über die gesellschaftliche Wirklichkeit auf der Grundlage objektiver (d.h. ohne Vor- und Werturteile), valider (gültiger, im Sinne der Übereinstimmung der Sachverhalte mit den theoretischen oder begrifflichen Konzepten) und reliabler (zuverlässiger, im Sinne von wiederholbarer) Feststellungen an.

(2) *Quellenlage und Quellenzugang*: Der Schritt von der eigenen Fragestellung zum Material erfordert zugleich eine Entscheidung über die Analysemethode. Nur so kann

ein bewußt selektiver Zugriff auf das Quellenmaterial erfolgen. Auch eine lediglich beschreibende Absicht ("... berichten, wie es gewesen ist") muß die eigenen Auswahlkriterien offenlegen (das gilt selbst für Quelleneditionen: "Editionsgrundsätze"). Das überlieferte Material (die Rohdaten) ist in der neueren Geschichte immer wesentlich umfassender als die eigene Problemstellung. Dokumente sind seit der Verschriftlichungstendenz von Rechtsgeschäften und der Entstehung von Verwaltungen in der Neuzeit die dominierende Quelle. Neuerdings nehmen andere Medien der Informationsspeicherung (Ton-, Bild-, Filmdokumente, Magnetbänder und weitere Datenträger) zu. Bei politikwissenschaftlichen Arbeiten zu aktuellen Fragen sollten auch die über ein Computermodem nutzbaren Datenbanken (z.B. über "Internet" oder "CompuServe") abgeschöpft werden, die z.B. den Zugriff auf sämtliche amtlichen Dokumente (USA), Informationen durch Parlamentaria oder Nachrichtenagenturen zu den wichtigsten politischen Themen ermöglichen.

Quellen liegen entweder in gedruckter Form vor (Quelleneditionen, als Zeitungen und Zeitschriften, als selbständige Veröffentlichungen wie Memoiren, Autobiographien), oder sie sind in Archiven, eventuell auch privaten Nachlässen, benutzbar. Je größer die zeitliche Nähe zur Gegenwart, desto größer ist die Quellenfülle, wenngleich es durch Sperrfristen Einschränkungen der Benutzbarkeit gibt. In der Bundesrepublik unterliegt Schriftgut aus der Zeit nach dem 8.5.1945 einer generellen Sperrfrist von 30 Jahren, sofern nicht Gründe des Personenschutzes diese Frist verlängern. Je mehr Material, gerade auch aus unterschiedlichen Sichtweisen (von Politik, Verwaltung, Wissenschaft, Verbänden, Betroffenen), verfügbar ist, umso höher wird die Validität und die Zuverlässigkeit der Analyse sein, weil die eigenen Hypothesen an einer Fülle von Parallelüberlieferungen und von Aussagen der Sekundärliteratur bestätigt (bzw. überprüft) werden können.

Der Quellenzugang wird heute teilweise auch durch Datenschutz eingeschränkt, was zum Schutz von Persönlichkeitsrechten sinnvoll sein kann, aber teilweise wohl von Verwaltungen vorgeschoben wird, um Transparenz und Kontrollierbarkeit des Verwaltungshandelns zu erschweren. Auch informelle und mündliche Vorentscheidungen erschweren natürlich die Quellenlage. Sicher hat es mündliche Entscheidungen schon immer gegeben, aber das Telefon und die größere Mobilität haben informelle Absprachen noch leichter gemacht. Aktenvermerke über mündliche Vereinbarungen sind doppelte Glückssache: Zum einen hat der Forscher Glück, wenn er überhaupt welche findet, zum andern, wenn er sich auf deren Inhalt wirklich verlassen kann. Ob durch das „papierlose Büro" der Computerzukunft die Quellenarbeit erleichtert oder erschwert wird, ist noch nicht voll abzusehen. Die Möglichkeit zu umfassenderer Dokumentation und leichterer Zugänglichkeit ist ebenso denkbar wie absichtlicher oder technischer Verlust von Daten.

(3) *Quellensicherung* (Echtheitskritik): Als erster Schritt der Quellenkritik gilt die Text- oder Quellensicherung (auch: "äußere Kritik"), die zur Klarheit über Entstehungszeit, Entstehungsort, Verfasser, Adressat, Textstatus und Herkunft des Dokuments führen soll. Es geht einerseits um eine Echtheitskritik, die teilweise unter Anwendung naturwissenschaftlicher Nachweisverfahren Fälschungen oder Veränderungen am Orginal ausschließt. Zweitens soll Klarheit über Herkunft und Entstehungsgeschichte geschaffen werden, um sicherzustellen, daß eine vollständige Fassung (Urschrift) ohne Überlieferungsfehler (z.B. durch Abschreiben) vorliegt. Diese Prü-

fung ist bei mittelalterlichen oder altertümlichen Quellen besonders relevant aber auch besonders schwierig. Sie kann zwar bei amtlichen Dokumenten aus der neuesten Zeit in der Regel entfallen, wenn der vollständige Text vorliegt (sonst müßten Lücken geschlossen, "interpoliert" werden) und keine Widersprüche auftreten. Sorgfalt ist aber auch hier angebracht, wie eine nicht unerhebliche Zahl von Berichtigungen - z.B auch im Bundesgesetzblatt - zeigen. Der Politikwissenschaftler muß am konkreten Fall entscheiden, ob eine Rückverfolgung zu einer "Urfassung" fruchtbar erscheint im Vergleich zu einer - gelegentlich nicht nur redaktionell - "bereinigten" Endfassung.

Weil die Textsicherung über die Geltung von Quellen entscheidet (z.B. von Urkunden), entstanden mit den sogenannten historischen Grundwissenschaften (auch: Hilfswissenschaften) spezielle, teils naturwissenschaftliche, teils sprachwissenschaftliche Nachweismethoden. Es handelt sich um Diplomatik (Urkunden- und Aktenlehre), Paläographie (Schriftkunde), Genealogie (Ahnenkunde), Sphragistik (Siegelkunde), Heraldik (Wappenkunde). Aus den letzten beiden gingen die weniger antiquarische Insignienkunde (Lehre von den Herrschaftszeichen, auch sprachlicher Art, z.B. Devotionsformeln) und die Symbolforschung hervor.

Ergebnisse der Grundwissenschaften verweisen über das Einzelereignis hinaus auf den allgemeinen Zeithintergund, die Umgangsformen, die politische Symbolik (die "politische Kultur" würden Politologen sagen) und die herrschenden sozialen Verhältnisse. Bereichsbezogen arbeiten die sogenannten historischen Zweigwissenschaften oder Teildisziplinen (wie Rechts-, Verfassungs-, Wirtschaftsgeschichte etc.), querschnittsbezogen dagegen neuere "Zweige" der Geschichtswissenschaft, wie die historische Ökologie oder Historische Frauenforschung, die die Interessen- oder Standortbezogenheit eines zuvor verengten Geschichtsbegriffs offengelegt haben.

Methodisch betrachtet haben wir es bei diesem Aspekt der Quellenkritik mit einer ersten Stufe der Validitätskontrolle zu tun. Die Authentizität ist erstens die Voraussetzung für die Richtigkeit der vorliegenden Textaussagen und deren Verbindlichkeit (Reichweite, Geltungskraft, gesellschaftliche Anerkennung), z.B. von Rechtstexten.

In der Politikwissenschaft kann dieser Analyseschritt im Bereich der Massenmedien oder bei Gesetzgebungs-/Verwaltungsstudien relevant werden, wo der erste Entwurf selten mit der endgültigen Fassung übereinstimmt. Die Rekonstruktion von Entstehungsgeschichte, Überlieferungsweg und der Rückgriff auf das "Urmaterial" ist z.B. bei den Medien wichtig, weil diese selbst entscheiden, was "Nachrichtenwert" besitzt (vgl. *Schenk* 1987, S. 205 ff., 255 ff. und *Mäding* 1992, S. 3 ff.) und auf die Tagesordnung der Öffentlichkeit gelangen soll (sog. Agendasetting-Funktion). Dieses Vorgehen entspricht einer Selektion und Deutung der Wirklichkeit, manche behaupten sogar einer Konstruktion neuer Wirklichkeit (*Schulz* 1976). Schon 1893 hatte Gilmer J. *Speed* auf die Frage "Do our newspapers now give the news?" nach einer empirischen Untersuchung von Tageszeitungen geantwortet: "Our newspapers do not record the really serious happenings, but only the sensations, the catastrophes of history" (*Speed* 1893, S. 710). Ein Beispiel: Die verkürzte und tendenziöse Veröffentlichung eines Telegramms durch Bismarck am 13.7.1870 ("Emser Depesche") war Anlaß für die Kriegserklärung durch Frankreich am 19.7.1870.

(4) *Quellenauswertung* (auch: innere Kritik):

(a) Einerseits geht es um eine *sprachliche Aufschlüsselung,* d.h. die Untersuchung und Erläuterung des verwendeten Wortgutes und deren Wortfelder sowie einzelner Schlüsselbegriffe, die die Wirkungsabsichten des Autors deutlich machen. Zu beachten ist auch ein eventueller Bedeutungs- oder Funktionswandel der Begriffe über die Zeit hinweg. Die Bewußtmachung eines Begriffswandels sichert häufig erst die Übereinstimmung zwischen dem analytischen Instrumentarium und den historischen Sachverhalten (weiterer Aspekt der Validitätssicherung). Außerdem geht es um eine sprachliche Analyse, die den Text unter dem *semantischen* (Bedeutung der verwandten Sprachsymbole einschließlich der - meist emotionalen - Mitbedeutungen oder Konnotationen neben den bloßen Denotationen, z.B. bei Metaphern etc.), dem *syntaktischen* (Verknüpfung zwischen Satzteilen und Sätzen: werden einfache, "parataktische" Verknüpfungen z.B. durch "und" verwendet oder komplexe, "hypotaktische" Verknüpfungen z.B. durch "weil", "denn") und dem *pragmatischen* Aspekt (Analyse der Sprechsituation zwischen "Sender"/Sprecher und "Empfängern"/Rezipienten, des Kontextes, der Wirkungen einschließlich der Publikumsreaktion) untersucht.

Eine mögliche Zuordnung von typischen politischen Texten zu unterschiedlichen Sprachstilen schlägt Wolfgang *Bergsdorf* vor (vgl. Schaubild 1).

Schaubild 1:   Unterschiedliche Sprachstile in verschiedenen Feldern der Politik

Felder der politischen Sprache	Zielbeschreibung	Charakterisierung	Beispiele für Institutionen und Situationen
Gesetzgebung	Handlungs- vorbereitung	schematisierend vage	Verfassung, Gesetz, Urteil
Verwaltung	Handlungs- anweisung	schematisierend präzis	Steuerbescheid, Bauge- nehmigung, militärischer Befehl
Verhandlung	Herbeiführung von Überein- stimmung	flexibel, vage	Diplomatie, Koalitionsver- handlungen, "gemeinsa- mes" Kommuniqué
Erziehung	Wertbildung	emotiv, flexibel	politische Bildung, Schule, Hochschule, Massenme- dien
Propaganda	Wertveränderung oder -verstärkung	emotiv, vage	politische Rede, Partei- propaganda, Massen- medien

Quelle: *Bergsdorf* 1983, S. 487

Der Aspekt "Sprache und Politik" bzw. "Medien und Politik" (*Bertelsmann* 1993) kann an dieser Stelle nicht vertieft werden. Hinzuweisen ist aber auf die häufig in der Politik zu beobachtenden Besetzungsstrategien von Begriffen, mit denen positive Assoziationen (wie "Zukunft", "zukunftsfähig", "innovativ", "Sicherheit", "Sicherung von ..." "Errungenschaften", "Zukunftssicherheit", "Zukunftsministerium" etc.) oder auch die gezielte Umwertung bestehender Wörter (z.B. Entsorgungspark) einhergehen. Dabei werden diese meist ihres Sinns entleert und degenerieren zu Leerformeln, Worthülsen oder "Plastikwörtern" (*Eppler* 1992; *Bergsdorf* 1980; *Greiffenhagen* 1980). Auch bei der Nutzung von in wissenschaftlichen Zusammenhängen klar umrissenen Konzepten wie "Ökologie" und "Umweltschutz" ist ein Nachbohren nach der genauen Verwendung hinter der begrifflichen Fassade in der Regel ertragreich. Politiker und Verwaltungsbeamte - beide stehen unter dem institutionalisierten Zwang zum politischen Erfolg - verwenden gerne euphemistische Begriffe und entsprechende rhetorische Stilmittel, um eine Identifizierung des Publikums mit ihren Aussagen und ein Wir-Gefühl herzustellen. Natürlich muß der Sozialwissenschaftler versuchen, solche Strategien bei der Quellenauswertung zu durchschauen.

(b) Andererseits geht es bei der Quellenauswertung um die *sachliche Aufschlüsselung* von Texten, d.h. die Auswertung historisch-politischen Informationsgehalts. Zum einen sollen die beschriebenen Sachverhalte, Tatsachenbehauptungen und Bewertungen erschlossen und zusammengefaßt werden. Es lassen sich drei Grundformen dieses Vorgangs, gemeinhin als Interpretieren bezeichnet (*Huber* 1992, S. 25), unterscheiden:

- Zusammenfassung: Ziel ist es, das Textmaterial so zu reduzieren, daß nur noch die wesentlichen Inhalte erhalten bleiben. Der durch Auslassung und Abstraktion entstehende Text soll aber das Grundmaterial möglichst genau abbilden.

- Explikation: Ziel ist es, an einzelne Textteile (Begriffe, Sätze etc.) zusätzliches Material heranzutragen, das die Textstelle in ihrem Kontext erläutert, erklärt, deutet und so das Verständnis erweitert.

- Strukturierung: Bestimmte, nach der eigenen Fragestellung relevante Aspekte sollen unter vorher festgelegten inhaltlichen Gesichtspunkten aus dem Material herausgearbeitet bzw. dieses daraufhin ausgewertet werden. Oder es werden an das Material formale Ordnungskriterien herangetragen und dieses nach deren Vorkommen oder deren Verwendung beurteilt. Mischungen von inhaltlichen und formalen Gesichtspunkten sind möglich. Die Dokumentenanalyse betont üblicherweise stärker den inhaltlichen, die Inhaltsanalyse (⇨ Kapitel IV) den formalen Aspekt und strebt eine Quantifizierung an.

Zum zweiten geht es bei der sachlichen Aufschlüsselung in der Quellenauswertung darum, die Schlüssigkeit und Widerspruchsfreiheit der vorgefundenen Aussagen und der Argumentation der Verfasser immanent zu prüfen (z.B. hinsichtlich der Zweckrationalität: Werden für die genannten Ziele die adäquaten Maßnahmen vorgeschlagen und ist das Eintreten der vermuteten Wirkungen wahrscheinlich?). Werden auch die unbeabsichtigten Folgen (Nebenfolgen) gesehen? Die möglichen Zielbeziehungen sind dabei: Zielidentität (die Ziele unterscheiden sich nicht), Komplementarität (die Verfolgung eines Ziels begünstigt zugleich eines oder mehrere andere), Neutralität (die Verfolgung eines Ziels läßt die anderen unberührt), Konflikt (die Verfolgung eines Ziels beeinträchtigt eines oder mehrere andere Ziele), Antinomie (die Verfolgung eines Ziels schließt die Erreichung eines oder mehrerer anderer Ziele völlig aus).

Bei der sprachlichen und sachlichen Aufschlüsselung spielen Interpretations-, d.h. Deutungs- und Auslegungsfragen eine wichtige, vermutlich die dominierende Rolle. Diese beiden Formen der Quellenauswertung verlangen deshalb ein hermeneutisches Verstehen des Textes. Beide enthalten aber auch nicht-hermeneutische (z.B. Analyse von Wortfeldern, Ziel-Mittel-Betrachtung), bzw. logische Komponenten (z.B. Subsumtion: Unterordnung von Sachverhalten unter Begriffe).

(5) Die *historische Kritik* zielt auf die Übereinstimmung der Quellenaussagen mit den historischen Randbedingungen und stellt die Aussagen in einen weiteren Kontext, der auch Kausalerklärungen des historisch-politischen Geschehens ermöglicht. Dazu ist die Hinzuziehung weiterer Quellen und der Fachliteratur nötig. Die historische Methode der Quellenkritik enthält drei verschiedene Dimensionen:

(5a) Analyse der *Entstehungsgeschichte*: Die Frage, wie ein Problem auf die politische Tagesordnung gelangt (oder davon ferngehalten wurde: sogenannte Nicht-Entscheidungen; *Bachrach/Baratz* 1977), wie der Auftrag formuliert wurde, welche Akteure für die Bearbeitung ausgewählt wurden oder effektiv Einfluß nehmen konnten (politics-Dimension), in welchem institutionellen Rahmen es behandelt wurde (polity-Dimension), hat in aller Regel einen großen Einfluß auf das Politikergebnis (die politischen Entscheidungen oder Programme: policy-Dimension). Im politischen Zyklus sind der Input-Aspekt (materielle oder ideelle Forderungen durch Parteien, Verbände und Öffentlichkeit), der Umwandlungsprozeß (Rolle von Legislative, Exekutive, der Einsatz der politischen Steuerungsinstrumente, die Reduzierung der Handlungsalternativen) und der Output-Aspekt relevant (Politikergebnis, beabsichtigte und unbeabsichtigte Wirkungen bei den Adressaten, eventuelle politische Lernprozesse), wobei je nach Fragestellung Schwerpunkte gesetzt und eine Auswahl getroffen werden muß.

(5b) *Eingrenzung des Aussagebereichs* der Quellen, Ideologiekritik: Um Verfälschungen und Einseitigkeiten der vorgefundenen Aussagen zu prüfen (Objektivitätsproblem), ist die Wirklichkeitssicht der Verfasser, die Selektivität ihrer Beschreibungen, die Zugehörigkeit zu sozialen Gruppen, ihre weltanschauliche, biographische, (aus)bildungsmäßige oder berufliche Prägung bzw. Abhängigkeit (hierarchische Stellung etc.) in den Blick zu nehmen. Es ist nach den Konzeptionen, Strategien und Taktiken der Akteure und Akteursgruppen (z.B. Fachverwaltungen, Lobbies) und ihren Durchsetzungschancen zu fragen. Bei Quellen der "Tradition" muß wegen der besonderen Manipulationsgefahr erhöhte Vorsicht walten. Eine spezielle Schwierigkeit besteht für Politikwissenschaftler und Historiker darin, den informellen Entscheidungsprozeß und politische Einflußnahmen, die auch nicht in Aktenvermerken dokumentiert werden, zu erschließen. Im übrigen verlangt § 24 der *Gemeinsamen Geschäftsordnung der Bundesministerien* (Besonderer Teil; i.d.F. vom 15.10.1976, GMBl. S. 550), daß die "beteiligten Fachkreise und Verbände" zu unterrichten sind. Die Zunahme der Häufigkeit und Wichtigkeit telefonischer Absprachen bedeutet, daß bereits Rekonstruktionen der wichtigsten Entscheidungsstationen immer schwieriger werden. Immerhin wird in der *Geschäftsordnung der Bundesregierung* (i.d.F. der Bekanntmachung vom 17.7.1987; GMBl. S. 382) und noch mehr in der *Gemeinsamen Geschäftsordnung der Bundesministerien* die Aufbauorganisation (Organisations-, Geschäftsverteilungsplan), Geschäftsgang (vom Eingang bis zur Registratur) sowie die Bearbeitung routinemäßiger und besonderer "Geschäftsvorfälle" (Zuständigkeit, Zeichnungsberechtigung, Form, Vorbereitung und Ablauf von Dienstgeschäften innerhalb der Verwaltung, Geschäftsverkehr nach außen, insbesondere mit Bundestag, Bundesrat und Bundesverfassungsgericht) in - für den Quellenkundler: erfreulicher - germanischer Gründlichkeit detailliert geregelt. Die formalen Akteure sind daher gut zu ermitteln. Die offiziellen Eingaben werden i.d.R. ebenfalls dokumentiert. Informelle Beziehungen lassen sich evtl. mit Hilfe von Experteninterviews wenigstens ansatzweise aufdecken (➪ Kapitel V).

(5c) *Einordnung in einen Ursachenzusammenhang*: Erscheinungen oder Merkmale des historischen Umfelds - soziale, ökonomische, ökologische Kontextfaktoren - werden mit dem beobachteten Geschehen zu Kausalaussagen verknüpft, bestehend aus allgemeinen Regelmäßigkeiten der Entwicklung (oder Trends, situativen Faktoren) und spezifischen Randbedingungen. Dazu müssen weitere Quellen und Fachliteratur herangezogen werden. Auch wenn Historiker dies selten explizieren, schreitet praktisch jede Analyse von bloßen Beschreibungen zu Kausalerklärungen fort. Diese bestehen z.B. in Aussagen über die "Schuld" am Scheitern Brünings "100 Meter vor dem Ziel", am Untergang der Weimarer Republik, am Ausbruch des 1. Weltkrieges, an der nur kleindeutschen Reichsgründung 1870/71 etc.

(6) *Zusammenschau der Einzelergebnisse*: Bestimmung des Erkenntniswertes der Quelle für die eigene Fragestellung und *Beantwortung* der ursprünglichen, evtl. aufgrund der Quellenanalyse hinsichtlich Reichweite oder Inhalt zu modifizierenden Forschungsfrage/Hypothese. Sechs Kriterien bestimmen den Erkenntniswert eines Dokuments (*Mayring* 1993, S. 32):

- Die *Art des Dokuments* (Urkunden und Akten gelten als besser gesichert als Zeitungsberichte),
- die *Herkunft* des Dokuments: Wo wurde es gefunden, wo stammt es her, wie wurde es überliefert?
- Die *äußeren Merkmale* des Dokuments: Material und Zustand,
- die *inneren Merkmale*: der Dokumenteninhalt,
- die *Intendiertheit* des Dokuments beeinflußt den Erkenntniswert. Denn bei absichtlich für die Umwelt oder die Nachwelt geschaffenen Dokumenten treten häufig neue Fehlerquellen auf.
- Die *Nähe* des Dokuments *zum Gegenstand*, zu dem etwas dokumentiert ist (zeitlich, räumlich, sozial).

Durch Vergleiche mit anderen Ländern oder Entwicklungen kann eine weitere Plausibilitätskontrolle vorgenommen werden. Die von der Geschichtswissenschaft entwickelten Methoden und Techniken der Quellen- und Dokumentenanalyse können also für die Politikwissenschaft sehr produktiv genutzt und eingesetzt werden - insbesondere, wenn die Ergebnisse mit Erkenntnissen aus anderen methodischen Zugriffen (z.B. Expertenbefragungen, Umfragedaten, Aggregatdaten) konfrontiert werden. Im folgenden Teil werden nun diese Techniken der Quellenkritik an einem politikwissenschaftlichen Problemfall exemplarisch dargestellt.

3 Quellen- und Dokumentenanalyse am Beispiel "Politikverflechtung im Fernstraßenbau"

3.1 Das Problem: Forschungsanstoß, Forschungsstand und Fragestellungen

Bis in die 70er Jahre hinein hat in Deutschland eine Föderalismustheorie in der Politikwissenschaft vorgeherrscht, die stark von der juristisch-normativen Sicht geprägt war und die vom föderativen Prinzip des Grundgesetzes praktisch nur positive Wirkungen erwartete. Die Bundesstaatlichkeit, so die herrschende Lehre, ermögliche mit ihren Institutionen - Länderparlamenten, Landesregierungen, Bundesrat und Koordinierungsgremien - mehr Kontrolle zentraler Macht, mehr Demokratie, mehr Partizipation der Bürger und schließlich auch mehr Effizienz und Flexibilität bei der Lösung von Problemen (*Laufer* 1974, S. 15 f).

Die erstmals Mitte der 70er Jahre formulierte Theorie der Politikverflechtung (*Scharpf/Reissert/Schnabel* 1976) kam nach theoretischen Überlegungen sowie empirischen Untersuchungen verschiedener Politikfelder des modernen kooperativen Föderalismus in der Bundesrepublik zu einem ganz anderen, nämlich negativen Urteil: Die bisher recht unreflektiert postulierten positiven Effekte des Föderalismus seien nicht feststellbar, im Gegenteil: Wegen der zunehmenden Kooperations- und Verhandlungszwänge müsse die Steuerungsfähigkeit des Bundes in den Bereichen gemeinsamer Planung und Finanzierung von Aufgaben durch Bund und Länder als gering eingeschätzt werden. Der kooperative Föderalismus habe - ähnlich wie bei internationalen Organisationen - durch die Einrichtung multilateraler Verhandlungssysteme zwischen Bund und Ländern Konsensbarrieren errichtet, mit der Folge, daß eine effiziente und problemlösende Politik kaum mehr möglich sei. Nicht mehr Partizipation, Effizienz und Flexibilität seien das Ergebnis, sondern Unbeweglichkeit sowie Undurchsichtigkeit der Entscheidungen und allgemeine Ineffizienz durch eine Selbstblockade der föderativen Koordinierungsgremien.

Der Konflikt über diese beiden so unterschiedlichen Annahmen zum Föderalismus (führt er eher zu mehr Demokratie und Effizienz oder weniger demokratischer Kontrolle und Ineffizienz) war der eigentliche Forschungsanstoß für meine Untersuchung der Politikverflechtung im Fernstraßenbau (*Reh* 1988).

Der Forschungsstand zur Politikverflechtung kann aufgrund der einflußreichen Studien von Fritz W. *Scharpf* und seinen Mitarbeitern in fünf Thesen zusammenfaßt werden, wobei die ersten vier Punkte die geringe Effizienz und der letzte Punkt das Demokratiedefizit der Politikverflechtung markieren:

- Der Bund schöpft die ihm rechtlich gegebenen Steuerungsmöglichkeiten gegenüber den die Bundesgesetze ausführenden Länderverwaltungen nicht aus, sowohl in normativer Hinsicht als auch bei seiner inhaltlichen Konzeption. These: Es entsteht ein Eingriffsverzicht. Die stringente Zuordnung von Maßnahmen zu räumlichen und sachlichen Schwerpunkten unterbleibt: Das „Gießkannenprinzip", d. h. eine ineffiziente Ressourcenallokation sind die Folge.

- Die gemeinsame Aufgabenplanung von Bund und Ländern sowie die Subventionierung dieser Aufgaben durch Bundesmittel führen zu einer Bedarfsausweitung und „Überproduktion der betreffenden Güter", wie es z. B. beim sog. Bettenberg im Krankenhausbau der 70er und 80er Jahre zu beobachten war. These: Der Bedarf wird ständig ausgeweitet. Die Mengensteuerung oder die Fixierung eines optimalen Niveaus öffentlicher Güter mißlingt.

- Auch bei Änderungen der sachlichen oder regionalen Problemausprägungen gibt es keine Neu- oder Umverteilung der Bundesmittel, sondern die Besitzstände der einzelnen Länder werden gewahrt („Verteilungsproblem"). Sind Umverteilungen zugunsten einzelner Länder unausweichlich, dann werden die Bundesmittel in dem Umfang erhöht, daß kein Land weniger als vorher erhält und es keine Verlierer gibt. These: Es bildet sich eine sog. pareto-optimale Umverteilung heraus.

- Die Fachbürokratien von Bund und Ländern erlangen Vorteile durch die Bund-Länder-Kooperation und vernachlässigen die horizontale Abstimmung ihrer Politik mit anderen Bereichen, wie z. B. beim Umweltschutz (sog. Interaktionsproblem). Die Politik wird zudem relativ unabhängig gegenüber Einflußnahmen der politischen Leitung, also der Ministeriumsspitze. These: Es ergeben sich horizontale Koordinationsdefizite. Die Politik ist bürokratie- statt leitungsbestimmt.

- Die Parlamente werden in den Bereichen der Bund-Länder-Kooperation entmachtet und die parlamentarische Kontrolle geschwächt. Im Nachhinein können die Bund-Länder-Verhandlungsergebnisse kaum mehr in Frage gestellt werden. Die Folge: Entmachtung der Parlamente.

Die Politikverflechtungstheorie geht davon aus, daß eine bestimmte Struktur der politischen Institutionen (Polity-Aspekt: das multilaterale Bund-Länder-Verhandlungssystem, bzw. der kooperative Föderalismus) die Ursache für eine geringe Steuerungsfähigkeit der Politik sei, die man an den Politikergebnissen (d. h. der Policy-Dimension) ablesen könne. Die Politikverflechtungsforschung untersucht dazu alle Stufen und den Verlauf des sog. Policy-Zyklus (*von Prittwitz* 1994, S. 57) und thematisiert dabei insbesondere die Politikformulierung und -durchführung.

Die Politikverflechtungstheorie wurde nach ihrer grundsätzlichen Formulierung durch Fritz W. *Scharpf* in weiteren Forschungen auf eine Reihe von anderen Politikfeldern übertragen, um sie zu bestätigen, zu differenzieren oder auch zu falsifizieren. Dietrich *Garlichs* hat schon 1980 die Politikverflechtungstheorie auf die ganz andere, nämlich nicht kooperativ, sondern hierarchisch verfaßte Struktur der Bundesfernstraßenplanung übertragen (vgl. dazu und zum folgenden *Reh* 1988, neuerdings auch *Mayer* 1993). Im Rahmen der sog. Bundesauftragsverwaltung des Art. 85 GG besitzt der Bund, verglichen mit den Gemeinschaftsaufgaben und Investitionshilfen, erheblich weitergehende Bestimmungs- und Kontrollrechte. Der Bund verfügt bei der Fernstraßenplanung über das alleinige Gesetzgebungsrecht (ohne Bundesratszustimmung), ein Weisungsrecht sowie verschärfte Aufsichtsrechte in Gestalt der Fachaufsicht (gegenüber der sonst üblichen nur formalen Rechtsaufsicht). Trotz der Unterschiede der hierarchischen Bundesfernstraßenplanung gegenüber z. B. der föderativen Bildungsplanung bestätigte *Garlichs* im wesentlichen die Ergebnisse der bisherigen Politikverflechtungsstudien. Ursächlich dafür sei die im deutschen Verwaltungs- oder Vollzugsföderalismus - d. h. die Länder führen die Aufgaben des Bundes als eigene Angelegenheiten aus - gegebene Informationsabhängigkeit des Bundes von den Ländern. Diese Ursache verbindet den Bereich der Gemeinschaftsaufgaben und Investitionshilfen, dem klassischen Feld des kooperativen Föderalismus, mit dem Politikfeld der Verkehrsplanung.

Anders als *Garlichs* hatte Heinrich *Mäding* (1978) in seiner Untersuchung des gleichen Politikbereichs eine „hohe Steuerungskraft" des Bundes und eine wesentlich größere Effizienz - im Vergleich zur Bildungsplanung gem. Art. 91b (ebenfalls eine Form der Gemeinschaftsaufgabe) - festgestellt.

Damit begründet der Forschungsstand zwei Alternativhypothesen, die es zu klären gilt. Die Fragestellungen meines Forschungsprojektes zur Politikverflechtung im Fernstraßenbau der Bundesrepublik und im Vergleich dazu im National-Straßenbau der Schweiz (*Reh* 1988) beziehen sich demnach zum einen auf die Klärung der fünf oben dargestellten Thesen zur Theorie der Politikverflechtung, angewandt auf die Frage, ob diese Entscheidungsmuster der Politikverflechtung tatsächlich im Fernstraßenbau der Bundesrepublik anzutreffen sind sowie die dafür verantwortlich zu machenden Ursachen (Kausalität). Schließlich war zu erfragen, ob die Aussagen über die niedrige Steuerungseffizienz für diesen Politikbereich gemäß den Forschungen von *Garlichs* oder die einer hohen Steuerungskraft des Bundes im Sinne der Forschung von *Mäding* zutreffen.

Soweit in aller Kürze über Forschungsanstoß, Forschungsstand und Fragestellungen meiner Untersuchung, die nun im Hinblick auf die hauptsächlich angewandte Methodik der Quellen- und Dokumentenanalyse kurz referiert werden soll. In dieser Rekonstruktion des Forschungsprozesses können leider nicht alle Aspekte hinreichend beleuchtet werden, um nachzuweisen, ob die eben formulierten Fragestellungen und Hypothesen begründet, erhärtet oder verworfen werden konnten. So war es z. B. unmöglich, die verschiedenen Schritte der Bedarfsplanung des Bundes für den Fernstraßenbau nachzuzeichnen, insbesondere das grundlegende Bewertungsverfahren durch die Straßenbauabteilung des Bundesministeriums für Verkehr (im folgenden BMV). Auch die Aufteilung der Investitionsmittel auf die Länder konnte aus Platzgründen nicht im einzelnen verfolgt werden, weil es in diesem Kapitel ja in erster Linie um die Vermittlung von Kenntnissen zur Methodik der Quellen- und Dokumentenanalyse geht. Für die vollständige Dokumentation des Forschungsprozesses seien Interessenten deshalb auf die Hauptveröffentlichung verwiesen (*Reh* 1988, neuerdings mit der europäischen Dimension *Reh* 1993).

Um den Stellenwert der Quellen- und Dokumentenanalyse in diesem Forschungsprojekt zu demonstrieren, konzentriert sich die folgende Darstellung zunächst auf die normative Textanalyse im Sinne der juristischen Interpretation des Art. 85 GG. Daran schließt sich der Versuch einer Rekonstruktion der Politikformulierung im Bereich der Verkehrspolitik anhand von Verwaltungsakten an. Der Zugang zum Bundesarchiv und zum Bundestagsarchiv wird erläutert. Aus dem Bundestag wird aus der Debatte vom 30. Juni 1993 die Rede von Verkehrsminister *Wissmann* herausgegriffen, um daran die bereits einführend vorgestellten unterschiedlichen Stufen der Quellenkritik zu rekapitulieren. Als Schluß des empirischen Materialteils wird das Problem von der Bundesebene auf eine exemplarische lokale Fallstudie heruntergebrochen. Am Beispiel eines Teilstücks der Autobahn A 44 nördlich von Düsseldorf werden

Probleme der Quellenlage und des Quellenzugangs sowie der Quellenauswertung im
einzelnen erläutert. Dabei zeigt sich, daß neben den zuvor herangezogenen Verwaltungsakten und Parlamentaria auch Gerichtsakten für den Politikwissenschaftler eine
aufschlußreiche Rolle spielen können. Der Verfasser konnte hierbei auf Materialien
zugreifen, die ihm im Rahmen seiner Zusammenarbeit mit einer Bürgerinitiative gegen die A 44 verfügbar wurden. Schließlich rundet ein kurzer Exkurs zum dokumen-
tarischen Material der Europäischen Union sowie ein Fazit, das auf die ursprünglichen Fragestellungen zurückkommt, die Darstellung ab.

3.2   Normative Textanalyse - Zur juristischen Interpretation von Art. 85 GG

Nach der eben formulierten Fragestellung ist zunächst von der normativen Struktur
des Politikbereichs Bundesfernstraßenbau (dieser Begriff umfaßt Bundesautobahnen
und Bundesstraßen) auszugehen und die Stellung des Bundes innerhalb dieses hierarchischen Verflechtungssystems herauszuarbeiten (vgl. dazu und zum folgenden
Reh 1988, S. 26 ff.). Zu diesem Zweck ist der Stand der juristischen Diskussion zum
einschlägigen Verfassungsartikel zu rezipieren. Weitere Materialien, wie die Protokolle des Parlamentarischen Rates, müssen nur im Einzelfall herangezogen werden.
Eine gute Zusammenfassung der Entstehungsgeschichte aller Grundgesetzartikel enthält der 1. Nachkriegsband des "Jahrbuchs für öffentliches Recht" (JöR, N.F. 1951;
Doemming/Füsslein/Matz 1951, S. 636 ff.). Außerdem enthalten die ausführlichen
Kommentare, insbesondere der "Bonner Kommentar zum Grundgesetz", eingehende
Darstellungen der Entstehungsgeschichte. Die Grundgesetzkommentare sind - wie
jede Sekundärliteratur problemlos (zum Bibliographieren siehe *Simonis* 1992) - zu-
gänglich.

Art. 85 GG lautet:

– "Führen die Länder die Bundesgesetze im Auftrage des Bundes aus, so bleibt die
   Einrichtung der Behörden Angelegenheit der Länder, soweit nicht Bundesgesetze
   mit Zustimmung des Bundesrates etwas anderes bestimmen.

– Die Bundesregierung kann mit Zustimmung des Bundesrates allgemeine Verwaltungsvorschriften erlassen. (...)

– Die Landesbehörden unterstehen den Weisungen der zuständigen obersten Bundes-
   behörden. (...)

– Die Bundesaufsicht erstreckt sich auf Gesetzmäßigkeit und Zweckmäßigkeit der
   Ausführung. Die Bundesregierung kann zu diesem Zwecke Bericht und Vorlage der
   Akten verlangen und Beauftragte zu allen Behörden entsenden."

Die *entstehungsgeschichtliche Auslegung* belegt, daß der Begriff "Auftragsverwaltung" aus dem Kommunalrecht übernommen wurde, um dem Bund gegenüber
den Ländern in diesen Bereichen eine starke Stellung einzuräumen (Parlamenta-
rischer Rat: Stenographischer Bericht des Hauptausschusses, S. 655, 755). Der von
den Ministerpräsidenten der Länder initiierte Herrenchiemseer Entwurf sah analog
eine "Landesverwaltung nach Weisung des Bundes" (Art. 113) vor. Selbst die Länder
wollten dem Bund in diesem Bereich eine erhöhte Einflußnahme zugestehen, zu-

gleich aber klarstellen, daß es sich um eine echte Landesverwaltung handelt und Verwaltungsvorschriften der Zustimmung des Bundesrates bedürften.

Die *grammatische Interpretation* setzt z.B. an der Auslegung des "Behördenbegriffs" an, der hinsichtlich seiner Reichweite auslegungsbedürftig ist. Die genannte "Einrichtung der Behörden" durch die Länder sei umfassend zu verstehen und unterliege keinen Einschränkungen. Gemeint seien sowohl Sachmittel als auch Personalmittel und damit wesentlich mehr als die bloße "Einrichtung" der Behörden; es gehe um den gesamten Verwaltungsaspekt. Obwohl dem Bund in diesem Bereich die Sachkompetenz zustehe, habe er hier keine Eingriffsrechte, es sei denn mit Zustimmung des Bundesrates. Die Weisungsrechte seien Ausfluß der Sachkompetenz des Bundes und dürften von den Ländern nicht unterlaufen werden (*von Münch* 1983, S. 336). Schon dieses kurze Beispiel zeigt, daß eine ganz eng am Wortlaut orientierte Interpretation fehlgehen würde, weil dann eventuell nur die "Ersteinrichtung" der Behörden gemeint wäre - mit der Folge widersprüchlicher Ergebnisse. Allerdings steht die Ausübung der Verwaltungskompetenz durch die Länder unter dem Vorbehalt der Ausübung des Weisungsrechts des Bundes.

Ähnlich offen bleibt nach dem Wortlaut des Artikels - faktisch bis 1989 - auch die Frage nach dem Umfang der Weisungskompetenz. Einige Interpreten behaupteten, sie dürfe nur ausnahmsweise und nicht als regelmäßiges Mittel eingesetzt werden. Dies wurde vom Bundesverfassungsgericht durch Auslegung des Wortlauts sowie den Rückgriff auf die Entstehungsgeschichte geklärt:

> "Diese Inanspruchnahme ist nicht nur auf Ausnahmefälle begrenzt und auch nicht weiter rechtfertigungsbedürftig; sie ist, wie Art. 85 Abs. III erkennen läßt (Wortlaut!, W.R.), als reguläres Mittel gedacht, damit sich bei Meinungsverschiedenheiten das hier vom Bund zu definierende Gemeinwohlinteresse durchsetzen kann. Mithin steht die Sachkompetenz dem Lande von vornherein nur unter dem Vorbehalt ihrer Inanspruchnahme durch den Bund zu. Die Entstehungsgeschichte bestätigt dies" (BVerfGE 81, 332).

1991 betonte des Bundesverfassungsgericht mit Berufung auf den Wortlaut, die Weisungskompetenz umfasse "die gesamte Vollzugstätigkeit des Landes" (BVerfGE 84, 25 [31]).

Daß die Auftragsverwaltung eine Form der Landesverwaltung ist, bei der die Behörden der Länder als Landesorgane und nicht als Bundesorgane handeln "folgt ebenso aus dem Wortlaut des Art. 85 Abs. 1 wie aus der Systematik des VII. Abschnitts des Grundgesetzes, der der bundeseigenen Verwaltung (Art. 86) zwei Formen der Landesverwaltung voranstellt" als auch aus der Entstehungsgeschichte (*Leibholz/Rinck/Hesselsberger* 1992, S. 3).

Die Grenze der grammatischen gegenüber der *systematischen Interpretation* wird bei der Frage der Zuständigkeit zur Regelung des Verwaltungsverfahrens sichtbar. Das Bundesverfassungsgericht führt aus (BVerfGE 26, 338 [385]), daß sich diese Befugnis des Bundes ergebe aus Art. 85 Abs. 1, obwohl sie dort nicht ausdrücklich erwähnt sei. Es sei nicht einzusehen, daß die Zuständigkeit des Bundes bei der Auftragsverwaltung weniger weit gehen sollte als bei der Ausführung von Bundesgesetzen in landeseigener Verwaltung ("Normalfall" des Bund/Länder-Verhältnisses, siehe Art. 74 GG). Die systematische Interpretation geht hier also der Auslegung des Wortlauts vor.

Die Unsicherheiten der juristischen Auslegung wegen des Fehlens von höchstrichterlichen Urteilen machen sich in den Grundgesetzkommentaren in erheblichem Maße bemerkbar. Erst das Urteil des Bundesverfassungsgerichts vom 22.5.1990 über das Weisungsrecht im Rahmen der Bundesauftragsverwaltung der Kernenergie ("Schneller Brüter" in Kalkar) beseitigte einige rechtliche Ungewißheiten, freilich durch eine kompromißlose Zuweisung der Entscheidungskompetenz an die Bundesregierung. Ein Leitsatz: "Das Land hat dem Bund gegenüber kein einforderbares Recht, daß dieser im Einklang mit der Verfassung in Anspruch genommene Weisungsbefugnis inhaltlich rechtmäßig ausübt oder gar einen Verfassungsverstoß, insbesondere eine Grundrechtsverletzung, unterläßt" (BVerfGE 81, 310 [310]). Allerdings heißt das noch nicht, daß der BMV faktisch sein Weisungsrecht ähnlich machtbewußt einsetzt wie das Umweltministerium, das den "ausstiegsorientierten Vollzug" des Atomgesetzes durch einige SPD-geführte Länder verhindern will.

Die juristische Textanalyse des für die Bundesverkehrsplanung entscheidenden Art. 85 GG hat also eine Reihe von Einsichten, aber auch Unsicherheiten beschert. Es wurde der Wortlaut herangezogen, die entstehungsgeschichtliche Auslegung, die grammatische sowie die systematische Interpretation. Natürlich ist diese juristische Interpretation des Art. 85 GG nur ein kleines exemplarisches Fallbeispiel für die Notwendigkeit, in dem gesamten Forschungsprojekt zur Bundesfernstraßenplanung weitere juristische Grundmaterialien, insbesondere der Gesetzgebung, der Verordnungen, aber auch der Verwaltungsakten und der Parlamentaria, zu analysieren. Auch hierzu kann wieder nur ein kleiner Ausschnitt, der für die methodischen Hinweise zur Quellen- und Dokumentenanalyse einschlägig ist, wiedergegeben werden. Dies geschieht nun mit einem Blick auf das Bundesarchiv und das Bundestagsarchiv.

3.3   Dokumentenanalyse anhand von Verwaltungsakten: Bundesarchiv und Bundestagsarchiv

Aufgrund der geringen zeitlichen Distanz zu dem Mitte der 50er Jahre einsetzenden Geschehen der Bundesfernstraßenplanung sind Nutzungsbeschränkungen bei wichtigen Quellen wie Verwaltungsakten unvermeidlich. Deshalb müssen Umwege gegangen werden, um das benötigte Material zu erhalten oder andere Instrumente eingesetzt werden, z.B. Experteninterviews (⇨ Kapitel V), die den Ausfall von Dokumenten ersetzen können. Experten und Gesprächspartner aus Wirtschafts- und Umweltverbänden können einerseits nach ihrer Position ausgewählt werden, aber auch nach dem sog. Schneeballsystem: Der interviewte Experte wird gebeten, weitere Interviewpartner zu nennen. Wird eine klare Fragestellung verfolgt, ist es nicht notwendig, alle denkbaren schriftlichen Quellen zu erheben. Es genügt ein selektiver Dokumentenzugriff, der durch die Fragestellung gerechtfertigt werden muß.

Weil das Bundesverkehrsministerium Planungsbehörde ist - für die hier interessierende Phase der sog. Politikformulierung - kommt als Archiv nur das Bundesarchiv in Koblenz in Betracht. Eine Recherche in einzelnen Bundesländern scheidet aufgrund der bei der ersten Ausbauplanung 1957 nur sehr allgemeinen Kriterien aus. Für die späteren, den Politologen unter heutigen Fragestellungen (hinsichtlich technikwissenschaftlicher Fortschritte oder des Umweltschutzes) mehr interessierenden

Phasen muß eine Alternativlösung gefunden werden. Wegen der Sperrfrist scheiden hier Bundesarchiv und Landesarchive aus. Teilnehmende Beobachtung an der Arbeit im BMV oder die Möglichkeit mit vielen einzelnen Referenten in Bonn zu sprechen, wurden abgelehnt. Um "Negativ-Berichterstattung" zu vermeiden, waren nur - sehr ausführliche - Gespräche mit dem zuständigen Referatsleiter (ohne Tonaufzeichnungsmöglichkeit) gestattet.

Neben der Fachliteratur war also Archivgut die wichtigste Quelle. Durch die in § 5 Bundesarchivgesetz vom 6.1.1988 definierte 30-Jahres-Sperrfrist bestand diese Möglichkeit allerdings nur für den ersten Plan aus den 50er Jahren.

- "Das Recht, Archivgut des Bundes aus einer mehr als 30 Jahre zurückliegenden Zeit zu nutzen, steht jedermann auf Antrag zu, soweit durch die Rechtsvorschrift nichts anderes bestimmt ist. (...)
- Archivgut des Bundes, das sich auf natürliche Personen bezieht, darf erst 30 Jahre nach dem Tode der Betroffenen durch Dritte benutzt werden.
- Archivgut nach § 2 Abs. 4 (Unterlagen, die Rechtsvorschriften des Bundes über Geheimhaltung unterliegen, W.R.) darf erst 80 Jahre nach Entstehen benutzt werden.
- Die Schutzfristen der Absätze 1 bis 3 gelten nicht für solche Unterlagen, die bereits bei ihrer Entstehung zur Veröffentlichung bestimmt waren."

Das 1952 als nachgeordnete Behörde des Bundesministers des Innern in Koblenz errichtete Bundesarchiv hat die Aufgabe, "das Archivgut des Bundes auf Dauer zu sichern, nutzbar zu machen und wissenschaftlich zu verwerten. Das Archivgut besteht aus Unterlagen (Schriftstücke, Karten, Bilder, Plakate, Filme, Tonaufzeichnungen und maschinenlesbare Dateien), die bei zentralen Stellen des Deutschen Bundes, des Deutschen Reiches, der Besatzungszonen, der Deutschen Demokratischen Republik und der Bundesrepublik Deutschland entstanden sind, aus Nachlässen, Unterlagen von Parteien und Verbänden sowie archivischen Sammlungen" (*Informationsblatt des Bundesarchivs*; Stand: 1.11. 1992). Die Unterlagen von Behörden mit regionaler Zuständigkeit können mit den - in Landesgesetzen formulierten - im wesentlichen identischen Sperrfristen in den Staatsarchiven der Länder sowie die Gemeindedokumente in kommunalen Archiven/Stadtarchiven eingesehen werden.

Nur der erste Ausbauplan für die Bundesfernstraßen aus dem Jahre 1957 wird von der Sperrfrist nicht mehr erfaßt. Das einschlägige Schriftgut des Bundesverkehrsministeriums - die Akten werden nach dem sog. Provenienzprinzip, d.h. nach dem verwaltungsmäßigen Entstehungsort archiviert - kann im Bundesarchiv in Koblenz eingesehen werden. Bisher liegt ein Aktenordner vor (Signatur B 108/20952), der die Entstehungsgeschichte dieser im "Gesetz über den Ausbauplan vom 27.7.1957" kodifizierten Ausbauplanung (heute: Bedarfsplanung) beschreibt. Es handelt sich dabei sowohl um ressortinterne als auch öffentliche Unterlagen, die den Weg des Plans vom ersten Entwurf vom 4.7.1956 über die Kabinettsvorlage, die Beratungen in Bundesrat und Bundestag bis zur Endfassung wiedergeben. Der Plan wurde in relativ kurzer Zeit und mit sehr geringem methodischem Aufwand entwickelt. Die meisten der unter dem Aspekt der Politikverflechtung interessierenden Fragen können auch anhand des Archivmaterials nicht beantwortet werden. Über die Kriterien der Auswahl einzelner Projekte und der Verteilung der Finanzmittel auf die Bundesländer ist letztlich nicht mehr zu erfahren, als in dem offiziellen Dokument des Ausbauplanes (S. 2) steht:

> "Das Grundnetz wurde nach den verkehrlichen Notwendigkeiten unter Anlegung eines strengen Maßstabes ausgewählt. Dabei galt als oberster Grundsatz, nicht einzelne zusammenhanglose Teilstücke, sondern ein in sich geschlossenes Netz von Bundesstraßen und diese nach und nach möglichst auf ganze Länge auszubauen (sic!). Hierbei standen wiederum an erster Stelle die Bundesstraßen mit der größten Verkehrsbelastung, da bei den am stärksten belasteten Straßen zwangsläufig die größten Verkehrsbehinderungen auftreten und das Mißverhältnis zwischen Straße und Verkehr am deutlichsten wird."

Diese vagen Aussagen lassen sich anhand von Verkehrsmengenkarten (1947, 1952/53, 1955) auf ihren Wahrheitsgehalt überprüfen. Es zeigt sich dann, daß die Planung diesen Kriterien wohl tatsächlich gefolgt ist.

Aufschluß über informelle Entscheidungsvorgänge bieten die Akten jedoch nicht, wie z.B. der anhaltende Streit mit dem Bundesfinanzminister über die vom Bundesverkehrsminister gewünschte Zweckbindung der Mineralölsteuer zur Finanzierung des Straßenausbaus zeigt. Die im Schriftwechsel zwischen den beiden Miniwsterien enthaltenen Aussagen gehen - trotz weniger handschriftlichen Ergänzung durch den jeweiligen Minister - nicht wesentlich über das z.B. aus den Bundestagsdebatten der damaligen Zeit bekannte hinaus. Bei sensiblen Verhandlungen wurde - typischerweise muß man leider sagen - auf ein schriftliches Protokoll verzichtet. Von einem interministeriellen Gespräch der Fachabteilungen ist z.B. nur die Begrüßungsansprache des Ministers dokumentiert bis zu dem Punkt, an dem er die Gesprächsleitung an seinen zuständigen Ministerialrat zu Beginn der eigentlichen Verhandlungen übergab. Auch von der in der Kabinettsitzung im Januar 1957 geforderten Chefbesprechung zwischen Finanzminister und Bundesverkehrsminister existiert kein Protokoll, sondern es wird in der darauffolgenden Kabinettsvorlage des BMV nur der für ihn sehr unbefriedigende Verhandlungskompromiß aufgeführt. Leider ist ein solches "Aktenversagen" bei wichtigen Verhandlungen oder informellen Entscheidungsaspekten der Regelfall. Schon damals zeigte sich, daß die Straßenbaupolitik stark von der Fachabteilung vorformuliert wurde und der Minister an Vorlagen seiner Referenten (Min-Dirig. Koester und Min-Rat Marschall) wenig änderte. Seine handschriftlichen Ergänzungen zu einer Kabinettsvorlage dienen nur der Anpassung an seinen Redestil und der Absicht, den Forderungen seines Hauses gegenüber dem Finanzministerium sowie Kanzleramt und Kabinett mehr Nachdruck zu verleihen (siehe Anlage 1 im Anhang).

Auch die - bisher noch nicht erfolgte - endgültige Bearbeitung des Archivguts läßt keine weiteren Aufschlüsse über die damaligen Entscheidungen erwarten. Die bei der Durchsicht der Findkartei (ein "Zettelkasten", der alle Materialien auflistet; Vorstufe des Findbuchs) im Bundesarchiv zutage tretenden Aktenbestände - wie z.B. "Organisation und Durchführung von Feiern anläßlich der Verkehrsübergabe von Bundesstraßen und Autobahnen" oder "Herausgabe von Sonderbriefmarken anläßlich der Fertigstellung von Straßenbauprojekten" - lassen für Politikwissenschaftler (im Gegensatz zu Philatelisten!) keine neuen Erkenntnisse erwarten. Der größte Teil dieser bisher gesichteten und registrierten Akten wird vermutlich "kassiert" werden, also nicht in die Archivbestände aufgenommen. Eine vollständige Rekonstruktion der

Vergangenheit wird also auch nach voller Zugänglichkeit der Aktenbestände nicht möglich sein.

Schwierig ist die Archivarbeit auch dadurch, daß Verfasser oder Herstellungsdatum von Schriftstücken häufig unklar bleiben. In den Akten der 'absendenden Behörde' liegen in der Regel nur die Durchschläge von Briefen vor (ohne Briefkopf), auf Redemanuskripten und Vermerken fehlt des öfteren das Erstellungsdatum oder eine Reinschrift der Unterschrift mit der Folge, daß die Überprüfung und wissenschaftliche Verwendbarkeit solcher Akten eingeschränkt ist.

Memoiren, z.B. von früheren Verkehrsministern, die aufgrund ihrer unmittelbaren Beteiligung über Interna des Entstehungsprozesses berichteten, gibt es nicht. Die als technische Materie aufgefaßte Verkehrspolitik scheint für Selbstzeugnisse oder andere Formen der erzählenden Vermächtnisliteratur zu sperrig. Auch in historiographischen Werken über die Bundesrepublik fand der Bundesfernstraßenbau oder die Verkehrspolitik keinen Eingang.

Ersatz- und Kompensationsmöglichkeiten für die nicht zugänglichen Archivbestände gibt es aber durchaus, wenn man an die neueren Fernstraßenbedarfspläne (nach 1957: 1971, 1976, 1981, 1986, 1992) herangeht.

Das *Bundestagsarchiv* kann mit seiner Sammlung von Gesetzesmaterialien diese Lücken zum großen Teil füllen. Die Gesetzesmaterialien enthalten alle Dokumente der Gesetzesvorbereitung (Drucksachen und Plenarprotokolle/stenographische Berichte) einschließlich der Vorlagen für die üblicherweise nicht-öffentlichen Ausschußsitzungen sowie die Ausschußprotokolle (Ergebnisprotokolle, keine Wortprotokolle). Bei den Vorlagen für die Ausschüsse - insbesondere den federführenden Verkehrsausschuß - befinden sich sämtliche Unterlagen, die die Ausschußmitglieder für ihre Entscheidungen heranziehen, wie z.B. die Unterlagen des BMV zur Bewertung einzelner Projekte. Unter den in meinem Buch (1988) dokumentierten sonstigen Materialien befinden sich im wesentlichen Zuschriften an die Ausschüsse sowie Stellungnahmen von Befürwortern und Gegnern einzelner Projekte.

Diese Materialien, die den Politikwissenschaftler im Grunde auf den Wissensstand der Parlamentarier des Bundestages bringen, werden der wissenschaftlichen Öffentlichkeit wesentlich schneller als das Archivgut zugänglich gemacht, nämlich sobald das Gesetz durch ein neues ersetzt oder fortgeschrieben wird. Da der Bedarfsplan seit 1976 alle fünf Jahre überarbeitet wird, bedeutet das z.B., daß die Gesetzesmaterialien und sonstigen Materialien zu den Bedarfsplanungen von 1986, 1981, 1976 und 1971 bereits benutzbar sind. Bei der raschen Verfügbarkeit solcher wertvollen Dokumente verwundert es sehr, daß in der deutschen Politikwissenschaft nicht mehr Gesetzgebungsstudien angefertigt werden. Neben der Materialfülle ist vor allem die chronologische Ordnung und Sammlung aller wichtigen Beratungsunterlagen und - protokolle von unschätzbarem Wert, weil dadurch aufwendige Recherchen in den Registerbänden zu den "Verhandlungen des Bundestages" (Drucksachen und Plenarprotokolle) erspart bleiben.

Selbst die erst im Mai 1993 verabschiedete Bedarfsplanung (Bundesverkehrswegeplan (BVWP) '92) kann bereits auf einer recht guten Dokumentenbasis untersucht werden: Öffentlich zugängliche (offene) Quellen (*Parlamentaria*, ergänzt z.B. durch Auswertung von Fachzeitschriften und durch Zeitungsanalyse) informieren über die damit verbundenen politischen Ziele und Konflikte. Der Bundesverkehrswegeplan (Investitionsplanung) wird vom BMV auch der Öffentlichkeit zur Verfügung gestellt. Der Kern der ressortinternen Unterlagen über die Bewertung einzelner Projekte kann u.U. über die sog. 29er-Verbände, die gemäß § 29 Bundesnaturschutzgesetz im Planungsverfahren beteiligt werden müssen, oder die Industrie- und Handelskammern, die vom BMV freiwillig beteiligt werden, eingesehen werden, falls das BMV den Zugang zu diesen Unterlagen verweigert. Die Gesetzesberatungen selbst müssen entweder über den sehr hilfreichen und zeitnahen *Parlamentsspiegel* erschlossen werden, der Materialien des Bundestags, Bundesrats sowie teilweise der Landtage und des Europäischen Parlaments enthält, oder durch das Sach- bzw. Sprechregister des Deutschen Bundestages, die Zeitung "Das Parlament" oder "Woche im Bundestag". Sind Beratungsgegenstand, Beratungstermin, Drucksachennummer oder Veröffentlichungstermin eines Gesetzestextes bekannt, so kann die betreffende Publikation preisgünstig beim Bundesanzeigerverlag in Bonn bezogen werden.

Wo die verfügbaren Unterlagen nicht ausreichen oder zusätzliche Hintergrundinformationen erwünscht sind, müssen Experteninterviews, z.B. mit Verwaltungsbeamten oder Politikern im Bund und in den Ländern, durchgeführt werden. Greifen wir nun aus dem großen Fundus der Parlamentsmaterialien für die exemplarische Skizze einer Quellenkritik die "Jungfernrede" des damals gerade neu ernannten Bundesverkehrsministers Matthias Wissmann heraus.

3.4   Quellenkritik am Beispiel einer Bundestagsrede

Die im Anhang abgedruckte Bundestagsdebatte vom 30. Juni 1993 (Rede von Verkehrsminister Wissmann) scheint typisch für eine Reihe von Merkmalen verkehrspolitischer Debatten. Die wichtigsten quellenkritischen Probleme liegen bei dieser Traditionsquelle in dem allenthalben spürbaren Wunsch nach Rechtfertigung der Planung des Hauses (und der Zurückweisung von Kritik daran durch die Opposition) und dem Fehlen klarer, überprüfbarer Ziele bzw. Begrifflichkeiten. Der Informationsgehalt und Quellenwert solcher primär an die Öffentlichkeit gerichteten Reden wird dadurch gemindert.

(1) *Quellenlage/Quellenzugang*: Das Auffinden der Quelle geschieht über das Sach- und Sprechregister zu den "Verhandlungen des Deutschen Bundestages", das auch bereits während der Legislaturperiode erscheint. Neue und neueste Dokumente können über die Dokumentation "Parlamentsspiegel" oder durch Anruf beim Bundesanzeigerverlag ermittelt und bestellt werden. Interessant können hier auch Vergleiche mit Reden anderer Bundesverkehrsminister bei der Vorstellung des Bundesfernstraßenplans sein, um Zielwandel oder Zielkontinuitäten festzustellen. Der Zugang ist bei diesen amtlichen Dokumenten unproblematisch, zumal die Verhandlungen des Bundestages in vielen Bibliotheken ausgewertet werden können. Da keine Urheberrechte auf diesen Dokumenten liegen - das gilt auch für das Bundesgesetzblatt -, können sie auch problemlos weiter veröffentlicht werden. Nur wenn umfassendere Gesetzessammlungen oder Parlamentsdokumente veröffentlicht werden, ist eine Rücksprache empfehlenswert.

(2) *Quellen-/Textsicherung* (äußere Kritik): Da es sich bei stenographischen Berichten des Bundestages um Wortprotokolle der Redebeiträge handelt, die von geschulten und erfahrenen Parlamentsstenographen - einschließlich der individuellen oder fraktionalen Zwischenrufe und Beifalls- bzw. Mißfallenskundgebungen - mitgeschrieben werden, steht die Echtheitskritik ebenfalls nicht vor schwierigen Problemen. Wenn keine erheblichen Zweifel an einzelnen Passagen oder Formulierungen auftreten, wird man von der Authentizität des amtlichen Textes ausgehen können. Das Verfahren der Anfertigung der Niederschrift nach der *Geschäftsordnung des Bundestages* (GOBT i.d.F. vom 2.7.1980, BGBl. I, S. 1237) sieht eine zeitlich und inhaltlich eng begrenzte Korrekturmöglichkeit durch den Redner vor. Gemäß § 33 GOBT müssen die Redner "grundsätzlich in freiem Vortrag" sprechen, können allerdings "hierbei Aufzeichnungen benutzen".

> "§ 116 (1) Über jede Sitzung wird ein Stenographischer Bericht (Plenarprotokoll) angefertigt.
>
> § 117 Jeder Redner erhält die Niederschrift seiner Rede zur Prüfung. Sie ist innerhalb von zwei Stunden an den Stenographischen Dienst zurückzugeben. Die Niederschrift wird in Druck gegeben, wenn der Redner sie nicht fristgerecht zurückgibt. (...)
>
> § 118 (1) Durch Korrekturen, die der Redner an der Niederschrift vornimmt, darf der Sinn der Rede oder ihrer einzelnen Teile nicht geändert werden. Ergeben sich hinsichtlich der Zulässigkeit einer Korrektur Zweifel und wird keine Verständigung zwischen dem Redner und dem Leiter des Stenographischen Dienstes erzielt, so ist die Entscheidung des amtierenden Präsidenten einzuholen.
>
> (2) Der Präsident kann alle Beweismittel heranziehen.
>
> § 119 (1) Ein Zwischenruf, der in die Niederschrift aufgenommen worden ist, wird Bestandteil des Plenarprotokolls, es sei denn, daß er mit Zustimmung des Präsidenten und der Beteiligten gestrichen wird.
>
> (2) Der Präsident kann alle Beweismittel heranziehen".

Im Rahmen der äußeren Kritik kann auch die Länge der Reden, Reihenfolge und Auswahl der Redner betrachtet werden, die durch einzelne Bestimmungen der Geschäftsordnung, den Ältestenrat und die Fraktionsführung festgelegt werden.

(3) *Quellenauswertung* (innere Kritik)

(3a) *Sprachliche Aufschlüsselung/Kritik*: Als Reaktion auf die Verwendung plakativer Begriffe durch Abgeordnete anderer Fraktionen - die Planung wurde als "ökologischer Selbstmord" oder "Betrug" bezeichnet, die Planer wurden der "Verlogenheit" bezichtigt - betont der damals erst seit wenigen Wochen amtierende Bundesverkehrsminister Wissmann die Notwendigkeit, die Diskussion zu versachlichen. Dafür sind aber präzise Begrifflichkeiten und der Verzicht auf Leerformeln notwendig. Diese müßten sich mit den faktischen Entscheidungskriterien decken. Deutlich wird indessen der Versuch Wissmanns, durch eine Aneinanderreihung positiv besetzter Begriffe (wie "zukunftsorientiert") beim Zuschauer oder Leser eine positive Stimmung zu erzeugen. Was ist z.B. mit der Aussage: "Der Straßenbau der Zukunft wird allerdings mehr auf qualitative denn auf quantitative Verbesserung setzen" (S. 14.378 B) konkret gemeint? Unter "Verbesserung" wird sehr unterschiedliches verstanden, ebenso unter "Qualität". Wenn erst der "Straßenbau der Zukunft" mehr auf Qualität statt Quantität setzte, würde das der Tatsache widersprechen, daß "Qualität statt

Quantität" seit 1979 offizielle Leitlinie des BMV ist. Aufgrund ihres schillernden Inhalts überlebte dieser SloganVerkehrsminister unterschiedlicher politischer Couleur (SPD, CSU, CDU). Es wird auch nicht gesagt, ob "Umweltqualitätsziele" - ein recht genau definierter Begriff -, ob die Bedarfsplanung, die Projektauswahlkriterien, die Projektplanung, die Umweltverträglichkeitsprüfung, die Koordination mit anderen Verkehrsträgern etc. gemeint ist. Zu wenig konkret ist auch die Aussage, der BVWP '92 "bezieht in hohem Maße den Umweltschutz als Leitgedanken der Verkehrspolitik mit ein. Ich will ganz deutlich sagen: Für mich ist der Umweltschutz integraler Bestandteil jeder zukunftsorientierten Verkehrspolitik und jedes zukunftsorientierten Verkehrsprojekts" (S. 14.376 D). Über den Stellenwert der "integralen" Umweltverträglichkeitsprüfung (UVP), insbesondere deren auch von der EG-Kommission gewünschte Weiterentwicklung zu einer Plan- oder Programm-UVP, wäre in der Tat eine gesonderte Debatte angebracht. Die verabschiedeten Beschleunigungsgesetze - deren Überarbeitung eine Bund-Länder-Gruppe plant und die Koalitionsvereinbarung der Bundesregierung vom 11.11.1994 als "Deregulierungsoffensive" (S. 12) und Konzentrierung des Rechtsschutzes (S. 7 f) ankündigt - schwächen eher die Vertretung von Umweltbelangen, vermutlich ohne de facto irgendwelche Beschleunigungseffekte zu erreichen. Im Gegenteil: Erste verwaltungsinterne Überprüfungen zeigen, eine frühzeitige und umfassende UVP führt zur Planungsbeschleunigung.

Ausweichstrategien des BMV werden z.B. bei der Antwort auf die ungelösten Finanzierungsprobleme deutlich. Der BVWP '92 ist, - wie seine Vorgängerpläne - zu einem erheblichen Teil unterfinanziert. Der BMV bleibt die Antwort schuldig und gibt nur einen wolkigen Hinweis auf - verfassungs- und haushaltsrechtlich kaum haltbare - Modellprojekte zur Privatfinanzierung und die Praxis in Frankreich (Auch die neue Koalitionsvereinbarung vom 11.11.1994 sagt nur vage: "Neue Verkehrsinfrastrukturen sollen stärker als bisher privat finanziert und betrieben werden." S. 18). Konkrete Aussagen werden durch einen allgemeinen Problemlösungs- und Zukunftsoptimismus ersetzt. Ein weiteres Beispiel: Mit der Eröffnung eines Nebenkriegsschauplatzes wird auf die gezielte Zwischenfrage zum Lärmschutz (S. 14.377 C) reagiert: Statt die Frage nach Haushaltsmitteln zu beantworten, kommt die Gegenfrage, ob wir "inzwischen in Deutschland (...) aus mancher Lärmschutzwand ein Kunstwerk" machen.

Es ist ein Wechsel zwischen technischen Begriffen und plakativer, teilweise polemischer Sprache zu beobachten. Der Satzbau ist einfach (parataktisch), was auf eine eher frei gehaltene Rede schließen läßt. Rhetorische Mittel werden nur in geringem Maße eingesetzt. Es fehlt auch die glaubhafte Darlegung von inneren Überzeugungen, ein analytisch kompetenter Problemzugriff oder die systematische Darlegung der Planungsarbeit mit Hilfe der Fachleute seines Hauses. Es zeigt sich, daß die BVWP-Vorbereitung eher bürokratiebestimmt ist und der BMV diese wohl eher im ganzen absegnet und rechtfertigt, als eigene Akzente zu setzen.

(3b) *Sachliche Aufschlüsselung/Kritik*: Das Herausarbeiten der sachlichen Inhalte und die Frage der Übereinstimmung dieser Äußerungen mit empirisch gesicherten Aussagen über die Realität sowie die Übereinstimmung der Ziele mit den eingesetzten Mitteln stehen meist im Mittelpunkt politikwissenschaftlicher Arbeiten. Es werden die überwiegend implizit geäußerten Hypothesen des BMV herausgearbeitet und den anderen Quellen entnommen, eventuell als besser gesichert angesehenen Hypothesen gegenübergestellt.

Auch wenn eine zukunftsorientierte Verkehrspolitik als Ziel angegeben wird, zeigt eine Überprüfung der dem BVWP zugrundliegenden Prognosen, daß eher die Trends der Vergangenheit fortgeschrieben werden (Trend zur Straße und zum Flugzeug), während die Verkehrsanteile der Schiene eher stagnieren werden. Das zeigt die Graphik der Verkehrsleistung im Güterverkehr deutlich (vgl. Schaubild 2) auf.

Schaubild 2:   Verkehrsleistung im Güterverkehr 1970-1993 (BRD-alt, in Mrd. Tonnenkilometer)

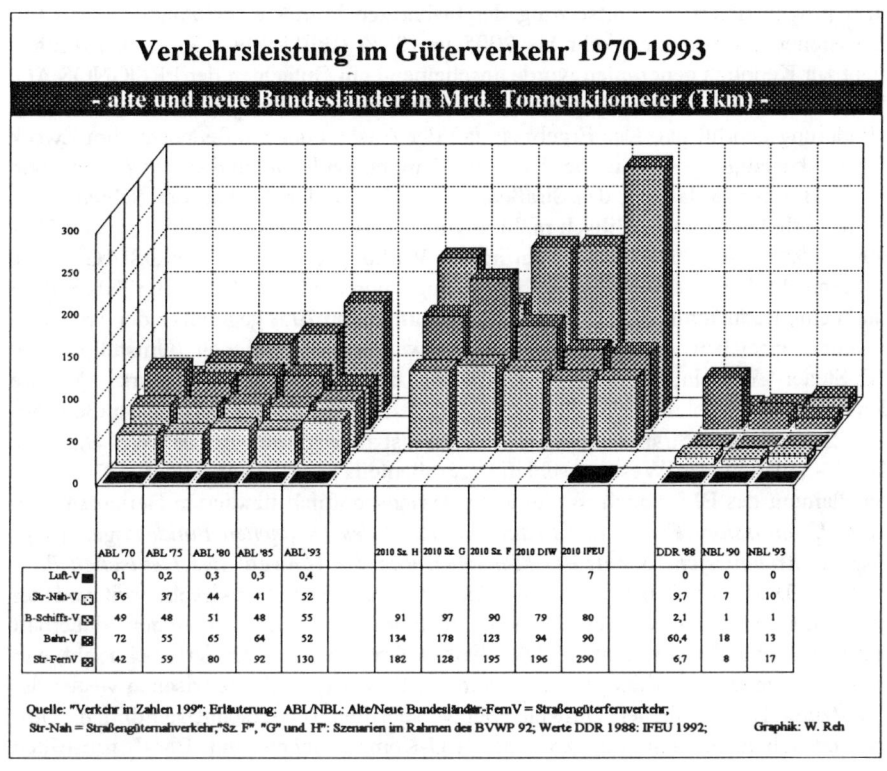

Verkehrsleistung im Güterverkehr 1970-1993
- alte und neue Bundesländer in Mrd. Tonnenkilometer (Tkm) -

	ABL '70	ABL '75	ABL '80	ABL '85	ABL '93	2010 Sz. H	2010 Sz. G	2010 Sz. F	2010 DIW	2010 IFEU	DDR '88	NBL '90	NBL '93
Luft-V	0,1	0,2	0,3	0,3	0,4					7	0	0	0
Str-Nah-V	36	37	44	41	52						9,7	7	10
B-Schiffs-V	49	48	51	48	55	91	97	90	79	80	2,1	1	1
Bahn-V	72	55	65	64	52	134	178	123	94	90	60,4	18	13
Str-FernV	42	59	80	92	130	182	128	195	196	290	6,7	8	17

Quelle: "Verkehr in Zahlen 199"; Erläuterung: ABL/NBL: Alte/Neue Bundesländer-FemV = Straßengüterfernverkehr;
Str-Nah = Straßengüternahverkehr;"Sz. F", "G" und. H": Szenarien im Rahmen des BVWP 92; Werte DDR 1988: IFEU 1992;   Graphik: W. Reh

Quelle: BMV (Hrsg.): Verkehr in Zahlen

Die Aussage von BMV Wissmann, der BVWP '92 "sichert die Mobilität von Personen und Gütern" (S. 14.376 D), besitzt vor dem Hintergrund rasch ansteigender Güterkraftverkehrsströme (nach BMV-Prognosen: Gesamtzunahme 70%; Steigerung des Transitverkehrs um das 6- bis 8-fache) nur eine geringe Eintrittswahrscheinlichkeit. Verkehrsvermeidung taucht als Ziel nicht auf; Verkehrsverlagerung wird zwar rhetorisch gefordert, aber nicht wirklich angestrebt. Das "Szenario G" unterstellt eine Verteuerung des Treibstoffs um 50 Pf und würde gegenüber dem gewählten "Szenario F" (Definition: keine ordnungsrechtlichen und preispolitischen Maßnahmen des Bundes; leichte Einschränkungen des Verkehrs in den Städten) eine Zunahme des

Bahnverkehrs um 45% und eine Abnahme des Güterkraftverkehrs um über 50% bedeuten. Das ist aber politisch nicht gewollt. Die neueste Prognose des *Ifo-Instituts* vom September 1994 bestätigt die Wirksamkeit einer preispolitischen Strategie: Durch die Erhöhung der Mineralölsteuer um (netto) 16 Pf hat der Personenverkehr 1994 gegenüber 1993 erstmals abgenommen (um 0,5%). Der Güterfernverkehr nahm hingegen um 7,2% zu (Güternahverkehr + 5,4%; *Ifo-Institut* 1994, Tabelle 1a, 5a).

Es wird von BMV Wissmann auch nicht verdeutlicht, wie der Kabinettsbeschluß der Bundesregierung zur CO_2-Reduzierung vom 7.11.1990 (Reduzierung um 25-30 % bis 2005) umgesetzt werden soll. Ein Gutachten im Auftrag des Bundesumweltministers prognostiziert bei Fortsetzung der bisherigen Politik einen Anstieg der CO_2-Emissionen im Straßenverkehr bis 2005 um 38% (IFEU 1992, S. 263). Ebenfalls nicht zur Kenntnis genommen wurde anscheinend ein Gutachten der PROGNOS AG, die für den BMV 22 verkehrspolitische Maßnahmen auf ihre Wirksamkeit zur CO_2-Minderung geprüft hat. Das Ergebnis, daß der Ausbau der Straßennetze zum Zweck der Staubeseitigung - das ist der Kern der Planungsphilosophie des BMV - nur halb so effektiv zur Entlastung des Straßennetzes sei, wie der Ausbau der Schiene, war offensichtlich ebenfalls politisch nicht erwünscht. Auch die vom BMV forcierte Verkehrsflußsteuerung hat einen der geringsten Wirkungsgrade (PROGNOS AG 1991), während die Verteuerung des Treibstoffs auf - nominell - 4,60 DM im Jahre 2005 allein eine Reduzierung des CO_2-Ausstosses um knapp 20% gegenüber der Trendentwicklung erreichen würde. Zusammen mit weiteren Maßnahmen (Umstellung der Kfz-Steuer, Verkehrsabgaben, Verbesserung des öffentlichen Verkehrs ...) wäre demnach eine nachhaltige Reduzierung der Verkehrsbelastung auf der Straße möglich. Das massive Straßenneu- und Straßenausbauprogramm des BVWP '92 wäre damit - jedenfalls in Westdeutschland - großenteils überflüssig. Die Konfrontation der Planung des BMV auch mit anderen wissenschaftlich fundierten Berichten (*Enquete-Kommission "Schutz der Erdatmosphäre" des Deutschen Bundestages* 1994; *Enquete-Kommission "Schutz des Menschen und der Umwelt" des Deutschen Bundestages* 1994, S.223 ff.), zeigt, daß der BMV und sein Haus recht weit von der "Front der verkehrswissenschaftlichen Forschung" und dem Ziel einer "dauerhaft umweltgerechten" ("sustainable") Mobilität entfernt sind. Es wundert auch nicht, daß einige Planungen, wie die Ostseeautobahn (A 20) bei Lübeck, inzwischen wegen der Verletzung EU-rechtlicher Umweltschutzvorschriften (Naturschutzrichtlinien, Umweltverträglichkeitsrichtlinie) zwischen EU-Kommissionen und BMV umstritten sind.

(4) *Historische Kritik*

(4a) *Entstehungs- und Wirkungsgeschichte*: Einige Aspekte für die Beurteilung des neuen BVWP und seine "Vorgeschichte" wurden bereits angedeutet. Eine relativ große Kontinuität der Fernstraßenausbaupolitik wird deutlich. Die Rede Wissmanns läßt noch keine klaren Konturen seiner eigenen Politik erkennen. Insofern hat der neue Minister in dieser Debatte die Chance verpaßt, Grundsatzaussagen zu machen. Eine Rekonstruktion der individuellen Vorgeschichte der Rede (Enstehungsgeschichte vom Entwurf zum endgültigen Vortrag) verspricht wenig Ertrag. Da sie vorwiegend allgemeine Aussagen enthält und auf Beiträge anderer Debattenredner eingeht, fußt sie wahrscheinlich nicht auf einem fertigen Redemanuskript.

(4b) *Eingrenzung des Aussagebereichs* (Ideologiekritik etc.): Ideologische Schranken, wie sie in der Verkehrspolitik seit langem üblich sind, wurden auch in dieser Rede deutlich. Die Sichtweise der Fachabteilung für Straßenbau tritt in der Rede des Ministers klar hervor (vgl. die Aussage "Qualität statt Quantität"). Die deutsche Verkehrspolitik ist - aufgrund der föderativen Verflechtungsproblematik wie der langfristigen Infrastrukturplanungsprozesse - stark bürokratie- und nicht leitungsbestimmt. Aktive politische Gestaltung kann nur in relativ langfristigen Perspektiven und Zeiträumen - und abgesichert durch fundierte wissenschaftliche Aussagen - stattfinden. Daß bisher nicht versucht wurde, eine solche Perspektive mit einem passenden Politikmix ("Paketlösung") zu formulieren, ist vermutlich das größte verkehrspolitische Defizit.

(4c) *Einordnung in einen weiteren Kontext*: Hier geht es um die bereits (unter 3b) vorgenommene Einordnung der Quellen in den historischen und aktuellen Kontext der Verkehrspolitik sowie den Rückgriff auf die ursprüngliche Fragestellung bzw. die Arbeitshypothesen (vgl. dazu weiter unten im Fazit). Im Mittelpunkt stand die Frage nach der Glaubwürdigkeit der umweltpolitischen Aussagen als Teil des sog. Interaktionsproblems und die Chance für das Erreichen der gesetzten Ziele (Zweckrationalität der eingesetzten Instrumente und Maßnahmen) als Voraussetzung für eine Effizienzbewertung. Dabei erwiesen sich gerade quantitative Aussagen (Entwicklungstendenzen der Vergangenheit, Trendprognosen und Szenarien für die Zukunft) als wichtig für die Beurteilung der gegenwärtigen Politik. Was schon bei der immanenten Kritik ins Auge sprang (unklare Ziele, fehlendes Zielsystem), bestätigt sich in der historischen Kritik bei der Konfrontation mit 'externen' Fakten: Eine Effizienz verkehrspolitischer Ziele ist nicht erkennbar.

(5) *Zusammenschau der Einzelergebnisse* (Reichweite, Aussagekraft der Quellen): Der Rede Wissmanns kommt aus den dargestellten Gründen nur eine geringe Aussagekraft zu. Sie ist geprägt vom institutionalisierten Zwang zum politischen Erfolg. Die 'eingefahrene' Politik und die Regierungslinie werden auch dort, wo Widersprüche deutlich werden, nicht in Frage gestellt. Die Rede richtet sich direkt an die Öffentlichkeit und weniger an den politischen Gegner. Die gesamte Debatte mit den Beiträgen der Vertreter der Regierungs- und der Oppositionsfraktionen ist für die Untersuchung der deutschen Verkehrspolitik jedoch hilfreich, für das Verständnis derselben unerläßlich. Liest man die Beiträge der anderen Redner von Regierungsfraktion und Opposition, kann man die politischen Ziele, Schwerpunkte, Ansatzpunkte für Kritik, interessensmäßigen und ideologischen Bindungen herausarbeiten. Ergänzt werden muß dies durch das Studium der Gesetzgebungsdokumente, der zugänglichen Verwaltungsunterlagen (Pläne und Programme) und die Analyse der wissenschaftlichen Diskussion. Eine vertiefende Untersuchung könnte gerade zum Verhältnis von Politik und Bürokratie, Bund und Ländern (Wissmann spricht z.B. die unterschiedliche Argumentation der SPD im Bund und in den Ländern an), aber auch zur Einstellung der Politiker (und ihrer Wähler) zum Auto interessante Erkenntnisse zutage fördern.

4   Fallstudie: Verkehrsbedarfsplanung durch die Länder am Beispiel der A 44

Methoden und Möglichkeiten der Quellen- und Dokumentenanalyse am Beispiel der „Politikverflechtung im Fernstraßenbau" haben wir bisher an allgemeinen Problemstellungen, Forschungsstand und Fragestellungen aufgezeigt. Darüber hinaus wurden die Möglichkeiten der juristischen Textanalyse des einschlägigen Art. 85 GG, der das Zusammenwirken von Bund und Ländern bei der Planung im Rahmen der Bundesauftragsverwaltung - in diesem Fall den Bundesfernstraßenbau - regelt, sowie die Rekonstruktion der Politikformulierung anhand von Verwaltungsakten aus dem Bundesarchiv und aus dem Bundestagsarchiv skizziert. Dieses Material wurde mit einem Beispiel der Quellenkritik einer Bundestagsrede des Verkehrsministers illustriert. Nun soll die Problematik von der Bundesebene auf die lokale Ebene „vor Ort" heruntergezogen werden. Dies betrifft dann die eigentliche Arbeitsebene der Länder, aber auch der kommunalen Politik. Die Konkretisierung und Durchführung der Planung auf Länderebene zeigt, daß auch hier die Koordinierung und die Abwägung zwischen verschiedenen Planungszielen (verkehrliche, wirtschaftliche, ökologische Aspekte) sowie die normativen Aspekte (Gebrauch des Weisungsrechtes, Rolle der Gerichte) wichtig sind. Auch auf Landesebene ist aber eine Überprüfung der Projektplanung anhand der Verwaltungsakten aufgrund des fehlenden Zugangs noch nicht möglich. Deshalb müssen Ersatzlösungen gefunden werden, z.B. durch die Medienberichterstattung.

4.1   Quellenlage und Quellenzugang

Zeitungsanalysen können den Aktenzugang nicht ersetzen, obwohl der Fortgang wichtiger Planungen in den Lokal- und Regionalzeitungen regelmäßig dokumentiert wird, insbesondere dann, wenn, wie bei dem Autobahnabschnitt der A 44 im Norden Düsseldorfs, der „Streitwert" sehr hoch ist. Das Interesse von Wirtschaft und Politik an einer zu 100 % vom Bund finanzierten Autobahn einschließlich der Rheinquerung ist verständlich. Mit der Anbindung des Messegeländes und des Düsseldorfer Flughafens durch die A 44 unmittelbar westlich von Ratingen würden zwei der wichtigsten Düsseldorfer Einrichtungen, die Promotoren dieser Straße sind, positiv betroffen. Einer aktiven Bürgerinitiative gegen die A 44 stand eine von der Industrie- und Handelskammer gestützte Initiative für die A 44 gegenüber, die beide eine intensive Presse- und Lobbyarbeit betrieben. Hinzu kam die pikante politische Konstellation, daß alle Düsseldorfer Parteien mit Ausnahme der GRÜNEN die Autobahn befürworteten, der Düsseldorfer SPD-Bundestagsabgeordnete sowie der seit 1985 zuständige Landesverkehrsminister der SPD (sein Vorgänger hatte sie noch befürwortet; sein Nachfolger nach 1990 ebenfalls wieder) jedoch die Planung ablehnten. Letzterer konnte sich in dieser Frage nicht gegen die eigene Landtagsfraktion durchsetzen und war infolgedessen zu taktischen Manövern gezwungen. Der Velberter CDU-Bundestagsabgeordnete war und ist dagegen ein sehr aktiver A 44-Befürworter.

Der Nachrichtenwert dieses Projekts war also gesichert, so daß über Prioritätseinstufungen im Zuge der Bedarfsplanung, Planungsvarianten, Dringlichkeitsreihungen, einzelne Gestaltungselemente und Kostenschätzungen ausführlich berichtet wurde. Dabei überwiegt der im kommunalen Bereich häufig anzutreffende sog. Verlautbarungsjournalismus, der Presseerklärungen und die darin enthaltenen Wünsche und Einschätzungen wiedergibt, ohne diese durch eigene Recherchen zu prüfen (siehe die Beispiele von Presseveröffentlichungen im Anhang). Die Planung wird praktisch ausschließlich in Berichten behandelt, während - abgesehen von sporadischen Leitartikeln im lokalen Teil - andere Gattungen des Zeitungsjournalismus (wie Reportagen, Hintergrundberichte) nicht anzutreffen sind.

Auch für gezielte Spekulationen ("Testballons") und zu taktischen Zwecken können Zeitungen in ihrer Verstärker- oder Lautsprecherfunktion eingesetzt werden. Die Veränderungen der Planung wurden in den Zeitungen der Region kontinuierlich dokumentiert und eröffneten dadurch wichtige Anhaltspunkte für eine wissenschaftliche Rekonstruktion der politischen und planerischen Entscheidungen, wenngleich eine erhebliche Unsicherheit bezüglich der Vollständigkeit und der Richtigkeit der Aussagen besteht. Eine klassische Quellenkritik (Ermittlung der Herkunft, Quellensicherung, Vergleich mit dem Original etc.) ist aus Platzgründen hier nicht möglich. Eine qualitative Inhaltsanalyse der Zeitungsberichterstattung (⇨ Kapitel IV) wäre nicht angebracht, da der Text dafür nicht genug hergibt.

Der fehlende Zugang zu den Akten macht deshalb Ergänzungen durch *Experteninterviews* (⇨ Kapitel V) mit verschiedenen Akteuren (Verwaltungen, Befürworter und Gegner, Politiker) unabdingbar. Dazu ist ein Gesprächsleitfaden mit den zu klärenden Fragen zu entwickeln. Vorab muß sich der Interviewer durch Dokumentenstudium der einschlägigen Gesetze einen Überblick über die Kooperationsstruktur gemäß dem Fernstraßengesetz und den einschlägigen Ausführungsverordnungen des Landes verschaffen. Ferner ist die Behördenstruktur (Landesverwaltung, Straßenbauämter [hier: das Rheinische Autobahnamt], die Besonderheit der Zuständigkeit der beiden Landschaftsverbände in Nordrhein-Westfalen für die Durchführung des Straßenbaus, Zuständigkeit des Regierungspräsidenten für die Planfeststellung) zu erfassen. Hilfreich sind in diesem Zusammenhang auch einschlägige Kommentare zum Straßenbaurecht oder Planfeststellungsrecht sowie Handbücher über den Verwaltungsaufbau, die in Universitätsbibliotheken erhältlich sind. Für die interne Behördenstruktur (Aufbau und Zuständigkeit der Referate und Abteilungen) sollten Organigramme, spätestens zu Beginn der Gespräche, erbeten werden.

Probleme bereitet für Experteninterviews die wissenschaftliche Nachweispflicht. Bei sensiblen und konfliktgeladenen Themen bedeutet der Versuch von wörtlichen Mitschriften (aufgrund von Tonbandaufnahmen) in aller Regel den Verzicht auf die für den Forscher eigentlich wichtige Information. Die "Linie" des jeweiligen Hauses läßt sich aus den vielfältigen offiziellen Dokumenten entnehmen. Nur bei Gewährung von Quellenschutz wird in der Regel wirklich offen und ungeschützt gesprochen. Dadurch kommen zwar nur Gedächtnisprotokolle von eher geringer Genauigkeit und Zuverlässigkeit zustande, die abgesehen von prägnanten Formulierungen keine wörtlichen Zitate ermöglichen. Wenn aber zuvor klare Arbeitshypothesen formuliert wurden, ist die fehlende wörtliche Dokumentationsmöglichkeit zu kompensieren. Um prägnante Antworten zu erhalten, kann es sinnvoll sein, den Gesprächspartnern die Interviewfragen oder den Gesprächsleitfaden vorher zu schicken, damit diese sich die betreffenden Entscheidungsprozesse - durch Akteneinsicht oder Nachfragen - vergegenwärtigen können (⇨ Kapitel V).

Die Zeitungsartikel bieten damit nur die Merkpunkte für diese Gespräche und für die
Aufstellung des Gesprächsleitfadens, weil sie auf einige - öffentlichkeitswirksam
gewordene - Planungskonflikte hinweisen. Wegen der Vielzahl gut informierter, die
Zeitungen "fütternder" politisch-bürokratischer Akteure bieten sie immerhin relativ
dichtes Material. Der Zweck der Experteninterviews besteht damit in der Sicherung
der Vollständigkeit und Richtigkeit der bisher nur fragmentarisch und tendenziös
vorliegenden Informationen. Die Aussagen der Fachbeamten wiederum müssen vor
dem Hintergrund ihres sich im Laufe der Planung verfestigenden Interesses an diesem Projekt gesehen werden. Sie werden Aussagen vermeiden wollen, die der Sicht
"ihres Hauses", ihrer Abteilung, ihres Referates, also ihrer selektiven Wahrnehmung
widersprechen, zumal, wenn die Interviews ein "schwebendes (Gerichts-)Verfahren"
tangieren. Kontrollmöglichkeiten gegenüber den Aussagen der Beamten bieten sich
aufgrund öffentlich zugänglicher Dokumente wie Haushaltszahlen, Vorlagen für
parlamentarische Kontrollgremien (Ausschüsse) oder das Plenum, Auskünfte auf
parlamentarische Anfragen sowie den Unterlagen, die im Rahmen der Planungsverfahren (Erörterungs- und Anhörungstermine bei den Planfeststellungsverfahren)
publik gemacht werden müssen. Behördeninterviews helfen dem Forscher, sich auf
den aktuellen Sachstand zu bringen und mit wichtigen und aktuellen Materialien zu
versorgen. Interviews mit Experten außerhalb der Verwaltungen (Politiker, Bürgerinitiatven etc.) bieten eine weitere Kontrollmöglichkeit gegenüber möglicherweise
tendenziösen Informationen.

Auch die teilnehmende Beobachtung ist eine geeignete Methode der Informationsbeschaffung. Es ist für den empirisch arbeitenden Sozialforscher völlig legitim, sich
auch bei der Feldforschung politisch zu engagieren und an Initiativen mitzuarbeiten,
wenn er dabei seine Rolle kontrolliert, reflektiert und offenlegt, um unzulässige normative Vermischungen von eigenen Werte und Fakten zu vermeiden (⇨ Kapitel I,
Abschnitt 5). Auch der Autor dieses Kapitels hat die Arbeit einer Bürgerinitiative
gegen den Ausbau der A 44 unterstützt und dadurch erhebliche Detailkenntnisse von
politischen Entscheidungsprozessen, insbesondere informeller Art, gewonnen. Diese
Erkenntnisse wurden dann mit offiziellen Dokumenten konfrontiert und kontrolliert.

Eine wichtige Kontrollmöglichkeit besteht in der indirekten Erschließung auch interner, normalerweise erst nach 30 Jahren zugänglicher Verwaltungsakten. Diese Möglichkeit wurde hier anhand von Gerichtsunterlagen zu dem Verwaltungsgerichtsprozeß über diesen Abschnitt der A 44 genutzt. Der Qualitätsunterschied zu den Experteninterviews besteht darin, daß diese Quellen nicht dem Bereich der Tradition
entstammen (wie die Aussagen in Interviews), sondern wirklich unabsichtlich überliefert wurden.

Für den Prozeß einiger Kläger gegen das hier behandelte Teilstück der A 44 vor dem
Oberverwaltungsgericht Münster wurden, vor allem auf Betreiben der Anwälte der
Kläger, in erheblichem Umfang Akten des Beklagten (des Ministerium für Stadtentwicklung, Wohnen und Verkehr des Landes Nordrhein-Westfalen, MSWV) herbeigezogen. Insofern führen teilnehmende Beobachtung oder Interviews mit Experten
und Betroffenen gelegentlich ("Schneeballsystem") zu ergiebigen Quellen. Hilfreich

für eine politikwissenschaftliche Analyse, aber auch von zentraler Bedeutung für die Urteilsfindung, war ein Briefwechsel zwischen der Bürgerinitiative gegen die A 44 und dem Landesverkehrsministerium, der sich detailliert mit einzelnen, auch gerichtsrelevanten Planungsfragen befaßte, z.B. der Abschnittsbildung (vulgo: "Salami-Taktik"). Möglicherweise spielten bei der Briefformulierung strategische Überlegungen des Landesverkehrsministers eine Rolle, mit dem Ziel, die bisher in Interessenharmonie zwischen den Straßenbau-Fachabteilungen von Bund und Ländern ("vertikale Ressortkumpanei", ein vielzitierter Begriff des Verwaltungswissenschaftlers Frido *Wagener*) verfolgte Planung gegen die Mehrheit seiner eigenen Partei in Bonn, im Landtag und in der Stadt Düsseldorf und gegen seinen Kollegen Wirtschaftsminister auf "kaltem Wege" in Frage zu stellen. Eine Niederlage hätte vor Gericht zumindest einen Zeitgewinn für die A 44-Gegner bedeutet.

4.2 Quellenauswertung

Für den Bau einer Straße bedarf es einer Planrechtfertigung, die die Belange zwischen verkehrlichen und sonstigen Planungszielen (laut Fernstraßenausbaugesetz: raumordnerischen, umweltpolitischen, städtebaulichen) abwägt. Diese Rechtfertigung liegt nach der ständigen Rechtsprechung der Verwaltungsgerichte dann vor, "wenn sie zur Verwirklichung der Zielvorstellungen der Straßengesetze vernünftigerweise geboten ist". Das Fernstraßengesetz bestimmt in seinem § 1, daß die Bundesfernstraßen dem weiträumigen Verkehr zu dienen bestimmt sind. Als Planungszweck für das hier behandelte Teilstück der A 44 wird im entsprechenden Erlaß des Bundesverkehrsministeriums vom 28.7.1977 festgestellt:

> "Der Neubau sei erforderlich, da die in Ost-West-Richtung verlaufenden Autobahnen und Bundesstraßen dem Verkehr aus dem Großraum Düsseldorf-Mönchengladbach-Krefeld zum Ruhrgebiet nicht mehr gewachsen seien. Besonders die Verkehrsverhältnisse in den Ortsdurchfahrten seien hier völlig unzureichend" (*Urteil des OVG Münster* 1991, S. 3).

Der Planfeststellungsbeschluß des MSWV vom 17.2.87 betonte ebenfalls die Mischfunktion dieses Abschnitts, der einerseits dem überregionalen Verkehr und andererseits als Ortsumgehung von Heiligenhaus dienen soll.

Schwankend und unklar blieben jedoch sowohl die Prognosen der Gesamtbelastung dieses Streckenabschnittes wie auch der Entlastungswirkung für die Stadt Heiligenhaus. Das MSWV (die Straßenbauabteilung) geht in einem Schreiben vom 23.1.1990 (Schriftsatz 23.1.a.E.) von einem Aufkommen von 40.000 Fahrzeugen aus, rechnet dabei aber mit einer Weiterführung der A 44 nach Osten, obwohl die Städte Essen, Bochum und Hattingen den Weiterbau dieser Autobahn auf ihrem Gebiet durch eindeutige politische Beschlüsse ablehnen. BMV und MSWV gehen bei ihren Planungen von einer Entlastung der beiden innerstädtischen Durchgangsstraßen in Heiligenhaus um 37% aus. Zurückzuführen ist diese Zahl auf ein Gutachten über die Verkehrsverhältnisse in Heiligenhaus aus dem Jahre 1975 (ARGEVA 1975, S. 31). Darin wurde jedoch von inzwischen überholten Planungsprämissen ausgegangen und keine kontrollierte Vergleichsprognose (mit Planungsfall A 44, ohne A 44) erstellt. Eine von den Klägern ins Feld geführte Verkehrsuntersuchung aus dem Jahre

1985/86 auf der Grundlage einer Vergleichsprognose kam indessen zu einer Entlastung von Heiligenhaus um nur 5000 Fahrzeuge, was 12 % des gesamten Verkehrs für das Jahr 1995 entspricht (*Ingenieurgruppe IVV* 1985, S. 49).

Neben der mangelnden Planrechtfertigung war die fehlende Umweltverträglichkeit des hier behandelten Abschnitts ein weiterer Klagepunkt. In einer 1988 angefertigten Umweltverträglichkeitsstudie, über den westlich an den hier geplanten weiteren Straßenverlauf (L 156 bis A 3, ca. 3 km lang; der planfestgestellte Abschnitt reichte von der A 3 bis zur A 227, ca. 5 km lang), wurden gravierende ökologische Folgen dargelegt, eine optimierte Planungsvariante aber für "vertretbar" gehalten. Die Landesverwaltung hatte diesen Abschnitt mit seinen ökologischen Problemhäufungen wohl mit Blick auf die bessere Durchsetzbarkeit der A 44 abgetrennt. In der Umweltverträglichkeitsstudie wurde die Schaffung von Zwangspunkten ausdrücklich kritisiert: "Eine Abschätzung der Vor- und Nachteile (...)" sei deshalb nicht möglich, und: "Da Anfangs- und Endpunkte der Trasse bereits verbindlich festlagen, ergab sich nur ein verhältnismäßig geringer Spielraum für eine sinnvolle Optimierung der Linienführung (...)" (*Institut für Landschaftsentwicklung und Stadtplanung*, Essen 1988, S. 8 und 62). Auch die zweite Umweltverträglichkeitsstudie vom Februar 1992 stellte fest, es sei "kein konfliktarmer Korridor für eine mögliche Trassierung zu definieren. ... Der Spielraum (für eine mögliche Trassierung, W.R.) ist wegen der Dichte der Vernetzungspunkte eng begrenzt" (*Winter* 1992, S. 134).

Die für den Verwaltungsgerichtsprozeß auf Drängen der Kläger beigezogenen Verwaltungsunterlagen enthalten auch ein Beispiel für die geringe (horizontale) Kooperationsbereitschaft der Straßenbaubehörden mit anderen Fachbehörden. Das für die Planung zuständige Rheinische Autobahnamt hatte versäumt, die Umweltverträglichkeitsstudie, wie vorgeschrieben, mit den für Umweltfragen zuständigen Beamten des Regierungspräsidenten (Dezernat 51) zu besprechen.

Das geht aus einem internen Vermerk des Regierungspräsidiums hervor (s. eine Kopie dieses vertraulichen Vermerks im Anhang) und wirft ein Schlaglicht auf wenig effektive Interaktion über die Grenzen der Fachabteilung. In diesem handschriftlichen Besprechungsvermerk vom Mai 1990 stellt das für Umweltfragen zuständige Dezernat 51 des Regierungspräsidenten fest, daß die Umweltverträglichkeitsstudie "gemäß Zusammenarbeitserlaß Straße - Landschaft der HLB nicht abschließend zur Stellungnahme vorgelegen hat. Dies wird durch das Autobahnamt nachgeholt." Offenbar war dies bereits moniert worden. Im Gegensatz zu anderen Politikbereichen vergeben die Straßenbaubehörden die Umweltverträglichkeitsstudien selbst und entscheiden damit auch über die Auswahl der Gutachter. Die Ergebnisse dieses Gutachtens sind jedoch auch für andere Behörden von Interesse, zumal der Regierungspräsident, der als unabhängige Behörde frei von hierarchischen Abhängigkeitsverhältnissen ist, bereits im Schreiben vom 23.2.90 Bedenken gegen die Planung in diesem Abschnitt erhoben hatte. Diese sollten dadurch ausgeräumt werden, daß "im Nachgang" eine weitere Umweltverträglichkeitsstudie über den betreffenden Abschnitt angefertigt werden sollte. Das geschah dann im Jahre 1992 (*Winter* 1992). Die Durchsetzungsstrategie der Straßenbaubehörde hatte also eine erhebliche Verzögerung der Planung zur Folge. Auch das Gericht hat in seiner Urteilsbegründung diesem internen Vermerk erhebliches Gewicht beigemessen.

Die durchsetzungstaktisch motivierte Abschnittsbildung mit der Folge einer Verkürzung des Rechtsschutzes Betroffener wurde seit Ende der 80er Jahre von den Verwaltungsgerichten nicht mehr hingenommen. Grundsätzliche Bedeutung und Präzedenzwirkung erlangte die Aufhebung des Planfeststellungsbeschlusses zur A 44 bei Mönchengladbach durch das nordrhein-westfälische Oberverwaltungsgericht Münster am 14.11.1988, weil durch eine "fehlerhafte Abschnittsbildung" die planerischen Zielkonflikte nicht bewältigt worden seien.

In der Klagebegründung zu unserem Fall griffen die Anwälte der A 44-Gegner dieses paßgenaue Urteil auf.

> "Bei Erlaß des angefochtenen Planfeststellungsbeschluß mußte die gesamte noch offene Baustrecke der A 44 von Velbert bis zum Anschluß an die A 3 im Bereich Ratingen in den Blick genommen und abgewogen werden (...) Dies ist freilich nicht geschehen, obwohl die Probleme im etwa 3 km langen westlichen Abschnitt der Strecke (von der L 156 bis zur A 3) offen zu Tage lagen und selbst in ihren Grundzügen noch nicht gelöst waren" (*Rechtsanwälte Redeker, Schön, Dahs & Partner* 1990, S. 3 f.).

Sie konnten sich auf einige diesbezügliche Schreiben des Landesverkehrsministers an die Bürgerinitiative gegen die A 44 stützen, das sich in ihren Formulierungen recht eng an das kurz zuvor ergangene Urteil zur A 44 bei Mönchengladbach anlehnt.

> "Ich kann Ihnen jedoch zusichern, daß auch nach Vorlage der Ihnen bekannten Umweltverträglichkeitsprüfung die Fragen des Naturschutzes und der Landschaftspflege nicht als gelöst betrachtet werden können" (Schreiben von MSWV *Zöpel* an die Bürgerinitiative vom 7.2.89, S. 2).

Weitere Schreiben bestätigten recht präzise, wenngleich "zwischen den Zeilen" die Kritikpunkte der Bürgerinitiative:

> "Die weitere Diskussion findet daher über die Frage statt, ob für den 3,3 km langen Lückenschluß der A 44 zwischen der L 156 und der A 3 eine ökologisch vertretbare Lösung gefunden werden kann. Hierzu haben die durchgeführten Umweltverträglichkeitsgutachten wesentliche Grunddaten geliefert."

Im Schreiben vom 21.10.86 betont der Minister, daß er

> "den Bau der A 44 als Südumgehung Heiligenhaus bis zur L 157 nur dann für vertretbar halte, wenn abzusehen ist, daß die Fortsetzung nach Westen bis zur A 3 verwirklicht werden kann. Aus diesem Grund wird in den zu erlassenden Planfeststellungsbeschluß die Bedingung aufgenommen werden, daß mit dem Bau erst begonnen werden darf, wenn für den sich westlich anschließenden Teilabschnitt eine ausreichende Beurteilungsgrundlage gegeben ist".

Allerdings hatten die 'Straßenbauer' seines Hauses gerade das verhindern wollen.

In ressortinternen Berichten vom 11. und vom 26. Juni 1986 war sogar ausdrücklich bestätigt worden, daß "nur beide Abschnitte zusammen einen vernünftigen Verkehrswert" besäßen. Ein Schreiben des Referatsleiters des MSWV an das OVG Münster vom 3.4.1990 bestätigt dies erneut, wenngleich widerwillig.

Damit war der Abwägungsfehler klar nachgewiesen und aktenkundig. Das Urteil nahm die Subsumtion dieses durch Aktenstudium hinreichend aufgeklärten Sachverhalts unter den Tatbestand/die Fallnorm der "fehlerhaften Abschnittsbildung" vor und verfügte die Aufhebung des angefochtenen Planfeststellungsbeschlusses.

Über die ebenfalls vorgebrachten Klagepunkte der überzogenen Bedarfsprognose (falsche Verkehrsbelastung der Straße, Entlastungswirkung von Heiligenhaus), der

Überdimensionierung (sechsspurige Planung bei sog. längsgeteilter Dringlichkeit) und die fehlerhafte Abwägung ökologischer Belange brauchte nicht mehr entschieden werden. Das wird vermutlich erst nach der Neuauflage des Planfeststellungsbeschlusses für den gesamten Abschnitt bis zur A 3 nötig sein. Wegen der grundsätzlich angenommenen planerischen Gestaltungsfreiheit und des damit verbundenen weiten Ermessens der durchführenden Verwaltungen wird dieser Nachweis für die Kläger schwieriger zu führen sein. Ähnlich präzise Fallnormen wurden durch richterliche Rechtsfortbildung in diesen Bereichen noch nicht entwickelt.

5   Exkurs: Materialien zur Europäischen Union

Weil die Politik der Europäischen Union gerade im Bereich der Verkehrspolitik in Zukunft erheblich an Gewicht gewinnt, werden im folgenden die wichtigsten Recherchemöglichkeiten zur EU-Politik aufgeführt:

* Rechtsakte der EU (Verordnungen, Richtlinien, Entscheidungen) werden im Amtsblatt der EU Teil L (für Lois, Gesetze) einschließlich ihrem Vorlauf (offizielle Kommissionsvorschläge und Rats-, bzw. Parlamentsvorlagen jenseits der sog. non paper-Phase) im Teil C (für communications) veröffentlicht. Teil C enthält auch die Stellungnahmen des Europäischen Parlaments sowie dessen Sitzungsvorlagen und Verhandlungsergebnisse. Ebenso werden - in aller Regel gut fundierte - Stellungnahmen des beratenden Wirtschafts- und Sozialausschusses zu Kommissionsvorschlägen veröffentlicht, sowie weitere Stellungnahmen (Beirat der regionalen und lokalen Körperschaften, der neue "Ausschuß der Regionen"). Die erlassenen Rechtsakte sind in einem halbjährlich erscheinenden Fundstellenverzeichnis mit Hilfe eines präzisen systematischen Verzeichnisses zu recherchieren.
* Kommissionsdokumente, abgekürzt KOM.Dok, werden in den Schwerpunktbibliotheken zur Europäischen Union in der Bundesrepublik regelmäßig auf Mikrofiche gehalten. Neben Rechtssetzungsvorschlägen sind dabei auch ausführliche Berichte enthalten (z.B. Weißbücher zum Binnenmarkt, zum Verkehr etc.). Sie enthalten nicht nur interessantes Material für EU-Forscher, sondern auch für die Vergleichende Regierungslehre (insbesondere für Policy-Forscher).
* Alle EU-Aktivitäten lassen sich in einem umfassenden, aber wenig übersichtlichen Verzeichnis (ohne systematische Zugriffsmöglichkeit), dem sog. SCAD (Systèm communantaire d àccès à la documentation), nur mit erheblichen Schwierigkeiten recherchieren. Dieses Verzeichnis liegt auch auf CD-Rom vor.
* Die amtlichen Dokumente sind auf der Recherchedatenbank CELEX (Communitatis Europae Lex) - auch als CD-Rom - zugreifbar.
* Hilfreich ist das Bulletin der Europäischen Union, eine monatlich erscheinende Zeitschrift, die systematisch die vorbereitenden Rechtsakte, Stellungnahmen, wichtige Reden und Publikationen kurz zusammenfaßt und damit erschließbar macht.

- Ausführlich und übersichtlich ist der jeweils bereits im Januar des neuen Jahres erscheinende und über das Vorjahr berichtende "Gesamtbericht über die Tätigkeit der Europäischen Union" (XXVIII Gesamtbericht über das Jahr 1994).

- Das vom Arbeitskreis Europäische Integration in Bonn herausgegebene "Jahrbuch der Europäischen Integration" berichtet und kommentiert jährlich die allgemeine Entwicklung der EU sowie die einzelnen Politikfelder.

- Die genannten amtlichen Publikationen oder Kommissionsdokumente und -berichte können auch einzeln beim *Bundesanzeiger Verlag* in Köln bestellt werden.

- Aus der Vielzahl der Zeitschriften ist für Politikwissenschaftler die gemeinsam vom Institut für Europäische Politik und dem Arbeitskreis Europäische Integration herausgegebene Zeitschrift "Integration" zu erwähnen.

6 Fazit

Mit diesem Beitrag sollte gezeigt werden, daß für Politikwissenschaftler eine Verbindung von Quellen- und Dokumentenanalyse mit theorie- bzw. hypothesengeleiteter Forschung nicht nur sinnvoll, sondern nötig und ergiebig ist. Der hermeneutische oder interpretative Teil der Arbeit beschränkt sich dabei auf wenige Aspekte, und auch in diesem klassischen Verstehensbereich spielen "logische" Analysen eine Rolle. Das ist so bei der sprachlichen Aufschlüsselung, wo sprachwissenschaftliche und linguistische Fragestellungen neben Deutungs- oder Sinnerschließungsproblemen eine erhebliche Rolle spielen. Auch die juristische Hermeneutik ist in ihrem Kernbereich, der Auslegung offener und unklarer Begriffe, der Schließung von Gesetzeslücken stark von subsumtionslogischen Schlüssen geprägt, z.B.: Sind die Begriffe "Behördeneinrichtung" oder "Weisung " eng oder weit auszulegen und welche Konsequenzen hat das? Oder: Welche Tatbestandsmerkmale umfaßt die "fehlerhafte Abschnittsbildung" und werden diese Merkmale durch das Handeln der Straßenbauverwaltungen im Fall der A 44 zwischen Ratingen und Heiligenhaus erfüllt? Bei der sachlichen Aufschlüsselung und der historischen Kritik geht es dann ohnehin um die Überprüfung von Hypothesen am Quellenmaterial und den Versuch, dieses zu kausalen Erklärungen zusammenzufügen. Deshalb scheint die oben bereits vorgetragene Sicht gerechtfertigt, den hermeneutische Verfahren einen lediglich heuristischen Zweck zuzuweisen.

Dem an der Erklärung der Gegenwart oder jüngsten Vergangenheit interessierten Politikwissenschaftler stellt sich dabei ein Zugangs- oder Benutzbarkeitsproblem, das aber kompensiert werden kann. Prinzipiell gilt, daß trotz vielfacher Geheimhaltungswünsche, z.B. von Bürokratien, dem Forscher dennoch eine genügende Anzahl von z.T. indirekten Zugängen offensteht, die er ausschöpfen kann. Überspitzt kann man sagen, daß in einer rechtsstaatlichen, pluralistischen und medienorientierten Demokratie mit ihren vielen unabhängigen Akteuren die meisten Informationen über aktuelle Entscheidungen verfügbar gemacht werden können

Die folgende Übersicht faßt die bei der Dokumentenanalyse durchzuführenden Analyseschritte - auch vor dem Hintergrund der in ⇨ Kapitel I entwickelten Stufenlehre (Problem - Material - Lösung) - unter verschiedenen Gesichtspunkten zusammen.

Schaubild 3: Schritte der Quellen- und Dokumentenanalyse

	Analyse-schritte	Ziele	Methode	Technik	Leitfrage(n)	Bewertungs-aspekt
P R O B L E M	Forschungsanstoß Forschungsstand Fragestellung Analyseebenen Forschungsdesign	Bestätigung, Modifikation, Widerlegung von Hypothesen; Übertragung auf neue Gebiete; Prüfung an neuen Quellen	Empirisch-analytische Methode Quellenstudium (Originalebene)	Interpretation, Literaturauswertung, Hypothesensammlung	Was ist neu an meiner Fragestellung oder meinem Datenmaterial (oder beidem) im Vgl. zu vorliegenden Publikationen?	wissenschaftl. Brauchbarkeit Neuigkeitswert praktische Relevanz gesellschaftliche Wichtigkeit
M A T E R I A L	Quellenauswahl (Quellenlage und Quellenzugang)	Vollständigkeit: alle für die Fragestellung einschlägigen Quellen sollen herangezogen werden	Sichtung des Rohmaterials Selektion	Archiv-, Quellenrecherche, Auswertung von Archiv-, Quellenführern, Findbüchern etc.	Welche Quellen muß ich zur Beantwortung meiner Fragestellung heranziehen?	Ergiebigkeit der Quellen (Detailliertheit, zeitliche und sachliche Dichte, Nähe zum Gegenstand)
	Quellensicherung (Echtheitskritik, äußere Kritik)	Sicherung der Authentizität des Dokuments	Natur-, sprachwissenschaftl. Anaylse- und Nachweisverfahren	Altersbestimmung, Sprach-, Textvergleich mit älteren Textversionen Rekonstruktion der Überlieferung	Liegen die Voraussetzungen der Richtigkeit der Informationen vor?	Übereinstimmung von Text/Überlieferung und Original
	Quellenauswertung: a) sprachliche Aufschlüsselung. b) sachliche Aufschlüsselung.	Analyse der sprachlichen Formen Auswertung des sachlichen Informationsgehalts	Interpretation/ Hermeneutik Sprachwiss./ Linguistik Empirisch-analytische Auswertungsverfahren (Beschreibung/ Klassifikation)	Sprachanalyse (Semantik, Syntax, Pragmatik) Ziel-/Zweckrationalität Zusammenfassung Explikation Strukturierung	Welche Stilmittel werden eingesetzt? Welche Strukturen und Prozesse soll ich hinsichtl. meiner Arbeitshypothesen beschreiben?	Sprachliche Kompetenz, Performanz Konsistenz und Korrespondenz Hypothesen ⇕ dargestellte Wirklichkeit
	Historische Kritik: a) Entstehung b) Ideologiekritik c) Ursachenerklärung	Konfrontation der dargestellten Realität mit anderen Aussagen zu diesem Realitätsausschnitt	Literaturanalyse historische Rekonstruktion Objektivierung, Ideologiekritik Kausale Erklärung	Befragung, Textvergleiche, Parallelüberlieferungen Objektivierung Hypothesenprüfung	Welche Fehlerquellen (Wahrnehmungsverzerrungen etc.) sind auszuschalten und welche Kausalerklärungen haben Bestand?	Validierung von speziellen Prozessen und Strukturen Anwendung von Hypothesen
L Ö S U N G	Zusammenschau, Hypothesendiskussion	Kumulative Forschung Objektivität Validität Reliabilität	Kommunikative Validierung in der "scientific community"	Hypothesen-Theorienvergleich	Welche Hypothesen haben sich bewährt?	Objektivität, Validität, Reliabilität

Welche Strategien und welche Akteure als Informationsquellen in Frage kommen, ist von der konkreten Fragestellung abhängig. Wenn, was die Regel ist, eine teilnehmende Beobachtung und ein (immer nur selektives!) Studium des gesamten Aktenfundus nicht in Frage kommen, müssen und können Experteninterviews, Zugänge über Entscheidungsbeteiligte, die nicht in ein Abhängigkeitsverhältnis eingebunden sind, diese Defizite mildern.

Jede politische Entscheidung - mit Ausnahme von solchen, die strengen Geheimhaltungsauflagen unterliegen - muß in den zuständigen parlamentarischen Gremien beraten werden, hat "Mitwisser", die befragt werden können, produziert Vorlagen, Stellungnahmen, Änderungsvorschläge, die in aller Regel eingesehen werden können. Oppositionsfraktionen lassen sich meist weniger in Geheimhaltungszwänge einbinden als Mehrheitsfraktionen. Referentenentwürfe für die Gesetzgebung werden - gemäß Geschäftsordnung der Bundesregierung - mit den entsprechenden Lobbies abgestimmt. Der Bundesrat muß 60 % der Bundesgesetzgebung zustimmen. Im bundesrepublikanischen Konkordanzsystem werden die meisten Vorhaben zwischen Bund und Ländern ausgehandelt. Es gibt Beteiligungsvorschriften für bestimmte Gruppen von Maßnahmen (z.B. der Naturschutzverbände bei Eingriffsplanungen). Eine lückenlose Aufklärung einzelner Ereignisse ist zudem bei theoriegeleiteter Forschung nicht nötig, ebenso wenig wie der Zugriff auf die vollständigen Akten.

Neben den genannten Ansatzpunkten wurden in meiner Studie zur Bundesfernstraßenplanung vor allem Gerichtsunterlagen (A 44-Prozeß) und die Unterlagen des Bundestagsarchivs ausgewertet. Beides scheint bei Politikwissenschaftlern noch weitgehend unbekannt geblieben zu sein. Betrachtet man die dadurch zustandekommende Materialfülle, so ist zu bezweifeln, daß die späteren Historiker nach Ablauf der Sperrfrist mehr und bessere Dokumente zur historischen Wahrheitsfindung antreffen werden: Die den Bundestagsabgeordneten für die Bedarfsplanentscheidung vorgelegten Unterlagen sind sehr umfangreich. Die Naturschutzverbände erhielten im Zuge der letzten Bedarfsplanung 1992/93 acht prall gefüllte Ordner mit den Bewertungsunterlagen zu den einzelnen Strecken. Bei der späteren Archivierung wird davon sicherlich vieles kassiert werden.

Bei meiner Untersuchung einiger Hypothesen der Theorie der Politikverflechtung an dem kontrovers in der Fachliteratur behandelten Thema der Bundesauftragsverwaltung ergab die Quellenuntersuchung, daß die Steuerungsfähigkeit des Bundes in der Tat eher als gering anzusehen ist. Deshalb kommt meine Studie zu dem Ergebnis, daß von den beiden eingangs erwähnten Alternativhypothesen eher *Garlichs* (Steuerungsdefizite des Bundes) als *Mäding* zu folgen ist. Dafür sind aber noch andere, bisher ungenügend zur Kenntnis genommene Gründe verantwortlich. Als wichtigste sind zu nennen: Erstens die geringe Zielgenauigkeit der zentralen Planung, die ihrerseits durch die Expansionsstrategie der Straßenbauabteilung und die günstigen Durchsetzungsmöglichkeiten der Fachabteilungen innerhalb der Politikverflechtung zu erklären sind (also nicht durch die multilaterale Verhandlungsstruktur). Zweitens ist die rechtsstaatliche Komponente als Restriktion auch der Bundesplanungen zu beachten. Die Gerichte haben einen wichtigen Teil der Kontrolle der dezentralen Verwaltungen übernommen; Eingriffe von oben wären auch deshalb nicht ungefährlich.

Zu den einzelnen fünf *Hypothesen*, die eingangs anhand der Theorie der Politikverpflechtung aufgestellt wurden, läßt sich anhand der Ergebnisse meiner Studie nunmehr resümieren:

- Der "Eingriffsverzicht" konnte als Entscheidungsmuster nachgewiesen werden. Hinsichtlich des Geltungsbereichs wurde er ausgedehnt auf den Aspekt der Steuerung des Verwaltungshandelns (Richtlinien/Allgemeine Rundschreiben Straßenbau) und auch auf die Projektplanung.

- Die Bedarfs- und Anspruchsinflation wurde deutlich bei der Bedarfsplanung nachgewiesen; BVWP '92 ist dafür ein beredtes Beispiel. Das Plannungs- und Bewertungsverfahren ist nicht problemlösend angelegt. Der BMV müßte ein gesamtes verkehrspolitisches Maßnahmenpaket vorlegen, das insbesondere Anreize zur Verkehrsvermeidung und -verlagerung gibt.

- Finanzverteilung: Die Tendenzen zur Besitzstandswahrung werden am Beispiel deutlich. Der BVWP '92 ist insbesondere hinsichtlich der Mittelanteile der alten Länder ein Musterbeispiel für eine paretooptimale Umverteilung. Die Gleichbehandlung und das Gießkannenprinzip sind aber auch durch entsprechende Ziele des Bundes bedingt.

- Die enge vertikale Zusammenarbeit der Fachverwaltungen in Bund und Ländern geht auf Kosten der horizontalen Abstimmung. Das wurde nachgewiesen auf der Ebene der Bedarfsplanung (Vernachlässigung von Umweltbelangen) und der Projektplanung (Umweltverträglichkeitsprüfung, Salamitaktik zur Aushebelung ökologischer Forderungen).

- Demokratiedefizite oder "politische Kosten" zeigten sich bei der Beratung im Bundestag. Eine parlamentarische Kontrolle, die diesen Namen verdient, ist am Ende vieler Vorentscheidungen und langer Verhandlungen interessenharmonischer Fachbürokratien von Bund und Ländern nicht möglich.

Nicht alle Hypothesen konnten in diesem Kapitel, das sich auf die methodische Illustrierung der Quellen- und Dokumentenanalyse konzentrieren mußte, ausreichend beleuchtet werden. Das gilt insbesondere für das Bewertungsverfahren bei der Bedarfsplanung des Bundes sowie für den Bundesverkehrswegeplan 1992 (BVWP/92). Alle differenzierten Einzelheiten sind in *Reh* (1988 und 1994) nachzulesen. Entscheidender erscheint mir folgendes: Die Quellen- und Dokumentenanalyse hat sich als ein wichtiges Hilfsmittel empirischer politikwissenschaftlicher Forschung erwiesen. Sie ist von Historikern entwickelt, aber sie darf von Sozialwissenschaftlern nicht als traditionalistisch mißachtet werden. Manche problematischen Reste einer subjektiv „verstehenden" Interpretation sind bei der Dokumentenanalyse zu überwinden, um sie als normale empirische Methode der Sozialwissenschaften anzuerkennen. Von einem wohlverstandenen geschichtswissenschaftlichen „Positivismus" sind präzise Techniken der Quellenkritik, des Quellenzugangs und der Quellenauswertung durchaus zu lernen. Die Quellenanalyse sollte allerdings immer durch ergänzende Methoden, ob Beobachtung, Experteninterviews oder Inhaltsanalysen, kontrolliert werden. Die historische Quellenanalyse hat sich insbesondere auf die überkommenen Verwaltungsakten in den Staats- und Bundesarchiven konzentriert. Zeitgeschichtliche und politikwissenschaftliche Forschung hat aber noch eine Reihe von alternativen Quellen für die Dokumentenanalyse zur Verfügung: Das sind insbesondere Parlamentaria mit den Bundestagsdebatten, aber auch eine Fülle von Drucksachen und weiteren Unterlagen für die parlamentarischen Entscheidungsvorgänge; es sind aber auch die zeitgenössischen Zeitungsberichterstattungen mit ihrer Pluralität der Meinungen und Informationen kritisch auszuwerten; insbesondere kann aber auch auf die Quelle von Gerichtsakten hingewiesen werden, die bisher noch weitgehend mißachtet worden sind.

Insgesamt tut sich damit gerade für die moderne Policy-Forschung eine scheinbar traditionelle Methode auf, die in der zukünftigen Politikwissenschaft noch stärker genutzt werden sollte. Das gilt insbesondere auch für die Arbeit an individuellen Examens- und Forschungsarbeiten, die mit den großen Etats der Umfrageforschung oder der umfassenden quanitativen Inhaltsanalyse nicht rechnen können.

Anhang: Quellen und Dokumente

Argeva: Generalverkehrsplan der Stadt Heiligenhaus. Aachen 1975

Atmanspacher, Harald: Brücken über den kartesianischen Schnitt. Die Themen "Komplexität" und "Bedeutung" hinterfragen die Disziplinarität ihrer Disziplinen. In: Frankfurter Rundschau v. 1.11.1994, S. 10

Bertelsmann Stiftung (Hrsg.): Beziehungsspiele - Medien und Politik in der öffentlichen Diskussion, Gütersloh 1993

Bundesarchivgesetz (BArchG): Gesetz über die Sicherung und Nutzung von Archivgut des Bundes vom 6.1.1988 (BGBl I, S.62) zuletzt geändert durch das Gesetz zur Änderung des Bundesarchivgesetzes vom 13.3.1992 (BGBl I, S.506)

Bundesminister für Verkehr (Bmv) (Hrsg.): Verkehr in Zahlen 1992. Bonn 1993

*Bundesverfassungsgericht (*Hrsg.*): * Entscheidungen des Bundesverfassungsgerichts. Die einzelnen Urteile werden nachgewiesen durch Angabe des Urteilsdatums, des betreffenden Bandes der Entscheidungssammlung (abgekürzt: BVerfGE), die Seitenzahl des Urteilsbeginns und, in Klammern, die Seite, auf die hingewiesen wird, z.B.: Urteil vom 22.5.1990, BVerfGE 81, 310(315). (Das Urteil bezieht sich auf den "Schnellen Brüter" in Kalkar und die Bundesauftragsverwaltung im Atomrecht)

Enquete-Kommission "Schutz der Erdatmosphäre" des Deutschen Bundestages (Hrsg): Zweiter Bericht zum Thema Mobilität und Klima - Wege zu einer klimaverträglicheren Verkehrspolitik. BT-Drucks. 12/8300 vom 15.07.1994

Enquete-Kommission "Schutz des Menschen und der Umwelt" des Deutschen Bundestages (Hrsg): Die Industriegesellschaft gestalten. Perspektiven für einen nachhaltigen Umgang mit Stoff- und Materialströmen, Bonn 1994 (BT-Drucks. 12/8260)

Geschäftsordnung der Bundesregierung: Geschäftsordnung der Bundesregierung i.d.F. der Bekanntmachung vom 17.7.1987. GMBl (=Gemeinsames Ministerialblatt der Bundesministerien), S. 382. Auszugsweise abgedruckt in: *Hesse*, Joachim J./*Ellwein*, Thomas: Das Regierungssystem der Bundesrepublik Deutschland, Band 2: Materialien. Opladen 1992, 7., vollständig bearbeitet und erweiterte Auflage, S. 426 ff.

Gobt: Geschäftsordnung des Deutschen Bundestages i.d.F. vom 2.7.1980, BGBL (=Bundesgesetzblatt) I, S. 1237, zuletzt geändert am 31.10.1990, BGBl I, S. 2555. Auszugsweise abgedruckt in: *Hesse*, Joachim J./*Ellwein*, Thomas 1992, Band 2 (s.o.), S. 378 ff.

Ifo-Institut für Wirtschaftsforschung - Abt. Verkehr: Verkehrskonjunktur 1994. Konjunkturaufschwung stimuliert den Güterverkehr - Mineralölsteuer bremst den Personenverkehr. Zweiter Prognosebericht zum FE-Vertrag Nr. 0941/94, München 1994

Ingenieurgruppe Ivv: Verkehrsuntersuchung für das regionale Straßennetz im Raum Mettmann. Aachen 1985

Institut für Energie- und Umweltforschung (Ifeu): Motorisierter Verkehr in Deutschland. Energieverbrauch und Luftschadstoffemissionen des motorisierten Verkehrs in der DDR, Berlin (Ost) und der Bundesrepublik Deutschland im Jahr 1953 und in Deutschland im Jahr 2005. Heidelberg 1992

Institut für Landschaftsentwicklung und Stadtplanung, Essen: Umweltverträglichkeitsstudie zur geplanten Bundesautobahn A 44 im Bereich Homberg zwischen der Anschlußstelle "Ratingen-Wülfrath" an der BAB A 3 und der Anschlußstelle "Ratinger Straße" an der L 156. Essen 1988

Prognos Ag: Wirksamkeit verschiedener Maßnahmen zur Reduktion der verkehrlichen Emissionen bis zum Jahr 2005. Untersuchung im Auftrag des Bundesministers für Verkehr. Basel 1991 (FE-Nr. 90303/90)

Rechtsanwälte Redeker, Schön, Dahs & Partner: Klagebegründung in den Verfahren 23 AK 5/87; 23 K 6/88; 23 K 6/88; 23 K 7/88; 23 AK 12/87; Reg. Nr. 5 86 2527 vom 9.1.1990

Sachverständigenrat für Umweltfragen: Umweltgutachten 1994 des Rates von Sachverständigen für Umweltfragen. Für eine dauerhaft-umweltgerechte Entwicklung; BT-Drucks. 12/6995 v. 08.03.1994.

Stasi-Beauftragter: Bundesbeauftragter für die Unterlagen des Staatssicherheitsdienstes der ehemaligen Deutschen Demokratischen Republik: Erster Tätigkeitsbericht. o.O. 1993

Umweltbundesamt: Jahresbericht 1992, Berlin

Urteil des Ovg Münster: Urteil zur A 44 zwischen Ratingen und Heiligenhaus vom 11.1.1991

VCD/VCÖ/VCS: Umweltkosten des europäischen Verkehrs. Bonn 1993

Verkehrsministerkonferenz: Verkehrsministerkonferenz vom 9./10. Mai 1985 in Hamburg

Winter, Thomas A./*Institut für Landschaftsentwicklung und Stadtplanung:* Bundesautobahn A 44. Neubau von der A 3 bis zur B 227. Umweltverträglichkeitsstudie. Text und Anlagen. Essen 1993

Anlage 1

Der Bundesminister für Verkehr   Bonn, den *9.* Januar 1957

StB 1/2 - Rpl - 2oo5 Vms 57

Referenten: Min-Dirig.Koester
            Min-Rat Marschall
Hilfsref. : RR Dr.Adamek
            RR Dr.Kodal   Kabinettssache

1)   An den
        Herrn Staatssekretär des Bundeskanzleramtes
        B o n n
        Koblenzer Str.15o - 16o

        Betr.: Kabinettsvorlage;
               hier: Entwurf eines Gesetzes über den Ausbauplan für die
               Bundesfernstrassen

        Anl. : Entwurf eines Gesetzes über den Ausbauplan für die Bundes-
               fernstrassen mit Anlage (Ausbauplan) und Begründung

----   Den anliegenden Entwurf eines Gesetzes über den Ausbauplan
        für die Bundesfernstrassen nebst Begründung beehre ich mich mit
        der Bitte zu übersenden, ihn/auf die Tagesordnung der nächsten
        Kabinettssitzung zu setzen. Im Einvernehmen mit dem Herrn BMF
        weise ich darauf hin, daß der Ausschuß für Verkehrswesen des
        Deutschen Bundestages in seiner Sitzung vom 9.1.1957 die ihm zur
        Behandlung vorliegenden Initiativanträge, die den gleichen Gegen-
        stand betreffen wie der anliegende Gesetzentwurf, letztmalig kurz-
        fristig zurückgestellt hat, um der Bundesregierung Gelegenheit zu
        geben, ihre Auffassung darzulegen.

Anlage 2

Plenarprotokoll 12/167

Deutscher Bundestag

Stenographischer Bericht

167. Sitzung

Bonn, Mittwoch, den 30. Juni 1993

Inhalt:

(...)

Vizepräsident Helmuth Becker: Ich erteile dem Herrn Bundesverkehrsminister Matthias Wissmann das Wort.

Matthias Wissmann, Bundesminister für Verkehr: Herr Präsident! Meine Damen und Herren! Liebe Kolleginnen und Kollegen! Ich bedanke mich im Namen der Bundesregierung bei allen, die - sei es als Berichterstatter, sei es als Ausschußmitglied - aus allen Fraktionen an der Vorbereitung des Bundesverkehrswegeplans in so engagierter Weise teilgenommen haben. Ich bedanke mich auch bei den vielen tüchtigen Mitarbeiterinnen und Mitarbeitern im

Verkehrsministerium, die daran unermüdlich gearbeitet haben. Ich freue mich, daß Günther Krause in unserer Mitte ist, und bedanke mich nicht zuletzt bei ihm für seine engagierte Arbeit an diesem wichtigen gesamtdeutschen Verkehrskonzept.

(Beifall bei der CDU/CSU und der F.D.P.)

Diskussionen tun gut, und sie sind das Salz in der Suppe des Parlamentarismus. Nur, bei dem einen oder anderen Beitrag in der heutigen Debatte - erlauben Sie mir diese Bemerkung - frage ich mich, ob wir nicht auch in unserer Sprache etwas weniger gewalttätig sein könnten.

(Beifall bei der CDU/CSU und der F.D.P.)

Worte wie "ökologischer Selbstmord", "Verlogenheit" und "Betrug" sollten wir langsam aus den parlamentarischen Debatten entfernen. Ohne solche Worte würde sich die Glaubwürdigkeit der Argumente wesentlich erhöhen.

(Beifall bei der CDU/CSU und der F.D.P. - Dr. Klaus-Dieter Feige [BÜNDNIS 90/DIE GRÜNEN]: Ihre Politik müßte glaubwürdig werden!)

Ich freue mich, daß wir in vielen Punkten breite Übereinstimmung zwischen den Fraktionen von CDU/CSU. F.D.P. und SPD erreicht haben. Das ist in dieser Debatte nicht immer sichtbar geworden. Die Kollegen der SPD haben im federführenden Ausschuß einem Großteil der Maßnahmen bei der Straße zugestimmt. Das Bundesschienenwegeausbaugesetz, das wir heute beraten und verabschieden, ist gar ein gemeinsamer Entwurf von CDU/CSU, F.D.P. und SPD.

Meine Damen und Herren, liebe Kolleginnen und Kollegen; ich glaube, daß es zur Glaubwürdigkeit der Politik, der Parteien und von uns allen eher beiträgt, wenn wir in den Parlamentsdebatten nicht nur Trennendes nennen, sondern ebenso das in konstruktiver Arbeit gemeinsam Erarbeitete mit erwähnen und es in den Parlamentsdebatten nicht sozusagen wegretuschieren,

nur weil es wahltaktisch besser geeignet sein mag. Wir haben vieles gemeinsam erreicht. Dafür danke ich allen, die daran mitgearbeitet haben.

(Beifall bei der CDU/CSU und der F.D.P.)

Natürlich gibt es in wichtigen Punkten auch Dissens. Dennoch ist das Ergebnis akzeptabel. Der **Bundesverkehrswegeplan** - er ist der erste gesamtdeutsche Verkehrswegeplan - setzt die richtigen **Schwerpunkte** zur richtigen Zeit:

Erstens. Er stärkt die **Wettbewerbsfähigkeit** Deutschlands besonders in den neuen Bundesländern und sichert die Mobilität von Personen und Gütern.

Zweitens. Er bezieht in hohem Maße den **Umweltschutz** als Leitgedanken der Verkehrspolitik mit ein. Ich will ganz deutlich sagen: Für mich ist Umweltschutz integraler Bestandteil jeder zukunftsorientierten Verkehrspolitik und jedes zukunftsorientierten Verkehrsprojekts. Darauf zielt der Bundesverkehrswegeplan zu Recht.

(Dr. R. Werner Schuster [SPD]: In Worten und in Taten!)

Drittens. Der Bundesverkehrswegeplan eröffnet die Perspektive auf privatwirtschaftlichen **Infrastrukturausbau**, eines der entscheidenden Zukunftsthemen.

Viertens. Der Bundesverkehrswegeplan wird begleitet durch das **Planungsvereinfachungsgesetz**, das die um sich greifende Überbürokratisierung der alten Bundesrepublik zum Wohle der Menschen deutlich abbauen wird. Für die neuen Bundesländer haben wir bereits mit dem beschleunigten Planungsrecht die entsprechenden gesetzlichen Möglichkeiten geschaffen.

Bei allen parteilichen Unterschieden muß uns klar sein, daß wir im internationalen Wettbewerb der Standorte eine gut ausgebaute Verkehrsinfrastruktur brauchen. Sie ist Voraussetzung für eine konkurrenzfähige Wirtschaft. Darüber hinaus sind gute Strukturbedingungen durch Schiene, Straße und Wasserstraße für den wirtschaftlichen Aufbau in den neuen Bundesländern und für das Zusammenwachsen Deutschlands von großer Bedeutung. Deswegen sage ich hier ganz klar und eindeutig: Ich werde an der Schwerpunktsetzung, die Günther Krause für den Ausbau der Infrastruktur in den neuen Bundesländern vorgenommen hat, in der Substanz nichts ändern, weil wir diesen Ausbau brauchen, um den neuen Bundesländern die wirtschaftlichen Perspektiven zu geben, die sie in dieser schwierigen Übergangszeit dringend benötigen.

(Beifall bei der CDU/CSU und der F.D.P.)

Unser Ziel ist es, den Bedarf an Verkehrswegen im wiedervereinten Deutschland baldmöglichst zu decken. Wir wollen deshalb bis zum Jahr 2000 erhebliche Teile des vordringlichen Bedarfs in den neuen wie in den alten Bundesländern verwirklichen, vor allem die Verkehrsprojekte "Deutsche Einheit".

Ich habe selber viele Jahre in Ausschüssen des Bundestags gesessen und kenne das politische Spiel. Aber, liebe Kolleginnen und Kollegen der SPD, eines ist nicht besonders überzeugend: Für die eigene Heimat beim Straßenbau der Advokat zu sein nach dem Motto "Mehr für die eigene Heimat - weniger im Bundesgebiet" ist nicht in Ordnung. Seien Sie bitte konsequent und fordern für andere dasselbe, was Sie für sich fordern! Sie würden damit Ihren Argumenten mehr Schlagkraft geben.

(Beifall bei der CDU/CSU und der F.D.P. - Albrecht Müller [Pleisweiler] [SPD]: Nennen Sie doch ein paar Belege, Herr Wissmann! - Volkmar Kretkowski [SPD]: Zehn Milliarden!)

- Ich sage in aller Kollegialität, liebe Kolleginnen und Kollegen: Wer am lautesten schreit, merkt meistens, daß er getroffen ist.

(Dr. Dionys Jobst [CDU/CSU]: So ist es! Das war ein Blattschuß!)

Ich will deutlich festhalten: Ich habe heute in zwei Fällen erlebt, daß parteiübergreifende Bürgerinitiativen zum Bundesverkehrsminister gekommen

sind und gesagt haben: Tu endlich etwas, damit die unerträgliche Lärmbelästigung und die unerträgliche Verkehrsbelästigung baldmöglichst beseitigt werden! Ich habe soeben 11.000 Unterschriften zur A 44 im Bereich Hessen überreicht bekommen und heute morgen Tausende von Unterschriften in Sachen einer Ortsumgehung bei Wermelskirchen, hier in der Nähe.

Auch ich bin dafür, nur das zu bauen, was wirklich notwendig ist. Ich bin gegen ein Zubetonieren. Aber ich sage auch: Es gibt viele Fälle, in denen die Bürgerinnen und Bürger von uns erwarten, daß wir das Notwendige tun, und zwar unter Wahrung des bestmöglichen Schutzes von Umwelt und Landschaft. Wir dürfen uns nicht verstecken, sondern müssen das im Interesse der Bürgerinnen und Bürger unseres Landes tun.

(Beifall bei der CDU/CSU und der F.D.P.)

Vizepräsident Helmuth Becker: Herr Minister, Frau Kollegin Müller möchte Ihnen eine Frage stellen.

Matthias Wissmann, Bundesminister für Verkehr: Bitte, gerne.

Vizepräsident Helmuth Becker: Bitte sehr.

Jutta Müller (Völklingen) (SPD): Herr Minister, da Sie sich sehr viel Gedanken darüber machen, wie man Bürger vor Lärm schützen kann, frage ich: Können wir davon ausgehen, daß es einen entsprechenden Titel für Lärmschutz an bestehenden Schienenwegen im nächsten Haushalt geben wird?

(Beifall bei Abgeordneten der SPD)

Matthias Wissmann, Bundesminister für Verkehr: Frau Kollegin, wir nehmen den **Lärmschutz** bei der Schiene wie bei der Straße mehr als ernst.

Ich sage aber ebenso deutlich: Ich habe in der vergangenen Woche in meinem Wahlkreis eine Lärmschutzwand sozusagen eingeweiht. Veranschlagt waren 4 Millionen DM. Nach der Fertigstellung betrugen die Kosten 6,5 Millionen DM. Ich finde zwar, daß der

Bau dringend notwendig war, so wie er auch in anderen Fällen bei Schienen und Straßen notwendig ist. Aber ich frage mich auch: Sind wir inzwischen in Deutschland nicht dabei, aus mancher Lärmschutzwand ein Kunstwerk zu machen?

(Beifall bei Abgeordneten der CDU/CSU und der F.D.P.)

Machen wir damit nicht etwas, was wir uns letztlich gar nicht mehr leisten können?

(Albrecht Müller [Pleisweiler] [SPD]: Wer hat das denn veranlaßt?)

Auch diese Fragen müssen erlaubt sein. Also meine klare Antwort: Lärmschutz an Schiene wie an Straße wird auch in Zukunft verstärkt notwendig sein; aber mit den nur im bescheidenem Maß vorhandenen Mitteln muß klug umgegangen werden. Das ist wichtig in einer Zeit knapper Finanzen.

(Beifall bei der CDU/CSU)

Meine Damen und Herren, es ist in der Debatte zu Recht gesagt worden, daß die Schiene Vorrang verdient. Ich glaube, es fällt keinem, in keiner Partei ein Zacken aus der Krone, wenn er feststellt, daß in den letzten 40 Jahren Bahn und Schiene sträflich vernachlässigt worden sind. Wir müssen daraus Konsequenzen ziehen. Günther Krause hat nicht zuletzt deswegen das Konzept der Bahnreform auf den Weg gebracht, das es nun politisch durchzusetzen gilt.

Der Anteil der Schiene am Personenverkehr liegt bei nur 6%. Der Anteil der Bahn am Güterverkehr ist seit 1960 drastisch gesunken. Ich werde alles tun, um durch Investitionen wie auch durch das Vorantreiben der Bahnreform die Schiene zu stärken. Dabei sind wir auf Kooperation angewiesen. Daß da Kooperationsgeist besteht, war heute im Verkehrsausschuß sichtbar. Ebenso klar ist, daß wir aus unseren Worten zur Bahnreform bald Taten werden lassen. Denn nur eine beweglichere, von der Behördenstruktur befreite, attraktivere Konzeption der Bahn wird auf Dauer genügend Verkehr von der Straße wegziehen.

Ich habe in den letzten Tagen oft erklärt, warum wir die Mineralölsteuer erhöhen, um die Entschuldung von Bundes- und Reichsbahn möglich zu machen.

(Klaus Daubertshäuser [SPD]: Schlimm genug!)

Ich habe z.B. gestern in Rostock vor dem Kfz-Gewerbe gesagt: Wer jetzt den Straßenverkehr teurer macht, auch um **Verkehrsinvestitionen in die Schiene** zu begünstigen, der nützt nicht nur der Bahn, sondern der nützt langfristig auch dem Straßenverkehr. Denn nur wenn vom Verkehrszuwachs mehr auf die Schiene geht, gibt es auf Dauer überhaupt die Chance, einen durchgängigen Stau von Nord nach Süd und von West nach Ost zu vermeiden. Insofern gehört beides zusammen.

(Beifall bei der CDU/CSU und der F.D.P.)

Deswegen ist es gut, daß das Schienenwegeausbaugesetz, das wir gemeinsam verabschieden wollen, endlich eine formelle Gleichstellung des Schienenwegeausbaus und -neubaus mit dem Aus- und Neubau der Straßen bringt

Wir werden ferner alles tun, um bei der **Reduzierung von CO_2-Emissionen** voranzukommen. Unser Maßnahmenkatalog reicht von Vorgaben zur Schadstoffreduzierung des Straßengüterverkehrs über den Einsatz von Informationstechnologien und Verkehrsvernetzung bis hin zur eben erwähnten Bahnreform, die erhebliche neue Marktanteile für die Bahn ermöglicht und damit helfen soll, die hohe Frequentierung der Straße abzubauen.

Klar aber ist auch: Die Schwerpunktsetzung zugunsten von Bahn und Schiene kann nicht den völligen Verzicht auf Straßenbau bedeuten. Der **Straßenbau** der Zukunft wird allerdings mehr auf qualitative denn auf quantitative Verbesserungen setzen. Es geht mir um den Ausbau vorhandener Verkehrswege und die Entlastung von Städten und Dörfern. Es geht um die Lebensqualität vieler Menschen. Wir leisten damit nicht zuletzt einen wichtigen Beitrag zur

Erhöhung der Verkehrssicherheit in ganz Deutschland.

Ich halte in der verkehrspolitischen Diskussion nichts von einem künstlichen Gegensatz zwischen Natur und Mensch. Ich glaube, daß wir durch vernetztes Denken und Handeln - durch ganzheitliche Sicht - viel stärker als bisher die Interessen lärmgeplagter und im Stau steckender Menschen mit einer Konzeption, die die Natur schont, verbinden müssen.

Auch und gerade deshalb stärken wir im Bundesverkehrswegeplan die Schiene. Wir alle sehen aber inzwischen ein, daß die Bahn das Auto in weiten Bereichen nicht völlig ersetzen kann.

(Beifall des Abg. Horst Friedrich [F.D.P.])

Der Vorteil der Bahn im Güterverkehr liegt im Transport größerer Mengen über größere Entfernungen. Er liegt im Schienenpersonenverkehr in der Bewältigung der großen Verkehrsprobleme der Ballungsräume.

(Eduard Oswald [CDU/CSU]: Sehr wohl!)

Diesen Vorteil wollen wir auch in Zukunft für die Erhaltung und Verbesserung der Leistungsfähigkeit der deutschen Wirtschaft und der Mobilität unserer Mitbürger nutzen.

Klar ist aber auch, und wir haben darüber im Verkehrsausschuß eingehender diskutiert: Wir brauchen eine stärkere Vernetzung und **Verknüpfung der Verkehrssysteme**, einen Ausbau der Schnittstellen, wie es der Kollege Daubertshäuser heute im Ausschuß - in diesem Punkt in Übereinstimmung mit Kolleginnen und Kollegen anderer Fraktionen - genannt hat. Die Nutzung der Informations- und Kommunikationstechnologie spielt für dieses verknüpfte Denken und Handeln eine große Rolle. Dies wird uns auch von Verkehrswissenschaftlern anempfohlen. Berücksichtigen wir allein, wie viele **Leerfahrten** wir beim Güterverkehr haben.

Wenn wir moderne Kommunikationstechnologien stärker nutzen, dann werden wir zu einer wesentlichen Reduzierung der Leerfahrten und damit zu einer

besseren Nutzung unseres Verkehrsnetzes kommen. Wir veranschlagen dafür in den nächsten Jahren 4 Milliarden DM.

In diesem Zusammenhang - das sage ich ganz deutlich - kann **Verkehrsvermeidung** mit intelligenten Strategien für keinen denkenden Menschen ein Tabu sein.

(Beifall bei der CDU/CSU und der F.D.P.)

Meine Damen und Herren. Den Bundesverkehrswegeplan und die Gesetze, die ihn ausgestalten, haben wir gemeinsam erfolgreich ausgearbeitet. Jetzt gilt es, ebenso einig die Finanzierung der geplanten Verkehrsprojekte zur Sicherung der Zukunft Deutschlands zu erreichen.

Die Ziele des Bundesverkehrswegeplans sind angesichts der aktuellen wirtschaftlichen Rahmenbedingungen hoch gesteckt. Er weist immerhin ein **Investitionsvolumen** von über 450 Milliarden DM bis zum Jahr 2012 auf. Für den Neu- und Ausbau sind nur rund 240 Milliarden DM eingeplant; der überwiegende Teil ist für die Substanzerhaltung und die Erneuerung vorgesehen. Es kann also mitnichten von einem Zubetonieren der Republik gesprochen werden.

(Horst Friedrich [F.D.P.]: Aber nur, wenn man die Zahlen richtig liest!)

Meine Damen und Herren, um diese für den Wirtschaftsstandort Bundesrepublik Deutschland so wichtigen Investitionen in die Infrastruktur zeitgerecht vornehmen zu können, müßten eigentlich aus der zweiten Planungshälfte des Bundesverkehrswegeplans rund 50 Milliarden DM in die erste Hälfte vorgezogen werden. Wir haben also in den kommenden zehn Jahren einen erheblichen zusätzlichen Mittelbedarf. Ich brauche daher - ich bitte darum - Ihre Unterstützung, um die zweifelsohne vorhandene Unterfinanzierung - ich habe das von Anfang an deutlich angesprochen - auch durch eine Mobilisierung privaten Kapitals stärker als bisher ausgleichen zu können.

(Beifall bei der CDU/CSU und der
F.D.P. - Elke Ferner [SPD]: Da hat
ihr Kollege aber etwas ganz anderes erzählt!)

Nur wenn uns dies gelingt, werden
wir die Konzeptionen des Bundesverkehrswegeplans zeitgerecht ausführen
können.

(Albrecht Müller [Pleisweiler]
[SPD]: Das ist doch eine Täu-
schung!)

Ich glaube, daß dabei der Phantasie
keine Grenzen gesetzt sind. Frankreich
hat in den vergangenen 30 Jahren rund
5.800 km Autobahn mit Hilfe von **Kon-
zessionsgesellschaften** gebaut. Derzeit
entlasten diese Gesellschaften den
französischen Staatshaushalt jährlich
um rund 5 Milliarden DM. Auch Teil-
abschnitte auf der Strecke Wien-
Budapest werden gegenwärtig mit privaten Mitteln verwirklicht.

Wir sollten **internationale Erfahrungen** mit in unsere Überlegungen
einbeziehen. Daß das für Sie kein Dog-
ma ist, wo es konkret wird,

(Roland Kohn [F.D.P.]: Saarland!)

das ersehe ich daraus, daß Sozialdemokraten überall dort, wo sie in Landesregierungen beteiligt sind, den sechs
Konzessionsprojekten, also privat finanzierten Projekten, die wir jetzt auf
den Weg bringen, zustimmen, weil sie
den gesunden Menschenverstand walten
lassen.

Meine Damen und Herren, lassen wir
die akademischen Diskussionen doch
beiseite! Schauen wir uns statt dessen
die konkrete Praxis an! Dann werden
die Unterschiede relativ klein. Denn es
geht uns doch wohl gemeinsam darum,
sinnvolle Verkehrsprojekte durchzusetzen.

(Beifall bei der CDU/CSU und der
F.D.P.)

Für ein sinnvolles Konzept brauchen
wir auch **europäische Rahmenbedingungen.** Ich bin froh, daß es gelungen
ist, im Verkehrsministerrat in Luxemburg einige der Ziele, die wir seit langem angestrebt haben, zu verwirklichen.

Das ist keine Ideallösung, aber ein
großer Fortschritt.

Endlich können wir mit der **Lkw-
Vignette** - wenn auch noch mit einem
zunächst bescheidenen Betrag, der aber
später angehoben werden kann - dafür
sorgen, daß dem ausländischen Lkw auf
deutschem Boden Wegekosten angela-
stet werden, so wie umgekehrt deutsche
Laster auf ausländischem Boden schon
lange zur Zahlung entsprechender Ge-
bühren veranlaßt werden.

(Beifall bei Abgeordneten der
CDU/CSU und der F.D.P.)

Endlich kommen wir nun zu einer stufenweisen Fiskalharmonisierung und
damit zu einer **Angleichung der Wettbewerbsbedingungen** für die Fuhrunternehmen, was übrigens nicht zu einer
Verbesserung der Situation der Fuhrunternehmen gegenüber der Bahn, aber
sehr wohl zu einer Verbesserung der
Wettbewerbsbedingungen deutscher
Fuhrunternehmen im Vergleich mit
ihren internationalen Konkurrenten
führt. Mein Freund Manfred Rommel
sagt immer: Sie können gegen alle
argumentieren, nur nicht gegen Adam
Riese.

Meine Damen und Herren, wenn Sie
es einmal durchrechnen, dann stellen
Sie fest, daß mitnichten die Rede davon
sein kann, daß das Ergebnis von Luxemburg die Position der Fuhrunternehmen gegenüber der Bahn verbessert.
Das hat auch Heinz Dürr ausdrücklich
und öffentlich gesagt. Aber es kann sehr
wohl davon die Rede sein, daß endlich
die groben Benachteiligungen der deutschen Fuhrunternehmen gegenüber
ihren europäischen Nachbarn Schritt für
Schritt abgebaut werden. Das muß unser
gemeinsames Ziel sein.

(Beifall bei der CDU/CSU und der
F.D.P.)

Meine Damen und Herren, liebe
Kolleginnen und Kollegen: Bitte stimmen Sie dem Gesetzentwurf zur **Pla-
nungsvereinfachung** zu. Wir können es
uns nicht länger erlauben, daß wir für
dieselben Projekte vom ersten Entwurf
bis zur Durchführung 20 bis 25 Jahre
brauchen, für die die Franzosen 7 oder 8

Jahre brauchen. Wir können es uns nicht erlauben, z.B. bei der A 7 zwischen Nesselwang und Füssen, daß Verwaltungsgerichtsverfahren den Bau der fehlenden 17 Kilometer blockieren und Menschen in Dörfern und Städten über Jahre belastet werden, weil aus dem Rechtsstaat inzwischen ein Rechtsmittelstaat geworden ist.

(Beifall bei der CDU/CSU und der F.D.P.)

Wir müssen dieses ändern, ohne die Umwelt zu beeinträchtigen, ohne die Bürgerbeteiligung zu gefährden, schlicht im Interesse einer knapperen und unbürokratischeren Verfahrens- und Bauweise.

Meine Damen und Herren, liebe Kolleginnen und Kollegen, der Bundesverkehrswegeplan ist die Grundlage für die verkehrspolitischen Entscheidungen der nächsten Jahre, aber er bedarf natürlich immer wieder der konkreten Anpassung und Ausfüllung. Ich wünsche mir, daß wir bei allen Unterschieden über viele Einzelheiten der Verkehrspolitik zumindest einige der großen Projekte gemeinsam voranbringen. Mein Eindruck aus dem Verkehrsausschuß heute morgen war, daß bei allem, was gelegentlich öffentlich gesagt wird, die Bereitschaft dazu groß ist. Ich baue auf Ihre Bereitschaft, große Projekte, wie etwa die Bahnreform, gemeinsam durchzusetzen.

(Beifall bei der CDU/CSU und der F.D.P.)

(...)

Anlage 3

Rheinische Post   RA—VE   Nr. 259 — Freitag, 8. November 1985

A 44-Befürworter trafen sich im Café Droste

„Die Arbeit von Minister Zöpel ist mangelhaft"

Korrektur soll jetzt in Bonn erfolgen

Von unserem Redaktionsmitglied Reinhard Chudobba

Ratingen/Heiligenhaus — Eine eindeutige Absage an die Vorstellungen von NRW-Verkehrsminister Dr. Christoph Zöpel zum Weiterbau der A 44 von der A 3 zum bestehenden A 44-Teilstück in Velbert („nur zweistreifig") gaben etwa 50 A-44-Befürworter bei einer Versammlung in Hösel. Sie wollen weiterhin den vor Jahren geplanten Ausbau haben, und zwar so schnell wie möglich. Sie erklärten jedoch übereinstimmend, sie bestünden nicht darauf, daß der Ausbau sechsspurig südlich von Heiligenhaus erfolgen soile, sie seien auch mit vier

Günter Straßmeir   Heinz Schemken

Fahrspuren einverstanden. „Alles andere wirft die gesamte Region und alle Planungen um Jahrzehnte zurück," meinte Ferdinand Beck, Leitender Landesbaudirektor beim Rheinischen Autobahnamt Essen.

Schützenhilfe leistete den Anwesenden — unter ihnen Landrat Willi Müser, Bürgermeister Ernst Berninghaus aus Heiligenhaus, Bürgermeister Klaus Mühlhoff und Stadtdirektor Hans–Günter Steinhauer aus Velbert, Dr. Wulfhard Hischebeth von der IHK Düsseldorf sowie Rolf Ruhrmann vom DGB Kreis Mettmann — MdB Heinz Schemken, der die Versammlung organisiert hatte.

Mit dem CDU-Abgeordneten Schemken war auch sein Fraktionskollege Günter Straßmeir, Vorsitzender und Sprecher der Arbeitsgruppe Verkehr der CDU/CSU-Bundestagsfraktion, gekommen. Straßmeir erklärte: „Ich möchte zusagen, daß der Abschnitt der A 44 zwischen A 3 und B 227 n/B 224 weiterhin im vordringlichen Bedarf bleibt." Er wolle diesen Standpunkt auch im Bundestag durchsetzen, wo in den nächsten Wochen über den Bundesverkehrswegeplan beraten wird. Straßmeir hofft, in Bonn die Entscheidung von Landesverkehrsminister Zöpel noch korrigieren zu können. „Die Aussichten stehen nach Vorgesprächen nicht schlecht," erklärte der Sprecher der Arbeitsgruppe Verkehr.

Ins gleiche Horn stieß auch MdB Schemken. „Wir werden unsere Versuche hinsichtlich eines vierspurigen Baus der A 44 nicht aufgeben." Zwar gebe es keine Revision mehr zu dem abgelaufenen Verfahren, doch habe allein der Bundestag die Entscheidung über den Straßenbau. „Und die Arbeit, die Minister Zäpel in Bonn abgeliefert hat," so Schemken, „ist mangelhaft. Eine zweispurige Straße ist auch ökologisch nicht günstig. Das bedeutet zweimal eine Baustelle: einmal wenn sie gebaut und zum zweiten, wenn sie ausgebaut würde. Gefordert ist für den niederbergischen Bereich eine schnelle Verkehrsmöglichkeit, nämlich vierspurig."

Im Laufe der Diskussionen ergriff auch Landesbaudirektor Beck vom Autobahnamt Essen das Wort und malte ein schreckliches Gespenst an die Wand: „Ich sehe da planungsrechtliche Bedenken, falls wirklich eine Umwidmung von sechs auf vier Spuren erfolgen sollte. Damit wäre ein komplett neues Planfeststellungsverfahren für den Abschnitt südlich Heiligenhaus erforderlich. Und falls das eintreten sollte, wird es wohl vor dem nächsten Jahrtausend keinen Weiterbau der A 44 geben."

Um die Abschnitte ① und ② drehte sich die Diskussion der Autobahn-Befürworter in Hösel. Gefordert wurde ein vierspuriger Ausbau zwischen der A 3 und dem schon fertiggestellten Teilstück in Velbert (dicke Linie).

Rheinische Post   RA—VE   **Nr. 220 — Montag, 23. September 1985**

SPD-MdL Dr. Hans Kraft: „A 44 wird zweistreifig gebaut"

Heiligenhaus / Ratingen — Anders als bei CDU-MdB Heinz Schemken — die RP berichtete — liest sich Dr. Hans Krafts (SPD-MdL) Interpretation des Beschlusses des Bundeskabinetts zum Ausbau der A 44: „Eine wichtige Vorentscheidung für den Bau der A 44 im Bereich Ratingen, Heiligenhaus und Velbert ist jetzt gefallen. Die Bundesregierung scheint zu beabsichtigen, den von Nordrhein-Westfalen eingebrachten Vorschlag ohne Abstriche zu übernehmen. Im Klartext bedeutet dies: Zweistreifiger Bau der A 44 zwischen A 3 und B 227 bis zum Jahre 2000, wobei die Möglichkeit eines späteren Ausbaus auf vier Spuren nicht völlig ausgeschlossen wird." Der SPD-Landtagsabgeordnete weist darauf hin, noch im Frühjahr habe der Bundesverkehrsminister den dringend erforderlichen Lückenschluß der A 44 auf die Zeit nach dem Jahre 2000 verschieben wollen, nun sei er „auf die Linie des Landes eingeschwenkt".   **hz**

Rheinische Post Mittwoch, 4. Dezember 1985

MdB Schemken zur A 44:

„Sie wird vierspurig"

Kreis Mettmann — Neues zur A 44 brachte jetzt der Velberter Bundestagsabgeordnete Heinz Schemken mit. „Die Gespräche der Verkehrspolitiker in Bonn zur Fortschreibung des Bedarfsplans für den Bundesfernstraßenbau in Nordrhein-Westfalen sind abgeschlossen", erklärte Schemken. Dabei sind folgende Festlegungen getroffen worden:

① Die Strecke der A 44 — von der A 3 bis nach Velbert — wird im vordringlichen Bedarf *vierspurig* ausgewiesen. Für diesen Streckenabschnitt von 9,1 Kilometern sind insgesamt 80 Millionen Mark veranschlagt.

② Um den bisherigen zeitlichen Vorteil des Planvorlaufs um Heiligenhaus (Südumgehung) zu nutzen, soll innerhalb der bisher vorgegebenen Planung vierspurig gebaut werden.

Schemken: „Dieser Erfolg konnte durch die gute Zusammenarbeit mit den Kreisvorsitzenden der FDP, Hermann Lang, erreicht werden. Dadurch ist eine bedeutsame Entscheidung zugunsten der Bürger in Ratingen, Heiligenhaus und Velbert erzielt worden.

Anlage 4

[handschriftliches Dokument]

Az: 51.2-51-22-2/86

Vermerk:

Zu: A44   Abschnitt Homberg

hier: Gespräch in UVS und LPB am 23.5.90

Teilnehmer: s. Anlage

Das Autobahnamt Essen mit Außenstelle Wuppertal hat aufgrund der Stellungnahme der HLB vom 23.2.90 um das o.a. Gespräch gebeten.

Ergebnis:

- Es wurde festgestellt, daß die UVS gemäß Zusammenarbeitserlaß Straße-Landschaft der HLB nicht abschließend zur Stellungnahme vorgelegt hat. Dies wird durch das Autobahnamt nachgeholt.

- Der Erlaß des MSV, der dem Autobahnamt zugegangen ist, wird mitgeliefert (Behauptung: UVS sei abgeschlossen)

- Die UVS wird dahingehend ergänzt, daß ein tabellarischer Variantenvergleich einschließlich der Süd-Variante (also 3 Varianten) ergänzt wird

- Die Südvariante tritt wieder in den Vordergrund durch eine neue Situation, d.i. wirtschaftliche Lage - daß alle Varianten mit technischen Möglichkeiten aus der wirtschaftlichen Sicht möglich sind (s. Monatsbericht März 90)

- Eine Stellungnahme des HLB erfolgt nach Kenntnis des Minister-Erlasses.

- Zum LPB wird sich erst geäußert, wenn die UVS abgeschlossen und dem Dez. 51 vorgelegen hat.

Kapitel IV

Dieter Rucht/Peter Hocke/Dieter Oremus

Quantitative Inhaltsanalyse: Warum, wo, wann und wie wurde in der Bundesrepublik protestiert?

Einleitung

Proteste gehören zum politischen Alltag der Bundesrepublik. Es wird gestreikt und demonstriert, es werden Flugblätter verteilt und Eingänge blockiert, Bauplätze besetzt und politisch motivierte Anschläge verübt. Mancher wird sich selbst einmal an einem Protest beteiligen und seine eigenen Erfahrungen damit machen; gelegentlich werden wir als Passanten Augenzeuge solcher Ereignisse. Zumeist aber erfahren wir davon - und dies fast täglich - durch die Massenmedien. Wer protestiert, will etwas erreichen. Proteste sind mehr oder weniger laute, mehr oder weniger handgreifliche "Kommentare" zu tatsächlichen oder vermeintlichen Mißständen. Wer Proteste studieren will, erfährt möglicherweise etwas über Mißstände. Vor allem aber erfährt er etwas über die Protestierenden selbst: wann, wo und wie zahlreich sie auftreten, wen sie attackieren und welches Publikum sie ansprechen, was sie fordern, wie sie Forderungen begründen, welche Aktionsformen sie wählen, usw.

Will man als Wissenschaftler über viele, sehr verschiedene und an zahlreichen Orten stattfindende Proteste Informationen sammeln, so kann man nur in Ausnahmefällen als teilnehmender Beobachter zugegen sein oder nachträglich die Protestierenden befragen. Man wird also auf diejenigen zurückkommen müssen, die Proteste dauerhaft beobachten und ihr Wissen darüber zusammentragen. Das können Aufzeichnungen der Protestierenden selbst sein. Man denke etwa an Streikstatistiken, die von Gewerkschaften geführt werden. Das können Polizei- oder Gerichtsakten sein, in denen Demonstrationen oder politische Straftaten registriert sind. Das können schließlich Berichte in Massenmedien sein. Diese verschiedenen Quellen haben ihre Vor- und Nachteile. Es ist eine Frage des Untersuchungsthemas und forschungspragmatischer Überlegungen, welcher Quelle oder welcher Kombination von Quellen der Vorzug gegeben wird. Fast immer sind es jedoch schriftliche Materialien, auf die zurückgegriffen wird. Geschieht dies in methodisch kontrollierter Weise, so handelt es sich um eine *Inhaltsanalyse*. Damit sind wir beim Thema dieses Beitrags angelangt: der Inhaltsanalyse von Protestereignissen in der Bundesrepublik anhand von ausgewählten Tageszeitungen.

Den Hintergrund unserer Überlegungen und Erfahrungen bildet ein derzeit laufendes Forschungsprojekt "Dokumentation und Analyse von Protestereignissen in der Bundesrepublik, 1950-1993" - abgekürzt: "PRODAT". Bevor wir jedoch dieses Vorhaben in seiner Vorgeschichte und Ausrichtung (2) sowie in ausgewählten Zwischenergebnissen (3) vorstellen und in einem weiteren Schritt auch auf Probleme der Erhebung und Interpretation der Daten eingehen (4), werden wir zunächst einen breiter gefaßten Aufriß der Möglichkeiten von Inhaltsanalysen bieten (1). Damit soll auch verdeutlicht werden, daß der hier beschrittene Weg einer auf quantifizierende Verfahren ausgerichteten Inhaltsanalyse von Tageszeitungen nur eine von sehr verschiedenartigen inhaltsanalytischen Vorgehensweisen darstellt.

1   Die Methode der Inhaltsanalyse

Die Forschungsliteratur offeriert dem interessierten Leser, der sich einen ersten Überblick zum Thema Inhaltsanalyse verschaffen will, eine zunächst verwirrende Vielfalt von Vorgehensweisen. Um die spezifische Leistung dieser Methode und die Gemeinsamkeiten ihrer Spielarten zu verdeutlichen, ist es sinnvoll, sich Alternativen der Datengewinnung vor Augen zu führen, mit denen Wirklichkeit rekonstruiert werden soll. Betrachten wir im folgenden das Vorgehen des Beobachters, des Interviewers, des Historikers und des Inhaltsanalytikers.

Das Verfahren der *teilnehmenden Beobachtung* macht es dem Forscher möglich, sich einen persönlichen und unmittelbaren Eindruck von gegenwärtig stattfindenden Ereignissen zu verschaffen und - seinen Analyseinteressen folgend - "aus erster Hand" Informationen über die Ereignisabläufe zu gewinnen. Bei einer Demonstration beispielsweise bedeutet dies, daß der Forscher selbst vor Ort ist und dabei die Größe der Veranstaltung ermittelt, indem er Teilnehmer zählt oder schätzt, und das Anliegen feststellt, indem er die Parolen von Sprechchören und Transparenten notiert. Dagegen lösen sich *Interviews* von der Unmittelbarkeit der Vorgänge. Hier hat der Forscher die Möglichkeit, die Veranstalter und/oder Teilnehmer der Demonstration nach der Größe und dem Anliegen der Aktion zu befragen. Dies kann er unmittelbar nach dem Ereignis, aber auch Monate oder Jahre später tun. Jedoch muß ein Historiker, der ein Protestereignis des 19. Jahrhunderts studieren will, auf andere Arten der Informationsgewinnung zurückgreifen. Er kann sich beispielsweise für Polizeiakten entscheiden und diese im Rahmen eines *Quellenstudiums* "befragen". Sein Zugang zu den Ereignissen ist also indirekter Natur; er ist auf das angewiesen, was andere berichtet und gesammelt haben.

Jedes dieser Verfahren hat bestimmte Stärken und Schwächen. Der teilnehmende Beobachter gewinnt einen authentischen Eindruck vom Geschehen; er kann sich ganz auf das Ereignis und bestimmte Einzelaspekte konzentrieren; er hängt nicht von der Information durch Dritte ab. Der Zeitpunkt der Datenerhebung fällt mit dem Ereignis zusammen. Allerdings ist die Aufnahmekapazität des Beobachters beschränkt. Zufallsfaktoren, etwa sein Sichtfeld, beeinflussen seine Wahrnehmungen. Auch kann er nicht gleichzeitig an mehreren Protestorten anwesend sein. Der Interviewer wird sich in der Regel erst nach dem Ereignis daran machen, gezielt Informationen zu sammeln. Indem er mehrere Personen zum gleichen Ereignis befragt, kann er subjektiv gefärbte Wahrnehmungen korrigieren; er hat die Gelegenheit, nachzufragen und Ungereimtheiten zu klären. Der auf das Quellenstudium angewiesene Historiker muß sich mit dem bescheiden, was er vorfindet. Das tatsächliche Geschehen spiegelt sich ihm in Berichten und Aufzeichnungen, die, anders als ein Interview, durch sein Vorgehen nicht beeinflußt werden. Andererseits hat er eventuell die Möglichkeit, viele und ganz unterschiedliche Berichte zusammenzutragen und damit die Ereignisse in langen Zeitphasen und größeren territorialen Räumen zu überschauen.

Der systematisch vorgehende Inhaltsanalytiker verfährt im Grunde ähnlich wie der Historiker, selbst wenn die Ereignisse, denen er sich zuwendet, aus der jüngsten Vergangenheit stammen mögen. Im Unterschied zum Historiker, der Material oft nur "sichtet", selektiv heranzieht und hermeneutisch interpretiert, bearbeitet der streng verfahrende Inhaltsanalytiker einen klar abgegrenzten Textkorpus nach ausdrücklich festgelegten Regeln:

> "Inhaltsanalyse soll *objektiv* in der Weise sein, daß die systematische *Zuordnung von Aussageeinheiten zu vorher festgelegten Kategorien* von der Person, die die Textdurchsicht und die Zuordnung vornimmt ('Vercoder'), *unabhängig* sein soll; die Resultate der Zuordnung sollen *'intersubjektiv'* sein" (*Kromrey* 1991, S. 234).

Eine Möglichkeit der Inhaltsanalyse besteht darin, bestimmte Sachverhalte einfach zu zählen. So finden sich z.B. Studien, welche die Häufigkeit von Artikeln zu ausgewählten Themen in verschiedenen Zeitungen registrieren (*Kepplinger* 1989; 1991) oder die feststellen, wie oft bestimmte Personen in Schlagzeilen der Tagespresse erwähnt werden. Es ist aber auch möglich, ganze Texte oder einzelne Teilstücke in ihre verschiedenen Komponenten (wie Absender, Adressat, Begründungen, Bewertungen) zu zerlegen und diese Informationen getrennt zu registrieren, zu verschlüsseln und zu analysieren. So gibt es Untersuchungen, die sich speziell Leitartikeln zuwenden, um die politische Linie eines Presseorgans zu ermitteln (z.B. *Mohler* 1989). In den genannten Fällen bezieht sich die Inhaltsanalyse auf unabhängig von der Untersuchung erstellte Texte, die häufig veröffentlicht und damit allgemein zugänglich sind. Die Inhaltsanalyse greift aber auch oft auf Textmaterial zurück, das - etwa in Form von Interview-Protokollen oder Mitschnitten auf Tonband - eigens für die Untersuchung erstellt wurde (*Roller/Mathes* 1993). Schließlich gibt es Inhaltsanalysen, die sich auf Bildmaterial beziehen (z.B. Fotos, Fernsehnachrichten), wenngleich solche Untersuchungen angesichts der dabei entstehenden Probleme intersubjektiv gültiger Messungen eher selten sind.

Gemeinsam ist diesen Verfahren, daß sie sich nicht auf direkt beobachtete Wirklichkeit, sondern auf Aufzeichnungen beziehen. Der Urheber der Aufzeichnungen hat seinen Eindruck sprachlich oder optisch festgehalten; der Forscher nutzt dieses Material für seine Zwecke. Das so vermittelte Abbild der Ereignisse hat die Form von Mitteilungen, die sich bei Texten in Sätzen und darin enthaltenen Aussagen bzw. Informationen manifestieren, die ein Absender an einen Adressaten richtet. Es sind also nicht mehr das reale Ereignis selbst oder die beteiligten Akteure, die dem Forscher zur Datenerhebung und damit zur Messung zur Verfügung stehen; er hält sich vielmehr an die in Sprache "geronnene" Wirklichkeit, die inhaltsanalytisch rekonstruiert wird. Insofern greift Inhaltsanalyse auf "kommunikative Realität" zurück (*Lamnek* 1989, S. 168f.).

Welche Arbeitsschritte sind notwendig, um aus der Erfassung von Kommunikationsinhalten einen Vorgang zu machen, der als wissenschaftliches Messen bezeichnet
werden kann? Vorab muß der Forscher seine Fragestellung festlegen, seinen Gegenstand nach theoretischen Kriterien bestimmen und in Untersuchungsdimensionen
zerlegen. Dann wird das geeignete Quellenmaterial hinsichtlich seiner Art und seines
Umfangs ausgewählt, wobei dieser Vorgang nicht unabhängig von dem eigentlichen
Erhebungs- bzw. Meßinstrument entschieden werden kann. Bei der Art des Materials
geht es beispielsweise um die Auswahl eines bestimmten Typus von Dokumenten,
der ausgewertet werden soll. Die Menge von herangezogenen Dokumenten wiederum
wird einerseits durch den Untersuchungszeitraum sowie Zahl und Umfang der dafür
verfügbaren Dokumente, andererseits aber auch durch die dem Forscher verfügbare
Zeit und den Erhebungsaufwand pro Dokument bestimmt. Das Erhebungsinstrument
legt fest, welche Informationen in welcher Form registriert bzw. gemessen werden.
Häufig wird es nötig sein, aus einer sehr großen Zahl untersuchungsrelevanter Kommunikationsinhalte eine Stichprobe zu ziehen und sich auch hinsichtlich der Breite
und Differenzierung von Untersuchungsinteressen unter pragmatischen Gesichtspunkten zu beschränken.

Technisch gesprochen wird der Vorgang der Datenerhebung durch die Festlegung
bestimmter "Einheiten", nämlich der Erhebungs-, Codier- und Analyseeinheit gesteuert. Bei der *Erhebungseinheit* ("sampling unit") handelt es sich um die Textabschnitte, die in der Untersuchung bearbeitet werden sollen und deren Inhalte im Zentrum
der Fragestellung stehen. Im Falle von PRODAT bildet die Erhebungseinheit ein
Presseartikel auf den Politik-Seiten überregionaler Qualitätszeitungen, der über mindestens ein Protestereignis berichtet. Die *Codiereinheit* ("recording unit") bezieht
sich auf das Phänomen, das erfaßt bzw. gemessen wird. Dessen Bestimmung kann
entweder inhaltlich-semantischer Natur (wie bei PRODAT das näher definierte Protestereignis) oder formaler Natur sein. Letzteres wäre z.B. dann der Fall, wenn nur
Proteste aus solchen Artikeln codiert würden, in deren Überschrift die Worte "Protest" oder "Demonstration" vorkommen. Die *Analyseeinheit* ("enumeration unit") ist
die Größe, die bei der Auswertung der Daten gewählt wird (siehe unten). In manchen
Inhaltsanalysen ist darüber hinaus die *Kontexteinheit* ("context unit") von besonderer
Bedeutung. Sie steckt den weiteren Bereich der Mitteilung ab, der bei der Codierung
der Ausprägung des zu analysierenden Phänomens beachtet werden muß. Zum Beispiel kann bei einer Inhaltsanalyse, welche die Schlagzeilen von Tageszeitungen untersucht, festgelegt werden, daß bei der Interpretation mehrdeutiger Begriffe vom
Coder (wir bevorzugen die geschlechtsneutrale englische Bezeichnung gegenüber der
umständlicheren Formel "Kodierer und Kodiererinnen") zusätzlich der Untertitel und
der erste fettgedruckte Absatz des Artikels herangezogen werden soll.

Bei PRODAT sind Codiereinheit und zentrale Analyseeinheit auf denselben Untersuchungsgegenstand, nämlich das Protestereignis (PE), bezogen und somit identisch.
Allerdings ist die Codiereinheit PE selbst ein komplexes Phänomen, das wiederum in
mehrere Dimensionen mit je speziellen Variablen aufgefächert wird. Diese Variablen
werden getrennt codiert, können jedoch für bestimmte Analysezwecke wieder zu-
sammengeführt werden. Beispielsweise läßt sich ein PE in Einzelaspekte wie Dauer,
Ort und Zahl der Teilnehmer zerlegen. Diese Aspekte bleiben sachlich und im Verfahren der Datenerhebung an das jeweilige Ereignis gebunden, können aber im Prin-

zip auch getrennt analysiert werden (z.B. der Vergleich der Teilnehmerzahlen an allen PE der Jahre X und Y). Darüber hinaus ist es möglich, nicht nur Teilaspekte von PE als spezielle Analyseeinheiten zu behandeln, sondern Gruppen von PE zu einer Analyseeinheit auf aggregiertem Niveau zu bilden. So können etwa Protestkampagnen untersucht werden, die sich jeweils aus allen sachlich und organisatorisch miteinander verbundenen Ereignissen zusammensetzen. Eine Protestkampagne läge z.B. vor, wenn in mehreren Städten innerhalb einer bestimmten Woche unter einem gemeinsamen Motto Demonstrationen gegen die bevorstehende Inbetriebnahme eines Atomkraftwerkes durchgeführt würden.

Die Festlegung der zentralen Analyseeinheit erfolgt in der Forschungspraxis einerseits mit Blick auf das allgemeine Untersuchungsinteresse, andererseits mit Blick auf die verfügbaren bzw. verarbeitbaren Informationsquellen. Bei der Reduzierung umfangreicher Materialien durch Stichproben und der Festlegung der zu erfassenden Dimensionen einer Mitteilung gewinnt die Frage nach der Forschungsstrategie an Bedeutung. Hierbei muß sich der Forscher über seine Erkenntnisziele sowie über seine theoretischen Annahmen klarwerden. Er kommt auch nicht umhin, innerhalb der Methodenkontroverse zwischen quantitativem und qualitativem Paradigma eine Position einzunehmen.

Die grundsätzliche und zuweilen unnötig polarisierte Kontroverse zwischen Vertretern des quantitativen und qualitativen Methodenparadigmas hat inzwischen an Schärfe verloren. Es bleibt festzuhalten, daß der Datentypus und der Zugriff auf die Wirklichkeit bei qualitativen und quantitativen Inhaltsanalysen zumindest Ähnlichkeiten aufweisen (*Früh* 1992, S. 59-89; zu den offenen Fragen: *Lamnek* 1989, S. 171-173). Gleichwohl bestehende Unterschiede können auf folgenden Nenner gebracht werden: Beim qualitativen Verfahren (*Mayring* 1988, S. 14-18) ist die inhaltsanalytische Methode Teil der Auswertung und dient der Interpretation speziell für Forschungszwecke erhobenen Materials (z.B. biografische Interviews). Beim quantitativen Verfahren dient sie der Erhebung von Daten. Das Material, aus dem die Daten stammen, wird überwiegend nicht eigens für Forschungszwecke erstellt. Die Auswertung der Daten bleibt statistischen Verfahren vorbehalten.

Die strikte Entgegensetzung qualitativer und quantitativer Verfahren findet zumeist keine Entsprechung in der Forschungspraxis. So neigen einerseits auch qualitativ orientierte Forscher zu zumindest grobschlächtigen quantitativen Aussagen (z.B. "fast immer", "überwiegend", "völlig eindeutig"). Andererseits ist erkennbar, daß selbst quantitativ orientierte Forscher kaum ohne qualitative Urteile auskommen. Da Kommunikationsinhalte neben manifesten Informationen häufig auch latente Bedeutungen transportieren, ist der Forscher gezwungen, über argumentative Schritte die latenten von den manifesten und damit einfacher zählbaren Fakten zu trennen. Ganz generell müssen vor dem eigentlichen Vorgang des Zählens zumeist qualitative Entscheidungen getroffen werden.

Die Notwendigkeit eines solchen vorausgehenden Schrittes läßt sich an einem Beispiel verdeutlichen: Soll die Zahl der berichteten Demonstrationen anhand der Schlagzeilen von Tageszeitungen untersucht werden, so stellt sich die Frage, was als Demonstration gelten soll. Folgende zwei Überschriften sind vorstellbar: "Atomkraftgegner demonstrierten in Wackersdorf", "CSU-Fraktion demonstrierte Geschlossenheit in ihrer Haltung zu Wackersdorf". Während es sich im ersten Fall eindeutig um eine Anti-Atomkraft-Demonstration handelt, die nach den vorgegebenen Regeln zu codieren ist, ist der zweite Fall zu ignorieren. Zwar enthält dieser ebenfalls das Verb "demonstrieren", doch wird der geforderte Bedeutungsgehalt von Demonstration als einer besonderen Form von Protestereignis verfehlt (siehe unten). Nur die Festlegung der inhaltlich-semantischen Bedeutung von Demonstration als einer öffentlichen Artikulation kollektiven Widerspruchs und die korrekte Anwendung dieser Definition bei der Sichtung des Materials ermöglicht eine präzise und vollständige Erfassung des Untersuchungsgegenstandes. Dies gelingt im Regelfall nur durch die ausdrückliche Festlegung und Erläuterung von Begriffen, die meist voraussetzungsvoll sind und nicht immer dem Alltagsverständnis entsprechen. Hinzu kommt, daß das Alltagsverständnis bestimmter Begriffe bei mehreren Codern nicht immer deckungsgleich ist.

Es werden somit eine Standardisierung von Begriffen und eine Erklärung von entsprechenden Anwendungsregeln notwendig. Ist beispielsweise der Bedeutungsgehalt von "Demonstration" generell unklar, bei verschiedenen Codern uneinheitlich, oder würde ein Coder mechanisch nur auf das Wort "Demonstration" bzw. "demonstrieren" reagieren (wie bei obiger zweitgenannter Überschrift), so leidet die Gültigkeit und Verläßlichkeit der Datenerhebung. Im Extremfall wird die gesamte Datensammlung wertlos.

Neben forschungsstrategischen Unterschieden lassen sich mehrere inhaltsanalytische Erhebungstechniken festhalten. PRODAT basiert auf einer überwiegend quantitativen Inhaltsanalyse von Texten ("Dokumentenanalyse"). Bestimmte Informationen, z.B. Protestereignisse oder Teilnehmerzahlen, werden den Texten entnommen, vercodet und in ihren Häufigkeiten mit anderen Elementen verglichen. Bei dieser als Frequenzanalyse bezeichneten Technik werden Daten auf Intervallskalen herangezogen. Daneben können auch nominale (z.B. Ortsnamen) und ordinale Daten (z.B. Hauptaktionsform, Nebenaktionsform) analysiert werden.

Weitere Techniken sind die Valenz- und die Intensitätsanalyse (*Lamnek* 1989, S. 189). Ein Beispiel der Valenzanalyse, die auf einfache Kategorien polarer Wertigkeit zielt, ist die Aufteilung und vergleichende Analyse von Protestereignissen für bzw. gegen die Nutzung der Atomenergie. Ein Beispiel für die Intensitätsanalyse, bei der Abstufungen zwischen Polen vorgenommen werden, ist die Untersuchung der Haltung von Protestakteuren zu einem bestimmten Thema anhand einer Fünf-Stufen-Skala, die von "sehr positiv" bis "sehr negativ" reicht (zu verschiedenen Skalentypen vgl. *Friedrichs* 1980, S. 99).

Über alle technischen Unterschiede hinweg erfolgt die Datenerhebung bei Inhaltsanalysen nach systematischen Gesichtspunkten. Aus einem eindeutig abgrenzbaren Untersuchungsmaterial (den Quellen der Information) erheben bzw. messen eigens geschulte Coder anhand eines Codeschemas festgelegte Kommunikationsinhalte im Hinblick auf bestimmte Dimensionen und Variablen. Dies alles folgt Regeln, die in sog. Codebüchern festgehalten sind. Mit der Erhebung entsteht ein Datensatz, der meist in Zahlenform vorliegt und somit maschinell weiterverarbeitet werden kann. Da das Vorgehen und die Regeln dokumentiert sind, kann die Untersuchung wiederholt und hinsichtlich ihrer Verläßlichkeit geprüft werden. Die Anwendung desselben Regelwerks am selben Material muß zu identischen Ergebnissen führen. Insofern läßt sich die Inhaltsanalyse definieren als eine "empirische Methode zur systematischen und intersubjektiv nachvollziehbaren Beschreibung inhaltlicher und formaler Merkmale von Mitteilungen" (*Früh* 1991, S. 24).

Die Stärke der quantitativen Inhaltsanalyse liegt darin, große Mengen an u.U. komplexen Kommunikationsinhalten mittels eines Analyserasters zu reduzieren und die herausgefilterten Informationen nach bestimmten Untersuchungsfragen zu verarbeiten. Als spezifische Form der Datenerhebung zeichnet sich die Inhaltsanalyse durch ihre Nonreaktivität aus, d.h. der Vorgang des Messens beeinflußt nicht den Untersuchungsgegenstand (im Gegensatz z.B. zum Interview). Der auszuwertende Kommunikationsinhalt bleibt also unverändert; Verzerrungen und Verfälschungen können jedoch dadurch entstehen, daß die Coder ungenaue Regelanweisungen haben oder genaue Anweisungen nicht konsequent befolgen.

2   Forschungsvorhaben und Datenerhebung

2.1   Von der Idee zum Projektbeginn

Die in den späten 1970er und frühen 1980er Jahren einsetzenden Analysen zu den sog. neuen sozialen Bewegungen in der Bundesrepublik mündeten in Fallstudien zu Einzelbewegungen bzw. speziellen Konflikten, aber auch in einige breiter angelegte Überblicksdarstellungen. Man erfuhr damit etwas über Ziele, Argumente, soziale Träger und Aktionsformen diverser Bewegungen. Aber im ganzen blieb das Bild lückenhaft und impressionistisch. Zu einfachen Fragen gab es in der Literatur Vermutungen oder Behauptungen, aber keine empirischen Absicherungen. So behauptete zum Beispiel Luhmann, sozialen Bewegungen wohne ganz generell ein Prinzip zunehmender Radikalisierung als einer "Fortsetzungsbedingung" inne (*Luhmann* 1984, S. 547). Speziell für die neuen sozialen Bewegungen unterstellte *Kriesi* (1987) eine Blüte in den 1970er Jahren; *Brand* (1989) konstatierte für die Phase ab den frühen 1980er Jahren, daß die Themen der neuen Bewegungen rasch an Dramatik und genereller Mobilisierungskraft eingebüßt hätten. Die Autoren argumentierten vor ihrem beschränkten Erfahrungshorizont und Untersuchungsmaterial; aber es waren kaum gut begründete allgemeinere Aussagen möglich. Kurz: Die Situation war unbefriedigend.

Einen Ausweg konnte nur eine systematische und möglichst flächendeckende empirische Untersuchung bieten. Dafür gab es Vorbilder. 1983 begegnete Dieter *Rucht* dem Politikwissenschaftler Sidney *Tarrow* (Cornell University/USA), der gerade mit einer aufwendigen Studie zu Protest und Reform in Italien in den späten 1960er und frühen 1970er Jahren befaßt war. Die Datenbasis dazu lieferte eine minutiöse Erhebung von Protestereignissen anhand von Berichten einer italienischen Tageszeitung (*Tarrow* 1989). *Tarrow* war seinerseits zu dieser Methode durch Charles *Tilly*, einem Sozialhistoriker, angeregt worden, der lange Zeitreihendaten zur Akten kollektiver Gewalt erstellt hatte und damit allgemeine Theorien über Protest, etwa zum Zusammenhang zwischen rascher Urbanisierung und Protestbereitschaft, prüfen konnte. So entstand

der Vorsatz, eine breit angelegte Studie zu Protesten in der Bundesrepublik durchzuführen.

Von der Idee bis zum Beginn des Projekts war es ein weiter Weg. Daß sich ein Unternehmen dieser Art nur mit einem entsprechendem institutionellen Rückhalt verwirklichen ließ, war von Anfang an klar. Ein solcher Rahmen bot sich schließlich am
Wissenschaftszentrum Berlin für Sozialforschung in der neu gegründeten, von Friedhelm *Neidhardt* geleiteten Abteilung "Öffentlichkeit und soziale Bewegungen". Ab
1989 begannen eingrenzende Diskussionen und konkrete Vorarbeiten zu einem Forschungsprojekt, das Proteste in der Bundesrepublik analysieren sollte. Die wichtigsten Vorentscheidungen betrafen das Untersuchungsdesign (vgl. dazu *Rucht/Ohle-
macher* 1992).

Erste Weichenstellungen waren schnell klar: Das Projekt sollte sich räumlich auf die
gesamte Bundesrepublik und sachlich auf die gesamte Breite der Themen und Formen von Protesten beziehen. Anders als bei *Tarrow* zielten wir auf einen längeren
Untersuchungszeitraum, um den Verlauf von Protestwellen - und nicht nur Aus-
schnitte davon - abbilden zu können. Die Entscheidung bezog sich am Ende auf den
Zeitraum von 1950, dem ersten vollständigen Jahr der Existenz der Bundesrepublik,
bis zur Gegenwart, genauer: Ende 1993. Durch die ursprünglich nicht geplante Einbeziehung der jüngsten Vergangenheit können auch die Protestentwicklungen in den
alten und neuen Bundesländern verglichen werden.

Eine zweite zentrale Frage war, welche Quellenart für die Erhebung von Protesterei-
nissen am geeignetsten ist. Die Vorteile von Tageszeitungen liegen auf der Hand
(*Franzosi* 1987). Sie berichten regelmäßig, relativ flächendeckend und teilweise ausführlich über das Geschehen, während andere Quellen entweder thematisch und/oder
hinsichtlich der Protestformen eng spezialisiert sind (z.B. Streikstatistiken) oder nur
über sehr exponierte Protestereignisse berichten ("Archiv der Gegenwart", Fernsehen,
Hörfunk). Zudem sind Zeitungsberichte für den gesamten Untersuchungszeitraum
relativ leicht greifbar.

Eine dritte wichtige Frage stellte sich: ob - wie bei *Tarrow* - nur *eine* Zeitung als
Quelle herangezogen werden sollte. Wichtigstes Kriterium dafür war, ob sich die
bundesweit berichtenden sog. Qualitätszeitungen der Bundesrepublik in ihrer Erwäh-
nung von Protestereignissen weitgehend deckten. Art und Umfang der Berichterstattung wurden dabei als zweitrangig erachtet. Eine Vorstudie, die sich auf die Auswertung eines Monats bezog, erbrachte ein klares Ergebnis. Die *Süddeutsche Zeitung*
und die *Frankfurter Rundschau* spiegelten zusammen rund 95 % aller Protesterei-
nisse wider, welche insgesamt von allen vier *Zeitungen* (zusätzlich *Frankfurter Allgemeine Zeitung* und *Die Welt*) berichtet wurden. Allerdings betrug die Schnittmen-
ge der in diesen beiden Zeitungen berichteten Ereignisse nur rund 50 %; je ein Viertel
aller Ereignisse wurde also nur von einer der beiden Zeitungen erwähnt. Somit fiel
die Entscheidung zugunsten beider Zeitungen, womit sich der Aufwand für die Erhebung verdoppelte.

Eine vierte zentrale Frage war, was durch das Raster dieser beiden Tageszeitungen
fiel und wie man zumindest ein grobes Bild über Umfang und Art der nicht berichteten Protestereignisse bekommen könnte. Das Ziel des Projekts bestand ja darin, möglichst vollständig die tatsächlich stattfindenden Ereignisse zu analysieren. Dabei ist

klar, daß die beiden Tageszeitungen - und Tageszeitungen ganz generell - nur einen Ausschnitt davon spiegeln. Es wurde auch eine Analyse von Agenturberichten erwogen, jedoch aus pragmatischen Gründen verworfen. Eine Sichtung der Literatur und anderer einschlägiger Projekte hatte ergeben, daß die "naive" Verwendung einer in ihrer Selektivität nicht bekannten Datenquelle ein strategisch wunder Punkt von Protestereignisanalysen war. Man weiß nicht, was man alles nicht weiß, und zieht deshalb möglicherweise gravierende Fehlschlüsse. Durch verschiedene Verfahren sollte also die Selektivität der beiden Tageszeitungen als den Quellen für die sog. Kerndatei zumindest exemplarisch überprüft werden. Die Entscheidung fiel zugunsten von zwei kleineren Zusatzprojekten, welche später durch weitere Selektivitätskontrollen ergänzt werden sollen:

(1)   eine Analyse von rechtsradikalen Protesten auf Basis der Berichterstattung der links-alternativen *tageszeitung*, die auf solche Ereignisse besonders sensibel reagiert (*Flieger* 1992, S. 231).

(2)   eine Analyse von Protesten in der Stadt Freiburg, wobei sowohl eine regionale Tageszeitung als auch zusätzliche Materialsammlungen als Quellen herangezogen werden.

Schließlich mußte fünftens das Erhebungsinstrument selbst, also ein Kategorienschema (Codebogen) geschaffen werden, das festlegt, welche Informationen zu den Protesten codiert werden sollen. Als Ausgangspunkt diente das Schema von *Tarrow*, das wir in seiner Grundstruktur übernahmen, aber für unsere Zwecke abwandelten und erweiterten. Dieses Codierschema wurde in ersten Tests erprobt und verfeinert. Parallel dazu entstand ein vorläufiges Regelwerk (Codebuch), das die Entscheidungen über Prozeduren, Kategorien, Zuordnungen von Aussagen und den Umgang mit Problemfällen fixierte (*Rucht/Hocke/Ohlemacher* 1992).

Damit war ein Vorhaben festgelegt, das sich jedoch nach ersten Kalkulationen schnell als unrealistisch erwies. Hochrechnungen aufgrund von Stichproben der beiden bundesweiten Zeitungen und zweier lokaler Zeitungen ergaben, daß der Aufwand für den Codierprozeß und die davor und danach liegenden Prozeduren nicht vertretbar war. Nun begann eine Phase der Reduktion an verschiedenen Stellen: Entschlackung des Codebogens, zeitliche Eingrenzung der Zusatzprojekte (das erstgenannte von 1980-1989, das zweite von 1983-1989). Ebenso wurden Möglichkeiten zur Vereinfachung von Arbeitsabläufen in Aussicht genommen.

Die ausschlaggebende Reduktion der aufzuwendenden Ressourcen ergab sich aus der Entscheidung für ein Stichprobenverfahren bei der Erstellung der Kerndatei. Aus verschiedenen Gründen (*Rucht/Ohlemacher* 1992, S. 92f.) wählten wir ein kombiniertes Verfahren: Es werden nur jede vierte Woche komplett und in den dazwischen liegenden Wochen nur jeweils die Montagsausgaben der beiden Quellen ausgewertet. Durch die allwöchentliche Montagserhebung werden zumindest länger andauernde Protestkampagnen sowie die oft am Wochenende stattfindenden Proteste erfaßt; durch die in regelmäßigen Abständen durchgeführte Wochenerhebung kommen auch größere zusammenhängende Protestkampagnen sowie meist nicht am Wochenende stattfindende Proteste (z.B. Streiks) in den Blick; zudem kann das Zahlenverhältnis zwischen Protesten am Wochenende und an Wochentagen fortlaufend kontrolliert werden. Auf dieser Basis werden statistische Hochrechnungen über die Grundgesamtheit aller berichteten Proteste möglich. Die kombinierte Stichprobe verringert gegenüber einer Vollerhebung den Aufwand um rund 54 Prozent und brachte damit das Projekt erst auf ein handhabbares Format.

Die vorbereitenden Arbeiten waren im November 1990 mit der Einreichung eines von Friedhelm *Neidhardt* und Dieter *Rucht* verantworteten Finanzierungsantrags bei der Deutschen Forschungsgemeinschaft abgeschlossen. Im Juli 1991 erhielten wir - mit kleineren Abstrichen - den Bewilligungsbescheid. Damit konnte die Rekrutierung des erforderlichen Personals - Codierleiter, datentechnischer Betreuer sowie Coder - und schließlich im Dezember 1991 das eigentliche Projekt beginnen.

2.2   Datenerhebung: Voraussetzungen, Methode, Technik

Der gesamte Vorgang der Datenerhebung ist in mehrere Phasen unterteilt. Begonnen wurde mit dem Jahrzehnt 1980 bis 1989. Anschließend wurden von 1950 an in Zehn-Jahres-Schritten die Protestereignisse aus den verbleibenden Dekaden und dem Jahr 1990 codiert. Dieser Vorgang war im Herbst 1994 abgeschlossen. Die Erhebung des Zeitraums von 1991 bis 1993 wird voraussichtlich 1995 abgeschlossen.

Die Schlüsselkategorie, die das inhaltsanalytische Verfahren für PRODAT weitgehend festgelegt, ist das "Protestereignis" (PE). Es bildet die zentrale Codier- und Analyseeinheit. In Kurzform wird das PE definiert als "kollektive, öffentliche Aktion nicht staatlicher Träger, die Kritik oder Widerspruch zum Ausdruck bringt und mit der Formulierung eines gesellschaftlichen oder politischen Anliegens verbunden ist" (*Rucht/Hocke/Ohlemacher* 1992, S. 4).

Diese Bestimmung wurde nach kritischer Durchsicht anderer einschlägiger Studien entwickelt. Ist nur eines der in dieser Definition enthaltenen Merkmale nicht erfüllt, so wird das Ereignis nicht vercodet. Über den Aktionscharakter soll z.B. ausgeschlossen werden, daß Ereignisse erfaßt werden, bei denen lediglich rein rhetorisch Bedenken ausgedrückt werden. Widerspruch mag nicht nur in expliziter Ablehnung oder Kritik, sondern auch in der Formulierung eines positiven Handlungsvorschlags zur Geltung kommen. Diese Kritik muß allerdings aus dem Ereigniskontext erschließbar sein. Beispielsweise bedeutet eine Kundgebung der Gewerkschaften unter dem Motto "Für Kohle und Kernenergie" im Jahr 1976 zugleich eine Kritik an der Anti-Atomkraftbewegung, die den Anlaß zu dieser Kundgebung bot. Der öffentliche Charakter einer Aktion ist immer dann erfüllt, wenn sie auf öffentliche Wirkung zielt und/oder allen Bürgern und Bürgerinnen prinzipiell die Teilnahme freisteht, d.h. keine Ausschlußkriterien beispielsweise über Organisationsmitgliedschaft oder rigide Zutrittsverbote zum Veranstaltungsort bestehen. Das Merkmal der Kollektivität ist dann gegeben, wenn mindestens drei Personen an der Aktion teilnehmen. Staatliche Akteure wurden als Aktionsträger ausgeschlossen. Nicht als PE codiert würde z.B. die Resolution eines Parlaments, das gegen die Inhaftierung eines ausländischen Parteiführers protestiert. Eine Resolution mit dem identischen Anliegen, aber von einer Menschenrechtsinitiative verfaßt, wäre dagegen ein PE.

Für jedes PE wurde ein eigener Codebogen angelegt. Er enthält insgesamt 233 Variablen, die in fünf Dimensionen gruppiert sind: Neben Daten zum Träger des PE wurden das Thema des Protestes, die Aktion selbst, ihre unmittelbaren Folgen und eine Reihe von Basisdaten (wie z.B. die Quellenangabe für den oder die ausgewerteten Artikel) abgefragt. Zum Beispiel bezieht sich die Dimension "Träger" auf Teilnehmerzahl, sozialstrukturelle Merkmale der Protestteilnehmer und namentlich genannte Gruppen, die als Initiatoren bzw. Organisatoren auftreten. Hier wie bei allen übrigen Variablen hatte der Coder nur eindeutige Informationen aufzunehmen und gegebenenfalls ein Zeichen für "fehlende Information" einzutragen. Es versteht sich, daß z.B. bei einer Kurzmeldung über ein PE viele der Variablenausprägungen nicht zu ermitteln sind.

Die Vercodung des einzelnen PE erfolgte nicht parallel zur Lektüre der Zeitung als Informationsquelle, sondern gliederte sich aus methodischen und arbeitstechnischen Gründen in sechs Schritte. An einem Reader-Printer-Gerät sichteten die Coder, meist monatsweise, die verfilmten Ausgaben beider Tageszeitungen gemäß der Stichprobe. Innerhalb der Stichprobe erhielten sie die von ihnen zu bearbeitenden Zeiträume so zugewiesen, daß coderspezifische Verzerrungen klein gehalten wurden. Zum Beispiel bearbeitete nie ein Coder ein gesamtes Jahr, um seine Fehler, die in den häufig vorkommenden Vergleich auf Jahresbasis eingehen könnten, zu reduzieren. Durchzugehen waren die Zeitungsseiten 1 bis 4, Seiten zur Innenpolitik sowie die Seite "Aus aller Welt" bzw. "Vermischtes". PE, die exklusiv auf Lokal- und Regionalseiten berichtet wurden, waren nicht zu codieren. Ebenso entfielen die Seiten "Wirtschaft", "Kultur", "Sport" und "Wissenschaft". Die Kontexteinheit ist trotz dieser Einschränkungen relativ weit gefaßt, bedenkt man, daß viele Inhaltsanalysen, die Medien untersuchen, sich auf wesentlich kleinere Textmengen konzentrieren (z.B. *Flieger* 1992; *Mohler* 1989). Nach kursorischer Lektüre wurden zweitens die Artikel kopiert, die offensichtlich oder zumindest möglicherweise von PE berichten. Da oft beide Zeitungen, manchmal mehrmals oder auch zeitlich versetzt, über ein identisches Protestereignis berichten, wurden die Artikel drittens nach Ereignissen sortiert und in einem vierten Schritt in chronologischer Reihenfolge gelesen. Während dieser Lektüre fand die Prüfung anhand der vier Merkmale der Definition von PE statt. Zusätzlich wurde ermittelt, ob das Ereignis auf einen auszuwertenden Ereignistag fällt. Ereignistage sind zum einen alle Sonnabende und Sonntage, zum anderen die verbleibenden Tage, also Montag bis einschließlich Freitag, jeder vierten Woche. Zur Ermittlung der an Ereignistagen stattfindenden Proteste werden zum einen alle Montagsausgaben der Zeitungen, zum anderen die Ausgaben von Dienstag bis einschließlich Samstag jeder vierten Woche herangezogen. Mögliche Berichte zu an Ereignistagen stattfindenen Protesten, die in sonstigen Ausgaben der Zeitungen enthalten sein könnten, wurden ignoriert. Für die an Ereignistagen stattgefundenen und zugleich den vier Definitionsmerkmalen genügenden Proteste wurden fünftens die Codebögen (in Form einer Maske am PC) ausgefüllt. Der letzte Schritt bestand in der Archivierung der zugehörigen Artikel.

Sowohl die inhaltlich-semantische Codiereinheit als auch die hohe Zahl an Variablen läßt erahnen, daß die Identifikation und Vercodung von PE von zahlreichen, oft schwierigen Entscheidungen begleitet ist. Bereits die oben erwähnte Mehrdeutigkeit des Begriffes Protest führt ein Dilemma vor: Entweder sind nur formal eindeutige Mitteilungen über PE zur Codierung zuzulassen, um so Abweichungen zwischen den Codern zu verringern und eine maximale Reliabilität zu sichern. Oder das Projekt hat

einen hohen Informationsstand zu gewährleisten, indem es die sachliche und sinn-
verstehende Kompetenz der Coder nutzt und diese nicht gleichsam als programmierte
Maschinen behandelt. Die PRODAT-Forschergruppe entschied sich für den zweiten
Weg. Beispielsweise kann ein Coder eine Aktion der Roten Armee Fraktion als links-
terroristisch einstufen, auch wenn sie im Artikel so nicht bezeichnet wird.

Die acht Coder wurden zu Beginn der Datenerhebung knapp zwei Monate lang ausgebildet - vorwiegend anhand praktischer Übungen. Besonderes Augenmerk wurde
dabei auf die Identifizierung der Codiereinheit PE gelegt. Aus den später heranzuziehenden Zeitungen wurden von jedem Coder Listen aller in einer Woche berichteten
PE erstellt und innerhalb der Codergruppe verglichen sowie spezielle Artikel mit
Problemfällen unter Heranziehung des Codebuches besprochen. Parallel zur Schulung erfolgte die Verbesserung des Codebuchs.

Am Ende der Coderschulung und auch während der anschließenden Erhebungsphase
wurde das Maß an Übereinstimmung zwischen den Codern (die "Inter-Coder-
Reliabilität") durch regelmäßige Tests ermittelt. Diese Tests gaben Anlaß zu geziel-
ten Nachschulungen, aber auch zur Präzisierung einzelner Regeln. Die Identifizierung von PE als der zentralen Codiereinheit und die Codierung einzelner Variablen
kann nicht nur zwischen den Codern variieren. Es sollten auch Tests zur Zuverlässigkeit ein und desselben Coders ("Intra-Coder-Reliabilität") durchgeführt werden. Bei
ihnen erhält der Coder einen Artikel, den er bereits früher vercodet hat, und füllt erneut einen Codebogen zu diesem PE aus. Durch vorhandene Abweichungen werden
mögliche Inkonsistenzen sichtbar, die sowohl zu Nachbesserungen des Datensatzes
als auch zu Nachschulungen für einzelne Coder führen können.

Um einerseits derartigen Fehlerquellen vorzubeugen und andererseits den Codern
Raum zur Klärung auftretender Fragen zu geben, fanden zusammen mit dem Codierleiter in regelmäßigen Abständen gemeinsame Besprechungen statt. Besonders in den
ersten Monaten der Erhebung wurden sehr viele Fragen aufgeworfen. Bereits nach
kurzer Zeit entstand jedoch ein hohes Maß an inhaltlicher Kompetenz bei den
Codern, so daß sie einen Großteil der fälligen Entscheidungen selbst treffen konnten
und sich nur noch in Sonderfällen an den Codierleiter wandten. Am Ende des Projekts werden die Messungen zur Inter- und Intra-Coder-Reliabilität eines der Güte-
terien der empirischen Studie sein (zur Reliabilitätsprüfung *Früh* 1991, S. 168-174).

3   Datenanalyse und ausgewählte Ergebnisse

Vorab bleibt zu betonen, daß zum Zeitpunkt der Abfassung dieses Textes die Datenerhebung von PRODAT noch nicht abgeschlossen ist und demzufolge eine um-
fangreiche Auswertung und Präsentation der Ergebnisse aussteht. Erst wenn die gesamte Zeitreihe über mehr als vier Jahrzehnte vorliegt, läßt sich zum Beispiel die
Frage beantworten, ob die Proteste von Jahrzehnt zu Jahrzehnt zunehmen und ob
deutliche Verschiebungen der Aktionsformen und Aktionsträger zu verzeichnen sind.
Unter Heranziehung anderer Daten kann dann auch der Frage nachgegangen werden,
ob Zusammenhänge zwischen der Entwicklung von Protesten einerseits und der Veränderung objektiver Problemlagen und politischer Rahmenbedingungen andererseits

zu verzeichnen sind. Beispielsweise ist noch nie systematisch der Frage nachgegangen worden, ob politische Reformen den Protestierenden den Wind aus den Segeln nehmen oder vielmehr zu weitergehenden Forderungen und Protesten ermutigen.

Im folgenden werden einige Ergebnisse von PRODAT vorgestellt. Dabei geht es nicht um die Präsentation möglichst vieler und flächendeckender Befunde, sondern lediglich um eine exemplarische Illustration dessen, was Protestereignisanalyse im Prinzip leisten kann. Wir bieten damit nur einen sehr schmalen Ausschnitt der Analysemöglichkeiten von PRODAT. Diese Ergebnisse wurden hauptsächlich mit dem Statistikpaket SPSS™ und EXCEL™ aufbereitet.

Beispiel 1: Häufigkeiten von Protestereignissen

In den 1980er Jahren wurden insgesamt 3.599 Protestereignisse (PE) registriert, an denen 14,3 Millionen Menschen teilnahmen (Für PE, deren Teilnehmerzahl unbekannt ist, wurde ein Hochrechnungsverfahren zugrundegelegt). Abbildung 1 zeigt die Aufschlüsselung aller PE sowie speziell der PE von Arbeitnehmern nach Jahren. Um genau zu sein, handelt es sich um PE zu Konflikten in der Arbeitswelt. In Einzelfällen könnten hier auch PE der Arbeitgeberseite (z.B. Aussperrungen) enthalten sein. Wir vernachlässigen diesen Fall, der statistisch kaum ins Gewicht fällt, bei unserer vorläufigen Analyse. Beide Kurven verlaufen unregelmäßig und nur teilweise ungefähr parallel. Während das Aggregat aller Proteste von 1980 bis 1981 stark zunimmt, gehen im selben Zeitraum die Arbeitnehmerproteste zurück. Von einem Anstieg aller Proteste kann also nicht auf einen Anstieg bestimmter Proteste geschlossen werden. Themenspezifische Proteste folgen in der Regel einer je eigenen Dynamik und beeinflussen sich nicht oder nur partiell hinsichtlich ihrer Häufigkeit.

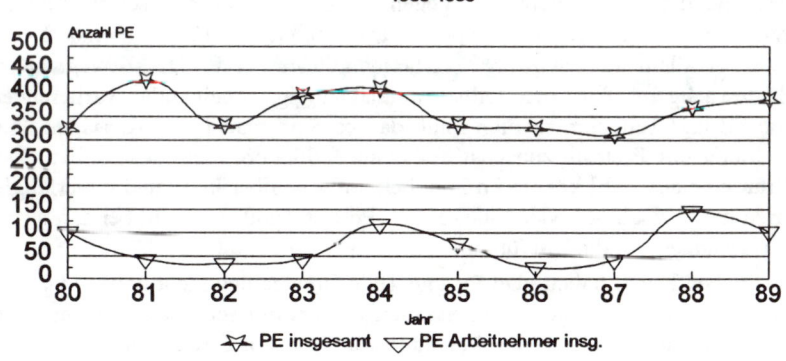

Abb. 1: Protestereignisse in der Bundesrepublik Deutschland
Vergleich PE insgesamt mit PE Arbeitnehmer
1980-1989

Quelle: PRODAT

Beispiel 2: Häufigkeit von Protestereignissen und Teilnehmerzahlen

Die Zahl von Protestereignissen ist nur *ein* Indikator für den Umfang von Protesten. Wir wissen dabei jedoch nicht, ob die Proteste im Durchschnitt viel oder wenig Teilnehmer anzogen. Somit vergleichen wir in Abbildung 2 die bereits vorgestellte Entwicklung aller PE mit der Entwicklung der dabei mobilisierten Teilnehmer und müssen demnach zwei verschiedene Maßstäbe auf der senkrechten Achse anlegen.

Abb. 2: Zahl der Protestereignisse und Teilnehmer in
der Bundesrepublik Deutschland 1980-1989

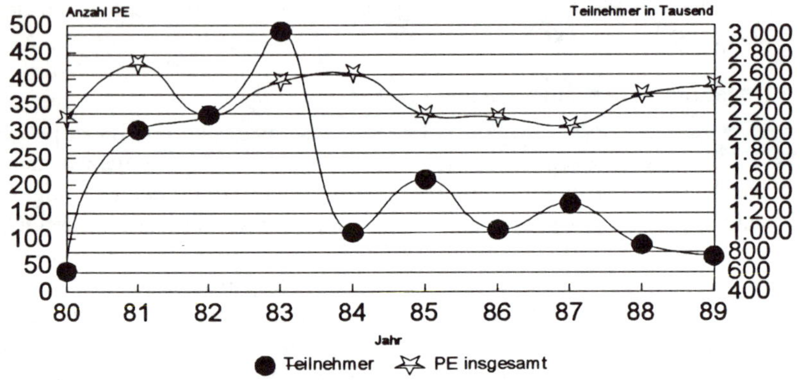

● Teilnehmer   ✰ PE insgesamt

Quelle: PRODAT

Beide Kurven in Abbildung 2 zeigen weitgehend unterschiedliche und teilweise sogar gegenläufige Trends. Mehrfach geht eine Abnahme der PE (1981-82; 1984-85; 1986-87) mit einer Zunahme der Teilnehmerzahlen einher. Besonders krass ist die Diskrepanz der Kurven zwischen 1983-84, wo einer leichten Steigerung der PE ein drastischer Rückgang der Teilnehmerzahlen gegenübersteht. Es wurden somit 1983 im Durchschnitt weitaus mehr Teilnehmer pro PE im Vergleich zu 1984 mobilisiert - ein Befund, der vor allem auf einige große Massenproteste der Friedensbewegung im Jahr 1983 zurückgeht. Aus den teilweise unabhängig voneinander variierenden Trends von PE und Teilnehmerzahlen folgt, daß es Sinn macht, bei Aussagen über die Entwicklung des Protests zunächst auf beide Indikatoren zurückzugreifen. Der Blick auf nur eine Maßzahl könnte im Hinblick auf scheinbar klare und unverfängliche Kriterien wie "Zunahme" oder "Stärke" von Protest - und erst recht bei darauf bezogenen Erklärungen - in die Irre führen.

Obgleich wir eben betont haben, daß PE und Teilnehmerzahlen nicht notwendig synchron verlaufen und deshalb getrennt gemessen werden müssen, ist es oft umständlich, jede Aussage über die Zu- oder Abnahme von Protest auf zwei unterschiedliche Maßeinheiten zu beziehen. Wir suchten deshalb nach einer Größe, die beide Indikatoren verbindet, und nannten sie "Protestvolumen". Nun macht es keinen Sinn, PE und Teilnehmerzahlen pro Zeiteinheit einfach zu addieren oder zu multiplizieren, da beide Zahlen völlig unterschiedliche Größenordnungen haben und somit das angestrebte neue Maß fast ausschließlich durch die Teilnehmerzahl bestimmt würde; man könnte es somit gleich bei diesem speziellen Indikator belassen. Man denke etwa an den "Krefelder Appell" mit mehreren Millionen Unterschriften, der selbst Tausende von kleineren Protestereignissen in den Hintergrund drängen würde.

Um auch die Zahl von PE gebührend zu berücksichtigen, ermitteln wir rechnerisch die Maßzahl für Protestvolumen, indem wir die Zahl der PE (für einen beliebig gewählten Untersuchungszeitraum) mit der Wurzel der Teilnehmerzahlen für jedes einzelne dieser PE multiplizieren. Beispielsweise haben zehn PE mit je 100 Teilnehmern das gleiche Protestvolumen (10 PE x $\sqrt{100}$ = 100) wie ein PE mit 10.000 Teilnehmern (1 x $\sqrt{10.000}$ = 100), obgleich bei der ersten Gruppe von PE lediglich 1.000, im zweiten Fall jedoch 10.000 Teilnehmer mobilisiert wurden. Das Protestvolumen 100 ist also ein künstliches Maß, das eine Vielzahl kleinerer Proteste in Relation zu wenigen Großereignissen stärker gewichtet. Dieser Effekt ist erwünscht, weil er den doch erheblichen Mobilisierungsanstrengungen hinter vielen kleinen PE Rechnung trägt. Der Index hat zudem den Vorteil, daß darauf basierende Kurven zumeist eine mittlere Linie zwischen den u.U. diskrepanten Kurven von PE und Teilnehmerzahlen ergeben. Dieser zunächst nicht unmittelbar einsichtige Effekt kann optisch illustriert werden.

Abbildung 3 zeigt die Darstellung der nach diesem Muster berechneten Protestvolumina für alle Proteste von 1980-1989. Vergleichen wir den Kurvenverlauf der Protestvolumina aller Proteste mit den jeweiligen Kurven aller PE und aller Teilnehmerzahlen (Abbildung 2), so werden die markanten Abweichungen der beiden Kurven in Abbildung 2 weitgehend neutralisiert. Hiervon ausgenommen ist allerdings das Jahr 1981, in dem das Protestvolumen einen deutlichen Gipfel erreicht. Zwar sind in diesem Jahr auch die PE am häufigsten, allerdings die Teilnehmerzahlen im Vergleich zu 1983 weitaus geringer. Daß das Protestvolumen 1981 und nicht 1983 seinen Höhepunkt erreicht, liegt daran, daß 1983 Großereignisse die Gesamtzahl der Teilnehmer hochgeschraubt haben; dies wird jedoch durch unser Berechnungsverfahren schwächer gewichtet.

Abb. 3: Protestvolumen
Bundesrepublik Deutschland 1980-1989

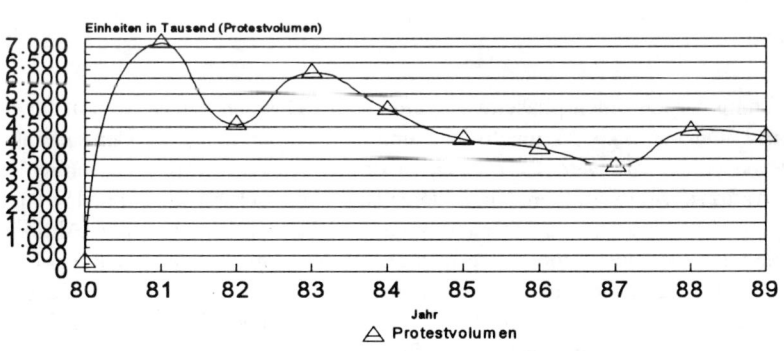

Quelle: PRODAT

Beispiel 3: Aktionsformen von Arbeitnehmerprotesten

Neben der Zahl der Teilnehmer an PE ist die gewählte Aktionsform eine wichtige und aussagekräftige Untersuchungskategorie. Hierbei operierten die Coder mit einer vorgegebenen Liste möglicher Aktionsformen (Unterschriften/Petitionen, Pressekonferenz, Flugblatt, Versammlung, Demonstration usw.). Da zuweilen ein PE mehrere Aktionsformen kombiniert (z.B. ein Protestmarsch, der durch die Übergabe von Unterschriften an eine Behörde abgeschlossen wird), bestand zudem die Möglichkeit, eine primäre und bis zu drei sekundäre Aktionsformen zu registrieren.

Zu illustrativen Zwecken präsentieren wir in Abbildung 4 neben der Entwicklung der Teilnehmerzahl an allen Arbeitnehmerprotesten auch die Entwicklung der Teilnehmerzahlen an zwei speziellen Aktionsformen, nämlich Streiks und Demonstrationen.

Abb. 4: Teilnehmer an Arbeitnehmerprotesten nach Streiks und Demonstrationen
Bundesrepublik Deutschland 1980-1989

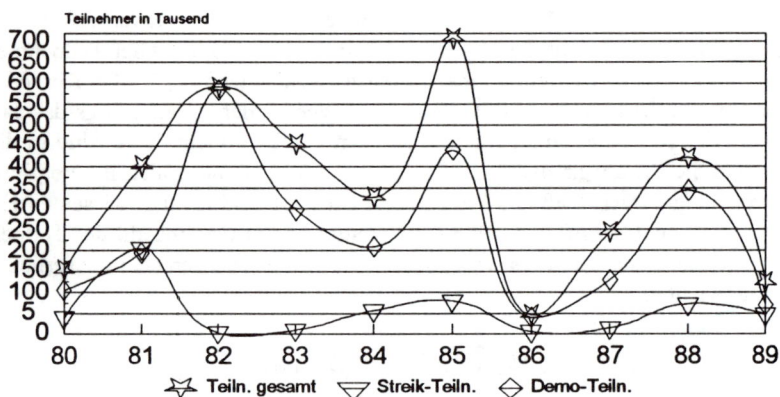

Quelle: PRODAT

Die Abbildung 4 zeigt einen phasenweise annähernd gleichen Kurvenverlauf für die Teilnehmerzahlen an allen Aktionsformen und Teilnehmerzahlen an Demonstrationen. Dies bedeutet, daß Demonstrationen in diesen Phasen die fast ausschließlich gewählte Aktionsform darstellten. Ein anderes Bild zeigt sich für die Jahre 1981 und 1983-85. Die 1981 bestehende Differenz zwischen Teilnehmern an allen Aktionen und speziell an Demonstrationen ergibt sich im wesentlichen aus der Zahl der Streikteilnehmer, die in diesem Jahr kulminiert. Die 1983 bestehende Differenz muß jedoch auf anderere Aktionsformen als Streiks zurückgehen, da Streiks in diesem Jahr kaum relevant sind. Zwar nehmen 1984 und 1985 die Streiks wieder zu, doch deckt dieser Zuwachs nicht den Abstand zwischen den beiden oberen Kurven. Auch in diesen beiden Jahren müssen somit Teilnehmer an anderen, hier nicht weiter aufgeschlüsselten Aktionsformen eine Rolle gespielt haben. Insgesamt wird in Abbildung 4 deutlich, daß Veränderungen der Teilnehmerzahlen an einzelnen Aktionen selbst innerhalb des gleichen Themenbereichs keineswegs parallel verlaufen. Einer markanten Zunahme der Teilnehmer an Demonstrationen (z.B. von 1981 auf 1982) kann ein ebenso markanter Rückgang an Streikteilnehmern gegenüberstehen.

Beispiel 4: Proteste gegen Atomenergie

Neben den Arbeitskonflikten betrachten wir ein zweites Konfliktfeld: die Proteste gegen die zivile Nutzung der Atomenergie. Wir greifen dazu auf das oben eingeführte Maß des Protestvolumens zurück, das die Zahl von PE und Teilnehmerzahlen an diesen PE kombiniert.

Abb. 5: Protestvolumen gegen zivile Atomanlagen
Bundesrepublik Deutschland 1980-1989

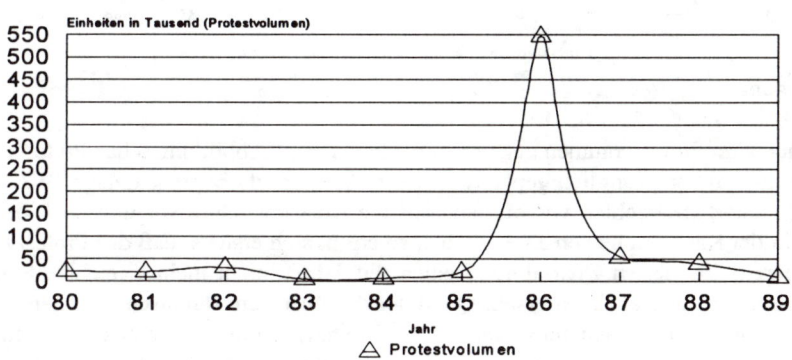

Quelle: PRODAT

Abbildung 5 zeigt das Protestvolumen gegen zivile Atomanlagen. Hierbei zeigt sich ein enormer Anstieg im Jahr 1986. Die Erklärung dafür scheint auf der Hand zu liegen: Im April 1986 ereignete sich die Katastrophe von Tschernobyl; das Ansteigen der Proteste geht auf dieses Ereignis zurück. Diese Erklärung ist aber nicht die ganze Wahrheit, wie die folgende Feinanalyse zeigt.

Wir schlüsseln die der Abbildung 5 zugrundeliegenden Zahlen unter zwei Gesichtspunkten auf und dokumentieren das Ergebnis in Abbildung 6. Zum einen haben wir nun nicht mehr das Protestvolumen für jeweils ein gesamtes Jahr wie in Abbildung 5 eingetragen, sondern nach Quartalen. Die entsprechende Kurve verläuft nun auf niedrigerem Niveau, da pro Quartal weniger Proteste als pro Jahr zu verzeichnen sind.

Abbildung 6:
Atomproteste und Proteste gegen die WAA nach Quartalen
Bundesrepublik Deutschland 1980 - 1989

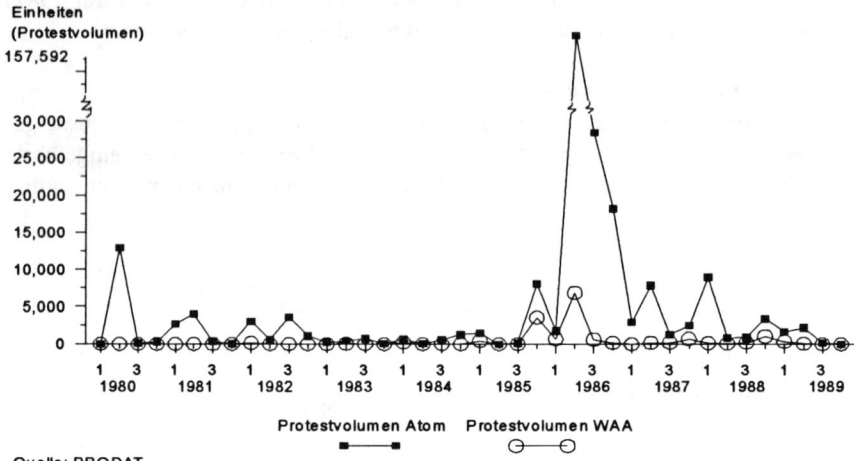

Quelle: PRODAT

Zusätzlich zum Protestvolumen gegen Atomanlagen zeigt Abbildung 6 das Protestvolumen gegen die ursprünglich geplante nukleare Wiederaufarbeitungsanlage (WAA) in Wackersdorf. Betrachten wir nun speziell die Kurvenverläufe vor und nach dem Zeitpunkt der Katastrophe von Tschernobyl, so ergibt sich erstens, daß das Protestvolumen bereits im vierten Quartal 1985 einen seit Jahren nicht mehr erreichten Spitzenwert annahm und auch im ersten Quartal 1986 über dem durchschnittlichen Niveau der beiden vorangegangenen Jahre lag. Zweitens können wir den Kurven entnehmen, daß in diesen beiden Quartalen fast die Hälfte des Volumens auf das Konto des WAA-Konflikts geht. Die Zunahme des Protestvolumens beginnt also vor dem Ereignis in Tschernobyl; sie wird zudem in signifikantem Maße durch einen spezifischen Konflikt bestimmt, der bereits vor Tschernobyl zu eskalieren beginnt (vgl. dazu *Kretschmer* 1988 sowie *Kretschmer/Rucht* 1987) und vermutlich, aufgrund bereits angelaufener Mobilisierungsbemühungen für Pfingsten 1986, auch ohne das Ereignis von Tschernobyl ein hohes Protestvolumen im zweiten Quartal 1986 erreicht hätte. Der auf der Aggregatebene sichtbare Kurvenausschlag für 1986 (Abbildung 5) ist somit ein überwiegender, aber nicht ausschließlicher Effekt von Tschernobyl. Auffällig ist zudem, daß das Volumen aller Atomproteste auch noch bis einschließlich des ersten Quartals 1988 relativ hohe Werte erreicht, während die Mobilisierung gegen Wackersdorf kaum ins Gewicht fällt. Für die Gesamtheit der Atomproteste ist also ein länger anhaltender Nachhalleffekt von Tschernobyl zu vermuten, nicht aber für den Konflikt um Wackersdorf, der offensichtlich einer Eigenlogik folgte.

4 Probleme der Erhebung und Interpretation der Daten

Bei der Erhebung und Interpretation der PE-Daten treten einige Schwierigkeiten auf, die sich in ähnlicher Form bei fast allen quantitativen Inhaltsanalysen ergeben. Wir greifen lediglich einzelne Probleme auf, die wir getrennt nach den Gesichtspunkten von Datenerhebung und Dateninterpretation diskutieren.

4.1 Probleme der Datenerhebung

(1) *Definition von Protestereignis*: Wie voraussetzungsvoll die Entscheidung über die Aufnahme oder Nicht-Aufnahme eines einzelnen Ereignisses als Codiereinheit sein kann, soll an einem Fall vorgeführt werden.

Im Juli 1986 fand im bayerischen Burglengenfeld das "5. Anti-WAAhnsinns-Festival" mit 90.000 Besuchern statt. Die Grundfrage lautet, ob es sich hier um ein PE handelt. Eines der Kriterien dafür ist, ob ein politisches oder gesellschaftliches Anliegen vorliegt. Zur Erläuterung dieses Definitionsmerkmals heißt es im Codebuch, daß kulturelle Veranstaltungen nur dann zu vercoden sind, wenn sie "mit einem erkennbaren politischen oder gesellschaftlichen Anliegen stattfinden (...) Wird die konkrete Veranstaltung (...) unter ein Motto (wie z.B. 'Beat Apartheid' oder 'Rock gegen Rechts') gestellt, so wird sie codiert" (*Rucht/Hocke/Ohlemacher* 1992, S. 6). Eine Lösung wäre, das Ereignis als kommerzielle Veranstaltung bzw. Kulturveranstaltung zu betrachten und somit nicht als PE anzuerkennen. Nehmen wir jedoch das Sprachspiel mit der Verknüpfung von "Wahnsinn" und dem Kürzel "WAA" ernst, das für atomare Wiederaufarbeitungsanlage und in diesem speziellen Fall für die knapp 20 Kilometer vom Festivalort entfernt liegende Baustelle der WAA Wackersdorf steht, so ändert sich das Ergebnis: Das Ereignis wird dann als eine Veranstaltung verstanden, in der mit anderen als den üblichen Mitteln gegen die WAA protestiert werden soll. Dies wird auch dadurch unterstrichen, daß die beteiligten Musiker in ihren Stellungnahmen vor dem Konzert oder in ihren Liedtexten bzw. Ansagen eindeutig ihre Gegnerschaft zur WAA bekundeten. Selbst wenn dieser Sachverhalt im Berichtartikel zum Konzert nicht zum Ausdruck käme, wäre es möglich, daß der Coder diese Interpretation zugrundelegt, falls er durch andere Artikel zur Vorbereitung bzw. Ankündigung der Veranstaltung diese eindeutig als Protestveranstaltung identifizieren kann.

Die nächste wichtige Entscheidung des Coders hängt mit dem Verlauf des Festivals zusammen. Von einem Teil der Anti-Atomkraft-Initiativen wurden die Festival-Besucher aufgerufen, am zweiten Konzertnachmittag zu einem "Zaunspaziergang" nach Wackersdorf zu kommen. Das bayerische Innenministerium dagegen forderte die Besucher auf, davon Abstand zu nehmen und genehmigte kurz zuvor "in Notfällen den Einsatz der umstrittenen Gummischrotgeschosse..." In der Meldung heißt es weiter: Trotz dieses Appells waren "am Samstag mindestens 2.000 Festivalbesucher in den Taxöldener Forst marschiert, wo sie den mehr als fünf Kilometer langen Bauzaun umrundeten" (*Süddeutsche Zeitung* vom 28.7.1986, S. 1). In diesem Fall hat der Coder zu entscheiden, ob der "Zaunspaziergang" ein weiteres PE oder eine "sekundäre Aktionsform" des Anti-WAA-Festivals darstellt. Handelt es sich um ein zweites

PE, so ist auch in diesem Fall das Anliegen so präzise wie möglich zu ermitteln und nicht automatisch mit dem Anliegen des Festivals gleichzusetzen. Mit dem Zaunspaziergang könnten spezifische Teilziele verfolgt werden.

Dieses Beispiel macht klar, daß vermeintlich einfache Aufgaben wie die Identifikation von Protestereignissen erhebliche Entscheidungsprobleme mit sich bringen. Was überhaupt und in welcher Ausprägung gemessen wird, ist direkt von der vorausgegangenen Entscheidung über die Anerkennung als PE abhängig. Beispielsweise läßt die Einbeziehung des Festivals als Großveranstaltung die Zahl der Protestteilnehmer gegen die WAA im Jahr 1986 um 30,7 % nach oben schnellen. Ebenso beeinflußt die Entscheidung, ob es sich bei dem "Zaunspaziergang" um ein eigenes PE oder eine sekundäre Aktionsform des Festivals handelt, die Zahl der registrierten PE und der registrierten Teilnehmer. Bei der Einstufung als gesondertes Ereignis werden 2.000 Teilnehmer eines weiteren PE gezählt; im anderen Falle sind diese Teilnehmer eine Untermenge der Festivalbesucher.

(2) *Widersprüchliche bzw. ungenaue Angaben*: Zuweilen enthalten die beiden ausgewerteten Zeitungen differierende Angaben über ein PE. Zum Teil handelt es sich dabei um offensichtliche Übermittlungsfehler (z.B. bei Teilnehmerzahlen, die sich um eine Zehnerpotenz unterscheiden). Hier kann oft aufgrund von Plausibilitätserwägungen der Fehler identifiziert und eine Korrektur vorgenommen werden. Anders liegt der Fall, wenn Zahlenangaben innerhalb einer Quelle oder zwischen mehreren Quellen differieren. Beispielsweise gibt eine Zeitung 20.000 Teilnehmer, die andere 30.000 Teilnehmer für dieselbe Demonstration an. Hier wie auch bei differierenden Angaben zwischen Veranstaltern, Polizei und/oder Journalisten werden arithmetische Mittelwerte eingetragen.

Schwieriger ist der häufig auftretende Fall, daß nur sehr ungenaue Umschreibungen eines Sachverhalts im Artikel vorkommen, die dann in Zahlen bzw. vorgegebene Kategorien übersetzt werden müssen. Eine Aktion, die als ziviler Ungehorsam klassifiziert wird, mag vom Journalisten mit anderen Worten etikettiert werden. Hier hilft nur eine Definition von zivilem Ungehorsam weiter, die der Coder sinngemäß zur Anwendung bringen muß. Ebenso werden in Zeitungsartikeln Teilnehmerzahlen oft nur vage bezeichnet ("mehrere Dutzend", "tausende", "eine riesige Menge" usw.). Hierfür wurde ein Regelwerk erstellt, das die häufigsten Formulierungen, mit denen Größenordnungen umschrieben werden, in Multiplikatoren oder Zahlenwerte übersetzt. Aus "mehreren tausend Teilnehmern" werden 4.000, aus "mehreren Dutzend" (12 x 4 =) 48 Demonstranten, weil wir als Regel festgelegt haben, daß bei "mehrere" mit dem Faktor 4 zu multiplizieren ist.

Das Problem von Quantifizierungen wird nicht nur auf der Ebene konkreter Variablen wie z.B. der Teilnehmerzahl bedeutsam, sondern auch bei den Codiereinheiten, also PE. Lautet die Information, daß in mehreren niedersächsischen Städten Streiks zur Durchsetzung der 35-Stunden-Woche stattfanden, so könnten zwar mittels der oben angesprochenen Quantifizierungsregel vier PE ohne Ortsnamen und sonstige nähere Angaben codiert werden. Da jedoch aus einem weiteren Artikel bekannt ist, daß auch in Hannover ein Streik zum selben Anliegen stattfand, bestände die Gefahr einer doppelten Codierung dieses Ereignisses. Um dies zu vermeiden und gleichzeitig die Informationen über diese Streikserie nicht verloren gehen zu lassen, wird ein gesonderter Codebogen angelegt, der nicht Bestandteil des regulären Datensatzes ist. Zwar wissen wir nicht, in welchen zusätzlichen drei Orten Niedersachsens - außer Hannover - gestreikt wurde. Es wird jedoch in diesem gesonderten Bogen festgehalten, daß es drei weitere Streiks gab. Die Relation von regulären Codierungen und der Zahl der PE und - sofern genannt - Teilnehmern in den gesonderten Bögen ermöglicht dann statistische Hochrechnungen, die über den regulären Datensatz hinausgehen. Man erhält so ein realistischeres Bild über die tatsächliche Zahl von berichteten PE, welches dann wiederum mit entsprechenden Daten aus anderen Quellen (wie z.B. Streikstatistiken) abgeglichen werden kann.

4.2   Repräsentativität und Aussagekraft der Ergebnisse

Selbst wenn diese und viele weitere Probleme der Datenerhebung zufriedenstellend - und das heißt oft nur: mit vertretbarem Zeitaufwand - gelöst sind, so ist auf Schwierigkeiten hinzuweisen, die sich auf die Interpretation der Ergebnisse beziehen. Hier ist vor allem auf zwei Grundprobleme hinzuweisen: (1) die Frage der Aussagekraft und Verallgemeinerungsfähigkeit von quantitativen Befunden zu PE und (2) die prinzipiellen Beschränkungen, die sich aus der Fokussierung auf PE ergeben.

(1) Es ist noch einmal an das Grundanliegen von PRODAT zu erinnern, ein möglichst vollständiges und flächendeckendes Bild der Proteste in der Bundesrepublik über einen langen Zeitraum zu erstellen. Faktisch beruht jedoch die Kerndatei von PRODAT ausschließlich auf den Berichten zweier bundesweiter Tageszeitungen. Es handelt sich also nicht um ein getreues Abbild der Protestwirklichkeit, sondern lediglich um ein systematisiertes und quantifiziertes Abbild eines Teils der Medienberichterstattung zu Protesten. Alle Aussagen stehen unter diesem Vorbehalt. Viele tatsächlich stattfindenden Proteste werden überhaupt nicht in den Medien erwähnt. So ergab eine Analyse, daß von den in Washington D.C. angemeldeten und im Regelfall auch durchgeführten Protesten nur wenige Prozent in Presse und Fernsehen berichtet wurden (*McCarthy* et al. 1993). Andererseits enthält diese kleine Berichtsquote doch einen sehr großen Teil der Proteste mit hohen Teilnehmerzahlen und damit auch der in allen Protesten mobilisierten Teilnehmer. Eine zweite Einschränkung ergibt sich daraus, daß nur ein Teil der in allen Berichtsquellen (Agenturmeldungen, Lokalzeitungen, Radio, Fernsehen) enthaltenen Proteste auch in den untersuchten Tageszeitungen erscheint. Hinzu kommt, daß selbst das Abbild von Protestereignissen dieser beiden Zeitungen systematisch verzerrt sein kann. Eine Zeitung mag aufgrund ihrer redaktionellen Grundlinie bestimmte Proteste besonders problematisch finden und deshalb über sie ausführlich - und vielleicht sehr kritisch - berichten. Es mögen aber auch in bestimmten Phasen spezifische Proteste nicht oder nur am Rande berichtet werden (z.B. Schändungen von jüdischen Friedhöfen), um Nachahmungseffekte zu verringern. Schließlich mag im Sinne eines "Ermüdungseffekts" das Interesse von Zeitungen an ganz bestimmten Protesten nachlassen, obgleich diese Proteste anhalten oder sogar zunehmen. Wir haben uns aus diesen Gründen nicht nur für die Wahl von zwei Zeitungen entschieden, sondern Zusatzprojekte vorgesehen, die uns über die Selektivität unserer Kerndatei systematisch, wenngleich nur exemplarisch, Auskunft geben werden.

Das erste Zusatzprojekt ist zwar thematisch auf rechtsradikale Proteste eingegrenzt, erstreckt sich jedoch räumlich auf das gesamte Bundesgebiet. Hier soll in erster Linie die links-alternative *tageszeitung* als Quelle herangezogen werden. Darüber hinaus könnte auch zurückgegriffen werden auf anderweitige Materialien zu rechtsradikalen Protesten, die von Verfassungsschutzberichten bis zu Schnittarchiven von Regional- und Lokalzeitungen reichen.

Das zweite Zusatzprojekt zielt auf eine lokale Bestandsaufnahme und Analyse von verschiedenartigen Protestthemen in Freiburg. Die Datenerhebung erfolgt auf zwei Ebenen. Zum einen werden PE aus der örtlichen Zeitung codiert, die ein Quasi-Monopol innehat. Zum anderen werden anderweitige Quellen genutzt, die über Protestereignisse Auskunft geben. Dies sind in erster Linie Aufzeichnungen des Ordnungsamtes über Demonstrationen und ähnliche Veranstaltungen in Freiburg sowie das "Archiv Soziale Bewegungen in Baden", das seit 1985 Informationen zu Aktivitäten der sog. neuen sozialen Bewegungen sammelt.

Die Hauptfunktion dieser Projekte besteht darin, einerseits in thematisch spezieller Perspektive (aber dafür innerhalb des gesamten Bundesgebietes), andererseits in lokaler Perspektive (aber dafür breiterem Themenhorizont) die Selektivität der Kerndatei von PRODAT zu kontrollieren. Dies geschieht im Vergleich der Informationen aus *Süddeutscher Zeitung* und *Frankfurter Rundschau*, die der Kerndatei zugrundeliegen, mit Informationen aus anderen ausgewählten Zeitungen sowie - partiell - medienunabhängigen Daten. Damit sind sowohl Abschätzungen der Selektivität von nationalen als auch lokalen Zeitungen möglich. Dies erlaubt es im Nebeneffekt, eine Analyse von sog. Nachrichtenwertfaktoren durchzuführen, d.h. jenen Eigenschaften und Umständen, die ein Ereignis als berichtenswert erscheinen lassen (vgl. *Staab* 1990). Weiterhin kann aufgrund der Selektivitätsprüfung vorsichtig geschätzt werden, in welcher Größenordnung die Zahl der tatsächlichen Ereignisse in der Bundesrepublik liegt und welche Arten von Ereignissen in PRODAT unter- oder überrepräsentiert sind. Abgesehen vom Vorhaben John *McCarthys*, eines mit uns kooperierenden Kollegen in den USA, wird damit zum ersten Mal im Bereich der Protestereignisanalyse ein erheblicher Forschungsaufwand betrieben, um Daten nicht nur zu erzeugen, sondern auch ihre Selektivität systematisch zu kontrollieren.

(2) Schließlich sollte man sich fernab aller methodischen und technischen Einzelheiten die prinzipiellen Grenzen der Protestereignisanalyse vor Augen führen. Welchen Wirklichkeitsausschnitt stellen Protestereignisse dar? Kann man vom Protestvolumen unmittelbare Rückschlüsse auf die Aktivitäten und den Einfluß der beteiligten Gruppen ziehen? Im Hinblick auf solche Fragen sind mehrere Einschränkungen angebracht:

Erstens wird mit der Protestereignisanalyse zwangsläufig der Typus öffentlichkeitsorientierter Gruppen in den Vordergrund gerückt. Vernachlässigt werden dagegen Gruppen, die eher unspektakuläre Formen des Protests bevorzugen und weniger öffentlichkeitsbezogen sind. Beispielsweise kann auch die Praxis von selbstverwalteten Betrieben, Landkommunen oder Selbsthilfegruppen im Gesundheitsbereich von einer mehr oder weniger prononciert vorgetragenen Kritik an politischen und gesellschaftlichen Verhältnissen geleitet sein. *Zweitens* wird selbst im Falle von stark außenorientierten Protestgruppen nur ein bestimmter, wenngleich sicher zentraler Teil ihres

Aktivitätsspektrums sichtbar. Proteste sind jedoch für das Gros dieser Gruppen ein eher außeralltäglicher Teil ihrer Praxis, den man gleichsam als Spitze des Eisberges betrachten könnte. Für die Medien unsichtbar bleibt das gesamte Spektrum der übrigen Aktivitäten: Prozesse interner Entscheidungsfindung, Sammlung und Verarbeitung von Informationen, Rekrutierung neuer Mitglieder, Finanzierungsanstrengungen, gesellige Formen des Gruppenlebens, Vorbereitung und Auswertung von Protestaktionen usw. In Verbindung damit bleibt *drittens* zu beachten, daß von der Häufigkeit, Größe und Intensität von Protestereignissen keine direkten Rückschlüsse auf das Spektrum der in den jeweiligen Themenbereichen aktiven Gruppen möglich sind. Die Gruppen, die am ehesten in den Medien erscheinen, sind nicht notwendig hinsichtlich ihrer Zahl und ihres Einflusses auf ihre Umgebung am wichtigsten. Vergleicht man beispielsweise die in den Medien berichteten Protestaktivitäten der Ökologie- oder Friedensbewegung mit denen der Frauenbewegung, so nimmt sich letztere relativ unbedeutend aus. Registriert man dagegen die Zahl der aktiven Gruppen in diesen Bewegungen auf lokaler Ebene, wie dies gegenwärtig in einem ebenfalls am *Wissenschaftszentrum Berlin für Sozialforschung* angesiedelten Projekt ("Struktur und Wandel des 'alternativen' Sektors") geschieht, so erweist sich die Frauenbewegung als die "stärkste" Einzelbewegung. Gemessen wird also in PRODAT lediglich die "kommunikative Realität" von Protest auf Basis ausgewählter Tageszeitungen.

5   Zusammenfassung

Die Inhaltsanalyse, die nur eine von sehr unterschiedlichen Methoden der empirischen Sozialforschung darstellt, unterteilt sich ihrerseits in diverse Verfahren mit je eigenen Stärken und Schwächen. Wir haben in diesem Beitrag die Möglichkeiten und Grenzen der quantitativ orientierten Dokumentenanalyse am Beispiel eines umfangreichen und anspruchsvollen Forschungsprojekts zur Dokumentation und Analyse von Protestereignissen in der Bundesrepublik aufgezeigt. Der entscheidende Vorteil dieses Verfahrens liegt darin, daß man über lange Zeiträume und in großen räumlichen Gebieten eine Vielzahl von Ereignissen systematisch erfassen und unter verschiedensten Gesichtspunkten auswerten kann (vgl. auch die Arbeiten von *Duyvendak* 1994, *Koopmans* 1993 und 1995, *Kriesi* et al. 1995 sowie *Rucht* 1994). Da wir uns hierbei im wesentlichen auf leicht zugängliche Informationsquellen, nämlich Tageszeitungen, stützen, werden im Prinzip nur Aussagen über das *Abbild* von Protesten in diesen Medien, nicht jedoch über die Gesamtheit der tatsächlich stattfindenden Proteste möglich. Die damit unvermeidlichen Einschränkungen der Aussagekraft der Ergebnisse werden durch systematische Vorkehrungen zu mindern bzw. zu kontrollieren gesucht. Dem dient einmal die Heranziehung von zwei anstatt nur einer Tageszeitung als Berichtsquelle. Weiterhin führen wir Zusatzprojekte durch, mit denen auf Basis unterschiedlicher Quellen die Selektivität der Kerndatei exemplarisch geprüft wird.

Es dürfte deutlich geworden sein, daß die Dokumentenanalyse ein aufwendiges und vor allem im Hinblick auf die Zuverlässigkeit der Ergebnisse anspruchsvolles Verfahren darstellt. Sofern größere Textmengen verarbeitet werden sollen, erfordert dies den Einsatz einer Gruppe von Codern, die anhand eines ausgefeilten Regelwerkes vorgehen und deren Tätigkeit einer laufenden Qualitätskontrolle bedarf. Der Ertrag dieser Art von Dokumentenanalyse besteht darin, daß über ein umfangreiches Forschungsfeld empirisch begründete Aussagen möglich werden. Andere Methoden erlauben spezifischere Analysen, aber müssen sich mit weitaus kleineren Untersuchungsbereichen bzw. einer geringeren Zahl von Codier- und Analyseeinheiten bescheiden. Für großflächige Analysen, wie sie mit dem vorgestellten PRODAT-Projekt angestrebt werden, erscheint das praktizierte Verfahren der Dokumentenanalyse zwar als mühsam und in seinen Möglichkeiten durchaus begrenzt. Wir sehen jedoch keine Alternative, um mit einem vertretbaren Ressourcenaufwand Ergebnisse zu erzielen, die in ihrer Gesamtheit einen ähnlichen Grad an Gültigkeit, Zuverlässigkeit und Repräsentativität erreichen.

Anhang: Auszüge aus dem Codebuch

Definition "Protestereignis"

Zentrale Untersuchungseinheit und zugleich Codiereinheit ist das Protestereignis (PE). Zusammenfassend wird ein PE definiert als eine kollektive, öffentliche Aktion nicht-staatlicher Träger, die Kritik oder Widerspruch zum Ausdruck bringt und mit der Formulierung eines gesellschaftlichen oder politischen Anliegens verbunden ist.

Die einzelnen Definitionsmerkmale lassen sich folgendermaßen umschreiben:

1. Der Protest muß Aktionscharakter besitzen und somit eine Handlungsform expliziten Widerspruchs darstellen, zumindest andere zum Handeln auffordern (z.B. durch eine Resolution, Brief, Offenen Brief).

   Beispiel: In einer Zeitung findet sich ein Hintergrundbericht über die Stimmung an deutschen Stammtischen. Inhalt der Gespräche der Gaststättenbesucher ist laut Bericht das massive Unbehagen über die Politik der Regierungsparteien. Da der Artikel von keiner Aktion, sondern von rein verbalem Protest berichtet, wird er nicht vercodet.

Diese Form des Widerspruchs kann aus mehreren Komponenten bestehen, die durch eine "primäre Aktionsform" verbunden sind. "Primäre Aktionsformen" werden von Akteuren explizit gewählt, um ihr Anliegen gegenüber der Öffentlichkeit zu vertreten, und u.U. durch weitere Aktionsformen (sekundären Aktionsformen) ergänzt.

   Beispiel: Kommt es im Verlauf einer Demonstration zu Auseinandersetzungen zwischen Polizei und Demonstranten, so sind die Demonstration die primäre und die Auseinandersetzungen die sekundäre Aktionsform.

Aktionen, insbesondere größere PE oder Kampagnen, setzen im Unterschied zu verbalem Protest organisatorische Vorbereitungen voraus (Absprachen, Einigung auf eine Stoßrichtung der Aktion, Bereitstellung von Hilfsmitteln wie Transparenten, Mikrofonen usw.). Handlungen dieser Art sind in der Regel nicht oder kaum routinisiert.

Protestaktionen, die in erster Linie verbaler Natur sind, aber über reine Unmutsbekundungen hinausgehen, werden dann codiert, wenn sie aufgrund der Zusammensetzung der Akteure oder der jeweiligen Aktionsformen das alltägliche Repertoire der Beteiligten übersteigen. So sind Jahrestagungen von Gruppen oder Organisationen mit gesellschaftspolitischem Anspruch (wie z.B. dem "Grünewalder Kreis" als Organisation von Schriftstellern und Journalisten in den 50er Jahren mit dem Ziel der Stärkung der Demokratie und dem Kampf gegen rechten wie linken Extremismus) nicht zu vercoden.

Allerdings ist zu beachten, daß bestimmte Akteure trotz ihrer routinisierten Protestpraktiken Träger von PE sein können (z.B. Interessenverbände wie Gewerkschaften). Gewerkschaftliche Aktivitäten sind dann PE, wenn sie die Form von Streiks, Demonstrationen oder Kundgebungen annehmen. Nicht zu codieren sind dagegen Presseerklärungen, die Gewerkschaftssprecher abgeben, um z.B. gegen Äußerungen anderer politischer Akteure zu protestieren, oder Anträge auf Bundeskonferenzen. Ihnen fehlt der Aktionscharakter. Ähnliches gilt für Parteien wie Die GRÜNEN als Protestakteur: Wegen ihres Selbstverständnisses als bewegungsnahe Partei treten bei Protesten der GRÜNEN oft Probleme der Zuordnung auf. Zu unterscheiden ist dabei, ob es sich bei der Aktion um normales Parteiengeschäft und damit um kein PE handelt (z.B. Pressekonferenzen oder Ausstellungen im Regierungsviertel) oder ob die Aktion eindeutig darüber hinausgeht.

> Beispiel: Als PE werden erfaßt: Blockaden, die von Mitgliedern eines Landtags durchgeführt werden, oder der Aufruf, sich an einem Einspruchsverfahren gegen ein technisches Großprojekt zu beteiligen. Beispiel: Vier Bundestagsabgeordnete der GRÜNEN schreiben einen Brief an die Präsidentin des Bundestags, in dem sie aus schärfste gegen eine Veränderung der Geschäftsordnung protestieren. Es handelt sich um kein PE, da hier Aufgaben im Rahmen der klassischen Parlamenttätigkeit wahrgenommen werden.

Es ist nicht entscheidend, daß der Akteur selbst seine Handlung als "Protest" (...) bezeichnet. Auch die Etikettierung von Ereignissen als "Proteste", "Demonstrationen" oder ähnliches durch Journalisten ist nicht hinreichend zur Einordnung als PE.

Generell wird die Kategorisierung als Aktion durch den historischen Kontext mitbestimmt und kann sich im Verlauf der Jahrzehnte ändern.

2.   Die Handlung muß mit der Formulierung eines gesellschaftlichen oder politischen Anliegens verbunden sein bzw. verbunden werden können. Dies geschieht in der Regel in negativer Form (z.B. durch die Benennung einer konkreten Unzufriedenheit, durch Kritik und Widerspruch), kann aber auch in positiver Art erfolgen (z.B. durch die Präsentation eines alternativen Handlungsvorschlags).

Für die Klassifikation als PE kann der Sinnkontext entscheidend sein. Die gleiche Aktion, getragen von verschiedenen Akteuren und verbunden mit unterschiedlichen Zielvorstellungen, kann in einem Fall ein PE im definierten Sinne darstellen, während sie in einem anderen Fall kein PE bildet. So kann z.B. die Sammlung medizinischer Geräte für humanitäre Zwecke in einem Fall ein PE sein und in einem anderen Fall nicht.

> Beispiel: Sammelt eine Mittelamerika-Solidaritätsgruppe Geld- und Sachspenden zur Anschaffung medizinischer Ausrüstung für die teilweise militante Widerstandsbewegung in El Salvador, so handelt es sich um ein PE.

> Beispiel: Sammelt dagegen ein Wohlfahrtsverband ebenfalls Geld- und Sachspenden gegen einen "Hungerwinter" in der Sowjetunion, so ist dies kein PE, da die Aktion mit dem "common sense" der Bevölkerung übereinstimmt und keinen expliziten Widerspruch zum Ausdruck bringt.

Dabei ist zu beachten, daß bestimmte Formen des Protestes nur mit einem diffusen Anliegen verknüpfbar sind. Entsprechend sind expressive Protestaktionen in die Definition eingeschlossen, bei denen die Träger ihre Forderungen relativ diffus artikulieren, z.B. Jugendliche, manche radikale oder terroristische Gruppen.

Jugendproteste sind nur dann zu vercoden, wenn sie aufgrund der im Artikel gegebenen Informationen oder durch eindeutiges Coderwissen (z.B. über Konflikte um ein Jugendzentrum) mit einem konkreten Anliegen in Verbindung gebracht werden können. Wird lediglich von "Jugendkrawallen" berichtet, ohne daß Forderungen erkennbar sind, so liegt kein PE vor. Auch diffus gefaßte Anliegen wie z.B. Proteste gegen die "Lebensformen der Erwachsenen" werden nicht codiert.

> Beispiel: Skins versammeln sich vor einem Gebäude, in dem Asylbewerber untergebracht sind, beschimpfen die Bewohner und werfen Fensterscheiben ein. Das nur diffus

artikulierte Anliegen läßt sich mit der konkreten Forderung "Ausländer raus" verknüpfen.

Beispiel: Ein Artikel informiert über Verwüstungen in einem Großstadtbezirk, die von einer Gruppe von Jugendlichen begangen wurden. Der Artikel enthält keine Angaben über das Ziel oder die Motivation der Jugendlichen (abgesehen von der "Erbeutung" von Spirituosen in Supermärkten). Das Ereignis wird nicht erfaßt, da es sich anscheinend um "normale Kriminalität" bzw. Vandalismus handelt.

Hinsichtlich politischer Attentate oder Anschläge gilt: Die Erfüllung des Definitionsmerkmals "Protestanliegen" bedeutet, daß zumindest eine Parole mit dem Anschlag verknüpft werden kann. Ob der Anschlag geglückt oder mißlungen ist, spielt keine Rolle. Das diffuse gesellschaftspolitische Anliegen einer religiösen Gruppe, die herrschende Lebensformen verändern möchte, ist nicht hinreichend; es muß eine präzise Stoßrichtung erkennbar sein.

Kann die Frage nach einem gesellschaftlichen oder politischen Anliegen nur aufgrund des Coderwissens positiv beantwortet werden, so ist dies in der Variablen 3.1 auszuweisen.

Theater-Aufführungen und andere kulturelle Veranstaltungen sind ebenso wie Podiumsdiskussionen und Informationsveranstaltungen nicht als PE zu vercoden, sofern sie mit keinem erkennbaren politischen oder gesellschaftlichen Anliegen verbunden sind - auch wenn sie im Rahmen einer Aktionswoche stattfinden. Wird die konkrete Veranstaltung dagegen unter ein Motto (wie z.B. "Beat Apartheid" oder "Rock gegen Rechts") gestellt, so wird sie codiert. Informationsveranstaltungen sind zu unterscheiden von Veranstaltungen mit Tribunalcharakter ("politische Tribunale"), bei denen in fingierten Gerichtssituationen z.B. auf Menschenrechtsverletzungen aufmerksam gemacht wird. Tribunale werden codiert (...)

3. Der Protest hat öffentlichen Charakter, d.h. er findet entweder im öffentlichen Raum statt oder zielt zumindest auf öffentliche Wirkung oder eine Person bzw. Einrichtung des öffentlichen Interesses.

   Beispiel: Aktivisten blockieren die Eingangshalle eines privaten Energieversorgungsunternehmens, um gegen dessen Beteiligung an einem Atomkraftwerk zu protestieren. Das Ereignis wird codiert, da es auf ein Problem von öffentlichem Interesse gerichtet ist.

4. Die Träger der Aktion sind - in der Regel - kollektive und nicht-staatliche Akteure.

Eine kollektive Trägerschaft liegt dann vor, wenn die Aktion von mindestens drei Personen durchgeführt wird. Enthält der Zeitungsbericht keine näheren Angaben über die Zahl der beteiligten Personen, so hat der Coder den Sachverhalt zu überprüfen.

   Beispiel: Das Anbringen eines Transparentes ist dann als PE zu werten, wenn vermutlich mehr als zwei Personen dafür erforderlich waren. Beispiel: Das Umsägen großflächiger Reklamewände einer Verkehrsinitiative, auf denen gegen den Ausbau einer Bundesstraße protestiert wird, ist nicht gesondert (als Gegenprotest) zu codieren, da eine Einzelperson die Schilder umgesägt haben könnte. Die Information wird dem PE "Aufstellen der Reklamewände" zugeordnet.

Das Wissen des Coders, daß hinter einer Einzelperson eine aktiv unterstützende - und nicht nur sympathisierende - Gruppe mit einem (gesellschafts-)politischen Anliegen steht, kann dazu führen, ein Ereignis (wie z.B. eine individuelle Klage) als PE zu erfassen.

Beispiel: Klagt die Stadt Augsburg gegen die Bundesrepublik Deutschland auf Scha-
denersatz für Waldschäden und begründet diese Forderung mit den unzureichenden
Umweltschutz-Maßnahmen der Bundesregierung, so ist dies kein PE, da es sich bei der
Stadt Augsburg um einen staatlichen Akteur handelt. Die gleiche Klage eines Land-
wirts, der von einer Waldbauern-Initiative unterstützt wird, gilt als PE.

Als nicht-staatlich gelten auch Parteifraktionen von der lokalen bis zur Bundesebene
oder Mitglieder von Parlamenten als Träger des Protestes, jedoch nicht exekutive
Einrichtungen und Gesamtparlamente.

Beispiel: 600 Gemeindeparlamente erklären sich im Rahmen einer Aktionswoche zu
"Atomwaffenfreien Zonen". Diese Erklärungen werden nicht vercodet, da es sich um einen staatlichen Akteur im Sinne der Definition handelt (kommunale Ebene).

Beispiel: Ruft der Bürgermeister einer Stadt zur Blockade einer innerstädtischen Brücke
auf, da der Durchgangsverkehr die Stadt erheblich belastet, so handelt es sich hier um
kein PE, solange er dies nicht in ausgewiesener Zusammenarbeit mit einer Protestgrup-
pe tut.

Proteste, bei denen die Akteure gezielt ihre Identität verschleiern, werden nur dann
als PE aufgenommen (Codierung: anonym), wenn sie sich durch ein hohes Maß an
Intensität auszeichnen. Das sind nur die Ausprägungen "schwere Sachbeschädi-
gung/Anschlag/Plünderung" (18), "gezielte Verletzung von Personen" (21) und "Tot-
schlag/Mord" (22).

Anzahl der Teilnehmer

Die Eintragung der Teilnehmerzahl erfolgt rechtsbündig. Die Quelle dieser Zahl soll
angegeben werden. Die Abfolge der Variablenausprägung ist wiederum hierarchisch
aufgebaut: Während "1" bis "3" (Artikel/Agentur, Polizei, Veranstalter) eine eindeutige Zuordnung einer Quelle bedeuten, besagt "4", daß sich die Zahl aus unterschiedlichen Angaben von Bericht, Veranstalter und/oder Polizei ergibt. Die zugrundeliegenden und voneinander abweichenden Zahlen sind der jeweiligen Quelle zuzuordnen. Übernimmt die Zeitung in ihrer Überschrift die Angabe der Polizei oder der
Veranstalter, so bleibt es die Angabe der Polizei oder der Veranstalter und wird nicht
zur Angabe der Zeitung.

In allen Fällen, in denen die Herkunft der Teilnehmerzahl nur ungenau zu benennen
ist, erfolgt eine Eintragung in der Rubrik "Weitere Spezifizierung".

Werden von drei verschiedenen Seiten zwei unterschiedliche Teilnehmerzahlen zu
einem PE genannt, so ist das Mittel aus den differierenden Zahlen zu bilden. Differieren die Zeitungen, die Polizei oder die Veranstalter in ihren Zahlenangaben, so sind
der Mittelwert einzutragen und die unterschiedlichen Werte in der Rubrik "weitere
Spezifizierung" zu vermerken. Im Feld "Anzahl" ist der Mittelwert einzutragen, bei
Basis eine "4" für Durchschnitt und im Feld "Grundlage für die Durchschnittsberech-
nung" des einen Akteurs ebenfalls der Mittelwert. Unter "weitere Spezifizierung" sind
die unterschiedlich zitierten Angaben zu nennen (z.B. SZ: 30.000 unter Bezug auf
dpa, FR: 25.000 unter Bezug auf dpa und AP).

Die Ausprägung "5" soll nur dann eingetragen werden, wenn andere Möglichkeiten ausscheiden. Sie basiert auf der Schätzung des Coders. Hierbei wird die kleinste als sicher anzunehmende Teilnehmerzahl zugrundegelegt.

Ist für mehrere PE nur die Gesamtzahl aller Teilnehmer bekannt, so wird diese Zahl durch die Zahl der PE geteilt.

> Beispiel: An einer Aktionswoche mit mehreren PE haben insgesamt 10.000 Personen teilgenommen. Bekannt ist durch die exemplarische Nennung von Orten, daß fünf PE stattfanden. Wenn keine weiteren Angaben vorlägen, würden jedem PE 2.000 Teilnehmer zugerechnet. Da aber bekannt ist, daß bei der Eröffnungskundgebung 6.000 Teilnehmer an einem Ort registriert wurden, sind diese von den 10.000 abzuziehen und die restliche Zahl ist auf die verbleibenden vier PE zu verteilen.

Weiterhin soll im offenen Feld die genaue Formulierung, wie sie der Artikel benutzt, wiedergegeben werden (z.B. "mehrere Tausend", "eine unüberschaubare Menge", "eine Handvoll"). Für Teilnehmerzahlen, die durch die Übersetzung von Worten in Zahlen gewonnen werden, ist im Feld Spezifizierung der Begriff "Trans" zu vermerken.

Diese über Regelbildung ermittelten Teilnehmerzahlen sind zu unterscheiden von geschätzten Teilnehmerzahlen, von denen die Nachricht zu einem PE berichtet (z.B. circa 5.000 Demonstranten bei Demonstration in X). Nur in diesem Fall ist der Begriff "Schätzung" im Feld "weitere Spezifizierung" einzutragen (...)

Aktionsform

Die primäre Aktionsform ist in das erste Codierfeld einzutragen (...)

Um sekundäre Aktionsformen mit zu erfassen, sind Mehrfachnennungen möglich; diese sollen aber restriktiv gebraucht werden. Sekundäre Aktionsformen können dem Beginn der primären Aktionsform vorausgehen (z.B. Pressekonferenzen zum Auftakt einer Demonstration oder Unterschriftensammlungen) (...)

Die Ausprägung "nicht-sprachliche Proteste" ist dann zu vergeben, wenn das Anliegen nonverbal artikuliert wird und wenn die Vergabe einer anderen primären Aktionsform ausscheidet.

> Beispiel: Eine Aktionsgruppe gegen das Waldsterben befestigt weiße Holzkreuze an den Bäumen entlang eines Autobahnteilstücks.

Variable "Aktionsformen":

Code	Ausprägungen
1	Unterschrift/Petition/Resolution/offener Brief
2	Pressekonferenz
3	Flugblatt
4	Versammlung/Teach-in
5	nicht sprachliche Proteste
6	Demonstrationsmarsch
7	öffentliche Protestkundgebung
8	Verfahrenseinspruch
9	(Ziffer nicht vergeben)
10	gerichtliche Klage
11	Verunglimpfung
12	Störung/Behinderung
13	Blockade/Sit-in
14	Streik
15	Besetzung
16	Diebstahl/Einbruch
17	Sachbeschädigung
18	schwere Sachbeschädigung/Anschlag/Plünderung
19	Handgemenge/Rempelei
20	unbeabsichtigte Verletzung von Personen
21	gezielte Verletzung von Personen
22	Totschlag/Mord
23	Anderes

Ein Beispiel für die Identifikation eines Protestereignisses und die Vercodung der zugehörigen Variablen "Teilnehmerzahl" und "Aktionsform":

Demonstranten protestieren
gegen Prozeßbeginn

Hamburg (dpa/AP) - Rund 200 Menschen haben
vor dem Oberlandesgericht in Hamburg gegen einen Prozeß wegen Unterstützung einer terroristischen Vereinigung demonstriert. Nach Angaben
der Polizei gingen Beamte mit Schlagstöcken gegen Demonstranten vor, als diese in den Verhand-
lungssaal einzudringen versuchten. Unter den Demonstranten war auch der Angeklagte Fritz Storim, der nicht im Gerichtssaal erschienen war. Ihm
wirft die Staatsanwaltschaft Unterstützung einer
terroristischen Vereinigung vor. Die Demonstranten befestigten an der nahen Gnadenkirche ein
Spruchband, auf dem die Abschaffung des Para-
graphs 129 a des Strafgesetzbuchs (Unterstützung
einer terroristischen Vereinigung) gefordert wurde.
Storim soll maßgeblich an der Herstellung und
Verbreitung der Zeitschrift Sabot - Hamburger In-
fo-Sammlung beteiligt gewesen sein. In einer Ausgabe vom März 1987 waren Beiträge enthalten, die
nach Meinung der Staatsanwaltschaft die Rote
Armee Fraktion (RAF*)* unterstützt haben.

(aus: *Süddeutsche* Zeitung vom 29.11.1985, S. 5)

Vercodung:

PE: Demonstration in Hamburg zur Unterstützung des Angeklagten Fritz Storim in
einem §-129a-Prozeß

Teilnehmerzahl:	**200**
Primäre Aktionsform:	**Demonstrationsmarsch** **(Ausprägung 6)**
Sekundäre Aktionsform:	**Anderes (Ausprägung 23):** **Anbringen eines Spruchbandes an Kirche**

Kapitel V

Josef Schmid

Expertenbefragung und Informationsgespräch in der Parteienforschung: Wie föderalistisch ist die CDU?

Einleitung

Die folgende Darstellung von Fragestellung, Hypothesen und Methodenauswahl einer Untersuchung über "Landesverbände und Bundespartei der CDU: Organisationsstrukturen, Politiken und Funktionsweisen einer Partei im Föderalismus" basiert in erheblichem Maße auf dem ursprünglich für mein Promotionsstipendium vorgelegten Antrag. Dadurch lassen sich die sachlichen, zeitlichen und methodischen Vorgehensweisen sowie die Veränderungen im Forschungsdesign rekonstruieren, die sich bei einem solchen - angesichts der defizitären Lage des Forschungsstandes und den damals begrenzten eigenen methodischen Erfahrungen - "Aufbuch ins Unbekannte" unweigerlich ergeben haben. Im publizierten Endprodukt, das ja bekanntlich lesbar, auf das Wesentliche beschränkt und im Umfang begrenzt sein sollte, tauchen forschungspraktische und technische Probleme lediglich exemplarisch auf. Oder: "Von Forscherschweiß ist (dort, J.S.) wenig zu spüren" (H. *von Alemann* 1977, S. 12).

Als Forschungsmethode werden Interviews beschrieben, die nach René *Königs* (1962, S.27) berühmten Diktum den "Königsweg" der empirischen Sozialforschung ausmachen. Hier steht jedoch nicht die standardisierte mündliche Befragung (⇨ Kapitel II) im Vordergrund, sondern es wird auf wenig standardisierte Expertenbefragungen und Informationsgespräche mit wichtigen Akteuren eingegangen. Dabei wird den im Laufe der Erhebung gemachten eigenen Erfahrungen eine gleich wichtige Bedeutung zugemessen wie einer Zusammenfassung der in den einschlägigen Methodenlehrbüchern vorfindbaren Rezepte. Für eine so starke Betonung der Besonderheiten der konkreten Untersuchung sprechen vor allem drei Gründe: Zum einen werden beim Standardinterview der Methodenlehre Individuen und deren persönliche Einstellungen, nicht aber Organisationen bzw. Experten als deren Repräsentanten befragt. Insofern besteht bei Expertengesprächen immer ein enger Zusammenhang von konkretem Untersuchungsobjekt und spezieller Methode. Zum anderen gilt es, der Eigenart des Untersuchungsobjekts Partei als "politisches" Phänomen auch erhebungstechnisch Rechnung zu tragen. Das kann gelegentlich schon für simple Fragen nach der Personalausstattung oder Mitgliederstruktur gelten. Schließlich sind Expertenbefragungen im Unterschied zu den "klassischen" Formen des Interviews ein methodisch wenig bearbeitetes Feld (vgl. aber als Ausnahmen *Meuser/Nagel* 1991, 1994 a, b; *Brosi* u.a. 1981), in dem allerdings durchaus einige methodische und praktische Fallstricke liegen, sodaß einige Hinweise auf Gefahren und Probleme sinnvoll sind.

Das geringe methodische Interesse steht jedoch in einem eigentümlichen Widerspruch zur hohen Verbreitung von Experteninterviews und Informationsgesprächen in der politikwissenschaftlichen Forschungspraxis. Vielleicht liegt dieser paradoxe Sachverhalt an der Schwierigkeit, zwischen einem klar geregelten (meist schriftlichen und standardisierten) Interview und einer alltäglichen Unterhaltung einen Weg zu finden, der sowohl die Gewinnung substantieller Informationen als auch eine methodische Kontrolle und Bewertung des Vorgehens und der Ergebnisse erlaubt.

Die Darstellung von wissenschaftstheoretischen Grundlagen kann hier unterbleiben, weil ich mich weitgehend den Überlegungen im ⇨ Kapitel I anschließen kann - auch dem Leitbild "kritisch-empirischer Politikforschung", das einem methodologischen Pragmatismus verpflichtet ist. Wie dort näher ausgeführt ist, ist die Kontroverse zwischen den Vertretern einer quantitativen und einer qualitativen methodischen Zugangsweise ohnehin "auf der forschungstechnisch-instrumentellen Ebene von geringer Bedeutung" (*Spöhring* 1989, S. 104, 310ff. und *Wilson* 1982). Und: "Folglich wäre es angemessener, quantitative und qualitative Methoden nicht verschiedenartigen Methodologien, sondern unterschiedlichen Forschungsaufgaben zuzuordnen" (*Mayntz* 1985, S. 70).

Unlängst hat Werner *Patzelt* (1991, S. 55) ebenfalls eine Lanze für das Nebeneinander von quantitativer und "methodenbewußter qualitativer Forschung" in der Politikwissenschaft gebrochen:

> "Die Alltagspraxis politischer Institutionen aller Art (vom Alltag der Gemeindepolitik bis hin zu den informellen Prozessen politischer Führung im zentralen politischen Entscheidungssystem) läßt sich ebensowenig wie das 'Wie' ihrer lebensweltlichen Erfahrung und kontinuierlichen Rekonstruktion im Alltagshandeln makroanalytisch oder anhand quantitativer Methodenvarianten erfassen. Dergestalt liegen wichtige Fragen nach den Grundlagen von Stabilität und Wandel politischer Ordnung außerhalb der derzeit methodisch reflektiertesten (quantitativen, J.S.) Forschungspraxis".

Im jüngst erschienen *Lexikon zur Politik* findet man neuerdings - und erstmalig - im Band zu den Methoden des Fachs ein entsprechendes Stichwort. Freilich macht eine Schwalbe noch keinen Frühling - zumal meine Erfahrungen und die methodische Orientierung von diesen Autoren etwas abweichen, da meine Interessen eher organisations- als wissensoziologisch sind und ich auch stärker der quantitativen Forschung zuneige. Als Einstieg in die Thematik ist aber der folgende Auszug (aus *Meuser/Nagel* 1994b, S. 123) geeignet:

> "Experteninterviews (E.) werden in den verschiedensten Forschungsfeldern eingesetzt, oft im Rahmen eines Methodenmix, aber auch als eigenständiges Verfahren. Verbreitet sind sie in Policy- und Implementationsforschung, in Eliten- und Verwendungsforschung, aber auch in der Industriesoziologie. E. sind auf die Generierung bereichsspezifischer und objekttheoretischer Aussagen angelegt, nicht auf die Analyse von Basisregeln sozialen Handelns bzw. auf universale konstitutive Strukturen. (...) E. beziehen sich mithin auf funktionsspezifische Wirklichkeitsausschnitte; darüber hinausgehende Erfahrungen, vor allem solche privater Art, bleiben ausgespart. Als Experte wird interviewt: wer in irgendeiner Weise Verantwortung trägt für den Entwurf, die Implementie-

rung oder die Kontrolle einer Problemlösung; wer über privilegierten Zugang zu Informationen über Personengruppen oder Entscheidungsprozesse verfügt. Die Daten werden i.d.R. auf der Basis eines Leitfadens in offenen Interviews erhoben. (...) Ein gelungenes Interview zeichnet sich dadurch aus, daß der Forscher den Experten für seine Sache interessiert und der Experte seine Sicht der Dinge entfaltet. Dieser bedient sich der verschiedensten Darstellungsformen: er berichtet, typisiert, rekonstruiert, interpretiert, kommentiert und exemplifiziert. Die Auswertung zielt darauf ab, im Vergleich der Interviews überindividuell-gemeinsame Wissensbestände herauszuarbeiten."

1 Problemrelevanz und Fragestellung

1.1 Erste Annäherung an eine "terra incognita"

Bei der Untersuchung, über deren konkretes methodisches und forschungstechnisches Vorgehen und die dabei aufgetretenen Probleme im folgenden berichtet wird, handelt es sich um meine Dissertation über die CDU - genauer: über die föderative Organisationsstruktur der Partei, d.h. die Landesverbände, ihre Politiken und ihr Verhältnis zur Bundespartei. Diese Fragestellung, so zeigt ein erster Blick in die einschlägige Literatur, ist allerdings eine politikwissenschaftlich unbearbeitete "Grauzone" geblieben. Sieht man vom Sonderfall des "schwierigen Bündnisses" (*Müchler* 1976; s.a. *Mintzel* 1975) von CDU und CSU ab, so steht die Landesebene im Schatten der Bundespolitik. Der *mainstream* der deutschen Parteienforschung folgt nämlich einer nationalstaatlichen Orientierung und einem hierarchischen Organisations- und Politikmodell. Mit anderen Worten: Es dominiert

- eine bemerkenswerte "Bonn-Fixierung" und
- ein eigentümlicher "Zentralisierungs-Mythos" (*Haungs* 1987, S. 93).

Desgleichen fehlen in der Bundesrepublik - im Unterschied zur amerikanischen Politikwissenschaft - Bemühungen, "Politics and Policies in the States" kontinuierlich und systematisch aufzuarbeiten, ganz zu schweigen von Untersuchungen über die hieraus entstehenden Auswirkungen auf die Bundespolitik.

Im Vergleich zum Forschungsstand über die Bundespartei der CDU oder deren umfangreiches Vereinigungswesen sind deshalb die Erkenntnisse über Landesverbände, ihre Programmatik und Politik sowie ihr Verhältnis zur Bundespartei als überaus dürftig zu bezeichnen. Explizite, politiktheoretisch orientierte Beiträge zum föderativen Aufbau der CDU liegen nicht vor. Neben seltenen Darstellungen über einzelne CDU-Landesverbände und erstaunlich wenigen gehaltvollen parteieigenen Jubiläumsschriften finden sich gelegentliche Hinweise im Kontext einer Betrachtung der globalen Machtverteilung in der CDU oder der allgemeinen Auswirkungen eines föderativen Staatsaufbaus. Diese Forschungslücke besteht im übrigen auch bei den anderen Parteien.

Die defizitäre Behandlung des innerparteilichen Föderalismus in der deutschen Politikwissenschaft hat vor allem zwei Ursachen. Erstens hängt sie eng zusammen mit einer Vernachlässigung der Parteiorganisation als Gegenstand theoretischer und empirischer Forschung. Beispielsweise kommt die bekannte Fragestellung "Do Parties Matter" (⇨ Kapitel VI) bislang gänzlich ohne Bezug auf Parteiorganisation und innerparteiliche Strukturen aus. Das Desinteresse an Parteien und Politiken im Lande sowie ihren Rückwirkungen auf die Bundesebene hängt zweitens eng mit Diskussionen und Ergebnissen aus der Föderalismusforschung zusammen. Demnach hat sich seit der Großen Koalition im politischen System der Bundesrepublik ein erheblicher Zentralisierungs- und Verflechtungsschub ereignet (*Lehmbruch* 1976), der nach Meinung vieler Beobachter zu einem Funktionsverlust der Landesparteien (*Lehner* 1979, S. 8) oder gar zu einer "Krise der Länderpolitik" (*Lehmbruch* 1983, S. 48) geführt habe. Ferner produzierten nach *Scharpf* (1985, S. 350) solche verflochtenen (administrativen) Systeme "systematisch ... ineffiziente und problemunangemessene Entscheidungen" und tendierten zu politischem Immobilismus und Blockaden.

Gegen diese überzogenen Unitarisierungs- und Zentralisierungsthesen läßt sich jedoch einwenden, daß die Länder weiterhin über eigenständige Handlungsspielräume verfügen, die jedoch nach Politikfeldern variieren (*Schmidt* 1980a, S. 28 ff.). Diese bestehen aber nicht nur im Bereich staatlicher (Landes-)Politik, sondern auch innerhalb der Parteien, da Landesverbände relativ eigenständig Politik formulieren und durchsetzen müssen. Im übrigen gilt die Einordnung des deutschen politischen Systems als "Parteienstaat" (*Leibholz*) wohl nicht nur für den Bund, sondern auch für die Länder. Ohne eine derartig angemessene Berücksichtigung der Parteien ähnelt die Diskussion über Föderalismus einer Aufführung von "Hamlet without the Prince", wie ein australischer Kollege einmal bemerkt hat (*Wilenski* 1983, S. 90).

Dabei finden sich in der politischen Publizistik durchaus bemerkenswerte Indizien dafür, daß Regierungen und Parteien auf Landesebene - d.h. "Landesregierungsparteien" (so eine gelungene Begriffskombination von *Kaltefleiter* 1980) - aktiv politisch gestaltend wirken können. Ein Beispiel dafür, hat in den 80er Jahren die Industriepolitik Lothar Späths geliefert. Nach anfänglichen ordnungspolitischen Kontroversen auf der Bundesebene haben andere Bundesländer dem baden-württembergischen Vorbild nachgeeifert; es ist eine Zeitlang sogar als bundespolitisches "Reserveprogramm" gehandelt worden (*Glotz* 1984, S. 20f.; s.a. *Naumann* 1985). Aber auch Landesverbände in der Opposition können ein erhebliches politisches Gewicht entfalten. So hat der Zusammenschluß der beiden Landesverbände der CDU in Nordrhein-Westfalen damals Anlaß zu verschiedenen politischen Spekulationen gegeben. Angesichts des 37%igen Anteils des Landesverbandes NRW an der CDU-Gesamtmitgliedschaft wurde deutlich, wo auf Parteitagen die Bataillone stehen (*Spiegel* 34/1985, *FAZ* vom 12.8.1985).

Diese Vorüberlegungen zum Forschungsproblem legen nicht nur die anfängliche "Idee" und das noch vage Untersuchungsinteresse dar, sie verdeutlichen darüber hinaus zweierlei: Erstens bildet das Phänomen des innerparteilichen Föderalismus ein weitgehend empirisch und theoretisch unerschlossenes Forschungsfeld - was allerdings kein ausreichender Grund für die Durchführung einer wissenschaftlichen Untersuchung ist (vgl. *Lehmbruch* 1970, S. 46). Zweitens existieren Hinweise dafür, daß dieses Defizit in empirischer und theoretischer Hinsicht wenig Sinn macht. D.h. die Nichtbearbeitung der Problematik basiert vor allem auf Fehlinterpretationen sowie vorwissenschaftlichem Desinteresse, nicht auf politiktheroetisch begründeter Irrelevanz. Im Gegenteil, es lassen sich durchaus Hypothesen und theoretische Bezüge (u.a. aus anderen Subdisziplinen als der Parteienforschung) formulieren, die eine wissenschaftliche Fundierung des Forschungsvorhabens erlauben.

1.2 Theoretische Anknüpfungspunkte in der Forschung

Eine Untersuchung des föderativen Aufbaus der CDU und seiner Auswirkungen kann an einzelne Untersuchungsergebnisse zur Gesamtorganisation der Partei, an sporadische Analysen zur Landesebene und an theoretische Ergebnisse der Parteien-, Föderalismus- und Policyforschung, insbesondere der amerikanischen Politikwissenschaft, anknüpfen (umfassende Literaturhinweise finden sich in *Schmid* 1990a). Hieraus lassen sich ein theoretischer Bezugsrahmen mit ersten Hypothesen und abgrenzbare Untersuchungsbereiche gewinnen.

Daß schon die gängige "Fiktion der monolithischen Handlungseinheit 'Partei' nicht haltbar ist" (*Beyme* 1984, S. 284), zeigen die vorliegenden Untersuchungen über das Verhältnis einzelner Elemente innerhalb der komplexen Binnenstruktur von Parteien, etwa hinsichtlich der oft spannungsvollen Beziehungen zwischen Regierung und Fraktion, Partei und Fraktion, sowie zwischen verschiedenen innerparteilichen Gruppierungen. In föderativen politischen Systemen treten entsprechende Gliederungen als zusätzliches Element der innerparteilichen Struktur auf.

Eine Gliederung in Regionalverbände findet sich bei allen deutschen Parteien - zumal sie das Parteiengesetz explizit vorschreibt. Trotzdem spielt sie bei der CDU die größte Rolle, was die Auswahl dieser Partei als Untersuchungsobjekt nahelegt. Die stärkere Ausprägung föderativer Strukturen ist vor allem darauf zurückzuführen, daß die CDU als äußerst heterogene Partei nach dem zweiten Weltkrieg gegründet worden ist (*Pridham* 1977, S. 23f.; *Haungs* 1983), was sich auch in Form von regionalen Besonderheiten niedergeschlagen und erhalten hat. Dementsprechend gelangt *Risse* (1982, S. 244) aufgrund der Analyse von Parteiengesetz und Statuten zum Ergebnis, "daß die gebietlichen Gliederungen in den Parteien das deutlich stärkere Gewicht gegenüber den sonstigen Gliederungen haben". Ebenso sieht *Pridham* (1977, S. 210) - interessanterweise ein englischer Politikwissenschaftler - in den Landesverbänden der CDU die "fundamental units of the party structure".

Die Landesverbände gewinnen auch und vor allem durch den eigenständigen Handlungsrahmen, den das föderative politische System bietet, an Bedeutung. Hieraus lassen sich bei der Verfolgung ihrer organisatorischen Eigeninteressen Ressourcen wie Wählerstimmen, Spenden und Zugang zu Regierungsmacht gewinnen und für landespolitische bzw. bundespolitische Profilierungen einsetzen. Oder in den Worten *Trumans* (1967, S. 33):

> "The basic fact of federalism is that it creates separate, self-sustaining centers of power, prestige, and profit".

Demnach läßt sich erwarten, daß Landesparteien sowohl in organisatorischer wie politischprogrammatischer Hinsicht erhebliche Unterschiede aufweisen. Ursachen für landesspezifische Besonderheiten - bzw. im Querschnitt betrachtet: Variationen von Struktur- und Politikmustern - können sowohl in der Disparität der sozioökonomischen wie der politischen Umwelt liegen. So agieren Landesparteien z.B. in armen und in reichen Ländern, sie sind z.B. in der Regierung oder in der Opposition. Außerdem sind sie von der zunehmenden staatlichen Politikverflechtung unterschiedlich betroffen: Als Regierungen profitieren sie davon, während sie in den Parlamenten, als Fraktionen, negativ betroffen sind. Dies kann auf Landesebene zu eigenständigen

Mustern innerparteilicher Machtverteilung und Politikformulierung führen, die sich von denen der Bundesebene sowie anderen Landesverbänden abheben. Hinzu kommt, daß sich solche Gegebenheiten unterschiedlich ausnutzen lassen, d.h. binnenstrukturelle Faktoren wie Strategiebildung, spezifische Organisations- und Entscheidungsmuster oder Einzelpersonen eine Rolle spielen und die Vielfalt vermehren können.

Zugleich stellt sich die Frage nach parallelen Prozessen und Strukturbildungen zur staatlichen Politikverflechtung innerhalb der Parteien, was zugleich die simple Dichotomie zwischen dezentralen und zentralen Organisationsstrukturen kritisch relativieren kann. Dazu ist insbesondere die Repräsentanz der Landesverbände im breiten Spektrum der innerparteilichen Gremien bzw. die Zusammensetzung der Parteielite nach regionalen Kriterien zu untersuchen. Hier zeigen sich - bislang allerdings ohne systematische Aufarbeitung - deutliche personelle Verflechtungen zwischen den beiden Ebenen. Insbesondere zu nennen sind:

- der hohe Anteil an führenden Landespolitikern im Bundesvorstand der Partei (*Haungs* 1983, S. 79 f.),
- die beachtliche, wenn nicht dominante Beteiligung von Landespolitikern in den Fachausschüssen der Partei (*Herzog* 1975, S. 81; für die Bildungspolitik *Pütz* 1974),
- die informelle Ministerpräsidentenkonferenz (*Kaltefleiter* 1980, S. 212),
- die Konferenz der Fraktionsvorsitzenden.

Darüber hinaus liegen aus der amerikanischen Forschung Studien zur Diffusion von Policy-Innovationen im föderativen System vor (*Walker* 1969; *Gray* 1973; *Eyestone* 1977), die für innerparteiliche Politikformulierungsprozesse auf Landes- und Bundesebene von Bedeutung sind. So läßt sich erwarten, daß politische Innovationen in einem Bundesland bzw. einer Landespartei nicht nur Unterschiede - und ggf. Konflikte - zwischen diesen erzeugen, sondern sie werden von anderen Landesparteien und der Bundespartei imitiert - vor allem dann, wenn sie bei der Problemlösung oder wahlpolitisch erfolgreich waren (vgl. das oben erwähnte Beispiel Späth in Baden-Württemberg). Denn:

> "the agenda of controversy in a state is determined, at least in part, by developments in other states" (*Walker* 1969, S. 891).

1.3   Entwicklung der Fragestellung

Vor dem Hintergrund der knapp skizzierten Bedeutung der föderativen Organisationsstruktur der Partei, der Verflechtungsmuster sowie der heterogenen Politiken der Landesverbände und teilweisen Differenzen zur Bundeslinie innerhalb der CDU stellen sich vor allem folgende drei Fragen:

- In welchem Ausmaß und aufgrund welcher Bedingungen erweist sich die CDU als dezentral-föderativ organisierte Partei?
- Welche Unterschiede (Varianz) ergeben sich hieraus in parteiorganisatorischer und politisch-inhaltlicher Hinsicht bei den einzelnen Landesverbänden?

- Welche strukturellen und funktionalen Auswirkungen hat diese Ausdifferenzierung in (regionale) Subsysteme auf die Gesamtpartei - etwa durch personelle Verflechtungen und Policydiffusion?

Der Untersuchung liegt folgende zentrale These bzw. Problemstellung zugrunde: Der föderative Aufbau der CDU ist nicht nur eine Restriktion für die Vereinheitlichung und die Kontrolle der Partei. Die relative Autonomie der Landesverbände stellt zugleich einen wichtigen Beitrag für die Funktionsfähigkeit des Gesamtsystems CDU dar, in dem variable Ressourcen wie Führungspersonal und Programme (bzw. Policies der Landesregierungen) bereitgestellt werden, was die Innovationsfähigkeit sowie Flexibilität erhöhen und Konflikte teilweise absorbieren kann (zur Funktion der Leithypothese vgl. H. *von Alemann* 1977, S. 306; s.a. die Check-Liste bei *Friedrichs* 1980, S. 160ff. und die Ausführungen zu vortheoretischen Überlegungen bei *Lehmbruch* 1970, S. 45ff.).

Dabei wird der Begriff Landesverband bzw. Partei im Lande - abweichend von den rechtlichen Bestimmungen - weit gefaßt und bezieht sich nicht nur auf Parteiorganisation im engeren Sinne, sondern auch auf die Partei in der Regierung und die Partei im Parlament (Fraktion). Ferner wird in meiner Untersuchung der noch in drei Landesverbände gegliederte Fall Niedersachsen zusammengefaßt; ebenso wird bei einer rückblickenden Betrachtung der CDU in Baden-Württemberg und Nordrhein-Westfalen verfahren, so daß deshalb insgesamt zehn Landesverbände vorliegen. Insofern folge ich zugleich dem Postulat von *Przeworski/Teune* (1970), wonach gerade bei vergleichenden Studien Eigennamen durch analytische Kategorien zu ersetzen sind, d.h. in den genannten Fällen eine Zusammenfassung in jeweils eine Untersuchungseinheit vorgenommen wird, obwohl Bezeichnung und Rechtsstatus mehrere Beobachtungseinheiten ausweisen.

2 Entwicklung des Forschungsvorhabens

2.1 Eingrenzung des Untersuchungsbereichs

Das geplante Forschungsvorhaben zielte zwar ursprünglich auf eine Analyse aller Landesverbände der CDU ab, doch war aus forschungsökonomischen Gründen eine regionale, thematische und zeitliche Schwerpunktsetzung und Eingrenzung als notwendig erachtet worden.

Regional sollten die Landesverbände Baden-Württemberg, Rheinland-Pfalz, Rheinland und Westfalen-Lippe (später Nordrhein-Westfalen) sowie Schleswig-Holstein einer vertieften Untersuchung unterzogen werden. Diese ausgewählten Landesverbände unterliegen einem unterschiedlichen sozio-ökonomischen Problemdruck, wie das Stichwort Nord-Süd-Gefälle nahelegt. Sie lassen unterschiedliche politische Schwerpunkte erkennen, wie etwa die Sozialpolitik der frühen 70er Jahre in Rheinland-Pfalz oder die aktuelle Industriepolitik in Baden-Württemberg. Auch fehlt für Schleswig-Holstein der für die süddeutschen Länder charakteristische katholische Einfluß (zur Religion als eine Determinante des Wahlverhaltens vgl. *Schmitt* 1984).

Thematisch sollten vor allem die Politikfelder "Industriepolitik", "Aktive Subsidiarität", "Haushaltsanierung", "Privatisierung/Entbürokratisierung" auf ihren Stellenwert innerhalb der Programmatik und Praxis des jeweiligen Landesverbandes sowie auf ihre Spezifik und mögliche Ausstrahlung hin analysiert werden. Für die oben genannten Landesverbände war eine Ausweitung auf die Bereiche "Rundfunk", "Schule", "Law and Order" und "Organisationsreform" vorgesehen. Während die erste Gruppe von Politikfeldern Hinweise auf eine mögliche neokonservative Ausrichtung der Landesverbände liefern sollte und bewußt bundespolitisch relevante Themen umfaßt, bezieht sich die zweite Gruppe auf klassische Domänen der Landespolitik.

Zeitlich sollte die Untersuchung auf die Jahre zwischen 1969 und Ende 1988 begrenzt werden. Dieser Zeitraum erfaßt die Veränderung wichtiger Rahmenbedingungen in ausreichendem Umfang, etwa den Wechsel von Regierung/Opposition/Regierung auf Bundesebene, die krisenhafte ökonomische Entwicklung seit der Mitte der 70er Jahre sowie die politisch-ideologische Neuformierung ("Tendenzwende") in der Bundesrepublik 1982.

Im ursprünglichen Antrag bzw. Konzept des Forschungsvorhabens sind methodische Überlegungen nur sehr ungenau und knapp ausgeführt worden. Sie beschränken sich im wesentlichen auf die verschiedenen Formen der Informationsgewinnung und den globalen Feldzugang.

Eigene Datenerhebungen über die Organisations- und Politikmuster der Landesverbände, personelle Verflechtungen, Innovations- und Diffusionsphänomene von Politiken etc. sollten gewonnen werden durch:

- Recherchen in Parteiarchiven,
- Auswertung von Zeitungen,
- offene Interviews mit ausgewählten Personen (Expertenbefragung).

Daneben sollten die wissenschaftliche Literatur und Publikationen der Partei in Land und Bund sowie in Parlament und Regierung weiter ausgewertet werden.

In dem ursprünglichen Forschungsplan bzw. in dem Antrag auf ein Stipendium sind der Problematik des Feldzuganges und der Auswahl von Befragten nur wenig Beachtung geschenkt worden. Die positiven Reaktionen der örtlichen Landtags- und Bundestagsabgeordneten der CDU auf eine frühere Anfrage sowie die Annahme, über andere laufende Forschungsprojekte auf eine einfache Weise weitere Kontakte herstellen zu können, lagen dieser Überlegung zugrunde. Wie sich herausstellen sollte, war die Vermutung so nicht angemessen; oder wie bei Radio Eriwan: Im Prinzip ja, aber ... (zu den eingetretenen Veränderungen ⇨ Abschnitt 3.2.).

2.2   Teilprojekte und Zeitplan

Die Untersuchung über die Landesverbände und die Bundespartei der CDU sollte ursprünglich in zwei (später dann in zweieinhalb) Jahren erstellt werden, d.h. daß in diesem Zeitraum alle Phasen des Forschungsprozesses von der Definition, Durchführung, Analyse und Dissemination (Niederschrift) vollständig durchgeführt werden mußten (zu dieser Phaseneinteilung vgl. H. *von Alemann* 1977). Zur besseren arbeitsorganisatorischen Handhabbarkeit, aber auch aus den oben genannten theoretischen Überlegungen heraus, wurde das Forschungsvorhaben in drei Phasen gegliedert, die jeweils abgrenzbare inhaltliche Bereiche des Forschungsprojektes und Erhebungsmethoden beinhalteten und die nacheinander in festgelegten Zeiträumen abgearbeitet werden sollten.

Der ursprünglich zugrunde gelegte Arbeitsplan sah folgendes Vorgehen zur Durchführung des Forschungsvorhabens vor:

1.   Phase: Untersuchung der Landesverbände (1. - 12. Monat)

1.1   Weitere Auswertung der einschlägigen Literatur der Parteien-, Föderalismus-, Organisations- und Diffusionsforschung zur Vertiefung und Gewinnung zusätzlicher Arbeitshypothesen; Herstellung und Pflege von Kontakten zu relevanten Institutionen und Personen.

Methode: Literaturanalyse

Dauer: Zwei Monate

1.2   Globale Organisations- und Politikanalyse aller Landesverbände (Strukturdaten, Programme, Führungspersonal).

Methode: Literaturanalyse/Archivarbeit

Dauer: Drei Monate

1.3   Vertiefte Untersuchung der ausgewählten Landesverbände und Politikfelder.

Methode: Literaturanalyse/Auswertung von Partei-, Regierungs- und Parlamentsdokumenten/Zeitungsarchiv-Recherchen

Dauer: Fünf Monate

1.4   Abfassen des Zwischenberichtes, Defizitanalyse und Vorbereitung der Interviews.

Dauer: Zwei Monate

2.   Phase: Formen und Folgen der "Politikverflechtung" (13. - 20. Monat)

2.1   Vertiefung und Fortschreibung der Entwicklung der Bundespartei (Strukturen, Programme, Führungspersonal, Regierungspolitik).

Methode: Literaturanalyse

Dauer: Ein Monat

2.2   Erfassung der Verflechtungs- und Interaktionsmuster zwischen Landesverbänden sowie zwischen den Landesverbänden und der Bundespartei (horizontale und vertikale "Politikverflechtung").

Methode: Erfassung personeller Verflechtungen, von Repräsentanz in Gremien und Karrieremustern von Politikern durch Auswertung von Personalhandbüchern, Protokollen und ggf. schriftlichen Anfragen.

Dauer: Zwei Monate

2.3   Offene Interviews mit Politikern zu Entscheidungsprozessen auf Landes- und Bundesebene; Aufarbeitung persönlicher Unterlagen der Interviewpartner und Anfertigung von Interviewprotokollen.

Methode: Offenes Interview

Dauer: Drei Monate

2.4 Untersuchung ausgewählter Diffusionsprozesse.

Methode: Diffusionsanalyse/Auswertung der Interviews

Dauer: Zwei Monate

2.5 Ergänzung des Zwischenberichtes und Defizitanalyse.

3.   Phase: Gesamtauswertung und Niederschrift (21. - 24. Monat)

3.1 Konfrontation der Ergebnisse mit dem Stand der Forschung und Zwischenbe-
richten aus laufenden Forschungsprojekten; Diskussion von Hypothesen und
Ergebnissen mit Fachwissenschaftlern.

Dauer: Ein Monat

3.2 Niederschrift der Schlußfassung und Ergänzung bzw. Revision des theoretischen Rahmens.

Dauer: Zwei Monate

Besonders der letzte Punkt im Arbeitsprogramm ist massiv unterschätzt und deshalb
geändert worden (⇨ Abschnitt 3.2). Trotzdem hat sich insgesamt gesehen die Erstellung eines sachlich und zeitlich ausdifferenzierten Arbeitsplanes sehr bewährt, da so
eine frühe Vorsortierung des Materials (Literaturexzerpte, Dokumente, Interviews)
und eine relativ rigide Selbstkontrolle möglich waren.

3   Optionen bei der Auswahl von Methoden und Forschungstechniken

3.1   Untersuchungsarten und Forschungsmethoden

3.1.1 Fallstudie und andere Ansätze

Zur Umsetzung theoretischer Überlegungen in empirische Analysen stehen verschiedene grundlegende Untersuchungsformen (*approaches*, bzw. Ansprechpartner, ⇨
Kapitel I) zur Verfügung. In der soziologischen Methodenlehre werden als Un-
tersuchungsarten häufig die Fallstudie, die Repräsentativerhebung und das Experiment genannt; in der politikwissenschaftlichen Literatur wird darüber hinaus die Bedeutung des Vergleichs betont.

Vielfach wird schon durch diese erste Entscheidung das Repertoire der einsetzbaren
konkreten Forschungsmethoden eingeschränkt. Für die Überlegungen, die diesem
Auswahlprozeß zugrunde liegen, sind vor allem der Forschungsstand, die gewählte
wissenschaftliche Fragestellung und die Eigenheiten des Forschungsobjektes von
Bedeutung. In unserem Falle liegen nur wenig gesicherte Erkenntnisse vor; die Fragestellung ist in sich verschachtelt, auf mehrere Ebenen (einzelne Landesparteien,
Landesebene, Bund-Land-Beziehungen sowie Gesamtpartei) und auf verschiedene
sachliche Themengebiete bezogen und damit relativ komplex; schließlich dienen Or-

ganisationen und nicht Personen als Untersuchungsobjekt. Dies hat die - sicherlich überzogen formulierte - Alternative aufgeworfen, ob

> "man lieber eine detaillierte Untersuchung anstellt, deren Generalisierbarkeit fraglich ist, als eine exakte Erhebung, die zwar repräsentativ angelegt ist, aber nur über Trivialitäten berichtet" (H. *von Alemann* 1977, S. 180).

Aufgrund dieser Ausgangssituation lassen sich die verschiedenen Optionen bewerten und entscheiden. Das Experiment spielt in unserem Forschungsvorhaben überhaupt keine Rolle, da sich die relevanten Variablen nicht gezielt manipulieren lassen. Eine ansatzweise Annäherung an ein Feldexperiment ließe sich allenfalls für die Untersuchung des Verhaltens von Parteien unter Schock, d.h. nach massiven Wahlniederlagen, oder unter Streß, z.B. während Wahlkämpfen, vorstellen, was für die verfolgte Fragestellung jedoch nicht besonders wichtig wäre. Die Repräsentativerhebung bzw. das bei diesem Forschungstyp zentrale Problem des Auswahlverfahrens (Stichprobenbestimmung) und die heftigen - gelegentlich schon dogmatischen - Auseinandersetzungen werden hier mangels Bedeutung nur kurz andiskutiert (vgl. ausführlicher *Schnell* u.a. 1988, S. 247ff.; s.a. *Friedrichs* 1980, *Kromrey* 1991, *Müller/Schmidt* 1979 sowie *Hauptmanns/Rogalski* 1992).

Im Falle der vorliegenden Untersuchung handelt es sich um eine Vollerhebung, sofern auf der Aggregatebene von Organisationen (d.h. die CDU insgesamt bzw. alle zehn Landesparteien) argumentiert wird. Allerdings ist diese auf den ersten Blick einfache Annahme nicht ohne methodische Probleme:

> "Ein Dilemma der Soziologie (und der Politikwissenschaft, J.S.) besteht darin, daß ihre Einheiten zwar überpersonale Einheiten sind, daß diese sich aber immer aus Personen zusammensetzen und Auskünfte über diese Einheiten letztlich immer nur über Personen eingeholt werden können"; dies schließt "natürlich Auswahlprobleme der in diesen Systemen untersuchten Personen ein" (H. *von Alemann* 1977, S. 179).

Das heißt, daß sich die befragten Personen nicht umstandslos als bloße Repräsentanten ihrer Organisation betrachten lassen. Dieser für politikwissenschaftliche Untersuchungen häufig anzutreffende Sachverhalt wirft weitreichende methodische Fragen auf, die jedoch in der Methodenlehre kaum behandelt werden. Für die Individualebene, die sich hier jedoch außerhalb des Untersuchungsinteresses befindet, liegt eine bewußte, nicht zufällige Auswahl der Untersuchungseinheiten vor.

Der Vergleich wird im folgenden ebenfalls kurz gestreift, da er hier als Gegenüberstellung von Einzelfällen interpretiert wird, auf denen der Schwerpunkt der Darstellung liegen soll. Im Rahmen der vorliegenden Studie bietet sich eine (intra nationale) vergleichende Forschungsstrategie geradezu an, als mit zehn Landesparteien (wenn die drei getrennten Landesverbände in Niedersachsen und früher in Baden-Württemberg und Nordrhein-Westfalen zusammengefaßt werden) hierzu günstige Bedingungen herrschen. Vergleichbar sind etwa Organisationsmerkmale, politische Profile und sozioökonomische und politische Kontexte der Landesverbände sowie zwischen diesen und der Bundespartei. Vergleiche sind aber nicht nur im Querschnitt, sondern auch im Längsschnitt möglich (*Müller/Schmidt* 1979, S. 18ff.) und entsprechend lassen sich auch auf diesen Merkmalen basierende politikwissenschaftliche Hypothesen prüfen - beispielsweise die verbreitete Zentralisierungsthese. Damit läßt sich der Schritt von der Deskription und Exploration hin zur Analyse und Theoriebildung vollziehen (zu diesen Untersuchungstypen vgl. H. *von Ale-*

mann 1977, S. 157ff.). "Der Vergleich hat" deshalb auch nach *von Beyme* (1988, S. 50 mit weiteren Literaturhinweisen) "in der Politikwissenschaft größere Bedeutung erlangt als in anderen Sozialwissenschaften". Denn hier sind Experimente oder statistische Modelle nur begrenzt anwendbar, um Hypothesen empirisch zu überprüfen, wie Manfred G. *Schmidt* (⇨ Kapitel VI) demonstriert.

Das Forschungsvorhaben bzw. dessen Teile, die hier im Mittelpunkt stehen, läßt sich hauptsächlich der Untersuchungsform der *Fallstudie* zurechnen; das gilt in bezug auf die CDU insgesamt sowie für die einzelnen Landesverbände.

> "Die Einzelfallstudie ist keine besondere Technik. Sie ist vielmehr eine bestimmte Art, das Forschungsmaterial so zu ordnen, daß der einheitliche Charakter des untersuchten sozialen Gegenstandes erhalten bleibt. Anders ausgedrückt ist die Einzelfallstudie ein Ansatz, bei dem jede soziale Einheit als ein Ganzes angesehen wird" (*Goode/Hatt* 1972, S. 300; s.a. H. *von Alemann/Ortlieb* 1975, *Maindok* 1992, *Kudera* 1992, *Lamnek* 1989).

Ein zusätzlicher Vorzug der Fallstudie über die ganzheitliche Betrachtung hinaus liegt in der Flexibilität des Verfahrens, da es bei kaum erforschten Phänomenen weniger darum gehen kann, Hypothesen zu testen, als diese erst einmal aufzustellen. Das erhobene Datenmaterial kann ferner zur Bildung von zumeist nominalen Typologien herangezogen werden oder der Illustration theoretischer Überlegungen dienen. Die Hauptfunktion der Einzelfallstudie liegt deshalb bei H. *von Alemann/Ortlieb* (1975, S. 173) auch darin,

> "einerseits systematisch Material zu sammeln, aus dem andere Forscher dann schöpfen können, andererseits gewisse 'Teilerfolge' zu liefern durch mindestens schon an einem Einzelfall bestätigte Hypothesen".

Zugleich handelt es sich bei dieser Fallstudie um *Feldforschung*:

> "Die Daten werden dabei insofern als in ihrer natürlichen Umwelt eingebettet betrachtet, als eine Kontrolle über die zu manipulierenden Variablen entweder nicht oder nur in beschränktem Umfang (wie z.B. im Feldexperiment) möglich ist" (*Nowotny/Knorr* 1975, S. 83).

Damit ist zugleich ein erstes Manko von Fallstudien angesprochen: Sie sind nicht generalisierbar, da die Vergleichbarkeit wichtiger Variablen und die Kontrolle von Randbedingungen nicht gewährleistet werden können. (Weitere konkrete Probleme und Defizite werden unten im Zusammenhang mit der Forschungstechnik diskutiert).

3.1.2 Interviews und andere Erhebungsmethoden

Bei der Fallstudie (wie im übrigen auch beim Vergleich) können verschiedene konkrete Forschungsmethoden und -techniken zur Datengewinnung angewendet werden. Die beiden wichtigsten Kriterien, die zu ihrer methodischen Beurteilung herangezogen werden, sind *Gültigkeit* (validity) und *Zuverlässigkeit* (reliability):

> "Unter Gültigkeit wird allgemein das Ausmaß verstanden, in dem einzelne Indikatoren, Indizes oder Skalen auch wirklich das erfassen (messen), was sie eigentlich messen sollten. (...) Zuverlässigkeit wird verstanden als das Ausmaß, zu dem bei wiederholten Messungen durch das gleiche Instrumentarium auch ein gleiches Ergebnis erzielt wird, inwieweit sich also eine Intersubjektivität der Messung ergibt" (H. *von Alemann* 1977, S. 85; s.a. *Schnell* u.a. 1988).

Das angemessene Datenerhebungsinstrument ist ferner jeweils anhand der Zielgruppe, der Themenstellung und des jeweiligen Kontextes festzulegen. Inwieweit diese Voraussetzungen erfüllt werden, kann im Rahmen eines Probelaufs bzw. Pretests nachgeprüft werden. Ein solcher ist im Falle meiner Untersuchung nur wenig systematisch durchgeführt worden. Im wesentlichen hat sich der Pretest auf die ersten beiden Gespräche reduziert, um zu sehen, ob die Fragen "laufen" oder inhaltlich zu hohe Anforderungen gestellt werden. Alternative Methoden wie z.B. eine schriftliche Erhebung sind nicht getestet worden. Allerdings ist auch ein sauberer Pretest kein Allheilmittel:

> "Sowohl bei Befragungen wie auch bei Beobachtungen oder Inhaltsanalysen gibt es keine 'harten' Kriterien für die Entscheidung über die Angemessenheit des Instruments; m.a.W. vollkommen eindeutige Entscheidungen über das Ergebnis eines Pretests gibt es nicht, Erfahrung und Fingerspitzengefühl spielen hier eine große Rolle" (H. *von Alemann* 1977, S. 97).

Forschungsmethoden können gerade bei Fallstudien kombiniert verwendet werden. So sind im Rahmen der Untersuchung quantitative Sekundärdatenauswertungen, Inhaltsanalysen von Dokumenten, Akten und Presseberichten sowie Experteninterviews (Akteurs- und Elitenbefragungen bzw. Informationsgespräche) durchgeführt worden:

> "Erst ein solcher 'Methodenpluralismus' erlaubt bei Anwendung verschiedener Forschungstechniken mit unterschiedlichem Gültigkeitsbereich eine gegenseitige Neutralisierung von Fehlerquellen selbst bei einzelnen, in sich fehlerhaften Verfahren" (H. *von Alemann/Ortlieb* 1975, S. 169f.).

Sekundärdaten, also vor allem quantitative Angaben aus amtlichen Statistiken, aus der Literatur und aus Parlamentaria lagen nur für spezifische, theoretische oder eher randständige Aspekte der Forschungsfrage vor. Dies gilt etwa für Angaben zum sozioökonomischen und politischen Kontext in den Bundesländern, z.B. Wahlergebnisse. Ertragreicher - wenn auch mit Vorsicht zu genießen - waren die veröffentlichten Rechenschaftsberichte der Parteien über ihre Finanzen und deren Verteilung.

Dokumente als "prozeßproduzierte" Daten (⇨ Kapitel I, Abschnitt 5.3; ⇨ Kapitel III) werden von Parteien zwar massiv verbreitet, aber nur in geringem Umfang archiviert und registriert. So blieb es zu Beginn des Forschungsvorhabens weitgehend unklar, zu welchen Aspekten überhaupt Dokumente vorlagen und über welche inhaltliche Qualität sie verfügen würden. Diese Unsicherheit über Umfang und Inhalt von Dokumenten entstand nicht zuletzt aufgrund der Tatsache, daß politikwissenschaftliche Arbeiten in der Regel nur Wahlprogramme auswerten und - wie sich im Verlauf der Arbeit gezeigt hat - von der Fülle der meist parteiinternen Berichte und Fachprogramme nicht Gebrauch machen.

Für die meisten Akten im "Archiv für Christlich-Demokratische Politik" bestehen schlicht dreißigjährige Sperrfristen; sie sind damit faktisch kaum zu verwenden (Allerdings ist es vor allem Alf *Mintzel* [1975] gelungen, im Rahmen seiner Arbeiten über die CSU in deren Archiven gründlich zu recherchieren: ähnliches gelang jüngst Hans-Jürgen *Lange* [1994] bei seiner CDU-Studie). Inhaltlich ausgewertet werden können ferner Presseberichte (vgl. dazu *Lehmbruch* 1970, S. 76ff.). Jedoch bestehen auch hier Probleme: Einerseits läßt sich die Zuverlässigkeit der Berichterstattung kaum methodisch sauber kontrollieren - auch und gerade bei Parteien und politischen Themen. Andererseits treten praktische Schwierigkeiten auf, da in der überregionalen

Presse nur sporadisch zur Landesebene berichtet wird und das Abonnieren von über einem Dutzend in Frage kommender Zeitungen nicht finanzierbar war. Als Ausweg hat die Auswertung der Pressespiegel der Landtage gedient, die manchmal erst nach etwas mühsamer Überzeugungsarbeit, aber immer kostenlos zu beschaffen waren. Bei dieser Art von Quelle findet wegen des vorherrschenden Parteienproporzes keine zusätzliche - durch das "Medium" erzeugte - Verzerrung statt.

Für alle drei Formen der Auswertung von schriftlichem Material gilt der Einwand, der gegen die Dokumentenanalyse vorgebracht worden ist:

> "Hauptprobleme der Dokumentenanalyse sind die Selektivität der überkommenen Daten und die Tatsache, daß Dokumente eine Realität oft nur unter einem ganz bestimmten Aspekt wiedergeben. Dieses zweite Problem sorgt für eine inhaltliche Verzerrung der Daten. Es ist nur zu überwinden, wenn der Forscher möglichst umfassende Kenntnisse darüber gewinnt, unter welchen Umständen die Dokumente zustande gekommen sind" (H. *von Alemann* 1977, S. 203; ➪ Kapitel III und IV).

Eine *schriftliche Befragung durch Fragebögen* mit vorgegebenen Antwortmöglich-keiten wurde nicht entwickelt, weil keine ausreichenden Informationen über das Un-tersuchungsobjekt vorlagen. Auch wurde vermutet, daß politisch brisante Themen sich mit diesem Instrument nicht erheben ließen. Allerdings basiert diese Überlegung auf wenig gesicherten methodischen Erkenntnissen. Die Möglichkeiten und Grenzen, heikle Fragen zu stellen, sind etwa im Zusammenhang mit der Formulierung eines Fragebogens ausführlicher diskutiert worden (*Kreutz/Titscher* 1974, S. 41ff.), aber sie beziehen sich hauptsächlich auf die anders gelagerte Problematik der individuel-len Intimsphäre. In einer späteren kleineren Untersuchung über den Verlauf und die Inhalte der sogenannten "Zukunftsdiskussion" in der CDU (vgl. dazu *Schmid* 1990b) ist ein solches Verfahren jedoch mit Erfolg angewendet worden. Allerdings war hier die Fragestellung erheblich konzentrierter als bei der vorliegenden Untersuchung, die ja überaus breit angelegt ist.

Auch die *Beobachtung*, eine in der qualitativ orientierten empirischen Sozialfor-schung stark verbreitete Forschungstechnik (vgl. ausführlicher *Spöhring* 1989, S. 121ff.; *Lamnek* 1989, S. 233ff.; s.a. ➪ Kapitel I, Abschnitt 5.1) hat sich nicht ange-boten. Dazu ist das Spektrum der benötigten Informationen zu breit und die Zahl der Untersuchungseinheiten mit zehn Landesverbänden (nebst Differenzierung in Partei, Fraktion und ggf. Regierung) zu groß. Dieses Verfahren eignet sich überdies besser zur Untersuchung von eingrenzbaren, meist formalen Entscheidungssituationen als von Strukturen und Inhalten größerer Organisationen (Siehe als ein Beispiel hierzu aus der Parteienforschung *Steiner/Dorff* 1980, der Vorstandssitzungen beobachtet hat. Auch bei Parteitagen kann diese Methode gut eingesetzt werden).

Allerdings fallen bei allen Arten einer Erhebung vor Ort auch automatisch - sozusa-gen als Abfallprodukt - Beobachtungen an, die vielfach nicht systematischer und methodisch kontrollierter Art sind. In der Organisationsforschung ist z.B. auf die Bauweise, Lage, Größe und Ausstattung von Büros verwiesen worden (vgl. *Pfeffer* 1982, S. 260ff.; *Schaible* 1991); ähnliche Wahrnehmungen fallen zur Kleidung von Akteuren, zu sichtbaren Literaturbeständen, dem Vorhandensein eines PC's usw. an. Solche Informationen sind nicht uninteressant, zumindest im Rahmen meiner Unter-suchung haben sie sich recht gut in ein Gesamtbild eingefügt; allerdings existieren hierzu keine hinreichend plausiblen Hypothesen, die geprüft werden könnten.

Die Beschränkungen und Anwendungsgrenzen der diskutierten Forschungsmethoden führten zu der Entscheidung, vor allem Interviews mit Experten (Akteursinterviews, Experten- und Elitenbefragungen) aus der Partei durchzuführen. Mit diesen sollten eigene Daten erhoben sowie anderweitig verfügbare Informationen vertieft und besser interpretiert werden. Allerdings hat die eingesetzte Mischung aus Erhebungstechniken nicht ganz so funktioniert, wie ursprünglich angenommen. Insofern erfolgt auch dieser Forschungsprozeß im Rahmen einer "Optimierungsstrategie, die im folgenden Abschnitt offengelegt werden soll. Dies soll trotz aller Schwierigkeiten zur Durchführung empirischer Arbeiten ermutigen.

3.2 Der Prozeß der Datenerhebung - Beschreibung und Revisionen

Wie schon angedeutet, ist das Forschungsprogramm nicht in der ursprünglich anvisierten Form durchgeführt worden, sondern es haben sich einige Anpassungen an die Möglichkeiten und Grenzen, denen wohl alle Erhebungen im Felde unterliegen, ergeben. Sie betreffen den zeitlichen und sachlichen Umfang der Untersuchung sowie die Probleme des Feldzugangs und der Verfahren der Informationsbeschaffung.

Die erste Veränderung bezog sich schlicht auf den Zeitraum des Gesamtprojektes; es war in zwei Jahren nicht abzuschließen. Deshalb erfolgte eine Verlängerung der Untersuchung (und nicht zu vernachlässigen: auch des Stipendiums) um ein halbes Jahr. Freilich mußte besonders die letzte Phase verlängert werden; oder umgekehrt gesehen konnte der erheblich - ja fast sträflich - unterschätzte Aufwand für sprachliche Präzisierungen, stilistische Verbesserungen, Integration der einzelnen Kapitel, Optimierung von und durch graphische Darstellungen und last but not least die Überprüfung der Literaturliste doch noch kompensiert werden.

Die inhaltlichen Einschränkungen sind im Laufe der Arbeit aufgrund der verfügbaren Daten ebenfalls deutlich modifiziert worden; insbesondere sind letztlich doch alle zehn Landesparteien untersucht worden. Im Bereich der Politikfelder hat sich eine klare Schwerpunktsetzung bei Industrie-, Bildungs- und Sozialpolitik ergeben, das Thema Organisationsreform wurde durch eine Analyse der organisatorischen Zentralisierung ersetzt, der Aspekt Innere Sicherheit wurde nicht und die weiteren Politikfelder wurden eher kursorisch behandelt.

Der Feldzugang im allgemeinen hat sich nicht als Problem erwiesen; insgesamt war die CDU auf allen Ebenen sehr offen und hilfsbereit. Vor allem auf Landesebene hat man mit der verfolgten Fragestellung, die ja gerade die politische Wichtigkeit dieser Ebene nachzuweisen versucht hat, bei vielen Gesprächen geradezu "offene Türen" eingerannt.

Trotzdem sind gerade in diesem methodischen Bereich wichtige Abweichungen aufgetreten. Als wenig brauchbar erwies sich das Verfahren, über andere Forscher Zugang zu erhalten, da sich diese kaum mit der Landesebene beschäftigten und ihnen mehrheitlich das Innenleben der Partei fremd war. Die "Unübersichtlichkeit" eben dieses Innenlebens zeigte sich im Verlauf der Arbeit allerdings dann als ein Problem, wenn es darum ging, kompetente Gesprächspartner zu identifizieren. Bei speziellen Fragen der Parteiorganisation, Politik und Programmatik sowie der Zusammensetzung und Arbeitsweise von Parteigremien half die prinzipielle Offenheit nicht viel; stattdessen mußten insbesondere in der Öffentlichkeit unbekannte Akteure aus der zweiten Reihe (Referenten, hauptamtliche Mitarbeiter) gefunden werden (vgl. hierzu *Lehmbruch* 1970, S. 86ff.; *Müller/Schmidt* 1979, S. 45ff.).

Gemäß der ursprünglichen Konzeption war ferner vorgesehen, erst einmal Daten über Landesverbände aus vorhandenen Materialien (Broschüren, internen Berichten etc.) und durch schriftliche Anfragen zu erheben. Ferner sollten die Landesgeschäftsstellen eine Liste mit den Terminen der Landesparteitage seit 1970 bereitstellen, so daß zusammen mit den bekannten Terminen der Landtagswahlen eine zielgerichtete Auswertung von Zeitungen und Zeitschriften erfolgen konnte. Diese Art der schriftlichen Erhebung weicht sehr stark von denjenigen Formen ab, die ansonsten in den Lehrbüchern der empirischen Sozialforschung üblich sind.

Mittels offener Interviews sollten dann Informationen über politische Entscheidungsprozesse und Diffusionsphänomene erhoben werden. Wegen des explorativen Charakters dieses Untersuchungsabschnittes sind keine anderen Verfahren in Betracht gekommen (vgl. den oben skizzierten Forschungsstand). Die weitgehend fehlenden Informationen sowohl zur Sache wie auch über Personen, die kompetente Antworten geben könnten, ließen eine Hypothesenprüfung mittels einer standardisierten schriftlichen Befragung kaum zu. Zudem war es beispielsweise unklar, ob der untersuchte Landesverband in den verschiedenen Politikfeldern eher einen Innovator oder einen frühen oder späten Adaptor darstellen würde, was entsprechend differenziert zu erheben war. Vor allem aber wurden solche Fragen ebenso wie Erkundigungen über politische Konflikte und Einflüsse als äußerst sensibel eingestuft, so daß erst eine sorgfältige Kontaktaufnahme und ausführliche Erhebung in einem persönlichen Gespräch einen ausreichenden Informationsertrag erwarten ließ.

Im Verlauf der Untersuchung sind allerdings erhebliche Verschiebungen in diesem Konzept der Informationserhebung notwendig geworden. Der Versuch, über eine Rundbriefaktion bei Landesgeschäftsstellen, Landtagsfraktionen, Staatskanzleien, Ministerien und der Bundesgeschäftsstelle entsprechende Daten zu erhalten, hat sich als nur begrenzt erfolgreich erwiesen, da eine brauchbare Sammlung von Programmen, Geschäftsberichten etc. wegen der nachrangigen Bedeutung des Archivwesens nicht vorhanden war. Diese Kontaktaufnahme hat sich jedoch insofern bewährt, als sich aus den angeschriebenen Institutionen Personen meldeten, Interesse und Auskunftsbereitschaft signalisierten sowie in der Regel auch für die verfolgte Fragestellung kompetent waren. Teilweise konnten so telefonisch erste Informationen erfragt werden bzw. die Überlassung von Unterlagen organisiert werden. Ferner sind die Expertengespräche vor Ort auch dazu verwendet worden, den größten Teil derjenigen Materialien einzusammeln, die anschließend ausgewertet wurden. Interessanterweise hat die persönliche Präsenz vor Ort hier zu sehr guten Ergebnissen geführt. Teilweise konnte in Archiv- und Materialräumen "gestöbert" werden bzw. fanden sich in diversen Schreibtischen doch noch verschollen geglaubte Dokumente. Dabei hat der thematische Zusammenhang von Interview und Dokument die Suchaktivitäten nicht unerheblich gefördert. Dieses Verfahren des "interaktiven Materialsammelns" ist methodisch kaum reflektiert, obwohl es dazu beiträgt, die oben genannte Selektivität von Dokumenten zu reduzieren.

Im Unterschied zu dieser Position lehnen es jedoch *Meuser/Nagel* (1991, S. 448 f.) ab, bei Expertengesprächen die Befragten als Lieferanten von Daten und Fakten anzusprechen, was allerdings auch mit den stärker qualitativen und wissenssoziologischen Orientierungen und Interessen der Autoren zusammenhängt.

Die geschilderten Probleme der Projektdurchführung sind jedoch weniger mit der speziellen Methode - hier besonders der Expertenbefragung - verbunden, sondern viel eher die Folge von Planungsdefiziten und Unwägbarkeiten, die zu jedem Forschungsprozeß gehören (⇨ Kapitel I). Gleichwohl müssen auch sie bewältigt werden - und das geht vielleicht besser, wenn sie in diesem Beitrag einmal als normaler Forschungsalltag offengelegt werden. Allerdings waren einige Überraschungen durchaus positiver Natur, da die Expertenbefragungen und die bei dieser Gelegenheit gesammelten Dokumente ergiebiger waren, als es ursprünglich von mir erwartet worden ist.

4 Beschreibung der ausgewählten Forschungstechnik

4.1 Formen, Voraussetzungen und Probleme des Interviews

Befragungen von Personen sind in der Politikwissenschaft weitverbreitete Instrumente zur Erhebung von Daten. Einer Definition *Scheuchs* zufolge handelt es sich beim Interview um

> "ein planmäßiges Vorgehen mit wissenschaftlicher Zielsetzung, bei dem die Versuchsperson durch eine Reihe gezielter Fragen oder mitgeteilter Stimuli zu verbalen Reaktionen veranlaßt werden soll" (*Scheuch* 1967, S. 138).

Interviews eignen sich zur Entdeckung, Messung und Interpretation von Sachverhalten. Sie sind relativ flexible und modifizierbare Forschungsinstrumente, die sich in verschiedenen Formen durchführen lassen. Die wichtigsten Klassifizierungsdimensionen bilden folgende Aspekte:

* Standardisierung und Strukturierung des Interviews,
* Autoritätsanspruch des Interviewers,
* Art des Kontakts mit dem Befragten,
* Anzahl der Befragten,
* Anzahl der Interviewer,
* Funktion des Interviews (vgl. vertiefend *Spöhring* 1989, S. 148 f.).

Heine *von Alemann* (1977, S. 216) nennt folgende Formen des Interviews: das standardisierte, das halbstandardisierte (Intensivinterview), das nicht-standardisierte (Expertengespräch) sowie das Telefon- und Gruppeninterview. Die Rolle des Informanten bzw. Befragten kann drei unterschiedliche Ausprägungen annehmen: repräsentatives Mitglied, Ersatzbeobachter und Experte (*Nowotny/Knorr* 1975, S. 100).

Expertenbefragung (oder Akteursinterviews, Experten- und Elitenbefragungen und Informationsgespräche), um die es im folgenden geht, basiert vor allem auf einer Stellungnahme, die der Befragte zu einem vorgegebenen Rahmenthema abgibt. Sie erfolgt in mündlicher Form, wird aber in der Regel auf Tonband aufgezeichnet (H. *von Alemann* 1977, S. 216). In der Politikwissenschaft wird sie hauptsächlich dort verwendet, "wo die Erhebungen quantitativ nicht meßbarer Hintergrundinformationen zur Klärung eines politikwissenschaftlichen Problembereichs beitragen" (*Müller/ Schmidt* 1979, S. 47). Und sie werden vorzugsweise dann eingesetzt,

> "wenn der Wissenschaftler nach Sichtung des aktuellen Forschungsstandes zu seinen Fragen zu der Auffassung kommt, daß der Wissensstand über die Struktur des zu erforschenden Problems so unzureichend ist, daß die Entwicklung oder Anwendung eines standardisierten Verfahrens unmöglich bzw. sinnlos ist" (*Brosi* u.a. 1981, S. 1).

Dabei genügen vielfach "einige stichpunktartige Thesen, die den Befragten zu einer Beantwortung hinreichend stimulieren" (*Müller/Schmidt* 1979, S. 47). *Friedrichs* (1980, S. 224ff.) konstatiert darüber hinaus: "Der Interviewer geht stärker auf den Befragten ein; es erhöht sich damit sein Spielraum, die Fragen zu formulieren, anzuordnen und Nachfragen zu stellen." Das bedeutet aber auch:

> "Kennzeichnend für das Expertengespräch und andere Formen der offenen Interviewtechnik ist, daß die Datenerhebung keine einheitliche Struktur aufweist. Alle Interviews laufen unterschiedlich ab" (*Brosi* u.a. 1981, S. 48).

Zuvor ist natürlich schriftlich und/oder telefonisch mit der Befragungsperson Kontakt aufzunehmen, um dadurch den institutionellen Hintergrund des Projektes, die inhaltlichen Aspekte der Forschungsarbeit und des Gesprächs darzustellen (⇨ Abschnitt 3.2 und 4.2.1). Dabei gilt es, entsprechende Motivationen zur Gesprächsteilnahme zu vermitteln, damit das Interview für den Befragten nicht als "lästige Störung und Zeitverschwendung" (*Brosi* u.a. 1981, S. 22 ff.) erscheint.

Meuser/Nagel (1991, S. 444) betonen in einem der wenigen ausführlicheren Beiträge zum Experteninterview den schon eingangs erwähnten wichtigen Unterschied zum "normalen" Interview: Es wird nicht nach individuellen Einstellungen oder Biographien gefragt, sondern

> "wir sprechen die ExpertInnen als RepäsentantInnen einer Organisation oder Institution an, insofern sie Problemlösungen und Entscheidungstrukturen (re)präsentieren".

Die Gesprächspartner fungieren also vorwiegend als Informationslieferanten, interessant ist daher der organisatorische oder institutionelle Zusammenhang und nicht die Persönlichkeit des Interviewten. Wer Experte ist, hängt von der verfolgten Fragestellung ab (vgl. auch *Brosi* u.a. 1981, S. 2 f.). Bei breiten Fragestellungen - wie in meiner Untersuchung - können auch unterschiedliche Subgruppen von Experten auftreten, z.B. zu Fragen der Parteiorganisation und zu einzelnen Politikfeldern (vgl. die Liste der Interviewpartner in ⇨ Abschnitt 4.3). Zugleich spiegelt dieses Vorgehen auch den Sachverhalt wider, daß moderne Großparteien komplexe, arbeitsteilige Organisationen darstellen, bei denen es keinen mehr gibt, der über alles Bescheid weiß. Streng genommen sind dann aber nur noch die Interviews in einer Subgruppe vergleichbar; allerdings mischen sich in der Realität die Verhältnisse und dementsprechend die Aussagen.

Spöhring (1989, S. 150; s.a. *Hopf* 1978, S. 99, *Lamnek* 1989, S. 35ff.) definiert den Durchschnittstyp des "qualitativen Interviews", dem sich die Expertenbefragung ebenfalls zuordnen läßt, als:

> "das von der entsprechenden Forschergruppe selbst durchgeführte, wenig strukturierte Interview, das, von lockeren Hypothesen angeleitet, der Exploration eines bestimmten, wissenschaftlich wenig erschlossenen Forschungsfeldes dienen soll und das (...) den Befragten einen breiten Spielraum der Strukturierung und Äußerung subjektiver Deu-

tungen einräumt. Es handelt sich also weder um Interviews, die im Rahmen therapeutischer Behandlung erfolgen, noch um Interviews, in denen es um die qualitative Überprüfung eines stark eingegrenzten Sets von Hypothesen geht".

(Zum hier nicht dargestellten narrativen Interview und weiteren qualitativen Formen des Interviews vgl. detailliert *Spöhring* 1989 und *Lamnek* 1989.)

Mündliche, wenig strukturierte Befragungen stellen hohe Anforderungen an das Forschungspersonal, das sie durchführt. "Gerade zu diesem Punkt besteht in der Literatur allerdings wenig Einigkeit in bezug auf Handlungsanweisungen" (*Müller/Schmidt* 1979, S. 46). Zu den wichtigsten Eigenschaften bzw. Kompetenzen, über die ein Interviewer verfügen muß, gehören die Fähigkeit und Bereitschaft,

- aufmerksam zuzuhören, um den Gesprächspartner sorgfältig zu verstehen und dabei Bekanntes von nicht Bekanntem unterscheiden zu können;

- den Gesprächspartner nicht zu unterbrechen, sondern ausreden zu lassen, damit er seine Gedanken in der ihm eigenen Darstellungsweise entfalten kann;

- auf seine eigenen Kommentare, Gesten und Handlungen zu achten, da sie den Gesprächsverlauf beeinflussen;

- sicherzustellen, daß genügend Informationen zu den relevanten Themen gewonnen werden, so daß hinreichend vergleichbares Datenmaterial vorliegt;

- souverän und flexibel mit dem Gesprächsleitfaden umzugehen, ihn einerseits nicht aus den Augen zu verlieren, andererseits nicht in zwanghafter Fixierung auf ihn zu beharren, sondern eine bewegliche, auf die Person des Befragten und den Gesprächsverlauf eingehende Interviewführung einzuhalten (*Spöhring* 1989, S. 156f.).

Nicht nur der Interviewer muß in einer "dyadische(n) soziale(n) Beziehung" (*Erbslöh/Wiendieck* 1974, S. 83; mit weiteren Hinweisen), die die Befragung als soziale Situation kennzeichnet, über bestimmte Kompetenzen und Verhaltensmuster verfügen, sondern auch der Befragte. Als wichtige Forderung postuliert *Esser* (1974, S. 111) die "Sachorientierung" , d.h. der Befragte soll in der Lage sein, "für die Dauer der Befragung aus diesen Alltagsbezügen herauszutreten". Aus der Interviewsituation resultieren einige weitere Probleme. So erfolgt das Antwortverhalten des Befragten häufig im Hinblick auf die soziale Erwünschtheit der Antwort. Dieser Effekt kann durch die Sicherstellung der Anonymität oder die Nicht-Anwesenheit Dritter verringert werden. Auch erzeugt die unterschiedliche Erreichbarkeit und Antwortverweigerung der Probanden eine Selektivität, die unter Umständen (vor allem unter dem Gesichtspunkt der repräsentativen Erhebungen) nicht zufällig verteilt ist (*Esser* 1974, S. 120 ff.; auch hier werden viele weitere Aspekte vertieft. ⇨ Kapitel II).

Aus der kommunikativen Natur der Befragung als Technik der Datenerhebung folgt eine weitere Schwierigkeit:

"Die Beschränkung der Befragung liegt darin, daß alle mit dieser Methode erfaßbaren Daten sprachlich vermittelt sein müssen, wobei hier eine ganze Reihe von Verzerrungsmöglichkeiten eingebaut sind, da Sprache ja häufig geradezu zur Verdeckung von Tatbeständen benutzt werden kann" (H. *von Alemann* 1977, S. 207; s.a. *Esser* 1974, S. 124ff.).

Hinzu kommt, daß Begriffsverwendungen und Konnotationen kultur- und organisationsspezifisch geprägt sein können (*Kromrey* 1991, S. 267), was sich auch bei unterschiedlichen Parteien und deren Terminologie feststellen läßt (⊏> Abschnitt 4.2.3). Spezifisch für die Expertenbefragung und ähnliche wenig standardisierte Verfahren sind die Probleme der Repräsentativität, der Vergleichbarkeit und der Reproduzierbarkeit der gewonnenen Daten, da sie nicht auf einer großen Zahl nach dem Zufallsprinzip durchgeführten Interviews beruhen. "Generell ist die Gültigkeit von nicht-standardisierten Informationen schwer zu überprüfen" (*Spöhring* 1989, S.163; s.a. *Kudera* 1992, *Hauptmanns/Rogalski* 1992). Noch kritischer äußert sich *Friedrichs*:

> "Die Vergleichbarkeit der Ergebnisse ist, gemessen am standardisierten Interview, gering. Es entsteht eine Datenmatrix ... die nur wenige Variablen bei allen Befragten umfaßt" (*Friedrichs* 1980, S.236).

Andererseits können aber die theoretische Fruchtbarkeit und die Validität der erhobenen Informationen sehr hoch sein (Zur diesbezüglich geringeren Zuverlässigkeit schriftlicher Befragungen vgl. *Wieken* 1974, S.157ff.). Gleichzeitig ist eine gründliche Dokumentation des eigenen Vorgehens notwendig, um die Schwierigkeiten, unterschiedliche methodische Verfahren und Standpunkte besser beurteilen zu können.

Von zentraler Bedeutung ist in diesem Zusammenhang die Auswahl der Interviewpartner, der eine ähnliche Sorgfalt geschenkt werden muß wie bei Zufallsstichproben. Die Experten müssen vorher bestimmt werden, d.h. aufgrund von theoretischen Vorüberlegungen und Kenntnissen (hier über die CDU und ihre Funktionsweise), muß ihre Repräsentativität für die untersuchte Organisation bzw. den Handlungskontext gewährleistet sein. Dies ist gerade bei großen Organisationen oder komplexen Entscheidungsprozessen nicht immer der Fall, so daß gegebenenfalls die Aussagen entsprechend des Horizonts des Experten eingeschränkt werden müssen.

4.2   Probleme der Informationsgewinnung bzw. Datenerhebung

Neben den geschilderten, eher allgemeinen methodischen Aspekten des Interviews und der speziellen Form der Expertenbefragung sind konkrete Probleme angefallen, die für das Forschungsvorhaben spezifisch sind. Sie hängen in hohem Maße mit der Eigenheit des Untersuchungsobjektes zusammen, d.h. es handelt sich bei den Befragten um Mitarbeiter bzw. Repräsentanten, die vor allem über ihre Organisation und weniger über ihre Meinung Auskunft geben, und es handelt sich um Parteien, deren interne Strukturen, Abläufe und Inhalte hochgradig politisch, d.h. wertend, konfliktgeladen und teilweise tabuisiert sind. Für solche Probleme, die für die empirische Politikwissenschaft charakteristisch sind, bietet die allgemeine und die facheigene Methodendiskussion allerdings wenig hilfreiche Ansatzpunkte. Vielfach werden in politikwissenschaftlichen Arbeiten solche Hintergrundgespräche zwar ergänzend durchgeführt, aber in der späteren Veröffentlichung allenfalls noch als Fußnote vermerkt. Außerhalb von politischen Organisationen stellen sich diese Probleme aber weitaus weniger. Hier sollen nun besonders drei Fragenkomplexe und die damit verbundenen Erfahrungen behandelt werden, nämlich:

- Was will ich wissen?
- Wen muß ich fragen?
- Wie führe ich das Gespräch konkret durch?

4.2.1 Inhaltliche Aspekte: Was will ich wissen?

Expertenbefragungen sind zwar nicht oder nur in geringem Umfang standardisiert und strukturiert, doch bedarf es auch hier der sorgfältigen inhaltlichen Vorbereitung durch die Entwicklung eines Leitfadens (Beispiele und weiterführende Hinweise zum Leitfaden finden sich bei *Friedrichs* 1980, S. 230f.; *Lamnek* 1989, S. 35ff.; *Müller/Schmidt* 1979, S. 46ff.). Trotz entsprechender Vorinformationen, die unbedingt nötig sind, bieten Fragen zur Person und Position des Befragten einen möglichen Einstieg in das Gespräch. So liefert der Hinweis auf ein sozialwissenschaftliches Studium des Gesprächspartners eine wichtige Entscheidungsgrundlage über das "theoretische Niveau", auf dem die Befragung erfolgen kann. Ähnliches gilt für die frühere und aktuelle Position des Befragten in der Organisation.

Im Falle des vorliegenden Forschungsvorhabens ist ein Umstand zu vermerken, der für die sachlichen Gesichtspunkte des Interviews wichtig ist. Allen Befragten ist ein Schreiben mit einer etwa zwei Seiten umfassenden Kurzbeschreibung des Forschungsprojektes und den im Gespräch relevanten Themengebieten zwecks Vorbereitung zugegangen: Zudem waren die meisten Gesprächspartner an einer Zusendung des rund 30seitigen Forschungskonzepts bzw. Förderungsantrags interessiert - und hatten es offensichtlich auch vor dem Gesprächstermin gelesen. Deshalb sind die Sachfragen nur grob formuliert und durch gezielte, oft spontane Nachfragen präzisiert worden. Eine klare Trennung von "Schlüsselfragen" und "Eventualfragen" (*Friedrichs* 1980, S. 227) ist nicht vorgenommen worden; eher ist eine Strukturierung des Leitfadens für den jeweiligen Fall durch das Ausmaß an Vorinformationen und die Besonderheiten des jeweiligen Landesverbandes erfolgt. Die Gespräche mit Fachleuten für bestimmte Politikfelder in Partei und Verwaltung sind deshalb anders verlaufen als die mit Generalisten.

Das folgende Beispiel für eine Leitfrage kann das Vorgehen illustrieren:

> "Ein Ziel meiner Arbeit ist es, organisatorische und politische 'Profile' der Landesverbände der CDU zu entwickeln. Dabei können die Muster von Mittelverteilung, Entscheidungsprozessen und Politikinhalten herangezogen werden. Wie beurteilen Sie diese Überlegung im Hinblick auf ihren Landesverband?"

An diesen Einstieg lassen sich dann - je nach Verlauf des Gespräches und der Position des Gesprächspartners - Fragen zu den einzelnen relevanten Themen anschließen, die ich nur stichwortartig und grob auf einer Karteikarte notiert habe:

- Personal- und Finanzausstattung,
- wichtige programmatische Aktivitäten (Zeitpunkt und Inhalt),
- Vorbilder, Nachahmer, Differenzen zu anderen Landesverbänden und der Bundespartei,
- entsprechende personelle und institutionelle Verbindungen bzw. Kommunikationskanäle,

- Bedeutung bzw. politische Schwerpunktbildung der Partei im engeren Sinne gegenüber der Landtagsfraktion und ggf. der Landesregierung,
- wichtige politische und programmatische Kurswechsel (Zeitpunkt, Inhalt, Ursachen).

Die notwendigen Nachfragen hängen erheblich von der Art und Weise ab, in der die Antwort erfolgt. Das gilt für den Inhalt wie den Stil, in dem sich der Befragte äußert. Bei einigen "harten Fakten" zur Finanz- und Personalausstattung oder Programmatik spielen auch die Vorinformationen, die aus anderen Quellen gewonnen werden konnten, eine Rolle. Nur in ganz wenigen Fällen hat dieser "Stimulus" durch weitere Erklärungen verstärkt werden müssen. In der Regel sind den aufgeworfenen Themen längere Statements gefolgt, an die die weiteren Leitfragen problemlos anknüpfen konnten. Wie schon erwähnt, sind zur Vertiefung und Ergänzung der mündlichen Ausführungen des Gesprächspartners auch des öfteren Dokumente überlassen worden. Rainer *Linnemann* (1994) hat jüngst ein vergleichbares Verfahren bei den ostdeutschen Parteigliederungen ebenfalls erfolgreich angewandt; dort sind zudem der Leitfaden und die Protokolle der Interviews ausführlich dokumentiert.

Auf zwei besondere Begebenheiten sei in diesem Zusammenhang kurz verwiesen: Bei einem Interview hat sich der Befragte zu Beginn kaum auf meine Fragen eingelassen, sondern versucht, mir sein Konzept einer Dissertation vorzuschlagen, die jedoch eine erheblich andere Fragestellung als meine vorgesehen hätte. Erst nach einiger Zeit und mit einigem Überzeugungsaufwand konnte der Gesprächspartner auf die relevanten Themengebiete geführt werden. *Meuser/Nagel* (1991, S. 451) nennen dieses Phänomen ein "rhetorisches Interview".

Bei einem anderen Interview in einem Ministerium zu Fragen der Industriepolitik hatte ein kurzes Eingangsgespräch beim Staatssekretär stattgefunden, der mich dann an die zuständigen Abteilungsleiter vermittelte. Dieser Einstieg an der Spitze des Hauses hat die mündliche Auskunftsbereitschaft und Bemühungen um die Beschaffung von schriftlichen Materialien doch erheblich beflügelt - und der betriebene Aufwand hat mich doch überrascht und schon fast zu einer Überinformation geführt.

4.2.2 Auswahl von Befragungspersonen: Wen muß ich fragen?

Bei der Identifizierung von relevanten Akteuren, die sich für eine Befragung eignen, kann grundsätzlich auf Methoden zurückgegriffen werden, die zur Identifizierung von Eliten benutzt werden (vgl. *Drewe* 1974 und *Brosi* u.a. 1981; *Meuser/Nagel* 1994b; s.a. zum breiteren Kontext *Herzog* 1982, *Wehling* 1990, *Leif* u.a. 1992). Allerdings stehen im Zusammenhang mit meinem Forschungsvorhaben weniger der Einfluß als die Informationen, über die der Akteur verfügt, im Vordergrund. Im konkreten Einzelfall hängt die Auswahl der Befragungspersonen also vor allem von den zu vermutenden Kenntnissen über das Untersuchungsobjekt ab, d.h. z.B. über den Aufbau der jeweiligen Landesgeschäftsstelle sowie natürlich von der prinzipiellen Teilnahmebereitschaft. Dieser Rückgriff auf die Elitentheorie ist aber nicht nur von methodischem Belang; der Teilaspekt der Forschungsarbeit über personelle Veflechtungen in der CDU hat auch substantielle Bezüge zur Forschung über Parteieliten.

Drewe (1974) unterscheidet drei Methoden der Bestimmung von Eliten, die Reputations-, die Entscheidungs- und die Positionstechnik. Bei der *Reputationstechnik* befragt man einen repräsentativen Querschnitt bzw. einige Experten über die Einflußverteilung in einer Untersuchungseinheit. Dieses Verfahren ist relativ einfach und billig. Problematisch sind vor allem folgende Gesichtspunkte:

> "Die wichtigsten Kritikpunkte sind erstens, daß die Reputationstechnik nur die Reputation des Einflusses, nicht jedoch seine tatsächliche Geltendmachung mißt, und zweitens, daß es keine allgemeinen Kriterien für die Auswahl (...) gibt" (*Drewe* 1974, S. 164).

Darüber hinaus sind mittlere Eliten, zu denen der von mir untersuchte Personenkreis (vorwiegend hauptamtliche Funktionäre der Partei) zählt, weithin zu unbekannt, als daß dieses Verfahren ohne Verzerrungen anwendbar wäre. Sofern nämlich nicht sichergestellt ist, daß der zur Bestimmung der Befragungspersonen Auskunft gebende Experte das Feld komplett überschaut, droht beim Einsatz der Reputationstechnik, daß "eine oligarchische Machtstruktur als Ergebnis wahrscheinlicher als eine pluralistische Machtstruktur" ist (*Drewe* 1974, S. 173). Ferner besteht gerade bei Parteien, die in unterschiedliche politische Gruppierungen und Suborganisationen zergliedert sind, die Gefahr, daß sich die Nennungen des Experten in hohem Maße innerhalb einer Teilpopulation bewegen.

Die *Entscheidungstechnik* geht von der Prämisse aus, daß "als einflußreich gilt, wer erfolgreich an einem Entscheidungsprozeß in bezug auf eine konkrete Streitfrage teilgenommen hat" (*Drewe* 1974, S. 164). Sie basiert aber auf zwei Voraussetzungen, nämlich der Sichtbarkeit und der Abgrenzbarkeit der Entscheidungen (Issues). Sie verfügt über den Vorteil, daß die tatsächliche Einflußnahme gemessen wird. Aber: "Beim Einsatz der Entscheidungstechnik ist es (jedoch, J.S.) wahrscheinlicher, daß eine pluralistische Form der Einflußverteilung identifiziert wird" (*Drewe* 1974, S. 173). In der jüngeren Organisations- und Industriesoziologie wird dieser Befund zur Theorie der Mikropolitik erhoben (vgl. kritisch hierzu die Beiträge in *Schmid* 1991). Im Unterschied dazu zielt die Untersuchung über die CDU weniger auf das Wissen über konkrete Einzelentscheidungen ab als auf organisatorische Strukturen und Machtverteilungen sowie auf die Identifikation eines föderativen Entscheidungssystems, das eine Vielzahl vergleichbarer Einflußnahmen typisierend zusammenfaßt.

Die dritte Methode bildet die *Positionstechnik*, die Eliten gemäß der formalen Position in der Untersuchungseinheit festlegt (*Drewe* 1974, S. 166f.). Auch dieses Verfahren birgt Risiken, da aus der Vielzahl von Positionen eine begründete Auswahl zu treffen ist und statt des tatsächlichen Einflusses der potentielle gemessen wird. Die Positionstechnik hat den Vorteil, daß sie äußerst einfach ist, wenn ausreichende Informationen zum Aufbau des Untersuchungsobjektes vorliegen. Parteien mangelt es jedoch häufig gerade daran: Für die Landesebene der Parteien gibt es keine Angaben zum formalen Aufbau, vielfach existieren unklare Positionsbeschreibungen, oder es finden faktische Abweichungen vom Organogramm statt.

Ein Verfahren zur Auswahl von Befragungspersonen, das quer zu den genannten liegt und vorwiegend pragmatischer Art ist, stellt das *Schneeballprinzip* dar. Dabei werden die Gesprächspartner gebeten, Namen von weiteren Personen zu nennen, die für die Befragung interessant sind (H. *von Alemann* 1977, S. 93f.). Auch hier funktioniert das Verfahren relativ gut, wenn ein spezifischer, eingrenzbarer Adressatenkreis benannt werden soll. Bei einem der Expertengespräche ist dies in besonderem Maße eingetreten: Der Befragte nannte alle wichtigen Akteure im bildungspolitischen Netzwerk der Partei, inklusive ihre politischen Positionen, Konfliktlinien und Tagungsorte. Durch die Mitteilung der bildungspolitischen "Freund-Feind-Verhältnisse" innerhalb der Partei war es daraufhin erheblich einfacher, die "richtige" Referenz bei der Kontaktaufnahme anzugeben, was die Gesprächsbereitschaft deutlich verbessert hat.

Trotz der aufgeführten Bedenken und Einschränkungen hat sich für das Forschungsvorhaben als erstes Auswahlverfahren die Positionstechnik angeboten, da sie zumindest für alle Untersuchungseinheiten eine Bestimmung von formal vergleichbaren Experten zuläßt. Konkret bedeutet das, daß versucht worden ist, in den Landesparteien zuerst jeweils den Geschäftsführer bzw. die Referenten für Grundsatzfragen und für Organisationsangelegenheiten anzusprechen, da diese über das notwendige Detailwissen verfügen und verhältnismäßig gut erreichbar sind (zu den Vorteilen einer Befragung von Inhabern von Stabspositionen vgl. *Lehmbruch* 1970, S. 87; s.a. *Meuser/Nagel* 1991, S. 443ff.). Ein weiterer - unter praktischen Gesichtspunkten keineswegs so trivialer - Vorzug liegt in der Tatsache, daß nach dem Positionsverfahren Adressen und Telefonnummern verfügbar sind, die bei den anderen Verfahren teilweise erst mühsam erschlossen werden müssen. Schließlich läßt sich mit diesem Verfahren auch einfacher eine Wiederaufnahme des Kontakts zwecks Nachfragen oder bei einem Wechsel der Person organisieren, da die Stelle ja in der Regel wieder besetzt wird und sich Fluktuationen deshalb kaum auswirken (Zur weiteren Diskussion über Zugang und Verhalten bei Untersuchungen in Organisationen finden sich anwendungsnahe Berichte aus der Forschungspraxis in *Bryman* 1988; s.a. *Brosi* u.a. 1981).

4.2.3 Gesprächsführung: Wie führe ich das Gespräch konkret durch?

Der dritte Problemkomplex bei der Datenerhebung bezieht sich auf Strategie und Taktik des Gesprächs. In der Regel wird vom Interviewer ein neutrales Verhalten gefordert, da eine auffällige Mimik und Gestik bzw. explizite Kommentare die Befragungssituation beeinflussen können. Bei einer Expertenbefragung in Parteien läßt sich diese Neutralität jedoch nicht immer aufrechterhalten. Denn: "Research in organizations can be seen as something of a political minefield" (*Bryman* 1988, S. 25).

In mehreren Fällen verlangen beispielsweise die Gesprächspartner geradezu ein feedback auch und gerade auf ihre politischen Aussagen. Hier empfiehlt sich nach meinen Erfahrungen die Bekundung von wohlwollendem Interesse (vulgo: die Notlüge). Teilweise läßt sich diese Situation entschärfen, indem durch entsprechende Kleidung, die "richtige" Zeitung (in diesem Falle die FAZ) und durch Referenzen aus dem politischen Lager ein Eindruck der politischen Nähe erzeugt wird. Im Falle dieses Forschungsvorhabens war dies nicht so schwierig, da die meisten vorangegangenen empirischen Untersuchungen von parteinahen Forschern bzw. Stipendiaten durchgeführt worden sind und der Verfasser aus einem "tiefschwarzen" Teil Baden-Württembergs kam. Dies hat anscheinend bei manchen Gesprächspartnern ausgereicht, einen "Fehlschluß" in der parteipolitischen Verortung zu erzeugen. Diese Taktiken sind sicherlich aus methodischen wie aus ethischen Gründen kritisierbar; sie bilden aber nach meinen Erfahrungen ein Element der Vorgehensweise bei der empirischen Untersuchung von Parteien, denen der Forscher nicht angehört. Im übrigen ist gerade bei der Parteien- und Organisationsforschung den Befragten oft eine wohlwollende Distanz des Forschers lieber als dessen Zugehörigkeit zum eigenen "Verein". Denn er könnte ja seine Erkenntnisse internen Konkurrenzfraktionen zugänglich machen. Über die CDU, die SPD oder die IG Metall erfährt deshalb ein australischer Politologe leichter delikae Details als ein Stipendiat aus der eigenen Organisation.

Der Sprachgebrauch des Interviewers ist im übrigen bei Befragungen in Parteien eine subtile Form der Kontrolle des Interviewers bezüglich seiner parteipolitischen Zugehörigkeit. Die Verwendung des "sozialdemokratischen" Begriffs "Ortsverein" führt bei Interviews in der CDU zu Irritationen, da hier das "richtige" Wort "Ortsverband" heißt. Insofern ist *Bulmer* (1988, S. 154) zuzustimmen, wenn er feststellt: "Language is part of the art of fitting into a setting" (s.a. *Meuser/Nagel* 1991, S. 449 und 451).

Besonders bei kritischen Themen waren Abweichungen vom Fragenkatalog zugunsten eher journalistischer Verfahrensweisen unausweichlich (siehe dazu *Sjoberg/Miller* 1973, S. 132 und *Lehmbruch* 1970, S. 86ff.; *Haller* 1991), bzw. ein "detektivischer Spürsinn" (H. *von Alemann* 1977, S. 180) gefordert.

> "Hierzu kann es hilfreich sein, etwas zu tun, was in der quantitativen Methodologie absolut abgelehnt wird, nämlich suggestiv zu wirken. Manchmal kann man nur durch suggestive Fragestellungen bewirken, daß Dinge offenbart werden, an die der Befragte (...) nicht denkt" (*Lamnek* 1989, S. 95) - oder zu denen er nichts sagen will.

Aus dem politischen Gesamtzusammenhang heraus ist es auch erklärbar, wieso die Mehrheit der Befragten einer Tonbandaufzeichnung ablehnend gegenüberstand bzw. deutlich signalisierte, daß die Antworten bei einer Aufzeichnung anders ausfallen würden. Zu Recht verweist *Lehmbruch* (1970, S. 88) darauf, daß "die Frage der Gesprächsaufzeichnung immer mit dem Fingerspitzengefühl für die Situation" zu behandeln sei. Deshalb wurde auf den Einsatz eines Tonbandes ganz verzichtet, obwohl dieses in der Methodenliteratur und der Praxis der Parteienforschung durchaus als normale Aufzeichnungsform gilt. Eine tiefere Erklärung für dieses abweichende Verhalten im Falle meiner Untersuchung kann ich nicht liefern. Allerdings bemerkt auch *Bulmer* (1988, S. 154), daß manchmal "more interesting material is revealed when the machine is switched off".

Im Laufe des Gesprächs sind daher die Antworten stichwortartig auf Karteikarten notiert worden; direkt im Anschluß an das Interview sind weitere Aussagen festgehalten und am Abend dann handschriftliche Protokolle angefertigt worden (zur Durchführung vgl. *Meuser/Nagel* 1991, S. 456ff.; als Beispiel aus der Parteienforschung vgl. *Linnemann* 1994). Deshalb ist es nicht unwichtig, die Interviewtermine so zu gestalten, daß für Notizen auch ausreichend Zeit bleibt. Das Protokollieren von "interessanten" Aussagen ist aber in mehreren Fällen vom Gesprächspartner als Signal interpretiert worden und hat zu einer vorsichtigen und zurückhaltenden Ausdrucksweise mit entsprechenden Informationsverlusten geführt. Um einen solchen Rückzug zu vermeiden, sind brisante Formulierungen erst mit einigen Minuten Verzögerung notiert oder der Eindruck erweckt worden, daß das Gesagte schon bekannt wäre und damit doch eher harmlos. Bei zwei Interviewern treten solche Probleme kaum auf; allerdings können Interpretationsunterschiede vorkommen.

Diese Ausführungen betonen sicherlich die "dunkle Seite" der Informationsgewinnung und erinnern vielleicht stellenweise an das Vorgehen bei Günther Wallraffs
"subversive" Reportagen der Arbeitswelt. Nichtsdestoweniger gilt aber: "The claim
for research as the art of the possible and the plea for opportunism do not rule out the
need for controlled, systematic, morally justifiable methods and scientific rigour" (*Buchanan* u.a. 1988, S. 67).

4.3   Umfang und Ertrag der Erhebung

Das Hauptgewicht der beschafften Daten liegt auf den Protokollen von rund 50 längeren Expertengesprächen mit Politikern und Beschäftigten der CDU sowie Beamten,
Journalisten und einigen Wissenschaftlern, die auf dem Gebiet forschen (s. Liste). Sie
dauerten zwischen einer halben und drei Stunden; gelegentlich ist es auch zu schriftlichen oder telefonischen Nachfragen gekommen.

Ferner sind eine Fülle von schriftlichen Materialien gesammelt und ausgewertet wor-
den. Dabei handelt es sich um ca. 300 parteieigene, parlamentarische und staatliche
Dokumente. Hervorzuheben sind besonders die Tätigkeitsberichte der Geschäftsführer bzw. Generalsekretäre für einige Landesverbände, Landtagsfraktionen und die
Bundespartei über längere Zeiträume hinweg. Zusätzlich wurde *im Archiv für
Christlich-Demokratische Politik*, im Parteienarchiv des *Zentralinstituts 6* der FU
Berlin, im Deutschen Bundestag sowie in verschiedenen Universitätsbibliotheken
nach Literatur und Dokumenten recherchiert. Auch wurden Presseberichte aus rund
60 Zeitungen und Zeitschriften sowie statistische Sekundärdaten mit in die Analyse
einbezogen.

Allerdings unterliegt nicht nur die Informationsbeschaffung, sondern auch deren
(formale) Verwertung den restriktiven Bedingungen des Untersuchungsobjekts "Partei". Zitate aus Expertengesprächen erfolgen auf Wunsch der meisten Akteure sinngemäß und ohne Namensnennung; häufig sind Aussagen und Sachverhalte statt aus
Interviews durch Verweise auf andere Quellen, wie Zeitungsartikel oder Parteidoku-
mente, belegt worden (vgl. *Lehmbruch* 1970, S. 89f.). In vielen anderen Arbeiten
wird eine Kennziffer des Interviews angegeben, was für andere interessierte Forscher
eine bessere Nutzungs- und Kontrollmöglichkeit ergibt. Ferner sind in jeder Organi-
sationsgliederung nach Möglichkeit mehrere Personen befragt worden, was die Zu-
ordnungsmöglichkeit von Aussagen zum Schutze des Informanten verringert.

Liste der durchgeführten Interviews:

Politiker:

Bercker	(CDU-Landesgeschäftsstelle NRW), Düsseldorf
Bossung	(CDU-Landesgeschäftsstelle Saarland), Saarbrücken
Dettling	(Bundesministerium für Jugend, Familie, Frauen und Gesundheit, ehem. CDU-Bundesgeschäftsstelle), Bonn
Fröhlich	(CDU-Landesgeschäftsstelle Baden-Württemberg), Friedrichshafen/Stuttgart
Giersch	(Union-Stiftung), Saarbrücken
Grotz	(Universität Tübingen, ehem. JU Baden-Württemberg), Tübingen
Klein	(Landesgeschäftsführer der CDU Hamburg), Hamburg
Kohl	(Pressesprecher von CDU Landesverband und Fraktion Schleswig-Holstein), Kiel
Lammert	(MdB, CDU-Landesvorstand Nordrhein-Westfalen), Bonn
Levelling	(CDU Landesgeschäftsstelle Niedersachsen), Hannover
Lockwood	(Senat für Gesundheit und Soziales, ehem. CDU-Landesgeschäftsstelle Berlin), Berlin
Müller-Kienet	(Hessisches Kultusministerium, ehem. Parl. Berater der CDU-Landtagsfraktion Hessen), Wiesbaden
NN	(CDU-Landesgeschäftsstelle Baden-Württemberg), Stuttgart
NN	(CDU-Landesgeschäftsstelle Hessen), Wiesbaden
Odermatt	(CDU-Fraktion Rheinland-Pfalz), Mainz
Pütz	(ehem. Geschäftsführer der Arbeitsgruppe Bildung- und Wissenschaft der CDU/CSU-Bundestagsfraktion), Bonn
Repnik	(MdB, Vorsitzender der Landesgruppe Baden-Württemberg), Allensbach
Röper	(Geschäftsführer der CDU-Fraktion Bremen), Bremen
Scholtis	(Geschäftsführer der CDU-Fraktion in Schleswig-Holstein), Kiel
Seidel	(CDU-Fraktion Saarland), Saarbrücken
Simon	(Staatsekretär beim Senat für Wirtschaft und Arbeit Berlin), Berlin
Terlinden	(Landesgeschäftsführer der CDU Rheinland-Pfalz), Mainz
Teuchler	(CDU-Bundesgeschäftsstelle, Grundsatz- und Planungsabteilung), Bonn
Trotha	(MdL Baden-Württemberg, stv. Fraktionsvositzender, stv. Vors. BFA Medienpolitik), Konstanz
Weißgräber	(CDU-Landesgeschäftsstelle Schleswig-Holstein), Kiel
Wienhold	(Landesgeschäftsführer der CDU Berlin), Berlin
Wilbers	(CDU-Bundesgeschäftsstelle, Grundsatz- und Planungsabteilung), Bonn
Wolf	(ehem. CDU-Landesgeschäftsstelle Hessen), Wiesbaden
Würtenberger	(Parl. Berater der CDU-Fraktion Baden-Württemberg), Stuttgart

Ministerialbeamte:

Berroth/Kohler	(Ministerium für Arbeit, Gesundheit, Familie und Sozialordnung Baden-Württemberg), Stuttgart
Grass	(Staatskanzlei Rheinland-Pfalz), Mainz
Griesinger	(Staatsministerium Baden-Württemberg), Stuttgart
Grützner	(Presse- und Informationsstelle der Niedersächsischen Landesregierung), Hannover
Kramer	(Senat für Gesundheit und Soziales Berlin), Berlin
Patzelt	(Senat für Wirtschaft und Arbeit Berlin), Berlin
Wend	(Bundesministerium für Jugend, Familie, Frauen und Gesundheit), Bonn

Wissenschafler:

Prof. Esser	(Universität Frankfurt)
Prof. Haungs	(Universität Trier)
Prof. Herzog	(FU Berlin)
Prof. Kaltefleiter	(Universität Kiel)
Dr. Häusler	(Universität Frankfurt)
Dr. Schmidt	(FU Berlin)
Chodinski	(Doktorand an der Universität Göttingen)
Greve	(Journalist, Kiel)

4.4   Probleme der Informationsauswertung bzw. Datenanalyse

Datenerhebung und Auswertung "sind in den qualitativen (besser: nichtstandardisierten, J.S.) Interviewvarianten nicht so schematisch getrennt wie im standardisierten Interview" (*Spöhring* 1989, S. 157). Teils trifft der Interviewer im Gesprächsverlauf spontan Auswertungsentscheidungen, z.b. welche Fragen sind ausreichend beantwortet, sagt der Befragte die Wahrheit etc. Teils wechseln im Forschungsablauf Schritte der Datenerhebung und -auswertung einander mehrfach ab, z.B. zur Überarbeitung des Leitfadens.

Auch Heine *von Alemann* (1977, S. 117) bemerkt zur qualitativen Textverarbeitung, wozu ebenfalls die Auswertung von Interviewprotokollen zu rechnen ist:

> "Die Vorgehensweise besteht (...) bewußt darin, noch keine Vorverschlüsselung der Ergebnisse vorzunehmen, sondern die Interpretation und Klassifikation zur Gänze erst nach der Erhebung durchzuführen".

Ferner ist davon auszugehen, daß "verallgemeinerbare Regeln der Interpretation speziell von Interviewprotokollen bisher nicht vorliegen" (*Spöhring* 1989, S. 159). Als vergleichsweise allgemein gehaltene Maximen der Auswertung von Expertengesprächen oder Tiefeninterviews schlägt *Spöhring* folgende Arbeitsschritte vor:

- genaue Aufzeichnung:
  Protokollierung, Verschriftlichung des Gesprächstextes (besonders, wenn er auf Tonbandaufzeichnung vorliegt);
- ganzheitliche Betrachtung der Äußerungen des Befragten:
  seine persönlichen Relevanzen, seine Deutungsmuster, sein "Weltbild";
- Satz-für-Satz-Interpretation:
  sorgfältig und detailliert für jede einzelne Äußerung (was bei handschriftlichen Notizen nur begrenzt möglich ist);
- Analyse des Sprachgebrauchs:
  Begriffsverwendung, Redewendungen, "Schlüsselbegriffe" und Äußerungsformen: beschreibend, bewertend, erklärend/deutend;
- thematische Analyse:
  Äußerungen zu einzelnen Themen/Fragen des Leitfadens, zugeordnet zu einzelnen inhaltlichen Kategorien, um zwischen verschiedenen Protokollen vergleichen zu können;
- Suche nach Auffälligkeiten, neuen Phänomenen, abweichenden Fällen;
- Subjektivität des Interpreten beachten:
  seine eigenen Vorannahmen, Relevanzen, Theorien kritisch reflektieren und offenlegen; mehrmaliges Durchlaufen des hermeneutischen Zirkels;
- Reduktion des Materials:
  In einem notwendigen "Prozeß des Verlustes" müssen überlegte Entscheidungen der thematischen Beschränkung und der Begrenzung der Fälle getroffen werden.
- Entdeckung von Regelmäßigkeiten:
  Zu unterscheiden ist zwischen sozialen (quasi-statistischen, Häufigkeits-) Typen und kulturell wirksamen "objektiven" Regeln und Normen (*Spöhring* 1989, S. 160f.; s.a. *Hopf* 1982 und *Meuser/Nagel* 1991; vgl. auch die methodischen Hin-

weise auf qualitative Verfahren in ⇨ Kapitel I und die Anwendung in quantitativer Methodik in ⇨ Kapitel II).

Diese Regeln schützen aber nur begrenzt vor grundlegenden Schwierigkeiten der Auswertung von Interviewprotokollen. Die Identifikation von zum Beispiel latenten Inhalten ("zwischen den Zeilen lesen"; *Spöhring* 1989, S. 192) ist ein interpretierendes Verfahren, das in hohem Maße auf den Erfahrungen und Kenntnissen des Forschers im Feld basiert. Da die Erhebung jedoch vor allem auf die Inhalte ausgerichtet war und die individuellen Reaktionen, Ausdrucksformen und Einstellungen nachrangig waren, hat sich dieses Problem nur in geringem Maße gestellt. Ferner gilt:

> "Anders als bei einzelfallinteressierten Interpretationen orientiert sich die Auswertung von ExpertInneninterviews an thematischen Einheiten, an inhaltlich zusammengehörenden, über den Text verstreuten Passagen - nicht an der Sequentialität von Äußerungen je Interview" (*Meuser/Nagel* 1991, S. 453).

Technisch läßt sich dies durch das Anbringen von Überschriften in den paraphrasierten Interviews und deren inhaltlichen Vergleich sowie die Übersetzung des verdichteten Materials in theoretische Konzeptualisierungen bewerkstelligen (ausführlich dazu *Meuser/Nagel* 1991). Ich habe daraus dann eine Datenmatrix aus Landesverbänden (L_{1-10}) und Themen (T_{1-10}) erstellt. Das ist übersichtlich, systematisch und legt zugleich vorhandene Lücken offen, was auch ein Schutz vor Überinterpretationen der Interviewdaten darstellt. Eine weitere Auswertungsmöglichkeit bildet die Suche nach Schlüsselbegriffen in den Interviewtexten, wie es etwa in quantitativen Auswertungsverfahren mittels eines Codebuches gemacht wird (⇨ Kapitel IV).

Wie die Datenerhebung ist auch die Auswertung von wenig bis gar nicht standardisierten Formen der Informationsgewinnung nur begrenzt intersubjektiv nachprüfbar. D.h. eine andere Person kann zu abweichenden Auswertungsergebnissen gelangen. Deshalb muß das Auswertungsverfahren sorgfältig dokumentiert und nachvollziehbar sein. Die Flexibilität des Erhebungsinstrumentes bildet zudem ein weiteres Problem der Auswertung, da aus den durchgeführten Gesprächen unterschiedliche Informationen vorliegen, z.B. weil einige Kategorien nicht durchgängig besetzt sind. Dies kann ein durch die Methode erzeugter Fehler sein, aber auch der Wirklichkeit entsprechen. Ein nach den gemachten Erfahrungen geringes Problem stellen fehlende Kenntnisse beim Gesprächspartner dar; durchaus problematischer sind erkennbare Selbstdarstellungen, die eher auf Öffentlichkeitswirkung als auf die Preisgabe von Informationen zielen. Eine Kontrolle solcher "Manipulationsversuche" ist dadurch versucht worden, daß bei jeder Untersuchungseinheit nach Möglichkeit zwei Akteure befragt und zusätzliche Informationen aus anderen Quellen zur Beurteilung der Aussagen in der Datenanalyse herangezogen worden sind. Im Unterschied zu *Esser* (1986) - allerdings bezogen auf eine standardisierte Befragung von Individuen - können in diesem politischen Kontext Befragte durchaus "lügen" bzw. aus Organisationsinteressen heraus Informationen vorenthalten.

Die Suche nach der "Wahrheit" bei der Auswertung der vorliegenden Informationen beschränkt sich jedoch nicht nur auf die kritische Beurteilung der Aussagen des Gesprächspartners und die selbstkritische Betrachtung der eigenen theoretischen Prämissen; vor allem muß politische Neutralität bei der Analyse und Bewertung der Daten gewahrt bleiben - insbesondere wenn etwa versucht wird, Landesverbände nach dem Ausmaß des politischen Erfolges oder ihrer Innovationsleistung zu klassifizieren.

Dabei hat sich vor allem das breite organisations- und policytheoretische Fundament der Untersuchung als Interpretationsfolie und Schutz vor Werturteilen bewährt.

Greift man die oben angestellten methodischen Überlegungen zur Elitenauswahl noch einmal auf, so zeigen alle Ansätze ihre Brauchbarkeit bei der Auswertung und theoretischen Interpretation: Für die Identifikation von bundespolitischen Arenen und von Machtverteilungen in den Landesverbänden kann auf die Reputationstechnik zurückgegriffen werden, zur Bestimmung von Diffusionskanälen und Policy-Netzwerken taugt vor allem die Entscheidungstechnik, und für die Analyse der Struktur der Parteieliten bzw. von personellen Verflechtungen dient die Positionstechnik.

Insgesamt betrachtet liegt beim Einsatz von Expertenbefragungen nur eine niedrige Datenqualität vorwiegend auf nominalem Skalierungsniveau vor, was die Anwendung statistischer Analyseverfahren einschränkt. Eine entsprechende Vercodung und quantitativ-statistische Auswertung der Interviewdaten ist zwar prinzipiell möglich, aber für die von mir verfolgten Fragen als wenig aussichtsreich eingestuft worden (⇨ Kapitel IV). Im übrigen ändert m.E. eine andere Aufbereitung der Daten nichts an deren methodischen Defiziten. Die vielfach in der Auswertung entwickelten Typologien sind eher "ein Vorgriff auf explizite Theoriebildung" (*Friedrichs* 1980, S. 89). Dies entspricht den bekannten Problemen der Fallstudie und des wenig standardisierten Interviews (s.o.), wenngleich hier die Vertreter der verschiedenen methodischen Paradigmen unterschiedlicher Auffassung sind. Die Position H. *von Alemanns* (1977, S. 162) in dieser Frage entspricht meiner; er kommt zu folgendem Ergebnis:

> "Eine theoretische Funktion von beschreibenden Untersuchungen besteht dann, wenn das beschriebene Phänomen entweder von der bisherigen Theorie noch nicht berücksichtigt wurde, womit sich die Notwendigkeit zu einer Erweiterung der Theorie ergibt, oder wenn die Existenz bestimmter Phänomene mit der Theorie unvereinbar ist oder zu ihr in Widerspruch steht. (...) Auf diese Weise sind deskriptive Untersuchungen zwar nicht selbst theoretisch, aber sie können theoretisch relevant sein".

Damit wird die endgültige Beurteilung der Datenerhebung und Datenanalyse zurückverwiesen auf den im jeweiligen Fall vorfindbaren Stand der Forschung und die theoretische Verbindung und Erklärung der gewonnenen Informationen. Zugleich machen diese Schwierigkeiten bei der Datenauswertung noch einmal deutlich, daß kein Forschungsansatz bzw. keine Forschungstechnik ohne Tücken ist. Gerade die methodischen Probleme und Risiken bei der Fallstudie und der Expertenbefragung sollten ernst genommen und gründlich reflektiert werden, damit nicht aus einer Not vorschnell eine Tugend gemacht wird. Nicht selten findet sich in polikwissenschaftlichen Arbeiten der lapidare Hinweis, daß eben Experten befragt worden sind - ohne weitere methodische Vertiefung und Begründung.

5 Zusammenfassung der dank der eingesetzten Methode gewonnenen Ergebnisse

Mit der Untersuchung sind verbreitete Vorstellungen über die CDU als monolithischer Einheit und die gängige Annahme ihrer zentralisierten und oligarchischen Verfaßtheit korrigiert worden. Damit wird insbesondere denjenigen Arbeiten widersprochen, die gerade den Modernisierungsprozeß der CDU als Stärkung des zentralen Parteiapparates interpretieren - und gelegentlich geradezu einen Mythos über das Konrad-Adenauer-Haus aufbauen. Vielmehr erweist sich die Partei im Lichte der Empirie als verflochtenes und koordiniertes, aber im wesentlichen föderatives und damit dezentrales, heterogenes System (detailliertere Ergebnisse in *Schmid* 1990a).

In theoretischer Hinsicht münden diese Ergebnisse in ein alternatives Organisationskonzept der CDU ein. Anstelle der zielgerichteten, zentral gesteuerten politischen Partei zeigen sich mit dem ausgeprägten innerparteilichen Föderalismus redundante Strukturen und eine lockere Verkoppelung von Subsystemen, die die "requisite variety" und Binnenkomplexität erhöhen, was ein Eingehen auf unterschiedliche Umweltbedingungen erlaubt. Zugleich resultiert hieraus eine Innovationsfähigkeit, die allerdings bei peripheren Strategien der Landesverbände ansetzt und sich über Nachahmung durchsetzt. Damit wird solchen scheinbar erratischen Organisationsformen im Unterschied zur Politikverflechtungstheorie (v.a. *Scharpf*) durchaus eine erhebliche Problemlösungsfähigkeit zugestanden.

Die Bedeutung der Landesverbände gegenüber der Bundespartei zeigt sich insbesondere an drei Sachverhalten:

- an quantitativen Indikatoren der Parteiorganisation (Ausstattung mit Finanzen und Personal),
- an der Zusammensetzung der Parteielite bzw. der verschiedenen Parteigremien auf Bundesebene,
- an den in Gang gesetzten politisch-programmatischen Innovationsprozessen.

Die Landesebene verfügt in der CDU über rund zwei Drittel der Finanzmittel, wobei sich ihr Anteil seit Ende der 60er Jahre kontinuierlich gesteigert hat. Genauer: Verfügte die Bundespartei 1968 über 40% der Mittel, so lag sie 1986 nur noch bei 26%. Entsprechend verteilen sich die hauptamtlichen Beschäftigten. Auch in personeller Hinsicht zeigt sich die gewachsene Bedeutung der Landesebene: Sowohl im Präsidium wie im Vorstand der CDU, aber auch in den ersten Kabinetten Kohl sind typische Vertreter aus den Landesparteien zum Zuge gekommen. Dabei werden gewisse institutionelle Schwerpunke des Einflusses einzelner Landesverbände auf die Bundesebene erkennbar.

Noch deutlicher wird die Stellung der Landesverbände in den Bundesfachausschüssen der Partei, die sich geradezu als Strukturbildung infolge der geänderten föderativen Kräftemechanik interpretieren lassen. In ihnen sind vor allem Experten, wie die Fachminister der Länder, vertreten; mehr als ein Drittel der Vorsitzenden und Stellvertreter kommt aus den Landesparteien. Die Bundesfachausschüsse haben den Einfluß der Vereinigungen in der innerparteilichen Machtverteilung erheblich zurückgedrängt, und über sie verläuft in hohem Maße die Kommunikation über Policy-

Innovationen. Dies ist ein Fall, in dem die Expertenbefragung ihre Stärken deutlich gezeigt hat und sich auch kaum andere Methoden einsetzen lassen.

Schließlich haben die Landesparteien von Rheinland-Pfalz in der Sozialpolitik, von Hessen in der Bildungspolitik und von Baden-Württemberg in der Industriepolitik entscheidende Impulse für Innovations- und Diffusionsprozesse gegeben; d.h. ihre Vorreiterrolle ist von anderen Landesverbänden und schließlich von der Bundespartei imitiert worden. Oder wie es einer der Befragten formuliert hat: Da kann man mal wieder sehen, wer von wem "abgekupfert" hat.

Die Fähigkeit der Landesverbände zur politisch-programmatischen Innovation ist einerseits wiederum Ausdruck ihrer beachtlichen Autonomie gegenüber der Parteizentrale, andererseits indiziert sie eine erhebliche Varianz zwischen den Landesverbänden. Organisationsstrukturelle Unterschiede lassen sich feststellen anhand quantitativer Indikatoren zur Ressourcenausstattung, Zentralisierung, Mitglieder- und Wählerentwicklung. Darüber hinaus können stärker qualitative Informationen aus den Expertenbefragungen, eigenen Beobachtungen und Materialauswertungen herangezogen und in Klassen - hier hoch, mittel und tief - zusammengefaßt werden. Auf diese Weise läßt sich die Machtverteilung und der Einfluß der einzelnen Segmente auf Landesebene (Partei im engeren Sinne, Landtagsfraktion, Vereinigungen und ggf. Regierung) in eine abgestufte Ordnung (Ordinalskala) bringen und vergleichen. Dieses ist in der folgenden Abbildung dargestellt.

Abbildung 1:   Machtverteilung in den Landesparteien der CDU

Land	Partei	Fraktion	Regierung	Vereinigungen	MdB's
BW	hoch	hoch	hoch	niedrig	niedrig
Be	mittel	mittel	hoch	niedrig	mittel
Br	niedrig	hoch	——	niedrig	niedrig
Ha	hoch	mittel	——	niedrig	mittel
He	hoch	hoch	——	niedrig	mittel
NW	niedrig	mittel	——	hoch	hoch
NS	mittel	niedrig	mittel	mittel	niedrig
RP	niedrig	mittel	mittel	hoch	niedrig
Sa	niedrig	mittel	——	mittel	niedrig
SH	mittel	mittel	mittel	niedrig	niedrig

Quelle: *Schmid* 1990a, S. 130

Ferner lassen sich bei den Landesverbänden politisch-programmatische Schwerpunkte herausarbeiten und in vier nominale Typen zusammenfassen:

- die dynamische Regierungspartei,
- der Kampfverband,
- schlafende Riesen und
- unbedeutende Zwerge.

Ein hohes Ausmaß an politischen Reformen und Experimenten sowie eine sachpolitische Orientierung kennzeichnen vor allem Rheinland-Pfalz unter Kohl, Baden-Württemberg unter Späth und Berlin seit der Regierungsübernahme 1981. Diese drei Landesparteien weisen die Fähigkeit auf, in verschiedenen Feldern Politiken zu initiieren, umzusetzen und damit die politische Diskussion auch über das jeweilige Bundesland hinaus zu prägen. Mit der Dominanz der Sachpolitik verbunden ist natürlich eine starke Stellung der Regierung im innerparteilichen Kräftefeld. Daraus folgt allerdings nicht notwendigerweise eine Schwächung der anderen Akteure.

Im Gegensatz dazu vertritt die hessische CDU vorwiegend polarisierende und ideologische Themen, die um die Formel "Freiheit oder Sozialismus" kreisen. Dies gilt besonders in der Bildungspolitik, in der die Hessen seit Beginn der 70er Jahre innerhalb der CDU den "konservativen" Flügel markieren - zu einer Zeit also, in der die meisten Landesverbände und die Bundespartei einen eher konzilianten, abwartenden Kurs verfolgen oder sogar noch Reste einer Reformorientierung aufweisen. Dies führt zu erbitterten Auseinandersetzungen mit der regierenden Sozialdemokratie in Hessen. Weitere Themengebiete sind Law and Order und Außen- bzw. Sicherheitspolitik, in denen ebenfalls eine harte Position vertreten wird.

Die CDU im nun vereinigten Landesverband Nordrhein-Westfalen ist als "schlafender Riese" im Laufe der 70er Jahre kaum durch politische Dynamik aufgefallen - und so ging es auch mit der CDU in Schleswig-Holstein, dem Saarland und den Stadtstaaten als "unbedeutenden Zwergen". Hier sind im Unterschied zu den beiden oben genannten Typen weder wichtige Beiträge zur Sachpolitik noch eine Ideologisierung oder organisatorische und wahlkampfstrategische Reformimpulse zu verzeichnen. Zudem scheint es so, als ob diese Landesparteien auch politische Innovationen aus anderen Ländern nur zögernd adaptieren.

Diese hier skizzierten Ergebnisse der Studie lassen sich selbstverständlich nicht nur der geschilderten Methode zuordnen, was bei einem explorativen Fallstudienansatz und einer Expertenbefragung auch kaum zu erwarten ist. Der Beitrag der mittels dieser Methoden gefundenen Informationen liegt zum einen

- in der Bewertung der Qualität von Daten aus anderen Quellen (z.B. Angaben über Parteifinanzen nach den Rechenschaftsberichten der Partei),
- im Herstellen von Zusammenhängen und Wechselwirkungen, die durch die Aufteilung von Daten in unterschiedliche Quellen aufgrund deren Selektivität nur als separat erscheinen,
- in der Erfassung der Bedeutung, die der Gesprächspartner bestimmten "objektiven" Daten zumißt (etwa Wahlergebnisse).

Zum anderen sind in den Expertenbefragungen eine Menge an Informationen und Daten angefallen, so zum Beispiel - was man vielleicht nicht erwarten würde - die meisten Angaben zur Personalausstattung der Organisation bzw. deren Untergliederungen (s. Abb. 1; vgl. auch *Linnemann* 1994). Auch konnten auf diese Weise erst die Diffusionsprozesse und die entsprechenden Kommunikationskanäle rekonstruiert werden. Schließlich hat der intensive Kontakt - zusammengerechnet dauerten die Interviews über einen Monat - das "Gefühl" für das Untersuchungsobjekt erhöht, was zwar methodisch umstritten, aber forschungspsychologisch durchaus nützlich ist.

Obwohl das Forschungsprojekt erfolgreich abgeschlossen werden konnte, tendiere ich mittlerweile - auch aus einer gewissen zeitlichen und sachlichen Distanz heraus - zu einer stärkeren Betonung der methodischen Probleme und Risiken bei der Anwendung von Expertenbefragungen als zu Beginn und während der Untersuchung. Deshalb die abschließende Warnung: Das Fehlen von klaren und akzeptierten methodischen Regeln und Rezepten macht die Arbeit nicht leichter und ist schon gar nicht als Freibrief für "anything goes" zu sehen.

Ich teile auch nicht ganz den Optimismus und die Euphorie von *Meuser/Nagel* (1994a, S. 191): "Wir trauen dem Experteninterview mithin eine ganze Menge zu". Dazu sind die methodischen Fragen und Unsicherheiten zu groß bzw. noch nicht ausreichend reflektiert und diskutiert; freilich soll damit die Methode auch nicht abgelehnt werden.

Gerade bei Expertenbefragungen und Informationsgesprächen sind deshalb einige Regeln dringend zu beachten bzw. bei der Durchführung hilfreich:

1. Verwende die Methode (nur) dann, wenn sie ihre Stärken entfalten kann, d.h. in komplexen theoretischen und empirischen Zusammenhängen und in Fällen, bei denen es darauf ankommt, erst einmal Licht ins Dunkel zu bringen, z.B. um Diffusionsprozesse, Politiknetzwerke oder innerorganisatorische Strukturen zu identifizieren.

2. Expertenbefragungen sind keine "billige" Ausgabe eines standardisierten, schriftlichen Interviews. Sie erfordern eine sehr sorgfältige Vorbereitung im Bezug auf den Inhalt des Gesprächs, die Auswahl der Experten und die Durchführung. Sie setzen eine intensive Beschäftigung mit dem Untersuchungsobjekt voraus und müssen entsprechend spezifisch entwickelt werden. Ein simples Übernehmen von Lehrbuchrezepten - falls es denn welche gäbe - ist in der Regel nicht angebracht.

3. Die Gesprächsergebnisse sind sorgfältig zu protokollieren und ggf. nach dem Gespräch zu ergänzen. Beim Einsatz eines Tonbands bzw. zwei Interviewern gilt analoges. Dabei ist darauf zu achten, daß nicht schon vorzeitig interpretiert wird und scheinbar unwichtige - oder auch mißliebige - Informationen "verloren" gehen.

4. Bei der Auswertung ist ein systematisches Vorgehen zwingend. In meinem Falle hat sich eine "Datenmatrix" nach Landesverbänden und Themen bewährt - nicht zuletzt auch, weil so zugleich die Informationsdefizite sichtbar sind (Vorsicht bei der Verwendung von wörtlichen Zitaten: Der Informant muß damit einverstanden sein, und es muß ein wissenschaftliches Argument unterstützen. Eine "peppige" Formulierung alleine bringt wenig: sie illustriert viel, erklärt aber manchmal nichts).

5. Bei stärker qualitativ ausgerichteten Expertenbefragungen sollte eine klare theoretische Grundlage und die Diskussion mit Fachkollegen als wichtige "Kontrolle" vor Betriebsblindheit und Übergeneralisierung schützen. Die Einschränkung, daß die getroffenen Aussagen nur für die verfolgte Fragestellung und das untersuchte Objekt gelten, sollte ernst genommen und gründlich durchdacht werden.

Kapitel VI

Manfred G. Schmidt

Vergleichende Politikforschung mit Aggregatdaten: Inwieweit beeinflussen Parteien Regierungspolitik?

1   Fragestellung

"Aggregatdaten" ist ein Fachbegriff der Methodenlehre und der Statistik. Wie viele Fachwörter ist es ein Fremdwort. "Aggregat" stammt von "aggregatum", dem lateinischen Wort für Angehäuftes, und "Daten" heißt Informationen oder Angaben. "Aggregatdaten" sind insoweit Angaben über Angehäuftes, im Unterschied zu Individualdaten, den Informationen über nicht-angehäufte individuelle Fälle, Vorgänge oder Ereignisse. Man nehme als Beispiel ein aus zehn Bürgern bestehendes hypothetisches Staatswesen, dessen Wählerschaft anhand von Individual- und Aggregatdaten beschrieben werden soll. Man unterstelle ferner, die Daten über jeden einzelnen Bürger dieses Gemeinwesens - die Individualdaten - ergäben folgendes Bild: Der erste, der zweite, der dritte, der vierte, der fünfte und der sechste Bürger dieses Landes gäben bei Wahlen regelmäßig ihre Stimme der Partei "A" und die vier ältesten votierten regelmäßig für die Partei "B"; überdies seien die fünf jüngsten Bürger religiös und die fünf ältesten nicht-religiös. Bündelt man diese Individualdaten zu Angaben über das gesamte Gemeinwesen - zu Aggregatdaten -, so erhält man die folgenden Angaben: Der Stimmenanteil von A liegt regelmäßig bei 60%, der von B bei 40% und der Anteil der religiös gebundenen Wählerschaft wie auch der religiös nicht-gebundenen Wählerschaft beträgt jeweils 50%.

In diesem Kapitel werden Aggregatdaten an einem Beispiel aus der vergleichenden Politikforschung erörtert und auf ihre Eignung und ihre Probleme überprüft. Gemäß der Konzeption des vorliegenden Lehrbuchs erfolgen Erörterung und Prüfung anhand eines konkreten Forschungsprojektes. Dieses Projekt war einer Fragestellung gewidmet, über die fachwissenschaftlich und politisch gestritten wird: Macht es einen Unterschied im Kurs und im Inhalt der Staatstätigkeit, welche Parteien die Regierungsgeschäfte führen? Unterscheidet sich beispielsweise die Praxis von Regierungen einer Rechtspartei von der einer Mitte- oder Linksparteienregierung substantiell oder nur der Verpackung nach? Um die Ausführungen überschaubar zu halten, wird vorrangig auf den Kern dieses Forschungsvorhabens Bezug genommen, die 1982 publizierte Studie "Wohlfahrtsstaatliche Politik unter bürgerlichen und sozialdemokratischen Regierungen - Ein internationaler Vergleich" (*Schmidt* 1982). Für weiterführende

Hinweise zum neueren Forschungsstand sei an dieser Stelle pauschal auf das Literaturverzeichnis verwiesen und im besonderen auf die neueren weiterführenden Studien von *Alvarez* u.a. 1991, *Hicks* und *Swank* 1992 sowie *Castles* 1993 und 1994.

Zum besseren Verständnis sind vorab einige Begriffsklärungen angebracht. "Staatstätigkeit", "Regierungspraxis" oder "Regierungspolitik" bezeichnen das Tun und Lassen von Regierungen, insbesondere den Inhalt ihrer Tätigkeit. Im fachwissenschaftlichen Sprachgebrauch wird hierfür auch der aus dem Englischen übernommene Begriff "Policy" verwendet. Empirisch erfaßbar, d.h. mit erfahrungswissenschaftlichen Methoden begreifbar, sind Staatstätigkeiten vor allem anhand der staatlichen Ausgaben- und Einnahmenpolitik, der Gesetzgebung, der Personalpolitik und der Programmatik, Selbstbeschreibung und Rhetorik von Regierungen. Die Staatstätigkeit interessiert in diesem Kapitel vor allem hinsichtlich des Zusammenhangs mit der "parteipolitischen Zusammensetzung von Regierungen", d.h. der Zahl der Regierungsparteien und ihrer Zugehörigkeit zu politisch-ideologischen Partei-Familien. "Zusammenhang" meint überzufälliges Miteinander-Variieren von Inhalten der Staatstätigkeit und der parteipolitischen Färbung von Regierungen.

Der Zusammenhang von Staatstätigkeit und parteipolitischer Couleur der Regierung dient in diesem Kapitel als Anschauungsmaterial zur Erörterung von Aggregatdaten, die zum Teil der amtlichen Statistik, zum Teil nichtamtlichen statistischen Publikationen und einer Auswertung von Dokumenten entnommen wurden.

Warum bildet man Aggregatdaten und warum finden sie in der Statistik und in der Wissenschaft vielfach Anwendung? Ein wichtiger Grund hierfür liegt im Bestreben, rasch, zusammenfassend und doch zuverlässig über eine Vielzahl individueller Fälle oder Vorgänge zu informieren und solche Informationen sachgerecht weiterzuverarbeiten. Hierfür eignen sich Aggregatdaten besonders gut, weil ihre Kapazität zur Verarbeitung von Informationen groß ist und weil sie den Kontext von individuellen Fällen oder Vorgängen miterfassen. Sie informieren beispielsweise über das Umfeld eines individuellen Wählers in einem Wahlkreis, z.B. anhand aggregierter Angaben zur Konfessionszugehörigkeit über die konfessionelle Struktur des Kreises und anhand sozialer und wirtschaftlicher Kennziffern über sein soziales Schichtungsgefüge und sein wirtschaftliches Entwicklungsniveau. Hiermit werden Kontexte der dem Wahlkreis angehörenden Individuen beleuchtet, von denen man annehmen kann, daß sie die Einstellungen und Verhaltensweisen der in diesem Wahlkreis wohnhaften Wähler mitprägen.

Aggregatdaten haben Vorzüge, aber auch eigentümliche Schwächen. Ein Nachteil liegt just in der Bündelung, in der Aggregierung. Durch sie können individuelle Eigenheiten oder gruppenspezifische Unterschiede unterhalb des Aggregationsniveaus so verhüllt werden, daß die aggregierten Daten Fehlinterpretationen Vorschub leisten. Eine gesamtwirtschaftliche Arbeitslosenquote beispielsweise überdeckt zugrundeliegende große Unterschiede in den Arbeitslosenquoten von Regionen oder Sozialgruppen, und die Beobachtung, daß die Industrieländer in Westeuropa nach Bruttosozialprodukt-Daten reiche Staaten sind, verhüllt die Unterschiede zwischen Reich und Arm in diesen Ländern. Hinzu kommt, daß wissenschaftliche Analysen, die sich Aggregatdaten bedienen, für bestimmte Fehlschlüsse besonders anfällig sind. Ein klassisches Beispiel für Fehlinterpretationen von Aggregatdaten sind Fehler nach Art des sogenannten ökologischen Fehlschlusses. Ein ausführlicheres Beispiel hierfür wird am Ende dieses Kapitels gegeben, so daß an dieser Stelle eine kurzgefaßte Vorabverständigung ausreicht. Der ökologische Fehlschluß ist eine irrtümliche Schlußfolgerung von Beziehungen zwischen (aggregierten) Daten über Kollektive auf Beziehungen zwischen Merkmalen der Elemente dieser Kollektive. Ein solcher Fehlschluß liegt beispielsweise vor, wenn man aus der Beobachtung hoher Kriminalitätsraten (eine aggregierte Größe) in Regionen mit hohem Ausländeranteil an der Bevölkerung (ebenfalls eine aggregierte Größe) die Folgerung ableitet, Ausländer neigten überdurchschnittlich stark zu kriminellen Delikten, obwohl die Kriminalitätsneigung auf der Ebene der Individuen (Individualdaten) nicht mit der Ausländer-Inländer-Unterscheidung zusammenhänge, sondern mit anderen Merkmalen von Individuen, z.B. mit der Höhe des Einkommens und der Schichtzugehörigkeit.

Inwieweit eignen sich Aggregatdaten überhaupt für die Beantwortung der Leitfrage nach dem Zusammenhang von Parteien und Staatstätigkeit? Die Antwort lautet: Nach Aufwand und Ertrag zu urteilen ermöglichen sie in einer meist recht effizienten Weise die systematische Überprüfung von Hypothesen über den Zusammenhang von politischen Parteien und Staatstätigkeit. Aggregatdaten stellen gut zugängliches und in handliche Form gepreßtes empirisches Material bereit für die Messung der Staatstätigkeit und der parteipolitischen Zusammensetzung von Regierungen. Indikatoren der Staatstätigkeit sind beispielsweise die Staatsquote, d.h. die Relation zwischen den öffentlichen Ausgaben und dem Sozialprodukt, die Veränderung der Staatsquote sowie Niveau und Veränderung der Sozialleistungsquote, die durch den Prozentanteil der öffentlichen Ausgaben für soziale Sicherung am Sozialprodukt gemessen wird (siehe z.B. *Kohl* 1985 sowie *Alber* 1982 und 1989). Aggregatdaten aus den amtlichen Statistiken eignen sich auch zur Erfassung der parteipolitischen Färbung von Regierungen, beispielsweise anhand von Angaben zu Dauer und Ausmaß der Regierungsbeteiligung von Parteien unterschiedlicher politisch-ideologischer Familienzugehörigkeit (siehe z.B. die Daten zur Regierungszusammensetzung aller demokratisch verfaßter Industriestaaten in den Jahren von 1945 bis 1991 in *Schmidt* 1992b).

Aggregatdaten werden, das ist der Vollständigkeit halber zu betonen, keineswegs nur in der vergleichenden Staatstätigkeitsforschung verwendet. Zu ihren Anwendungsbereichen gehören die wirtschaftswissenschaftliche Beobachtung des Konjunkturverlaufs, die Demographie und die Wählerforschung. Im Vordergrund der Wählerforschung auf Aggregatdatenbasis standen zunächst vor allem die Zusammenhänge zwischen dem Wählerverhalten (das durch aggregierte Größen wie z.B. Stimmenanteile einzelner Parteien erfaßt wurde) und dem Umfeld der Wähler (das durch aggregierte Daten zur Struktur der Wahlgebiete gemessen wurde). Eine Einführung hierfür bieten - unter anderen - *Kaltefleiter* und *Nißen* (1980) und eine instruktive anwendungsorientierte Einführung am Beispiel des Zusammenhangs von Wahlerfolg und Wirtschaftslage findet man in *Tufte* (1974). Zur vertiefenden Einarbeitung in die Methodik der Aggregatdatenanalyse ist - neben einschlägigen Einführungen in Techniken der Datenanalyse in der Politikwissenschaft oder in den Sozialwissenschaften überhaupt (nach wie vor unübertroffen *Tufte* 1974) - die Lektüre von *Pappi* (1977) und *Widmaier* (1992) zu empfehlen.

Wer selbständig mit Aggregatdaten arbeiten möchte, findet umfangreiches Material in Statistischen Jahrbüchern, z.B. im vom Statistischen Bundesamt in Wiesbaden herausgegebenen Statistischen Jahrbuch der Bundesrepublik Deutschland, ferner vor allem wirtschafts- und finanzstatistische Größen in der halbjährlich erscheinenden Veröffentlichung "OECD Economic Outlook" der Organisation für Ökonomische Entwicklung und Zusammenarbeit in Paris, und soziale und ökonomische Informationen im jährlich publizierten "Weltentwicklungsbericht" der Weltbank sowie im ebenfalls jährlich veröffentlichten "Human Development Report" des United Nation Development Programme. Politikwissenschaftlich besonders interessante Bestände von Aggregatdaten enthalten unter anderem das "World Handbook of Political and Social Indicators" (herausgegeben von Charles Lewis *Taylor* und David A. *Jodice,* 1983, 3. Auflage), ferner für den Vergleich westlicher Länder der 1992 publizierte Band 3 des von Dieter *Nohlen* herausgegebenen "Lexikon der Politik", sodann die von J. *Woldendorp* u.a. besorgte Spezialausgabe des "European Journal of Political Research" Nr. 1 (1993) mit politischen Daten über 20 Demokratien im Zeitraum von 1945 bis 1990 und das seit 1992 jährlich als ein Heft des "European Journal of Political Research" erscheinende "Political Data Yearbook", dessen erster, zweiter und dritter Band von R. *Koole* und P. *Mair* editiert wurden. Aktualisierungen der Datenbestände sind unter anderem möglich anhand von Statistischen Jahrbüchern, dem jährlich erscheinenden "Fischer Weltalmanach" und dem "Political Data Yearbook".

2 Entwicklung des Forschungsvorhabens - Anlaß, Anstoß, Zeitplanung und Feldzugang der Untersuchung

Zurück zu dem Forschungsprojekt, an dem die Vorgehensweise, die Chancen und die Probleme von Aggregatdatenanalysen illustriert werden sollen. Die Leitfrage dieses Vorhabens lautete: Gibt es einen Zusammenhang zwischen dem Inhalt von Staatstätigkeit und der parteipolitischen Zusammensetzung von Regierungen? Kurz: Machen Parteien einen Unterschied in der Staatstätigkeit? Die Beantwortung der Fragestellung erfordert zwingend vergleichende Analysen. Soll beispielsweise die Regierungspraxis der Rechtspartei A mit der Linkspartei B verglichen werden, so muß die Regierungspolitik von A mit der von B verglichen werden. Regieren A und B zu unterschiedlichen Zeiten, ist ein Längsschnittvergleich erforderlich, ein sogenannter diachroner Vergleich. Stammen A und B aus jeweils unterschiedlichen Ländern und regieren sie zur selben Zeit, so wird man synchron - im Querschnitt - vergleichen. Wenn möglich, sollte der Vergleich auf weitere vergleichbare Fälle ausgedehnt werden und mehrere Nationen zu einem bestimmtem Zeitpunkt oder in einer bestimmten Periode erfassen. Aber auch Mehrebenenanalysen sind denkbar, wie die Verknüpfung eines internationalen Vergleichs mit einem diachronen Vergleich der Politik in den Bundesländer in einem föderalistisch gegliederten Staat.

In dem Forschungsvorhaben zur Staatstätigkeit von politischen Parteien, das gemäß der Konzeption des Lehrbuches als Illustrationsfall dieses Kapitels verwendet wird, sollte der internationale Vergleich mit dem innerstaatlichen Vergleich auf der Ebene der Bundes- und der Länderregierungen verklammert werden und diachrone wie auch synchrone Komparatistik zur Anwendung kommen. Man gestatte dem Autor an dieser Stelle einige Bemerkungen zur Vorgeschichte und zum Motiv des Forschungsvorhabens. Der Plan für den Vergleich der demokratischen Industrieländer, welcher der Studie "Wohlfahrtsstaatliche Politik" zugrundelag, erwuchs aus einer Analyse der Politik der "Inneren Reformen" der sozial-liberalen Koalition in den Jahren von 1969-1976 (*Schmidt* 1978). Diese Studie hatte massive Schranken des Regierungshandelns aufgedeckt. Die sozial-liberale Koalition war vor allem mit ihren innenpolitischen Reformvorhaben auf harte ökonomische und politische Barrieren gestoßen. Mehr noch: Der Spielraum für Staatstätigkeit in der Bundesrepublik und für Reformpolitik im besonderen schien sehr schmal zu sein - erheblich kleiner als der Handlungsspielraum für die Regierungen beispielsweise in Großbritannien und Schweden. Das war erklärungsbedürftig. Allerdings war damals - 1975/76 - eine befriedigende Erklärung hierfür noch nicht zur Hand. Hinzu kam ein weiteres erklärungsbedürftiges Rätsel: 1975 stieg die Arbeitslosenquote in der Bundesrepublik auf ein für damalige Verhältnisse ungewöhnlich hohes Niveau von 4,7% - nach einer langanhaltenden Phase der Vollbeschäftigung. Das war um so bemerkenswerter, als führende Politiker der regierenden Sozialdemokratischen Partei glaubwürdig beteuerten, die Arbeitslosigkeit bekämpfen zu wollen, notfalls auch unter Inkaufnahme höherer Inflation. Den Bestrebungen blieb freilich der Erfolg weitgehend versagt. Der Mißerfolg in der Beschäftigungspolitik kontrastierte aber auffällig mit der erfolgreichen Bekämpfung der Inflation hierzulande wie auch mit der Vollbeschäftigung, die in den 70er Jahren in einigen westlichen Ländern gehalten wurde. Zu diesen Ländern zählten sozialdemokratisch regierte Staaten, wie Österreich, Schweden (bis 1976) und Norwegen sowie Länder mit konservativeren Regierungen, wie Japan und die Schweiz.

Diese Beobachtungen nährten das Interesse an einer befriedigenden Erklärung für die Schwierigkeiten sozial-liberaler Reformpolitik hierzulande und den Erfolgen sozialdemokratischer Wirtschafts- und Sozialpolitik in Ländern wie Schweden, Österreich und Norwegen bzw. konservativer Wirtschaftspolitik in Japan und der Schweiz. Ferner lag eine weiterführende Frage nahe: Warum kam es zu unterschiedlichen Politikverläufen und Politikergebnissen, obwohl alle in Frage kommenden Länder ein ähnliches politisches System - Demokratie auf verfassungsstaatlicher Basis - und eine ähnliche Wirtschaftsordnung hatten - eine sozialstaatlich flankierte kapitalistische Marktökonomie?

Anstöße erhielt das Forschungsvorhaben auch von einem heftigen fachwissenschaftlichen Streit über die Effekte der Parteienpolitik auf die Regierungspraxis und über die Chancen politischer Gestaltung in einer Demokratie und einer privatkapitalistischen Wirtschaft. Unterschied oder kein Unterschied - Parteiendifferenzthese bzw. parteipolitische Null-Hypothese (im Sinne des Fehlens systematischer Zusammenhänge zwischen Parteienpolitik und Staatstätigkeit) - markierten die Extrempunkte in der Debatte (vgl. z.B. *Hibbs* 1977 versus *Agnoli* 1968). Überdies stand eine größere Debatte über die Rolle des Staates und die Handlungsspielräume der Politik in demokratisch verfaßten kapitalistischen Industriegesellschaften im Hintergrund (vgl. u.a. *Blanke/Jürgens/Kastendiek* 1975). Sie kreiste um die Frage: Wer hat das Kommando - die Politik oder die Ökonomie? Auch hierzu konnte man vom Industrieländervergleich instruktive Einsichten erwarten. Diese Vermutung wurde durch die Ergebnisse des Industrieländervergleichs erhärtet, unter anderem durch die Schrift, deren Methode, Forschungstechniken, Ergebnisse und Grenzen nunmehr so weit erörtert werden sollen, wie zur Kommentierung von Leistungen und Grenzen von Aggregatdatenanalysen in der vergleichenden Staatstätigkeitsforschung erforderlich ist.

3 Optionen bei der Auswahl von Methoden und Forschungstechniken

Zu jedem Forschungsprozeß gehört eine Serie von Entscheidungen über die anzuwendenden Methoden und Forschungstechniken. Dem Vergleich in der Studie über die "Wohlfahrtsstaatliche Politik" gaben vor allem Entscheidungen über folgende Angelegenheiten Maß:

- Forschungsfrage,
- Stichprobe,
- Ebenen des Vergleichs,
- Testverfahren,
- Aggregationshöhe,
- Auswahl und Messung der Indikatoren der Staatstätigkeit,
- Auswahl und Messung der Indikatoren der parteipolitischen Zusammensetzung von Regierungen und
- Auswahl und Messung alternativer bzw. ergänzender Bestimmungsfaktoren der Regierungspraxis.

3.1 Forschungsfrage

Die grundlegende Fragestellung der Studie lautete: Gibt es in den demokratischen westlichen Industrieländern in der Phase nach dem Ende des Zweiten Weltkrieges einen *überzufälligen* und als Grund-Folge-Verhältnis interpretierbaren *Zusammenhang* zwischen der Staatstätigkeit und den politisch-gesellschaftlichen Ergebnissen staatlichen Handelns einerseits und der parteipolitischen Zusammensetzung von Regierungen andererseits? Gibt es beispielsweise spürbare Unterschiede in der Regierungspraxis von Linksregierungen und Rechtsregierungen? Wenn ja, wie groß ist dieser Unterschied: grundsätzlicher Art, groß, moderat oder marginal?

3.2 Entscheidung über Stichprobe oder Vollerhebung

Bei der Entscheidung über Art, Zahl und Auswahl der Untersuchungsfälle fiel die Wahl zugunsten eines Vergleichs aller demokratischen und wirtschaftlich entwickelten Industrieländer. Eine *Vollerhebung* wurde angestrebt, um Verzerrungseffekte von nichtrepräsentativen Stichproben weitgehend auszuschließen, die sich in der bis dahin getätigten vergleichenden Forschung als überaus störend erwiesen hatten. Die demokratischen Industrieländer wurden gewählt, weil nur an ihnen der Effekt von Parteien auf Regierungshandeln in Demokratien studiert werden konnte. Für die

Wahl dieser Länder war aber auch eine bewußte methodologische Weichenstellung in der Untersuchungsanordnung, im Forschungsdesign, verantwortlich. Fragen wie die nach dem Zusammenhang von Staatstätigkeit und parteipolitischer Färbung der Regierungen sind der Methodenlehre des Vergleichs zufolge am besten im Rahmen eines Forschungsdesigns zu beantworten, das möglichst ähnliche Fälle umfaßt (im Fachjargon: ein "most-similar-cases-design", ein Forschungsdesign der meistähnlichen Fälle, im Unterschied zu einem "most-dissimilar-cases-design" oder Forschungsdesign der möglichst unähnlichen Fälle). Im Rahmen eines solchen Designs werden nur Länder mit möglichst ähnlichen Basisstrukturen verglichen, wie z.B. einem ähnlichen politischen System, einer ähnlichen Wirtschaftsordnung und einem ähnlich hohen Niveau wirtschaftlicher Entwicklung. Hierdurch soll von vornherein der Effekt von großen Politikstruktur- und Wirtschaftskraft-Unterschieden stillgestellt werden ("Konstanthalten"), die in einem Vergleich beispielsweise von Demokratien und Diktaturen oder von reichen und armen Ländern ("most-dissimilar cases-design") unweigerlich zu Buche schlügen, um möglichst störungsfreie Testbedingungen für die Analyse der Zusammenhänge zwischen anderen interessierenden Variablen, hier: Staatstätigkeit und Parteienzusammensetzung der Regierung, zu schaffen.

3.3 Ebenen des Vergleichs

Die grundlegende Entscheidung war aufgrund der Forschungsfrage zugunsten einer vergleichenden Analyse gefallen. Per Definition wurden somit reine Fallanalysen und solche Länderstudien ausgeschlossen, die sich nicht der vergleichenden Methode bedienten. Der Vergleich sollte so breit wie möglich sein und diachron wie synchron sein, jedoch den Schwerpunkt im *Querschnittsvergleich* haben. Im übrigen sollte die Politik zentralstaatlicher Regierungen im Zentrum stehen, unter Vernachlässigung nachgeordneter Gebietskörperschaften.

3.4 Testverfahren

Grundlegend war ferner die Entscheidung, daß die gegensätzlichen Hypothesen über den Zusammenhang von Parteienpolitik und Staatstätigkeit systematisch zu überprüfen und nach Maßgabe der Ergebnisse statistischer Tests zu akzeptieren oder zurückzuweisen seien. Damit wurden von vornherein weichere Testverfahren, wie z.B. reine Plausibilitätsüberlegungen, in den Hintergrund gedrängt. Das Bestehen auf empirischer Prüfung erforderte die Übersetzung aller in Frage kommenden Hypothesen in erfahrungswissenschaftlich prüfbare Aussagen. Folglich mußten die Schlüsselbegriffe nicht nur klar definiert, sondern auch operationalisiert - d.h. beobachtbar und meßbar gemacht - werden, nämlich durch die exakte Bezeichnung der diese Begriffe messenden Indikatoren ("Anzeiger") und der Operationen, die zu ihrer Messung auszuführen sind ("Operationalisierung") (⇨ Abschnitt 3.6 und 3.7; ⇨ Kapitel I).

3.5   Aggregationshöhe der Daten

Mit der Fragestellung war die Entscheidung zugunsten der Verwendung von *Aggregatdaten* gefallen. Für die zu erklärenden Größen wie auch für die Erklärungsvariablen kamen nur Aggregatdaten in Frage, vor allem Aggregatdaten auf nationalstaatlicher Ebene, z.B. die Staatsquote (Staatsausgaben in Prozent des Sozialprodukts), Daten zur parteipolitischen Zusammensetzung zentralstaatlicher Regierungen und Angaben zu den politisch-institutionellen Strukturen eines Landes. Untersuchungen, die auf subnationalen Einheiten, wie einzelne Bundesstaaten oder Kommunen, oder auf Individualdaten basierten, beispielsweise Umfragen aus der Wahlsoziologie, wurden natürlich ebenfalls berücksichtigt, doch die eigentliche Analyse konzentrierte sich auf hochaggregierte Daten. Hiermit war ein Vorteil verbunden: Aggregatdaten eignen sich nicht nur zur effizienten Beschreibung, sondern auch zum Erfassen des Kontextes, in dem die Regierungsparteien handelten. Allerdings war die gewählte Aggregationshöhe - die des politischen Systems bzw. des Nationalstaats - nicht unproblematisch. Sie ergab insbesondere für die Zurechnung von Staatstätigkeiten zu zentralstaatlichen Regierungen in den Ländern ein Problem, in denen der Föderalismus den Spielraum der Zentralstaatsregierung erheblich beschränkt (⇨ Abschnitt 6).

3.6   Auswahl und Messung der Indikatoren der Staatstätigkeit

Die *Auswahl der Indikatoren* für Staatstätigkeit wurde von der Verfügbarkeit vergleichbarer Daten beeinflußt. Relativ gut vergleichbare Daten für die westlichen Industrieländer (oder zumindest für die große Mehrzahl dieser Ländergruppe) gibt es vor allem in der Wirtschafts-, Arbeitsmarkt-, Finanz- und Sozialpolitik. Vor allem die Datensammlungen der Organisation für ökonomische Entwicklung und Zusammenarbeit (OECD) erwiesen sich als eine Fundgrube für das Forschungsprojekt, allen voran die "OECD Economic Surveys", ferner die "OECD Economic Outlook - Historical Statistics" sowie Spezialveröffentlichungen der OECD zum Staatsinterventionismus in der Arbeitsmarkt-, Sozial- und Wirtschaftspolitik (z.B. die "Public Expenditure Trends"-Studie von 1978 (OECD 1978) und später, nach Fertigstellung der hier kommentierten Studie, die Mitte der 80er Jahre publizierten OECD-Analysen "Social Policy" (OECD 1985) und "The Role of the Public Sector" (*Saunders/Klau* 1985)). Wo nötig wurden die OECD-Daten ergänzt um spezialisiertere Datensammlungen beispielsweise zur Einkommensverteilung oder zu den Teilhabechancen von Frauen und Männern in Wirtschaft, Politik und Gesellschaft. Im Zentrum der Auswertungen standen die Daten, die von der OECD publiziert wurden. Größtenteils handelt es sich dabei um standardisierte Daten oder zumindest um näherungsweise vergleichbare Daten, vor allem Informationen über die gesamten Staatsausgaben und die öffentlichen Ausgaben in einzelnen Politikfeldern, und politisch-ökonomische Größen von politisch und fachwissenschaftlich erstrangiger Bedeutung, allen voran die Arbeitslosenquote und die Inflationsrate. Die meisten dieser Daten waren innerhalb der üblichen Fehlergrenzen relativ gut vergleichbar. Wo die Vergleichbarkeit eingeschränkt war, wie bei einigen Arbeitslosenquoten aus OECD-Mitgliedsländern, mußten Einschränkungen akzeptiert werden, die zum Teil durch Verwendung zusätzlicher Indikatoren und Verminderung des Meßniveaus kompensiert wurden. Der Auswahl der Indikatoren der Staatstätigkeit lagen steuerungs- und verteilungstheoretische Argumente zugrunde. Vom Niveau und der Veränderung der Arbeitslosenquote und der Inflationsrate (und von der jeweiligen Kombination von Arbeitslosenquote und Inflationsrate) konnte man Rückschlüsse auf die wirtschaftspolitische Steuerungskapazität des Staates und die Eigendynamik der privaten Ökonomie erwarten. Von Analysen des Niveaus und der Entwicklung der Staatsquote waren Einsichten in die Arbeitsteilung zwischen Staat und Wirtschaft zu erhoffen, und Niveau und Veränderung der jeweiligen Staatsausgaben nach Aufgabenfeldern sollten - in Anwendung des finanzsoziologischen Ansatzes von *Goldscheid* und *Schumpeter* (1976) - Einblick in das den Staatsfinanzen zugrundeliegende politische Getriebe verschaffen. Überdies erfaßten die meisten ausgewählten Indikatoren der Staatstätigkeit parteipolitisch umstrittene Politikmaterien. Auch das sprach für ihre Auswahl. In der Wirtschaftspolitik z.B. waren dem Forschungsstand zufolge erhebliche Unterschiede in den Präferenzen von Rechts- und Linksparteien zu erwarten (*Hibbs* 1977). Größere Aktivität in der Sozialpolitik - gemessen durch Sozialleistungsquoten und verwandte Indikatoren, wie dem durch Sozialversicherung erfaßten Personenkreis - waren eher von (gemäßigten oder radikaleren) sozialreformerischen Parteien zu erwarten als von liberalen und konservativen Parteien.

3.7 Messung der parteipolitischen Zusammensetzung von Regierungen

Eine der schwierigsten Etappen des Forschungsprojektes war die der Erstellung brauchbarer Indikatoren der parteipolitischen Zusammensetzung der Regierungen und der Beschaffung der hierfür erforderlichen Informationen. Die ältere Literatur half nur begrenzt weiter: Bis 1977 hatte man sich entweder mit Unterscheidungen nach Selbstbeschreibungen der Parteien begnügt und die Liberalen als liberal, die Konservativen als konservativ, die Sozialdemokraten als sozialdemokratisch und die amerikanischen Republikaner als republikanisch eingestuft. Obendrein gab es noch keine verläßlichen vergleichbaren Daten zur Regierungszusammensetzung der Industrieländer. Erst seit der Veröffentlichung von D. *Hibbs'* Industrieländervergleich der Wirtschaftspolitik im Jahre 1977 bürgerte sich allmählich die Praxis ein, die Regierungsbeteiligung unter Hervorhebung besonders großer Unterschiede zwischen Partei-Familien systematisch zu messen (*Hibbs* 1977). *Hibbs* hatte - rigoros vereinfachend - zwischen Linksparteien und Rechtsparteien unterschieden. Zu den Linksparteien zählte er die sozialdemokratischen Parteien (operationalisiert durch Mitgliedschaft in der Sozialistischen Internationale) und die links von ihnen stehenden Parteien. Als Rechtsparteien galten alle übrigen Parteien. *Hibbs'* Operationalisierung der Links- und Rechtsparteien deckte sich im übrigen weitgehend mit den - im einzelnen aussagekräftigeren - Differenzen in Entwicklungsgeschichte, Programmatik, sozialer Basis und Partei-Verbände-Beziehungen zwischen sozialdemokratischen (und anderen linken) Parteien und den nicht-sozialdemokratischen Parteien.

Hibbs zufolge paßte die Links-Rechts-Dichotomie besonders gut zur Wirtschafts-
und Sozialpolitik. Aus politisch-programmatischen und wahlarithmetischen Gesichtspunkten präferierten Links-Parteien Vollbeschäftigung auch um den Preis von
Inflation, während Rechtsparteien Preisstabilität favorisierten - unter Inkaufnahme
von Arbeitslosigkeit. Beim Messen der Regierungszusammensetzung begnügte sich
Hibbs zunächst mit der bloßen Dauer der Regierungsbeteiligung der Links- bzw.
Rechtsparteien. Eine Differenzierung nach Stärke der Partizipation und nach Art und
Zahl der mitregierenden Parteien unterblieb. Hieraus erwuchsen irritierende Verzerrungen: Eine kleinere Linkspartei beispielsweise, die über längere Zeiträume hinweg
in einer mehrere Parteien umfassenden Koalition regierungsbeteiligt war, erreichte
auf diesem Indikator denselben Wert wie eine alleinregierende Linkspartei wie z.B.
die schwedische Sozialdemokratische Partei in den sechziger Jahren (siehe auch
weiter unten die Tabelle 1, Spalte 5 im Vergleich zu den Spalten 2 bis 4). Es war offensichtlich, daß dieser Indikator der parteipolitischen Regierungszusammensetzung
einer Aufbesserung bedurfte - sofern man die rigorose Zweiteilung in Links- und
Rechtsparteien überhaupt mitmachen wollte.

David *Cameron* (1978) hatte den Weg zu einem besseren Indikator gebahnt. Er
schlug vor, die Regierungsbeteiligung nach Dauer und Stärke zu gewichten, vor allem nach den Kabinettssitzanteilen der Parteien. Das war ein guter Vorschlag: Mit
ihm konnte der Unterschied beispielsweise zwischen einer alleinregierenden Partei
und einer in Koalition mit anderen amtierenden Parteien deutlich herausgearbeitet
werden. Nach Kabinettssitzanteilen in einem bestimmten Zeitraum zu urteilen, erhält
die alleinregierende Partei den Wert 100% und eine Partei, die 5 von 20 Kabinettssit-
zen einer Koalitionsregierung bekommen hat, den Wert 25%. Nichtbeteiligung an der
Regierung wird auf diesem Indikator durch den Wert 0 angezeigt. Natürlich ist auch
die parteipolitische Zugehörigkeit des Regierungschefs eine weitere zentrale Größe,
und deshalb wurde auch diese Variable neben den Indikatoren der Dauer und der
Stärke der Regierungsbeteiligung berücksichtigt. Beibehalten wurde die Dichotomi-
sierung in Rechts- und Linksparteien: Sie markiert in vielen politischen Streitfragen
die entscheidende Trennlinie und sie konvergiert - auch heute noch (siehe *Falter* u.a.
1994) - mit der Selbsteinstufung vieler Wähler in den untersuchten Ländern auf
Links-Rechts-Achsen sowie mit der Einstufung der Parteien durch die Wähler auf
diesen Achsen (Alternativen zu dieser Messung und Weiterentwicklungen werden im
⇨ Abschnitt 6 erörtert).

Abweichend von *Hibbs* und *Cameron* und in Weiterführung eigener Bemühungen
um die Erstellung eines handlichen Indikators der Regierungszusammensetzung
(*Schmidt* 1980) wurde in der "Wohlfahrtsstaatliche Politik"-Studie eine Fünferskala
der parteipolitischen Komposition von Regierungen entwickelt: Sie reichte von "Bürgerliche Hegemonie" über "Bürgerliche Dominanz", "Patt" und "Sozialdemokratische
Dominanz" bis zur "Sozialdemokratischen Hegemonie". Ihr zugrunde lagen die nach
Monatsdurchschnitten ermittelten Kabinettssitzanteile der Rechts- und Linksparteien,
auf die bei Bedarf an genauerer Information zusätzlich zurückgegriffen wurde. "Bürgerliche" bzw. "Sozialdemokratische Hegemonie" ist gegeben, wenn alle Kabinettssitze auf eine bürgerliche Partei (Mitte-, Mitte-Rechts- oder Rechts-Partei) oder mehrere bürgerliche Parteien bzw. auf eine Linkspartei (oder mehrere Linksparteien) entfallen. "Bürgerliche" bzw. "Sozialdemokratische Dominanz" sind definiert durch

Kabinettssitzanteile von bürgerlichen bzw. Linksparteien von mehr als zwei Drittel, jedoch weniger als 100%. "Patt" bezeichnet die Machtverteilung, in der die bürgerlichen Parteien und die Linksparteien jeweils mehr als ein Drittel der Kabinettssitze, jedoch weniger als zwei Drittel innehaben.

Nach dieser Klassifikation waren die meisten westlichen Industrieländer in der Zeit vom Ende des II. Weltkrieges bis 1978 durch "Bürgerliche Hegemonie" (Kanada und USA) oder "Bürgerliche Dominanz" charakterisiert (Australien, Belgien, Finnland, Frankreich, Irland, Island, Italien, Japan, Luxemburg, Niederlande, Neuseeland und die Schweiz). Vier Länder fielen 1945-78 bzw. 1949-78 in die Kategorie "Patt" (die Bundesrepublik, Dänemark, Großbritannien und Österreich), nur in drei Ländern kam es zu einer "Sozialdemokratischen Dominanz" (Israel, Norwegen und Schweden). Die Rubrik "Sozialdemokratische Hegemonie" blieb leer: Schwedens Sozialdemokratie, die lange die Hegemoniestellung innehatte, war in den Reichstagswahlen 1976 von einer Koalition bürgerlicher Parteien geschlagen worden (vgl. Tabelle 1, Spalte 2 sowie die Spalten 3 bis 5 für Alternativen der Messung der parteipolitischen Zusammensetzung von Regierungen).

3.8 Berücksichtigung nicht-parteipolitischer Bestimmungsfaktoren der Regierungspolitik

Die parteipolitische Zusammensetzung der Regierung ist ein Erklärungsfaktor unter anderen Determinanten der Staatstätigkeit. Eine möglichst realitätsnahe Studie zur Regierungspolitik sollte deshalb möglichst viele der übrigen Determinanten der Staatstätigkeit berücksichtigen und - wenn möglich - deren Effekt konstanthalten, um somit die Wirkung des parteipolitischen Faktors möglichst unverzerrt zu ermitteln. Auch die Auswahl der nicht-parteipolitischen Bestimmungsfaktoren hing selbstredend von der Verfügbarkeit von Daten für alle untersuchten Industrieländer und von geeigneten Operationalisierungen ab. Obwohl der Stand der vergleichenden Forschung zum Zeitpunkt der Erstellung der hier erörterten Studie niedriger als heute war, konnte doch eine Vielzahl von Indikatoren der politischen Strukturen, politischen Kräfteverhältnisse, Kohäsion und Inkohäsion politischer Lager, Stärke der Gewerkschaften, Ausmaß neokorporatistischer Politiksteuerung sowie der sozialstrukturellen und ökonomischen Rahmenbedingungen ausgewählt und gemessen werden. Einen kleinen Auszug aus der Datenbasis - einschließlich einiger Informationen zur Regierungszusammensetzung - enthält die nachfolgend aufgeführte Tabelle 1.

Tabelle 1: Industrieländervergleich - Auszüge aus der Datenbasis

	1	2	3	4	5	6	7	8	9	10	11	12	13	14	15
Australien	2	3	37	37	37	46,8	1	0	1	2	29	10,1	5,1	3	12,8
Belgien	2	2	13	7	38	32,7	1	1	0	2	84	16,6	7,8	3	9,2
BRD	3	4	75	100	100	38,2	1	1	1	2	42	9,5	4,1	2	4,8
Dänemark	3	4	76	76	76	45,4	1	0	0	2	58	23,5	5,9	3	11,0
Finnland	2	3	42	78	87	45,4	0	0	0	2	55	9,4	4,3	2	13,8
Frankreich	2	1	0	0	0	43,0	0	0	0	1	33	7,7	4,2	2	10,7
Großbrit.	3	4	97	97	97	44,8	1	0	0	1	44	8,5	4,9	2	16,1
Irland	2	2	24	0	70	12,3	1	0	0	1	76	13,4	10,6	3	15,3
Island	2	2	12	0	7	32,8	0	0	0	2	78	-1,0	0,5	1	39,8
Israel	4	3	54	70	70	48,8	1	1	0	2	64	24,5	3,4	2	35,0
Italien	2	2	14	0	18	39,0	0	1	0	1	41	14,2	4,9	2	17,0
Japan	2	1	0	0	0	28,3	1	0	0	3	19	1,9	1,9	1	11,3
Kanada	1	1	0	0	0	14,1	1	0	1	1	44	12,4	7,8	3	9,2
Luxemburg	2	3	47	0	90	45,2	0	0	0	2	169	18,1	0,2	1	7,9
Niederlande	2	3	35	80	80	35,3	1	0	0	2	89	19,8	4,7	2	13,8
Neuseeland	2	3	39	38	38	44,9	1	1	0	2	50	4,4	1,8	1	7,8
Norwegen	4	5	100	100	100	50,6	1	0	0	3	78	20,0	1,2	1	9,5
Österreich	3	5	100	100	100	48,0	1	1	1	3	61	11,1	1,8	1	6,9
Schweden	4	3	55	55	55	50,7	1	0	0	3	47	26,7	1,5	1	10,3
Schweiz	2	2	29	40	100	28,3	1	0	1	3	66	7,0	0,5	1	4,1
USA	1	1	0	0	0	0,1	0	0	1	1	12	6,7	7,0	3	8,0

Anmerkungen zur Tabelle 1:

Spalte 1:　Index der parteipolitischen Zusammensetzung der Regierungen 1945-1978 (Bundesrepublik Deutschland und Israel 1949-1978). 1 = Bürgerliche Hegemonie, 2 = Bürgerliche Dominanz, 3 = Patt, 4 = Sozialdemokratische Dominanz und 5 = Sozialdemokratische Hegemonie (siehe Text).

Spalte 2:　Index der parteipolitischen Zusammensetzung der Regierungen (wie in Spalte 1) 1974-1978. Basis: Spalte 3.

Spalte 3:　Kabinettssitzanteile sozialdemokratischer Parteien 1974-78 (auf Monatsbasis, Gesamtzeitraum= 100).

Spalte 4:　Sozialdemokratischer Regierungschef 1974-78 (in Prozent des Gesamtzeitraums).

Spalte 5:　Dauer der Regierungsbeteiligung sozialdemokratischer Parteien 1974-78 (in Prozent des Gesamtzeitraums).

Spalte 6:　Durchschnittlicher Stimmenanteil der Links-Parteien bei den nationalen Wahlen im Zeitraum zwischen 1945 und 1978.

Spalte 7: Kohäsion des Lagers der Links-Parteien (1945-1978). 1 = kohäsiv, 0 = zersplittert. Von einem kohäsiven Lager der Links-Parteien wird dann gesprochen, wenn nichtsozialdemokratische Links-Parteien weniger als 10% der Stimmen im Durchschnitt der Ergebnisse aus den nationalen Wahlen während der Untersuchungsperiode und der letzten Wahl vor dieser Periode auf sich ziehen konnten. Alle anderen Fälle werden als nichtkohäsiv oder organisatorisch zersplittert eingestuft.

Spalte 8: Kohäsion des Lagers der Mitte-, Mitte-Rechts- und Rechts-Parteien ("Bürgerliches Lager"). 1 = kohäsiv, 0 = organisatorisch und ideologisch zersplittert. Als organisatorisch und ideologisch zersplittert wurden die Länder eingestuft, in denen mindestens zwei bürgerliche Parteien bei der Mehrzahl der Wahlen während der Untersuchungsperiode einschließlich der letzten nationalen Wahl vor dieser Periode mindestens 10% der Stimmen auf sich zogen. Alle anderen Fälle wurden als kohäsiv eingestuft.

Spalte 9: Föderalismus (70er Jahre). 1 = bundesstaatliche Struktur, 0 = alle anderen Fälle.

Spalte 10: Korporatismus-Indikator (70er Jahre). 1 = schwach entwickelter Korporatismus, 2 = gemäßigt starker Korporatismus, 3 = hochentwickelter Korporatismus. Zugrunde liegt folgende Zuordnungsregel: Ein starker Korporatismus ist gegeben, wenn die Führung der Gewerkschaften und die Unternehmerverbände eine ausgeprägt sozialpartnerschaftliche Ideologie vertreten und wenn Staat und Wirtschaftsverbände in einigen Wirtschaftspolitikbereichen bei der Politikentwicklung kooperieren, ferner wenn keine von oben autoritär verordnete Einkommenspolitik stattgefunden hat und wenn die industrielle Militanz der Arbeitnehmerschaft gemessen an Streikvolumina gering ist. Ein "schwacher Korporatismus" kennzeichnet diejenigen Länder, in denen die Beziehungen zwischen Lohnarbeit und Kapital eher konfliktorisch sind (gemessen an häufigen Streiks, häufigen Aussperrungen, starken sozialistischen und/oder kommunistischen Tendenzen in der Arbeiterschaft und in den Gewerkschaften und gering entwickelter industrieller Demokratie) und in denen Einkommenspolitiken in der Regel auf autoritäre Weise ohne direkte Beteiligung von Gewerkschaften und Unternehmerverbänden auf den Weg gebracht wurden. Die Kategorie "gemäßigt starker Korporatismus" ist eine Residual-Kategorie.

Spalte 11: Außenhandelsabhängigkeit gemessen durch die mit 100 vervielfachte Verhältniszahl der Importe und Exporte zum Bruttoinlandsprodukt (1972).

Spalte 12: Expansion des Steuerstaates von 1950-1975 (gemessen durch Subtraktion des Anteils der Steuern und der Sozialabgaben am Sozialprodukt im Jahre 1950 vom Anteil der Steuern und Sozialabgaben am Sozialprodukt im Jahre 1975).

Spalte 13: Arbeitslosenquote nach OECD-Statistiken (in Prozent der Erwerbspersonen), Jahresdurchschnitt 1974-78. Soweit erhältlich: standardisierte Arbeitslosenquoten (zur Harmonisierung der standardisierten und der unstandardisierten Daten siehe Spalte 14).

Spalte 14: Neukodierung der Arbeitslosenquoten von Spalte 10 auf niedrigerem Meßniveau (vor allem zwecks Sicherstellung besserer Vergleichbarkeit): 1 = Arbeitslosenquoten von 0,0 bis kleiner als 2,0; 2 = Arbeitslosenquote von 2,0 bis kleiner als 5,0; 3 = Arbeitslosenquote von mindestens 5,0.

Spalte 15: Inflationsrate. Jahresdurchschnittliche Änderungen des Konsumentenpreisindexes in den Jahren von 1974 gegenüber 1973 bis 1978 gegenüber 1977.

Quelle: *Schmidt* 1982 (mit Korrekturen).

4   Beschreibung der ausgewählten Forschungstechnik

4.1   Informationsgewinnung

Ein Hauptproblem der Informationsgewinnung - die Erhebung und Aggregierung von Primärdaten - war auf die Ersteller amtlicher Statistiken abgewälzt worden. So blieben für die eigentliche Forschung die normalen Probleme der Sammlung, Aufbereitung und der Analyse der Daten übrig. Nachdem die grundsätzlichen inhaltlichen und methodologischen Entscheidungen gefallen waren, standen nur noch "Mengenprobleme" an, d.h. Probleme, die bei Vorhandensein ausreichender Ressourcen - Zeit, Personal und Geld - gelöst werden konnten. Besonders viel Zeit verschlang die Sammlung von Daten zur Messung der parteipolitischen Färbung von Regierungen und der Strukturen des Parteiensystems. Zur Erfassung der Dauer und der - nach Parlaments- und Kabinettssitzanteilen ermittelten - Stärke der Regierungsbeteiligung von bürgerlichen und von Linksparteien wurde eine Vielzahl von Nachschlagewerken ausgewertet, unter anderen das "Archiv der Gegenwart" und diverse Ausgaben des "Minister-Ploetz" sowie in Zweifelsfällen die Berichterstattung in der Presse. Allein dieser Arbeitsgang wäre ohne Assistenz bei der Datenerhebung nicht zu bewältigen gewesen: Rund sechs Monate Vollzeittätigkeit entfiel auf ihn (und zur Fortschreibung und Neuberechnung auf der Basis von Rechts-, Mitte- und Linksparteien für die Periode von 1945 bis 1992 (vgl. hierzu *Schmidt* 1992b) kamen spätere mindestens weitere sechs Monate Vollzeitbeschäftigung hinzu). Als aufwendig erwies sich auch die Messung der Parteiensystemstrukturen und der Machtverteilungen, insbesondere der Kohäsion des bürgerlichen und des sozialdemokratischen Lagers sowie die erstmalige Erstellung eines international vergleichbaren Korporatismus-Indikators, wenngleich bei der Vermessung der Parteiensysteme auf substantielle Vorarbeiten zurückgegriffen werden konnte, insbesondere auf den von T.T. *Mackie* und R. *Rose* herausgegebenen "International Almanac of Electoral History".

Im Vergleich zu diesen aufwendigen Recherchen war die Erhebung der Daten über die Staatstätigkeit - vor allem dank bahnbrechender Vorarbeiten der OECD - ein Kinderspiel. Allerdings gab es auch in den Datenbeständen über die Staatsausgaben Lücken, vor allem hinsichtlich der Jahre bis 1960, so daß bei zahlreichen Indikatoren der Staatstätigkeit vollständige Datendeckung erst ab 1960 sichergestellt war. Hierdurch wurden einzelne Abschnitte der vergleichenden Analyse der Nachkriegsära bis 1960 erschwert - und in nicht manchen Fällen verunmöglicht. Deshalb wurden die Jahre von 1960 bis Ende der 70er Jahre ins Zentrum des hier erörterten Industrieländervergleichs gerückt - von einigen Ausnahmen abgesehen, bei denen ein Rückblick bis Anfang der 50er Jahre möglich war.

Wie bei allen vergleichenden Analysen ergaben sich auch für die "Wohlfahrtsstaatliche Politik"-Studie bisweilen Probleme der Vergleichbarkeit der Daten. Mitunter mußten mangels vergleichbarer Daten einzelne Länder aus einzelnen Analyseabschnitten ausgeklammert werden. Bisweilen wurde das Meßniveau gesenkt, z.B. bei der Klassifizierung der Arbeitslosenquote in "niedrig" (Arbeitslosenquote nach OECD-Angaben zwischen 0 und kleiner als 2,0%), "mittel" (2,0 bis kleiner als 5,0%)

und "hoch" (gleich oder höher als 5,0%) um bessere Vergleichbarkeit sicherzustellen (siehe hierzu in der Tabelle 1 die Spalten 13 und 14).

4.2 Informationsauswertung

Bei der Auswertung von Informationen zum Zwecke des Nationenvergleichs sind zwei Vorgehensweisen zu unterscheiden. Zu solider komparatistischer Forschung gehört die möglichst gründliche Kenntnis aller Untersuchungsfälle oder - bei großer Fallzahl - zumindest einer repräsentativen Auswahl von Fällen. Solches Wissen erwirbt man sich durch Lektüre von Länderstudien, die in der Mehrzahl auf qualitativen, historiographischen Techniken der Informationsauswertung basieren. Für den Vergleich hingegen ist eine andere Prozedur der Informationsauswertung erforderlich: In ihm kommen qualitative und quantitative Methoden zum Zuge, die zugleich die Erfassung aller Untersuchungsfälle ermöglichen und zur Identifikation von Zusammenhängen zwischen zwei oder mehreren Variablen geeignet sind. Je nach Meßniveau der Daten handelt es sich hierbei um Zusammenhangsmaße und Signifikanzprüfungstests für nominal-, ordinal-, intervall- oder ratioskaliertes Datenmaterial. Für die beiden zuletzt erwähnten Meßniveaus kommen vor allem Korrelations- und Regressionsanalysen (und hierauf aufbauende Statistiken) zur Anwendung, für Ordinalskalen Rang-Korrelationskoeffizienten (wie z.B. *Spearmans* Rangkorrelationskoeffizient rho) und für Nominalskalen Kontingenzkoeffizienten.

Nach der Verfügbarkeit von Informationen zu urteilen, gab es bei qualitativen historiographischen Länderanalysen relativ wenige Probleme. Hier bestand das Hauptproblem vor allem darin, die Informationsflut einer Unzahl von Schriften zur Politik in den einzelnen Industriestaaten durch umfangreiches Literaturstudium abzuarbeiten. Viel lesen und gründlich exzerpieren war hierbei angesagt.

Schwieriger war die Informationsauswertung im eigentlichen Vergleich. Drei Probleme erwiesen sich dabei als besonders dornig: (1) das Problem der geringen Fallzahl, (2) das Problem der Kombination des Parteieneffektes mit der Wirkung anderer politischer Bestimmungsfaktoren der Staatstätigkeit und (3) die Lösung des "Zwei-Wege-Problems".

Zu 1: Das Problem der geringen Fallzahl

Zu den Standardproblemen der nationenvergleichenden Forschung gehört die Spannung zwischen einer geringen Zahl der Fälle und einer großen Zahl von erklärenden Variablen. Hierdurch wird der Versuch erschwert, Grund-Folge-Verhältnisse zwischen der abhängigen (zu erklärenden) Variable und den Erklärungsfaktoren zu identifizieren. Zugrunde liegt das Problem, daß die herkömmlichen quantitativen Methoden, die aus Fachdisziplinen wie der Agrarwissenschaft und der Biologie stammen und auf hohe Fallzahlen geeicht sind, nicht recht zur Analyse von Stichproben mit kleinen Fallzahlen geeignet sind, die sich beim Vergleich demokratischer Industrieländer oder beim Vergleich der Länder der Bundesrepublik Deutschland ergeben. Doch gerade die Analyse kleiner Stichproben charakterisiert die vergleichende Staatstätigkeitsforschung. Ein Vergleich demokratischer Industrieländer in den 70er

Jahren beispielsweise konnte gerade auf 21 Fälle setzen - nach der Demokratisierungswelle Ende der 80er und zu Beginn der 90er Jahre sind es etwas mehr -, und eine komparatistische Analyse der Bundesländer im vereinigten Deutschland müßte sich gar mit 16 Fällen begnügen, um nicht von den elf Fällen zu reden, mit denen sich der Vergleich unter den alten Bundesländern zufriedengeben mußte. Die geringe Fallzahl ist aus folgendem Grund ein vertracktes Problem: Die Zahl der zu prüfenden Bestimmungsfaktoren der Staatstätigkeit ist in der Regel sehr groß und meist zu groß - relativ zur geringen Zahl der Untersuchungsfälle und der hierdurch gegebenen geringen Zahl statistischer Freiheitsgrade, d.h. der voneinander unabhängigen Beobachtungswerte, die innerhalb eines Systems von Beobachtungswerten frei variieren oder gewählt werden können. Für die Praxis heißt das: Man kann das, was eigentlich erforderlich wäre, häufig nicht realisieren, nämlich die gleichzeitige Berücksichtigung aller potentieller Erklärungsfaktoren in einem einzigen Erklärungsmodell.

Man hat sich um Lösung dieses Problems bemüht. Ein verbreiteter Lösungsversuch besteht darin, die Zahl der zur Prüfung in einem Mehrvariablenmodell herangezogenen erklärenden Variablen drastisch zu vermindern. Doch für diese Variante ist ein hoher Preis zu entrichten: Bei niedrigen Fallzahlen wird die Zahl der verwendbaren Erklärungsfaktoren sehr klein und in der Regel zu klein sein.

Rein theoretisch ist der Lösungsversuch erfolgversprechender, der die Erhöhung der Fallzahl anstrebt. Doch auch hierbei stößt man alsbald auf Grenzen - im Rahmen eines "most-similar- cases-Design" beispielsweise kann man die Fallzahl nicht beliebig erhöhen - oder auf statistische Barrieren. Letzteres gilt vor allem für die mittlerweile häufiger vorkommende Verwendung sogenannter gepoolter (kombinierter) Querschnitt- und Längsschnitt-Untersuchungen. Sie basieren auf dem Vergleich beispielsweise der 21 demokratischen Industrieländer der "Wohlfahrtsstaatliche Politik"-Studie nicht nur zu einem bestimmten Zeitpunkt, womit 21 Untersuchungsfälle gegeben sind, sondern zu mehreren Zeitpunkten, beispielsweise in jedem Jahr einer Untersuchungsperiode von insgesamt 20 Jahren. In diesem Fall beträgt die Zahl der Untersuchungsfälle nicht mehr nur 21, sondern 21 mal 20 (also 420) (vgl. das Beispiel bei *Hicks* und *Swank* 1992). Solche gepoolten Analysen haben jedoch ihrerseits Probleme. In der Regel sind die erklärenden Variablen infolge der nahe beieinanderliegenden Meßzeitpunkte hochgradig mit sich selbst korreliert (Autokorrelation), z.B. wenn die Zahlenwerte für ein gegebenes Jahr von den Werten im Vorjahr weitgehend abhängen. Das Problem der Autokorrelation ist: Die in statistischen Analysen eigentlich erforderliche Unabhängigkeit der Fälle voneinander ist nicht gegeben und die Ergebnisse der statistischen Analysen werden verzerrt. Meist handelt man sich mit gepoolten Analysen auch das Problem der zu geringen Variation der erklärenden Variablen ein. Häufig ist das bei politischen Institutionen der Fall: Für sie ist Stabilität über längere Zeiträume charakteristisch. Doch das erschwert die statistische Analyse: Variablen mit Strukturkonstanz über die Zeit hinweg eignen sich nicht gut zur Analyse von Längsschnitt- bzw. Längsschnitt-Querschnitt-Daten - es sei denn um den Preis nachträglicher (ihrerseits verzerrender) Manipulationen.

In der Studie "Wohlfahrtsstaatliche Politik unter bürgerlichen und sozialdemokratischen Regierungen" wurde - ebenso wie in den Folgestudien (*Schmidt* 1987, 1988 und 1993) - ein anderer Ausweg aus der Klemme der begrenzten Fallzahl und der Vielzahl von Erklärungsfaktoren gewählt. Ihm lag ein dreistufiges Verfahren zugrunde: Im Forschungsprozeß wurden zunächst die Zusammenhänge zwischen zwei Variablen ("bivariate Analysen") und anschließend - zu explorativen Zwecken - zwischen drei und mehr Variablen geprüft ("multivariate Analysen"). Für die Darstellung und Interpretation der Befunde wurde in einer dritten Stufe eine "Zusammenschau" der hierbei gewonnenen Ergebnisse vorgenommen. Als bestmöglichste Methode zur Datenauswertung und Darstellung der Befunde entpuppte sich dabei das Verfahren, das schließlich auch die Darstellung der Forschungsergebnisse in der 1982er-Studie prägte: Zugrunde liegen hintereinandergeschaltete Zwei-Variablen-Analysen (mit einer abhängigen Variable und jeweils einer der potentiellen erklärenden Größen). Diese Analysen wurden ergänzt um die statistische Analyse der Korrelationen zwischen den Erklärungsfaktoren und um die Verknüpfung mehrerer erklärender Variablen. Die Verknüpfung erfolgte auf zwei Wegen. Auf dem einen Weg kamen Techniken der "Verdichtung" mehrerer Variablen zu einer Veränderlichen zum Zuge, beispielsweise mittels Indexbildung. Ein Beispiel ist die Bildung eines (ungewichteten additiven) Indexes aus den Variablen A, B , C und D. Ein weiteres Beispiel ist die Konstruktion eines multiplikativen Erklärungsmodells (Beispiel: $Y = A*B*C*D$, d.h. ein bestimmtes Ergebnis Y (z.B. ein hochentwickelter egalitärer Sozialstaat) sei immer dann und nur dann gegeben, wenn zugleich die Bedingungen A, B, C und D erfüllt sind). Der zweite Weg zur Verknüpfung basiert auf der systematischen Berücksichtigung der bivariaten Zusammenhänge zwischen der zu erklärenden Größe und den erklärenden Variablen und den Wechselbeziehungen zwischen den erklärenden Größen in der Interpretation der Daten.

Hinsichtlich der Ausschöpfung der Informationen erwies sich diese Methode als leistungsfähig. Gleichwohl hat auch sie Schwächen. Vor allem kann sie die relative Wichtigkeit der einzelnen Erklärungsfaktoren nicht so unangreifbar bestimmen wie eine reine Mehrvariablenanalyse. Dieser Nachteil ist jedoch mit dem großen Informationsverlust zu verrechnen, den eine Mehrvariablenanalyse bei kleiner Fallzahl aufzwingt: In diesem Fall können nämlich nur sehr wenige Erklärungsfaktoren gleichzeitig berücksichtigt werden, oftmals nicht mehr als zwei oder drei.

Zu 2: Das Problem der Kombination des Parteieneffektes mit anderen Bestimmungsfaktoren

Das Mißverhältnis zwischen geringer Fallzahl und großer Zahl erklärender Variablen erschwert die Einbindung des Parteieneffektes in ein komplexeres Modell zur Erklärung von Staatstätigkeit, aber es verunmöglicht sie nicht. Ein Beispiel aus der Studie von 1982 soll zur Erläuterung dienen. Eine zu erklärende Größe war die Entwicklung des "Steuerstaates" in den demokratischen Industrieländern. Gemessen wird der "Steuerstaat" - die Bezeichnung entstammt der Finanzsoziologie von R. *Goldscheid* (1976) und J.A. *Schumpeter* (1976) - durch den Anteil der Steuer- und Sozialabgaben am Sozialprodukt, und seine Veränderung wird unter anderem erfaßt durch die Prozentpunktdifferenz dieses Anteils zwischen zwei Zeitpunkten (siehe hierfür das Beispiel in der Tabelle 1, Spalte 12). Die empirische Analyse enthüllte Zusammenhänge zwischen dem Wachstum des Steuerstaates (im folgenden Beispiel zwischen 1960 und 1975) und der Größe der Abgabenlast zu Beginn der 60er Jahre, ökonomischen Bedingungen (wie zum Beispiel einem hohen Grad außenwirtschaftlicher Verflechtung) und vor allem politischen Variablen, einschließlich der parteipolitischen Zugehörigkeit des Regierungschefs. Die Korrelationskoeffizienten schwankten in der Regel zwischen Werten nahe bei 0 (was das Fehlen jeglicher statistischer Zusammenhänge signalisiert) und 0.75 bzw. zwischen 0 und -0.5, was auf überzufällige ("signifikante") Zusammenhänge mittlerer Stärke hindeutet.

Für ein Mehrvariablenmodell waren die in Frage kommenden Erklärungsfaktoren des Wachstums des Steuerstaates zu zahlreich. Zu ihnen zählten (in Klammern soweit nicht anders angegeben die Korrelationskoeffizienten nach Pearson): Die zur Linken geneigte Machtverteilung im Parteiensystem (Rangkorrelation rho = 0.51), ein zentralistischer Staatsaufbau (r = -0.30), überdurchschnittlich große Sitzanteile linker Parteien (r = 0.34), die Inkohäsion des bürgerlichen Parteienlagers (r = 0.40), eine unterdurchschnittliche Bevölkerungsgröße (r = -0.37), überdurchschnittlich große Stimmenanteile der Links-Parteien (r = 0.44) und der sozialdemokratischen Parteien (r = 0.38), hoher Organisationsgrad (r = 0.36) und Zentralisierungsgrad der Gewerkschaften (r = 0.43), der Zeitraum, in dem ein sozialdemokratischer Regierungschef amtierte (r = 0.42), geringe Streikhäufigkeit (r = -0.52), hohe Außenhandelsabhängigkeit (r = 0.53) und ein überdurchschnittlich großer Steuerstaat zu Beginn der Untersuchungsperiode (r = 0.36).

Die Zahl der gewichtigeren Erklärungsfaktoren war folglich groß - und die der Untersuchungsfälle relativ klein. Insoweit war auch hier die Anwendung der oben näher bezeichneten Methode geboten. Die Resultate der bivariaten Zusammenhangsanalysen und die Auswertung von Studien und Daten über die Entwicklung des Steuerstaates in den einzelnen westlichen Industrieländern legten schließlich das im folgenden skizzierte Erklärungsmodell nahe (für Details siehe *Schmidt* 1982, S. 139-148):

1. Die entscheidende Hintergrundbedingung der rapiden Expansion des Steuerstaates vor allem in den Jahren 1960 bis 1975 war die Prosperität der 60er Jahre. Sie schuf günstige ökonomische und verteilungspolitische Bedingungen für die Expansion des Steuerstaates; sie öffnete Handlungschancen.

2. Ob diese Handlungschancen genutzt wurden und - wenn ja - wie, hing von dem Ausmaß ab, zu dem die nachfolgend genannten Bedingungen erfüllt wurden: a) eine dem Weltmarkt gegenüber offene Ökonomie (und somit eine außenwirtschaftliche Flanke, die D. *Cameron* (1978) zufolge einen großen staatsinterventionistischen Handlungsbedarf im Inneren erzeugt, der unter sonst gleichen Bedingungen die Erhöhung der Steuer- und Sozialabgabenquote nach sich zieht); b) geringe Kohäsion des bürgerlichen Parteienlagers nach Organisation und Ideologie (und somit Schwäche der Parteien-Familie, die den Steuerstaat eher am kurzen denn am langen Zügel führt); c) eine außerparlamentarische Machtverteilung, in der die Gewerkschaften eine starke Position gegenüber der Unternehmerschaft innehaben, d) die lange und starke Regierungsbeteiligung von Linksparteien sowie e) die Sozialdemokratie als stärkste Partei, als Gravitationszentrum im Parteiensystem, und somit insgesamt politische Bedingungen, in denen die staatsinterventionistisch gesinnten Kräfte eine einflußreiche Position und Verfügungsgewalt über die Hebel der Steuer- und Abgabenpolitik erhielten und zum Ausbau des Steuerstaates nutzten.

3. Waren alle diese Bedingungen gegeben, wuchs der Steuerstaat besonderes kräftig, wie beispielsweise in Schweden und Dänemark zwischen 1960 und 1975 jeweils mit einem Plus von 18 Prozentpunkten. Waren die genannten Bedingungen nicht oder nur in geringem Maße erfüllt, so wuchs der Steuerstaat im Schneckenposttempo, wenn er nicht stagnierte, so z.B. in Japan und in den USA.

Um es noch einmal zu sagen: Die hier verwendete Technik der - quantitative Verfahren und Interpretation zahlreicher Interkorrelationen verknüpfenden - Mehrvariablen-Analyse erlaubt im Gegensatz zur reinen statistischen Mehrvariablen-Analyse nicht die zweifelsfreie Identifikation der relativen Wichtigkeit der Erklärungsfaktoren. Doch relativ zu den Schranken, die eine geringe Fallzahl erzeugt, ist diese Auswertungsstrategie der alternativen reinen Mehrvariablenanalyse nicht unterlegen.

Zu 3: Das Zwei-Wege-Problem

Auf eine weitere Hürde stieß die Analyse der Arbeitslosigkeit und Vollbeschäftigungspolitik in den auf den ersten Ölpreisschock von 1973 folgenden Jahren bis Ende der 70er Jahre. Einer noch in den 70er Jahren weitverbreiteten Auffassung zufolge sorgten Links-Regierungen für Vollbeschäftigung und Rechts-Regierungen für Preisstabilität. Doch spätestens mit dem Ölpreisschock von 1973 - einem exorbitanten Anstieg des Rohstoffpreisniveaus, der in den westlichen Ländern zugleich als Nachfragemangel und Kostenschub wirkte - war ein erklärungsbedürftiges Faktum entstanden: Vollbeschäftigung wurde zwar in Ländern aufrechterhalten, in denen Linksparteien allein regieren: in Österreich, Norwegen und Schweden. Vollbeschäftigung gab es nach 1973 aber auch in Japan und der Schweiz und somit in Ländern, in denen Mitte- bzw. Mitte-Rechts-Parteien Ton und Takt angaben. Auch die Verteilung der Massenarbeitslosigkeit war erklärungsbedürftig: Massenarbeitslosigkeit kennzeichnete nunmehr nicht nur - erwartungsgetreu - bürgerlich dominierte Länder, wie die USA, sondern auch Industriestaaten, in denen die Sozialdemokratie mitregierte oder alleinregierte (beispielsweise in den Niederlanden, in der Bundesrepublik und in Großbritannien).

Vollbeschäftigung und Massenarbeitslosigkeit nach dem Ölpreisschock von 1973 ließen sich offensichtlich nicht länger durch die Parteiendifferenzthese erklären, der zufolge Linksregierungen Vollbeschäftigung und Rechtsregierungen Preisstabilität bevorzugen und sicherstellen

Wie sich im Laufe des Forschungsprozesses jedoch herausstellte, gab es jedenfalls in den 70er Jahren nicht nur einen Weg zur Vollbeschäftigung, sondern deren zwei. Einer basiert in der Tat - passend zur älteren Parteiendifferenzthese - auf einer starken Linksregierung, die einen relativ großen öffentlichen Sektor regiert und hochorganisierte Gewerkschaften auf ihrer Seite hat. Ein zweiter Weg zur Vollbeschäftigung kommt dort zustande, wo ein konservativer Reformismus dominiert, der einen widerstandsfähigen Marktsektor auf seiner Seite hat und zugleich auf sozialpartnerschaftliche Arbeitsbeziehungen bauen kann. Japan und Schweiz waren im untersuchten Zeitraum die hierfür passenden Fälle.

Freilich deckte die Untersuchung auch eine Gemeinsamkeit beider Wege zur Vollbeschäftigung auf: Sie lag in der Verbindung von a) erfolgreicher Konzertierung der

Wirtschafts- und Finanzpolitik mit der Politik der mächtigsten Wirtschaftsverbände und b) der Aufrechterhaltung sozialpartnerschaftlicher Arbeitsbeziehungen. Auf eine Kurzformel gebracht lautete die Erfolgsformel: Konzertierung und Konsens. Anders formuliert: Der Parteienpolitikfaktor erweist sich in der Staatstätigkeit und im Hinblick auf politisch-ökonomische Größen wie die Arbeitslosenquote als ein nicht unwichtiger Faktor. Allerdings entpuppte er sich als nur ein Bestimmungsfaktor unter anderen Einflußgrößen und nur als eine hinreichende Bedingung von Vollbeschäftigung.

5   Zusammenfassung der dank der eingesetzten Methode gewonnenen Ergebnisse

Zu den wichtigsten Ergebnissen der Studie "Wohlfahrtsstaatliche Politik unter bürgerlichen und sozialdemokratischen Regierungen" zählt - erstens - der Nachweis großer Unterschiede in der Staatstätigkeit in westlichen Industrieländern bis Ende der 70er Jahre. Zu ihnen gehören Staaten mit entwickeltem Sozialstaat (wie Schweden) und solche mit löchrigen Netzen sozialer Sicherung (zum Beispiel die USA), Länder mit kleinem öffentlichen Sektor (Japan und die Schweiz) und solche mit großem staatlichen Dienstleistungs- und Produktionsbereich (wie Frankreich und Österreich), Nationen mit dauerhaft hoher Arbeitslosigkeit (wie Italien) und solche mit Vollbeschäftigung oder Beinahe-Vollbeschäftigung (wie Japan und bis zu Beginn der 90er Jahre auch Schweden und die Schweiz), Wirtschaftssysteme mit geringer Inflation (allen voran die Bundesrepublik und die Schweiz) und mit hoher Inflation (z.B. Italien) sowie relativ egalitäre Gesellschaftssysteme (vor allem die nordeuropäischen Länder) und solche mit krasser Ungleichheit (z.B. die USA).

Ein zweites Hauptergebnis ist darin zu sehen, daß ein erheblicher Teil dieser Variation durch Unterschiede in den politisch-institutionellen Bedingungen und den politischen Kräfteverhältnissen erklärt werden kann. Das wertet politikwissenschaftliche Analysen in großem Ausmaß auf gegenüber sozioökonomischen Theorien der Industriegesellschaft, wie die Industrialismus-Theorie (z.B. *Kerr* u.a. 1973), die neomarxistische politisch-ökonomische Theorie (z.B. *Sweezy* 1970) und die Theorie der Risikogesellschaft (*Beck* 1986).

Drittens erweist sich die parteipolitische Zusammensetzung als eine Variable, die zur Erklärung unterschiedlicher Profile der Staatstätigkeit beiträgt. Es gibt beispielsweise deutliche Differenzen zwischen der Politik von sozialdemokratischen und konservativen Regierungen. Sie treten zutage in der Sozialpolitik, in der Steuerpolitik, bei den Staatsausgaben, in der Konjunkturpolitik und in eingeschränktem Umfang auch bei der Bekämpfung von Inflation und Arbeitslosigkeit, so die Resultate der - hier aus Platzgründen nicht weiter zu erörternden - Kapitel 5 bis 10 der Studie.

Je stärker und dauerhafter sich Staaten nach der parteipolitischen Zusammensetzung unterscheiden - so ein viertes Hauptergebnis -, desto größer werden die Unterschiede in der Regierungspraxis. Eine lange und starke Regierungsbeteiligung einer Linkspartei - wie in Schweden vor allem von den frühen 30er Jahren bis 1976 - erzeugt einen "sozialdemokratisierten" Staat und eine "sozialdemokratisierte" Gesellschaft. In entgegengesetzter Richtung wirkt die lange und starke Regierungsbeteiligung von Mitte-Rechts- oder Rechtsparteien, wie in den USA und in Japan bis zum Regierungswechsel von 1993. Dort wird der Staat und mit ihm die Sozialpolitik am kurzen Zügel geführt.

Fünftens gibt es Hinweise auf einen nicht-linearen Zusammenhang von Staatstätigkeit und Regierungszusammensetzung: Geringe Unterschiede in der parteipolitischen Zusammensetzung hinterlassen kaum Spuren in der Regierungspolitik. Gleiches gilt meist auch für mittelgroße Unterschiede in der parteipolitischen Färbung von Regierungen. Der "Quantensprung" kommt erst beim Übergang zur "Dominanz-" bzw. Hegemonialposition einer Linkspartei oder einer bürgerlichen Partei zustande: Sehr große Unterschiede in der parteipolitischen Zusammensetzung von Regierungen erzeugen höchst unterschiedliche Regierungspolitikprofile. Gleiches gilt auch für Regierungswechsel. Ein Regierungswechsel von einer zentristischen Partei (z.B. einer christdemokratischen Partei in Perioden wirtschaftlicher Prosperität) zu einer sozialdemokratischen Partei kann mit relativ geringen Kursänderungen in der Regierungspolitik einhergehen, zumal wenn er durch Koalitionen mit einer liberalen Partei zusätzlich gedämpft wird, wie in der Bundesrepublik. Ein längeranhaltender Machtwechsel von rechts nach links oder von links nach rechts jedoch wird in der Regel tiefere Spuren in der Regierungstätigkeit hinterlassen, wie man den Regierungswechseln in Großbritannien im Jahre 1979 (von Labour zur Conservative Party) und in den 80er Jahren in Griechenland (von den Konservativen zur sozialistischen PASOK und zurück) studieren kann (siehe z.B. *Gamble* 1988 und *Merkel* 1993).

Das sechste Hauptergebnis ist dies: Die parteipolitische Zusammensetzung von Regierungen ist ein wichtiger Einflußfaktor für das Staatshandeln, allerdings wird sie oft überschätzt - von Wissenschaftlern und vor allem von Wählern. Die Prägung der Staatstätigkeit der westlichen Länder durch politische Bedingungen ist keineswegs gleichzusetzen mit allgegenwärtiger Prägung durch parteipolitische Größen. Die westlichen "Parteienstaaten" (*Leibholz* 1958) sind nicht mit dem echten Partei- bzw. Einparteienstaat der ehemaligen sozialistischen Länder Osteuropas zu verwechseln. Vielmehr ist die Parteienpolitik, insbesondere die parteipolitische Zusammensetzung der Regierung, in der Regel nur ein Faktor unter anderen Bestimmungsfaktoren der Staatstätigkeit. In den demokratisch verfaßten Industrieländern macht es gewiß einen Unterschied, welche Partei die Regierungsgeschäfte führt, aber es ist kein Unterschied aufs Ganze. Aber selbstredend besteht ein himmelweiter Unterschied zwischen der Politik einer Staatspartei eines autoritären Staates und der Politik einer Partei in einem demokratischen Verfassungsstaat!

Einem Ergebnis der Nachfolgestudien zu "Wohlfahrtsstaatliche Politik unter bürgerlichen und sozialdemokratischen Regierungen" zufolge hängt das unmittelbar sichtbare Ausmaß, zu dem Unterschiede in der parteipolitischen Zusammensetzung von Regierungen die Staatstätigkeit bestimmen, auch ab von unterstützenden und entgegenwirkenden Bedingungen, die im Parteiensystem und der Institutionenordnung wurzeln (z.B. *Schmidt* 1992 a). Voll zum Zuge kann der Parteienunterschied vor allem in der Regierungspraxis in einer Mehrheitsdemokratie nach Westminster-Modell kommen, allen voran in Großbritannien und Neuseeland, sowie generell in politischen Systemen mit wenigen und schwachen Barrieren gegen die Mehrheitsherrschaft. Zu diesen zählen - neben den Westminster-Modell-Staaten - beispielsweise

Frankreich, Japan, Norwegen und Schweden. Gedämpft wird die Wirksamkeit unterschiedlicher parteipolitischer Zusammensetzung für die Regierungspolitik jedoch in Ländern mit verhandlungsdemokratischer Struktur, wie z.B. der Schweiz, oder in Staaten mit Mehrheits- und Verhandlungsdemokratiestrukturen und mächtigen "Mitregenten" wie Bundesstaat und Notenbank, wie z.B. in der Bundesrepublik Deutschland.

Insoweit - und das ist das achte Hauptergebnis - stützt der Industrieländervergleich der hier erörterten Studie eine gemäßigte, nach institutionellen Rahmenbedingungen zu differenzierende Parteienunterschieds-These: Der parteipolitische Effekt auf die Staatstätigkeit in westlichen Ländern ist gemäßigt stark. Kaum etwas spricht in diesen Ländern für die These allgegenwärtiger mächtiger Parteieneffekte in der Regierungspolitik, so wie sie am Fall des "SED-Staates" der Deutschen Demokratischen Republik studiert werden konnten. Insoweit führt die These vom "Parteienstaat" auf die falsche Fährte. Auch Agnolis These wird nicht gestützt, der zufolge die Volksparteien der konstitutionellen Demokratien nichts weiter als die "plurale Fassung einer Einheitspartei" (J. *Agnoli*) nach dem Muster des italienischen Faschismus mit unterschiedlicher Verpackung und nahezu identischem Politikinhalt sind (*Agnoli* 1968 in pointierter Weiterführung der Allerweltsparteien-These von *Kirchheimer* 1965). Allerdings kann die vergleichende Forschung zeigen, daß die Chancen für einen Kurswechsel in der Regierungspolitik unter bestimmten Bedingungen tatsächlich schmal sein können: Das ist vor allem der Fall, wenn die politisch-ideologische Spannweite des Machtwechsels vergleichsweise gering ist - z.B. von einer Mitte-Regierung zu einer Mitte-Links-Regierung - und wenn Zahl und Gewicht institutioneller Hemmnisse der Mehrheitsherrschaft groß sind. Beides charakterisiert den Normalfall des Machtwechsels in der Bundesrepublik (*Schmidt* 1992a). Insoweit ist Agnolis Einparteien-These, die wesentlich an der Bundesrepublik entwickelt wurde, die voreilige und überpointierte Verallgemeinerung eines besonderen Falls, jedoch keine verallgemeinerungsfähige Theorie eines typischen, häufig vorkommenden Beispiels.

Insgesamt zeigt der Industrieländervergleich, daß unterschiedliche politische Institutionen, Prozesse und Machtverteilungen einen sehr großen Unterschied in der Staatstätigkeit machen; ferner, daß der Kurs der ökonomisch-politischen sowie der gesellschaftlichen Entwicklung überhaupt von politisch-institutionellen und machtpolitischen Größen geprägt wird. Zu diesen Größen gehört die Zugehörigkeit von Regierungsparteien zu bestimmten Parteifamilien. Soviel Unterschied oder sowenig - je nach Standpunkt - macht die parteipolitische Zusammensetzung von Regierungen.

6   Kritischer Rückblick

Was leistet die gewählte Methode des internationalen Vergleichs und inwieweit erweist sich die Verwendung von Aggregatdaten als hilfreich? Insgesamt fällt meine Antwort auf diese Frage nach wie vor nahezu uneingeschränkt positiv aus. Der internationale Vergleich ist lehrreich und hilfreich; das gilt auch für die in der "Wohlfahrtsstaatliche Politik"-Studie gewählte Variante eines "most-similar-cases"-Vergleichs mit quantitativen Methoden. Der Vergleich ermöglicht den Blick über den nationalen Gartenzaun; er bietet die Chance, von anderen politischen Systemen zu lernen; er eignet sich für die Erfassung und Erklärung von Gemeinsamkeiten und Unterschieden; er schafft die Voraussetzungen für quasi-experimentelle Untersuchungsbedingungen und bildet die Grundlage erfahrungswissenschaftlich überprüfter Verallgemeinerung. Auch die Verwendung von Aggregatdaten erwies sich als sinnvoll: Sie gewährleisten mit vertretbarem Aufwand den raschen Zugriff auf aussagekräftige Informationen in handlich gebündelter Form.

6.1 Kosten der Aggregierung

Wie allen Methoden und Analysearten sind auch dem quantifizierenden internationalen Vergleich und der Aggregatdatenanalyse Schwächen eigen. Wie eingangs erwähnt können Aggregatdaten aufgrund ihrer Bündelung von Individualdaten bedeutsame Unterschiede auf disaggregierter Ebene verdecken. Auch können sie zu Fehlschlüssen verleiten, insbesondere zum sogenannten ökologischen Fehlschluß oder Gruppenfehlschluß (⇨ hierzu die Definition in der Einleitung und das Beispiel weiter unten). Im Idealfall wird man sogenannte Mehrebenen-Analysen auf der Makro- und der Mikroebene und der zwischen beiden liegenden Meso-Ebene der Politik durchführen und hoch- wie disaggregierte Daten verwenden. Doch auch bei geringerem methodologischem Aufwand sind Sicherungen gegen ökologische Fehlschlüsse möglich. Zu ihnen gehören vor allem die möglichst genaue Kenntnis der Aggregatdaten wie auch der ihnen zugrundeliegenden Individualdaten und im Fall des Nationenvergleichs - wie schon erwähnt - die möglichst gründliche Kenntnis möglichst vieler Fälle der Stichprobe. Aber selbst dies sichert nicht gegen alle Probleme der Aggregationshöhe. Die in der "Wohlfahrtsstaatlichen Politik"-Studie gewählte Aggregationshöhe (politische Systeme bzw. Nationalstaaten) erwies sich an einer Stelle als ein Problem. Sie basierte auf der Annahme, daß man - zumindest im ersten Zugriff - Staatstätigkeiten auf nationaler Ebene den zentralstaatlichen Regierungen zuordnen könnte. Das ist eine für föderalistische Systeme problematische Annahme, weil in diesen Staaten die zentralstaatlichen Regierungen erheblich weniger Bewegungsfreiheit als die Regierungen hochgradig zentralisierter Staaten haben und weil die Staatstätigkeiten in der Regel in höherem Maße Produkt von Zentral- und Gliedstaaten sind. Freilich läßt sich die Schieflage korrigieren, z.B. durch statistisches Konstanthalten der Föderalismus-Zentralismus-Variable oder - wo solches nicht möglich ist - spätestens bei der Interpretation der Ergebnisse des Forschungsprozesses.

6.2 Vorteile und Nachteile der Quantifizierung

Auch die Methode des Vergleichs unter Verwendung quantitativer Daten und quantifizierender Auswertungstechniken hat neben Stärken auch eine Schlagseite. Diese neigt sich zugunsten vorrangiger Berücksichtigung struktureller Bedingungen, Restriktionen und längerfristig stabiler Determinanten von Willensbildungs- und Entscheidungsprozessen. So aussagekräftig diese Größen sind, so sehr werden hierdurch das Wie der Politik und das Tun und Lassen individueller und kollektiver Akteure vernachlässigt.

6.3 Leistungen und Probleme des Forschungsdesigns

Ein "most-similar-cases-Design" lag dem internationalen Vergleich zugrunde, über den in diesem Kapitel berichtet wurde. Für die Wahl dieses Forschungsdesigns gab es gute Gründe (⇨ Abschnitt 2), jedoch war für sie auch ein Preis zu entrichten. Sein Hauptposten ist die Unterbelichtung der Faktoren, die durch das Prinzip der Auswahl möglichst ähnlicher Fälle konstant gehalten werden: der Typ des politischen Regimes - verfassungsstaatliche Demokratie - und der hohe Stand wirtschaftlicher Entwicklung, der nahezu allen westlichen Industrieländern gemeinsam ist. Durch Konstanthalten kann jedoch etwas passieren, was im Alltag häufig vorkommt: Man sieht den Wald vor lauter Bäumen nicht mehr. Um zum Industrieländervergleich zurückzukommen: Wenn man in der Interpretation der Daten und in der Theoriebildung das Konstantgehaltene nicht angemessen berücksichtigt, unterschätzt man die Prägung von Staatstätigkeit durch die Demokratie sowie den hohen Entwicklungsstand der Wirtschaft und vernachlässigt somit die Bedeutung der Differenz zwischen demokratischer und nichtdemokratischer Struktur und zwischen hohem und niedrigen Stand wirtschaftlicher Entwicklung für die Staatstätigkeit.

Was ist zur Bewältigung dieses Problems zu tun? Die beste Lösung besteht aus der Verbindung eines "most-similar-cases-Designs" mit einer Untersuchungsanordnung, die unähnliche Fälle vergleichend analysiert ("most-dissimilar-cases-Design"). Allerdings stößt das Streben nach Verwirklichung des Vorhabens auf hohe Hindernisse: es setzt gut vergleichbare Daten für reiche und arme Länder voraus. Das ist oftmals nicht gegeben. Ferner verlangt ein Vergleich nach "most-dissimilar-cases"-Bauart gründliche Kenntnisse der politischen, gesellschaftlichen und wirtschaftlichen Verhältnisse in möglichst vielen reichen, in armen und in der Mittelschicht zuzurechnenden Ländern. In den meisten Fällen überfordert das die Leistungskraft auch des engagiertesten Komparatisten. Diese Schranke und die Knappheit vergleichbarer Daten haben bislang den Vergleich zwischen armen und reichen Staaten nur in ausgewählten Politikfeldern möglich gemacht, insbesondere in der Sozialpolitik (vgl. z.B. *Zöllner* 1963, *Wilensky* 1975 und *Schmidt* 1988: 168-182).

Kaum einfacher zu bewerkstelligen ist eine weitere Kombination von "most-similar-cases-" und "most-dissimilar-cases-Forschungsdesigns". Was heutzutage wirtschaftlich entwickelte und demokratisch verfaßte Industrie- und Dienstleistungsgesellschaften sind, waren vor 100 Jahren noch arme Agrar- und frühe (Schwellen-) Industriegesellschaften mit semi-demokratischer oder autoritärer politischer Verfassung. Wie entwickelte sich die Staatstätigkeit von diesem Zustand bis zum heutigen? Auch diese Forschungsfrage zielt auf ähnliche und unähnliche Fälle. Just sie lag dem umfangreichen historisch-vergleichenden Forschungsprojekt zur Entstehung und Expansion der westeuropäischen Wohlfahrtsstaaten zugrunde, das Peter *Flora* leitete (vgl. u.a. *Alber* 1982, *Flora* 1985/86). Interessanterweise unterstreichen die aus diesem Projekt hervorgegangenen Studien die große Bedeutung, die politischen Deter-

minanten der Staatstätigkeit auch dann zukommt, wenn man den Prozeß sozioöko-
nomischer Modernisierung mitberücksichtigt.

6.4 Grenzen der Reichweite der Erklärungsmodelle

Die vergleichende Analyse ist eine vorzügliche Methode zur Erkenntnisgewinnung
und Erkenntnisüberprüfung. Ihre Leistung wird nicht geschmälert, wenn man hinzu-
fügt: Auch die in ihrem Rahmen angewandten Erklärungsmodelle sind meistens von
begrenzter Reichweite. Gemessen am Determinationskoeffizient - ein Maß der Erklärungskraft einer quantifizierenden Analyse von Zusammenhängen, das den Anteil der
statistisch erklärten Variation in einer zu erklärenden Variablen widerspiegelt - reichen die Erklärungsmodelle meist nur ein Stück weit; selten sind sie umfassend.
Meldet der Determinationskoeffizient Volltreffer, handelt es sich oftmals um künst-
lich aufgeblähte Erfolgsmeldungen, beispielsweise Analysen, in denen die abhängige
Variable - z.B. die Sozialleistungsquote in einem bestimmten Jahr - mit Hilfe eines
Modells inkrementaler Politik erklärt wird, dessen Schlüsselvariable die zeitverzö-
gerte abhängige Variable ist, wie die Sozialleistungsquote im Vorjahr. In der Regel
erzielt dieses Modell in einer statistischen Analyse außerordentlich hohe Treffer-
quoten. Das spiegelt einen realen Sachverhalt wider: Was Regierung und Verwaltung
heute tun, hängt in hohem Maße von dem ab, was sie gestern getan haben. Solange
nicht weitere Wirkfaktoren identifiziert werden, kann dieses Erklärungsmodell nicht
zufriedenstellen, verschiebt es doch das Problem in die Vorperiode. Doch wovon
hängt das Niveau sozialstaatlicher Politik in der Vorperiode ab? Will man den un-
endlichen Regreß vermeiden - in dem die Vorperiode ihrerseits durch die Vorvorperi-
ode erklärt wird usw. - muß man auf zusätzliche substantielle Erklärungsfaktoren zu
sprechen kommen. Doch deren Erklärungskraft wird in der Regel weitaus geringer
sein als die der zeitverzögerten Variable.

6.5 Stabile und instabile Ergebnisse

Daß kleine Stichproben - wie der Vergleich von 21 Industrieländern - die Zahl der
Erklärungsfaktoren begrenzen, die gleichzeitig in einem Erklärungsmodell berücksichtigt werden können, ist lästig genug. Noch lästiger ist, daß mit abnehmender
Größe von Stichproben die Wahrscheinlichkeit instabiler Resultate wächst. Bei kleinen Stichprobe können einzelne Fälle eine übergroße Bedeutung für das Ergebnis einer statistischen Analyse haben, vor allem wenn es sich um Fälle handelt, die bei der
abhängigen und der unabhängigen Variablen weit vom Durchschnitt abweichen. Ferner können Änderungen der Stichprobenzusammensetzung, der Variablenauswahl,
der Messung der Variablen und der Untersuchungsperioden beachtliche Unterschiede
in den Resultaten nach sich ziehen. Ein Beispiel hierfür bietet die vergleichende
Analyse des Wirtschaftswachstums in den Industrieländern nach 1973, die von P.
Lange, G. *Garrett* u.a. vorgelegt wurde (*Lange/Garrett* 1985, *Garret/Lange* 1989,
Alvarez u.a. 1991). *Garrett* und *Lange* zufolge wuchs die Wirtschaft in westlichen
Industriestaaten nach dem Ölpreisschock von 1973 stärker unter Linksregierungen

und hochorganisierten Gewerkschaften als unter Mitte- oder Rechtsregierungen und schwächeren Gewerkschaften. Nicht zu Unrecht wurde den Verfassern entgegengehalten, ihr Ergebnis sei wesentlich von einem speziellen Fall beeinflußt, der obendrein mit Hilfe anderer Faktoren erklärbar ist: Norwegens Wirtschaftsboom, der insbesondere auf die Nordseeölförderung seit den 70er Jahren zurückzuführen ist (*Jackman* 1987).

Der Gerechtigkeit halber ist hinzuzufügen, daß man instabile Ergebnisse identifizieren und vermeiden kann. Tests auf die Wertigkeit einzelner Fälle gehören hierzu ("jack-knife"-Prozeduren, bei denen die Resultate auf den Effekt sequentieller Nichtberücksichtigung einzelner Untersuchungsfälle überprüft werden), die Verwendung mehrerer Indikatoren für einen theoretischen Begriff, die Ziehung repräsentativer Stichproben oder Vollerhebungen und die Aufnahme weiterer relevanter erklärender Variablen in ein Erklärungsmodell (zu den Schwierigkeiten und Möglichkeiten siehe ➪ Abschnitt 4, ferner *Schmidt* 1982: 105-118; *Ragin* 1987; *Hicks/Swank* 1992 und *Janowski/Hicks* 1994).

6.6   Parteien machen einen Unterschied, doch sie sind nur ein Faktor

Der Nachweis, daß die parteipolitische Zusammensetzung von Regierungen einen Unterschied in der Staatstätigkeit macht, wurde in der neueren Forschung vielfach bestätigt. Das gilt sowohl für international vergleichende Analysen (z.B. *Budge/Keman* 1990; *Hicks/Swank* 1992; *Keman* 1993) als auch für den Bundesländervergleich (*Schmidt* 1980), die Politik der Bundesregierungen (z.B. *Schmidt* 1992a) und die Kommunalpolitik (z.B. *Grüner/Jaedicke/Ruhland* 1988; *Gabriel/Kunz/Zapf-Schramm* 1990). Insoweit wird eine gemäßigte parteipolitische Hypothese gestützt. Zu betonen ist jedoch: Der parteipolitische Faktor ist ein Bestimmungsfaktor unter vielen anderen. Auch kommt er in einem von Land zu Land unterschiedlichen Ausmaß zum Tragen. In der Bundesrepublik wirken die institutionellen Barrieren gegen die Herrschaft der Bundestagsmehrheit und der aus ihr hervorgehenden Regierung besonders kräftig gegen ihn. Der föderalistische Staatsaufbau ist eine besonders wirkungsvolle Bremse fürs Tun und Lassen der Bundesregierung. Obendrein ist die Politik der Mehrheit hierzulande mit einer autonomen Verfassungsgerichtsbarkeit konfrontiert und in der Wirtschafts- und Finanzpolitik mit den Folgen der Entscheidungen einer autonomen Bundesbank. Hinzu kommen die Weichenstellungen von verbindlichen Entscheidungen der Organe der Europäischen Union. Der Gestaltungsspielraum für die Parlamentsmehrheit ist hierzulande insoweit geringer als in stärker zentralisierten Ländern und geringer als in politischen Systemen, in denen potentiellen Mitregenten weniger Vetochancen offenstehen.

Natürlich kann die nationenvergleichende Forschung der 90er Jahre auf größere Wissensbestände sachlicher, methodologischer und theoriebezogener Art zurückgreifen als die Forschung vom Ende der 70er und Anfang der 80er Jahre, über die hier vorrangig berichtet wurde. Insoweit haben sich manche Probleme der älteren Forschung als überholt und manche ihrer Weichenstellungen als problematisch erwiesen. Beispielsweise wird in der neueren Forschung die ältere Links-Rechts-Unterscheidung durch eine Differenzierung zwischen Linksregierungen, zentristischen Regierungen und Rechtsregierungen ersetzt (vgl. z.B. *Cameron* 1985 und *Schmidt* 1993). Das warf neues Licht unter anderem auf die sozialstaatliche Politik. Vor allem in Prosperitätszeiten nämlich praktizierten zentristische Regierungen - in der Regel handelt es sich hierbei um von christdemokratischen Parteien geführte Regierungen - eine Sozialpolitik, die zumindest in quantitativer Hinsicht der Sozialpolitik von Linksregierungen recht nahe kam.

Die Parteiendifferenzhypothese muß - wie die neuere vergleichende Forschung zeigt - auch an anderer Stelle differenziert werden: Oftmals spielen die Wettbewerbsstrukturen im Parteiensystem für das Tun und Lassen der Regierungen eine große Rolle. Im Fall von Minderheitenregierungen wird die Opposition größeren Einfluß auf die Regierungspolitik haben als bei Regierungen mit hinreichenden Mehrheiten (*Damgaard/Svensson* 1989). Ferner wird die Regierungspraxis von starken Oppositionsparteien spürbar beeinflußt: Hierdurch kann es sowohl zur "contagion from the left" kommen - zur "Ansteckung" der Rechts- durch die Linksparteien - als auch zur "contagion from the right" - der "Ansteckung" der Links- durch die Rechtsparteien (hierzu *Hicks/Swank* 1992).

Diese Beobachtung könnte die Brücke zu einer weiteren Einsicht schlagen, mit deren Verarbeitung die vergleichende Staatstätigkeitsforschung bislang Mühe hatte: In den Studien über die Staatstätigkeit in den 80er Jahren wurde besonders eindrucksvoll nachgewiesen, daß politische Parteien in großem Umfang Positionen wechseln können. Beispielsweise vollzogen die sozialdemokratischen Parteien der meisten westlichen Länder in den 80er Jahren in der Wirtschafts- und Sozialpolitik einen Positionswechsel: Sie sind seither ihrem traditionell etatistischen Programm in geringerem Umfang verpflichtet und stärker am Marktmodell orientiert als zuvor (*Castles* 1993; *Merkel* 1993). Natürlich gibt es auch hierfür gute Gründe. Nicht zuletzt spielt ein veränderter Problembestand eine Rolle, aber eben auch die veränderte Sicht der Dinge und alternative Deutungsangebote von seiten der Wirtschaftswissenschaft und der Mitte-Rechts- und Rechtsparteien. Doch das unterstreicht nur die generelle Lehre: Die Wirkung des Parteieneffekts auf die Staatstätigkeit hängt von zahlreichen anderen Einflußfaktoren ab; die parteipolitische Zusammensetzung von Regierungen ist nur ein Bestimmungsfaktor unter vielen Determinanten der Regierungspolitik.

6.7 Warnung vor dem ökologischen Fehlschluß!

Zum Abschluß dieses Kapitels ist ein illustratives Beispiel für einen Fehler angebracht, der in Aggregatdatenanalysen häufig vorkommt: der ökologische Fehlschluß, d.h. das fehlerhafte Schließen von statistischen Beziehungen zwischen hochaggregierten Daten auf Beziehungen zwischen den Komponenten der Aggregate.

Zur Anschauung soll ein konstruiertes Beispiel dienen. Man nehme an, eine Forschergruppe wolle prüfen, ob zwischen der Veränderung des Anteils der Sozialausgaben am Sozialprodukt und der parteipolitischen Zusammensetzung von Regierungen in den Staaten A, B, C, D und E ein Zusammenhang bestehe. Dabei habe man sich auf folgende Indikatoren geeinigt: Die zu erklärende Größe, die Veränderung des Sozialstaates, werde gemessen anhand der im Zeitraum von 1995 und 1999 erfolgten Veränderung der Sozialleistungsquote (öffentliche Sozialausgaben in Prozent des

Bruttosozialprodukts). Die parteipolitische Zusammensetzung werde gemessen durch die nach Kabinettssitzanteilen ermittelte Dauer und Stärke der Regierungsbeteiligung der Partei "Mehr Markt" im Zeitraum von 1995 bis 1999. Man nehme ferner an, die Partei "Mehr Markt" habe ebenso wie ihr Widersacher - die Partei "Mehr Staat" - alleinverantwortlich und mit voller Zugriffsmöglichkeit auf den gesamten Staatshaushalt regiert. Man unterstelle ferner, daß sich bei Betrachtung der nach Jahresangaben disaggregierten Daten - die in diesem Fall als Individualdaten dienen, im Gegensatz zu den weiter unten ermittelten aggregierten, den gesamten Zeitraum erfassenden Daten - eine auffällige Regelmäßigkeit zeige: In allen Jahren, in denen die Partei "Mehr Markt" regierte, sei die Sozialleistungsquote entweder vermindert oder zumindest nicht erhöht worden, während die Sozialleistungsquote in all den Jahren anstieg, in denen die Partei "Mehr Staat" die Regierungsgeschäfte führte. Die Daten der parteipolitischen Zusammensetzung (X) und des Wachstums des Sozialstaates (Y) ergäben für die fünf Länder A, B, C, D und E in der Untersuchungsperiode bei Betrachtung der Jahresdaten das in Tabelle 2 enthaltene Muster.

Wertet man die Daten der Tabelle 2 aus, wird ein eindeutiger Zusammenhang ersichtlich: Regiert die Partei "Mehr Staat", wächst der Anteil der Sozialausgaben am Sozialprodukt, ist die Partei "Mehr Markt" an der Macht, schrumpft oder stagniert der Sozialstaat. Insoweit führt die Auswertung der Jahresdaten zu einem eindeutigen Ergebnis: Die statistische Wechselbeziehungen zwischen den Regierungsparteien und der Veränderung der Sozialausgaben sind markant und zeigen in die erwartete Richtung: "Mehr Staat" ist die Partei, die für mehr Sozialstaat sorgt. Unter "Mehr Markt" hingegen kommt es zur Stagnation oder zum Abbau des Sozialstaates.

Man unterstelle nun, die Forschergruppe habe aus irgendeinem Grund versäumt, die nach Jahren disaggregierten Daten der Tabelle 2 auszuwerten, vielleicht aufgrund von Zeitmangel, wegen fehlender Daten zwischen dem Anfang und dem Ende der Meßperiode oder aufgrund von Schlamperei, und habe sich mit der Auswertung höher aggregierter Daten begnügt, z.B. mit der Auswertung des Zusammenhangs zwischen der Veränderung der Sozialleistungsquote zwischen 1995 und 1999 (ohne Differenzierung nach Jahren) (Variable Y) und der Stärke und Dauer der Regierungsbeteiligung von "Mehr Markt" in der gesamten Periode (ohne differenzierte Erfassung der einzelnen Jahre) (Variable X).

Tabelle 2: Materialien zum ökologischen Fehlschluß (I): Nichtaggregierte
Daten

Land und Jahr	X	Y
Land A, Jahr 1995	100	-10
Land A, Jahr 1996	0	5
Land A, Jahr 1997	0	5
Land A, Jahr 1998	0	3
Land A, Jahr 1999	0	2
Land B, Jahr 1995	100	-5
Land B, Jahr 1996	100	-5
Land B, Jahr 1997	0	8
Land B, Jahr 1998	0	8
Land B, Jahr 1999	0	4
Land C, Jahr 1995	100	-5
Land C, Jahr 1996	100	-5
Land C, Jahr 1997	100	0
Land C, Jahr 1998	0	15
Land C, Jahr 1999	0	15
Land D, Jahr 1995	100	0
Land D, Jahr 1996	100	0
Land D, Jahr 1997	100	0
Land D, Jahr 1998	50	0
Land D, Jahr 1999	0	25
Land E, Jahr 1995	100	0
Land E, Jahr 1996	100	0
Land E, Jahr 1997	100	0
Land E, Jahr 1998	75	0
Land E, Jahr 1999	0	30

Anmerkung zur Tabelle 2:
X = Regierungsbeteiligung der Partei "Mehr Markt" (gemessen an der
Dauer der Regierungsbeteiligung von "Mehr Markt" im jeweiligen Jahr,
100=365 Tage).
Y = Indikator für das Wachstum der Sozialleistungsquote gegenüber dem
Vorjahr (gemessen durch Prozentpunktdifferenzen, d.h. durch Subtraktion
der Quote von 1994 von der Quote von 1995 usw.).

Legt man die Daten von Tabelle 2 zugrunde, so basiert diese Auswertungsstrategie
auf dem in Tabelle 3 dokumentierten Datensatz.

Tabelle 3: Materialien zum ökologischen Fehlschluß (II): Über den gesamten Untersuchungszeitraum aggregierte Daten

Land	Sozialausgaben	Regierungsbeteiligung "Mehr Markt"
A	+5 Prozentpunkte	20%
B	+10 Prozentpunkte	40%
C	+20 Prozentpunkte	60%
D	+25 Prozentpunkte	70%
E	+30 Prozentpunkte	75%

Quelle: Berechnet aus Tabelle 2.

Wertet man die Daten aus Tabelle 3 aus - beispielsweise mit Hilfe einer graphischen Darstellung (mit den Sozialausgaben auf der Senkrechten und den Regierungsbeteiligungs-Daten auf der Waagrechten) oder einer Korrelations- oder Regressionsanalyse - so wird ein starker positiver Zusammenhang zwischen beiden Größen aufgedeckt: Je stärker "Mehr Markt" an der Regierung beteiligt ist, desto größer das Wachstum der Sozialausgaben und je schwächer "Mehr Markt" an der Regierung beteiligt ist, desto schwächer das Wachstum des Sozialstaats. Man unterstelle des weiteren, die Forschergruppe interpretiere den statistischen Zusammenhang zwischen beiden Meßwertreihen als Grund-Folge-Verhältnis. Inhaltlich stützt das folgende Hypothese: Ein hohes Wachstum des Sozialstaats ist ursächlich auf eine überdurchschnittlich starke Regierungsbeteiligung der Partei "Mehr Markt" zurückzuführen und die schwächere Regierungsbeteiligung von "Mehr Markt" hat das schwache Wachstum des Sozialstaates oder dessen Stagnation zur Folge. Das Hauptergebnis dieser Auswertung ist dies: Der Sozialstaat wächst - und er wächst vor allem weil "Mehr Markt" die Regierungsgeschäfte führt.

Bei der Auswertung der Jahresdaten gemäß Tabelle 2 war zuvor jedoch das entgegengesetzte Ergebnis herausgekommen! Dort war "Mehr Markt" als Bremser des Sozialstaats und "Mehr Staat" als sein Treibsatz identifiziert worden! Wie kann man sich daraus einen Reim machen?

Des Rätsels Lösung lautet: Die Forschergruppe ist einem ökologischen Fehlschluß aufgesessen. Ihr ist ein schwerer Fehler unterlaufen. Sie hat einen Fehlschluß begangen, weil sie von den statistischen Beziehungen zwischen hochaggregierten Daten der Tabelle 3 irrtümlicherweise auf Ursache-Folge-Beziehungen zwischen den Elementen, die den hochaggregierten Größen zugrundelagen (siehe Tabelle 2), schlußfolgerte.

Der Vollständigkeit halber ist dem hinzuzufügen, daß der Fehler vermeidbar war: Er hätte durch sorgfältige Auswertung der aggregierten und der disaggregierten Daten sowie durch die Ergänzung der Querschnittsanalyse auf Basis aggregierter Daten durch eine Längsschnittanalyse auf Basis von Jahresdaten vermieden werden können.

Volker Sommer

Glossar

Die nachfolgenden Erläuterungen sollen als Hilfestellung den Gebrauch politikwissenschaftlicher Methodenbegriffe erleichtern. Das Hauptaugenmerk richtet sich dabei auf die kurze Darstellung der Begriffe und deren aufgezeigte Vernetzung (↦). Aufgrund dieser Konzeption und des Umfangs darf das Glossar nicht losgelöst von den einzelnen Kapiteln begriffen werden. Die vorgenannte Einschränkung verweist bereits darauf, daß die Erläuterungen nicht als Ersatz für Definitionen innerhalb der wissenschaftlichen Arbeit aufgefaßt werden dürfen. Im Index sind die Begriffe des Glossars durch *kursive* Schrift gekennzeichnet.

Abgrenzungskriterium

Die Falsifizierbarkeit von Aussagen gilt als das *Abgrenzungskriterium* empirischanalytischer Forschung. Lediglich Aussagen, die ↦ empirisch überprüfbar sind und möglicherweise sogar verworfen werden können, gehören zum Gegenstandsbereich empirischer Forschung.

Äquivalenzrelation

Eine *Äquivalenzrelation* zerlegt die Menge der Untersuchungseinheiten in eine sich ausschließende Anzahl von Merkmalen, deren Bezugsgröße die 'Gleichheit' (wahr) bzw. 'Ungleichheit' (falsch) der Merkmale impliziert. Eine *äquivalente* Zuordnung schließt den 'gleichen' Skalenwert für die entsprechenden Elemente als Eigenschaftsbezeichnung ein. Die *Äquivalenzrelation* begründet die einfachste Form einer Skalierung: eine Nominalskala (↦ Skalenniveau).

Aggregatdaten

Aggregatdaten enthalten die nach Themen zusammengefaßten ↦ Individualdaten über Sachverhalte oder einzelne Objekte (z.B. Personen). Da eine Vielzahl von Informationen zusammengefaßt werden, beinhalten *Aggregatdaten* (z.B. Arbeitslosenquoten, Wahlbeteiligungen) einen hohen Informationsgehalt und ermöglichen einen grundlegenden (themenorientierten) Überblick. Die *Aggregatdatenanalyse* befaßt sich mit der beschreibenden Untersuchung von zusammengefaßten räumlichen und sozialen Einheiten. Im Rahmen politikwissenschaftlicher Forschung ist die Analyse von *Aggregatdaten* (z.B. Wahlentscheidungen im internationalen Vergleich, Sozialdaten), insbesondere im Bereich Politikfeldanalyse und Internationaler Politik, unerläßlich.

Aktionsforschung

Bei der sogenannten *Aktionsforschung* versucht man, die Trennung zwischen Forscher und 'Untersuchungsgegenstand' (z.B. Personen) aufzuheben, indem der Forscher auch während der Analyse ein Teil der agierenden 'Gruppe' bleibt. Darüber hinaus soll - durch die Einbindung in Problemfelder des Alltags - ein gemeinsames Erleben ermöglicht und die Suche nach Lösungen gefördert werden. Dies beinhaltet allerdings auch das Problem, die Ansätze praktisch-politischer Aktionen mit exakter Forschung zu verknüpfen.

Analyseebene

Der Begriff *Analyseebene* verweist auf die spezifischen Untersuchungsansätze, die berücksichtigt werden müssen, um den Forschungsgegenstand abschließend erfassen zu können. So muß beispielsweise auf der 'Ebene der Originalität' des Forschungsgegenstands berücksichtigt werden, ob es sich beispielsweise um eine ↦ Primäranalyse oder eine ↦ Sekundäranalyse handelt. Auf Reichweite und Zeitebene, Auswahl- und Aggregationsebene sowie Struktur- und Realitätsebene ist hier lediglich exemplarisch zu verweisen.

Analyseverfahren

Das Untersuchungsziel begründet die Anforderungen an das *Analyseverfahren*. So kann sich beispielsweise die Analyse einer Datenmatrix auf die Spalten und/oder Zeilen beziehen. Als univariate Auswertung bezeichnet man die Analyse einer Spalte. Werden Spalte und Zeile (von zwei Variablen) zusammen analysiert, so bezeichnet man dies als bivariate Auswertung. Die gemeinsame Analyse von Spalten und Zeilen (mehrerer Variablen) wird als multivariate Auswertung bezeichnet.

Arithmetisches Mittel ($\bar{X}$)

Das *arithmetische Mittel* gilt als die wohl bekannteste Maßzahl der zentralen Tendenz (↦ Mittelwerte). Die Verwendung des *arithmetischen Mittels* setzt zumindest intervallskalierte Variablen voraus. Es wird berechnet, indem die Summe der Variablenwerte durch die Anzahl der Variablen dividiert wird [$\bar{X} = (x_1+x_2+x_3+...+x_i+...+x_N)/N$]. Das *arithmetische Mittel* enspricht somit dem Durchschnittswert der Verteilung.

Basissatzproblem

Die Festlegung auf das Falsifikationsprinzip impliziert ein sogenanntes *Basissatzproblem*, da die zugrundeliegenden Thesen (bzw. Beobachtungsaussagen) lediglich bewährte Aussagen darstellen und unter der Bedingung verfeinerter Untersuchungsmethoden nachträglich verworfen werden könnten. Der *Basissatz* kann somit nicht verifiziert werden. Als Vereinbarung gilt, daß der Basissatz so lange als 'richtig' angesehen wird, bis er falsifiziert (widerlegt) werden kann.

Befragung

Unter einer wissenschaftlichen *Befragung* ist die Kommunikation von zwei oder mehreren Personen zu verstehen, die aufgrund des zielgerichteten Ansatzes (z.B. der Frageformulierung einer Person) der systematischen (kontrollierten) Informationsgewinnung dient. Die Messung erfolgt nur indirekt, da Aussagen über Eigenschaften bzw. Ereignisse ermittelt werden. Grundsätzlich unterscheidet man nach schriftlicher (↦ Fragebogen) und mündlicher *Befragung* (↦ Interview).

Begriffe

Wissenschaftliche Aussagen werden entscheidend durch die Begriffsbildung beeinflußt. *Begriffe* beschreiben ein Objekt, indem die Merkmale benannt bzw. bezeichnet werden sowie Merkmalsausprägungen einbezogen bzw. ausgegrenzt werden. Somit wird die Zuordnung von Merkmalen zu Objekten durch Begriffe sprachlich offengelegt, wobei innerhalb empirischer Forschung die erfahrbare Realität die Bezugsgröße bildet (↦ Operationalisierung). Zu unterscheiden sind Begriffe erster Ordnung, die auch als Alltagsbegriffe bezeichnet werden können, von Begriffen zweiter Ordnung, die als wissenschaftlich-theoretische Begriffe bezeichnet werden.

Beobachtung

Unter wissenschaftlicher *Beobachtung* ist die teleologische (zielgerichtete) und methodische (strukturierte) Wahrnehmung (und ↦ intersubjektive Erfassung) von Verhaltensäußerungen oder Ereignissen zu verstehen. Ziel dieser methodischen Variante ist das Aufzeigen von ursprünglichen (unverfälschten) Verhaltensweisen der beobachteten Personen. Dies weist bereits auf das grundlegende Problem der *Beobachtung* hin, da der Beobachter in den Handlungen einen Sinn erkennen muß, um diese verstehen zu können. Da es auch Unterschiede in der Funktion des Beobachters gibt, ist zunächst zwischen teilnehmender bzw. nicht teilnehmender *Beobachtung* zu unterscheiden. Muß sich der Beobachter zusätzlich noch an streng reglementierte Vorgaben halten, so ist noch nach strukturierter bzw. unstrukturierter *Beobachtung* zu differenzieren.

Beta-Koeffizienten

Die relative Stärke, mit der die unabhängige Variable (x) die abhängige Variable (y) beeinflußt, wird mit dem *Beta-Koeffizienten* ausgedrückt. Ein perfekter gleichsinniger Zusammenhang wird mit +1, ein perfekter gegensinniger Zusammenhang mit -1 ausgedrückt. Sollte kein Zusammenhang vorliegen, so wird dies mit 0 ausgewiesen.

Bivariate Statistik

Hauptaugenmerk der *bivariaten* (zweidimensionalen) ↦ *Statistik* ist die Beschreibung und Analyse von Zusammenhängen zwischen zwei ↦ Variablen. Die Präsentation der gemeinsamen Variation der Variablen und der Stärke des statistischen Zusammenhangs begründet die Grundlage des methodischen Bemühens. Zusammenhänge lassen sich aufzeigen, indem die sogenannten Beziehungszahlen erstellt, die Assoziationen (Kontingenzen, Korrelationen) dargestellt und die Assoziationsmaße berechnet werden.

Chi-Quadrat (χ^2)

Die Maßzahl *Chi-Quadrat* (χ^2) wird berechnet, indem die erwarteten Zahlenwerte (fe ↦ Indifferenztabelle; statistische Unabhängigkeit) von den tatsächlichen Zahlenwerten (fb ↦ Kontingenztabelle) subtrahiert, das Ergebnis quadriert und anschließend durch die erwarteten Zahlenwerte (fe) dividiert wird [$\chi^2 = \Sigma(f_b - f_e)^2 / f_e$]. Die Berechnung der Maßzahl *Chi-Quadrat* dient dem Signifikanztest nominalskalierter Variablen. Problematisch ist, daß *Chi-Quadrat* direkt mit N variiert. So führt beispielsweise die Verdoppelung der Zellenhäufigkeiten, trotz Beibehaltung gleicher

Proportionen, zur Verdoppelung des *Chi-Quadrat*-Wertes. Für eine ↦ Vierfelder-Tabelle kann Chi-Quadrat auch ohne die Berechnung der 'erwarteten Zahlenwerte' (Indifferenztabelle) mit der folgenden Formel ermittelt werden:

$$\chi^2 = \frac{N(ad - bc)^2}{(a+b)(c+d)(a+c)(b+d)}$$

Cluster

Als einen Sonderfall richtet sich der Auswahlvorgang (als Auswahlverfahren) nicht auf alle Elemente der Grundgesamtheit (im Gegensatz zur Zufallsauswahl), sondern auf eine bestimmte Zusammensetzung der Untersuchungseinheiten (z.B. zusammenhängende Gruppen: Klumpen, *Cluster*). Da diese ↦ Stichprobe somit nicht dem Abbild der ↦ Grundgesamtheit entspricht, sind die Ergebnisse dieser Auswahl (*Cluster*) nicht auf die Grundgesamtheit übertragbar.

Codierung

Werden den einzelnen Merkmalen einer Merkmalsverteilung Zahlen oder Zeichen systematisch (strukturerhaltend) zugeordnet, so spricht man von einer *Codierung* (Vercodung). Eine Fragestellung mit vorgegebenen Antwortkategorien (geschlossene Fragestellung) beinhaltet quasi bereits die Vercodung, indem den einzelnen Kategorien zur Auswertung bereits Zahlen (bzw. Zeichen) zugeordnet wurden. Die *Codiereinheit* (recording unit) bezieht sich auf das Merkmal (Phänomen), das gemessen werden soll. So könnte beispielsweise die Angabe des Geschlechts in einem Fragebogen auch mit 0 = männlich (bzw. M) und mit 1 = weiblich (bzw. W) eindeutig und ausschließlich *codiert* werden.

Daten

Vielfältige Informationen sind in zu analysierenden Texten enthalten. Die themenorientiert interessierenden Informationen werden gekennzeichnet (isoliert). Diese durch symbolische Repräsentation gekennzeichneten und bearbeitbaren Informationen einer Analyse bezeichnet man als *Daten*. Innerhalb des Meßvorgangs (↦ Messen) werden anschließend diesen gekennzeichneten Informationen Zeichen bzw. Zahlen zugeordnet. Als *soziale Daten* bezeichnet (bzw. beziffert) man die so gekennzeichneten Elemente der Wirklichkeit, die durch systematische (reglementierte) Zuordnungen erhoben werden.

Datenanalyse

Die *Datenanalyse* umfaßt die statistische Beschreibung (↦ deskriptive Statistik) der Daten, die durch die Untersuchung gewonnen wurden, sowie die Überprüfung der Repräsentativität dieser Daten. Die Repräsentativität fragt dabei nach dem Rückschluß, ob die in der Stichprobe vorgefundenen Unterschiede auch auf die ↦ Grundgesamtheit übertragbar sind.

Datenmatrix

Sämtliche Informationen, die in die aktuelle Untersuchung eingehen, können in einer *Datenmatrix* symbolisch repräsentiert werden. Ihre Zeilen (row) enthalten die Untersuchungseinheiten (Merkmalsträger) und die Spalten (column) die Variablen oder Stimuli. Als Merkmalsträger (z.B. Befragter) stellt die Untersuchungseinheit auch das Bezugsobjekt innerhalb einer empirischen Studie dar. Der Aufbau einer *Datenmatrix* läßt sich wie folgt darstellen:

Aufbau einer Datenmatrix: Variable   (Merkmale)

		V1	V2	V3	V4	V_j	V_n
Untersuchungs-	U1	R_{11}	R_{12}	R_{13}	R_{14}	R_{1j}	R_{1n}
einheiten	U2	R_{21}	R_{22}	R_{23}	R_{24}	R_{2j}	R_{2n}
(Merkmals-	U3	R_{31}	R_{32}	R_{33}	R_{34}	R_{3j}	R_{3n}
träger)							
	U_i	R_{i1}	R_{i2}	R_{i3}	R_{i4}	R_{ij}	R_{in}
	U_m	R_{m1}	R_{m2}	R_{m3}	R_{m4}	R_{mj}	R_{mn}

V=Variable, U=Untersuchungseinheit, R=Reaktionen

Deduktion

Das Verfahren der *Deduktion* beinhaltet eine (logische) Schlußfolgerung, indem aus allgemeinen (basalen) Sätzen bzw. Annahmen besondere Einzelaussagen abgeleitet werden. Wird von einem komplizierten (speziellen) Satz auf eine allgemeine Aussage zurückgeschlossen, so spricht man in diesem Fall von einer regressiven *Deduktion*. Der *deduktive* Schluß läßt sich auf zwei grundlegende Annahmen reduzieren: 1. Auf A folgt B (Prämisse); da A, nun B (modus ponens). 2. Auf A folgt B (Prämisse); da nicht A, auch nicht B (modus tollens). Diese Ableitung impliziert jedoch das Vorliegen von deterministischen Gesetzen, die diese Form des Schließens erst ermöglichen.

Deskriptive Statistik

Die *deskriptive Statistik* ermöglicht (beispielsweise mittels Lage- bzw. ↦ Streuungsmaßen) die Charakterisierung einer Verteilung. Bei der Beschreibung der Ergebnisse einer Landtagswahl steht grundsätzlich die Frage nach der Partei mit den größten Stimmanteilen im Vordergrund. Von diesem landesbezogenen Durchschnittswert ausgehend, können auch die regionalen Unterschiede der Wahlentscheidung (geringere bzw. höhere Stimmanteile in den Wahlbezirken als Abweichung vom Durchschnitt) aufgezeigt werden. So könnte beispielsweise auf der Grundlage der Wahlentscheidung einzelner Bezirke auch die Streuung der jeweiligen Stimmenanteile einer Partei beschrieben werden.

Determinationskoeffizient (r^2)

Der *Determinationskoeffizient* (als Bestimmtheitsmaß) r^2 repräsentiert den Teil der Gesamtvariation einer abhängigen (bzw. vorhergesagten) Variablen Y, der durch die unabhängige Variable X linear 'erklärt' (bzw. determiniert) wird. Ein Wert von r = 0,5 (↦ Produkt-Moment-Korrelationskoeffizient) verweist auf eine mittlere Beziehung. Quadriert als *Determinationskoeffizient* r^2 = 0,25 gibt er jedoch an, daß - aufgrund der Annahme einer linearen Beziehung - nur 25% der Variation der Variablen Y durch die Variable X erklärt werden kann.

Dokumentenanalyse

Die *Dokumentenanalyse* (↦ Inhaltsanalyse) dient der Informationsgewinnung aus bereits erstellten Schriftstücken (Dokumenten). Da die Analyse keine verzerrenden Einflüsse auf die Inhalte der Dokumente ausübt, wird die Methode auch als 'Nichtreaktives Meßverfahren' bezeichnet. Eine Analyse von Dokumenten erscheint als besonders dienlich, wenn es sich um die Beschreibung (z.B. Berichte) seltener oder extremer Ereignisse handelt, die nicht (historische Dokumente) oder nur mit unverhältnismäßig großem Aufwand als Primäranalyse (z.B. ↦ Beobachtung) erfaßt werden könnten.

Drittvariablenkontrolle

Die Beziehung zwischen zwei dichotomen Variablen (x und y) kann z.B. durch die Einführung einer *dritten* dichotomen *Variablen* (z) analysiert ('*kontrolliert*') werden. Somit wird die vorher bivariate Analyse (Tabelle) um eine weitere Dimension erweitert. Es soll festgestellt werden, ob sich die Beziehung zwischen x und y auch unter der Berücksichtigung der Variblen z nachweisen läßt. Läßt sich die statistische Beziehung von x und y nachweisen, so bezeichnet man die unabhängige Variable x als eine Ursache von y. Findet man hingegen eine Drittvariable, die diese statistische Beziehung verursacht hat, so spricht man von einer Scheinbeziehung zwischen x und y.

Effekte

Bei der Konstruktion bzw. Auswertung wissenschaftlicher Analysen (z.B. Befragung) sind mögliche *Effekte* zu berücksichtigen, die eine Verzerrung der Ergebnisse hervorrufen können. So bezeichnet der *Bandwagon-effect* die Verhaltensweise, sich trotz abweichender eigener Einstellungen der Mehrheitsmeinung aus Furcht vor Diskriminierung (Ausgrenzung) anzuschließen. Als *Aquiescence* bezeichnet man eine besondere Form der Einstellungsäußerung, indem bei der Vorlage von Entscheidungsfragen (Ja/Nein-Antortkategorien) eine 'Ja-Sage-Tendenz' besteht. Ein *Ausstrahlungseffekt* (*halo-effect*) könnte die Befragung (Interview; Fragebogen) beeinträchtigen, falls z.B. die Anordnung bzw. Formulierung der Fragen eine 'Manipulation' des Befragten hervorruft.

Empirisch

Die wissenschaftstheoretische Auffassung begründet maßgeblich, was unter *empirisch* zu verstehen ist. Die analytische Wissenschaftstheorie bezeichnet die auf die Sinneserfahrung, z.B. auf Beobachtung, Experiment usw. beruhende wissenschaftliche Erkenntnis als *empirische* Wissenschaft. Empirisch-analytisch ist der Ansatz, die gewonnenen Erkenntnisse systematisch zu protokollieren, zu ↦ Hypothesen zusammenzufassen und an Einzelfällen (an der Realität) zu überprüfen.

Empirische Politikforschung

Die planmäßige Anwendung empirischer ↦ Methoden zur Analyse politikwissenschaftlicher Fragestellungen wird als *Empirische Politikforschung* bezeichnet. Im engeren Sinne ist die Anwendung von Methoden (Auswahl, Deskription, Analyse und Interpretation) zur Bearbeitung politikwissenschaftlicher Fragestellungen gemeint, die in ihrem Ansatz den Anforderungen empirisch-analytischer Forschung (↦ Falsifikation, orientiert am kritischen Rationalismus) entsprechen.

Empirismus

Empirismus bezeichnet eine philosophische Forschungsrichtung, in der die Erfahrung die ursprüngliche Quelle des Wissens darstellt. In Abgrenzung zum kritischen Rationalismus soll das Wahrnehmbare den Ausgangspunkt für Rückschlüsse (Induktion) auf allgemeine Gesetzmäßigkeiten begründen. Aussagen, die sich nicht auf mathematische oder erfahrungswissenschaftliche Sätze beziehen, erscheinen somit als unwissenschaftlich (empiristisches Sinnkriterium).

Erhebungseinheit

Die *Erhebungseinheit* (sampling unit) umfaßt alle Auswahlmöglichkeiten einer Stichprobe. Wird z.B. zur Prognose von Wahlentscheidungen eine ↦ Stichprobe aus der Gruppe der 'Wahlberechtigten in der Bundesrepublik Deutschland' gezogen, so entspricht die *Erhebungseinheit* der Grundgesamtheit (↦ Vollerhebung). Interessieren lediglich die Wahlentscheidungen der Bürger aus den fünf neuen Bundesländern, so entspricht die *Erhebungseinheit* einer Reduzierung der Auswahlmöglichkeiten.

Erhebungstechniken

Erhebungstechniken dienen der systematischen Analyse von Sachverhalten (z.B. sozialen Problemstellungen). Zu berücksichtigen ist die Art (↦ Primär- bzw. Sekundäranalyse), der Umfang (↦ Vollerhebung, Stichprobe) und die Form der Analyse (z.B. teilnehmende ↦ Beobachtung, Befragung oder Inhaltsanalyse). Der Untersuchungsgegenstand, das Erkenntnisinteresse oder auch die zu bearbeitende Fragestellung begründen (beeinflussen) die Wahl der *Erhebungstechnik*.

Erklärung

Erklärung hat im alltagssprachlichen Gebrauch verschiedene Bedeutungen. So kann beispielsweise die Definition eines Wortes oder die Beschreibung des Sinns eines Textes als *Erklärung* bezeichnet werden. Als wissenschaftliche *Erklärung*, wird die kausale Darstellung von Vorgängen oder Gegebenheiten verstanden, wobei die Erläuterung der Ursachen für Entwicklungen oder Sachverhalte im Vordergrund steht. Das Schema einer deduktiv-nomologischen *Erklärung* läßt sich wie folgt darstellen:

Randbedingung	A1 ... An	Explanans
Gesetz	G1 ... Gn }	(erklärende Angaben)
zu erklärender Sachverhalt	E	Explanandum

Experiment

Unter einem *Experiment* versteht man einen speziellen Untersuchungsablauf (-anordnung), der unter streng reglementierten Bedingungen die Betrachtung einer zu analysierenden Entwicklung erlaubt. So könnten beispielsweise innerhalb des Untersuchungsablaufs die 'nicht-interessierenden' Faktoren (Elemente) ausgeklammert werden, um die Wirkung des 'interessierenden' Faktors isoliert zu betrachten. Dieser konstruierte Ansatz (Themen- bzw. Analyseorientierung) ermöglicht somit die situationsbezogen stringenteste Überprüfung von Hypothesen.

Existenzaussagen

Aussagen, die auf die Verifizierung (↦ Verifikation) von Objekten/Sachverhalten ausgerichtet sind und nur deren verweisender Bestimmung dienen, werden als *Existenzaussagen* bezeichnet. Der formale Aufbau für eine *Existenzaussage* lautet: "Es gibt (zumindest) ein (viele) X, für das (die) gilt, daß ...". Diese Aussageform kann zwar verifiziert, jedoch nicht falsifiziert werden, da niemals alle möglichen Fälle analysiert werden können.

Fallstudie

Eine *Fallstudie* bezieht sich auf die themenorientierte Analyse eines einzelnen Objekts. Grundlage dieser Untersuchung könnte beispielsweise ein Land, eine Organisation, ein System usw. sein. *Fallstudien* sind funktional unterschiedlich ausgerichtet. So wird eine deskriptive *Fallstudie* möglicherweise lediglich Daten für spätere Hypothesenbildungen sammeln oder eine interpretierende *Fallstudie* eine Theorie als Bezugspunkt beinhalten. Die letztgenannte *Fallstudie* könnte dann auch auf die Bestätigung der Theorie ausgerichtet sein.

Falsifikation

Ziel der *Falsifikation* ist die Widerlegung von Aussagen (Hypothesen oder Theorien). Dies geschieht vor dem Hintergrund, daß sich als bewährt geltende Aussagen unter der Bedingung verfeinerter methodischer Ansätze möglicherweise widerlegen lassen. Das zugrundeliegende Falsifikationsprinzip setzt voraus, daß die formulierten Aussagen durch die Sinneserfahrung grundsätzlich widerlegt *(falsifiziert)* werden können.

Feldforschung

Der Begriff *Feldforschung* bezeichnet im engeren Sinne ein Datenerhebungsverfahren, das in der natürlichen (nicht vom Forscher manipulierten) Umgebung der Untersuchungsobjekte stattfindet. Als Gegensatz dazu ist auf das Laborexperiment, das unter Konstruierung künstlicher Bedingungen durchgeführt wird, zu verweisen. Als Vorteile der *Feldforschung* gelten unter anderem die Realitätsnähe, der direkte Kontakt zum Forschungsfeld und die potentielle Offenheit für unvorhergesehene (nicht planbare) Ereignisse.

Forschungsdesign

In Anlehnung und Auseinandersetzung mit dem Untersuchungsgegenstand (Phänomen) wird die Forschungsfrage erstellt und ein geeignetes Design der Untersuchung entwickelt. Diesen Untersuchungsplan (Analyseablauf) bezeichnet man auch als *Forschungsdesign*. So sind z.B. die Fragen zu klären, mit welcher Methode der Untersuchungsgegenstand angemessen analysiert werden kann, wie die Analyse-, Erhebungs- bzw. Untersuchungseinheit der geplanten Studie aussieht und ob die Stichprobe einen repräsentativen Rückschluß auf die Grundgesamtheit zuläßt.

Fragen

Fragen dienen z.B. als Instrumente der Methode der ↦ Befragung der intersubjektiven Informationsgewinnung. Grundsätzlich unterscheidet man bezüglich der Fragestellung 'offene' und 'geschlossene' *Fragen*. Versucht der Forscher, zusätzliche Informationen über den zu analysierenden Themenbereich zu erfassen, so stellt er offene Fragen. Soll hingegen lediglich eine Auswahl von Möglichkeiten hinterfragt werden, so werden zu den Fragen auch Antwortvorgaben erstellt, die als geschlossene Fragen bezeichnet werden.

Fragebogen

Der *Fragebogen* ist als standardisierte Form der schriftlichen ↦ Befragung anzusehen. Als Standardisierung bezeichnet man die Festlegung des Wortlauts und die Reihenfolge (Anordnung) der Fragen. Darüber hinaus spricht man von einer Strukturierung, falls eine Festlegung zulässiger und möglicher Antworten besteht. Problematisch ist, daß die Anordnung der Fragen die Beeinflussung des Befragten beinhalten kann (↦ Effekte). Somit ist der Fragebogen als ein 'reaktives' Meßinstrument zu bezeichnen.

Gamma-Koeffizient

Gamma-Koeffizient ist ein Assoziationsmaß für ordinal skaliertes Datenmaterial und basiert auf dem Konzept Paarvergleich. Als Maßzahl drückt *Gamma* die Differenz zwischen den konkordanten (gleichsinnigen, z.B.: $x1>x2$, $y1>y2$ oder $x1<x2$, $y1<y2$) und diskordanten (ungleichsinnigen, z.B.: $x1>x2$, $y1<y2$ oder $x1<x2$, $y1>y2$) Paaren, dividiert durch die Gesamtzahl (N) der Paare aus. Der *Gamma-Koeffizient* schwankt zwischen -1 (perfekt gegensinniger Zusammenhang), 0 (kein Zusammenhang) und +1 (perfekt gleichsinniger Zusammenhang).

Gesetz der großen Zahlen

Das *Gesetz der großen Zahlen* gilt als Grundlage, die mathematisch ausgerichtete Wahrscheinlichkeitstheorie mit den empirschen Gegebenheiten (Sachverhalten) zu verbinden. Grundsätzlich ist festzuhalten, daß eine Abweichung der beobachteten (relativen) Häufigkeiten von den zu erwartenden Häufigkeiten (Annahme), umso geringer ausfällt, je größer n ist. Zu berücksichtigen bleibt jedoch, daß im Einzelfall auch bei einer sehr großen beobachteten Häufigkeit die Abweichung von den erwarteten Häufigkeiten sehr hoch sein kann. Die Repräsentativität der Ergebnisse wird somit nicht durch die Größe einer Stichprobe garantiert.

Grundgesamtheit

Die *Grundgesamtheit* bezeichnet die Summe aller Untersuchungsobjekte (z.B. alle Wahlberechtigten, Organisationen, Staaten), aus denen mittels Auswahlverfahren eine Stichprobe bestimmt und analysiert wird. Die Resultate der ↦ Stichprobe sollen dann als repräsentative Ergebnisse für die *Grundgesamtheit* gelten. Die Befragung aller Kabinettsmitglieder der Bundesregierung entspricht der Analyse der *Grundgesamtheit* und somit einer ↦ Vollerhebung.

Gütekriterien

Als *Gütekriterien* bezeichnet man ↦ Reliabilität (Zuverlässigkeit), Repräsentativität und Validität (Gültigkeit).

Häufigkeitsverteilung

Die *Häufigkeitsverteilung* begründet eine Möglichkeit der Auszählung (Darstellung), wie häufig die Werte einer Merkmalsausprägung innerhalb der Anzahl der untersuchten Elemente (absolute Häufigkeit) vorkommen. Diese festgelegte Anzahl kann auch bezogen auf die ↦ Grundgesamtheit als relative Häufigkeiten (Prozentwerte) ausgedrückt werden.

Studentenstatistik der FernUniversität 1994/95 (□ ca. 1000):

Vollzeit	□□□□□□□□□	ca. 9.000 Studierende	(16,07 %)
Teilzeit	□□□□□□□□□□□□□□□□□□□□□□□□□□□□□□□□	ca. 31.000 Studierende	(55,36 %)
Zweithörer	□□□□□□□	ca. 7.000 Studierende	(12,50 %)
Gasthörer	□□□□□□□□□	ca. 9.000 Studierende	(16,07 %)

Hermeneutik

Unter *Hermeneutik* wird vielfach die sogenante Kunst(-lehre) des Verstehens semantischer Inhalte von Reden bzw. schriftlichen Texten verstanden. Als Hauptaugenmerk dieser Lehre läßt sich die Einbeziehung der situationsbezogenen Umwelt des Verfassers in die Textdeutung hervorheben. Somit wird man versuchen, Informationen aus der Epoche (in der die Texte entstanden) und über die Entstehungsbedingungen in die Analyse einfließen zu lassen.

Hochrechnung

Als *Hochrechnung* bezeichnet man das Schließen von Eigenschaften (Entscheidungen) eines Teiles der ↦ Grundgesamtheit (↦ Stichprobe) auf die Grundgesamtheit. Somit stellt die *Hochrechnung* ein Schätzverfahren dar, indem durch Kenntnis der Entscheidungen einer Teilmasse eine Vorhersage der zu erwartenden Entscheidungen der Grundgesamtheit geleistet wird. Als praktisches Beispiel sind die Hochrechnungen bei Bundes- bzw. Landtagswahlen zu nennen.

Hypothese

Eine *Hypothese* läßt sich als begründete (geprüfte oder noch zu prüfende) Annahme (Vermutung) einer Gegebenheit oder Stärke bzw. Richtung eines Zusammenhangs zwischen zwei und mehreren Einflußfaktoren (Merkmalen oder ↦ Variablen) bezeichnen. *Hypothesen* stellen die Grundlagen wissenschaftlicher Deskription, Analyse oder Prognose dar. Sie setzen den Ansatzpunkt des Erkenntnisprozesses, strukturieren ihn teilweise vor und begründen dessen Überprüfbarkeit.

Indifferenztabelle

Die auf der Grundlage der Randrelationen der Kontigenztabelle (der tatsächlich beobachteten Werte) konstruierte ↦ Vierfeldertafel, die eine statistische Unabhängigkeit aufzeigt, wird als *Indifferenztabelle* bezeichnet. Die in der Tabelle enthaltenen 'theoretischen' Häufigkeiten - bei Unabhängigkeit der beiden Variablen - sind Ergebnisse der Produkte der Randhäufigkeiten, dividiert durch die Summe der Analysehäufigkeiten (n). Sie repräsentieren konditionale Verteilungen, die in Relationen ausgedrückt 'gleichgewichtig' bzw. 'indifferent' sind. Falls diese berechneten (konstruierten) Werte mit den beobachteten Relationen (in der ↦ Kontingenztabelle) nahezu identisch sind, kann von einem zufälligen (statistisch unabhängigen) Zusammenhang ausgegangen werden.

Indikatoren

Die meisten zu analysierenden Begriffe sind nicht direkt beobachtbar (wahrnehmbar), sondern entsprechen einem theoretischen Konstrukt (z.B. die Variable 'Qualifikation'). Somit gilt es die geeigneten *Indikatoren* zu finden, die eine Messung des Konstrukts ermöglichen. Der Begriff 'Qualifikation' könnte z.B. über den *Indikator* 'Bildungsabschlüsse' (Schul-, Berufs-, Hochschulausbildung) gemessen werden.

Individualdaten

Individualdaten repräsentieren die Merkmalsausprägungen von einzelnen Personen bzw. Objekten. Somit begründen Sie den Ausgangspunkt der Charakterisierung von individuellen Einstellungen und Verhaltensweisen und dienen zumeist als Basis für Kollektiv- bzw. Aggregatdaten (Zusammenfassung von *Individualdaten*). Gegenüber Aggregatdaten weisen sie den Vorteil auf, daß *Individualdaten* grundsätzlich zu den vorliegenden (bzw. allen möglichen) Fragestellungen erhoben werden können.

Induktion

Den Rückschluß von besonderen Aussagen bzw. einer bestimmten Anzahl von Fällen einer Klassifizierung auf allgemeine Sätze, Hypothesen oder auf die weiteren Fälle einer Klassifizierung wird als *induktives* Schließen (*Induktion*) bezeichnet. Somit wird von einer endlichen Anzahl (Fallzahl) auf allgemeine Ansätze geschlossen. Im Rahmen empirisch analytischer Forschung verzichtet man auf diese Art des Schließens, da zur ↦ Verifikation alle möglichen Fälle überprüft werden müßten, hingegen bereits ein widersprechender Fall die Annahme falsifiziert.

Induktive Statistik

Die *Induktive Statistik* befaßt sich mit dem Rückschluß von der Stichprobe auf die ↦ Grundgesamtheit. Zu beantworten ist dabei die Frage, ob die Ergebnisse statistisch signifikant (übertragbar auf die Grundgesamtheit) sind. Falls die Ergebnisse der Stichprobe auf die Grundgesamtheit übertragbar sind, so verweisen die proportionalen Angaben von Einstellungsäußerungen der Befragten der Stichprobe (z.B. Wahlentscheidung in Prozentangaben) auf die Verteilung der Proportionen in der Grundgesamtheit.

Inferenzstatistik

Die *Inferenzstatistik* (analytische oder schließende Statistik) untersucht eine repräsentative Teilmenge der ↦ Grundgesamtheit (Population) und schließt von dieser Teilmenge auf die Charakteristika der Grundgesamtheit. Der Rückschluß von einer relativ kleinen Anzahl von Beobachtungsfällen auf die Grundgesamtheit wird als 'Repräsentationsschluß' bezeichnet.

Inhaltsanalyse

Die *Inhaltsanalyse* dient als Datenerhebungsinstrument der systematischen und intersubjektiven Erfassung von schriftlichen Mitteilungen ('kommunikativer Realität'). Kernstück einer quantitativen *Inhaltsanalyse* ist das Kategorienschema, in dem festgelegt und aufgezeigt wird, was ermittelt werden soll. Da die zugrundeliegenden schriftlichen Mitteilungen bereits vor der Analyse erstellt worden sind und durch die Methode keine textbezogenen Verzerrungen bewirkt werden können, wird die *Inhaltsanalyse* (im Gegensatz zur ↦ Befragung oder Beobachtung) als ein 'nichtreaktives' Verfahren bezeichnet.

Intersubjektivität

Intersubjektivität bezieht sich auf den wissenschaftlichen Charakter der Analyse. Das Forschungsziel ist auf die Ermittlung personenunabhängiger Ergebnisse ausgerichtet, die somit nicht durch subjektive Annahmen des Forschers vorgeprägt sind. Es werden generell *intersubjektive* Ergebnisse angestrebt, die grundsätzlich auch anderen Forschern zur Überprüfung zur Verfügung stehen.

Interview

Das wissenschaftliche *Interview* wird zur Gewinnung verbaler Reaktionen des Befragten eingesetzt. Das planmäßige Vorgehen ist gekennzeichnet durch die Abfolge gezielter Fragestellungen, die diese Reaktionen bewirken sollen. Zu bedenken ist, daß der Befragte aufgrund der Interviewsituation 'sozial erwünschte' Antworten (↦ Effekte) geben könnte, die nicht unbedingt mit seiner Meinung identisch sind. Das *Interview* ist somit ein 'reaktives' Erhebungsinstrument.

Kausalität

Ein ursächlicher Zusammenhang zwischen zwei Variablen (Ereignissen, Sachverhalten) in der Form einer eindeutigen Ursache-Wirkung-Beziehung wird als *Kausalität* bezeichnet. In diesem engeren Sinne betrachtet, bezeichnet der Begriff *Kausalhypothese* eine Hypothese über deterministische (vorbestimmte) Grund-Folge-Beziehungen zwischen mindestens zwei Variablen. Daraus ableitend läßt sich anschließend eine Hypothese über Art, Stärke und Richtung des Zusammenhangs zwischen (mindestens zwei) Variablen formulieren und deren statistisch darstellbare Abhängigkeitsbeziehungen (-verhältnissen) aufzeigen.

Konstrukt

Als *Konstrukt* bezeichnet man einen nicht direkt beobachtbaren Sachverhalt. Im Prozeß der Operationalisierung werden die *Konstrukte* durch beobachtbare Begriffe ersetzt, die die *Konstrukte* möglichst adäquat abbilden sollen. So läßt sich beispielsweise der Begriff "soziale Schicht" nicht direkt empirisch beobachten. Ein *Konstrukt* wird z.T. erst durch eine Vielzahl von Merkmalen (Indikatoren), die jeweils empirisch erfaßbar sind, repräsentiert.

Kontingenztabelle

Als *Kontingenztabelle* wird die Ursprungstabelle einer Erhebung bezeichnet, in der die Relationen der 'aktuellen' (empirisch festgestellten) Daten aufgeführt werden. Zur Überprüfung, ob zwischen den aufgeführten Variablen ein Zusammenhang besteht, wird die entsprechende ↦ Indifferenztabelle (Annahme der statistischen Unabhängigkeit) erstellt. Weichen die Relationen der *Kontigenztabelle* deutlich von den Relationen der Indifferenztabelle ('imaginäre Tabelle') ab, so kann zunächst von einem Zusammenhang ausgegangen werden.

Korrelation

Allgemein wird mit dem Begriff *Korrelation* das gemeinsame Auftreten oder die wechselseitige Beziehung zwischen mindestens zwei Begriffen bezeichnet. Innerhalb der statistischen Anwendung bezeichnet der Begriff *Korrelation* den meßbaren Zusammenhang zwischen Variablen. Als Ergebnis können die möglichen Ausprägungen die Werte von -1 für einen perfekt negativen Zusammenhang, 0 kein Zusammenhang und +1 für einen perfekt positiven Zusammenhang annehmen.

Korrespondenzregeln

Korrespondenzregeln bezeichnen den Zusammenhang von Indikatoren zu Begriffen (↦ Operationalisierung). Erst durch die Angabe der Korrespondenz (als Hinweis auf den Zusammenhang) wird ein empirisch erfahrbarer Sachverhalt zu einem Indikator für einen Begriff. Somit legen die *Korrespondenzregeln* die Zuordnung von Indikatoren zu ↦ Begriffen fest.

Kreuztabelle

In einer *Kreuztabelle* werden die Merkmalsausprägungen von mindestens zwei nominalskalierten ↦ Variablen tabellarisch angeordnet aufgezeigt. Der einfachste Fall einer solchen *Kreuztabelle* ist die sogenannte ↦ Vierfelder-Tafel, die die jeweils dichotome Merkmalsausprägung von zwei Variablen (z.B. Geschlecht: männlich/weiblich und Erwerbstätigkeit: ja/nein) beinhaltet.

Median ($\tilde{x}$)

Der *Median* (Zentralwert) halbiert eine nach 'Größen' geordnete Reihe und setzt somit ordinales Meßniveau (Ordnungsrelation) voraus. Bei einer ungeraden Anzahl von Beobachtungswerten (in einer geordneten Reihe) entspricht der *Median* dem zentralen Beobachtungswert. Liegen z.B. 15 Beobachtungswerte vor, so entspricht der achte Wert dem Median, da 7 Werte oberhalb und 7 Werte unterhalb angeordnet sind. Eine gerade Anzahl von Beobachtungswerten impliziert die Berechnung des

Medians, da er als 'theoretischer' Wert zwischen den beiden mittleren Beobachtungswerten liegt. Eine Häufigkeitsverteilung kann durch verschiedene Eckdaten (z.B. Quantile, Quartile) beschrieben werden, von denen der *Median* das 2. Quartil bildet.

Messen

Grundsätzlich versteht man unter dem Begriff *Messen* die nach Regeln erfolgende (eindeutige und ausschließliche) Zuordnung von Zahlen zu Objekten bzw. Sachverhalten, die das strukturerhaltende Übertragen eines empirischen in ein numerisches Relationsgebilde ermöglichen. So läßt sich das Geschlecht nominal durch 0 = männlich und 1 = weiblich messen. *Messungen* zeigen die Verknüpfungshandlungen zwischen den theoretischen Begriffen (Konstrukte) und den empirisch beobachtbaren Variablen bzw. Indikatoren auf.

Meßniveau

Das *Meßniveau* (↦ Skalenniveau) gibt die Meßeigenschaften einer Skala an, die die zulässigen Transformationen für die ausgewiesenen Daten beinhalten. Nominales *Meßniveau* (Äquivalenzrelation) läßt beispielsweise lediglich Unterscheidungen in Form von 'gleich' bzw. 'ungleich' (richtig/falsch) zu. Ordinales *Meßniveau* (Ordnungsrelation) hingegen verweist auf Unterschiede - erfaßt jedoch keine Angaben über die Größe der Differenzen - und kann eine Rangfolge (größer, kleiner, gleich) ausdrücken (↦ Skalenniveau).

Methode

Als *Methode* bezeichnet man den Weg, den es zu beschreiten gilt, um wissenschaftliche Ergebnisse zu erzielen. Empirisch-analytische Forschung impliziert *methodisches* Vorgehen. Eine Analyse nach *methodischen* Grundsätzen durchzuführen, bedeutet den Untersuchungsgegenstand zielgerichtet, systematisch, überlegt und geordnet zu analysieren. Die Mittel, die man einsetzt, um diese methodische Herangehensweise umzusetzen, werden als *Methoden* bezeichnet - z.B. Befragung, Beobachtung, Experiment oder auch Inhalts- und Dokumentenanalyse.

Methodenkombination

Als *Methodenkombination* (Methodenmix) bezeichnet man die gemeinsame Anwendung verschiedener Methoden (z.B. Erhebungsinstrumente: Inhaltsanalyse und Interview) zur Analyse eines Sachverhalts. Diese *Methodenkombination* wird z.B. in den Fällen genutzt, in denen die Anwendung lediglich einer Methode als nicht hinreichend erscheint, um aussagekräftige Forschungsergebnisse zu erzielen. Vielfach gilt diese Untersuchungsanordnung auch der Überwindung von Einseitigkeiten in der analytischen Herangehensweise, indem z.B. Kombinationen von quantitativen und qualitativen Analyseansätzen vorgenommen werden.

Mittelwerte

Mittelwerte (↦ Lagemaße) dienen in der Statistik zur Beschreibung (Ermittlung) der zentralen Tendenz einer Stichprobe (bzw. der ↦ Grundgesamtheit). Sie ermöglichen die Charakterisierung einer Verteilung, indem beispielsweise die Häufigkeiten von

Merkmalsausprägungen oder der Schwerpunkt einer Verteilung angegeben wird. Als gängige *Mittelwerte* (Maße der zentralen Tendenz) werden ↦ Modus, Median, Quantile und ↦ arithmetisches Mittel zur Beschreibung der Verteilung herangezogen.

Modifizierung

Hat eine Hypothese der empirischen Überprüfung nicht standgehalten, so kann eine Überarbeitung (*Modifizierung*) als sinnvoll erachtet werden, wenn die fehlerhafte Annahme bekannt ist und behoben werden kann. Diese *modifizierte* These wird dann so lange empirischen Überprüfungen unterzogen, bis die These nicht mehr falsifiziert werden kann. Hat eine These wiederholt der empirischen Überprüfung standgehalten, so gilt sie als eine bewährte (z. Zt. nicht falsifizierbare) Aussage.

Modus (h)

Die Ermittlung des *Modus* (Modalwert, häufigster Wert) ist denkbar einfach. Bei der Betrachtung einer Häufigkeitsverteilung der beobachtbaren (ermittelten) Werte wird die Variablenausprägung mit der größten Anzahl (der häufigste Wert) als *Modus* bezeichnet. Die Aussagekraft ist eher gering, da die anderen Werte (Häufigkeiten) in der Betrachtung ausgeblendet werden.

Multivariate Verteilungen

Multivariate (mehrdimensionale) Statistiken zeigen *Verteilungen* von mehr als zwei Variablen auf. Da eine Kausalbeziehung kaum auf lediglich zwei Variablen zurückzuführen ist, wird eine größere Anzahl von Variablen zur Erklärung herangezogen. Diese *multivariaten Verteilungen* - einer abhängigen und mehrerer unabhängiger Variablen - erlauben eine weitaus hinreichendere Erklärung der unabhängigen Variablen.

Nominaldefinition

Ein Begriff (↦ Konstrukt), der nicht direkt an der Realität gemessen werden kann, wird durch einen bzw. mehrere bereits bekannte Begriffe ersetzt. Da somit nur eine deckungsgleiche Umformung durch bedeutungsgleiche Begriffe vorgenommen wird, handelt es sich bei einer *Nominaldefinition* lediglich um eine tautologische Umformung. Somit wird über das Wesen (Realdefinition) des Begriffs nichts ausgesagt, sondern der Begriff durch eine begründete Definition ersetzt.

Normalverteilung

Die *Normalverteilung* entspricht einem theoretisch-mathematischen Modell. Sie läßt sich konstruieren, indem aus einer Grundgesamtheit eine Vielzahl von Stichproben gezogen wird und die stichprobenspezifischen Mittelwerte berechnet werden. Bestimmt man nun die Anzahl der Mittelwerte als eine Einheit (100%) und trägt anschließend die unterschiedlichen Mittelwerte auf der Ordinate (vertikale Achse) des Koordinatensystems ein, so ergibt sich eine zur Mitte hin annähernd gleichmäßig ansteigende und danach absteigende Verteilung (in Form einer 'Glockenkurve'), die als *Normalverteilung* bezeichnet wird. Zahlreiche Verteilungen folgen in der Anordnung dem Verlauf einer solchen Glockenkurve (*Normalverteilung*).

Nullhypothese

Die *Nullhypothese* (H$_o$) wird erstellt, wenn zwischen zwei Variablen kein systematischer (und somit überzufälliger) Zusammenhang vermutet wird. Das Gegenstück zur *Nullhypothese* bildet die Arbeits- bzw. Alternativhypothese (H$_1$), die einen systematischen Zusammenhang unterstellt. Die *Nullhypothese* wird zur Vermeidung voreiliger Annahmen eingesetzt und mittels Signifikanz-Test überprüft. Sollte aufgrund einer Überprüfung die Nullhypothese verworfen werden, so gilt die Arbeitshypothese als zutreffend.

Objektivität

Objektivität bezieht sich auf das methodische Vorgehen. So soll beispielsweise die systematische Zuordnung von Merkmalen zu vorher festgelegten Kategorien eines Kategoriensystems eindeutig und ausschließlich sein. Die Zuordnung führt zu personenunabhängigen Ergebnissen und erfüllt damit den Anspruch der Intersubjektivität, d.h. die potentielle Überprüfbarkeit der Analyseergebnisse durch andere Forscher.

Ökologischer Fehlschluß

Die fehlerhafte Annahme (Festlegung), auf der Grundlage von aggregierten (zusammengefaßten) Daten detaillierte Rückschlüsse auch auf die Beziehungen zwischen den einzelnen Elementen (↦ Individualdaten) der zusammengefaßten Größen bzw. Daten ziehen zu können, wird als ökologischer Fehlschluß bezeichnet. Der *ökologische Fehlschluß* stellt das 'klassische' Beispiel der fehlerhaften Interpretation (Auswertung) von ↦ Aggregatdaten dar.

Operationalisierung

Unter *Operationalisierung* versteht man die auf Korrespondensregeln beruhenden Verknüpfungen von Begriffen und Sachverhalten. Somit werden einem zu operationalisierenden Begriff, der als theoretisches ↦ Konstrukt nicht mit der Realität konfrontiert werden kann, einzelne (adäquate und valide) Indikatoren zugeordnet, die diesen meßbar machen. Erst durch die Summe der Indikatoren kann das Konstrukt bedeutungsgleich abgedeckt werden. Darüber hinaus werden die notwendigen Regeln angegeben, mit deren Hilfe theoretische Begriffe (Konstrukte) in meß- bzw. beobachtbare Begriffe (↦ Indikatoren) übersetzt werden können.

Panel

Wird eine gekennzeichnete Anzahl von Merkmalsträgern (Personen, Organisationen) unter Einhaltung von regelmäßigen Zeitabständen wiederholt mit dem gleichen Erhebungsinstrument (z.B. Interview) befragt, so bezeichnet man diese Analyseanordnung als *Panel*. Steht die Erfassung von Einstellungsänderungen der Merkmalsträger im Vordergrund der Analyse, so empfiehlt es sich, ein *Panel* (als Untersuchungart) durchzuführen, da hier die einzelnen Einstellungsänderungen symbolisiert (aufgenommen) werden können.

Parameter

Die spezifische Verteilung eines Datensatzes kann mittels statistischer Maßzahlen charakterisiert werden, die man auch als *Parameter* bezeichnet. So kennzeichnen beispielsweise Lageparameter (Mittelwerte) das Zentrum (bzw. den Durchschnitt) einer Verteilung oder Streuungsparameter (Streuungsmaße) die Heterogenität der Einzelwerte einer Verteilung. *Parameter* beziehen sich als Maßzahlen auf die Grundgesamtheit. Die für Stichproben berechneten Maßzahlen werden als 'Statistiken' (Samplemaßzahl) bezeichnet.

Pfadanalyse

Der Begriff *Pfadanalyse* bezeichnet ein Verfahren der statistischen Analyse mehrerer Variablen, das auf die Beschreibung bzw. Erklärung (oder auch Prüfung) der zugrundeliegenden Abhängigkeitsbeziehungen einer zu erklärenden Variable durch mehrere erklärende Variablen ausgerichtet ist und aus einer Reihe hintereinandergeschalteter Regressionsanalysen hervorgeht. Die angenommenen kausalen Beziehungen zwischen den Variablen werden durch Pfeile dargestellt, deren Richtung die unterstellte Abfolge aufzeigt. Die angefügten Werte ('Pfadkoeffizienten') geben die Stärke des Zusammenhangs zwischen (-1 und +1) je zwei Variablen wieder, wobei die anderen Variablen statistisch konstant gehalten ($\mapsto$ Drittvariablenkontrolle) werden.

Pretest

Ein *Pretest* wird beispielsweise zur Kontrolle des theoretischen Konzepts eines Fragebogens eingesetzt. Aus der vorliegenden Anzahl der zu befragenden Personen (Stichprobe) wird eine verkleinerte, annähernd proportionsgleiche Stichprobe gezogen. Dieser verkleinerten Stichprobe wird dann der konstruierte Fragebogen vorgelegt, um die Verständlichkeit des Fragebogens bzw. einzelner Begriffe, den Aufbau des Fragebogens (beispielsweise die Plazierung von Filterfragen) oder auch um mögliche Ausstrahlungseffekte zu überprüfen. Darüber hinaus lassen sich beispielsweise durch Anregungen der Befragten auch potentielle Fehlerquellen vor dem regulären Ersteinsatz des Fragebogens herausfiltern.

Primäranalyse

Unter einer *Primäranalyse* ist die zielgerichtete und ursprüngliche Datenerhebung zu einem Themenschwerpunkt zu verstehen. Die Daten (bzw. Informationen) werden durch eigene Erhebungen auf der Grundlage der interessierenden Fragestellung gewonnen.

Produkt-Moment-Korrelationskoeffizient (r)

Grad und Richtung einer linearen Beziehung zwischen zwei metrischen Variablen (z.B. x und y) können durch den *Produkt-Moment-Korrelations-Koeffizient* r_{xy} ausgedrückt werden. Der Wert schwankt zwischen +1 und -1. Weist r_{xy} einen dieser Werte aus, so handelt es sich um eine perfekt positive (+1) bzw. perfekt negative (-1) Korrelation. Nimmt r_{xy} den Wert 0 an, so liegt kein linearer Zusammenhang zwischen den Variablen vor ($\mapsto$ Determinationskoeffizient r^2).

Quantitative und qualitative Analyse

Quantitative Analysen befassen sich grundsätzlich mit der Zuordnung (in Kategorien) von Zahlen zu Begriffen bzw. Objekten und analysieren diese Daten mittels mathematisch-statistischer Methoden. Die Interpretation des Datenmaterials steht im

Mittelpunkt des methodischen Bemühens. Hingegen bearbeiten *qualitative Analysen* die Informationen zumeist in unstandardisierter Form mittels qualitativer Methoden, wie z.B. vergleichenden Analysen oder hermeneutischen Interpretationen. Sie sind ausgerichtet auf die Ermittlung von typischen und verallgemeinerbaren Erkenntnissen und weniger an Häufigkeitsverteilungen und repräsentativen Statistiken interessiert.

Quotenauswahl

Die *Quotenauswahl* beinhaltet Elemente der bewußten und der willkürlichen Auswahl. Als bewußte Auswahl gilt die Anforderung, daß die zu befragenden Personen eine genau bestimmte Anzahl von Merkmalen (z.B. Alter, Geschlecht oder Einkommen) erfüllen müssen, um in die Auswahl (Stichprobe) aufgenommen zu werden. Willkürlich hingegen ist die letztlich auf das 'Ermessen' des Interviewers zurückzuführende Auswahl, wer im Rahmen dieser *Quoten* (Anforderungen) befragt werden soll.

Regression

Die *Regression* beinhaltet als Prämisse eine lineare Funktion, d.h. eine Veränderung der Variable X bedingt eine Veränderung der Variable Y. Diese lineare Funktion soll als Grundlage einer Schätzung dienen, indem die Werte der abhängigen Variable aufgrund der Kenntnis der Werte der unabhängigen Variable prognostiziert (geschätzt) werden. Am Idealtypus von nur zwei metrischen Variablen (z.B. Y als abhängige Variable und X als unabhängige Variable) aufgezeigt, lautet die zugrundeliegende Formel der *Regressionsgeraden*: $Y = f(X) = a + bX$, wobei a und b als Regressionskoeffizienten zu bezeichnen sind. Der Regressionskoeffizient a gibt den Schnittpunkt mit der Y-Achse (bei X = 0) an, und der Regressionskoeffizient b zeigt die Steigung der Geraden auf, wobei das Vorzeichen auf eine positive bzw. negative Beziehung verweist.

Reliabilität

Unter *Reliabilität* ist die Zuverlässigkeit einer Messung zu verstehen. Das Ausmaß, in welchem die Wiederholung der Messung bzw. die Analyse eines sozialen Problems durch verschiedene Forscher zu vergleichbaren ('gleichen') Ergebnissen führt, bestimmt die Zuverlässigkeit. Als instrumentelle Stabilität der Meßwerte bezeichnet man die Gegebenheit, daß die Dimensionen der zu analysierenden Merkmale prinzipiell auch mit anderen ↦ Methoden gemessen werden können.

Sekundäranalyse

Innerhalb einer *Sekundäranalyse* greift man, zumeist vor dem Hintergrund eines neuen Hauptaugenmerks (Themenstellung), auf bereits von Dritten erhobene Datensätze zurück. Die zugrundeliegenden ↦ Daten wurden somit nicht ursprünglich zu diesem Themengebiet erhoben. Daraus ergibt sich als Problempunkt, daß die Selektionskriterien der ursprünglichen Erhebung (↦ Primäranalyse) die Sekundäranalyse erheblich beeinträchtigen können.

Skala

Eine *Skala* dient der vergleichbaren Einstufung (Messung) von empirischen Relationen. Grundlegend ist die strukturverträgliche - d.h. strukturerhaltende - Abbildbarkeit von empirischen Differenzen bzw. Gemeinsamkeiten, die in numerischen Relationen ausgedrückt werden können. So lassen sich die empirischen Relationen der Varible 'Einkommen' z.B. metrisch in DM ↦ messen.

Skalenniveau

Einer eher groben Einstufung entspricht die Einteilung von Nominal- und Ordinalskala als topologischen Skalen (homograde Statistik; qualitativ) und Intervall- und Ratioskala als metrischen Skalen (heterograde Statistik; quantitativ). Grundsätzlich sind vier *Skalenniveaus* voneinander zu trennen. Die nachfolgende Übersicht soll anhand der angegebenen Relationen und zulässigen Transformationen die Unterscheidung vereinfachen:

Skalen	Relationen	Transformationen	Interpretation
Nominalskala	Äquivalenzrelation $= \neq$	jede eindeutige	gleich/ungleich
Ordinalskala	Ordnungsrelation $= \neq < >$	jede monotone	kleiner/gleich/größer
Intervallskala	Distanzrelation $= \neq < > + -$	$x' = bx + a$ $(b \neq 0)$	Differenzen mit einem empirischen Sinn
Ratioskala	Verhältnisrelation $= \neq < > + - : \cdot$	$x' = bx$ $(b \neq 0)$	Verhältnisse mit einem empirischen Sinn

SPSS

SPSS (ursprünglich: Statistical Package for Social Sciences, neu: Superior Performance Software System) stellt eine speziell für sozialwissenschaftliche Zwecke (an der Universität Chicago) erstellte Programmsprache dar und bietet als PC-Version (Anwendung unter Windows) die vereinfachte Bearbeitung von Datensätzen. Lediglich exemplarisch ist die Aufzählung folgender Anwendungsbereiche: Aufbau und Modifikation von Datensätzen, deskriptive Statistik, Korrelation oder auch einfache und multiple Regression.

Statistik

Unter dem Begriff *Statistik* versteht man das methodische Vorgehen der systematischen und intersubjektiven Erhebung, Aufbereitung (Darstellung), Analyse und Interpretation von Informationen (Datenmaterial). Die ↦ deskriptive *Statistik* hat die

Beschreibung von Ausprägungen bzw. Zusammenhängen des erhobenen Datenmaterials zum Ziel. Das Ausmaß der Übertragbarkeit (Wahrscheinlichkeit) der Ergebnisse der Datenerhebung von der ↦ Stichprobe auf die Grundgesamtheit wird innerhalb der ↦ Inferenzstatistik (schließende *Statistik*) geprüft.

Stichproben

Die in der Regel systematische (und somit gesteuerte) Auswahl einer Teilmenge aus der ↦ Grundgesamtheit bezeichnet man als *Stichprobe* (sample). Die Konstruktion der Auswahl soll ein repräsentatives Abbild der Grundgesamtheit ermöglichen. *Zufallsstichproben* begründen die einzige Möglichkeit, von den Ergebnissen einer Stichprobe (unter Berücksichtigung statistischer Fehlergrenzen) einen Rückschluß auf die Verteilung der Merkmale in der Grundgesamtheit zu ziehen. Dieser sogenannte 'Repräsentationsschluß' kann nur gezogen werden, wenn als Auswahlmechanismus die Zufallsauswahl vorliegt.

Streudiagramm

In einem *Streudiagramm* werden die einzelnen Merkmalsausprägungen (Untersuchungseinheiten) einer Verteilung als Punkte in einem zweidimensionalen Merkmalsraum dargestellt. Somit erlaubt das *Streudiagramm* die visuelle Inspektion der dargestellten ↦ Daten. Es wird beispielsweise sichtbar, ob aufgrund der Anordnung der Daten auf einen linearen Trend (positiv/negativ) in der Beziehung zwischen zwei Variblen (x, y) geschlossen werden kann.

Streuungsmaße

Streuungsmaße (Variabilitätsmaße, Dispersionsmaße) beschreiben die Homogenität (geringe Streuung) bzw. Heterogenität (breite Streuung) einer Verteilung. So kann beispielsweise durch die Berechnung der Spannweite (Range), der Differenz zwischen der größten und der kleinsten Merkmalsausprägung, die Breite der Streuung charakterisiert werden. Zu bedenken bleibt, daß die extremen Werte bezüglich der Charakterisierung der Verteilung annähernd unbedeutend sein könnten. Als weitere Streuungswerte sind (mittlerer) Quartilabstand, durchschnittliche Abweichung, Standardabweichung (s) und Varianz (s^2) zu nennen.

Univariate Verteilung

Als eindimensionale bzw. *univariate Verteilung* bezeichnet man die Zuordnung der Untersuchungseinheiten zu den Ausprägungen eines einzigen Merkmals (z.B. Einkommen) in Form einer Häufigkeitsverteilung. Das quantitative Auftreten einer Merkmalsausprägung begründet das Hauptaugenmerk dieser Anordnung.

Untersuchungseinheiten

Untersuchungseinheiten (Objekte, Personen) stellen als Merkmalsträger den Bezugspunkt des Forschungsprozesses dar. Grundsätzlich ist zu unterscheiden nach Erhebungseinheit (die in die Messung eingeht), Analyseeinheit (als Grundlage der statistischen Aufbereitung) und Aussageeinheit (als Bezugsgröße der Schlußfolgerungen). Innerhalb des Forschungsprozesses fallen diese Einheiten grundsätzlich zusammen. So könnte beispielsweise die Erhebungseinheit eine Person sein, die Analyseeinheit die Landtagswahl in Nordrhein-Westfalen und die Aussageneinheit - als Teil der Erhebung - die Wahlentscheidung für eine Partei darstellen.

Validität

Validität bezeichnet die Gültigkeit einer Messung. Dies impliziert, daß auch tatsächlich gemessen wird, was gemessen werden soll. Somit richtet sich das Hauptaugenmerk der Frage nach der Gültigkeit auf die Konstruktion (Indikatorenauswahl) der zu analysierenden Variablen. Vereinfachend läßt sich festhalten, daß die Verwendung mehrerer Indikatoren gültigere Aussagen über eine theoretische Variable zuläßt als die Festlegung auf lediglich einen Indikator. Es bleibt zu kontrollieren, ob die gewählten ↦ Indikatoren die theoretische Variable auch entsprechend repräsentieren (↦ Nominaldefinition).

Variable

Als *Variable* bezeichnet man das Ergebnis der ↦ Operationalisierung eines Begriffs, wobei die Merkmalsdimension mindestens zwei Ausprägungen beinhalten muß. Die *Variable* repräsentiert die Eigenschaft, die von der Untersuchungseinheit ausgehend analysiert wird. Beispielsweise kann die *Variable* 'Berufsprestige' sämtliche Wertigkeiten einer Berufsposition repräsentieren.

Verifikation

Das 'Prinzip' der *Verifikation* von Aussagen setzt die Grundannahme voraus, daß es eine beweisbare 'Wahrheit' gibt. Da aber in Anlehnung an den kritischen Rationalismus eine Aussage grundsätzlich falsifizierbar ist, indem verfeinerte Analysemethoden den Wahrheitsgehalt verwerfen könnten, werden 'bewährte Aussagen' angestrebt, die bereits wiederholten Tests standgehalten haben.

Vierfeldertafel

Die *Vierfeldertafel* kann als simpelste Form der Darstellung einer zweidimensionalen ↦ Häufigkeitsverteilung bezeichnet werden. Sie wird durch die dichotome Ausprägung zweier Variablen gebildet. Die einzelnen Felder können auch durch Buchstaben bezeichnet werden.

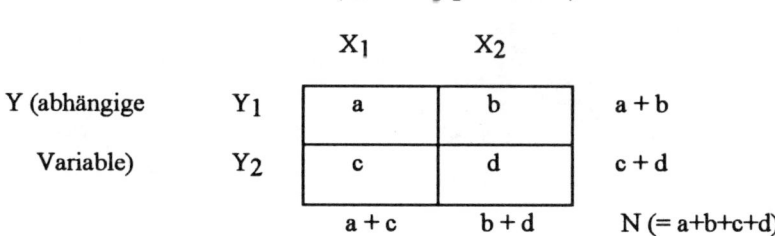

		X_1	X_2	
Y (abhängige	Y_1	a	b	a + b
Variable)	Y_2	c	d	c + d
		a + c	b + d	N (= a+b+c+d)

X (unabhängige Variable)

So ergibt sich die Zeilenhäufigkeit - laut Beispiel - für die erste Zeile (Y_1) durch die Addition von **a** + **b**. Die Spaltenhäufigkeit (X_1) wird durch die Summe von **a** + **c** berechnet. N symbolisiert die Summe aller vier Felder (a + b + c + d).

Vollerhebung

Repräsentiert eine Analyse sämtliche Elemente einer Grundgesamtheit, so bezeichnet man diese Untersuchung als *Vollerhebung* (bzw. Totalerhebung). Die Befragung aller Ministerpräsidenten der Bundesrepublik Deutschland stellt somit eine Vollerhebung dar.

Wahrscheinlichkeit

Die logische (bzw. mathematische) *Wahrscheinlichkeit* impliziert den Ansatz grundsätzlich gleichverteilter Möglichkeiten (gleichwahrscheinlicher) des Eintretens von Ereignissen (Fällen). Auf der Grundlage festgelegter (geregelter) Bedingungen läßt sich das Eintreten eines bestimmten (definierten) Ereignisses vorhersagen. Betrachtet man beispielsweise die 6 Flächen (Zahlen) eines Würfels, so besteht grundsätzlich für jede Zahl (Fläche) die gleiche *Wahrscheinlichkeit* (probability), bei einem Wurf oben zu liegen. Die Wahrscheinlichkeit, daß z.B. die Zahl 4 oben liegt, wäre dann 1:6 (bzw. $\frac{1}{6}$).

Zensus

Zensusdaten repräsentieren periodische (wiederholte) und amtlich erhobene Informationen über demographische (↦) Daten. Diese Daten werden grundsätzlich durch größere repräsentative Stichproben gewonnen. Am Beispiel der Volkszählung wird allerdings ersichtlich, daß die Daten auch durch eine (↦) Vollerhebung gewonnen werden können. Von besonderer Bedeutung ist der 'Mikrozensus', bei dem jährlich 1% der Bevölkerung befragt (Angaben über Alter, Familienstand oder Beruf usw.) wird.

Literaturverzeichnis

Aberbach, Joel/*Chesney*, James D./*Rockman*, Bert A.: Exploring Elite Political Attitudes. In: Political Methodology 2. Jg. (1975), S. 1-28

Achen, Christopher A.: Toward Theories of Data: The State of Political Methodology. In: *Finifter*, Ada W. (Hrsg.): Political Science: The State of the Discipline. Washington 1983, S. 69-93

Adorno, Theodor W. u.a.: Der Positivismusstreit in der deutschen Soziologie. Neuwied 1972

Agnoli, Johannes/*Brückner*, Peter: Die Transformation der Demokratie. Frankfurt 1968

Alber, Jens: Der Sozialstaat in der Bundesrepublik Deutschland 1950-1983. Frankfurt/M 1989

Alber, Jens: Vom Armenhaus zum Wohlfahrtsstaat. Analysen zur Entwicklung der Sozialversicherung in Westeuropa. Frankfurt/M 1982

Albert, Hans: Probleme der Theoriebildung. In: *Albert*, Hans (Hrsg.): Theorie und Realität. Tübingen 1964

Albert, Hans: Traktat über kritische Vernunft. Tübingen 1969, 2. unveränderte Auflage

Albert, Hans: Probleme der Wissenschaftslehre in der Sozialforschung. In: *König*, René (Hrsg.): Handbuch der empirischen Sozialforschung, Bd. 1. Stuttgart 1973, S. 57-102

Alemann, Heine von: Der Forschungsprozeß. Eine Einführung in die Praxis der empirischen Sozialforschung. Stuttgart 1977

Alemann, Heine von/*Ortlieb*, Peter: Die Einzelfallstudie. In: *Koolwijk*, Jürgen van/ *Wieken-Mayser*, Maria (Hrsg.): Techniken der empirischen Sozialforschung, Bd. 2. München 1975, S. 157-177

Alemann, Ulrich von: Mehr Demokratie per Dekret? Innerparteiliche Auswirkungen des Deutschen Parteiengesetzes von 1967. In: Politische Vierteljahresschrift 13. Jg. (1972), S. 181-204

Alemann, Ulrich von: Grundlagen der Politikwissenschaft. Ein Wegweiser. Opladen 1995, 2. Auflage

Alemann, Ulrich von/*Forndran*, Erhard: Methodik der Politikwissenschaft. Stuttgart 1990, 4. Auflage

Alemann, Ulrich von/*Raschke*, Peter: Die Rolle der Umweltschutzverbände im politischen Entscheidungsprozeß der Bundesrepublik Deutschland. Neuß/Bielefeld 1980 (unveröffentl. Projektantrag an das Umweltbundesamt)

Alemann, Ulrich von/*Schmid*, Josef: Partizipation, Offenheit und Effizienz. Eine Analyse der Organisationsreform der ÖTV. 1993 (polis. Arbeitspapiere der Fern-Universität Hagen. Heft Nr. 25)

Almond, Gabriel A./*Verba*, Sidney: The Civic Culture. Political Attitudes and Democracy in Five Nations. Princeton 1963

Alvarez, R. Michael/*Garrett*, Geoffrey/*Lange*, Peter: Government Partisanship, Labor Organization, and Macroeconomic Performance. In: American Political Science Review 85 (1991), S. 539-556

Alwin, Duane F./*Campbell*, Richard T.: Continuity and Change in Methods of Survey Data Analysis. In: Public Opinion Quarterly 51. Jg. (1987), S. 139-155

Armingeon, Klaus: Staat und Arbeitsbeziehungen. Opladen !994.

Atteslander, Peter: Methoden der empirischen Sozialforschung. Berlin 1991, 6. neu bearbeitete und erweiterte Auflage; 1993, 7. Auflage

Axelrod, Robert: The Evolution of Cooperation. New York 1984

Bachrach, Peter/*Baratz*, Morton S.: Macht und Armut. Eine theoretisch-empirische Untersuchung. Frankfurt/M 1977

Baker, Kendall L./*Dalton*, Russell J./*Hildebrandt*, Kai: Germany Transformed. Political Culture and the New Politics. Cambridge 1981

Banks, Arthur S./*Textor*, Robert B.: A Cross-Polity Survey. Cambridge/Mass. 1963

Barnes, Samuel H./*Kaase*, Max u.a.: Political Action. Mass Participation in Five Western Democracies. Beverly Hills 1979

Beck, Ulrich: Risikogesellschaft. Auf dem Weg in eine andere Moderne. Frankfurt/M 1986

Bellers, Jürgen/*Kipke*, Rüdiger: Einführung in die Politikwissenschaft. München 1993

Benninghaus, Hans: Einführung in die sozialwissenschaftliche Datenanalyse. München 1990

Bergsdorf, Wolfgang: Über die Macht der Kultur. Kommunikation als Gebot der Politik. Stuttgart 1980

Bergsdorf, Wolfgang: Artikel "Sprache und Politik". In: *Mickel*, Wolfgang. (Hrsg.): Handlexikon zur Politikwissenschaft. München 1983, S. 484-489

Bernheim, Ernst: Lehrbuch der historischen Methode und der Geschichtsphilosophie. Leipzig 1903, 3. and 4. Auflage

Bertelsmann Stiftung (Hrsg.): Beziehungsspiele - Medien und Politik in der öffentlichen Diskussion. Gütersloh 1993

Betti, Emilio: Die Hermeneutik als allgemeine Methodik der Geisteswissenschaften. Tübingen 1972

Beyme, Klaus von: Parteien in westlichen Demokratien. München 1984, 2. Auflage

Beyme, Klaus von: Der Vergleich in der Politikwissenschaft. München 1988

Bishop, George F.: Survey Research. In: *Nimmo*, Dan/*Sanders*, Keith (Hrsg.): Handbook of Political Communication. Beverley Hills 1981, S. 591-626

Blalock, Hubert M. Jr: Social Statistics. Tokyo 1972, 2. Auflage

Blanke, Bernhard/*Jürgens*, Ulrich/*Kastendiek*, Hans: Kritik der Politischen Wissenschaft. Frankfurt/M 1975

Bogumil, Jörg/*Immerfall*, Stefan: Wahrnehmungsweisen empirischer Sozialforschung. Zum (Selbst-)Verständnis des sozialwissenschaftlichen Erfahrungsprozesses. Frankfurt/M 1985

Böhret, Carl: Zum Stand und zur Orientierung der Politikwissenschaft in der Bundesrepublik Deutschland. In: *Hartwich*, Hans-Hermann (Hrsg.): Policy-Forschung in der Bundesrepublik Deutschland. Ihr Selbstverständnis und ihr Verhältnis zu den Grundfragen der Politikwissenschaft. Opladen 1985, S. 216-330

Böltken, Ferdinand: Auswahlverfahren. Eine Einführung für Sozialwissenschaftler. Stuttgart 1976

Bohnsack, Ralf: Rekonstruktive Sozialforschung. Einführung in die Methodologie und Praxis qualitativer Forschung. Opladen 1991

Boldt, Hans: Einführung in die Verfassungsgeschichte. Zwei Abhandlungen zu ihrer Methodik und Geschichte. Düsseldorf 1984

Borowsky, Peter/*Vogel*, Barbara/*Wunder*, Heide: Einführung in die Geschichtswissenschaft I: Grundprobleme, Arbeitsorganisation, Hilfsmittel. Opladen 1989, 5. überarbeitete und aktualisierte Auflage

Brand, Karl-Werner: Zyklen des "middle class radicalism". Eine international und historisch vergleichende Untersuchung der "neuen sozialen Bewegungen". München 1989 (unveröff. Habilitationsschrift)

Brandt, Ahasver von: Werkzeug des Historikers. Eine Einführung in die historischen Hilfswissenschaften. Stuttgart 1959, 6. Auflage

Bremer, Stuart A./*Gruhn*, Walter L.: MICRO GLOBUS. Berlin 1988

Brosi, Walter H./*Hembach*, Klaus/*Peters*, Gerd: Expertengespräche. Vorgehensweisen und Fallstricke. Trier 1981 (Arbeitspapier des Forschungsprojekts "Berufliche Bildung und regionale Entwicklung" an der Universität Trier)

Brown, Michael: Direct Observation: Research in a Natural Setting. In: *Manheim*, Jarol B./*Rich*, Richard C.: Empirical Political Analysis: Research Methods in a Natural Setting. New York 1986, S. 164-185

Bryman, Alan (Hrsg.): Doing Research in Organizations. London 1988a

Bryman, Alan: Quantity and Quality in Social Research. London 1988b

Bryson, M.: The Literary Digest Poll: Making of a Statistical Myth. In: The American Statistician 30. Jg. (1976), S. 184-185

Buchanan, David/*Boddy*, David/*McCalman*, James: Getting in, getting on, getting out, and getting back. In: *Bryman*, Alan (Hrsg.): Doing Research in Organizations. London 1988

Budge, Ian/*Keman*, Hans: Parties and Democracy. Coalition Formation and Government Functioning in Twenty States. Oxford 1990

Bühl, Achim/*Zöfel*, Peter: SPSS für Windows Version 6. Praxisorientierte Einführung in die moderne Datenanalyse. Bonn 1994

Bürklin, Wilhelm: Links und/oder demokratisch? Dimensionen studentischen Demokratieverständnisses. In: Politische Vierteljahresschrift 21 (1980), S. 220-247

Bürklin, Wilhelm: Die Grünen und die "Neue Politik". Abschied vom Dreiparteiensystem. In: Politische Vierteljahresschrift 22 (1981), S. 359-382

Bürklin, Wilhelm: Grüne Politik. Ideologische Zyklen, Wähler und Parteiensystem. Opladen 1984

Bürklin, Wilhelm: Governing left parties frustrating the radical non-established Left: The rise and inevitable decline of the Greens. In: European Sociological Review 3. Jg. (1987), S. 109-126

Bürklin, Wilhelm: Wählerverhalten und Wertewandel. Opladen 1988 (Auch als Kurs Nr. 3218 der Fernuniversiät Hagen)

Bürklin, Wilhelm/*Welzel*, Christian: Theoretische und methodische Grundlagen der Politikwissenschaft. In: *Mols*, Manfred/*Lauth*, Hans-Joachim/*Wagner*, Christian (Hrsg.): Politikwissenschaft: Eine Einführung. Paderborn 1994, S. 307-346

Bulmer, Martin: Some reflections upon research in organizations. In: *Bryman*, Alan (Hrsg.): Doing Research in Organizations. London 1988, S. 151ff.

Bungard, Walter/*Lück*, Helmut: Forschungsartefakte und nicht-reaktive Meßverfahren. Stuttgart 1974

Busshoff, Heinrich: Methodologie der Politikwissenschaft. Stuttgart 1978

Cameron, David R.: The Expansion of the Public Economy. In: American Political Science Review 72. Jg. (1978), S. 1243-1261

Cameron, David R.: Does Government Cause Inflation? Taxes, Spending and Deficits. In: *Lindberg*, Leon N./*Maier*, Charles S. (Hrsg.): The Politics of Inflation and Economic Stagnation. Washington 1985, S. 224-279

Campbell Angus u.a.: The American Voter. Chicago 1976 (Original Edition 1960, John Wiley, New York)

Campbell, Donald T./*Ross*, H. Lawrence: The Connecticut Crackdown on Speeding: Time Series Data in Quasi-Experimental Designs. In: *Tufte*, Edward R. (Hrsg.): The Quantitative Analysis of Social Problems. Reading, Mass. 1970, S. 110-125

Campbell, Donald T./*Stanley*, Julian: Experimental and Quasi-Experimental Designs for Research. Chicago 1963

Carr, Edward H.: What is History? Hardmondsworth 1964

Castles, Francis G.: The Impact of Parties on Public Expenditure. In: *Castles*, Francis G. (Hrsg.): The Impact of Parties. Politics and Policies in Demokratic Capitalist States. London 1982, S. 21-96

Castles, Francis G. (Hrsg.): The Comparative History of Public Policy. Oxford 1989

Castles, Francis G. (Hrsg.): Families of Nations. Patterns of Public Policy in Western Democracies. Aldershot 1993

Castles, Francis G. 1994: On religion and public policy: Does Catholicism make a difference?, in: European Journal of Political Research 25, 19-40

Cicourel, Aaron: Interviews, Surveys, and the Problem of Ecological Validity. In: The American Sociologist 17. Jg. (1982), S. 11-20

Converse, Philip E./*Traugott*, Michael W.: Assessing the Accuracy of Polls and Surveys. In: Science 234. Jg. (1986), S. 1094-1098

Czempiel, Ernst-Otto: Weltpolitik im Umbruch. München 1992

Damgaard, Erik/*Svensson*, Palle: Who governs? Parties and policies in Denmark. In: European Journal of Political Research 17. Jg. (1989), S. 731-745

Deutsche Forschungsgemeinschaft: Merkblatt für Anträge auf Sachbeihilfen mit Leitfaden für die Antragsstellung. Bonn, Dezember 1987

DeVellis, Robert F.: Scale Development. Theory and Applications. Newbury Park 1991

Doemming, Klaus-Berto von/*Füsslein*, Rudolf Werner/*Matz*, Werner: Entstehungsgeschichte der Artikel des Grundgesetzes. In: Jahrbuch des öffentlichen Rechts. Neue Folge 1. Jg. (1951), S. 636-640

Downs, Anthony: Ökonomische Theorie der Demokratie. Tübingen 1968

Drewe, Paul: Methoden zur Identifizierung von Eliten. In: *Koolwijk*, Jürgen van/*Wieken-Mayser*, Maria (Hrsg.): Techniken der empirischen Sozialforschung, Bd. 4. München 1974, S. 162ff.

Droysen, Johann Gustav: Grundriß der Historik. In: *Hardtwig*, Wolfgang (Hrsg.): Über das Studium der Geschichte. München 1990, S. 85-117

Duverger, Maurice: Die politischen Parteien. (hrsg. u. übersetzt von Siegfried *Landshut*) Tübingen 1959

Duyvendak, Jan W., Le poids du politique. Nouveau mouvements sociaux en France. Paris 1994

Eberwein, Wolf-Dieter (Hrsg.): Politische Stabilität und Konflikt. Neue Ergebnisse der makroquantitativen Politikforschung. Opladen 1983

Eberwein, Wolf-Dieter: Globale Trends und Strukturbrüche. Weltmodelle als Forschungsinstrumente. Berlin 1990 (Wissenschaftszentrum Berlin. P 90-307)

Eco, Umberto: Wie man eine wissenschaftliche Abschlußarbeit schreibt. Heidelberg 1988

Eilfort, Michael: Die Nichtwähler. Wahlentscheidung als Form des Wahlverhaltens. Paderborn 1994

Endres, Alfred: Synthese des Forschungsschwerpunktprogramms "Kosten der Umweltverschmutzung/Nutzen des Umweltschutzes". Forschungsbericht 10103150 i.A. des Umweltbundesamtes. Berlin 1991

Engelbrecht, Jörg: Autobiographien, Memoiren. In: *Rusinek*, Bernd-A./*Ackermann*, Volker/*Engelbrecht*, Jörg (Hrsg.): Die Interpretation historischer Quellen. Schwerpunkt: Neuzeit. Paderborn 1992, S. 61-79

Engisch, Karl: Einführung in das juristische Denken. Stuttgart 1977, 7. Auflage

Eppler, Erhard: Kavalleriepferde beim Hornsignal. Die Krise der Politik im Spiegel der Sprache. Frankfurt a.M. 1992

Erbslöh, Eberhard/*Wiendieck*, Gerd: Der Interviewer. In: *Koolwijk*, Jürgen van/*Wieken-Mayser*, Maria (Hrsg.): Techniken der empirischen Sozialforschung, Bd. 4. München 1974, S. 83ff.

Esping-Andersen, Gösta: The Three Worlds of Welfare Capitalism. Cambridge 1990

Esser, Hartmut: Können Befragte lügen? Zum Konzept des "wahren Werts" im Rahmen einer handlungsorientierten Erklärung von Situationseinflüssen bei der Befragung. In: Kölner Zeitschrift für Soziologie und Sozialpsychologie 38. Jg. (1986), S. 314-336

Esser, Hartmut: Der Befragte. In: *Koolwijk*, Jürgen van/*Wieken-Mayser*, Maria (Hrsg.): Techniken der empirischen Sozialforschung, Bd. 4. München 1974, S. 107-145

Eyestone, Robert: Confusion, Diffusion and Innovation. In: American Political Science Review 71. Jg. (1977), S. 441-447

Falter, Jürgen W.: Die Behavioralismus-Kontroverse in der amerikanischen Politikwissenschaft. In: Kölner Zeitschrift für Soziologie und Sozialpsychologie 31. Jg. (1979), S. 1-24

Falter, Jürgen W.: "Der Positivismusstreit" in der amerikanischen Politikwissenschaft. Opladen 1982

Falter, Jürgen W.: Hitlers Wähler. München 1991

Falter, Jürgen W./*Klein*, Markus/*Schumann*, Siegfried, 1994: Politische Konflikte, Wählerverhalten und die Struktur des Parteienwettbewerbs. In: *Gabriel*, Oscar W./*Brettschneider*, Frank (Hrsg.): Die EU-Staaten im Vergleich. Opladen 1994, S. 194-220

Fleck, Christian: Vom "Neuanfang zur "Disziplin"? Überlegungen zur deutschsprachigen qualitative Sozialforschung anläßlich einiger neuer Lehrbücher. In: Kölner Zeitschrift für Soziologie und Sozialpsychologie 44. Jg. (1992), S. 747-765

Flick, Uwe u.a. (Hrsg.): Handbuch qualitative Sozialforschung. Grundlagen, Konzepte, Methoden und Anwendungen. München 1991

Flieger, Wolfgang: Die TAZ. Vom Alternativblatt zur linken Tageszeitung. München 1992

Flora, Peter (Hrsg.): Growth to Limits. The Western European Welfare States Since World War II. Berlin 1985/86 (Band 1, 2 und 4)

Flora, Peter u a: State, Economy and Society in Western Europe 1815-1975. A Data Handbook. Frankfurt/M 1982 (2 Bände, 1987)

Fraenkel, Ernst: Deutschland und die westlichen Demokratien. (Erweiterte Ausgabe, hrsg. v. Alexander *von Brünneck*) Frankfurt/M 1991

Frankel, Martin R./*Frankel*, Lester R.: Fifty Years of Survey Sampling in the United States. In: Public Opinion Quarterly 51. Jg. (1987), S. 127-138

Franzosi, Roberto: The Press as a Source of Socio-Historical Data: Issues in the Methodology of Data Collection from Newspapers. In: Historical Methods 20/1 (1987), S. 5-16

Frey, James H./*Kunz*, Gerhard/*Lüschen*, Günther: Telefonumfragen in der Sozialforschung. Methoden, Techniken, Befragungspraxis. Opladen 1990

Friedrichs, Jürgen: Methoden der empirischen Sozialforschung. Reinbek bei Hamburg 1973; Opladen 1980, 8. Auflage; 1982, 10. Auflage

Früh, Werner: Inhaltsanalyse. Theorie und Praxis. München 1991

Früh, Werner: Analyse sprachlicher Daten. Zur konvergenten Entwicklung "quantitativer" und "qualitativer" Methoden. In: *Hoffmeyer-Zlotnik*, Jürgen H. P. (Hrsg.): Analyse verbaler Daten. Über den Umgang mit qualitativen Daten. Opladen 1992, S. 59-89

Furmaniak, Kurt/*Hoschka*, Peter/*Schunck*, Hermann: Wahlforschung, Demoskopie und Politikberatung: Erwartungen, Möglichkeiten, Mißverständnisse - ein Erfahrungsbericht. In: Zeitschrift für Parlamentsfragen 6. Jg. (1975), S. 566-579

Gabriel, Oscar W.: Methodologie der Politikwissenschaft. In: *Gabriel*, Oscar W. (Hrsg.): Grundkurs Politische Theorie. Köln 1978, S. 3-60

Gabriel, Oscar W.: Konflikt oder Kooperation? Zur Beziehung zwischen traditioneller und empirischer Politikwissenschaft in der Bundesrepublik. In: *Haungs*, Peter (Hrsg.): Wissenschaft, Theorie und Philosophie der Politik. Baden-Baden 1990, S. 63-100

Gabriel, Oskar W./*Kunz*, Volker/*Zapf-Schramm*, Thomas: Bestimmungsfaktoren des kommunalen Investitionsverhaltens. München 1990

Gantzel, Klaus-Jürgen/*Schwinghammer*, Thorsten/*Siegelberg*, Jens: Kriege der Welt. Ein systematisches Register der kriegerischen Konflikte 1985 bis 1992. Bonn 1992

Garlichs, Dietrich: Grenzen staatlicher Infrastrukturpolitik. Bund/Länder-Kooperation in der Fernstraßenplanung. Königstein/Ts. 1980

Garrett, Geoffrey/*Lange*, Peter: Government Partisanship and Economic Performance: When and How does "Who Governs" Matter? In: Journal of Politics 51. Jg. (1989), S. 676-693

Garz, Detlef/*Kraimer*, Klaus: Qualitativ-empirische Forschung im Aufbruch. In: *Garz*, Detlef/*Kraimer*, Klaus (Hrsg.): Qualitativ-empirische Sozialforschung. Konzepte, Methoden, Analysen. Opladen 1991, S. 1-34

Geldsetzer, Lutz: Hermeneutik. In: *Seiffert*, Helmut/*Radnitzky*, Gerard (Hrsg.): Handlexikon zu Wissenschaftstheorie. München 1992, S. 127-139

Gibowski, Wolfgang E.: Der Effekt unterschiedlicher Platzierung der Wahlabsichtsfrage im Fragebogen. In: Politische Vierteljahresschrift 14. Jg. (1973), S. 275-286

Girtler, Roland: Methoden der qualitativen Sozialforschung. Anleitung zur Feldarbeit. Köln 1984

Glotz, Peter: Die Arbeit der Zuspitzung. Berlin 1984

Goldscheid, Rudolf/*Schumpeter*, Josef: Die Finanzkrise des Steuerstaats. Beiträge zur politischen Ökonomie der Staatsfinanzen. (Hrsg. Rudolf *Hickel*) Frankfurt/M 1976

Goode, William/*Hatt*, Paul K.: Die Einzelfallstudie. In: *König*, René (Hrsg.): Beobachtung und Experiment in der Sozialforschung. Köln 1972, S. 299-337, 8. ergänzte Auflage

Gray, Virginia: Innovation in the States. A diffusion study. In: American Political Science Review 67. Jg. (1973), S. 1175-1185

Greiffenhagen, Martin: Die Rolle der Sprache in der Politik. In: Ders. (Hrsg.): Kampf um Wörter? Politische Begriffe im Meinungsstreit. München 1980

Grüner, Hans/*Jaedicke*, Wolfgang/*Ruhland*, Kurt: Rote Politik im schwarzen Rathaus? Bestimmungsfaktoren der wohnungspolitischen Ausgaben bundesdeutscher Großstädte. In: Politische Vierteljahresschrift 29. Jg. (1988), S. 42-57

Habermas, Jürgen: Erkenntnis und Interesse. Frankfurt/M 1973

Haller, Michael: Recherchieren. Ein Handbuch für Journalisten. München 1991

Hardtwig, Wolfgang (Hrsg.): Über das Studium der Geschichte. München 1990

Hassemer, Winfried: Juristische Hermeneutik. In: Archiv für Rechts- und Sozialphilosophie 72. Jg. (1986), S. 194-212

Haungs, Peter: Die Christlich Demokratische Union Deutschlands (CDU) und die Christlich Soziale Union in Bayern (CSU). In: *Veen*, Hans J. (Hrsg.): Christlich-demokratische Parteien in Westeuropa, Bd. 1. Paderborn 1983, S. 9ff.

Hauptmanns, Peter/*Rogalski*, Wolfgang: Fallstudien in der Industriesoziologie - Zur Kritik der vorherrschenden Methode sozialwissenschaftlicher Technikforschung. In: *Lehner*, Franz/*Schmid*, Josef (Hrsg.): Technik, Arbeit, Betrieb, Gesellschaft. Opladen 1992, S. 205ff.

Hayduk, Leslie A.: Structural Equation Modelling With LISREL. Baltimore 1987

Heckmann, Friedrich: Interpretationsregeln zur Auswertung qualitativer Interviews und sozialwissenschaftlich relevanter "Texte". Anwendungen der Hermeneutik für die empirische Sozialforschung. In: *Hoffmeyer-Zlotnik*, Jürgen H. P. (Hrsg.): Analyse verbaler Daten. Über den Umgang mit qualitativen Daten. Opladen 1992, S. 142-167

Heidenheimer, Arnold J./*Heclo*, Hugh/*Adams*, Carolyn Teich: Comparative Public Policy. The Politics of Social Choice in America, Europe, and Japan. New York 1990

Hempel, Carl G.: Wissenschaftliche und historische Erklärungen. In: *Albert*, Hans (Hrsg.): Theorie und Realität. Ausgewählte Aufsätze zur Wissenschaftslehre der Sozialwissenschaften. Tübingen 1972, S. 237-261, 2., veränderte Auflage

Hempel, Carl G./*Oppenheim*, Paul: Studies in the Logic of Explanation. In: Philosophy of Science 15. Jg. (1948), S. 135-175

Hennis, Wilhelm: Demokratisierung. Zur Problematik eines Begriffs. Opladen 1970

Herrmann, Theodor: Methoden als Problemlösungsmittel. In: *Roth*, E. (Hrsg.): Sozialwissenschaftliche Methoden. Lehr- und Handbuch für Forschung und Praxis. München 1984, S. 19-46

Herzog, Dietrich: Politische Karrieren: Selektion und Professionalisierung politischer Führungsgruppen. Opladen 1975

Herzog, Dietrich: Politische Führungsgruppen. Probleme und Ergebnisse der modernen Elitenforschung. Darmstadt 1982

Herzog, Dietrich u.a.: Abgeordnete und Bürger. Ergebnisse einer Befragung der Mitglieder des 11. Deutschen Bundestages und der Bevölkerung. Opladen 1990

Hesse, Konrad: Grundzüge des Verfassungsrechts der Bundesrepublik Deutschland. Heidelberg 1978, 11. Auflage

Hibbs, Douglas A., Jr.: Political Parties and Macroeconomic Policy. In: American Political Science Review 71. Jg. (1977), S. 1467-1487

Hicks, Alexander M./*Swank*, Duane H.: Politics, Institutions and Welfare Spending in Industrialized Democracies, 1960-82. In: American Political Science Review 86. Jg. (1992), S. 658-674

Hofferbert, Richard/*Klingemann*, Hans-Dieter: The policy impact of party programmes and government declarations in the Federal Republic of Germany. In: European Journal of Political Research 18. Jg. (1990), S. 277-304

Hoffmeyer-Zlotnik, Jürgen H. P.: Handhabung verbaler Daten in der Sozialforschung. In: *Hoffmeyer-Zlotnik*, Jürgen H. P. (Hrsg.): Analyse verbaler Daten. Über den Umgang mit qualitativen Daten. Opladen 1992, S. 1-7

Holm, Kurt (Hrsg.): Die Befragung. München 1975

Hopf, Christel: Die Pseudo-Exploration. Überlegungen zur Technik qualitativer Interviews in der Sozialforschung. In: Zeitschrift für Soziologie 7. Jg. (1978), S. 97-115

Hopf, Christel: Norm und Interpretation. Einige methodische und theoretische Probleme der Erhebung und Analyse subjektiver Interpretationen in qualitativen Untersuchungen. In: Zeitschrift für Soziologie 11. Jg. (1982), S. 307-329

Huber, Günter L.: Qualitative Analyse mit Computerunterstützung. In: *Huber*, Günter L. (Hrsg.): Qualitative Analyse. Computereinsatz in der Sozialforschung. München 1992, S. 115-175

Human Development Report. New York und Oxford 1994

Hüttenberger, Peter: Überlegungen zur Theorie der Quelle. In: *Rusinek*, Bernd-A./*Ackermann*, Volker/*Engelbrecht*, Jörg (Hrsg.): Die Interpretation historischer Quellen. Schwerpunkt: Neuzeit. Paderborn 1992, S. 253-265

Hyman, Herbert H. u a: Interviewing in Social Research. Chicago 1954

Iggers, Georg C.: Geschichtswissenschaft im 20. Jahrhundert. Ein kritischer Überblick im internationalen Zusammenhang. Göttingen 1993

Inglehart, Ronald: The Silent Revolution. Changing Values and Political Styles among Western Publics. Princeton 1977

Inkeles, Alex (Hrsg.): On Measuring Democracy. Its Consequences and Concomitants. New Brunswick 1991

Jackman, Robert: The Politics of Economic Growth in the Industrial Democracies, 1974-1980. In: Journal of Politics 49. Jg. (1987), S. 242-256

Janowski, Thomas/*Hicks*, Alexander H. (Hrsg.): The Comparative Political Economy of the Welfare State. Cambridge, Mass. 1994

Jarausch, Konrad H./*Arminger*, Gerhard/*Thaller*, Manfred: Quantitative Methoden in der Geschichtswissenschaft. Eine Einführung in die Forschung, Datenverarbeitung und Statistik. Darmstadt 1985

Jöreskog, Karl/*Sörbohm*, Dag: LISREL 8. Structural Equation Modelling with SIMPLIS Command Language. Hillsdale, N.J. 1993

Jung, Matthias: Öffentlichkeit und Sprachwandel. Zur Geschichte des Diskurses über die Atomenergie. Opladen 1994

Kaase, Max: Umfrageforschung. In: *Nohlen*, Dieter/*Schultze*, R. O. (Hrsg.): Politikwissenschaft. München 1985

Kaase, Max/*Schulz*, Winfried (Hrsg.): Massenkommunikation. Opladen 1989 (Sonderheft 30 der Kölner Zeitschrift für Soziologie und Sozialpsychologie)

Kaltefleiter, Werner/*Nissen*, Peter: Empirische Wahlforschung. Paderborn 1980

Kammler, Hans: Logik der Politikwissenschaft. Wiesbaden 1976

Kant, Immanuel: Zum ewigen Frieden. In: *Raumer*, Kurt von (Hrsg.): Ewiger Friede. Friedensrufe und Friedenspläne seit der Renaissance. Freiburg 1953, S. 419-460 (verfaßt im Jahre 1795)

Kardorff, Ernst von: Einleitung. Qualitative Sozialforschung - Versuch einer Standortbestimmung. In: *Flick*, Uwe u.a. (Hrsg.): Handbuch qualitative Sozialforschung. Grundlagen, Konzepte, Methoden und Anwendungen. München 1991, S. 4-8

Katz, Richard S./*Mair*, Peter: Party Organizations. A Data Handbook on Party Organizations in Western Democracies, 1960-1990. London 1992

Keman, Hans: The Politics of Managing Mixed Economies. In: *Keman*, Hans (Hrsg.): Comparative politics. New directions in theory and method. Amsterdam 1993, S. 161-190

Kepplinger, Hans M.: Künstliche Horizonte. Frankfurt/M 1989

Kepplinger, Hans M.: Gentechnik im Widerstreit. Frankfurt/M 1991

Kern, Horst: Empirische Sozialforschung. Ursprünge, Ansätze, Entwicklungslinien. München 1982

Kerr, Clark u a: Industrialism and Industrial Man. Harmondsworth 1973

Kirchheimer, Otto: Der Wandel des westeuropäischen Parteiensystems. In: Politische Vierteljahresschrift 6. Jg. (1965), S. 20-41

Kleining, Gerhard: Methodologie und Geschichte qualitativer Sozialforschung. In: *Flick*, Uwe u.a. (Hrsg.): Handbuch qualitative Sozialforschung. Grundlagen, Konzepte, Methoden und Anwendungen. München 1991, S. 11-22

Koch, Hans-Joachim/*Rüssmann*, Helmut: Juristische Begründungslehre. München 1982

Köbler, Gerhard: Wie werde ich Jurist? Eine Einführung in das Studium des Rechts. München 1988, 4. Auflage

König, René: Beobachtung und Experiment in der Sozialforschung. In: *König*, René (Hrsg.): Praktische Sozialforschung, Bd. 2. Köln 1962, S. 17ff.

König, René: Praktische Sozialforschung. In: *König*, René (Hrsg.): Das Interview. Formen, Technik, Auswertung. Köln 1972, S. 13-33

König, René: Die Beobachtung. In: *König*, René (Hrsg.): Handbuch der empirischen Sozialforschung. Band 2: Grundlegende Methoden und Techniken. Erster Teil. Stuttgart 1973, S. 1-65

König, René (Hrsg.): Handbuch der empirischen Sozialforschung. Stuttgart 1973 (14 Bände)

Kohl, Jürgen: Staatsausgaben in Westeuropa. Analysen zur langfristigen Entwicklung der öffentlichen Finanzen. Frankfurt a.M./New York 1985

Koole, Ruud/*Mair*, Peter (Hrsg.): Political Data Yearbook 1992, 1993 Dordrecht 1992, 1993, (Bd. 22, 23 des European Journal of Political Research)

Koolwijk, Jürgen van/*Wieken-Mayser*, Maria (Hrsg.): Techniken der empirischen Sozialforschung. München 1974ff. (8 Bände)

Koopmans, Ruud: The Dynamics of Protest Waves: West Germany, 1965 to 1989. In: American Sociological Review 58/5 (1993), S. 637-658

Koopmans, Ruud: Democracy from Below: New Social Movements and the Political System in West Germany, Boulder 1995 (im Erscheinen).

Kretschmer, Winfried: Wackersdorf: Wiederaufarbeitung im Widerstreit. In: *Linse*, Ulrich u.a. (Hrsg.): Von der Bittschrift zur Platzbesetzung. Bonn 1988, S. 165-218

Kretschmer, Winfried/*Rucht*, Dieter: Beispiel Wackersdorf: Die Protestbewegung gegen die Wiederaufarbeitungsanlage. In: *Roth*, Roland/*Rucht*, Dieter (Hrsg.): Neue soziale Bewegungen in der Bundesrepublik Deutschland, Bonn 1987a, S. 180-212

Kretschmer, Winfried/*Rucht*, Dieter: Die Protestbewegung gegen die Wiederaufbereitungsanlage. In: *Roth*, Roland/*Rucht*, Dieter (Hrsg.): Neue soziale Bewegungen in der Bundesrepublik Deutschland. Bonn 1987b, S. 134-163

Kreutz, Henrik/*Titscher*, Stefan: Die Konstruktion von Fragebögen. In: *Koolwijk*, Jürgen van/*Wieken-Mayser*, Maria (Hrsg.): Techniken der empirischen Sozialforschung, Bd. 4. München 1974, S. 24 ff.

Kriele, Martin: Theorie der Rechtsgewinnung. Entwickelt am Problem der Verfassungsinterpretation. Berlin 1976, 2. Auflage

Kriesi, Hanspeter: Neue soziale Bewegungen: Auf der Suche nach ihrem gemeinsamen Nenner. In: Politische Vierteljahresschrift 28. Jg. (1987), S. 315-334

Kriesi, Hanspeter u.a.: New social movements and political opportunities in Western Europe. In: European Journal of Political Research 22. Jg. (1992), S. 219-244

Kriesi, Hanspeter/*Koopmans*, Ruud/*Duyvendak*, Jan W./*Guigni*, Marco G.: The Politics of New Social Movements in Western Europe: A Comparative Analysis. Minneapolis 1995 (im Erscheinen)

Kriz, Jürgen: Methodenkritik empirischer Sozialforschung. Eine Problemanalyse sozialwissenschaftlicher Forschungspraxis. München 1981

Kriz, Jürgen: Methodenprobleme in der empirischen Sozialforschung. In: *Nohlen*, Dieter/*Schultze*, Rainer-Olaf (Hrsg.): Politikwissenschaft. Theorien-Methoden-Begriffe, Bd. 1. München 1985, S. 563-566 (Pipers Wörterbuch zur Politik)

Kromrey, Helmut: Empirische Sozialforschung. Modelle und Methoden der Datenerhebung und Datenauswertung. Opladen 1980, 1983; 1990, 4. Auflage, 1991, 5. überarbeitete und erweiterte Auflage (Auch als Kurs Nr. 3607 der FernUniversität Hagen)

Kruse, Otto: Keine Angst vor dem leeren Blatt. Ohne Schreibblockaden durchs Studium. Frankfurt a.M. 1994

Kuckartz, Udo: Qualitative und quantitative Analyse verbinden: MAX, ein paradigmenorientiertes Computerprogramm für die Auswertung qualitativer Daten. In: *Glatzer*, Wolfgang (Hrsg.): 15. Deutscher Soziologentag 1990. Die Modernisierung moderner Gesellschaften. Opladen 1991, S. 806-808

Küchler, Manfred: Multivariate Analyseverfahren. Stuttgart 1979

Küchler, Manfred: Qualitative Sozialforschung: Modetrend oder Neuanfang? In: Kölner Zeitschrift für Soziologie und Sozialpsychologie 32. Jg. (1980), S. 373-386

Kudera, Werner: Die Crux mit der kleinen Zahl - zum Generalisierungsproblem bei qualitativer Sozialforschung. In: *Lehner*, Franz/*Schmid*, Josef (Hrsg.): Technik, Arbeit, Betrieb, Gesellschaft. Opladen 1992, S. 191ff.

Kvale, Steinar: Validierung. Von der Beobachtung zu Kommunikation und Handeln. In: *Flick*, Uwe u.a. (Hrsg.): Handbuch qualitative Sozialforschung. Grundlagen, Konzepte, Methoden und Anwendungen. München 1991, S. 427-431

Lakatos, Imre: Falsification and the Methodology of Scientific Research Programmes. In: *Lakatos*, Imre/*Musgrave*, Alan (Hrsg.): Criticism and the Growth of Knowledge. London 1970, S. 91-196

Lamnek, Siegfried: Qualitative Sozialforschung. Band 1: Methodologie. München 1988

Lamnek, Siegfried: Qualitative Sozialforschung. Band 2: Methoden und Techniken. München 1989

Lane, Jan-Erik/*McKay*, David/*Newton*, Kenneth: Political Data Handbook. OECD Countries. Oxford 1991

Lange, Hans-Jürgen: Responsivität und Organisation. Eine Studie über die Modernisierung der CDU von 1973-1989. Marburg 1994

Lange, Peter/*Garrett*, Geoffrey: The Politics of Growth: Strategic Interaction and Economic Performance in the Advanced Industrial Democracies, 1974-1980. In: Journal of Politics 47. Jg. (1985), S. 792-827

Larenz, Karl: Methodenlehre der Rechtswissenschaft. Berlin 1992, 2. Auflage

Laufer, Heinz: Der Föderalismus in der Bundesrepublik Deutschland. Stuttgart 1974

Lazarsfeld, Paul F./*Rosenberg*, Morris (Hrsg.): The Language of Social Research. Glencoe 1955

Lazarsfeld, Paul F./*Menzel*, Herbert: On the Relation Between Individual and Collective Properties. In: *Etzioni*, Amitai (Hrsg): A Sociological Reader on Complex Organizations. New York 1969, 2. erw. Auflage, S. 499-516

Lehmbruch, Gerhard: Einführung in die Politikwissenschaft. Stuttgart 1970, 3. Auflage

Lehmbruch, Gerhard: Parteienwettbewerb im Bundesstaat. Stuttgart 1976

Lehmbruch, Gerhard: Föderalismus und Politikverflechtung. Zwischen Unitarisierung und Differenzierung. In: Politische Bildung 16. Jg. (1983), S. 35ff.

Lehner, Franz: Nostalgie einer Disziplin oder die Revolution, die nie stattgefunden hat. In: Politische Vierteljahresschrift 15. Jg. (1974), S. 245-256

Lehner, Franz: Politikverflechtung - Föderalismus ohne Transparenz. In: Der Bürger im Staat 29. Jg. (1979), S. 3ff.

Leibholz, Gerhard: Strukturprobleme der modernen Demokratie. Karlsruhe 1958

Leibholz, Gerhard/*Rinck*, Hans-Justus/*Hesselsberger*, Dieter: Grundgesetz für die Bundesrepublik Deutschland. Kommentar an Hand der Rechtssprechung des Bundesverfassungsgerichts. Köln 1992, 6. Auflage (Art 85: Stand Oktober 1992)

Leif, Thomas/*Legrand*, Hans-Josef/*Klein*, Ansgar (Hrsg.): Die politische Klasse in Deutschland. Eliten auf dem Prüfstand. Bonn 1992

Lepenies, Wolf: Der Krieg der Wissenschaften und der Literatur. In: *Lepenies*, Wolf (Hrsg.): Gefährliche Wahlverwandtschaften. Stuttgart 1989, S. 61-79

Lienert, Gustav A.: Testaufbau und Testanalyse. Weinheim 1967, 2. Auflage

Linnemann, Rainer: Die Parteien in den neuen Bundesländern. Münster 1994

Lipset, Martin/*Rokkan*, Stein (Hrsg.): Party Systems and Voter Alignments. New York 1967

Luhmann, Niklas: Soziale Systeme. Grundriß einer allgemeinen Theorie. Frankfurt/M. 1984

Maccoby, Eleanor E./*Maccoby*, Nathan: Das Interview: Ein Werkzeug der Sozialforschung. In: *König*, René (Hrsg.): Das Interview. Köln 1962, S. 37-85

Mackie, Thomas T./*Rose*, Richard (Hrsg.): International Almanac of Electoral History. London 1992

Mäding, Heinrich: Infrastrukturplanung im Verkehrs- und Bildungssektor. Eine vergleichende Untersuchung zum gesamtstaatlichen Planungsprozeß in der Bundesrepublik Deutschland. Baden-Baden 1978

Mäding, Klaus: Relevanz und Wirklichkeitsbezug von Nachrichten. In: H.H. Medien. Medienwissenschaftliche Beiträge der Heinrich-Heine Universität. Heft 2/3 (1992), S. 3-11

Maindok, Herlinde: Die Fallstudie - Überlegungen zur Methode des Projektes "Kontrollsysteme und integrierte Produktionsverantwortung". Bochum 1992 (Arbeitspapier des SFB 187)

Manheim, Jarol B./*Rich*, Richard C.: Empirical Political Analysis. Reserach Methods in Political Science. New York 1986

Mathes, Rainer: Hermeneutisch-klassifikatorische Inhaltsanalyse von Leitfadengesprächen. Über das Verhältnis von quantitativen und qualitativen Verfahren der Textanalayse und die Möglichkeit ihrer Kombination. In: *Hoffmeyer-Zlotnik*, Jürgen H.P.: Analyse verbaler Daten. Über den Umgang mit qualitativen Daten. Opladen 1992, S. 402-424

Maus, Heinz: Zur Vorgeschichte der empirischen Sozialforschung. In: *König*, Rene (Hrsg.): Handbuch der empirischen Sozialforschung. Bd. 1. Stuttgart 1967/1973, 3. Auflage, S. 21-56

Mayer, Alexander: Der Landkreis in der Politikverflechtungsfalle. Eine Untersuchung zur Theorie der Politikverflechtung am Beispiel der Verbindungsstraße-West im Landkreis Fürth. Fürth 1993

Mayntz, Renate: Über den begrenzten Nutzen methodologischer Regeln in der Sozialforschung. In: *Bonss*, Wolfgang/*Hartmann*, Heinz (Hrsg.): Entzauberte Wissenschaft. Göttingen 1985, S. 65-76

Mayring, Peter: Qualitative Inhaltsanalyse. Weinheim 1988

Mayring, Philipp: Einführung in die qualitative Sozialforschung. Eine Anleitung zu qualitativem Denken. 2. Aufl. Weinheim 1993

McCarthy, John D./*McPhail*, Clark/*Smith*, Jackie: Images of Protest: Dimensions of Selection Bias in Media Coverage of Washington Demonstrations, 1982, 1991, Washington, D.C. 1993 (unveröff. Forschungsbericht)

Meadows, Donella H./*Meadows*, Dennis L./*Randers*, Jorgen: Die neuen Grenzen des Wachstums. Die Lage der Menschheit: Bedrohung und Zukunftschancen. Stuttgart 1992

Meier, Christian: Entstehung des Begriffs „Demokratie". Vier Prolegomena zu einer historischen Theorie. Frankfurt a.M. 1970

Merkel, Wolfgang: Ende der Sozialdemokratie? Machtressourcen und Regierungspolitik im westeuropäischen Vergleich. Frankfurt a.M./New York 1993

Merritt, Richard/*Zinnes*, Diana: Democracies and War. In: *Inkeles*, Alex (Hrsg.): On Measuring Democracy. Its Consequences and Concomitants. New Brunswick 1991, S. 207-234

Meuser, Michael/*Nagel*, Ulrike: ExperInneninterviews - vielfach erprobt, wenig bedacht. Ein Beitrag zur qualitativen Methodendiskussion. In: *Garz*, Detlef/*Kraimer*, Klaus (Hrsg.): Qualitativ-empirische Sozialforschung. Konzepte, Methoden, Analysen. Opladen 1991, S. 441-471

Meuser, Michael/*Nagel*, Ulrike: Expertenwissen und Experteninterview. In: *Hitzler*, Roland u.a. (Hrsg.): Expertenwissen. Opladen 1994a, S. 180-192

Meuser, Michael/*Nagel*, Ulrike: Experteninterview. In: *Kriz*, Jürgen u.a. (Hrsg.): Lexikon der Politik. Bd. 2: Politikwissenschaftliche Methoden, München 1994b, S. 53-55

Michels, Robert: Zur Soziologie des Parteiwesens in der modernen Demokratie. Untersuchungen über die oligarchischen Tendenzen des Gruppenlebens. Leipzig 1911

Miles, Matthew B./*Huberman*, A. Michael: Qualitative Data Analysis. A Sourcebook of New Methods. London 1984

Milgram, Stanley: Das Milgram-Experiment. Zur Gehorsamsbereitschaft gegenüber Autorität. Reinbek 1974

Mintzel, Alf: Die CSU. Anatomie einer konservativen Partei. Opladen 1975

Mohler, Peter: Wertkonflikt oder Wertdiffusion? Ein Vergleich von Ergebnissen aus Bevölkerungsumfragen und einer Inhaltsanalyse von Leitartikeln der FAZ. In: Kölner Zeitschrift für Soziologie und Sozialpsychologie 41. Jg. (1989), S. 95-122

Mols, Manfred/*Lauth*, Hans-Joachim/*Wagner*, Christian (Hrsg.): Politikwissenschaft: Eine Einführung. Paderborn 1994

Morlok, Martin: Was heißt und zu welchem Ende studiert man Verfassungstheorie? Berlin 1988

Mosteller, Frederick u a: The Pre-Election Polls of 1948. Report to the Committee on Analysis of Pre-Election Polls and Forecasts. New York 1949

Müchler, Günter: CDU-CSU. Das schwierige Bündnis. München 1976

Mühlfeld, Claus u.a.: Auswertungsprobleme offener Interviews. In: Soziale Welt 32. Jg. (1981), S. 325-352

Müller, Ferdinand F./*Schmidt*, Manfred G.: Empirische Politikwissenschaft. Stuttgart 1979

Müller, Johann Baptist: Hermeneutik und Politikwissenschaft. In: *Haungs*, Peter (Hrsg.): Wissenschaft, Theorie und Philosophie der Politik. Baden-Baden 1990, S. 119-132

Münch, Ingo von (Hrsg.): Grundgesetz-Kommentar. München 1983, 2. Auflage

Naumann, Klaus: 'Modell deutscher Möglichkeiten'? Späth-Politik in Baden-Württemberg. In: Blätter für deutsche und internationale Politik 30. Jg. (1985), S. 855ff.

Nicolini, Gert: Informationen für Stadtgeographische Themen. Hinweise zur Nutzung städtischer Informationsquellen. In: Geographie im Unterricht 8. Jg. (1983), S. 420-422

Nie, Norman H. u a: Statistical Package for the Social Sciences. New York 1975

Nielebrock, Thomas: Frieden zwischen Demokratien: Ein empirisches Gesetz der Internationalen Beziehungen auf der Suche nach seiner Erklärung. In: Österreichische Zeitschrift für Politikwissenschaft 22. Jg. (1993), S. 179-193

Niemi, Richard G.: Collecting Information About the Family: a Problem in Survey Methodology. In: *Dennis*, Jack (Hrsg.): Socialization to Politics: A Reader. New York 1973, S. 464-490

Noelle, Elisabeth: Umfragen in der Massengesellschaft. Einführung in die Methoden der Demoskopie. Reinbek 1963

Noelle-Neumann, Elisabeth/*Köcher*, Renate (Hrsg.): Allensbacher Jahrbuch der Demoskopie 1984-1992. München 1993

Nohlen, Dieter: Fallstudien. In: *Nohlen*, Dieter/*Schultze*, Rainer-Olaf (Hrsg.): Politikwissenschaft. Theorien - Methoden - Begriffe, Bd. 1. München 1985, S. 224-225 (Pipers Wörterbuch zur Politik)

Nohlen, Dieter: Wahlsystematik. In: *Nohlen*, Dieter/*Schultze*, Rainer-Olaf (Hrsg.): Politikwissenschaft. Theorien - Methoden - Begriffe. München 1987, S. 1121-1124 (Pipers Wörterbuch zur Politik)

Nohlen, Dieter: Lexikon der Politik. Band 3. Die westlichen Länder (hrsg. von Manfred G. *Schmidt*). München 1992

Nowotny, Helga/*Knorr*, Karin D.: Die Feldforschung. In: *Koolwijk*, Jürgen van/*Wieken-Mayser*, Maria (Hrsg.): Techniken der empirischen Sozialforschung, Bd. 2. München 1975, S. 82-112

OECD: Economic Outlook - Historical Statistic (jährlich). Paris

OECD: Economic Surveys. (jährlich) Paris

OECD: Public Expenditure Trends. Paris 1978

OECD: Social Policies. Problems of Growth and Control. Paris 1985

Oevermann, Ulrich/*Allert*, T./*Konau*, E./*Krambeck*, J.: Die Methodologie einer "objektiven Hermeneutik" und ihre allgemeine forschungslogische Bedeutung in den Sozialwissenschaften. In: *Soeffner*, Hans Georg (Hrsg.): Interpretative Verfahren in den Sozial- und Textwissenschaft. Stuttgart 179, S. 352-434

Offe, Claus: Einleitung. In: *Bachrach*, Peter/*Baratz*, Morton: Macht und Armut. Eine theoretisch-empirische Untersuchung. Frankfurt/M 1977, S. 7-34

Offe, Claus: Die deutsche Vereinigung als "natürliches Experiment". In: *Giesen*, Bernd/*Leggewie*, Claus (Hrsg.): Experiment Vereinigung. Ein sozialer Großversuch. Berlin 1991, S. 77-86

Opgenoorth, Ernst: Einführung in das Studium der neueren Geschichte. Paderborn 1989, 3. Auflage

Opp, Karl-Dieter: Methodologie der Sozialwissenschaften. Einführung in Probleme ihrer Theoriebildung. Reinbek bei Hamburg 1970

Opp, Karl-Dieter/*Schmidt*, Peter: Einführung in die Mehrvariablenanalyse. Grundlagen der Formulierung und Prüfung komplexer sozialwissenschaftlicher Aussagen. Reinbek 1976

Pappi, Franz U.: Aggregatdatenanalyse. In: *Koolwijk*, Jürgen van/*Wieken-Mayser*, Maria (Hrsg.): Techniken der empirischen Sozialforschung, Bd. 2. München 1977, S. 78-110

Patzelt, Werner J.: Politikwissenschaft. In: *Flick*, Uwe u.a. (Hrsg.): Handbuch qualitative Sozialforschung. München 1991, S. 53-55

Patzelt, Werner J.: Einführung in die Politikwissenschaft. Grundriß des Faches und studiumbegleitende Orientierung. Passau 1992

Patzelt, Werner J.: Formen und Aufgaben von Theorieforschung in der Sozialwissenschaft. In: Ethik und Sozialwissenschaften 4. Jg. (1993), S. 111-123

Pfeffer, Jeffrey: Organizations and Organizational Theory. Marshfield 1982

Popper, Karl R.: Das Elend des Historizismus. Tübingen 1971, 3. Auflage

Popper, Karl R.: Logik der Forschung. Tübingen 1966; 1982, 7., verbesserte und durch sechs Anhänge vermehrte Auflage; 1989, 9. Auflage

Porst, Rolf: Allgemeine Bevölkerungsumfrage der Sozialwissenschaften: Ziele, Anlage, Methoden und Resultate. Hagen 1983 (Auch Kurs Nr. 3606 der FernUniversität)

Porst, Rolf: Praxis der Umfrageforschung: Erhebung und Auswertung sozialwissenschaftlicher Umfragedaten. Stuttgart 1985 (Studienskripten zur Soziologie)

Pridham, Geoffrey: Christian Democracy in West Germany. The CDU/CSU in Government and Opposition, 1945-1976. London 1977

Prittwitz, Volker von: Politikanalyse. Opladen 1994

Przeworski, Adam/*Teune*, Henry: The Logic of Comparative Social Inquiry. New York 1970

Pütz, Helmut: Innerparteiliche Willensbildung. Empirische Untersuchung zum bildungspolitischen Willensbildungsprozeß in der CDU. Mainz 1974

Putt, Allen D./*Springer*, J. Fred: Policy Research. Concepts, Methods and Applications. Englewood Cliffs 1989

Ragin, Charles C.: The Comparative Method. Moving Beyond Qualitative and Quantitative Strategies. Berkeley 1987

Ranke, Leopold von: Sämtliche Werke. Leipzig 1872 ff. (Band 24 und Band 33)

Rapoport, Anatol: Mathematische Methoden in den Sozialwissenschaften. Würzburg 1980

Raschke, Joachim: Die Grünen. Wie sie wurden, was sie sind. Köln 1993

Reh, Werner: Politikverflechtung im Fernstraßenbau der Bundesrepublik Deutschland und im Nationalstraßenbau der Schweiz. Eine vergleichende Untersuchung der Effizienz und Legitimation gesamtstaatlicher Planung. Frankfurt/M 1988

Reh, Werner: Die Verkehrspolitik der Europäischen Gemeinschaft. Chance oder Risiko für eine umweltgerechte Mobilität. In: Aus Politik und Zeitgeschichte Beilage 5/93 (1993), S. 34-44

Reh, Werner: Nutzen/Kosten-Analysen für Investitionsprogramme im Verkehrssektor. Düsseldorf 1994 (Manuskript)

Reuband, Karl-Heinz: Suggestivfragen und Suggestibilität: Wie aus der Mehrheit eine Minderheit wird. In: Österreichische Zeitschrift für Soziologie 10. Jg. (1985), S. 17-25

Rinken, Alfred: Einführung in das juristische Studium. München 1991, 2. Auflage

Risse, Jürgen: Parteiorganisation im Bundesstaat. In: Der Staat 21. Jg. (1982), S. 239ff.

Rönz, Bernd/*Strohe,* Hans G. (Hrsg.): Lexikon Statistik. Wiesbaden 1994

Roller, Edeltraud/*Mathes*, Rainer: Hermeneutisch-klassifikatorische Inhaltsanalyse. In: Kölner Zeitschrift für Soziologie und Sozialpsychologie 45. Jg. (1993), S. 56-75

Rucht, Dieter: Modernisierung und neue soziale Bewegungen. Deutschland, Frankreich und USA im Vergleich. Frankfurt/M. 1994

Rucht, Dieter/*Hocke*, Peter/*Ohlemacher*, Thomas: Dokumentation und Analyse von Protestereignissen in der Bundesrepublik Deutschland. Berlin 1992

Rucht, Dieter/*Ohlemacher*, Thomas: Protest Event Data: Collection, Uses and Perspectives. In: *Diani*, Mario/*Eyerman*, Ron (Hrsg.): Studying Collective Action. London 1992, S. 76-106

Ruloff, Dieter: Geschichtsforschung und Sozialwissenschaft. Eine vergleichende Untersuchung zur Wissenschafts- und Forschungskonzeption in Historie und Politologie. München 1984

Rusinek, Bernd-A.: Vernehmungsprotokolle. In: *Rusinek*, Bernd-A./*Ackermann*, Volker/*Engelbrecht*, Jörg (Hrsg.): Die Interpretation historischer Quellen. Schwerpunkt: Neuzeit. Paderborn 1992, S. 111-131

Russett, Bruce M.: Grasping the Democratic Peace. Principles for a Post-Cold War World. Princeton 1993

Russett, Bruce M. u a: World Handbook of Political and Social Indicators. New Haven 1964

Sahner, Heinz: Schließende Statistik. Stuttgart 1990

Saunders, Peter/*Klau*, Friedrich: The Role of the Public Sector. Causes and Consequences of the Growth of Government (OECD Economic Studies No. 4). Paris 1985

Schaible, Gunter: Alf, Garfield und Moholy-Nagy. Funktionen von Wandbildern im Büro. In: *Hans-Böckler-Stiftung* (Hrsg.): Lebenswelt in der Arbeitswelt. Düsseldorf 1991, S. 131ff. (Manuskripte Nr. 43)

Scharpf, Fritz W.: Die Politikverflechtungs-Falle: Europäische Integration und deutscher Föderalismus im Vergleich. In: Politische Vierteljahresschrift 26. Jg. (1985), S. 323ff

Scharpf, Fritz W./*Reissert*, Bernd/*Schnabel*, Fritz: Politikverflechtung. Theorie und Empirie des kooperativen Föderalismus in der Bundesrepublik Deutschland Kronberg/Ts 1976

Schenk, Michael: Medienwirkungsforschung. Tübingen 1987

Scheuch, Erwin K.: Das Interview in der Sozialforschung. In: *König*, René (Hrsg.): Handbuch der empirischen Sozialforschung, Bd. 2. Stuttgart 1967, S. 66-190; 3., Auflage 1973

Schiller, Friedrich: Was heißt und zu welchem Ende studiert man Universalgeschichte? Eine akademische Antrittsrede, 1789. In: *Hardtwig*, Wolfgang (Hrsg.): Über das Studium der Geschichte. München 1990, S. 18-36

Schmid, Josef: Die CDU. Organisationsstrukturen, Politiken und Funktionsweisen einer Partei im Föderalismus. Opladen 1990a

Schmid, Josef: Zukunft aus der Provinz? Programmdiskussionen und Einfluß der CDU-Landesverbände. In: *Schmid*, Josef/*Tiemann*, Heinrich (Hrsg.): Aufbrüche. Die Zukunftsdiskussion in Parteien, Verbänden und Kirchen. Marburg 1990b, S. 139ff.

Schmid, Josef (Hrsg.): Kritische Kommentare zu Manfred Huppertz 'Mikropolitik in Betrieben'. Bochum 1991 (Arbeitspapier des SFB 187)

Schmidt, Manfred G.: Die "Politik der 'Inneren Reformen'" in der Bundesrepublik Deutschland 1969-1976. In: Politische Vierteljahresschrift 18. Jg. (1978), S. 201-253

Schmidt, Manfred G.: CDU und SPD an der Regierung. Ein Vergleich ihrer Politik in den Ländern. Frankfurt/M 1980

Schmidt, Manfred G.: Wohlfahrtsstaatliche Politik unter bürgerlichen und sozialdemokratischen Regierungen. Ein internationaler Vergleich. Frankfurt/M 1982

Schmidt, Manfred G.: The Politics of Labour Market Policy. Structural and Political Determinants of Rates of Unemployments in Industrial Nations. In: *Castles*, Francis G./*Lehner*, Franz/*Schmidt*, Manfred G. (Hrsg.): Managing Mixed Economies. Berlin 1987, S. 4-53

Schmidt, Manfred G.: Sozialpolitik. Historische Entwicklung und internationaler Vergleich. Leverkusen 1988

Schmidt, Manfred G.: Regieren in der Bundesrepublik Deutschland. Opladen 1992a (Auch als Kurs Nr. 3203 der Fernuniversität)

Schmidt, Manfred G.: Regierungen: Parteipolitische Zusammensetzung. In: *Schmidt*, Manfred G. (Hrsg.): Lexikon der Politik, Bd. 3: Die westlichen Länder. München 1992b, S. 393-400

Schmidt, Manfred G.: Erwerbsbeteiligungen von Frauen und Männern im Industrieländervergleich. Opladen 1993a

Schmitt, Karl: Inwieweit bestimmt auch heute noch die Konfession das Wahlverhalten? In: Der Bürger im Staat 34. Jg. (1984), S. 95ff.

Schnell, Rainer/*Hill*, Paul B./*Esser*, Elke: Methoden der empirischen Sozialforschung. München 1988

Schnelle, Helmut: Die Natur der Sprache. Die Dynamik der Prozesse des Sprechens und Verstehens. Berlin 1991

Schrader, Achim: Einführung in die empirische Sozialforschung. Ein Leitfaden für die Planung, Durchführung und Bewertung von nicht-experimentellen Forschungsprojekten. Stuttgart 1973, 2. Auflage

Schulz, Winfried: Die Konstruktion von Realität in den Nachrichtenmedien. Freiburg 1976

Schuman, Howard/*Presser*, Stanley: Questions and Answers in Attitude Surveys. Experiments on Question Form, Wording, and Context. New York 1981

Schuman, Howard/*Scott*, Jacqueline: Problems in the Use of Survey Questions to Measure Public Opinion. In: Science 236. Jg. (1987), S. 957-959

Schütz, Alfred: Der sinnhafte Aufbau der sozialen Welt. Eine Einleitung in die verstehende Soziologie. 2. Aufl. Frankfurt a. M. 1981

Schütz, Alfred/Thomas *Luckmann:* Strukturen der Lebenswelt. Bd. 2. Frankfurt a.M. 1984

Schwarz, Hans-Peter: Die gezähmten Deutschen. Von der Machtbessenheit zur Machtvergessenheit. Stuttgart 1985

Seiffert, Helmut: Methode. In: *Seiffert*, Helmut/*Radnitzky*, Gerard (Hrsg.): Handlexikon zu Wissenschaftstheorie. München 1992, S. 215

Simonis, Georg: Studium und Arbeitstechniken der Politikwissenschaft. Kurs 4650 der FernUniversität. Hagen 1992 (i.E. Opladen 1995)

Sjoberg, Gideon/*Miller*, Paula J.: Social research on bureaucracy. In: Social Problems 21. Jg. (1973), S. 129ff.

Sorensen, Georg: Democracy and Democratization. Processes and Prospects in a Changing World. Boulder 1993

Speed, Gilmer J.: Do Newspapers Now Give the News? In: Forum 15. Jg. (1893), S. 705-711

Spöhring, Walter: Qualitative Sozialforschung. Stuttgart 1989

Staab, Joachim B.: Nachrichtenwert-Theorie. Formale Struktur und empirischer Gehalt. Freiburg 1990

Statistisches Bundesamt: Das Arbeitsgebiet der Bundesstatistik. Mainz 1988

Stegmüller, Wolfgang: Probleme und Resultate der Wissenschaftstheorie und Analytischen Philosophie. Band I: Wissenschaftliche Erklärung und Begründung. Berlin 1969

Steiner, Jürg/*Dorff*, Robert H.: A theory of political decision models. Intraparty decision making in Switzerland. Chapel Hill 1980

Stephan, Cora: Der Betroffenheitskult. Eine politische Sittengeschichte. Reinbeck 1993

Strauss, Anselm: Grundlagen qualitativer Sozialforschung. Datenanalyse und Theoriebildung in der empirischen und soziologischen Forschung. München 1991

Sweezy, Paul M.: Theorie der kapitalistischen Entwicklung. Frankfurt/M 1970 (zuerst 1959)

Tarrow, Sidney: Democracy and Disorder. Protest and Politics in Italy 1965-1975. Oxford 1989

Taylor, Charles Lewis/*Jodice*, David A. (Hrsg.): World Handbook of Political and Social Indicators (2 Bde.), Frankfurt/M 1984; New Haven und London 1993

Tesch, Renata: Verfahren bei der computerunterstützten qualitativen Analyse. In: *Huber*, Günter L. (Hrsg.): Qualitative Analyse. Computereinsatz in der Sozialforschung. München 1992, S. 43-69

Thaysen, Uwe (Hrsg.): Der Runde Tisch. Oder: Wo blieb das Volk? Der Weg der DDR in die Demokratie. Opladen 1990

Truman, David: Federalism and the Party System. In: *Thum*, George W./*Janosik*, Edward G. (Hrsg.): Parties and governmental system. Englewood Cliffs 1967, S. 33ff.

Tufte, Edward R.: Data Analysis for Politics and Policy. Englewood-Cliffs, N.J. 1974

Walker, Jack L.: The diffusion of innovation among American states. In: American Political Science Review 63. Jg. (1969), S. 880-899

Weber, Max: Wissenschaft als Beruf (zuerst 1919). Stuttgart 1988, 7. Auflage

Wehler, Hans-Ulrich: Historische Sozialwissenschaft und Geschichtsschreibung. Studien zu Aufgaben und Traditionen deutscher Geschichtswissenschaft. Göttingen 1980

Wehling, Hans G. (Hrsg.): Eliten in der Bundesrepublik Deutschland. Stuttgart 1990

Weltbank: Weltentwicklungsbericht, Washington, D.C. (jährlich).

Widmaier, Ulrich: Vergleichende Aggregatdatenforschung. In: *Berg-Schlosser*, Dirk/ *Müller-Rommel*, Ferdinand (Hrsg.): Vergleichende Politikwissenschaft, Opladen 1992, S. 87-104.

Wieken, Klaus: Die schriftliche Befragung. In: *Koolwijk*, Jürgen van/*Wieken-Mayser*, Maria (Hrsg.): Techniken der empirischen Sozialforschung, Bd.4. München 1974, S. 146-161

Wilenski, Peter: Six States or Two Nations. In: *Aldred*, Jennifer/*Wilkes*, John (Hrsg.): A fractured federation. Australia in the 1980s. Sidney 1983, S. 79ff

Wilensky, Harold T.: The Welfare State and Equality. Berkeley 1975

Willems, Helmut/*Würtz*, Stefanie/*Eckert*, Roland: Fremdenfeindliche Gewalt. Eine Analyse von Täterstrukturen und Eskalationsprozessen. Forschungsbericht hrsg. vom *Bundesministerium für Frauen und Jugend*. Bonn 1993

Wilson, Thomas P.: Qualitative 'oder' quantitative Methoden in der Sozialforschung. In: Kölner Zeitschrift für Soziologie und Sozialpsychologie 34. Jg. (1982), S. 487-508

Woldendorp, Jaap/*Keman*, Hans/*Budge*, Ian (Hrsg.): Political Data 1945-1990. Party Government in 20 Democracies (European Journal of Political Research, Jg. 24, Nr. 1), Dordrecht u.a. 1993

Zentralarchiv für Empirische Sozialforschung: Empirische Sozialforschung 1991. Frankfurt/M 1991 (Eine Dokumentation von *Kühnel*, S. u. *Rohlinger*, H.)

Zetterberg, Hans L.: Theorie, Forschung und Praxis in der Soziologie. In: *König*, René (Hrsg.): Handbuch der empirischen Sozialforschung, Bd. 1. Stuttgart 1973, S. 103-160, 3. Auflage

Zizek, Franz: Grundriß der Statistik. München 1923, 2. Auflage

Zöllner, Detlef: Öffentliche Sozialleistungen und wirtschaftliche Entwicklung. Ein zeitlicher und internationaler Vergleich. Berlin 1963

Autorenverzeichnis

Ulrich von Alemann, geb. 1944; Prof. Dr. phil., Master of Arts; Seit 1984 Leitung des Arbeitsbereiches Politikwissenschaft an der FernUniversität Hagen.

Veröffentlichungen u.a.: Methodik der Politikwissenschaft (mit E. Forndran) 4. überarb. und erw. Auflage 1990, Stuttgart 1974; Organisierte Interessen in der Bundesrepublik, Opladen 1987; Die Kraft der Region. Nordrhein-Westfalen in Europa (Hrsg. mit R.G. Heinze und B. Hombach), Bonn 1990; Leitbilder sozialverträglicher Technikgestaltung (mit H. Schatz, G. Simonis u.a.), Opladen 1992; Grundlagen der Politikwissenschaft, 2. Aufl., Opladen 1995; Politik (Hrsg. mit K. Loss und G. Vowe), Opladen 1994; Parteien (rororo special), Reinbek 1995.

Wilhelm Bürklin, geb. 1949; Prof. Dr.; Inhaber eines Lehrstuhles für Innenpolitik an der Universität Potsdam.

Veröffentlichungen u.a.: Grüne Politik. Ideologische Zyklen, Wähler und Parteiensystem, Opladen 1984; Wählerverhalten und Wertewandel (Kurs Nr. 3218 der FernUniversität), Opladen 1988; Die vier kleinen Tiger. Die pazifische Herausforderung. Hongkong, Singapur, Taiwan und Südkorea, München 1993; Das Superwahljahr Deutschland vor unkalkulierbaren Regierungsmehrheiten? (Hrsg. mit D. Roth), Köln 1994.

Werner Reh, geb. 1952, Dr. phil.; Wissenschaftlicher Assistent am Lehrstuhl Politikwissenschaft II der Heinrich-Heine-Universität Düsseldorf.

Veröffentlichungen u.a.: Politikverflechtung im Fernstraßenbau der Bundesrepublik Deutschland und im Nationalstraßenbau der Schweiz. Eine vergleichende Untersuchung der Effizienz und Legitimation gesamtstaatlicher Planung, Frankfurt/M 1988; Jahrbuch der Politik und Wirtschaft in Nordrhein-Westfalen 1988-1990 (Hrsg.), Bonn 1992.

Dieter Rucht, geb. 1946; Dr. rer. pol.; Wissenschaftszentrum Berlin.

Veröffentlichungen u.a.: Neue soziale Bewegungen in der Bundesrepublik Deutschland (Hrsg. mit Roland Roth), Bonn 1991; New Social Movements (Hrsg.). The State of the Art in Western Europe and the USA, Frankfurt 1991; Modernisierung und neue soziale Bewegungen. Deutschland, Frankreich und USA im Vergleich, Frankfurt 1994.

Peter Hocke, geb. 1958; Dipl. Pol.; wissenschaftlicher Mitarbeiter am Wissenschaftszentrum Berlin.

Dieter Oremus, geb. 1958; Dipl. Soz.; Bis Ende 1994 am Wissenschaftszentrum Berlin; Arbeitsschwerpunkte: Politischer Protest und sozialwissenschaftliche Methoden.

Josef Schmid, geb. 1956; Dr. rer soc.; seit 1987 Hochschulassistent an der Ruhr-Universität Bochum.

Veröffentlichungen u.a.: Die CDU. Organisationsstrukturen, Politiken und Funktionsweisen einer Partei im Föderalismus, Opladen 1990; Wiedervereinigung als Organisationsproblem. Gesamtdeutsche Zusammenschlüsse von Parteine und Verbänden (Mitheraus-geber), Bochum 1991; Technik - Arbeit - Betrieb - Gesellschaft. Beiträge der Industrie-soziologie und Organisationsforschung (Mitherausgeber), Opladen 1992; Organisierte Interessen in Ostdeutschland (Mitherausgeber), Marburg 1992; Nach der Vereinigung. Organisatorische Strukturen und Probleme von Parteien und Verbänden in den neuen Ländern (Mitherausgeber), Marburg 1994.

Manfred G. Schmidt, geb. 1948; Dr. rer. pol.; Professor für Politische Wissenschaft an der Universität Heidelberg.

Veröffentlichungen u.a.: Staatstätigkeit. International und historisch vergleichende Analysen (Hrsg., Politische Vierteljahresschrift Sonderheft 19), Opladen 1988; Politik in der Bundesrepublik Deutschland (Hrsg. zusammen mit Klaus von Beyme), Opladen 1990; Regieren in der Bundesrepublik Deutschland, Opladen 1992 (Kurs 3203 der Fernuniversität); Die westlichen Länder (Hrsg., Lexikon der Politik, Bd.3), München 1992; Erwerbsbeteiligung von Frauen und Männern im Industrieländervergleich, Opladen 1993; Demokratietheorie (Kurs Nr. 3217 der FernUniversität), Hagen 1993.

Volker Sommer, geb. 1962; Dipl. Soz. Wiss.; Lehrbeauftragter im Lehrgebiet Politikwissenschaft an der FernUniversität Hagen. Arbeitsschwerpunkte: Deutsche Politik und sozialwissenschaftliche Methoden.

Wolfgang Tönnesmann, geb. 1949; bis 1994 Lehrbeauftragter im Lehrgebiet Politikwissenschaft an der FernUniversität Hagen.

Veröffentlichungen u.a.: Politik und Biologie (Hrsg. zusammen mit Heiner Flohr), Berlin 1983; Democracy and New Information and Communication Technologies (mit Ulrich von Alemann), Polis Arbeitspapiere aus der Fernuniversität Hagen, Nr. 15/1990; Die Dinosaurier werden immer trauriger. Ein kleiner Essay über große Parteien (mit Ulrich von Alemann), in: perspektiven ds, 9 (1992), 15-23.

Index

Im Index sind die Begriffe des Glossars durch *kursive* Schrift gekennzeichnet.